O SEMINÁRIO
DE JACQUES LACAN

CB122420

Campo Freudiano no Brasil

Coleção dirigida por Judith (*in memoriam*) e Jacques-Alain Miller

Assessoria brasileira: Angelina Harari

Jacques Lacan

O SEMINÁRIO

livro 5

as formações do inconsciente

Texto estabelecido por
Jacques-Alain Miller

18ª reimpressão

ZAHAR

Copyright © 1998 by Éditions du Seuil

Tradução autorizada da primeira edição francesa publicada em 1998 por Éditions du Seuil, de Paris, França, na coleção Le Champ Freudien, dirigida por Jacques-Alain e Judith Miller

Grafia atualizada segundo o Acordo Ortográfico da Língua Portuguesa de 1990, que entrou em vigor no Brasil em 2009.

Título original
Le Séminaire de Jacques Lacan
Livre V: Les formations de l'inconscient (1957-1958)

Preparação de texto
André Telles

CIP-Brasil. Catalogação na fonte
Sindicato Nacional dos Editores de Livros, RJ

Lacan, Jacques, 1901-1981
L129s O seminário, livro 5: as formações do inconsciente (1957-1958) / Jacques Lacan; texto estabelecido por Jacques-Alain Miller; [tradução de Vera Ribeiro; revisão de Marcus André Vieira]. — 1ª ed. — Rio de Janeiro: Zahar, 1999.

(Campo freudiano no Brasil)

Tradução de: Le Séminaire de Jacques Lacan, livre V: Les formations de l'inconscient (1957-1958).
ISBN 978-85-7110-502-7

1. Psicanálise. 2. Inconsciente. I. Miller, Jacques-Alain. II. Título. III. Série.

CDD: 150.195
99-0370 CDU: 159.964.2

Todos os direitos desta edição reservados à
EDITORA SCHWARCZ S.A.
Praça Floriano, 19, sala 3001 — Cinelândia
20031-050 — Rio de Janeiro — RJ
Telefone: (21) 3993-7510
www.companhiadasletras.com.br
www.blogdacompanhia.com.br
facebook.com/editorazahar
instagram.com/editorazahar
twitter.com/editorazahar

livro 5

as formações do inconsciente

1957-1958

Tradução:
Vera Ribeiro

Versão final:
Marcus André Vieira

SUMÁRIO

AS ESTRUTURAS FREUDIANAS DO ESPÍRITO

A LÓGICA DA CASTRAÇÃO

O VALOR DE SIGNIFICAÇÃO DO FALO

A DIALÉTICA DO DESEJO E DA DEMANDA NA CLÍNICA E NO TRATAMENTO DAS NEUROSES

ANEXOS

AS ESTRUTURAS FREUDIANAS DO ESPÍRITO

I

O FAMILIONÁRIO

Pontuação dos seminários anteriores
O esquema do Witz
O espírito e suas tradições nacionais
A sanção do Outro
O que só se vê olhando para outro lugar

Tomamos este ano por tema de nosso seminário *as formações do inconsciente*.

Aqueles dentre vocês, e creio que são a maioria, que estiveram aqui ontem à noite em nossa sessão científica, já estão afinados e sabem que as questões que levantaremos aqui dizem respeito, desta vez de maneira direta, à função, no inconsciente, daquilo que ao longo dos anos anteriores elaboramos como sendo o significante.

Alguns de vocês — expresso-me assim porque minhas ambições são modestas — terão lido, espero, o artigo que publiquei no terceiro número da revista *La Psychanalyse*, com o título "A instância da letra no inconsciente".* Os que tiverem tido essa coragem estarão em boas condições, ou em melhor situação do que os outros, para acompanhar aquilo de que se tratará. Aliás, uma pretensão modesta que posso ter, parece-me, é que vocês, que se dão ao trabalho de escutar o que digo, também se deem ao trabalho de ler o que escrevo, já que, afinal, é para vocês que o faço. Quem não tiver lido, portanto, fará bem em

* Publicado em *Escritos*, Rio de Janeiro, Zahar, 1998. (N.E.)

se reportar a esse artigo, já que lhe farei referência o tempo todo. Sou obrigado a dar por conhecido o que já foi enunciado uma vez.

Pensando nos que não têm nenhuma dessas preparações, vou dizer-lhes a que me limitarei hoje, e que será o objeto desta aula de introdução em nosso assunto.

Num primeiro tempo, de maneira forçosamente breve e alusiva, uma vez que não posso recomeçar, vou relembrar-lhes alguns pontos que pontuam o que, nos anos anteriores, iniciou e anunciou o que tenho a lhes dizer sobre a função do significante no inconsciente.

Em seguida, e para repouso do espírito daqueles a quem esta breve rememoração possa deixar meio sem fôlego, pretendo explicar-lhes o que significa o esquema a que teremos de nos reportar em toda a sequência de nossa experiência teórica deste ano.

Por último, tomarei um exemplo. Trata-se do primeiro exemplo de que se serve Freud em seu livro sobre a tirada espirituosa.* Não o farei para fins de ilustração, mas sim porque só existe tirada espirituosa particularizada — não há tirada espirituosa no espaço abstrato. Começarei por lhes mostrar, a propósito disso, em que a tirada espirituosa revela-se a melhor entrada em nosso assunto, as formações do inconsciente. Essa é não apenas a melhor entrada, mas também a mais brilhante forma com que o próprio Freud nos aponta as relações do inconsciente com o significante e suas técnicas.

Eis, portanto, minhas três partes. Com isso vocês saberão a que ficar atentos naquilo que vou explicar; o que lhes permitirá, ao mesmo tempo, dosar seu esforço mental.

1

O primeiro ano de meu seminário, dedicado aos escritos técnicos de Freud, consistiu essencialmente em apresentá-los à noção da função do simbólico como a única capaz de dar conta do que podemos chamar de determinação no plano do sentido [*détermination dans le sens*], na medida em que essa é a realidade fundamental da experiência freudiana.

---

* Aqui e praticamente ao longo de todo este Seminário, Lacan traduz o *Witz* alemão não pelo habitual *mot d'esprit* que ele próprio usava, mas pela expressão *trait d'esprit* [tirada espirituosa, rasgo de engenhosidade etc.]. A tradução por *chiste* ficou reservada para os casos em que aparece em francês *mot d'esprit*. (Cf. nota na p.22. N.E.)

Não sendo *esta determinação no sentido* outra coisa, naquela ocasião, senão uma definição da razão, recordo-lhes que essa razão se encontra no próprio princípio da possibilidade da psicanálise. É justamente porque alguma coisa foi atada a alguma coisa semelhante à fala que o discurso pode desatá-la.

Assinalei a esse respeito a distância que separa a fala, quando preenchida pelo ser do sujeito, do discurso vazio que burburinha por sobre os atos humanos. Esses atos são tornados impenetráveis pela imaginação de motivos irracionais, uma vez que só são racionalizados na perspectiva egoica do desconhecimento. Que o próprio eu seja função da relação simbólica e possa ser afetado por ela em sua densidade, em suas funções de síntese, todas igualmente feitas de uma miragem, mas de uma miragem cativante, isso, como igualmente lhes ensinei no primeiro ano, só é possível em razão da hiância aberta no ser humano pela presença nele, biológica, original, da morte, em função daquilo que chamei de prematuração do nascimento. Eis o ponto de impacto da intrusão simbólica.

Era a esse ponto que havíamos chegado na articulação de meu primeiro seminário com o segundo.

O segundo seminário valorizou o fator da insistência repetitiva como oriunda do inconsciente. Identificamos sua consistência na estrutura de uma cadeia significante; foi o que tentei fazê-los vislumbrar, ao lhes dar um modelo sob a forma da chamada sintaxe dos α β γ δ.

Atualmente vocês têm, em meu artigo sobre *A carta roubada*, uma exposição escrita que constitui um resumo sucinto dessa sintaxe. Apesar das críticas que recebeu, algumas das quais tinham fundamento — há ali dois errinhos que convirá corrigir numa edição posterior —, ele ainda deverá servir-lhes por muito tempo. Estou inclusive convencido de que se modificará ao envelhecer, e de que vocês encontrarão menos dificuldade de se reportar a ele dentro de alguns meses, ou mesmo no fim deste ano. Isso é dito para responder aos esforços louváveis que fizeram alguns para reduzir sua importância. Essa foi para eles, pelo menos, uma oportunidade de se testarem, que é precisamente tudo o que procuro. Não importa com que impasse tenham-se deparado, é justamente para essa ginástica que ele lhes terá servido. Eles terão oportunidade de encontrar outra no que terei ensejo de lhes mostrar este ano.

Certamente, como me frisaram e até escreveram os que se deram a esse trabalho, cada um desses quatro termos é marcado por uma ambiguidade fundamental, mas é precisamente ela que constitui o valor do exemplo. Com esses agrupamentos, enveredamos pelo caminho daquilo que compõe a especulação atual sobre os grupos e os conjuntos. Essas pesquisas baseiam-se no princípio de partir de estruturas complexas, apresentando-se as estruturas simples unicamente como casos particulares. Não lhes relembrarei como são geradas as letrinhas, mas com certeza, depois das manipulações que permitem defini-las, chegamos a algo muito simples. Cada uma delas, com efeito, é definida pelas relações mútuas entre os dois termos de dois pares, o par do simétrico e do dissimétrico, do dissimétrico e do simétrico, e, em seguida, o par do semelhante com o dessemelhante, e do dessemelhante com o semelhante. Temos aí, portanto, um grupo de quatro significantes que têm a propriedade de cada um deles ser analisável em função de suas relações com os outros três. Para confirmar, de passagem, esta análise, acrescentarei que um grupo assim é, segundo Roman Jakobson, em suas próprias palavras, que colhi quando o encontrei recentemente, o grupo mínimo de significantes que se faz necessário para que sejam dadas as condições primárias, elementares, da análise linguística. Ora, como verão, esta última tem a mais estreita relação com a psicanálise pura e simples. Elas chegam a se confundir. Se examinarmos de perto, veremos que não são essencialmente diferentes uma da outra.

No terceiro ano de meu seminário, falamos da psicose como fundamentada numa carência significante primordial. Mostramos o que sobrevém de subducção do real quando, arrastado pela invocação vital, ele vem tomar lugar na carência do significante da qual falávamos ontem à noite sob a denominação de *Verwerfung*, e que, admito, não deixa de apresentar certas dificuldades, razão por que voltaremos a ela este ano. Creio, não obstante, que o seminário sobre a psicose lhes permitiu compreender, se não o fundamento último, pelo menos o mecanismo essencial da redução do Outro, do grande Outro, do Outro como sede da fala, ao outro imaginário. É uma suplência do simbólico pelo imaginário.

Com isso, vocês apreenderam como podemos conceber o efeito de total estranheza do real que se produz nos momentos de ruptura desse diálogo do delírio que é o único pelo qual o psicótico pode sustentar em si o que chamaremos de uma certa intransitividade do sujeito. A nós a coisa parece muito natural. *Penso, logo existo*, dizemos intransitivamente. Com certeza, é essa a dificuldade para o psicótico, precisamente em razão da redução da duplicidade do Outro com maiúscula e do outro com minúscula, do Outro como sede da fala e garantia da verdade, e do outro dual, que é aquele diante de quem o sujeito se encontra como sendo sua própria imagem. O desaparecimento dessa dualidade é justamente o que causa ao psicótico tantas dificuldades de se manter num real humano, isto é, num real simbólico.

No decorrer desse terceiro ano, ao tratar da dimensão daquilo a que chamo diálogo, na medida em que ele permite ao sujeito sustentar-se, ilustrei isso, nada mais nada menos, com o exemplo da primeira cena de *Atália*.* Essa é uma lição que eu gostaria de ter retomado para escrever, se tivesse tido tempo.

Creio, no entanto, que vocês não esqueceram o extraordinário diálogo inicial da peça, onde vemos adiantar-se Abner, esse protótipo do irmão falso e do agente duplo, que vem sondar o terreno logo no primeiro anúncio. Seu *Sim, venho a seu templo adorar o Eterno* faz ressoar de imediato uma tentativa qualquer de sedução. A maneira como coroamos essa peça fez-nos esquecer um pouco, sem dúvida, todas essas ressonâncias, mas vejam como é extraordinário. Já indiquei como, por seu lado, o Sumo Sacerdote contribuiu com alguns significantes essenciais: *E Deus, julgado fiel em todas as suas ameaças*, ou então *Às promessas do céu, por que renunciais?*. O termo *céu*, e algumas outras palavras bastante exuberantes, nada mais são do que significantes puros. Apontei seu vazio absoluto. Joad, se assim posso dizer, traspassa seu adversário a ponto de, dali por diante, fazer dele unicamente o verme derrisório que, como lhes disse, retomará as fileiras da procissão e servirá de isca para Atália, a qual, nesse joguinho, acabará por sucumbir.

A relação do significante com o significado, tão sensível nesse diálogo dramático, levou-me a fazer referência ao célebre esquema de Ferdinand de Saussure em que vemos representado o duplo fluxo paralelo do significante e do significado, distintos e fadados a um perpétuo deslizamento um sobre o outro. Foi a propósito disso que forjei a imagem, retirada da técnica do estofador, do ponto de basta. É preciso que em algum ponto, com efeito, o tecido de um se prenda ao tecido do outro, para que saibamos a que nos atermos, pelo menos nos limites possíveis desses deslizamentos. Existem pontos de basta, portanto, mas eles deixam uma certa elasticidade nas ligações entre os dois termos.

Retomaremos este ano deste ponto, quando eu lhes disser a que leva, paralela e simetricamente a isso, o diálogo de Joad e Abner, ou

* A tragédia de Racine publicada em 1691. (N.E.)

seja, a que não há sujeito verdadeiro que se sustente a não ser aquele que fala em nome da palavra. Vocês não esqueceram em que plano fala Joad — *Eis como esse Deus vos responde por minha boca.* Só existe sujeito na referência a esse Outro. Isso é simbólico daquilo que existe em toda fala válida.

Do mesmo modo, no quarto ano de seminário, eu quis mostrar-lhes que não existe objeto a não ser metonímico, sendo o objeto do desejo objeto do desejo do Outro, e sendo o desejo sempre um desejo de Outra coisa — muito precisamente, daquilo que falta, *a*, o objeto perdido primordialmente, na medida em que Freud mostra-o sempre por ser reencontrado. Da mesma forma, não existe sentido senão metafórico, só surgindo o sentido da substituição de um significante por outro significante na cadeia simbólica.

É isso que é conotado no trabalho de que lhes falei há pouco e ao qual os convidei a se referirem, "A instância da letra no inconsciente". Os símbolos que se seguem são, respectivamente, os da metonímia e os da metáfora.

$$f\,(S \ldots S')\,S'' \cong S\,(-)\,s$$

$$f\left(\frac{S'}{S}\right)S'' \cong S\,(+)\,s$$

Na primeira fórmula, o S está ligado, na combinação da cadeia, ao S', tudo em relação a S", o que leva a colocar S numa certa relação metonímica com *s* no nível da significação. Do mesmo modo, a substituição de S por S' em relação a S" leva à relação S(+)*s*, que aqui indica — é mais fácil dizê-lo do que no caso da metonímia — o surgimento, a criação do sentido.

Eis o ponto onde estamos. Vamos agora abordar o que será objeto de nossas investigações este ano.

2

Para abordar esse objeto, construí um esquema para vocês, e agora lhes direi o que, ao menos por hoje, ele lhes servirá para conotar.

Uma vez que temos de encontrar um meio de examinar mais de perto as relações da cadeia significante com a cadeia significada, o faremos através da imagem grosseira do ponto de basta.

Para que isso seja válido, é ainda preciso nos perguntarmos onde fica o estofador. É evidente que ele está em algum lugar, mas o lugar onde poderíamos colocá-lo no esquema seria, no entanto, extremamente infantil.

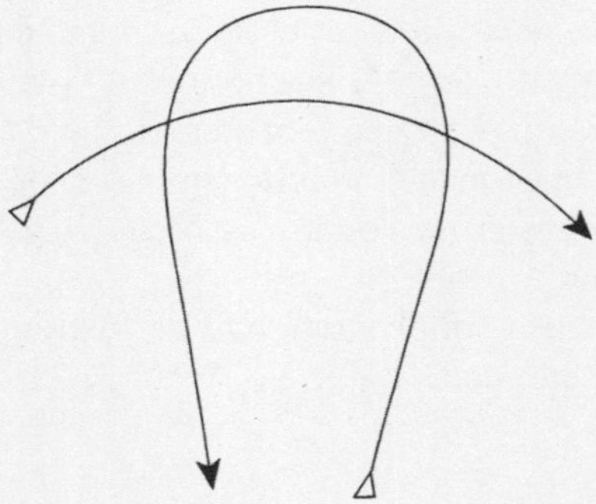

Posto que há entre a cadeia simbólica e a corrente do significado como que um deslizamento recíproco, que constitui o essencial da relação entre elas, e posto que, apesar desse deslizamento, existe uma ligação, uma coerência entre essas duas correntes, a qual é preciso apreendermos onde se passa, pode ser que lhes venha à cabeça que esse deslizamento, se é que há deslizamento, é forçosamente um deslizamento relativo. O deslocamento de cada uma produz um deslocamento da outra. Aliás, deve ser por alguma coisa como o entrecruzamento das duas linhas em sentido inverso, numa espécie de presente ideal, que encontraremos algum esquema exemplar.

É em torno disso, portanto, que podemos agrupar nossa especulação.

Só que, por mais importante que deva ser para nós essa noção do presente, um discurso não é um evento punctiforme, à maneira de Russell, se assim me posso exprimir. Um discurso não é apenas uma matéria, uma textura, mas requer tempo, tem uma dimensão no tempo, uma espessura. Não podemos contentar-nos, em absoluto, com um presente instantâneo, pois toda a nossa experiência vai contra isso, assim como tudo o que dissemos. Por exemplo, quando começo uma frase, vocês só compreenderão seu sentido quando eu a houver concluído. É absolutamente necessário — essa é a definição de frase — que eu tenha dito a última palavra para que vocês compreendam a situação da primeira. Isso nos dá o exemplo mais tangível do que podemos chamar de ação *nachträglich* do significante. É precisamente o que não paro de lhes mostrar no texto da própria experiência analítica, numa escala infinitamente maior, quando se trata da história do passado.

Por outro lado, uma coisa está clara — essa é uma maneira de falar a qual destaco com precisão em "A instância da letra no inconsciente". Peço-lhes que se refiram a ela provisoriamente. Expressei-a sob a forma de uma metáfora, digamos, topológica. É impossível, efetivamente, representar no mesmo plano o significante, o significado e o sujeito. Isso não é misterioso nem opaco, como fica demonstrado no texto, de maneira muito simples, a propósito do *cogito* cartesiano. Vou me abster de voltar a isso agora, porque tornaremos a encontrá-lo sob outra forma.

Este lembrete tem o simples objetivo de justificar as duas linhas que iremos agora manipular.

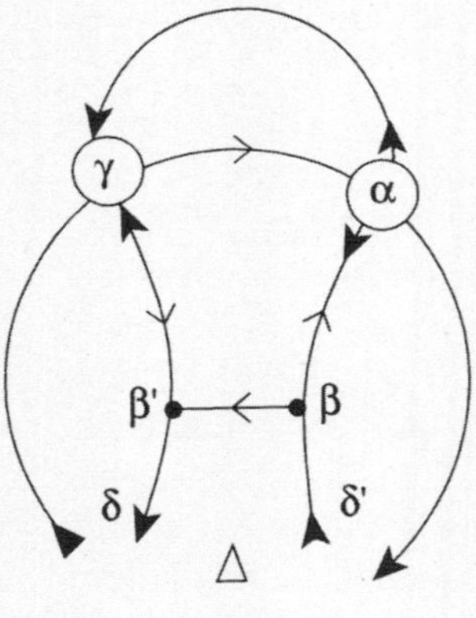

A base da flecha significa o começo de um percurso, e a ponta é seu fim. Vocês reconhecerão aqui minha primeira linha, na qual a outra vem se conectar depois de havê-la atravessado duas vezes.

Observo que vocês não devem confundir o que essas duas linhas representavam anteriormente, ou seja, o significante e o significado, com o que representam aqui, que é ligeiramente diferente, pois agora nos colocamos inteiramente no plano do significante. Os efeitos sobre o significado estão em outro lugar, não são diretamente representados. Trata-se, nesse esquema, dos dois estados ou funções que podemos apreender de uma sequência significante.

A primeira linha representa a cadeia significante na medida em que permanece inteiramente permeável aos efeitos propriamente significantes da metáfora e da metonímia, o que implica a atualização possível dos efeitos significantes em todos os níveis, inclusive no nível fonemático, em particular. O elemento fonológico é, com efeito, aquilo que funda o trocadilho, o jogo de palavras etc. Em suma, está no significante aquilo com que nós, analistas, temos que jogar incessantemente. À exceção dos que estão chegando aqui pela primeira vez, vocês devem ter uma noção disso, e é exatamente por essa razão que hoje começaremos a entrar no tema do inconsciente pela tirada espirituosa, o *Witz*.

A outra linha é a do discurso racional, no qual já está integrado um certo número de pontos de referência, de coisas fixas. Essas coisas, no caso, só podem ser estritamente apreendidas no nível dos empregos do significante, isto é, daquilo que concretamente, no uso do discurso, constitui pontos fixos. Como vocês sabem, eles estão muito longe de responder de forma unívoca a uma coisa. Não há um único semantema que corresponda a uma coisa só. Um semantema corresponde, na maioria das vezes, a coisas muito diferentes. Vamos nos deter aqui no nível do semantema, isto é, do que é fixado e definido por um emprego.

Ela é, portanto, a linha do discurso corrente, comum, tal como este é admitido no código do discurso que chamarei de discurso da realidade que nos é comum. Esse é também o nível em que se produz o mínimo de criações de sentido, uma vez que, nele, o sentido já está como que dado. Na maioria das vezes, esse discurso consiste apenas numa mistura refinada dos ideais comumente aceitos. É nesse nível, muito precisamente, que se produz o famoso discurso vazio do qual partiu um certo número de meus comentários sobre a função da fala e o campo da linguagem.

Como vocês podem ver, portanto, esta linha é o discurso concreto do sujeito individual, daquele que fala e se faz ouvir, é o discurso que se pode gravar num disco, ao passo que a primeira é tudo o que isso inclui como possibilidades de decomposição, de reinterpretação, de ressonância e de efeitos metafórico e metonímico. Uma vai no sentido inverso da outra, pela simples razão de que elas deslizam uma sobre a outra. Mas uma corta a outra. E elas se cortam em dois pontos perfeitamente reconhecíveis.

Se partimos do discurso, o primeiro ponto em que ele encontra a cadeia propriamente significante é o que acabo de lhes explicar do ponto de vista do significante, isto é, o feixe dos empregos. Vamos chamá-lo de código, num ponto marcado aqui como α.

Decerto é preciso que o código esteja em algum lugar, para que possa haver audição do discurso. Esse código está, muito evidentemente, no grande Outro (A), isto é, no Outro como companheiro de linguagem. É absolutamente indispensável que esse Outro exista, e, rogo-lhes que o observem, não há nenhuma necessidade de chamá-lo por esse nome imbecil e delirante de consciência coletiva. Um Outro é um Outro. Basta apenas um para que uma língua seja viva. Aliás, a tal ponto um só é suficiente que esse Outro pode constituir, sozinho, o primeiro tempo — se restar um só, e se ele puder falar sua língua consigo mesmo, bastará isso para que existam ele e não somente um Outro, mas até dois, ou, em todo caso, alguém que o compreenda. Pode-se continuar a fazer tiradas espirituosas numa língua mesmo quando se é o único a possuí-la.

Eis, portanto, o encontro primeiro, que se dá no nível daquilo a que chamamos código. O segundo encontro, que fecha o circuito, que constitui o sentido, que o constitui a partir do código, com que se deparou inicialmente o circuito, dá-se no ponto de chegada assinalado por γ. Vocês estão vendo que duas setas desembocam nele, hoje vou dispensar-me de lhes dizer qual é a segunda. O resultado desta conjunção do discurso com o significante, como suporte criador do sentido, é a mensagem.

Na mensagem vem à luz o sentido. A verdade que há por anunciar, se é que existe verdade, está ali. Na maior parte do tempo, nenhuma verdade é anunciada, pela simples razão de que, na maioria dos casos, o discurso absolutamente não atravessa a cadeia significante, que é o puro e simples ronronar da repetição, o moinho de palavras, que passa num curto-circuito entre β e β'. O discurso não diz absolutamente nada, a não ser assinalar-lhes que sou um animal falante. Esse é o discurso comum, feito de palavras para não dizer nada, graças ao qual nos certificamos de não estar simplesmente lidando, frente a frente, com o que o homem é em estado natural, ou seja, um animal feroz.

Os dois pontos — nós mínimos do curto-circuito do discurso — são fáceis de reconhecer. Há, por um lado, em β', o objeto, no sentido do objeto metonímico de que lhes falei no ano passado. Há, por outro lado, em β, o [Eu]*, no que ele indica no próprio discurso o lugar daquele que fala.

Vocês podem, nesse esquema, tocar de maneira sensível naquilo que liga e naquilo que distingue o enunciado e a enunciação. Essa é uma verdade perfeita e imediatamente acessível à experiência linguística, mas que a experiência freudiana da análise reafirma, pelo menos,

---

* Mantivemos ao longo desta versão brasileira do seminário a notação [Eu]=*Je* e Eu=*Moi* para esta distinção lacaniana fundamental. (N.E.)

com a distinção de princípio que existe entre o [Eu], que não é outra coisa senão o lugar do falante na cadeia do discurso, e que, aliás, nem sequer precisa ser designado por um [Eu], e, por outro lado, a mensagem, a qual no mínimo necessita em caráter absoluto do aparato desse esquema para existir. É totalmente impossível fazer sair da existência de algum sujeito, de maneira irradiante e concêntrica, uma mensagem ou uma palavra qualquer, se não existir toda essa complexidade — e isso, pela bela razão de que a fala presume, precisamente, a existência de uma cadeia significante.

Sua gênese está longe de ser simples de obter — levamos um ano para atingi-la. Ela pressupõe a existência de uma rede de empregos, ou, em outras palavras, o uso de uma língua. Pressupõe ainda todo o mecanismo que faz com que — não importa o que se diga ao pensar nisso, ou, não pensando, não importa o que se formule —, uma vez que se entre na roda do moinho de palavras, o discurso sempre diga mais do que aquilo que se diz.

Além disso, pelo simples fato de ser fala, o discurso funda-se na existência, em algum lugar, do termo de referência que é o plano da verdade — da verdade como distinta da realidade, o que faz entrar em jogo o possível surgimento de novos sentidos, introduzidos no mundo ou na realidade. Não se trata de sentidos que estejam presentes ali, mas dos sentidos que a verdade faz surgir neles, que ela literalmente introduz.

Vocês têm aí, irradiando-se da mensagem, por um lado, e do [Eu], por outro, essas asinhas que indicam dois sentidos divergentes. Do [Eu], um deles vai em direção ao objeto metonímico, e o segundo, ao Outro. Simetricamente, pela via de retorno do discurso, a mensagem vai em direção ao objeto metonímico e ao Outro. Tudo isso é provisório, peço-lhes que o observem, mas vocês verão que essas duas linhas, que podem parecer-lhes evidentes — a que vai do [Eu] em direção ao Outro e a que vai do [Eu] em direção ao objeto metonímico —, nos serão de grande utilidade.

Verão também a que correspondem as outras duas linhas, extraordinariamente apaixonantes, que vão da mensagem ao código e do código à mensagem. Com efeito, a linha de retorno existe e, se não existisse, não haveria a mínima esperança de criação de sentido, como lhes indica o esquema. É precisamente no entrejogo entre a mensagem e o código, e portanto também no retorno do código para a mensagem, que funciona a dimensão essencial à qual a tirada espirituosa nos introduz diretamente.

É nisso que nos manteremos durante um certo número de encontros, para ver tudo o que pode acontecer aí de extraordinariamente sugestivo e indicativo.

Isso também nos dará uma oportunidade a mais de captar a relação de dependência em que fica o objeto metonímico, esse famoso objeto de que começamos a nos ocupar no ano passado, esse objeto que nunca está ali, que está sempre situado em outro lugar, que é sempre outra coisa.

Abordemos agora o *Witz*.

3

O *Witz* é aquilo que se traduziu por *tirada espirituosa*. Também houve quem dissesse *chiste*, e deixo de lado as razões por que prefiro a primeira tradução. Mas *Witz* também quer dizer *espírito* [*esprit*].* O termo, portanto, apresenta-se de imediato numa extrema ambiguidade.

A tirada espirituosa é, vez por outra, objeto de uma certa depreciação — é leviandade, falta de seriedade, extravagância, capricho. E que acontece com o espírito? Nesse, em contrapartida, nós nos detemos, olhamos duas vezes antes de falar dele da mesma maneira.

Convém deixar ao espírito todas as suas ambiguidades, inclusive o espírito no sentido lato, esse espírito que, evidentemente, serve com demasiada frequência de quiosque para mercadorias duvidosas, o espírito do espiritualismo. Mas a noção de espírito nem por isso deixa de ter um centro de gravidade, que reside, para nós, no espírito no sentido em que se fala de homem espirituoso, ainda que ele não tenha uma reputação excessivamente boa. Esse espírito, nós o centraremos na tirada espirituosa, isto é, no que nele se afigura o mais contingente, o mais caduco, o mais passível de crítica. É bem da índole da psicanálise fazer coisas desse tipo, e é por isso que não temos por que nos surpreender com o fato de que, em suma, o único ponto da

---

* Na acepção de graça/espirituosidade, como também de intelecto/engenho. Apesar desses dois sentidos serem bem menos frequentes em português, optamos por manter "espírito" em lugar de "espirituosidade" para conservar a ambiguidade do francês. Utilizamos "espirituosidade" apenas nos pontos em que haveria grande margem para confusão entre os sentidos acima e a ideia de "alma" e similares (ver adiante a sequência do texto). (N.E.)

obra de Freud em que é mencionado aquilo que em outras paragens é decorado com uma maiúscula, ou seja, o espírito, é seu livro sobre o *Witz*. Nem por isso deixa de haver um parentesco entre os dois polos do termo, que sempre deu pano para mangas nas discussões.

Seria divertido evocar-lhes a tradição inglesa. O *wit* é ainda mais nitidamente ambíguo que o *Witz* e até que o *esprit* em francês. Floresceram as discussões sobre o espírito verdadeiro, autêntico, o espírito benfazejo, em suma, e depois, sobre o espírito maléfico, isto é, o espírito com que os fazedores de piruetas divertem o mundo. Como distingui-los? Seria preciso nos referirmos às dificuldades pelas quais enveredaram os críticos. Depois do século XVIII, com Addison, Pope etc., isso continuou, no início do século XIX, com a escola romântica inglesa, onde a questão do *wit* não pôde deixar de estar na ordem do dia. Os escritos de Hazlitt, nesse contexto, são bastante significativos. Alguém de quem teremos oportunidade de falar, Coleridge, é quem foi mais longe nesse caminho.

Eu poderia igualmente falar-lhes da tradição alemã. Em particular, a promoção do espírito ao primeiro plano do cristianismo literário seguiu uma evolução estritamente paralela na Alemanha. Ali, a questão do *Witz* esteve no cerne de toda a especulação romântica, que terá que reter nossa atenção tanto do ponto de vista histórico quanto do ponto de vista da situação da psicanálise.

O absolutamente impressionante é não haver entre nós nada que corresponda a esse interesse da crítica pela questão do *wit* ou do *Witz*. As únicas pessoas que se ocuparam seriamente disso foram os poetas. No período do século XIX, não somente essa questão foi viva entre eles, como esteve no cerne da obra de Baudelaire e Mallarmé. Fora disso, ela só esteve presente, até mesmo em ensaios, do ponto de vista crítico, quer dizer, do ponto de vista de uma formulação intelectual do problema.

Deixo de lado a tradição principal, a espanhola, porque é importante demais para que não tenhamos, na sequência, que voltar a ela abundantemente.

O ponto decisivo é este: leiam vocês o que lerem sobre o problema do *Witz* ou do *wit*, o fato é que sempre chegarão a impasses sensíveis, que somente o tempo me impede de desenvolver hoje — voltarei a isso. Apago esta parte de meu discurso, mas posteriormente lhes provarei o salto, a franca ruptura, a diferença de qualidade e de resultados que caracterizam a obra de Freud.

Freud não fez o levantamento a que acabo de aludir a respeito da tradição europeia do *Witz*. Ele nos revela suas fontes, que são claras — três livros muito sensatos, muito legíveis, daqueles honrados professores alemães de pequenas universidades, que tinham tempo para refletir pacatamente e que faziam coisas nada pedantes. São eles Kuno Fischer, Theodor Vischer e Theodor Lipps, um professor de Munique que escreveu a melhor coisa dos três e que foi muito longe, chegando até a abrir os braços para a investigação freudiana. Simplesmente, se o sr. Lipps não fosse tão cioso da respeitabilidade de seu *Witz*, se não tivesse querido que houvesse o *Witz* falso e o verdadeiro, certamente teria ido muito mais longe. Foi isso que, ao contrário, não deteve Freud. Ele já tinha o hábito de se expor, e foi por essa razão que enxergou com muito mais clareza. E também por ter visto as relações estruturais existentes entre o *Witz* e o inconsciente.

Em que plano ele as viu? Unicamente num plano que podemos chamar de formal. Refiro-me ao *formal* não no sentido das belas formas, das linhas arredondadas, de tudo aquilo com que tentam tornar a nos mergulhar no mais negro obscurantismo, mas no sentido como se fala da forma na teoria literária, por exemplo. Com efeito, há mais uma outra tradição de que não lhes falei, também porque terei que voltar a ela com frequência, que é uma tradição nascida recentemente — a tradição tcheca. Sua ignorância leva vocês a crerem que a referência ao formalismo tem um sentido vago. De modo algum. O formalismo tem um sentido extremamente preciso — é uma escola crítica literária, que a organização estatal que se coloca em defesa do sputnik já vem perseguindo há algum tempo. Seja como for, é no nível desse formalismo, isto é, de uma teoria estrutural do significante como tal, que Freud se coloca, e o resultado não deixa dúvidas, é mesmo perfeitamente convincente. É uma chave que permite ir muito mais longe.

Depois de haver pedido que leiam meus artigos de vez em quando, nem sequer preciso pedir-lhes que leiam o livro de Freud *Der Witz und seine Beziehung zum Unbewussten*. Já que este ano lhes estou falando do *Witz*, isso me parece o mínimo. Vocês verão que a economia desse livro baseia-se em que Freud parte da técnica do chiste e volta sempre a ela. Que quer dizer isso para ele? Trata-se da *técnica verbal*, como se costuma dizer. Eu lhes digo, mais precisamente, *técnica do significante*.

É por partir da técnica do significante e por voltar a ela incessantemente que Freud deslinda verdadeiramente o problema. Faz aparecerem aí planos distintos e, de repente, vemos com a máxima nitidez aquilo que é preciso saber distinguir para não nos perdermos em confusões perpétuas do significado, em pensamentos que não permitem que nos localizemos. Vemos, por exemplo, que há um problema do espírito e há um problema do cômico, e que eles não são a mesma coisa. Similarmente, o problema do cômico e o problema do riso, por mais que volta e meia andem juntos, e que até suceda aos três se embaralharem, tampouco é o mesmo problema.

Em suma, para esclarecer o problema do espírito, Freud parte da técnica significante, e é dela que partiremos com ele.

Curiosamente, isso se passa num nível que, com certeza, não há nenhuma indicação de que seja o do inconsciente, mas, por razões profundas, que se prendem à natureza mesma daquilo de que se trata no *Witz*, é precisamente ao olharmos para isso que veremos com mais certeza aquilo que não está totalmente ali, aquilo que está de lado, e que é o inconsciente. O inconsciente, justamente, só se esclarece e só se entrega quando o olhamos meio de lado. Aí está uma coisa que vocês reencontrarão o tempo todo no *Witz*, pois tal é sua própria natureza — vocês olham para ele, e é isso que lhes permite ver o que não está ali.

Comecemos, pois, com Freud, pelas chaves da técnica do significante.

Freud não quebrou a cabeça para encontrar seus exemplos — quase todos os que nos dá, e que talvez lhes pareçam meio terra a terra e de valor desigual, foram tirados daqueles três professores, e foi por isso que lhes falei da estima em que os tenho. Mas houve, ainda assim, uma outra fonte da qual Freud foi realmente impregnado. Trata-se de Heinrich Heine, e foi nessa fonte que ele buscou seu primeiro exemplo.

Trata-se de um dito maravilhoso que desponta na boca de Hirsch Hyacinth, um judeu de Hamburgo, vendedor de bilhetes de loteria, necessitado e esfaimado, que Heine conhece no balneário de Lucca. Se quiserem fazer uma leitura plena sobre o *Witz*, será preciso vocês lerem o *Reisebilder, Imagens de viagem*, que é espantoso que não seja um livro clássico. Nele encontramos, na parte italiana, uma passagem em que figura esse personagem inenarrável, sobre cujos ditos oportunos ainda espero ter tempo de lhes dizer alguma coisa hoje.

Durante a conversa com ele, Heine ouve de Hirsch Hyacinth a declaração de que este tivera a honra de tratar dos calos dos pés do grande Rothschild, Nathan, o Sábio. Enquanto lhe raspava os calos, dizia a si mesmo que ele, Hirsch Hyacinth, era um homem importante. Com efeito, ficara pensando que, durante aquela operação, Nathan, o

Sábio, pusera-se a meditar sobre as diferentes mensagens que enviaria aos reis, e que se ele, Hirsch Hyacinth, lhe raspasse um pouco demais o calo do pé, daí resultaria nas partes altas uma irritação que faria com que também Nathan arrancasse um pouco mais o couro dos reis.

Foi assim que, conversa vai, conversa vem, Hirsch Hyacinth acabou falando de um outro Rothschild a quem havia conhecido, Salomon Rothschild. Num dia em que se anunciara na casa dele como Hirsch Hyacinth, havia recebido como resposta, em linguagem bonachona: — *Sim, eu também sou vendedor de loteria, da loteria Rothschild, e não quero que meu colega entre pela cozinha.* E, exclamou Hirsch Hyacinth, *ele me tratou de maneira totalmente familionária.*

E foi nisso que se deteve Freud.

Familionário, que é isso? Será um neologismo, um lapso, uma tirada espirituosa? É uma tirada espirituosa, seguramente, mas o simples fato de eu ter sido capaz de formular as outras duas perguntas já nos introduz numa ambiguidade do significante no inconsciente.

Que nos diz Freud? Que reconhecemos aí o mecanismo da condensação, que ela é materializada no material do significante, que se trata de uma espécie de engavetamento, com a ajuda sabe-se lá de que máquina, entre duas linhas da cadeia significante. Freud completa a afirmação com um esquema significante muito bonito, onde primeiro se inscreve *familiar* e, logo abaixo, *milionário*. Foneticamente, *ar/ário*[*] encontra-se dos dois lados, o mesmo se dá com o *mili*, isso se condensa e, no intervalo entre os dois, aparece *familionário*.

famili ar
mili onário
faMILIon ÁRIO

Tentemos ver em que resulta isso no esquema que está no quadro. Sou obrigado a andar depressa, mas tenho que lhes apontar uma coisa.

Podemos, evidentemente, esquematizar o discurso, dizendo que ele parte do [Eu] e vai para o Outro. É mais correto perceber que, não importa o que pensemos, todo discurso parte do Outro, α, reflete-se no [Eu], β, já que é preciso que este seja incluído na história, retorna ao Outro no segundo tempo — donde a invocação ao Outro, *Eu tinha*

* Em francês *ère/aire* são homófonos, o que dá mais força ao chiste. (N.E.)

com Salomon Rothschild perfeita familiaridade — e, em seguida, corre para a mensagem, γ.

Entretanto, não se esqueçam que o interesse desse esquema está em haver nele duas linhas, e em as coisas circularem ao mesmo tempo na linha da cadeia significante. Pela misteriosa propriedade dos fonemas que se encontram numa palavra e noutra, algo se agita correlativamente no significante, há um abalo da cadeia significante elementar como tal. Três tempos distinguem-se igualmente do lado da cadeia.

No primeiro tempo, há o esboço da mensagem.

No segundo tempo, a cadeia vem refletir-se, em β', no objeto metonímico, *meu milionário*. Com efeito, aquilo de que se trata para Hirsch Hyacinth é do objeto metonímico, esquematizado, de sua posse. Ele é *seu* milionário, mas ao mesmo tempo não o é, porque é muito mais o milionário que o possui. Resultado: isso não funciona, e é precisamente por isso que esse *milionário* vem refletir-se, no segundo tempo, em β', ao mesmo tempo que o outro termo, a maneira *familiar*, chega a α.

No terceiro tempo, *milionário* e *familiar* se encontram e vêm conjugar-se na mensagem em γ, formando *familionário*.

Pode ser que esse esquema lhes pareça pueril como poucos, embora esteja certo, porque fui eu que o fiz. Só que, quando houver funcionado durante o ano inteiro, talvez vocês digam a si mesmos que ele serve para alguma coisa. Em particular, graças ao que nos apresenta de exigências topológicas, ele nos permite medir nossos passos no que concerne ao significante. Tal como é feito, não importa como vocês o percorram, ele limita todos os nossos passos — ou seja, cada vez que precisarmos dar um passo, o esquema exigirá que não demos nada mais que três passos elementares. É para isso que tendem as bases e as pontas de seta, bem como as asinhas que concernem aos segmentos, que devem estar sempre numa posição secundária intermediária. Os outros, ou são iniciais, ou então terminais.

Portanto, em três tempos, as duas cadeias, a do discurso e a do significante, conseguem convergir para o mesmo ponto, o da mensagem. Isso faz com que o sr. Hirsch Hyacinth seja tratado de maneira totalmente *familionária*.

Essa mensagem é perfeitamente incongruente, no sentido de não ser aceitável, de não estar no código. Tudo se resume nisso. É claro que a mensagem existe, em princípio, para estar numa certa relação de diferenciação com o código, mas, nesse caso, é no próprio plano do significante que ela está em flagrante violação do código.

A definição que lhes proponho para a tirada espirituosa baseia-se primeiramente nisto, em que a mensagem se produz num certo nível da produção significante, que ela se diferencia e se distingue do código, e que assume, por essa distinção e essa diferença, um valor de mensagem. A mensagem reside em sua diferença para com o código.

Como é sancionada essa diferença? Esse é o segundo plano de que se trata. Essa diferença é sancionada como tirada espirituosa pelo Outro. Isso é indispensável, e está em Freud.

Há duas coisas no livro de Freud sobre a tirada espirituosa — a promoção da técnica significante e a referência expressa ao Outro como terceiro. Essa referência, que repiso há anos, é absolutamente articulada por Freud, muito especialmente na segunda parte de seu livro, mas forçosamente desde o início.

Por exemplo, Freud realça perpetuamente a diferença entre a tirada espirituosa e o cômico, que se vincula a que o cômico é dual. O cômico é a relação dual, e é preciso haver o Outro terceiro para que exista a tirada espirituosa. A sanção do Outro terceiro, seja ele suportado ou não por um indivíduo, é essencial aqui. O Outro rebate a bola, alinha a mensagem no código como tirada espirituosa. Ele diz no código: *Isto é uma tirada espirituosa.* Quando ninguém faz isso, não há tirada espirituosa. Quando ninguém se apercebe disso, quando *familionário* é um lapso, ele não constitui uma tirada espirituosa. É preciso, portanto, que o Outro o codifique como tirada espirituosa, que ele seja inscrito no código através dessa intervenção do Outro.

Terceiro elemento da definição: a tirada espirituosa tem relação com alguma coisa que se situa profundamente no nível do sentido. Não digo que seja *uma* verdade, pois as alusões sutis a seja lá qual for a psicologia do milionário e do parasita, embora contribuam muito para nosso prazer, e voltaremos a esse ponto, não nos explicam a produção do *familionário*. Digo que é *a* verdade.

Afirmo-lhes desde já que a essência da tirada espirituosa — se quisermos procurá-la, e procurá-la com Freud, pois ele nos levará o mais longe possível no sentido onde se encontra sua agudeza [*pointe*], já que é de agudeza que se trata e ela existe — reside em sua relação com uma dimensão radical, que se prende essencialmente à verdade, aquilo a que chamei, em meu artigo sobre "A instância da letra", a dimensão de álibi da verdade.

Por mais que queiramos circunscrever a essência da tirada espirituosa, o que não deixa de acarretar em nós sabe-se lá que diplopia mental, a coisa de que sempre se trata, e que é o que produz expressamente a tirada espirituosa, é isto: ela designa, e sempre de lado, aquilo que só é visto quando se olha para outro lugar.

É por aí que recomeçaremos da próxima vez. Certamente os deixo com algo em suspenso, com um enigma. Creio, entretanto, haver ao menos enunciado os termos aos quais lhes mostrarei, na continuação, que deveremos necessariamente nos ater.

6 DE NOVEMBRO DE 1957

II

O FÁTUO-MILIONÁRIO

Substituição, condensação, metáfora
Aterrado
Do espírito ao lapso e ao esquecimento do nome
Ruínas e centelhas metonímicas
O parasita e seu mestre

Retomemos nossa exposição no ponto em que a havíamos deixado da última vez, no momento em que Hirsch Hyacinth, dirigindo-se ao autor do *Reisebilder*, a quem havia conhecido no balneário de Lucca, diz-lhe: *Tão certo quanto Deus há de me dar tudo o que há de bom, eu estava sentado com Salomon Rothschild e ele me tratou totalmente como a um igual, muito familionariamente*.

1

Eis aí de onde partimos, da palavra *familionário*, que, em suma, fez fortuna. Ficou conhecida por Freud a ter transformado em ponto de partida, e é a partir disso que tentarei mostrar-lhes de que maneira ele abordou a tirada espirituosa.

Se a análise desta tirada é útil para nosso objetivo, se esse ponto foi exemplar, é porque ele nos manifesta — já que, infelizmente, isso é necessário —, de maneira indubitável, a importância do significante naquilo que, com Freud, podemos chamar de mecanismos do inconsciente.

É surpreendente ver que, à medida que se engalfinham com o delicado tema da afasia, isto é, do déficit da fala, os neurologistas, não especialmente preparados para isso por sua disciplina, fazem progressos notáveis, dia após dia, quanto ao que se pode chamar de sua formação linguística, enquanto os psicanalistas, cujas arte e técnica repousam inteiras no uso da fala, até hoje não a levaram minimamente em conta, ainda que a referência de Freud ao campo da filologia não seja uma simples referência humanista que evidencie sua cultura ou suas leituras, mas uma referência interna, orgânica.

Já que vocês entreabriram, desde a última vez — ao menos a maioria de vocês, espero —, o livro de Freud sobre o *Witz*, puderam perceber que toda a argumentação dele gira em torno da técnica do chiste como técnica de linguagem. Se o que surge de sentido e significação no chiste parece-lhe digno de ser aproximado do inconsciente, isso se fundamenta apenas em sua função de prazer. Aí está uma coisa que fico martelando, pois tudo o que tenho a dizer sobre a tirada espirituosa se relaciona com isso: o essencial gira, sempre e unicamente, em torno de analogias estruturais que só são concebíveis no plano linguístico, e que se manifestam entre o aspecto técnico ou verbal do chiste e os mecanismos próprios do inconsciente, que Freud descobriu sob nomes diversos, tais como condensação e deslocamento — limito-me a esses dois, por hoje.

É aí que estamos. Hirsch Hyacinth, ficção de Heinrich Heine, está contando, pois, o que lhe aconteceu. Para nos atermos ao segmento que isolei ao começar, produz-se de início um enunciado bastante explícito, enaltecendo o que virá em seguida, colocando-o sobre uma bandeja, exaltando-o. Trata-se da invocação feita à Testemunha universal e às relações pessoais do sujeito com essa Testemunha, isto é, Deus. *Tão certo quanto Deus há de me dar tudo o que há de bom* — eis algo ao mesmo tempo incontestavelmente significativo, por seu sentido, e irônico, pelo que a realidade pode mostrar que tem de falho. A sequência — *eu estava sentado ao lado de Salomon Rothschild, totalmente como a um igual* — faz surgir o objeto. Esse *totalmente* traz em si algo de muito significativo. Toda vez que invocamos a totalidade, é por não estarmos inteiramente seguros de que ela esteja realmente formada. Isso se verifica em muitos níveis, eu diria até em todos os níveis, do uso da noção de totalidade.

E por fim se produz o fenômeno inesperado, o escândalo da enunciação, ou seja, esta mensagem inédita que ainda nem sequer sabemos o que é e que ainda não podemos denominar: *de modo totalmente familionário, muito familionariamente*.

Será isso um ato falho ou um ato bem-sucedido? Uma derrapagem ou uma criação poética? Não sabemos. Talvez seja tudo ao mesmo tempo. Mas convém nos determos, precisamente, na formação do fenômeno no plano significante estrito. Com efeito, como anunciei da última vez, há nisso uma função significante que é própria da tirada espirituosa, como significante, que escapa ao código, isto é, a tudo o que até então se acumulou de formações do significante em suas funções de criação de significado. Aparece algo novo, que pode ser concebido como vinculado ao próprio fundamento do que podemos denominar de progresso da língua, ou sua mudança, mas que requer que, antes de aí chegarmos, detenhamo-nos em sua própria formação, a fim de situá-lo em relação ao mecanismo formador do significante.

O fenômeno essencial é o nó, o ponto onde aparece esse significante novo e paradoxal, *familionário*. Freud parte dele e a ele retorna incessantemente, pede que nos detenhamos nele e, até o fim de sua especulação sobre a tirada espirituosa, como verão, não deixa de voltar a ele como sendo o fenômeno essencial. Esse é o fenômeno técnico que especifica o chiste. Aí está o fenômeno central. Ele nos informa sobre o plano que nos é próprio, o das relações com o inconsciente, ao mesmo tempo em que ilumina com uma nova perspectiva aquilo que o conduz pelas tendências — é essa a palavra empregada no livro —, bem como aquilo que o cerca e que se irradia a partir dele, o cômico, o riso etc. Sem nos determos nisso, não poderíamos articular validamente as sequências e acompanhamentos do fenômeno, bem como suas fontes e pontos de interesse.

Detenhamo-nos, pois, em *familionário*. Há várias maneiras de abordá-lo. É objetivo de nosso esquema permitir-lhes isso, mas ele também lhes é dado para que aí se inscrevam os diferentes planos da elaboração significante — escolhi essa palavra, *elaboração*, porque Freud a sublinha. Para não surpreendê-los em demasia, comecemos no nível do sentido.

Que acontece quando surge *familionário*? Sentimos, a princípio, uma espécie de visada na direção do sentido, um sentido que é irônico ou até satírico. Menos aparente, desenvolvendo-se nas repercussões do fenômeno, propagando-se, em seguida a ele, pelo mundo, surge também um objeto, o qual, por sua vez, vai mais para o cômico, o absurdo, o nonsense. É o personagem do *familionário* como derrisão do milionário, e que tende a figurá-la.

Não é preciso fazer muita coisa para indicar em que direção ele tende a se encarnar. O próprio Freud nos assinala que Heinrich Heine, duplicando seu chiste, chamaria o milionário de *Millionarr*, o que, em alemão, quer dizer algo como *milionário tantã*. Na mesma linha de substantivação do *familionário*, poderíamos dizer, em francês, o *fat-millionnaire* [fátuo-milionário], com hífen.

Essa abordagem lhes mostra que não somos desumanos. Isso é bom — desde que não nos leve muito mais adiante nessa direção. É o tipo de passo que convém não precipitar. Trata-se de não compreender muito depressa, porque, compreendendo depressa demais, não se compreende coisa alguma. Tais considerações não explicam o fenômeno nem de que modo ele se liga à economia geral do significante.

2

Quanto a isso, insisto em que todos vocês tomem conhecimento dos exemplos, que dei em "A instância da letra", daquilo a que chamo funções essenciais do significante, na medida em que é por elas que o arado do significante sulca no real o significado, literalmente o evoca, o faz surgir, maneja-o, engendra-o. Trata-se das funções da metáfora e da metonímia.

Parece que para alguns é, digamos, meu estilo que barra a entrada desse artigo.

Lamento, não há nada que eu possa fazer — meu estilo é o que é. Quanto a este ponto, peço a eles que façam um esforço. E acrescento simplesmente que, sejam quais forem as deficiências de minha lavra que possam aí intervir, há também, nas dificuldades desse estilo — talvez eles o possam vislumbrar —, algo que corresponde ao próprio objeto que está em questão. Uma vez que se trata, com efeito, de falar de maneira válida das funções criadoras que o significante exerce sobre o significado, ou seja, não simplesmente de falar da fala, mas de falar no fio da fala, por assim dizer, para evocar suas próprias funções, talvez haja necessidades internas de estilo que se impõem — a concisão, por exemplo, a alusão, ou até a ironia [*pointe*], que são elementos decisivos para entrar no campo em que as funções da fala dominam não somente as avenidas, mas toda a textura. A continuação de minha exposição deste ano, espero, lhes mostrará isso. Voltaremos a esse ponto a propósito de um certo estilo que não hesitaremos em chamar por seu nome, por mais ambíguo que ele possa parecer, isto é, o maneirismo. Tentarei mostrar-lhes que não apenas há por trás dele uma grande tradição, mas que ele tem uma função insubstituível.

Isso foi apenas um parêntese para voltar a meu texto.

Pois nele vocês verão que o que chamo de funções metafórica e metonímica da linguagem, baseando-me em Roman Jakobson, que inventou isso, pode exprimir-se, muito simplesmente, no registro do significante.

Como já enunciei várias vezes ao longo dos anos precedentes, as características do significante são as da existência de uma cadeia articulada que, como acrescentei no artigo em questão, tende a formar grupos fechados, isto é, compostos de uma série de anéis que se prendem uns aos outros para constituir cadeias, as quais, por sua vez, prendem-se a outras cadeias à maneira de anéis. A forma geral de nosso esquema, aliás, evoca um pouco isso, sem apresentá-lo diretamente. A existência dessas cadeias implica que as articulações ou ligações do significante comportam duas dimensões, aquela que podemos chamar de combinação, continuidade, concatenação da cadeia; e a da substituição, cujas possibilidades estão sempre implicadas em cada elemento da cadeia. Essa segunda dimensão é omitida na definição linear que se fornece da relação entre o significante e o significado.

Em outras palavras, em todo ato de linguagem, embora a dimensão diacrônica seja essencial, há também uma sincronia implicada, evocada, pela possibilidade permanente de substituição que é inerente a cada um dos termos do significante.

Indiquei-lhes da última vez duas fórmulas, uma das quais dava uma representação da combinação, e a outra, a imagem da relação de substituição sempre implícita em qualquer articulação significante. Não é preciso ter possibilidades extraordinárias de intuição para perceber que deve haver alguma relação entre a fórmula da metáfora e o que Freud nos esquematiza sobre a formação do *familionário*.

Que pode querer dizer seu esquema? Talvez queira dizer que houve algo que caiu dentro do intervalo, que é eludido na articulação do sentido, ao mesmo tempo que se produziu alguma coisa que comprimiu, que embutiu um no outro o *familiar* e o *milionário*, de modo a produzir *familionário*, o qual, por seu turno, permaneceu. Há nisso uma espécie de caso particular da função de substituição, um caso particular do qual como que restam vestígios. A condensação, podemos dizer assim, é uma forma particular do que pode produzir-se no nível da função de substituição.

Seria bom vocês terem em mente desde já o longo desenvolvimento que fiz em torno de uma metáfora, a do feixe [*gerbe*] de Booz — *Seu feixe não era avaro nem odioso* —, mostrando de que modo o fato de *seu feixe* substituir o termo *Booz* constituir a metáfora, nesse caso. Graças a essa metáfora, surge em torno da figura de Booz um sentido, o sentido do advento à sua paternidade, com tudo o que pode irradiar-se e repercutir a partir daí, em virtude de este sentido se introduzir de maneira implausível, tardia, imprevista, providencial, divina. Essa metáfora está ali, precisamente, para mostrar o advento de um novo sentido em torno do personagem de Booz, que parecia excluído, foracluído dele.

É na relação de substituição que reside o recurso criador, a força criadora, a força de engendramento, caberia dizer, da metáfora.

A metáfora é uma função absolutamente genérica. Eu diria até que é pela possibilidade de substituição que se concebe o engendramento, por assim dizer, do mundo do sentido. Temos de apreender toda a história da língua, isto é, das mudanças de função graças às quais uma língua se constitui, aí, e não em outro lugar.

Se imaginássemos fornecer, algum dia, um modelo ou um exemplo da gênese e do surgimento de uma língua nessa realidade inconstituída que poderia ser o mundo antes que houvesse fala, seria preciso supormos um dado irredutível, original, que seguramente seria o mínimo de cadeia significante. Não insistirei hoje nesse mínimo específico, mas já dei indicações suficientes a esse respeito para que saibam que é por intermédio da metáfora, pelo jogo da substituição de um significante por outro num lugar determinado, que se cria a possibilidade não apenas de desenvolvimentos do significante, mas também de surgimentos de sentido sempre novos, que vêm sempre contribuir para aprimorar, complicar, aprofundar, dar sentido de profundidade àquilo que, no real, não passa de pura opacidade.

Estava procurando um exemplo para ilustrar isso, um exemplo do que podemos denominar de evolução do sentido, onde sempre encontramos, mais ou menos, o mecanismo da substituição. Como é de praxe nesses casos, aguardo meus exemplos do acaso. E este não deixou de me ser fornecido por alguém de meu círculo íntimo que, às voltas com uma tradução, teve de procurar no dicionário o sentido da palavra *aterrado* [*atterré*], e ficou surpreso ante a ideia de nunca haver entendido bem o seu sentido até então. De fato, *aterrado* não tem, originariamente e em muitos de seus empregos, o sentido de *tomado de terror*, mas o de *lançado por terra*.*

* Há uma diferença entre a constelação semântica do termo francês *atterré* e a de seu correspondente em português "aterrado". Enquanto em francês "terra" não é evocado de modo algum no uso de *atterré*, o mesmo não acontece em português,

Em Bossuet, *aterrar* significa literalmente *deitar por terra*. Em outros textos um pouquinho posteriores, vemos precisar-se essa espécie de peso do terror que, diriam os puristas, vem contaminar, deturpar o sentido da palavra *aterrado*. Mas não deixa de persistir o fato de que, incontestavelmente, os puristas estão totalmente errados nisso. Não há nenhuma espécie de contaminação. Mesmo que, de repente, alguns de vocês tenham a ilusão de que *aterrar* não é outra coisa, evidentemente, senão *voltar-se para a terra*, *fazer tocar na terra*, *colocar-se no nível da terra*, nem por isso o uso corrente da palavra deixa de implicar um pano de fundo de terror.

Partamos de outra palavra que tem uma certa relação com o sentido originário da palavra *aterrado*. Isso é pura convenção, pois não há em parte alguma uma origem da palavra *aterrado*, mas admitamos que se trate da palavra *abatido* [*abattu*], na medida em que ela de fato evoca o que a palavra *aterrado* poderia evocar-nos em seu pretenso sentido puro.

A palavra *aterrado*, portanto, substitui a palavra *abatido*. Eis uma metáfora.

É uma metáfora que não parece sê-lo, já que partimos da hipótese de que, originariamente, *lançado por terra* ou *de encontro à terra* querem dizer a mesma coisa. É justamente isto que lhes peço observarem: não é pelo fato de o sentido de *aterrado* modificar em seja lá o que for o sentido de *abatido* que a palavra é fecunda, geradora de um novo sentido.

No entanto, dizer que alguém está *aterrado* não é a mesma coisa que dizer que está *abatido*, e, por mais que isso implique um terror, também não é *aterrorizado*. Há aí uma nuance suplementar, algo de novo, um novo sentido. Uma nova nuance de terror é assim introduzida no sentido psicológico e já metafórico que tem a palavra *abatido*.

Desnecessário dizer que, psicologicamente, ninguém fica *aterrado* nem *abatido* no sentido estrito. Essa é uma coisa que só se pode dizer quando há palavras, e essas palavras provêm de uma metáfora — ou seja, o que acontece quando uma árvore é abatida, ou quando um lutador é prostrado por terra, *aterrado*, segunda metáfora.

Mas o interesse todo da coisa está em assinalar que o terror é introduzido pelo *terra* que há em *aterrado*. Em outras palavras, a

---

em que tanto "terror" quanto "terra" vêm à tona no uso de "aterrado". Mantivemos "aterrado" para preservar o argumento de Lacan. Outros dois exemplos análogos, porém vertidos com mais fidelidade, são "família" (p.57-8) e "senhor" (p.61). (N.E.)

metáfora não é uma injeção de sentido — como se isso fosse possível, como se os sentidos estivessem em algum lugar, fosse onde fosse, num reservatório. Se a palavra *aterrado* traz um novo sentido, não é tanto por ter uma significação, mas na qualidade de significante. É por conter um fonema que se encontra na palavra *terror*. É pela via significante, a do equívoco e da homonímia, isto é, pelo caminho do que existe de mais nonsense, que a palavra vem gerar essa nuance de sentido, essa nuance de terror, que vem ser introduzida por ela, injetada no sentido já metafórico da palavra *abatido*.

Em outras palavras, é na relação de um significante com um significante que vem gerar-se uma certa relação *significante sobre significado*. A distinção entre os dois é essencial.

$$\frac{S}{S'} \rightarrow \frac{S}{s}$$

É a partir da relação de significante a significante, da ligação do significante daqui com o significante dali, da relação puramente significante, isto é, homonímica, entre *aterrado* e *terror*, que vai poder se exercer a ação que é engendramento de significação, isto é, a modulação, pelo terror, do que já existia como sentido numa base metafórica.

Isso exemplifica o que acontece no nível da metáfora. A via metafórica preside não apenas à criação e à evolução da língua, mas também à criação e à evolução do sentido como tal, quero dizer, do sentido na medida em que algo não apenas é percebido, mas no qual o sujeito se inclui, ou seja, na medida em que o sentido enriquece nossa vida.

Eu gostaria ainda de lhes apontar simplesmente um esboço de vereda por onde chegar ao que vemos ocorrer no inconsciente.

Já indiquei a função essencial do desvio *terra*, que deve ser considerado como puramente significante, e o papel da reserva homonímica com que trabalha a metáfora, quer o vejamos ou não. Mas acontece mais uma coisa. Não sei se vocês a captarão bem de imediato. Irão captá-la melhor quando virem seu desenvolvimento. Isto é apenas o começo de um caminho essencial.

A nuance de significação trazida por *aterrado*, em toda a medida em que ela se constitui e se afirma, implica, observem, uma certa dominação e uma certa domesticação do terror. O terror é não apenas denominado, mas também atenuado, e é justamente isso que lhes permite, aliás, guardar em mente a ambiguidade da palavra *aterrado*.

Vocês dizem a si mesmos que, afinal de contas, *aterrado* tem mesmo uma relação com a terra, que o terror aí não está completo, que o abatimento, no sentido em que é sem ambiguidade para vocês, guarda seu valor preponderante, e que trata-se somente de uma nuance.

Em suma, o terror nessa situação permanece na penumbra, não é observado de frente, é tomado pelo viés intermediário da depressão. O que acontece fica completamente esquecido até o momento em que o relembro a vocês. O modelo, como tal, fica fora do circuito. Em outras palavras, à medida que a nuance *aterrado* firmou-se no uso, em que se tornou sentido e uso do sentido, o significante, por sua vez, foi — digamos explicitamente — recalcado propriamente falando. Desde o momento em que se estabeleceu em sua nuance atual o uso da palavra *aterrado*, o modelo, salvo o recurso ao dicionário e ao discurso erudito, já não se encontra à disposição de vocês, mas, como *terra*, é recalcado.

Estou avançando um pouquinho demais, porque esse é um modo de pensar a que vocês ainda não estão habituados, mas creio que isso nos poupará uma volta. Vocês verão a que ponto esse começo é confirmado pela análise dos fenômenos.

3

Voltemos ao nosso *familionário*, ao ponto de conjunção ou de condensação metafórica em que o vimos formar-se.

Convém, para começar, separar a coisa de seu contexto, isto é, do fato de que foi Hirsch Hyacinth, ou seja, o espírito de Heine, quem a gerou. Posteriormente, iremos buscar sua gênese bem mais além, nos antecedentes de Heinrich Heine e em suas relações com a família Rothschild. Conviria inclusive reler toda a história da família Rothschild para ter bastante certeza de não cometer erros, mas, por ora, ainda não chegamos a isso, estamos no *familionário*.

Vamos isolá-lo por um momento. Estreitemos o máximo possível o campo de visão da câmera em torno desse *familionário*. Afinal, ele poderia ter nascido em outro lugar que não na imaginação de Heine. Talvez este não o tenha fabricado no momento em que estava diante de sua folha em branco, com a pena na mão; talvez tenha sido certa noite, numa de suas perambulações parisienses que iremos evocar, que isso lhe ocorreu dessa maneira. Há todas as probabilidades, inclusive, de que tenha sucedido num momento de fadiga, de crepúsculo. Esse *familionário* também poderia muito bem ser um lapso, o que é perfeitamente concebível.

Já registrei um lapso que colhi quando brotava da boca de um de meus pacientes. Tenho outros, mas retorno àquele porque é sempre bom voltar às mesmas coisas até que elas tenham sido bem usadas, e depois, então, passa-se a outra coisa. Trata-se do paciente que, no curso da narrativa de sua história ou de suas associações em meu divã, evocou a época em que, junto à companheira com quem acabou casando perante o juiz, apenas vivia *maritavelmente*.

Vocês todos já perceberam que isso pode ser escrito no esquema de Freud: em cima, *maritalmente*, o que significa que não se é casado, e embaixo, um advérbio no qual se conjugam perfeitamente a situação dos casados e a dos não casados, *miseravelmente*. Daí resulta *maritavelmente*. Isso não é dito, é muito melhor do que dito. Por aí vocês veem a que ponto a mensagem ultrapassa não o mensageiro, pois é realmente o mensageiro dos deuses que fala pela boca desse inocente, mas ultrapassa o suporte da fala.

O contexto, como diria Freud, elimina por completo a hipótese de que meu paciente houvesse feito um chiste, e vocês não conheceriam esse chiste se, nessa ocasião, eu não tivesse sido o Outro com maiúscula, isto é, o ouvinte, e não apenas o ouvinte atento, mas o ouvinte que escuta, no verdadeiro sentido da palavra. Mesmo assim persiste o fato de que, posto em seu lugar, justamente no Outro, trata-se de um chiste particularmente sensacional e brilhante.

Dessa aproximação entre a tirada espirituosa e o lapso, Freud nos dá inúmeros exemplos na *Psicopatologia da vida cotidiana*. Vez por outra, o lapso é tão próximo do chiste que o próprio Freud é forçado a dizer, e somos forçados a acreditar em sua palavra, que o contexto exclui a hipótese de que o paciente ou a paciente tenham feito aquela criação à guisa de chiste.

Em algum lugar desse livro, Freud dá o exemplo da mulher que, falando da situação recíproca de homens e mulheres, diz: *Para que uma mulher interesse aos homens, ela tem que ser bonita* — o que não é concedido a todo o mundo, deixa ela implícito em sua frase —, *mas, para o homem, basta que ele tenha os cinco membros direitos*.

Essas expressões nem sempre são plenamente traduzíveis e, muitas vezes, sou obrigado a fazer uma transposição completa, isto é, a recriar a palavra em francês. Quase seria preciso empregar a expressão "totalmente rijo" [*tout raide*]. A palavra "direito" [*droit*] não é de uso corrente nesse caso, é tão pouco corrente, aliás, quanto em alemão.*

* Vale lembrar que o *gerade* alemão também tem as acepções de ereto, direto, reto. (N.E.)

Freud precisa fazer uma glosa a respeito dos quatro e dos cinco membros para explicar a gênese da coisa. A tendência um tantinho indecorosa é inquestionável. O que Freud nos mostra, em todos os casos, é que a palavra não acerta *diretamente o alvo* [*droit au but*], nem em alemão nem em francês. Por outro lado, o contexto exclui a hipótese de que a mulher seja tão crua assim intencionalmente. Trata-se efetivamente de um lapso, mas vocês estão vendo como isso se assemelha a um chiste.

Logo, pode ser um chiste, pode ser um lapso, e eu até diria mais — pode ser, pura e simplesmente, uma asneira, uma ingenuidade linguística. Afinal, em meu paciente, homem particularmente simpático, *maritavelmente* nem sequer era realmente um lapso, pois a palavra de fato fazia parte de seu léxico pessoal, e ele não achava nem de longe que estivesse dizendo alguma coisa extraordinária. Há pessoas que passeiam assim pela vida, que ocupam às vezes posições muito elevadas, e que soltam palavras desse gênero. Um célebre produtor de cinema, ao que parece, as produzia aos quilômetros o dia inteiro. Dizia, por exemplo, para encerrar algumas de suas frases imperativas: *E ponto final, é isso aí, está afirmado que não.* Não se tratava de um lapso, era simplesmente uma mostra de ignorância e estupidez.

Já que falamos de lapso, que é, nisso tudo, o que nos toca mais de perto, vejamos um pouco o que acontece nesse nível. Retornemos ao lapso pelo qual passamos em várias ocasiões para ressaltar, justamente, a função essencial do significante, o lapso originário, se assim posso dizer, aquele que se encontra na base da teoria freudiana, aquele que inaugura a *Psicopatologia da vida cotidiana* depois de ter sido publicado antes — em outras palavras, o esquecimento do nome próprio, no caso, *Signorelli*.

À primeira vista, não são a mesma coisa um esquecimento e isso que acabo de falar. Mas, se o que lhes estou explicando tem importância, se de fato é o mecanismo ou o metabolismo do significante que se acha no princípio e na engrenagem das formações do inconsciente, devemos encontrá-los todos em cada uma dessas formações. O que se distingue no exterior deve encontrar sua unidade no interior.

No esquecimento do nome, em vez de ver surgir uma palavra, *familionário*, temos o inverso — falta-nos alguma coisa. O que nos mostra a análise feita por Freud sobre o esquecimento de um nome próprio e, ainda por cima, estrangeiro?

Lemos a *Psicopatologia da vida cotidiana* como lemos o jornal, e a conhecemos tão de cor que achamos que isso não merece que nos detenhamos. Essas coisas, no entanto, foram os passos de Freud, e cada um de seus passos merece ser preservado, é portador de ensinamentos e rico em consequências. Observo de passagem que, com um nome, e um nome próprio, estamos no nível da mensagem. Teremos que descobrir a importância disso mais tarde, pois não posso dizer-lhes tudo de uma vez, diversamente dos *psicanalistas de hoje*, que são tão doutos que dizem tudo de uma vez só, falam do [eu] e do eu como coisas sem complexidade alguma, misturam tudo. Trago-lhes esboços aos quais retornarei e aos quais darei um desenvolvimento depois.

O nome próprio de que se trata é um nome estrangeiro, na medida em que seus elementos são estranhos à língua de Freud. *Signor* não é uma palavra da língua alemã, e Freud sublinha que isso não é sem importância. Ele não nos diz por quê, mas o fato de destacá-lo no capítulo inicial prova que considera que esse é um ponto particularmente sensível da realidade abordada. Se Freud aponta isso, é por estarmos numa dimensão diferente da do nome próprio como tal, que está sempre mais ou menos ligado a signos cabalísticos. Se o nome fosse absolutamente próprio e particular, não haveria pátria.

Há um outro fato que Freud também destaca logo de saída, embora estejamos habituados a não nos deter nele. Com efeito, o que lhe pareceu notável no esquecimento dos nomes próprios, tal como ele começa evocando para abordar a *Psicopatologia da vida cotidiana*, é que esse esquecimento não é um esquecimento absoluto, um vazio, uma hiância, mas que outros nomes se apresentam em seu lugar. É nisso que se situa, para Freud, o que constitui o começo de qualquer ciência, ou seja, o espanto. Não há como ficar espantado, realmente, senão com o que já se começou, por pouco que seja, a aceitar, caso contrário não se para de maneira alguma nesse ponto, porque não se enxerga nada. Mas Freud, justamente, advertido por sua experiência com os neuróticos, vê que o fato de se produzirem substituições justifica que nos detenhamos nele.

Agora preciso apertar um pouco o passo e lhes descrever em detalhe toda a economia da análise feita por Freud sobre esse esquecimento do nome, que é um lapso, no sentido de que o nome cai nas profundezas.

Tudo se centra em torno do que podemos chamar de aproximação metonímica. Por quê? Porque o que ressurge, antes de mais nada, são nomes substitutos — *Botticelli* e *Boltraffio*. Não há dúvida de que Freud situa o fenômeno no plano metonímico. Podemos apreendê-lo

— é por essa razão que estou fazendo esse desvio pela análise de um esquecimento — pelo fato de que o surgimento desses nomes, no lugar do *Signorelli* esquecido, situa-se no plano de uma formação não mais de substituição, porém de combinação. Na análise que Freud faz do caso, não há nenhuma relação perceptível entre *Signorelli, Boltraffio* e *Botticelli*, exceto relações indiretas, ligadas unicamente a fenômenos do significante.

Atenho-me primeiro àquilo que Freud nos diz e que se impõe em seu rigor. Essa é uma das demonstrações mais claras que ele deu dos mecanismos atuantes num fenômeno de formação e deformação ligado ao inconsciente. Ela não deixa absolutamente nada a desejar quanto à clareza. De minha parte, sou forçado, em prol da clareza de minha própria exposição, a lhes apresentar esta análise de maneira indireta, dizendo: *Isso é o que Freud diz.*

Ele nos diz por que *Botticelli* está ali. A última metade da palavra, *elli*, é o resto de *Signorelli*, desfalcado pelo fato de *Signor* ter sido esquecido. *Bo* é o resto, o desfalcado de *Bósnia-Herzegovina*, na medida em que *Herr* foi recalcado. É esse mesmo recalque do *Herr* que explica que *Boltraffio* associe o *Bo* de *Bósnia-Herzegovina* a *Trafoi*, nome da localidade onde Freud soubera do suicídio de um de seus pacientes por causa de impotência sexual.

Este último tema fora evocado durante a conversa no vagão entre Ragusa e Herzegovina, que precedia de imediato o esquecimento do nome. Seu interlocutor estava lhe falando dos turcos da Bósnia-Herzegovina, aqueles muçulmanos muito simpáticos que, quando o médico não consegue curá-los, dizem-lhe: *Herr, senhor, sabemos que fez tudo o que lhe foi possível.* O *Herr* tem seu peso próprio, seu acento significativo, está no limite do dizível, é o *Herr* absoluto, que é a morte, aquela morte, como diz La Rochefoucauld, que nos é tão impossível olhar fixamente quanto o sol; e Freud, com efeito, assim como os outros, tampouco pode fazê-lo.

A morte, aqui, é duplamente presentificada diante de Freud. Ela o é pelo incidente que concerne à sua função de médico e o é também por uma certa ligação, manifestamente presente, e que tem um toque todo pessoal, entre a morte e a potência sexual. É muito provável que essa ligação, indubitável no texto, não esteja unicamente no objeto, isto é, no que presentifica para ele o suicídio de seu paciente.

O que temos diante de nós? Nada além de uma pura e simples combinação de significantes. São as ruínas metonímicas do objeto de que se trata. O objeto está por trás dos diferentes elementos particulares que vêm participar aí de um passado imediato. Quem está por trás disso? O *Herr* absoluto, a morte. A palavra passa para outro lugar, apaga-se, recua, é repelida, é, dizendo-o apropriadamente, *unterdrückt*.

Há duas palavras com que Freud joga de maneira ambígua. A primeira é esse *unterdrückt*, que já lhes traduzi por *caído nas profundezas*. A segunda é *verdrängt*.

Situando-o em nosso esquema, *Herr* esgueira-se no nível do objeto metonímico, e por uma ótima razão: é que ele corria o risco de ficar um pouco presente demais após essas conversas. Como *Ersatz*, encontramos os destroços, as ruínas desse objeto metonímico, ou seja, o *Bo* que ali vem compor-se com a outra ruína do nome que nesse momento é recalcado, isto é, *elli*, por não aparecer no outro nome de substituição.

É esse o vestígio, o indício que temos do nível metonímico. Isso é o que nos permite encontrar a cadeia do fenômeno no discurso. É aí que se situa, na análise, aquilo a que chamamos associação livre, na medida em que ela nos permite seguir a pista do fenômeno inconsciente.

Posto que é metonímico, esse objeto já é fragmentado. Tudo o que acontece na ordem da linguagem está sempre já consumado. Se o objeto metonímico se quebra tão bem, é porque, como objeto metonímico, ele já não passa de um fragmento da realidade que representa. E não é só isso. Com efeito, o *Signor* não se encontra entre os vestígios, os fragmentos do objeto metonímico partido. Isso é o que convém explicar agora.

Signor, por seu turno, não é evocável, fazendo com que Freud não possa encontrar o nome Signorelli porque este está dentro da jogada. Ele está dentro, evidentemente, de maneira indireta, pelo viés do *Herr*. O *Herr* foi de fato pronunciado, num momento particularmente significativo da função que pode assumir como *Herr* absoluto, como representante da morte que, nessa ocasião, está *unterdrückt*. O *Signor* só está na jogada na medida em que pode simplesmente traduzir o *Herr*. É aí que encontramos o nível substitutivo.

A substituição é a articulação, o meio significante, onde se instaura o ato da metáfora. Isso não quer dizer que a substituição seja a metáfora. Se lhes estou ensinando, aqui, a proceder por todos esses caminhos de maneira articulada, é precisamente para que vocês não se entreguem o tempo todo a abusos de linguagem. Dizer que a metáfora produz-se no nível da substituição significa que a substituição é uma possibilidade de articulação do significante, que a metáfora exerce sua função de criação de significado no lugar onde a substituição pode se produzir, mas isso são duas coisas diferentes. Do mesmo modo, a metonímia e a combinação são duas coisas diferentes.

Esclareço isso de passagem, porque essas indistinções conduzem aos chamados abusos de linguagem. No que é definido em termos lógico-matemáticos como um conjunto ou um subconjunto, quando esse conjunto tem apenas um elemento, não se deve confundir o conjunto em questão com esse elemento particular. Esse é um exemplo típico de abuso de linguagem. E poderá servir para as pessoas que criticaram minhas histórias de α β γ δ.

Voltemos ao que se produz no nível de *Signor* e *Herr*. A ligação substitutiva de que se trata é uma substituição chamada heteronímica. É o que acontece em qualquer tradução — a tradução de um termo em uma língua estrangeira no eixo substitutivo, na comparação exigida pela existência de diversos sistemas linguísticos, chama-se substituição heteronímica. Vocês me dirão que isso não constitui uma metáfora. Estou de acordo, mas preciso apenas de uma coisa: que seja uma substituição.

Notem bem que tudo o que estou fazendo é seguir o que vocês são forçados a admitir ao lerem o texto. Em outras palavras, quero fazê-los extraírem de seu saber precisamente isto: que vocês o saibam. Mais ainda, não estou inovando — tudo isso vocês deverão admitir, se admitirem o texto de Freud.

Portanto, se o *Signor* está implicado, se está na jogada, é justamente por haver alguma coisa que o liga àquilo de que o fenômeno da decomposição metonímica é um signo para vocês no ponto em que se produz. O *Signor* está implicado como substituto de *Herr*.

Não preciso de mais do que isso para lhes dizer que, se o *Herr* escapuliu por ali, pelo lado dos β, o *Signor*, como indica a direção das flechas, saiu pelo lado α– γ. Não somente escapuliu por ali, como também podemos admitir até que eu volte a isso, que ele é rebatido como uma bola entre o código e a mensagem. Fica girando em círculos naquilo que podemos chamar de memória. Lembrem-se do que os fiz vislumbrar no passado, que devemos conceber o mecanismo do esquecimento, e, ao mesmo tempo, da rememoração analítica, como aparentado à memória de uma máquina. O que está na memória de uma máquina, com efeito, fica girando em círculos até que se torne necessário — é obrigado a girar em círculos, pois não há outra maneira de constituir a memória de uma máquina. Encontramos a aplicação disso, muito curiosamente, no fato de que podemos conceber o *Signor* como girando indefinidamente entre o código e a mensagem, até ser encontrado.

Vocês estão vendo nisso, ao mesmo tempo, a nuance que podemos estabelecer entre o *unterdrückt*, de um lado, e o *verdrängt*, de outro. Enquanto o *unterdrückt* só precisa se dar de uma vez por todas, e em condições nas quais o ser não pode descer ao nível de sua condição mortal, é de outra coisa que se trata quando o *Signor* é mantido no circuito sem poder entrar nele por algum tempo. Convém realmente admitirmos o que Freud admite, ou seja, a existência de uma força especial que o mantém assim, isto é, uma efetiva *Verdrängung*.

Havendo indicado aonde quero chegar quanto a esse ponto exato, retorno às relações da metáfora e da substituição. Embora, com efeito, haja apenas substituição entre *Herr* e *Signor*, há também, não obstante, metáfora. Toda vez que há substituição, há efeito ou indução metafóricos.

Para alguém de língua alemã, não é exatamente a mesma coisa dizer *Signor* ou *Herr*. Eu até diria mais — nunca é indiferente que nossos pacientes bilíngues, ou que simplesmente conhecem uma língua estrangeira, tendo algo a nos dizer num dado momento, no-lo digam numa outra língua. Essa mudança de registro sempre lhes é, estejam certos disso, muito mais cômoda, e nunca é desprovida de uma razão. Quando o paciente é realmente poliglota, isso tem um sentido; quando ele conhece de maneira imperfeita a língua a que se refere, tem naturalmente outro sentido; se é bilíngue de nascença, tem outro sentido ainda. Mas, em qualquer desses casos, tem um sentido.

Eu lhes disse, provisoriamente, que na substituição de *Herr* por *Signor* não havia metáfora, mas uma simples substituição heteronímica. Volto a essa questão para lhes dizer que, nessa ocasião, ao contrário, *Signor*, por todo o contexto a que está ligado — ou seja, o pintor Signorelli, o afresco de Orvieto, a evocação das coisas derradeiras —, representa precisamente a mais bela das elaborações que há dessa realidade impossível de enfrentar que é a morte. É justamente contando a nós mesmos mil ficções — *ficção* é tomada aqui no sentido mais verídico — sobre a questão das coisas derradeiras que metaforizamos, domesticamos e fazemos entrar na linguagem o confronto com a morte. Assim, fica claro que o *Signor* aqui, enquanto ligado ao contexto de *Signorelli*, representa de fato uma metáfora.

Eis ao que chegamos, portanto, e que nos permite reaplicar ponto a ponto, ao esquecimento do nome, o fenômeno do *Witz*, uma vez que encontramos neles uma tópica comum.

O *familionário* é uma produção positiva, mas o ponto onde se produz é o mesmo furo mostrado por um fenômeno de lapso. Eu poderia tomar outro exemplo e lhes refazer a demonstração. Poderia dar-lhes como dever de casa articular o exemplo do verso latino evocado por um dos interlocutores de Freud, *Exoriare ex nostris ossibus ultor*, cuja ordem o sujeito desorganiza um pouco — o *ex* fica entre *nostris* e *ossibus* —, deixando desaparecer a segunda palavra, indispensável à escansão, *aliquis*, que ele não consegue fazer surgir. Vocês não poderiam realmente compreender o fenômeno senão reportando-o a essa mesma grade, a essa mesma ossatura.

Ela comporta dois níveis — o nível combinatório, com o ponto de eleição onde se produz o objeto metonímico como tal, e o nível substitutivo, com o ponto de eleição no encontro das duas cadeias, a do discurso e a da cadeia significante em estado puro, onde se produz a mensagem. O *Signor* é recalcado, *verdrängt*, no circuito mensagem-código, enquanto o *Herr* é *unterdrückt* no nível do discurso. Com efeito, foi o discurso anterior que captou o *Herr*, e o que coloca vocês nas pegadas do significante perdido são as ruínas metonímicas do objeto.

É isso que nos fornece a análise do exemplo de esquecimento do nome em Freud. A partir dela, evidencia-se com mais clareza o que podemos pensar do *familionário*, formação que tem em si algo de ambíguo.

4

A criação da tirada espirituosa, como vimos, é da mesma ordem da produção de um sintoma de linguagem como o esquecimento de um nome.

Se os dois são de fato superponíveis, se sua economia significante é a mesma, devemos encontrar no nível da tirada espirituosa aquilo que complementa — há pouco lhes dei a entender algo sobre sua função dupla — sua função de visada em direção ao sentido, função neológica perturbadora, transtornadora. O que a complementa deve ser buscado na vertente do que podemos chamar de dissolução do objeto.

Não se trata apenas de *Ele me aceitou a seu lado como a um igual, muito familionariamente*, mas do surgimento deste personagem fantástico e derrisório que podemos chamar de o *familionário*. Ele se assemelha a uma daquelas criações que uma certa poesia fantástica nos permite imaginar, intermediária entre o "formigonário" [*mille-pattes*] e o "maluco milionário" [*fou-millionnaire*]. Seria uma espécie de tipo humano do qual imaginaríamos exemplares passando, vivendo e crescendo por entre os interstícios das coisas, como um miceto ou outro parasita análogo. Sem sequer chegar a tanto, a palavra poderia introduzir-se na língua à maneira como, já faz algum tempo, cortesã [*respectueuse*] quer dizer prostituta.

Esses tipos de criações têm um valor próprio, o de nos introduzir num campo até hoje inexplorado. Fazem surgir o que poderíamos denominar de um ser verbal. Mas um ser verbal é também um ser puro e simples, e que tende cada vez mais a se encarnar. Aliás, o *familionário* desempenhou, ao que me parece, um bocado de papéis, não simplesmente na imaginação dos poetas, mas também na história.

Há inúmeras criações que se aproximaram ainda mais disso do que o *familionário*. Gide faz girar toda a história de seu *Prometeu mal acorrentado* em torno do que não é realmente o deus, mas a máquina, ou seja, o banqueiro Zeus, que ele chama de *le Miglionnaire*. Caberá pronunciá-lo à italiana ou à francesa? Não se sabe, mas, de minha parte, acho que convém pronunciá-lo à italiana. Mostrar-lhes-ei, em Freud, a função essencial do *Miglionário* na criação do chiste.

Se agora nos debruçarmos sobre o *familionário*, veremos que a direção que lhes aponto não é atingida no plano do texto de Heine. Este de modo algum lhe confere liberdade, independência na condição de substantivo. Se o traduzi há pouco por *muito familionariamente*, foi para lhes indicar que continuamos no nível do advérbio. Podemos aqui brincar com as palavras e convocar a língua — vocês têm aí toda a diferença que há entre a *maneira* de ser e a direção que eu lhes vinha apontando, isto é, uma maneira de *ser*. Como estão vendo, há uma continuidade entre os dois. Heine permanece no nível da *maneira* de ser, ao escrever *ganz famillionär*.

O que dá suporte ao *muito familionariamente* de Heine? Sem que cheguemos de modo algum a um ser de poesia, trata-se de um termo extraordinariamente rico, formigante, pululante, à maneira como se dão as coisas no nível da decomposição metonímica.

A criação de Heine merece aqui ser reposta em seu contexto, *O balneário de Lucca*, onde vamos encontrar, ao lado de Hirsch Hyacinth, o marquês Cristoforo di Gumpelino, homem muito em voga, que se desmancha em toda sorte de cortesias e atenções para com as mulheres bonitas, ao que vem juntar-se a familiaridade fabulosa de Hirsch Hyacinth sempre agarrado à sua sombra.

A função de parasita, de servo, de empregado doméstico, de moço de recados desse personagem evoca-nos uma outra decomposição possível da palavra, o "esfaimilionário" [*affamillionnaire*], que sublinha em Gumpelino o aspecto faminto do sucesso, a fome que não mais é a *auri sacra fames*, porém a de ter acesso às mais altas esferas, e cuja satisfação lhe fora recusada até esse momento. Retrocedendo ainda mais, não quero fazer alusão à função desoladora, dilacerante das mulheres na vida desse marquês caricato.

Poderíamos traçar ainda de outra maneira a significação possível da palavra, decompondo-a assim: fátuo-milionário [*fat-millionnaire*]. O *fátuo-milionário* é, ao mesmo tempo, Hirsch Hyacinth e Gumpelino. E é ainda uma coisa bem diferente, pois por trás disso existem as relações de Heine, dentre elas as que manteve com os Rothschild, singularmente *familionárias*.

Assim, vocês estão vendo nesse chiste as duas vertentes da criação metafórica. Existe a vertente do sentido, na medida em que a palavra carrega efeito, emociona, é rica em significações psicológicas, acerta em cheio no momento, e nos prende por um talento que beira a criação poética. Mas há uma espécie de avesso que, por sua vez, não é forçosamente percebido de imediato: em virtude de combinações que poderíamos estender indefinidamente, a palavra formiga com tudo o que pulula de necessidades em torno de um objeto.

Fiz alusão à *fames*. Mas haveria também *fama*, isto é, a necessidade de brilho e renome que persegue o personagem do patrão de Hirsch Hyacinth. Haveria ainda a *infâmia* inerente à familiaridade servil que leva, na cena do balneário de Lucca, a que Hirsch Hyacinth dê a seu senhor um dos purgativos dos quais detém o segredo, mergulhando-o nos horrores da cólica no exato momento em que o coitado finalmente recebe o bilhete da dama amada, que lhe permitiria, em outras circunstâncias, atingir a satisfação de seus anseios. Essa extraordinária cena bufa revela as profundezas dessa familiaridade infame. Esta, realmente, dá à formação do chiste seu peso, seu sentido, seus vínculos, seu direito e seu avesso, seu lado metafórico e seu lado metonímico. No entanto, não é a essência dele.

Vimos agora suas duas faces, seus meandros e minúcias. Há, por um lado, a criação do sentido de *familionário*, que implica também um dejeto, alguma coisa que é recalcada. Trata-se, forçosamente, de algo que está no campo de Heinrich Heine, e que ficará, como o *Signor* de há pouco, girando entre o código e a mensagem. Por outro lado, existe a coisa metonímica, com todas as marcas de sentido, as centelhas e os respingos que se produzem em torno da criação da palavra *familionário*, e que constituem sua irradiação e seu peso, aquilo que compõe para nós seu valor literário. Nem por isso a única coisa importante, o centro do fenômeno, deixa de ser aquilo que se produz no nível da criação significante, e que faz com que isso seja um tirada espirituosa. Tudo o que está ali, e que se produz ao redor, coloca-nos no caminho de sua função, mas não deve ser confundido com o centro de gravidade do fenômeno.

O que constitui a ênfase e o peso do fenômeno deve ser buscado em seu próprio centro, isto é, por um lado, no nível da conjunção dos significantes, e por outro, naquele — que já lhes indiquei — da sanção dada pelo Outro a essa criação. É o Outro que dá à criação significante um valor de significante em si, valor de significante em relação ao fenômeno da criação significante. É a sanção do Outro que distingue a tirada espirituosa do puro e simples fenômeno do sintoma, por exemplo. É na passagem para essa função outra que reside a tirada espirituosa.

Mas, se não houvesse tudo isso que hoje acabo de lhes dizer, ou seja, o que acontece no plano da conjunção significante, que é o fenômeno essencial, e daquilo que ela desenvolve na medida em que participa das dimensões fundamentais do significante, isto é, a metáfora e a metonímia, não haveria nenhuma sanção possível da tirada espirituosa. Não haveria nenhum meio de distingui-la do cômico, ou da brincadeira, ou de um fenômeno bruto de riso.

Para compreender do que se trata na tirada espirituosa como fenômeno de significante, é preciso que tenhamos isolado suas faces, suas particularidades, suas vinculações, todos os seus meandros e minúcias no nível do significante. A tirada espirituosa acha-se num nível tão elevado da elaboração significante, que Freud se deteve nela para ver aí um exemplo particular das formações do inconsciente. Isso é também o que nos retém.

Vocês devem estar começando a vislumbrar sua importância, uma vez que puderam constatar que ela nos permite avançar de maneira rigorosa na análise de um fenômeno psicopatológico como tal, o lapso.

13 DE NOVEMBRO DE 1957

III

O MIGLIONÁRIO

De Kant a Jakobson
O recalcado da tirada espirituosa
O esquecimento do nome, metáfora fracassada
O chamariz de um significante
A moça e o conde

Eis-nos, portanto, entrando em nosso assunto do ano pela porta da tirada espirituosa.

Da última vez, começamos a analisar o exemplo princeps que Freud encaixou sob a forma de uma palavra, *familionário*, imputado por Heinrich Heine ao personagem de Hirsch Hyacinth, criação poética repleta de significação. Aliás, não foi por acaso que sucedeu a Freud tomar seu exemplo sobre um fundo de criação poética. Além disso, como é praxe acontecer, nós mesmos achamos esse exemplo particularmente apto a demonstrar o que aqui queremos demonstrar.

A análise do fenômeno psicológico de que se trata na tirada espirituosa levou-nos, como sem dúvida vocês viram, ao nível de uma articulação significante que, por mais interessante que seja, ao menos assim espero, para grande parte de vocês, nem por isso deixa de parecer, como é fácil imaginar, um bocado desnorteante. O que surpreende aqui, o que desnorteia o espírito, é, aliás, o cerne da retomada, que aqui quero fazer com vocês, da experiência analítica, e que concerne ao lugar e, até certo ponto, à existência do sujeito.

1

Alguém me formulou a pergunta — alguém que decerto estava longe de estar pouco informado, nem pouco informado quanto à pergunta, nem tampouco quanto ao que tento trazer para cá: — *Mas que acontece, afinal, com o sujeito? Onde está?*

A resposta era fácil. Como era um filósofo que fazia essa pergunta na Sociedade Francesa de Filosofia, onde eu estava falando, fiquei tentado a responder: — *Devolvo-lhe sua pergunta, deixo a palavra aos filósofos nesse ponto, pois não há, afinal, por que ficar todo o trabalho reservado a mim.*

A ideia de sujeito certamente pede para ser revista a partir da experiência freudiana. Não há nisso nada que deva nos surpreender. Em contrapartida, será mesmo que o que podíamos esperar, depois do que Freud trouxe de essencial, era ver os espíritos, muito particularmente os dos psicanalistas, ainda mais fortemente presos a uma ideia do sujeito que encarna, numa dada maneira de pensar, simplesmente o eu? Isso não passa de um retorno ao que poderíamos chamar de confusões gramaticais sobre a questão do sujeito.

Seguramente, nenhum dado da experiência permite sustentar a identificação do eu com um poder de síntese. Haverá sequer necessidade de recorrer à experiência freudiana? Uma simples inspeção sincera do que é a vida de cada um de nós permite entrever que esse pretenso poder de síntese está mais do que posto em xeque. A bem da verdade, exceto pela ficção, não há realmente nada que seja uma experiência mais comum do que não apenas a incoerência de nossos motivos, como também o sentimento de sua profunda imotivação, de sua alienação fundamental. Freud traz uma ideia de um sujeito que funciona mais além. Desse sujeito em nós, tão difícil de captar, ele nos mostra os dispositivos e a ação. Uma coisa que deveria reter a atenção aí é que esse sujeito — que introduz uma unidade oculta, secreta, naquilo que nos parece ser, no nível da experiência mais comum, nossa divisão profunda, nosso profundo enfeitiçamento, nossa profunda alienação em relação a nossos próprios motivos —, que esse sujeito é outro.

Esse sujeito outro, será ele simplesmente uma espécie de duplo, um eu mau, como disseram alguns, na medida em que de fato encerra muitas tendências surpreendentes, ou um outro eu, ou, como poderiam achar que digo, um verdadeiro eu? Será disso mesmo que se trata? Será que é simplesmente uma duplicação? Um outro eu, pura e simplesmente, que podemos conceber estruturado como o eu da experiência? Eis a questão, e é também por isso que este ano a abordamos a partir do nível e sob o título das *formações do inconsciente*.

Seguramente, a pergunta oferece uma resposta — o sujeito não é estruturado do mesmo modo que o eu da experiência. O que se apresenta nele tem suas leis próprias. Suas formações têm não somente um estilo particular, mas uma estrutura particular. Essa estrutura, Freud a aborda e a demonstra no nível das neuroses, no nível dos sintomas, no nível dos sonhos, no nível dos atos falhos, no nível da tirada espirituosa, e a reconhece como única e homogênea. Ela é seu argumento fundamental para fazer da tirada espirituosa uma manifestação do inconsciente. É o cerne do que ele nos expõe a propósito da tirada espirituosa, e foi por isso que a escolhi como porta de entrada.

A tirada espirituosa é estruturada, organizada segundo as mesmas leis que encontramos no sonho. Essas leis, Freud as reconhece na estrutura da tirada espirituosa, enumera-as e as articula. São elas a lei da condensação, *Verdichtung*, a do deslocamento, *Verschiebung*, e um terceiro elemento, que adere a essa lista, e que denominei, no final de meu artigo, de *consideração às necessidades da encenação*, para traduzir *Rücksicht auf Darstellung*. Mas pouco importa denominá-las. A chave da análise freudiana é o reconhecimento de leis estruturais comuns. Por isso se reconhece que um processo, como Freud se exprime, foi atraído para o inconsciente. Ele é estruturado segundo leis desse tipo. É disso que se trata quando se trata do inconsciente.

Ora, alguma coisa acontece no nível do que lhes ensino, a saber, que estamos agora, isto é, depois de Freud, em condições de apreender que essa estrutura do inconsciente, isso pelo qual se reconhece um fenômeno como pertencente às formações do inconsciente, corresponde exaustivamente ao que a análise linguística nos permite situar como sendo os meios essenciais de formação do sentido, na medida em que este é gerado pelas combinações do significante. Esse acontecimento é tão mais demonstrativo quanto tem tudo para surpreender.

A ideia de elemento significante assumiu seu sentido pleno na evolução concreta da linguística a partir do momento em que se destacou a noção de fonema. Ela nos permite tomar a linguagem no nível de um registro elementar, duplamente definido — como cadeia diacrônica e, no interior dessa cadeia, como possibilidade permanente de substituição no sentido sincrônico. Permite-nos igualmente reconhecer, no plano das funções do significante, uma força originária na qual podemos localizar um certo engendramento do que chamamos sentido. Essa concepção, que em si é riquíssima em implicações psicológicas, recebe, sem que sequer seja preciso aprofundar-lhe mais a trilha, uma complementação naquilo que Freud já nos havia preparado no ponto de junção do campo da linguística com o campo próprio da análise, na medida em que esses efeitos psicológicos, esses efeitos de engendramento do sentido, não são outra coisa senão o que ele nos mostrou como sendo as formações do inconsciente.

Podemos, neste ponto, apreender e situar um dado que até então ficara elidido quanto ao lugar do homem. É fato evidente que existem para ele objetos de uma heterogeneidade, de uma diversidade, de uma variabilidade realmente surpreendentes em comparação com os objetos biológicos. A existência de qualquer organismo vivo tem como correlato no mundo um conjunto singular de objetos que apresentam um certo estilo. Mas, em se tratando do homem, esse conjunto é de uma diversidade superabundante, luxuriante. Além disso, o objeto humano, o mundo dos objetos humanos, permanece inapreensível como objeto biológico. Ora, verifica-se que esse fato, nessa conjuntura, deve ser estreita ou mesmo indissoluvelmente relacionado com a submissão, a subducção do ser humano pelo fenômeno da linguagem.

Naturalmente, isso não havia deixado de aparecer, mas só até certo ponto, e, de certa maneira, permanecera mascarado. Com efeito, o que é apreensível no nível do discurso concreto sempre se apresenta, em relação ao engendramento do sentido, numa posição de ambiguidade, dado que a linguagem volta-se para objetos que já incluem em si alguma coisa da criação que receberam da própria linguagem. Foi isso que pôde constituir-se objeto de toda uma tradição, ou mesmo de toda uma retórica filosófica, a da crítica no sentido mais geral, que formula a pergunta: o que vale essa linguagem? O que representam suas conexões em relação àquelas a que elas parecem conduzir, que elas inclusive põem-se a refletir, e que são as conexões do real?

Eis, com efeito, a questão a que leva uma tradição filosófica cujo auge e ápice podemos definir pela crítica kantiana, que pode ser interpretada como o questionamento mais profundo de qualquer espécie de real, na medida em que este se acha submetido às categorias *a priori* não somente da estética, mas também da lógica. Esse é um ponto axial, do qual a meditação humana partiu novamente para encontrar o que não era percebido nessa maneira de colocar a questão no nível do discurso lógico, e de interrogar a correspondência entre o real e uma certa sintaxe do círculo intencional enquanto completado em cada frase. É justamente isso que se trata de retomar, por baixo e através dessa crítica, a partir da ação da fala nesta cadeia criadora em que ela é sempre suscetível de gerar novos sentidos — por intermédio da metáfora, da maneira mais evidente, e por intermédio da metonímia, de um modo que, por sua vez, ficou sempre profundamente mascarado até época muito recente, vou explicar-lhes por que quando for a hora.

Esta introdução já está suficientemente difícil. Já basta para que eu retorne a meu exemplo *familionário* e para que nos esforcemos por completar sua análise.

2

Chegamos à noção de que, no decorrer de um discurso intencional em que o sujeito se apresenta como querendo dizer alguma coisa, produz-se algo que ultrapassa seu querer, que se manifesta como um acidente, um paradoxo, ou até um escândalo.

Essa neoformação, o chiste, apresenta-se com traços que não são nada negativos, embora pudesse ser considerada uma espécie de tropeço, um ato falho — mostrei-lhes coisas que se assemelhavam singularmente a ela na ordem do puro e simples lapso. Ao contrário, nas condições em que se produz esse acidente, verifica-se que ele é registrado e valorizado na categoria de fenômeno significativo de engendramento de um sentido.

A neoformação significante apresenta uma espécie de colapso de significantes que aí se encontram, como diz Freud, comprimidos, engatados um no outro, daí resultando uma criação de significação da qual lhes mostrei as nuances e o enigma, entre uma evocação de *maneira* de ser, propriamente metafórica — *Ele me tratava de um modo totalmente familionário* —, e uma evocação de maneira de *ser*, de ser verbal, prestes a assumir a animação singular cujo fantasma tentei agitar diante de vocês com o personagem do *familionário*.

O *familionário* faz sua entrada no mundo como representativo de um ser que é muito passível de assumir para nós uma realidade e um peso infinitamente mais consistentes do que aqueles, mais apagados, do milionário. Também lhes mostrei o quanto ele detém uma força tão vivificante na existência que realmente representa um personagem característico de uma época histórica. Indiquei-lhes, por fim, que não foi só Heine quem o inventou, ao lhes falar do *Prometeu mal acorrentado* de Gide e de seu *Miglionário*.

Seria de grande interesse determo-nos por um momento nessa criação gideana. O *Miglionário* é Zeus, o banqueiro. Nada é mais surpreendente do que a elaboração desse personagem. Na lembrança que nos deixa esse livro de Gide, talvez ele seja ofuscado pelo brilho inaudito de *Paludes*, do qual é, no entanto, uma espécie de duplo. É do mesmo personagem que se trata nos dois. Há muitos traços para confirmá-lo. De qualquer modo, constata-se que o *Miglionário* tem comportamentos singulares com seus semelhantes, uma vez que é dele que vemos sair a ideia do ato gratuito.

O banqueiro Zeus, com efeito, está impossibilitado de manter com quem quer que seja um intercâmbio verdadeiro e autêntico, na medida em que é identificado ao poder absoluto, a esta faceta de *significante puro* que existe no dinheiro, e que torna precária a existência de qualquer troca significativa possível. Ele não encontra nada melhor para sair de sua solidão do que proceder da seguinte maneira. Vai para a rua, levando em uma das mãos um envelope que contém uma cédula de quinhentos francos, o que, na época, tinha lá o seu valor, e na outra mão uma bofetada, se assim podemos nos exprimir. Deixa cair o envelope. Um sujeito o apanha e o entrega a ele, gentilmente. Ele lhe propõe que escreva um nome e um endereço no envelope. Ao que então lhe desfere uma bofetada, e, como não é à toa que ele é Zeus, uma formidável bofetada, que deixa o sujeito aturdido e ferido. Em seguida, ele se afasta e remete o conteúdo do envelope à pessoa cujo nome foi escrito por aquele a quem acaba de tratar tão rudemente.

Ele se vê, assim, na posição de não haver escolhido coisa alguma, e de ter compensado um malefício gratuito com um dom que ele também não escolheu. Seu esforço consiste em restabelecer, através de seu ato, o circuito da troca, que não pode introduzir-se por si só de maneira alguma e por nenhum meio. Zeus tenta participar disso como por efração, gerando uma espécie de dívida da qual não participa em nada. A sequência do romance desenvolve o fato de que os dois personagens jamais conseguirão conjuminar o que devem um ao outro. Um ficará quase caolho por isso, e o outro morrerá disso.

Essa é toda a história do romance, uma história profundamente instrutiva e moral, além de utilizável no que aqui tentamos mostrar.

Eis, portanto, nosso Heinrich Heine na posição de haver criado um personagem do qual fez surgir, com o significante *familionário*, uma dimensão dupla — a da criação metafórica e a de uma espécie de objeto metonímico novo, o *familionário*, cuja posição podemos situar em nosso esquema. Mostrei-lhes, da última vez, que podíamos encontrar nele, mesmo que a atenção não fosse atraída para esse aspecto, todos os destroços ou dejetos comuns ao reflexo de uma criação metafórica num objeto. Trata-se de todos os subterrâneos significantes, de todas as parcelas significantes em que se decompõe o termo *familionário* — a *fame*s, a *fama*, o *famulus*, a *infâmia*, enfim, tudo o que vocês quiserem, tudo o que é Hirsch Hyacinth, efetivamente, para seu patrão caricato Cristoforo Gumpel. Toda vez que lidamos com uma formação do inconsciente, devemos sistematicamente procurar o que chamei de destroços do objeto metonímico.

Por razões que são perfeitamente claras para a experiência, esses destroços revelam-se particularmente importantes quando a criação metafórica não é bem-sucedida, ou seja, quando não leva a nada, como no caso que lhes mostrei do esquecimento de um nome. Quando o nome *Signorelli* é esquecido, quando permanece oco, faz um furo no nível da metáfora, os destroços metonímicos assumem toda a sua importância para encontrar seu vestígio. Quando o termo *Herr* desaparece, é o contexto metonímico em que ele foi isolado, ou seja, o contexto *Bósnia-Herzegovina*, que nos permite resgatá-lo.

Voltemos a nosso *familionário*, neoformação que se produz no nível da mensagem. Fiz vocês observarem que, no plano da tirada espirituosa, deveríamos encontrar as correspondências metonímicas da formação paradoxal tanto quanto, no nível do esquecimento do nome, as que correspondem à escamoteação ou ao desaparecimento do *Signor*. Foi neste ponto que ficamos. Como conceber o que acontece no nível do *familionário*, na medida em que a metáfora, aqui espirituosa, é bem-sucedida? Deve haver alguma coisa que marque como que o resíduo, o dejeto da criação metafórica.

Uma criança o diria de imediato. Quando não ficamos fascinados com a faceta entificadora que sempre nos faz manejar o fenômeno da linguagem como se ele fosse um objeto, aprendemos a dizer coisas simples e evidentes à maneira como procedem os matemáticos quando manejam seus simbolozinhos, x e y, a e b, isto é, sem pensar em nada, sem pensar no que eles significam. Posto que estamos investigando o que acontece no nível do significante, para saber o que significa isso, não investiguemos o que isso significa. O que foi rejeitado? O que marca, no nível da metáfora, o resto, o resíduo da criação metafórica? É claro que é a palavra *familiar*.

Se a palavra *familiar* não apareceu, e se foi *familionário* que surgiu em seu lugar, devemos considerar que a palavra *familiar* foi para algum lugar, que teve um destino idêntico ao que foi reservado ao *Signor* de *Signorelli*, o qual, como lhes expliquei da última vez, foi prosseguir seu circuitozinho circular em algum lugar da memória inconsciente.

Não nos espantaremos nem um pouco que assim seja. A palavra *familiar* sofre um destino que corresponde bem ao mecanismo de recalque no sentido habitual, quer dizer, no sentido do qual todos temos a experiência, e que corresponde a uma experiência histórica anterior, digamos, pessoal, e que remonta a um passado remoto. Naturalmente, já não é o ser de Hirsch Hyacinth que fica em questão, mas o de seu criador, Heinrich Heine.

Mesmo que na criação poética de Heine a palavra *familionário* tenha florescido de maneira tão feliz, pouco nos importa saber em que circunstâncias ele a encontrou. Talvez não a tenha feito correr de sua pena quando estava à sua mesa, mas a tenha inventado durante um de seus passeios por uma noite parisiense que ele devia concluir solitário, depois de um dos encontros que tivera, na década de 1830, com o barão James de Rothschild, que o tratava como a um igual e de maneira *totalmente familionária*. Pouco importa, o resultado foi feliz, e tudo bem.

Não pensem que estou indo mais longe do que Freud nisso. Com efeito, passado um terço do livro aproximadamente, vocês o veem retomar o exemplo do *familionário* no plano do que ele chama de tendências do espírito, e identificar as fontes da formação dessa tirada espirituosa de invenção engenhosa. Ele nos ensina que essa criação de Heine tinha algo correspondente em seu passado e em suas relações pessoais de família. Por trás de Salomon de Rothschild, que ele invoca em sua ficção, houve de fato um outro *familionário*, de sua família — o chamado Salomon Heine, seu tio. Este desempenhou em sua vida o mais opressivo papel ao longo de toda a sua existência. Não apenas o tratou extremamente mal, recusando-lhe a ajuda concreta que Heine podia esperar dele, como também criou obstáculos à realização de seu grande amor, o que ele nutria pela prima — a quem não pôde desposar pela razão, essencialmente *familionária*, de que o tio era milionário e ele não era. Heine sempre considerou uma traição aquilo que não foi senão a consequência de um impasse familiar profundamente marcado pela *milionaridade*.

A palavra *familiar*, que se constata ter aqui a função significante maior no recalque correlato da criação espiritual de Heine, artista da linguagem, mostra-nos de maneira evidente a subjacência de uma significação pessoal. Essa subjacência está ligada à palavra, e não a tudo o que possa haver de confusamente acumulado na significação permanente, na vida do poeta, de uma insatisfação e de uma posição muito singularmente falseada perante as mulheres em geral. Se esse fator intervém aqui, é pelo significante *familiar* como tal. Não há, no exemplo indicado, nenhum outro meio de tocar na ação ou na incidência do inconsciente, a não ser mostrando que a significação está estreitamente ligada à presença do termo significante *familiar*.

Tais observações são feitas para lhes mostrar que o caminho pelo qual enveredamos, o de ligar toda a economia do que está gravado no inconsciente à combinação significante, leva-nos muito longe, joga-nos numa regressão que não prossegue *ad infinitum*, mas que nos reconduz à origem da linguagem. Com efeito, temos de considerar todas as significações humanas como tendo sido, em algum momento, metaforicamente geradas por conjunções significantes.

Considerações como esta certamente não são desprovidas de interesse — sempre temos muito a aprender com a história do significante. A identificação do termo *família* como o que é recalcado no nível da formação metafórica é perfeita para lhes dar, de passagem, uma ilustração disso.

Com efeito, a menos que se tenha lido Freud, ou que haja simplesmente um pouquinho de homogeneidade entre a maneira como se pensa quando se está em análise e aquela pela qual se lê um texto, não se pensa em *família* no termo *familionário*, assim como não se pensa em *terra* no termo *aterrado*. Quanto mais vocês realizam o termo *aterrado*, mais vogam pelo sentido do terror e mais *terra* é evitado, embora seja esse o elemento ativo na introdução significante do termo metafórico *aterrado*. Aqui, do mesmo modo, quanto mais vocês se aprofundam no sentido de *familionário*, mais pensam no *familionário*, isto é, no milionário que se tornou transcendente por assim dizer — transformado em alguma coisa que existe no ser, e não mais uma espécie de signo puro e simples —, e mais *família* tende a ser eludido como termo atuante na criação da palavra *familionário*. Tratem, pois, de se interessar por esse termo, *família*, como fiz eu, no nível do significante e de sua história, abrindo o dicionário Littré.

Era no Littré, diz o sr. Charles Chassé, que Mallarmé apanhava todas as suas ideias. E o pior é que ele tem razão. Tem razão num certo contexto, no qual é tão apanhado quanto seus interlocutores, o que lhe dá a sensação de estar arrombando uma porta. E é claro que faz isso porque a porta não está aberta. Com efeito, se pensássemos no que é a poesia, não haveria nada de surpreendente em perceber que Mallarmé se interessava vivamente pelo significante. Mas ninguém jamais abordou o que é verdadeiramente a poesia. Oscila-se entre sei lá eu que teoria vaga e movediça sobre a comparação e uma referência a sabe-se lá que termos musicais, mediante o que se pretende explicar a pretensa falta de sentido em Mallarmé. Em suma, não se percebe em absoluto que deve haver uma maneira de definir a poesia em função das relações com o significante. A partir do momento em que se produz uma fórmula talvez um pouco mais rigorosa da poesia, como fez Mallarmé, é muito menos surpreendente que ele seja questionado em seus mais obscuros sonetos.

Dito isso, não creio que ninguém venha um dia a fazer a descoberta de que também eu tirava todas as minhas ideias do dicionário Littré sob o pretexto de que o abro.

Abro-o então, e posso informar-lhes isto, que suponho alguns possam saber, mas que mesmo assim tem lá seu interesse: o termo *familial*, em 1881, era um neologismo. Uma consulta atenta a alguns bons autores que se debruçaram sobre esse problema permitiu-me datar de 1865 o surgimento dessa palavra. Não se dispunha desse adjetivo antes daquele ano. Por que não?

Segundo a definição dada pelo Littré, diz-se *familial* daquilo que se relaciona com a família, no nível, em suas palavras, da *ciência política*. A palavra *familial* está ligada, portanto, a um contexto onde se diz, por exemplo, salários-família [*allocations familiales*]. O adjetivo veio à luz, assim, no momento em que a família pôde ser abordada como objeto no nível de uma realidade política interessante, isto é, por ela já não ter para o sujeito a mesma função estruturante que tivera até então, sendo parte integrante das próprias bases de seu discurso, sem que sequer se pensasse em isolá-la. Foi à proporção que ela foi tirada desse nível, para se tornar tema de um manejo técnico particular, que pôde surgir uma coisa tão simples quanto seu adjetivo correlato. Talvez isso não seja indiferente, como vocês não podem deixar de perceber, no próprio uso do significante *família*.

Seja como for, evidencia-se que o termo que acabo de lhes dizer que foi posto no circuito do recalcado não tinha, em absoluto, na época de Heine, um valor idêntico ao que pode ter em nossa época. Com efeito, o simples fato de o termo *familial* não apenas não ser de uso corrente no mesmo contexto, mas até de não existir nessa época, basta para modificar o eixo da função significante ligada ao termo *família*. Essa nuance não deve ser desprezada nesse caso.

É graças a negligências dessa espécie que podemos imaginar que compreendemos os textos antigos tal como eles eram compreendidos pelos seus contemporâneos. No entanto, há toda probabilidade de que uma leitura ingênua de Homero em nada corresponda a seu sentido verdadeiro. Certamente não é à toa que exista quem se dedique a um esgotamento atento do vocabulário homérico, na esperança de repor aproximadamente em seu lugar a dimensão de significação de que se trata em seus poemas. Mas, o fato é que estes conservam seu sentido, apesar de boa parte do que é impropriamente chamado de mundo mental — que é o mundo das significações dos heróis homéricos — nos escapar, com toda a probabilidade, por completo, e, muito provavelmente, deve escapar-nos de maneira mais ou menos definitiva. A distância que vai do significante ao significado permite compreender que a uma concatenação bem-feita, que é precisamente o que caracteriza a poesia, sempre se poderá dar sentidos plausíveis, provavelmente até o fim dos séculos.

Creio ter feito mais ou menos o circuito do que se pode dizer sobre o fenômeno da criação da tirada espirituosa em seu registro próprio. Isso talvez nos permita chegar mais perto da fórmula que podemos dar do esquecimento do nome, do qual lhes falei na semana passada.

3

O que é o esquecimento de um nome? No caso, é o sujeito formular diante do Outro, e ao próprio Outro como Outro, a pergunta: *Quem pintou o afresco de Orvieto?* E não encontrar nada.

Quero assinalar-lhes, nesta oportunidade, a importância do cuidado que tenho em lhes dar uma formulação correta. A pretexto de a análise descobrir que, se o sujeito não evoca o nome do pintor de Orvieto, é porque falta o *Signor*, vocês podem ficar pensando que o *Signor* é que foi esquecido. Isso não é verdade. Não é *Signor* que ele está procurando, mas *Signorelli*, e *Signorelli* é que foi esquecido. *Signor* é o dejeto significante recalcado de alguma coisa que acontece no lugar onde não se pode encontrar *Signorelli*.

Percebam bem o caráter rigoroso do que lhes estou dizendo. De modo algum é a mesma coisa lembrar *Signorelli* ou *Signor*. Depois de terem feito de *Signorelli* o nome próprio de um autor, vocês não pensam mais no *Signor*. Se o *Signor* foi isolado em *Signorelli*, foi em razão do ato de decomposição que é próprio da metáfora, e na medida em que o nome foi apanhado no jogo metafórico que levou a seu esquecimento.

A análise nos permite reconstituir a correspondência de *Signor* com *Herr*, numa criação metafórica que visa o sentido existente além de *Herr*, sentido que este último assumiu durante a conversa de Freud com o personagem que o acompanha em sua pequena viagem à foz do Cattaro. *Herr* tornou-se o símbolo daquilo diante do qual fracassa sua mestria de médico, o símbolo do mestre absoluto, ou seja, da doença que ele não cura — o paciente suicidou-se apesar de seus cuidados — e, numa palavra, da morte e da impotência que o ameaçam pessoalmente, a ele, Freud. É na criação metafórica que se produz a quebra de *Signorelli*, o qual permite ao elemento *Signor* ir para um outro lugar. Assim, não se deve dizer que *Signor* é que foi esquecido, quando foi *Signorelli*. *Signor* é aquilo que encontramos no nível do dejeto metafórico, como recalcado. *Signor* é recalcado, mas não esquecido. Não pode ser esquecido, uma vez que não existia antes.

Se *Signorelli* pôde quebrar-se tão facilmente e *Signor* pôde se destacar, é porque *Signorelli* é uma palavra de uma língua estrangeira para Freud. É impressionante — vocês o constatarão facilmente, por menos que tenham a experiência de uma língua estrangeira — como se discernem com muito mais facilidade os elementos componentes do significante numa outra língua do que na própria. Quando começam a aprender uma língua, vocês percebem relações de composição entre as palavras as quais omitem em sua própria língua. Em sua língua, vocês não pensam nas palavras decompondo-as em radicais e sufixos, ao passo que o fazem, da maneira mais espontânea, ao aprender uma língua estrangeira. É por essa razão que uma palavra estrangeira é mais fácil de fragmentar e utilizar em seus elementos significantes do que uma palavra qualquer da própria língua. Esse é apenas um elemento adjuvante desse processo, que pode igualmente produzir-se com as palavras da própria língua, mas, se Freud começou pelo esquecimento de um nome estrangeiro, foi porque o exemplo era particularmente acessível e demonstrativo.

Pois bem, o que há no nível do lugar onde vocês não encontram o nome *Signorelli*? Houve, nesse lugar, a tentativa de uma criação metafórica. O que se apresenta como esquecimento do nome é o que se aprecia no lugar do *familionário*. Não teria havido absolutamente nada ali, se Heinrich Heine tivesse dito: *Ele me recebeu totalmente como a um igual, totalmente... tsc... tsc... tsc...* É exatamente isso que acontece no nível em que Freud procura o nome *Signorelli*. Alguma coisa não sai, não é criada. Ele procura *Signorelli* e o procura indevidamente. Por quê? Porque, no nível em que procura *Signorelli*, aquilo que é esperado nesse lugar, em virtude da conversa anterior, aquilo que é chamado a ele, é uma metáfora que sirva de mediação entre a coisa de que se trata no correr da conversa e aquilo que ele recusa, ou seja, a morte.

É justamente disso que se trata quando ele volta o pensamento para o afresco de Orvieto, ou seja, do que ele mesmo chama de as coisas derradeiras. É convocada, por assim dizer, uma elaboração escatológica. Essa seria sua única maneira de conseguir abordar esse término abominável, impensável, por assim dizer, de seu pensamento, no qual apesar de tudo ele tem de se deter, pois existe a morte, que tanto limita seu ser de homem quanto sua ação de médico, e que dá um limite absolutamente irrefutável a todos os seus pensamentos. Ora, nenhuma metáfora lhe ocorre no caminho da elaboração dessas coisas derradeiras. Freud se recusa a qualquer escatologia, a não ser sob a forma de uma admiração pelo afresco pintado em Orvieto. E nada lhe ocorre.

No lugar onde ele procura o autor — afinal, é do autor que se trata, de nomear o autor — não se produz nada, nenhuma metáfora tem sucesso, nenhum equivalente é atribuível ao *Signorelli*. O *Signorelli* fora convocado, naquele momento, numa forma significante bem distinta da de um simples nome. Fora solicitado a entrar em jogo à maneira como, em *aterrado*, o radical *terra* desempenha sua função, isto é, rompendo-se e se elidindo. A existência do termo *Signor* em algum lugar é a consequência da metáfora malsucedida que, nesse momento, Freud chama em seu auxílio, e cujos efeitos devem ser inscritos no esquema no nível do objeto metonímico.

O objeto de que se trata, o objeto representado, pintado sobre as coisas derradeiras, Freud o extrai sem esforço de sua memória — *Não somente eu não encontrava o nome Signorelli, como nunca visualizei tão bem o afresco de Orvieto, logo eu*, diz ele, *que não sou muito imaginativo*. Disso nós sabemos por toda sorte de outros traços — pela forma de seus sonhos, em particular —, e, se Freud pôde fazer todas essas descobertas, muito provavelmente foi por ser muito mais receptivo e permeável ao jogo simbólico do que ao jogo imaginário. Ele mesmo notou a intensificação da imagem no plano da lembrança, a reminiscência mais intensa do objeto em questão, ou seja, a pintura, e até do rosto do próprio Signorelli, que ali estava na postura em que, nos quadros da época, apareciam os doadores e, às vezes, o autor. Signorelli estava no quadro e Freud o visualizou.

Não houve, portanto, um esquecimento puro e simples, um esquecimento maciço do objeto. Houve, ao contrário, uma relação entre a revivescência intensa de alguns de seus elementos imaginários e a perda de outros elementos, que são elementos significantes no nível simbólico. Encontramos nisso o sinal do que estava acontecendo no nível do objeto metonímico.

Portanto, podemos formular o que acontece no esquecimento do nome mais ou menos assim:

$$\frac{\text{X}}{\text{Signor}} \cdot \frac{\text{Signor}}{\textit{Herr}}$$

Aí encontramos a fórmula da metáfora, na medida em que ela se exerce por um mecanismo de substituição que coloca um significante S no lugar de outro significante, S'. Qual é a consequência dessa substituição? Produz-se no nível de S' uma mudança de sentido — o sentido de S', digamos, *s'*, torna-se o novo sentido, que chamaremos de *s*, por ele corresponder a S maiúsculo. Para não deixar que subsista nenhuma ambiguidade em seu espírito, pois vocês poderiam achar que, nessa topologia, o *s* minúsculo é o sentido do S maiúsculo, esclareço que é preciso que o S tenha entrado em relação com o S' para que o *s* minúsculo possa produzir, unicamente a esse título, o que chamarei de *s"*. A criação desse sentido é a finalidade do funcionamento da metáfora. A metáfora é sempre bem-sucedida, desde que, sendo isso executado, exatamente como numa multiplicação de frações, os termos se simplifiquem e se anulem. O sentido é então realizado, depois de entrar em função no sujeito.

É na medida em que *aterrado* acaba significando o que significa para nós na prática, isto é, *mais ou menos tomado de terror*, que o *terra* — o qual, por um lado, serviu de intermediário entre *aterrado* e *abatido*, o que constitui a distinção mais absoluta, pois não há nenhuma razão pela qual *aterrado* deva substituir *abatido*, e o qual, por outro lado, trouxe a título homonímico o *terror* — que o *terra*, em ambos os casos, pode simplificar-se. É um fenômeno da mesma ordem que se produz no nível do esquecimento do nome.

O que está em pauta não é uma perda do nome *Signorelli*, mas de um X que lhes apresento aqui porque iremos aprender a reconhecê-lo e a fazer uso dele. Esse X é o chamariz da criação significativa. Encontraremos seu lugar na economia de outras formações inconscientes. Para dizê-lo a vocês de uma vez, isso é o que acontece no plano do que chamamos desejo do sonho. Vemo-lo aqui, de maneira simples, no lugar onde Freud deveria encontrar *Signorelli*.

Freud não encontra nada, não simplesmente porque *Signorelli* desapareceu, mas porque, nesse nível, ter-lhe-ia sido preciso criar alguma coisa que satisfizesse ao que constituía a questão para ele, ou seja, as coisas derradeiras. Desde que esse X esteja presente, a formação metafórica tende a se produzir, e nós o vemos nisto, no fato de o termo *Signor* aparecer no nível de dois termos significantes opostos. Ele tem duas vezes o valor S', e é nessa condição que ele sofre o recalque. No nível do X não se produziu nada, e é por isso que Freud não descobre o nome, e que o *Herr* desempenha o papel e ocupa o lugar do objeto metonímico, objeto que não pode ser denominado, que só é denominado por suas conexões. A morte é o *Herr* absoluto. Mas, quando se fala do *Herr*, não se está falando da morte, porque não se pode falar da morte, porque a morte é, muito precisamente, o limite de toda a fala e, ao mesmo tempo, provavelmente também a origem de onde ela parte.

Eis, portanto, a que nos leva correlacionar termo a termo a formação da tirada espirituosa e a formação inconsciente cuja forma vocês agora veem aparecer melhor. Ela é aparentemente negativa. Na verdade, não é negativa. Esquecer um nome não é simplesmente uma negação, é uma falta, mas — sempre tendemos a andar depressa demais — uma falta desse nome. Não é pelo fato de o nome não ser retido que há a falta. Não, há a falta desse nome.

Ao procurar o nome, encontramos a falta no lugar onde ele deveria exercer sua função e onde não mais pode exercê-la, pois um novo sentido é requerido, o qual exige uma nova criação metafórica. É por essa razão que o *Signorelli* não é encontrado, mas, inversamente, deparamos com os fragmentos, ali onde eles devem ser encontrados na análise, ali onde exercem a função do segundo termo da metáfora, ou seja, do termo nela elidido.

Isso pode parecer grego mas não importa, desde que vocês simplesmente se deixem conduzir por aquilo que aparece. Por mais grego que possa parecer, é rico em consequências. Se vocês lembrarem disso quando for preciso lembrar, isso lhes permitirá esclarecer o que se passa na análise de uma dada formação inconsciente e prestar contas dela de maneira satisfatória. Inversamente, ao elidi-lo, ao não levá-lo em conta, vocês são conduzidos a entificações sumárias, grosseiras, se não sempre geradoras de erros, no mínimo vindo sustentar erros de identificações verbais que desempenham um papel importantíssimo na construção de uma certa psicologia — a da indolência, precisamente.

4

Voltemos a nossa tirada espirituosa e ao que cabe pensar dela. Quero apresentar-lhes, para terminar, uma distinção que retorna àquilo pelo qual comecei, ou seja, à questão do sujeito.

O pensamento sempre se reduz a fazer do sujeito aquele que se designa como tal no discurso. Farei vocês observarem que a isso se opõe um outro termo. Trata-se da oposição do que chamarei de dizer do presente ao presente do dizer.

Isso tem jeito de jogo de palavras, mas não o é de modo algum.

O dizer do presente remete àquilo que se diz *[eu]* no discurso. Juntamente com uma série de outras partículas, *aqui, agora* e outras palavras tabus em nosso vocabulário psicanalítico, ele serve para situar no discurso a presença do falante, para situá-lo em sua atualidade de falante, no nível da mensagem.

Basta ter a mais ínfima experiência da linguagem para ver que o presente do dizer, ou seja, o que existe presentemente no discurso, é coisa completamente diferente. O presente do dizer pode ser lido em toda sorte de modalidades e registros, e não tem nenhuma relação de princípio com o presente, tal como este é designado no discurso como presente daquele que o sustenta, que é variável e para o qual as palavras têm apenas um valor de partícula. O *[eu]* não tem mais valor do que *aqui* ou *agora*. A prova disso é que quando você, meu interlocutor, me fala de *aqui* ou *agora*, não está falando do mesmo *aqui* ou *agora* de que falo eu. Em todo caso, o seu *[eu]* certamente não é o mesmo que o meu.

Vou lhes dar uma ilustração do presente do dizer, mediante a mais curta tirada espirituosa que conheço, a qual nos introduzirá, ao mesmo tempo, numa dimensão diferente da dimensão metafórica.

Esta dimensão corresponde à condensação. Falei-lhes há pouco do deslocamento, e é a dimensão metonímica que corresponde a ele. Se ainda não a abordei, foi porque ela é muito mais difícil de apreender, mas essa tirada espirituosa nos será particularmente favorável para fazer com que a percebamos.

A dimensão metonímica, na medida em que pode entrar na tirada espirituosa, joga com os contextos e os empregos. Ela se exerce associando os elementos já conservados no tesouro das metonímias. Uma palavra pode ser ligada de maneira diferente em dois contextos diferentes, o que lhe dá dois sentidos completamente diversos. Ao tomá-la num certo contexto com o sentido que ela tem em outro, estamos na dimensão metonímica.

Darei o exemplo princeps disso sob a forma da seguinte tirada espirituosa, sobre a qual vocês poderão meditar antes que eu fale dela.

Heine estava com o poeta Frédéric Soulié num salão quando este lhe disse, a propósito de um personagem coberto de ouro, figura que ocupava um bocado de espaço na época, como vocês podem ver, e que era muito requisitada: — *Como vê, meu caro amigo, o culto ao Bezerro de Ouro não acabou.* — *Oh* — respondeu Heine, depois de olhar o personagem —, *para um bezerro, ele me parece ter passado um pouco da idade.*

É esse o exemplo do chiste metonímico. Vou esmiuçá-lo da próxima vez, mas vocês já podem notar que é na medida em que a palavra *bezerro* é tomada em dois contextos metonímicos diferentes, e unicamente nessa condição, que há uma tirada espirituosa. Nada acrescenta à significação dessa tirada espirituosa dar-lhe seu sentido, ou seja, o de que o personagem é um boi. É engraçado dizer isso, mas só há tirada espirituosa na medida em que, de uma fala à outra, *bezerro* é tomado em dois contextos diferentes.

Que a tirada espirituosa se exerça no nível do jogo do significante, podemos demonstrá-lo de uma forma ultracurta.

Uma moça, uma mulher em potencial, em quem podemos reconhecer todas as qualidades da verdadeira educação, aquela que consiste em não usar as palavras chulas, mas em conhecê-las, foi convidada para sua primeira festa surpresa por um galanteador que, ao cabo de um momento de enfado e silêncio, disse-lhe, ao sabor de uma dança, aliás imperfeita: — *Como viu, senhorita, eu sou conde.* — *At!* — respondeu ela, simplesmente.*

Não é uma história que vocês tenham lido nas pequenas antologias especiais. Talvez a pudessem colher da boca da senhorita, que ficou bastante satisfeita com ela, devo dizer. Mas nem por isso a história deixa de apresentar um caráter exemplar, pois é a encarnação por excelência do que chamei de presente do dizer. Não existe *[eu]*, o *[eu]* não se nomeia. Nada é mais exemplar do presente do dizer, como oposto ao dizer do presente, do que a exclamação pura e simples. A exclamação é o protótipo da presença do discurso, na medida em que aquele que o sustenta apaga por completo seu presente. Seu presente é, por assim dizer, inteiramente situado no presente do discurso.

Não obstante, nesse nível de criação, o sujeito dá mostras de presença de espírito, pois uma coisa dessas não é premeditada, aparece assim, e é por aí que se reconhece que uma pessoa é espirituosa. Ela efetua uma simples modificação no código, que consiste em lhe acrescentar esse pequeno *t*, que assume todo o seu valor pelo contexto, se assim ouso me exprimir, ou seja, o de que o conde não a contenta,

---

* A palavra *comte* (conde) soa idêntica ao termo chulo *con* (babaca), acrescido de um t. A resposta dada pela moça corresponderia mais ou menos a "Ah, t!". (N.E.)

exceto pelo fato de que se, como digo, é tão pouco capaz de contentar, o conde pode não perceber nada. Esse traço, portanto, é completamente gratuito, mas nem por isso vocês deixam de ver nele o mecanismo elementar da tirada espirituosa, isto é, a ligeira transgressão do código é tomada por si só como um novo valor, que permite gerar instantaneamente o sentido de que se precisa.

Esse sentido, qual é? Talvez lhes pareça que ele não deixa dúvidas, mas, afinal, a moça bem-educada não disse a seu conde que ele era o que é menos um *t*. Não lhe diz nada parecido. O sentido a ser criado permanece em suspenso, em algum lugar entre o eu e o Outro. É a indicação de que existe algo que, pelo menos por ora, deixa a desejar. Por outro lado, o texto não pode ser transposto em outros termos: se o personagem tivesse dito que era marquês, a criação não teria sido possível. Segundo a boa velha fórmula que era a alegria de nossos pais no século passado, perguntava-se *Como 'tá tu? Tatu 'tá bom?*, e se respondia: *Tatu do bem*. Não valia responder *Coelho vai bem*. Vocês me hão de dizer que essa era uma época em que as pessoas tinham prazeres simples.*

At! — aí vocês captam a tirada espirituosa em sua forma mais breve, incontestavelmente fonemática. É a composição mais curta que se pode dar a um fonema. É preciso que haja dois traços característicos, sendo esta a mais curta fórmula do fonema — quer uma consoante apoiada numa vogal, quer uma vogal apoiada numa consoante. Uma consoante apoiada numa vogal é a fórmula clássica, e é o que encontramos aqui. Isso basta, simplesmente, para constituir um enunciado que tem valor de mensagem, desde que haja uma referência paradoxal ao emprego atual das palavras e que ele dirija o pensamento do Outro para uma captação instantânea do sentido.

É a isso que se chama ser espirituoso. É também isso que esboça o elemento propriamente combinatório em que se apoia toda metáfora. Se hoje falei muito da metáfora, foi para lhes apresentar mais uma vez um referencial do mecanismo substitutivo. O mecanismo existe em quatro termos, os quatro termos que estão na fórmula que lhes dei em "A instância da letra". Essa é, singularmente, pelo menos na

---

* Como na adaptação em português, a brincadeira (no francês dizia-se *Comment vas-tu?* e se respondia *Et toile à matelas*, mas nunca *Et toile à édredon*) era calcada nos significantes e jogava com o disparate dos significados que eles evocavam. (N.E.)

forma, a operação essencial da inteligência, que consiste em formular o correlato do estabelecimento de uma proporção com um X.

Um teste de inteligência não é outra coisa senão isso. Só que isso não basta para dizer que o homem se distingue dos animais por sua inteligência, de uma maneira bruta. Talvez ele se distinga do animal por sua inteligência, mas talvez, nesse fato, a introdução de formulações significantes seja primordial.

Para pôr no devido lugar a questão da pretensa inteligência dos homens como a fonte de sua realidade mais X, seria preciso começar perguntando — inteligência de quê? Que há por compreender? Com o real, será mesmo de compreender que se trata? Se é pura e simplesmente de uma relação com o real que se trata, o discurso certamente deve conseguir restabelecê-lo em sua existência de real, isto é, não deve levar, estritamente falando, a nada. É isso, aliás, que o discurso costuma fazer. Se chegamos a uma outra coisa, se até podemos falar de uma história que chega a seu fim num certo saber, é na medida em que o discurso introduz nela uma transformação essencial.

É disso mesmo que se trata, e talvez, muito simplesmente, trata-se desses quatro pequenos termos, ligados de certa maneira pelo que se chama de relações de proporção. Essas relações, mais uma vez, tendemos a entificá-las. Acreditamos retirá-las dos objetos. Mas onde estão, nos objetos, essas relações proporcionais, se não as introduzirmos com a ajuda de nossos pequenos significantes?

A verdade é que a própria possibilidade do jogo metafórico baseia-se na existência de algo a ser substituído. O que está na base é a cadeia significante, como princípio da combinação e lugar da metonímia.

É isso que tentaremos abordar da próxima vez.

20 DE NOVEMBRO DE 1957

IV

O BEZERRO DE OURO

A necessidade e a recusa
Formalização da metonímia
Sem metonímia não há metáfora
A diplopia de Maupassant
O descentramento de Fénéon

Da última vez deixamos as coisas no ponto em que, depois de lhes haver mostrado o mecanismo encontrado por uma das formas da tirada espirituosa naquilo que chamo de função metafórica, íamos tomar um segundo aspecto dela sob o registro da função metonímica.

Vocês poderiam se espantar com esse modo de proceder, que consiste em partir do exemplo para desenvolver sucessivamente relações funcionais, as quais, em vista disso, parecem não estar ligadas por uma relação geral àquilo de que se trata. Isso decorre de uma necessidade própria de nossa matéria, cujo elemento sensível teremos a oportunidade de mostrar. Digamos que tudo o que é da ordem do inconsciente como estruturado pela linguagem coloca-nos diante do seguinte fenômeno: não é nem o gênero nem a classe, mas tão somente o exemplo particular que nos permite apreender as propriedades mais significativas.

Há nisso uma inversão de nossa perspectiva analítica habitual, no sentido da análise das funções mentais. Poder-se-ia chamá-la de fracasso do conceito, no sentido abstrato do termo. Trata-se, mais exatamente, da necessidade de passar por uma outra forma que não a da apreensão conceitual. Foi a isso que aludi um dia, ao falar do maneirismo, e esse traço é perfeitamente apropriado a nosso campo. Considerado o terreno em que nós nos deslocamos, mais do que pelo uso do conceito, é por uma distorção do conceito que somos obrigados a proceder. Isso, em razão do campo onde se movem as estruturações de que se trata.

Sendo o termo "pré-lógico" propenso a gerar confusão, eu os aconselharei a riscá-lo de antemão de suas categorias, considerando o que se costuma fazer dele, ou seja, uma propriedade psicológica. Trata-se, aqui, de propriedades estruturais da linguagem, que são anteriores a qualquer questão que possamos endereçar à linguagem sobre a legitimidade do que ela nos propõe como meta. Como vocês sabem, é exatamente isto que constituiu o objeto da ansiosa indagação dos filósofos, graças à qual chegamos a uma espécie de arranjo, que é mais ou menos o seguinte: apesar de a linguagem nos mostrar que não podemos dizer grande coisa neste nível a não ser que há um ser de linguagem, um *para nós* se realiza no enquadre; a este *para nós* chamamos *objetividade*. Essa é, sem dúvida, uma maneira meio apressada de resumir toda a aventura que vai da lógica formal à lógica transcendental, mas serve, simplesmente, para lhes anunciar desde logo que é em outro campo que nós nos situamos.

Quando fala do inconsciente, Freud não nos diz que ele é estruturado de uma certa maneira, mas, ainda assim, diz ele isso, na medida em que as leis que propõe, as leis de composição desse inconsciente, coincidem exatamente com algumas das mais fundamentais leis de composição do discurso. Por outro lado, no modo de articulação que é próprio do inconsciente falta toda sorte de elementos que estão implicados em nosso discurso comum — o vínculo de causalidade, dirá Freud a propósito do sonho, ou a negação, e isso para reconsiderar logo em seguida e nos mostrar que esta última se exprime de alguma outra maneira no sonho. É esse o campo já delimitado, definido, circunscrito, explorado e mesmo lavrado por Freud. É a ele que voltamos para tentar formular — ou então, indo mais longe, para formalizar — o que há pouco chamamos de leis estruturantes primordiais da linguagem.

Se há uma coisa que a experiência freudiana nos traz, é que somos determinados por essas leis no mais íntimo de nós, como se costuma dizer, acertadamente ou não, para criar uma imagem. Digamos simplesmente: somos determinados no nível do que em nós está além de nossas apreensões autoconceituais, além da ideia que podemos fazer de nós mesmos, sobre a qual nos apoiamos, à qual nos agarramos de qualquer maneira, à qual às vezes meio prematuramente, nos precipitamos, em dar um destino falando de síntese, de totalidade da pessoa — termos que, não nos esqueçamos, são todos precisamente, pela experiência freudiana, objetos de contestação.

Com efeito, Freud nos ensina — e devo restabelecê-lo aqui como uma divisa explícita — a distância ou mesmo a hiância que existe entre a estruturação do desejo e a estruturação de nossas necessidades. E, se a experiência freudiana chegou ao ponto de se referir a uma metapsicologia das necessidades, certamente isso nada tem de evidente, e podemos até qualificá-lo de inesperado em relação a uma primeira evidência, pois toda a experiência, tal como instituída e definida por Freud, mostra-nos em todo canto a que ponto a estrutura dos desejos é determinada por outra coisa que não as necessidades. As necessidades só chegam a nós refratadas, fragmentadas, despedaçadas, e são estruturadas precisamente por todos esses mecanismos — condensação, deslocamento etc. — conforme as manifestações da vida psíquica em que se refletem, e que pressupõem ainda outros intermediários e mecanismos, nos quais reconhecemos um certo número dessas leis a que iremos chegar após este ano de seminário, e que denominaremos de leis do significante.

Essas leis são dominantes aqui, e na tirada espirituosa aprendemos sobre um certo uso delas, o do jogo espirituoso; um ponto de interrogação é exigido pela introdução desse termo. O que é o espírito? O que é *ingenius* em latim? O que é *ingenio* em espanhol, uma vez que fiz referência ao conceito? O que é esse não-sei-quê que intervém aqui e que é diferente da função do juízo? Só poderemos situá-lo quando houvermos articulado e elucidado seus procedimentos. Quais são esses procedimentos? Qual é sua meta fundamental?

Já enfatizamos a ambiguidade da tirada espirituosa com o lapso, ambiguidade fundamental e, de certo modo, constitutiva. O que se produz pode transformar-se, conforme o caso, nessa espécie de acidente psicológico que é o lapso, diante do qual ficaríamos perplexos sem a análise freudiana, ou então, ao contrário, pode ser retomado e homologado pela escuta do Outro, no nível de um valor significante próprio — que é assumido, por exemplo, pelo termo neológico, paradoxal, escandaloso que é *familionário*. A função significante própria dessa palavra não é somente designar isto ou aquilo, mas sim uma espécie de para-além. O que é significado aqui de fundamental não está ligado unicamente aos impasses da relação do sujeito com o protetor milionário. Trata-se de uma certa relação que malogra, trata-se de algo que introduz nas relações humanas constantes um modo de impasse essencial que repousa nisto: que nenhum desejo pode ser aceito, admitido pelo Outro, a não ser através de toda sorte de intermediários que o refratem, que façam do desejo um objeto de troca, algo diferente do que é, e que, em suma, submetam desde a origem o processo da demanda à necessidade da recusa.

Vou me permitir introduzir o verdadeiro nível em que se coloca essa questão da tradução da demanda num enunciado que surte efeito, através de uma história engraçada, se não espirituosa, cujo registro está longe de dever limitar-se à risadinha espasmódica. É a história que, sem dúvida, todos vocês conhecem, contada sobre o masoquista e o sádico: *Me machuca*, diz o primeiro ao segundo, que responde: *Não*.

Vejo que isso não os faz rir. Tanto faz. Alguns riem, assim mesmo. Aliás, essa história não está aqui para fazê-los rir. Peço-lhes apenas que observem que nela nos é sugerida alguma coisa que se desenvolve num nível que não tem mais nada de espirituoso. Com efeito, quem está mais fadado a se entender do que o masoquista e o sádico? Sim, mas, como estão vendo por essa história, desde que não falem um com o outro.

Não é por maldade que o sádico responde *não*. Ele responde em função de sua condição sádica. E, a partir do momento em que se fala, ele é obrigado a responder no nível da fala. Portanto, é na medida em que somos transpostos para o nível da fala que aquilo que deveria, sob a condição de que nada fosse dito, levar ao mais profundo entendimento conduz ao que chamei há pouco de dialética da recusa, necessária para sustentar em sua essência de demanda o que se manifesta por intermédio da fala.

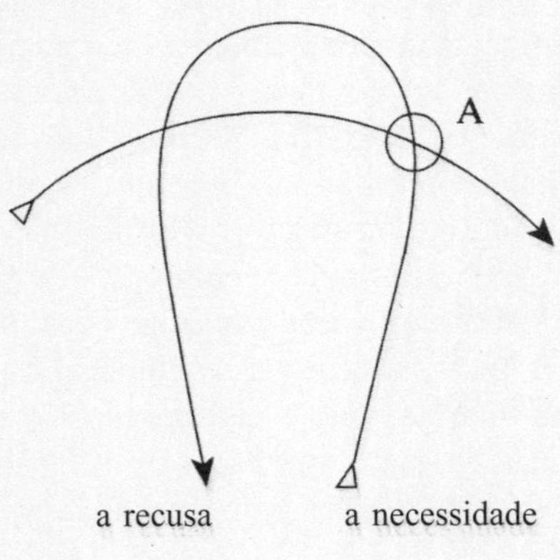

Em outras palavras, vocês observam nesse esquema uma simetria entre os dois elementos do circuito, a alça fechada, que é o círculo do discurso, e a alça aberta. Da parte do sujeito é lançada alguma coisa que, encontrando em A o ponto de assentamento do entroncamento, recurva-se sobre si mesma como uma frase articulada, um anel do discurso. Inversamente, quando o que se apresenta como demanda trai a simetria essencial de que falei, para percorrer diretamente o circuito que vai de sua necessidade ao objeto de seu desejo, ela desemboca no *não*. Digamos que a necessidade, se a situamos no ponto delta linha, se depara, necessariamente, com a resposta do Outro que por ora chamamos recusa.

Sem dúvida, isso justifica que nos aproximemos mais daquilo que não se apresenta aqui senão como um paradoxo, que nosso esquema apenas permite situar. Retomemos agora a cadeia de nossas proposições sobre as diferentes fases da tirada espirituosa.

1

Introduzirei hoje, portanto, a fase metonímica.

Para fixar prontamente essa noção, dei-lhes um exemplo sob a forma de uma história em que vocês podem ver tudo o que a diferencia do *familionário*. Trata-se de um diálogo de Heine com o poeta Frédéric Soulié, praticamente seu contemporâneo, relatado no livro de Kuno Fischer, e que, segundo creio, era bastante conhecido na época. Forma-se uma aglomeração num salão em torno de um senhor idoso, aureolado por todos os reflexos de seu poder financeiro. *Olhe*, diz Frédéric Soulié àquele que era apenas um pouco mais velho do que ele e de quem era admirador: *veja como o século XIX adora o Bezerro de Ouro*. Ao que Heine, com um olhar desdenhoso para o objeto para o qual era chamada a sua atenção, responde: — *É, mas este me parece haver passado da idade*.

O que significa essa tirada espirituosa? Onde está o tempero? Qual é seu fundamento?

A propósito da tirada espirituosa, vocês sabem que Freud nos colocou imediatamente neste plano: a tirada espirituosa deve ser investigada ali onde está, ou seja, em seu texto. Nada é mais cativante. O homem a quem se atribui o talento de sondar todos os aléns da hipótese psicológica, por assim dizer, sempre parte, ao contrário, do ponto inverso, ou seja, da materialidade do significante, tratando-o como um dado dotado de existência própria. Temos manifestamente o exemplo disso em sua análise da tirada espirituosa. Não apenas é da técnica que ele parte a cada vez, como também é nos elementos técnicos que se fia para encontrar o móbil.

Que faz ele de imediato? Procede ao que denomina de tentativa de redução. Se traduzirmos a tirada do *familionário* dando-lhe seu sentido desdobrado, se decompusermos aquilo de que se trata, e se depois lermos os elementos, isto é, se dissermos *tão familiar quanto se pode ser com um milionário*, tudo o que havia de tirada espirituosa se esvaecerá, desaparecerá, o que deixa bem claro que aquilo de que se trata reside na relação de ambiguidade fundamental que é própria da metáfora, na função que um significante assume ao substituir um outro, latente na cadeia, por similaridade ou simultaneidade posicional.

Freud, que começou por abordar a tirada espirituosa no nível metafórico, vê-se, com a história do Bezerro de Ouro, diante de uma nova variedade, cuja diferença se pode pressentir, e, como não é homem de nos poupar dos meandros de sua abordagem dos fenômenos, diz estar pensando em qualificá-la de tirada de *pensamento*, em oposição a tirada de *palavras*. Mas logo percebe que essa distinção é totalmente insuficiente, e que é no que se chama forma, ou seja, na articulação significante, que convém se fiar. Assim, ele trata de submeter outra vez o exemplo em questão à redução técnica, para fazê-lo dar conta do que há de subjacente na forma contestável, do consentimento subjetivo como atestando que ali há uma tirada espirituosa. Pois bem, Freud depara com algo que não se deixa analisar como *familionário*.

Comunicando-nos todas as abordagens de seu pensamento, ele se detém por um instante — seguindo Kuno Fischer, que fica parado nesse nível — na prótase, isto é, no que é trazido pelo interlocutor de Heine, nominalmente Frédéric Soulié. Descobre nesse *Bezerro de Ouro* algo de metafórico, e certamente a expressão tem um valor duplo, por um lado como símbolo da trama, e por outro, como símbolo do poder do dinheiro. Será que isso quer apenas dizer que o tal senhor recebe todas aquelas homenagens porque é rico? Não equivaleria isso a fazer desaparecer o fundamento do que está em questão? Freud se apercebe rapidamente do que há de falacioso nessa abordagem. A riqueza do exemplo justifica que ele seja examinado em detalhes.

É claro que, nos dados iniciais da utilização do Bezerro de Ouro, a noção da matéria está implicada. Sem nos aprofundarmos em todas as maneiras como se instituiu o uso verbal dessa expressão, incontestavelmente metafórica, basta dizer que, se o Bezerro de Ouro em si tem o mais estreito vínculo com a relação entre o significante e a imagem que constitui a vertente em que efetivamente se instala a idolatria, ele só se situa, afinal de contas, por uma perspectiva em que o reconhecimento daquele que se anuncia como *Eu sou aquele que sou*, isto é, o Deus dos judeus, exige que se rejeite não somente a idolatria pura e simples, ou seja, a adoração de uma estátua, porém, mais do que isso, a denominação por excelência de qualquer hipóstase figurada, ou seja, ele é aquilo que se coloca como a própria origem do significante, e isso faz buscar o para-além essencial deste último. Sua recusa é precisamente o que dá valor ao Bezerro de Ouro.

Assim, é somente pelo que já constitui um deslizamento que o Bezerro de Ouro adquire um uso metafórico. A regressão tópica que implica, na perspectiva religiosa, a substituição do simbólico pelo imaginário na qual se sustenta a idolatria assume aqui, secundariamente, um valor metafórico, para exprimir o que outros além de mim chamaram de valor fetiche do ouro, o qual não estou evocando à toa, já que justamente essa função de fetiche — seremos levados a voltar a isso — só é concebível na dimensão significante da metonímia.

Eis, portanto, o Bezerro de Ouro, carregado de todas as intricações, de todos os enredamentos da função simbólica com o imaginário. Será nisso que reside o *Witz*? Não. Não é esse, de modo algum, o lugar onde ele se situa. O chiste, como percebeu Freud, está na réplica de Heine, e esta consiste, precisamente, se não em anular, pelo menos em subverter todas as referências que sustentam a metáfora desse Bezerro de Ouro, para nele designar o que é reduzido de estalo à condição de um bezerro que vale tanto por libra. Subitamente, esse bezerro é tomado por aquilo que é: um ser vivo a quem o mercado, efetivamente instituído pelo império do ouro, reduz a ser ele mesmo apenas enquanto vendido como gado, como uma cabeça de bezerro, donde ser lícito frisar que, com certeza, ele não está mais dentro dos limites etários da definição de bezerro fornecida pelo Littré, a de um bezerro em seu primeiro ano, que um purista de açougue designaria como aquele que ainda não parou de mamar na mãe, *um bezerro embaixo da mãe*. Ouvi dizer que esse purismo só era respeitado na França.

Que esse bezerro aqui não seja um bezerro, que seja um pouco idoso para ser bezerro, é algo que não há nenhuma maneira de reduzir. Com ou sem o pano de fundo do Bezerro de Ouro, essa é uma tirada espirituosa. Assim, Freud capta entre a história do *familionário* e esta uma diferença — a primeira é analisável, a segunda é não analisável. E, no entanto, ambas são tiradas espirituosas. Que quer dizer isso, se não que decerto se trata de duas dimensões diferentes da experiência da tirada espirituosa? O que aqui se apresenta parece, como nos diz o próprio Freud, uma escamoteação, um passe de mágica, um erro do pensamento. Ora, esse é o traço comum a toda uma categoria de tiradas espirituosas, distinta da categoria na qual se inscreve o *familionário*, onde se toma uma palavra, como diríamos vulgarmente, num sentido diferente daquele em que nos é apresentada.

Uma outra história se inscreve na mesma categoria do Bezerro de Ouro — a que diz respeito ao confisco dos bens dos Orléans por Napoleão III quando de sua ascensão ao trono. *É o primeiro voo* [vol] *da Águia*, disseram, e todos ficaram deslumbrados com essa ambiguidade, nem é preciso insistir*. Não há por que falar aqui em espirituosidade do pensamento, pois se trata mesmo é de uma espirituosidade das palavras, que repousa na ambiguidade que permite tomar uma palavra em outro sentido.

É divertido aliás, nessa oportunidade, sondar as subjacências das palavras nesta situação, e Freud toma o cuidado, registrando a palavra em francês, de esclarecer o duplo sentido do *vol* como ação, como forma motora dos pássaros, e como subtração, rapto, violação da propriedade. Seria bom lembrar, a propósito disso, o que Freud elide — não digo que o ignore —, isto é, que um desses sentidos foi historicamente tomado emprestado do outro, e que o termo *volerie*, mais ou menos no século XIII ou XIV, passou do emprego em "o falcão voa" [*vole*], "a codorniz voa" [*vole*], para o costume de designar aquele delito contra uma das leis essenciais da propriedade que é conhecido como "roubo" [*vol*].**

Isso não é por acaso. Não digo que se produza em todas as línguas, mas já se havia produzido em latim, onde *volare* adquirira esse mesmo sentido a partir da mesma origem. Este é o momento de destacar uma coisa que não deixa de se relacionar com aquilo em que nos deslocamos, ou seja, o que chamarei de modos de expressão eufemísticos do que representa, na fala, a violação da palavra ou do contrato. Não é à toa que a palavra violação [*viol*] foi retirada do registro de um rapto que nada tem a ver com o que chamamos, propriamente, e em termos jurídicos, de "roubo" [*vol*].

---

* A ambiguidade a que Lacan se refere diz respeito ao substantivo *vol* e à 3ª pessoa do verbo *voler* (*vole*) do francês, cuja homonímia é explicada adiante. (N.E.)

** O termo *volerie* preserva ainda hoje em francês as duas acepções de "volataria"/"altanaria" ou "roubalheira"/"gatunice". (N.E.)

Paremos neste ponto e retomemos o que me levou a introduzir aqui o termo metonímia.

2

Além das ambiguidades, tão fugidias, do sentido, creio de fato que devo buscar uma outra referência para definir esse segundo registro da tirada espirituosa, a fim de unificar seu mecanismo com a primeira espécie e encontrar o fundamento comum aos dois. Freud nos aponta o caminho, sem no entanto concluir a fórmula.

De que adiantaria eu lhes falar de Freud, se, justamente, não tentássemos tirar o máximo proveito do que ele nos traz? Cabe a nós ir um pouco mais longe, fornecer essa formalização, que a experiência nos dirá se é conveniente, se é realmente nessa direção que os fenômenos se organizam.

A questão é rica em consequências, não somente para tudo o que concerne à nossa terapêutica, mas também para nossa concepção dos modos do inconsciente. Que haja uma certa estrutura, que essa estrutura seja a estrutura significante, que ela imponha sua grade a tudo o que acontece com a necessidade humana, isso é absolutamente decisivo.

Essa metonímia, já a introduzi diversas vezes, nomeadamente no artigo intitulado "A instância da letra no inconsciente". Ali dei um exemplo propositalmente retirado do nível da experiência vulgar da gramática que ressalta da lembrança dos estudos secundários. Não se pode dizer que o estudo das figuras de retórica sufocava vocês — a bem da verdade, até hoje nunca se deu muita importância a ele. A metonímia, na época, era relegada para o final, sob a égide de um Quintiliano bastante subestimado. Seja como for, no ponto em que nos encontramos de nossa concepção das formas do discurso, tomei como exemplo de metonímia *trinta velas*, o que é dito no lugar de *trinta navios*. Há um pano de fundo literário nessa escolha, uma vez que vocês sabem que essas trinta velas são encontradas num certo monólogo do *Cid*, referência com a qual talvez façamos alguma coisa.

Não se trata nessas trinta velas, como já disseram a vocês tomando por referência o real, simplesmente da parte pelo todo, pois é raro os navios terem uma vela só. Essas trinta velas, não sabemos o que fazer com elas: ou bem são trinta, e não há trinta navios, ou bem há trinta navios, e elas são mais de trinta. É por isso que digo que é preciso nos referirmos à correspondência das palavras ao pé da letra [*mot à mot*]. Dizendo isso, é claro que só faço colocar diante de vocês o aspecto problemático da coisa, e mostrar que convém nos aprofundarmos mais no cerne da diferença que há em relação à metáfora, pois vocês poderiam me dizer, afinal de contas, que isso é uma metáfora. Por que não é? A questão é justamente essa.

Já faz algum tempo que venho sabendo, periodicamente, que um certo número de vocês, nos meandros de sua vida cotidiana, de repente é surpreendido pelo encontro com alguma coisa que já não sabem de jeito nenhum como classificar, se na metáfora ou na metonímia. Isso às vezes acarreta distúrbios excessivos no organismo delas, uma arfagem violenta da metáfora de bombordo para a metonímia de estibordo, com a qual houve quem sentisse uma certa vertigem. Também me disseram, a propósito de Booz, que o *Seu feixe não era avaro nem odioso*, que lhes apresento como uma metáfora, bem poderia ser uma metonímia. Creio, porém, haver mostrado com clareza em meu artigo o que era esse feixe, e o quanto ele é bem diferente de uma parte da bondade de Booz. Na medida em que substitui o pai, precisamente, o feixe faz surgir toda a dimensão de fecundidade biológica que está subjacente ao espírito do poema, e não é por acaso que no horizonte, e mais ainda no firmamento, surge o gume afiado da foice celeste, que evoca o pano de fundo da castração.

Voltemos às nossas trinta velas e tentemos circunscrever, de uma vez por todas, do que se trata no que chamo de função metonímica.

No que concerne à metáfora, creio haver sublinhado suficientemente, o que não deixa de render alguns enigmas, que a substituição era sua força estrutural. A metáfora vincula-se à função conferida a um significante S no que esse significante substitui um outro numa cadeia significante.

A metonímia, por sua vez, consiste na função assumida por um significante S no que ele se relaciona com outro significante na continuidade da cadeia significante. A função atribuída à vela em relação ao navio está numa cadeia significante, e não na referência ao real; está na continuidade dessa cadeia, e não numa substituição. Trata-se, então, da maneira mais clara, de uma transferência de significação ao longo dessa cadeia.

É por essa razão que as representações formais, essas fórmulas, sempre podem prestar-se naturalmente a uma exigência suplementar por parte de vocês. Alguém me relembrou, recentemente, que um dia eu disse que o que procurava forjar para a utilização de vocês era uma lógica de borracha. É justamente de uma coisa assim, de fato, que se trata aqui. Essa estruturação tópica deixa forçosamente lacunas, porque é constituída de ambiguidades. Deixem-me dizer, de passagem, que não escaparemos disso. Se conseguirmos, todavia, levar bem longe essa estruturação tópica, não escaparemos a um resto de exigência suplementar, se é verdade que seu ideal é uma formalização unívoca, pois algumas ambiguidades são irredutíveis no nível da estrutura da linguagem tal como tentamos defini-la.

Permitam-me também dizer-lhes, de passagem, que a noção de metalinguagem é frequentemente empregada da maneira mais inadequada, uma vez que se desconhece o seguinte: ou a metalinguagem tem tamanhas exigências formais que elas deslocam todo o fenômeno de estruturação do local onde ela deveria situar-se, ou a própria metalinguagem conserva as ambiguidades da linguagem. Em outras palavras, não existe metalinguagem, existem formalizações — seja no plano da lógica, seja no plano da estrutura significante cujo nível autônomo tento destacar para vocês. Não existe metalinguagem no sentido de isso querer dizer, por exemplo, uma completa matematização do fenômeno da linguagem, e isso, precisamente, porque não há meio de formalizar para-além daquilo que é dado como estrutura primitiva da linguagem. Não obstante, a formalização é não somente exigível, mas necessária.

Ela é necessária aqui, por exemplo. Com efeito, a ideia de substituição de um significante por outro requer que o lugar já esteja definido. Trata-se de uma substituição posicional, e a própria ideia de posição exige a cadeia significante, isto é, uma sucessão combinatória. Não digo que exija todos os traços dela, mas digo que essa sucessão combinatória é caracterizada por elementos que chamarei, por exemplo, de intransitividade, alternância e repetição.

Se nos transportarmos para esse nível original mínimo da constituição de uma cadeia significante, seremos arrastados para longe de nosso tema de hoje. Existem exigências mínimas. Não lhes digo que eu tenha a pretensão de haver até aqui feito o circuito completo delas. Mesmo assim, já lhes dei o suficiente para lhes propor fórmulas que permitam sustentar uma certa reflexão, partindo da particularidade do exemplo — que é, neste campo, e por razões sem dúvida essenciais, de onde devemos extrair todos os nossos ensinamentos.

É exatamente assim que procederemos mais uma vez, observando, mesmo que isso pareça um trocadilho, que essas velas nos velam a visão, tanto quanto nos indicam que não entram em seu pleno direito de velas, a todo o pano, no uso que fazemos delas. Essas velas não se afrouxam. O que têm de reduzido em seu alcance e sua manifestação se encontra também quando evocamos *uma aldeia de trinta almas*, onde as almas são aí inseridas como as sombras do que representam, mais leves que um termo sugerindo de uma enorme presença de habitantes. Essas almas, segundo o título de um romance célebre, podem ser, mais do que seres que não estão ali, almas mortas. Do mesmo modo, se eu dissesse *trinta chamas extintas*, isso também representaria uma certa degradação ou minimização do sentido, pois essas chamas tanto são chamas apagadas quanto chamas a propósito das quais vocês dirão que não há fumaça sem fogo, e não é à toa que essas chamas são reencontradas num uso que diz, metonimicamente, o que elas vêm substituir.

Sem dúvida alguma, vocês me dirão que me fio em uma referência de sentido para estabelecer a diferença. Não creio, e quero ressaltar-lhes que parti disto: de que a metonímia é a estrutura fundamental em que se pode produzir esse algo novo e criativo que é a metáfora. Mesmo que alguma coisa de origem metonímica seja colocada na posição de substituição, como acontece com as trinta velas, isso é diferente de uma metáfora. Numa palavra, não haveria metáfora se não houvesse metonímia.

A cadeia em que é definida a posição na qual se produz o fenômeno da metáfora está, quando se trata da metonímia, numa espécie de deslizamento ou equívoco. *Não haveria metáfora se não houvesse metonímia* ocorreu-me como um eco — e não por acaso, de modo algum — da cômica invocação que Jarry põe na boca do pai Ubu — *Viva a Polônia, porque, sem a Polônia, não haveria poloneses*. Isso está precisamente no cerne de nosso tema. É uma tirada espirituosa, e, o que é mais engraçado, refere-se justamente à função metonímica. Pegaríamos o bonde errado se acreditássemos haver aí um gracejo referente, por exemplo, ao papel que os poloneses podem haver desempenhado nos infortúnios da Polônia, que são por demais conhecidos. A coisa é igualmente engraçada quando digo: *Viva a França, meu senhor, pois sem a França não haveria franceses!* E também se eu disser: *Viva o cristianismo, porque, sem o cristianismo, não haveria cristãos!* E ainda *Viva Cristo!* etc.

Não se pode desconhecer, nesses exemplos, a dimensão metonímica. Toda relação de derivação, todo uso dos sufixos ou das desinências nas línguas flexionais, utiliza para fins significativos a contiguidade da cadeia. A experiência do afásico, por exemplo, é indicativa nesse ponto. Existem dois tipos de afasia, precisamente, e, quando estamos no nível dos distúrbios da contiguidade, isto é, da função metonímica, o sujeito tem sua máxima dificuldade na relação da palavra com o adjetivo, de *benefício* ou *beneficência* com *beneficente*, ou também com *bem-fazer*. No caso acima, é no Outro metonímico que se produz esse lampejo que dá uma iluminação não somente cômica, mas também bufa.

É importante nos empenharmos em apreender as propriedades da cadeia significante, e procurei encontrar alguns termos de referência que permitissem apreender o que tenciono designar por esse efeito da cadeia significante, efeito inerente à sua natureza de cadeia significante, que é o que podemos chamar de sentido.

3

Ano passado, foi numa referência analógica — que podia parecer-lhes metafórica, mas que frisei bastante que não o era, que pretendia ser tomada ao pé da letra da cadeia metonímica — que situei a essência de todo deslocamento fetichista do desejo, ou, em outras palavras, de sua fixação, antes, depois ou ao lado, de todo modo, à porta de seu objeto natural. Tratava-se da instituição desse fenômeno fundamental que podemos chamar de perversão radical dos desejos humanos.

Eu gostaria agora de indicar na cadeia metonímica uma outra dimensão, aquela que chamarei de deslizamento do sentido. Já lhes apontei a relação dela com o procedimento literário que se costuma designar pelo termo realismo.

Não é impossível, nesse campo, que se possa fazer toda sorte de experiências, de modo que me submeti à de pegar um romance da época realista e relê-lo, para ver os traços que pudessem levar vocês a apreenderem esse algo de original que o uso metonímico da cadeia significante introduz na dimensão do sentido. Por isso me reportei ao acaso, dentre os romances da época realista, a um romance de Maupassant, *Bel-Ami*.

Sua leitura é muito agradável. Façam-na uma vez. Tendo enveredado por ela, fiquei bastante surpreso ao encontrar o que estou procurando designar aqui ao falar de deslizamento. Vemos partir o herói, Georges Duroy, do alto da rua Notre-Dame-de-Lorette.

> Quando a moça da caixa lhe entregou o troco de sua moeda de cem vinténs, Georges Duroy saiu do restaurante. Como tinha um belo porte, por natureza e por pose de ex-suboficial, empertigou-se, cofiou o bigode num gesto militar e habitual e lançou sobre os fregueses que continuavam à mesa um olhar rápido e circular, um daqueles olhares de moço bonito, que dardejam como investidas de gavião.

O romance começa assim. Não parece nada, mas, depois, ele vai de momento em momento, de encontro em encontro, e vocês assistem, da maneira mais evidente, a uma espécie de deslizamento que leva um ser bastante elementar, diria eu — considerando-o do ponto a que está reduzido no início do romance, pois aquela moeda de cem vinténs é a última que ele traz consigo —, que esse ser, portanto, reduzido a necessidades completamente diretas, à preocupação imediata com o amor e a fome, é arrastado progressivamente por uma sucessão de acasos felizes ou infelizes, embora em geral felizes — uma vez que ele é não apenas um rapaz bonito, mas também de sorte —, que o leva para um círculo, um sistema de manifestações da troca, onde se consuma a subversão metonímica dos dados primitivos, os quais, a partir do momento em que são satisfeitos, alienam-se numa série de situações em que ele nunca tem a possibilidade de se orientar nem de descansar; e que assim o conduz, de sucesso em sucesso, a uma alienação quase total daquilo que é sua própria pessoa.

O desenrolar do romance, assim visto superficialmente, não diz nada, pois tudo reside no detalhe, isto é, na maneira como o romancista nunca vai além do que acontece na sequência dos acontecimentos e de sua notação nos termos mais concretos possíveis, constantemente colocando não apenas o herói, mas tudo aquilo que o cerca, numa posição sempre dupla, de tal sorte que a todo momento há uma diplopia presente a respeito do objeto, por mais imediato que ele seja.

Tomo como exemplo esta refeição no restaurante, que é um dos primeiros momentos da elevação do personagem à riqueza:

> Trouxeram as ostras de Ostende, miúdas e gordas, parecidas com pequenas orelhas encerradas em conchas, e se desmanchando entre o palato e a língua como bombons salgados. Em seguida, depois da sopa, serviu-se uma truta rosada como carne de menina-moça; e os convivas começaram a conversar. ... Foi a hora dos subentendidos refinados, dos véus erguidos por palavras à maneira de saias levantadas, a hora dos artifícios de linguagem, das ousadias hábeis e dissimuladas, de todas as hipocrisias impudicas, da frase que mostra imagens despidas mediante expressões veladas, que faz passar pelos olhos e pela mente a visão célere de tudo o que não se pode dizer, e permite à gente grã-fina uma espécie de amor sutil e misterioso, uma espécie de contato impuro dos pensamentos, através da evocação simultânea, perturbadora, sensual como um enlace, de todas as coisas secretas, vergonhosas e desejadas do intercurso sexual. Haviam trazido o assado, perdizes...

Observem que esse assado, as perdizes, a terrina de galinha e todo o resto, *eles comiam aquilo tudo sem saborear, sem desconfiar que estava ali, unicamente preocupados com o que diziam, imersos num banho de amor.*

Esse álibi perpétuo, que faz com que vocês não saibam se o que está sobre a mesa é carne de menina-moça ou truta, permite à descrição realista, como se diz, prescindir de qualquer referência abissal a seja lá que sentido ou trans-sentido for, poético ou moral ou de outra ordem. Isso esclarece suficientemente, segundo me parece, o que estou apontando quando digo que é numa perspectiva de deslizamento perpétuo do sentido que todo discurso que almeja abordar a realidade é obrigado a se manter. É isso que constitui seu mérito, e que também faz com que não exista realismo literário. No esforço de abraçar a realidade, enunciando-a no discurso, nunca se consegue nada além de mostrar o que a introdução do discurso acrescenta de desorganizador, ou mesmo de perverso, a essa realidade.

Se isso ainda lhes parece continuar num estilo impressionista demais, eu gostaria de experimentar com vocês uma coisa diferente. Uma vez que estamos tentando manter-nos não no nível em que o discurso responde pelo real, mas em que simplesmente pretende conotá-lo, segui-lo, ser analista — com dois enes* —, vejamos no que dá isso. De um autor certamente meritório, Félix Fénéon, de quem não tenho tempo de lhes fazer aqui a apresentação, tomei a série das "Notícias em três linhas" que ele fazia no jornal *Le Matin*. Sem dúvida alguma, não é à toa que elas foram compiladas, pois ali se manifesta um talento particular. Vejamos qual é ele, tomando-as inicialmente ao acaso:

> — Por haverem apedrejado os guardas, três senhoras beatas de Hérissart foram multadas pelos juízes de Doulens.
> — Quando o sr. Poulbot, mestre-escola na Île-Saint-Denis, soava o toque para a entrada dos alunos, o sino despencou, por pouco não lhe arrancando o couro cabeludo.
> — Em Clichy, um rapaz elegante atirou-se sob um fiacre com pneus de borracha e, em seguida, ileso, embaixo de um caminhão, que o esmigalhou.
> — Uma moça estava sentada no chão em Choisy-le-Roi. Única palavra de identidade que sua amnésia lhe permitia dizer: "Modelo."
> — O cadáver do sexagenário Dorlay pendia de uma árvore, em Arcueil, com este cartaz: "Velho demais para trabalhar."

---

* Lacan deixa claro a seus ouvintes que o *annaliste* (aquele que redige anais, atas) de que se trata não é o *analyste* com um ene só (analista, psicanalista). (N.E.)

— A propósito do mistério de Luzarches, o juiz de instrução Dupuy interrogou a detida Averlant; mas ela é louca.

— Atrás de um féretro ia caminhando Mangin, de Verdun. Não chegou, nesse dia, ao cemitério. A morte o surpreendeu a caminho.

— O criado Silot instalou em Neuilly, na casa de seu patrão ausente, uma mulher divertida, e depois desapareceu, carregando tudo, exceto ela.

— Fingindo procurar moedas raras no pé-de-meia de uma senhora de Malakoff, duas escroques a lesaram em 1.800 francos das comuns.

— Na praia de Sainte-Anne (Finistère), duas banhistas iam se afogando. Um banhista atirou-se ao mar. De modo que o sr. Étienne teve que salvar três pessoas.

O que provoca o riso? Temos aí fatos conotados com um rigor impessoal e com o mínimo possível de palavras. Eu diria que a arte toda consiste, simplesmente, na extrema redução. O que há de cômico, quando lemos que "*Atrás de um féretro ia caminhando Mangin, de Verdun. Não chegou, nesse dia, ao cemitério. A morte o surpreendeu a caminho*", não concerne de modo algum ao caminhar que é o de todos nós para o cemitério, sejam quais forem os diversos métodos empregados para percorrer esse trajeto. Esse efeito não apareceria se as coisas fossem ditas de maneira mais extensa, ou seja, se tudo isso estivesse afogado num mar de palavras.

O que chamei aqui de deslizamento do sentido é o que faz com que literalmente não saibamos onde parar, num momento qualquer dessas frases, tal como as recebemos em seu rigor, para lhes dar seu centro de gravidade, seu ponto de equilíbrio. É precisamente isso que chamarei de descentramento dessas frases. Não há nelas nenhuma moralidade. Tudo o que poderia ter um caráter de exemplo é objeto de um criterioso apagamento. Nisso está toda a arte da redação dessas "Notícias em três linhas", a arte do desprendimento desse estilo. Ainda assim, o que se narra é mesmo uma sequência de acontecimentos, cujas coordenadas nos são dadas de maneira absolutamente rigorosa. É o outro mérito desse estilo.

Eis o que viso quando tento mostrar-lhes que o discurso, em sua dimensão horizontal de cadeia, é propriamente este lugar-rinque de patinação, tão útil de estudar quanto as figuras da patinação; nele se desenrola o deslizamento de sentido — pista veloz, sem dúvida, infinita, e que talvez, por ser tão reduzida, pareça-nos inexistente, mas que se apresenta na ordem da tirada espirituosa, com sua dimensão derrisória, degradante, desorganizadora.

É nessa dimensão que se coloca o estilo da tirada espirituosa do *voo da Águia*, ou seja, no encontro do discurso com a cadeia significante. É também o caso do *familionário*, exceto que este se inscreve em γ, ao passo que o outro simplesmente se produz um pouco mais adiante.

Frédéric Soulié traz alguma coisa que vai, evidentemente, no sentido de situá-lo na vertente do [Eu], enquanto convoca Heine como testemunha, na posição de Outro. Sempre há, no começo da tirada espirituosa, essa invocação do Outro como lugar da confirmação. *Tão certo*, começava Hirsch Hyacinth, *quanto Deus me há de dar tudo o que há de bom*. A referência a Deus pode ser irônica, mas é fundamental. Aqui, Soulié invoca um Heinrich Heine que eu lhes diria que é muito mais prestigioso do que ele — sem lhes contar a história de Frédéric Soulié, embora o verbete dedicado a ele pelo *Larousse* seja bem bonito. Soulié lhe diz "*Não vê o senhor, meu caro mestre*" etc. O apelo, a invocação, puxa para o lado do [Eu] de Heinrich Heine, que é o eixo presente da história.

Assim, passamos pelo [Eu] para voltar com o *Bezerro de Ouro* para A, lugar dos usos e da metonímia, pois, embora o Bezerro de Ouro seja uma metáfora, ela é desgastada, anacrônica na linguagem, e mostramos há pouco, aliás, suas fontes, suas origens, seu modo de produção. Ela é, enfim, um lugar-comum, que Soulié envia ao lugar da mensagem pelo caminho α — γ clássico. Temos aqui dois personagens, mas vocês sabem que eles poderiam igualmente ser um só, já que o Outro, pelo simples fato de existir a dimensão da fala, está em todos nós. Aliás, se Soulié qualifica o financista de Bezerro de Ouro, é por ter presente no espírito um uso que não mais nos parece aceito, mas que encontrei no Littré: chama-se Bezerro de Ouro ao homem que está coberto de ouro e que, por essa razão, é objeto da admiração universal. Não há ambiguidade, nem tampouco em alemão.

Nesse momento, ou seja, aqui, entre γ e α, há um retorno da mensagem ao código, isto é, à linha da cadeia significante, e, como que metonimicamente, o termo é retomado num plano que já não é aquele no qual fora enviado, o que permite discernir perfeitamente a queda, a redução, a desvalorização do sentido efetuada na metonímia.

É isso que me leva, no fim da lição de hoje, a introduzir isto, que talvez pareça paradoxal: que a metonímia é, propriamente falando, o lugar onde devemos situar a dimensão — primordial e essencial na linguagem humana — que é oposta à dimensão do sentido: a saber, a dimensão do valor.

A dimensão do valor impõe-se em contraste com a dimensão do sentido. É uma outra vertente, um outro registro. Relaciona-se com a diversidade dos objetos já constituídos pela linguagem, onde se introduz o campo magnético da necessidade de cada um com suas contradições.

Alguns de vocês estão bastante familiarizados, creio, com *Das Kapital*. Não me refiro à obra integral — quem terá lido *O capital*! —, mas ao primeiro livro, que em geral todo o mundo leu. Prodigioso livro primeiro, superabundante, que mostra, coisa rara, alguém que sustenta um discurso filosófico articulado. Peço-lhes que se reportem à página em que Marx, no plano da formulação da chamada *teoria da forma particular do valor da mercadoria*, revela, numa nota, ser um precursor do estádio do espelho.

Nessa página, Marx formula a proposição de que nada pode instaurar-se das relações quantitativas do valor sem a instituição prévia de uma equivalência geral. Não se trata simplesmente de uma igualdade entre tantas ou quantas varas de tecido. É a equivalência tecido-roupa que tem de ser estruturada, ou seja, que roupas possam representar o valor do tecido. Não se trata mais, portanto, da roupa que vocês possam usar, mas do fato de que a roupa pode tornar-se o significante do valor do tecido. Em outras palavras, a equivalência necessária logo no início da análise, e sobre a qual se assenta o chamado valor, pressupõe, por parte dos dois termos em questão, o abandono de uma parcela muito importante de seu sentido.

É nessa dimensão que se situa o efeito de sentido da linha metonímica.

Veremos na sequência para que serve o emprego do efeito de sentido nos dois registros, o da metáfora e o da metonímia. Ambos se referem a uma dimensão essencial, que nos permite aproximar do plano do inconsciente — a dimensão do Outro, a quem é necessário que apelemos, na medida em que o Outro é o lugar, o receptor, o eixo da tirada espirituosa.

É o que faremos da próxima vez.

27 DE NOVEMBRO DE 1957

V

O POUCO-SENTIDO E O PASSO-DE-SENTIDO

Os nós da significação e do prazer
Necessidade, demanda, desejo
Dos benefícios da ingratidão
Equivocação [maldonne] *e desconhecimento*
A subjetividade

Tendo chegado à parte patética de sua obra sobre a tirada espirituosa, a segunda, Freud se indaga sobre a origem do prazer que ela proporciona.

É cada vez mais necessário que vocês tenham feito pelo menos uma leitura desse texto. Faço esse lembrete para aqueles que se achariam dispensados. É a única maneira de conhecerem esse livro, a menos que eu mesmo o leia para vocês aqui, o que não seria, creio eu, do seu agrado. Embora isso faça o nível de atenção se reduzir sensivelmente, extrairei alguns trechos dele para vocês, pois esse é o único meio de se darem conta de que as fórmulas que lhes trago, ou que tento trazer-lhes, frequentemente seguem muito de perto as perguntas que Freud se formula.

Tomem cuidado com isto, porém: o itinerário de Freud é frequentemente sinuoso. Embora ele se refira a temas reconhecidos por diversas razões, psicológicas e outras, a maneira como se serve deles introduz a uma temática implícita, que é tão ou até mais importante do que os temas que lhe servem de referência explícita e que ele tem em comum com seus leitores. Sua maneira de se servir deles evidencia, com efeito — e realmente é preciso não ter aberto o texto para não perceber isso —, uma dimensão que nunca tinha sido sugerida antes dele. Essa dimensão é, precisamente, a do significante. Destacaremos seu papel.

1

Irei diretamente ao assunto que nos ocupa hoje: Qual é, pergunta-se Freud, a fonte do prazer do chiste?

Numa linguagem muito difundida atualmente, e da qual alguns decerto se serviriam, diríamos que a origem do prazer do chiste deve ser buscada em seu aspecto formal. Felizmente, não é nesses termos que Freud se exprime. Ao contrário, chega até a dizer, de maneira bem precisa, que a verdadeira fonte do prazer proporcionado pelo chiste reside, simplesmente, na brincadeira.

Persiste, no entanto, o fato de que o prazer que extraímos no decorrer do exercício do chiste está centrado em outro lugar. Então não nos apercebemos da direção em que Freud procura essa fonte, e ao longo de toda a sua análise? É a ambiguidade inerente ao próprio exercício do chiste que faz com que não percebamos de onde nos vem esse prazer, e é preciso o máximo esforço de sua análise para nos mostrar isso.

É absolutamente essencial, nesse ponto, acompanhar o movimento da manobra. De conformidade com um sistema de referência explícito, que se mostrará cada vez mais acentuado até o fim do livro, a origem primitiva do prazer é referida a um período lúdico da atividade infantil, àquela brincadeira precoce com as palavras que nos remete diretamente à aquisição da linguagem como puro significante, ao jogo verbal, ao exercício, que chamaríamos de quase puramente emissor, da forma verbal. Será que se trataria, pura e simplesmente, de um retorno a um exercício do significante como tal, num período anterior ao controle, ao passo que a razão obrigaria o sujeito, progressivamente, por força da educação e de todas as aprendizagens da realidade, a introduzir o controle e a crítica no uso do significante? Será nessa diferença, portanto, que reside a mola mestra do prazer do chiste? Se nisso se resumisse o que Freud nos oferece, a coisa decerto pareceria muito simples, mas está longe de ser assim.

Freud nos diz que aí está a origem do prazer, mas ele também nos mostra as vias por onde passa esse prazer — são vias antigas, na medida em que ainda continuam ali, em potência, virtuais, existentes, ainda sustentando alguma coisa. São elas que se veem liberadas pela operação da tirada espirituosa, esse é seu privilégio em relação às vias levadas ao primeiro plano do controle do pensamento do sujeito pelo progresso deste para o estado adulto. Passar por esses caminhos faz o chiste entrar prontamente — e é nisso que intervém toda a análise anterior de Freud sobre seu fundamento e seus mecanismos — nas vias estruturantes que são as mesmas do inconsciente.

Em outras palavras, e é o próprio Freud quem se exprime dessa maneira, o chiste tem duas faces.

Há, por um lado, o exercício do significante, com a liberdade que leva ao máximo sua possibilidade de ambiguidade fundamental. Trocando em miúdos, encontramos aí o caráter primitivo do significante em relação ao sentido, a polivalência essencial e a função criadora que ele tem em relação a este último, o toque de arbitrariedade que ele traz para o sentido.

A outra face é a face de inconsciente. Que o exercício do significante evoca, por si mesmo, tudo que é da ordem do inconsciente, isso é suficientemente apontado ao olhar de Freud pelo fato de que as estruturas que o chiste revela, sua constituição, sua cristalização, seu funcionamento, não são outras senão aquelas que ele descobriu em suas primeiras apreensões do inconsciente, no nível dos sonhos, dos atos falhos — ou bem-sucedidos, como vocês quiserem entender —, no nível até mesmo dos sintomas, e às quais procuramos dar uma formulação mais rigorosa, nas rubricas da metáfora e da metonímia. Essas formas são equivalentes para qualquer exercício da linguagem, e também quanto ao que encontraremos de estruturante no inconsciente. Elas são as formas mais gerais, das quais a condensação, o deslocamento e os outros mecanismos que Freud destaca nas estruturas do inconsciente não passam como que de aplicações. Conferir dessa maneira ao inconsciente a estrutura da fala talvez não figure entre nossos hábitos mentais, mas corresponde ao que há de efetivamente dinâmico em sua relação com o desejo.

Essa medida comum entre o inconsciente e a estrutura da fala, enquanto comandada pelas leis do significante, é precisamente aquilo de que nos tentamos aproximar cada vez mais. E que tentamos tornar exemplar através de nosso recurso à obra de Freud sobre a tirada espirituosa. É o que hoje tentaremos examinar mais de perto.

Enfatizar o que se poderia chamar de autonomia das leis do significante, dizer que elas são primárias em relação ao mecanismo da criação do sentido, não nos dispensa, é claro, de nos perguntar como conceber não apenas o aparecimento do sentido, mas também, para parodiar uma fórmula que foi muito inabilmente produzida na escola lógico-positivista, o *sentido do sentido* — não que essa expressão tenha algum sentido. O que queremos dizer quando se trata de sentido?

É por isso que Freud, no capítulo sobre o mecanismo do prazer, não para de se referir a esta fórmula tão frequentemente difundida a propósito do chiste: *o sentido no nonsense*. Essa fórmula, proposta desde longa data pelos autores, destaca duas faces aparentes do prazer — o chiste causa impacto primeiramente pelo nonsense, nos envolve e depois recompensa-nos pelo aparecimento, nesse próprio nonsense, de sabe-se lá que sentido secreto, aliás sempre tão difícil de definir.

Segundo uma outra perspectiva, diremos que a passagem do sentido é aberta pelo nonsense que nesse instante nos aturde e nos sidera. Isso talvez esteja mais próximo do mecanismo, e Freud seguramente se inclina a lhe conceder mais propriedades. É que o nonsense tem o papel de nos enganar por um instante, tempo suficiente para que um sentido até então despercebido nos atinja através da captação do chiste. Esse sentido, aliás, passa muito depressa, é fugidio, é um sentido em lampejo, da mesma natureza da sideração que nos reteve por um breve instante no nonsense.

De fato, se olharmos as coisas mais de perto, perceberemos que Freud chega a repudiar o termo nonsense. É nisso que eu gostaria que nos detivéssemos hoje, pois é muito próprio dessas aproximações evitar precisamente o último termo, o fundamento último do mecanismo em jogo. Tais fórmulas têm a seu favor, sem dúvida alguma, sua aparência, sua sedução psicológica, mas não são propriamente as que convêm.

Vou lhes propor que não partamos de um recurso à criança. Sabemos que a criança pode extrair algum prazer de seus jogos verbais e que, portanto, de fato podemos nos referir a alguma coisa dessa ordem para dar sentido e peso a uma psicogênese do mecanismo da espirituosidade, conceder todas as graças a essa atividade lúdica primitiva e distante, e nos darmos por satisfeitos. Mas, pensando de outra maneira, sem obedecer à rotina estabelecida, talvez essa não seja uma referência que deva satisfazer-nos tanto, já que, aliás, não é certo que o prazer do dito espirituoso, do qual a criança só participa de muito longe, deva ser exaustivamente explicado por um recurso ao devaneio.

Para conseguir dar o nó que une o uso do significante e aquilo que podemos chamar de uma satisfação ou um prazer, voltarei aqui a uma referência que parece elementar. Se recorrermos à criança, mesmo assim será preciso não esquecer que a princípio o significante existe para servir a alguma coisa — existe para exprimir uma demanda. Pois bem, detenhamo-nos por um momento na engrenagem da demanda.

2

Que é a demanda? É aquilo que, a partir de uma necessidade, passa por meio do significante dirigido ao Outro. Já lhes assinalei, da última vez, que essa referência justificava que tentássemos sondar seus tempos.

Esses seus tempos são tão pouco sondados, que um personagem eminentemente representativo da hierarquia psicanalítica produziu um artigo inteiro, de cerca de uma dúzia de páginas — fiz alusão a ele em algum lugar, num de meus artigos —, para se deslumbrar com as virtudes do que chamou de *wording*, palavra inglesa que corresponde ao que, de maneira mais desajeitada, denominamos em francês de passagem ao verbal ou à verbalização. Evidentemente, é mais elegante em inglês. Singularmente, uma paciente se abismara com uma intervenção que ele fizera: ele havia proferido algo que significava mais ou menos que a moça tinha *demands* singulares, ou mesmo intensas, o que, em inglês, tem um sabor ainda mais acentuado do que em francês. Ela ficara literalmente transtornada, como por uma acusação ou uma denúncia. Mas, quando ele refizera a mesma interpretação, momentos depois, servindo-se da palavra *needs*, ou seja, *necessidades*, havia deparado com alguém completamente dócil na aceitação de sua interpretação. E o autor se deslumbrou com isso.

O caráter de montanha dado pelo autor em questão a essa descoberta mostra-nos a que ponto a arte do *wording* ainda está, no interior da psicanálise, ou, pelo menos, de um certo círculo da psicanálise, em estado primitivo. Pois, na verdade, o importante é isso: a demanda, por si só, é tão relativa ao Outro, que o Outro logo se descobre na posição de acusar o sujeito, de repeli-lo, ao passo que, ao evocar a necessidade, ele o autentica, assume, homologa, aproxima-o de si, já começa a reconhecê-lo, o que é uma satisfação essencial. O mecanismo da demanda faz com que o Outro, por natureza, se oponha a ela, e poderíamos dizer que a demanda exige por natureza, para se sustentar como demanda, que haja uma oposição a ela. A introdução da linguagem na comunicação é ilustrada a todo instante pelo modo como o Outro tem acesso à demanda.

Reflitamos bem. O sistema das necessidades entra na dimensão da linguagem para ali ser remodelado, mas também para se despejar no complexo significante ao infinito, e é isso que faz com que a demanda seja, essencialmente, algo que se coloca por natureza como podendo ser exorbitante. Não é à toa que as crianças pedem a lua. Elas pedem a lua porque é da natureza de uma necessidade que se exprime por intermédio do sistema significante pedir a lua. Por isso, aliás, não hesitamos em prometê-la. Por isso, aliás, estamos muito perto de possuí-la. Mas, afinal, ainda não possuímos a lua.

O essencial é pormos em relevo o seguinte: o que de satisfação de uma necessidade acontece na demanda? Atendemos à demanda, damos a nosso próximo o que ele nos pede, mas, por que buracos de agulha precisa ele passar? A que redução de suas pretensões ele precisa reduzir-se, para que a demanda seja endossada?

É isso que coloca em destaque suficientemente o fenômeno da necessidade quando ele se desnuda. Eu diria até que, para ter acesso à necessidade como necessidade, precisamos nos referir, para além do sujeito, a sei lá que Outro chamado Cristo, e que se identifica com os pobres. Isso se aplica aos que praticam a caridade cristã, mas até mesmo aos demais. O homem do desejo, o Don Juan de Molière, dá ao mendigo o que este lhe demanda, é claro, e não é à toa que acrescenta: *por amor à humanidade*. A resposta à demanda, o atendimento da demanda, é afinal deferido a um outro para além daquele que se encontra à sua frente. Uma das histórias em torno das quais Freud faz girar sua análise do chiste, a da salada de salmão, é a melhor para dar uma ilustração disso.

Trata-se de um personagem que, depois de ter dado a um mendicante algum dinheiro, do qual este precisava para fazer face a sabe-se lá que dívidas nos devidos prazos, fica indignado ao vê-lo dar ao objeto de sua generosidade um outro destino. É uma verdadeira anedota. Sucede que, depois da boa ação, ele o encontra num restaurante, regalando-se — o que é considerado o sinal da despesa suntuária — com uma salada de salmão. Há que acrescentar aqui um saborzinho vienense que o tom da história requer. Ele lhe diz: — *Mas como, foi para isso que lhe dei o dinheiro? Para você se regalar com salada de salmão?* O outro então entra no chiste, respondendo: — *Ora, não compreendo. Quando não tenho dinheiro, não posso comer salada de salmão; quando tenho algum, também não posso comê-la. Afinal, quando vou comer salada de salmão?*

Todo exemplo de chiste torna-se ainda mais significativo por sua particularidade, pelo que há de especial na história, e que não pode ser generalizado. É por essa particularidade que chegamos ao eixo mais vivo do campo que estamos examinando.

A pertinência dessa história não é menor que a de qualquer outra história, pois todas sempre nos colocam bem no cerne do problema, isto é, a relação entre o significante e o desejo. O desejo é profundamente modificado em sua ênfase, subvertido, tornado ambíguo ele mesmo por sua passagem pelas vias de significante. Vamos entender bem o que isso quer dizer. Toda satisfação é permitida em nome de um certo registro que faz intervir o Outro para além daquele que demanda, e é exatamente isso que perverte profundamente o sistema da demanda e da resposta à demanda.

Vestir quem está nu, alimentar quem tem fome, visitar os doentes — não preciso recordar-lhes os sete, oito ou nove atos de misericórdia. Os próprios termos já são bem claros. Vestir quem está nu: se a demanda fosse algo a ser sustentado em seu sentido literal, por que não dizer "vestir aqueles ou aquelas que estão nus na maison Christian Dior"? Isso acontece de vez em quando, mas, em geral, é porque justamente se começou por despi-los. Do mesmo modo, alimentar quem tem fome — por que não empanturrá-los goela abaixo? Não, isso não se faz, isso lhes faria mal, eles estão habituados à sobriedade, não convém desarranjá-los. Quanto a visitar os doentes, lembrarei o dito de Sacha Guitry: — *Fazer uma visita sempre dá prazer, se não quando se chega, pelo menos quando se vai embora.*

A temática da demanda, portanto, está no cerne do que hoje constitui nosso objeto. Assim, tentemos esquematizar o que acontece nesse tempo de suspensão que, de algum modo, por uma via singular, como que à ponta de faca, se assim podemos dizer, defasa a comunicação da demanda daquilo que tange a seu acesso à satisfação.

Para fazer uso desse esqueminha, peço-lhes que se reportem a uma coisa que, apesar de tão somente mítica, nem por isso deixa de ser profundamente verdadeira.

Suponhamos aquilo que, apesar de tudo, tem de existir em algum lugar, nem que seja em nosso esquema, isto é, uma demanda que passa. Afinal de contas, tudo se resume nisso: se Freud introduziu uma nova dimensão em nossa consideração do homem, foi porque —

eu não diria que alguma coisa passa a despeito de tudo, mas que alguma coisa que está destinada a passar — o desejo que deveria passar deixa em algum lugar não apenas vestígios, mas um circuito insistente.

Partamos, pois, desse algo que representaria a demanda que passa. Uma vez que existe infância, podemos muito bem fazer refugiar-se nela a demanda que passa. A criança articula o que nela ainda é apenas uma articulação incerta, mas da qual extrai prazer — aliás, é a isso que Freud se refere. O jovem sujeito dirige sua demanda. De onde parte ela, já que ainda não entrou em jogo? Digamos que se esboça algo que parte desse ponto, que chamaremos de *delta*, ou D maiúsculo, de *Demanda.*

O que isso nos descreve? Descreve-nos a função da necessidade. Exprime-se algo que parte do sujeito, e com o qual traçamos a linha de sua necessidade. Ela termina aqui, em A, onde também cruza a curva do que isolamos como o discurso, que é feito da mobilização de um material preexistente. Não inventei a linha do discurso, na qual o estoque do significante, reduzidíssimo nesse momento, é posto em ação, na medida em que o sujeito articula correlativamente alguma coisa.

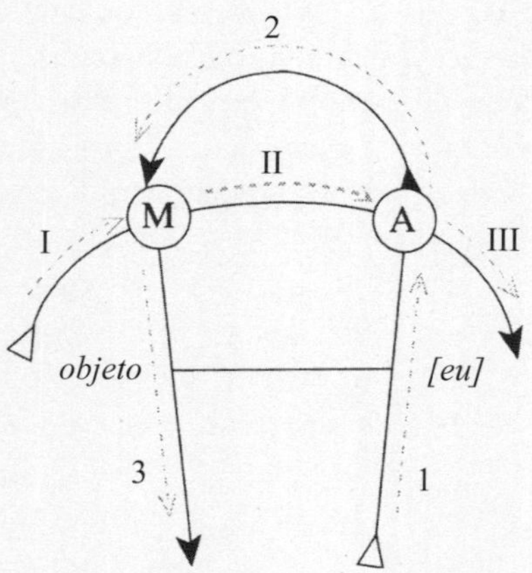

Vejam bem. As coisas se desenrolam em dois planos, o da intenção, por mais confusa que a suponham, do jovem sujeito enquanto dirige seu chamado, e o do significante, também por mais desordenado que possam supor seu uso, na medida em que ele é mobilizado nesse esforço, nesse chamado. O significante progride ao mesmo tempo que a intenção, até que os dois atingem estes cruzamentos, A e M, cuja utilidade já lhes assinalei para a compreensão do efeito retroativo da frase que se fecha.

Antes do fim do segundo tempo, observem que estas duas linhas ainda não se cruzaram. Em outras palavras, quem diz alguma coisa, ao mesmo tempo diz mais e diz menos do que deve dizer. A referência ao caráter tateante da utilização primordial da língua da criança encontra aqui a plenitude de seu emprego.

Há uma progressão simultânea nas duas linhas e uma dupla conclusão no fim do segundo tempo. O que começou como necessidade irá chamar-se demanda, ao passo que o significante se fechará sobre aquilo que consuma, de maneira tão aproximativa quanto quiserem, o sentido da demanda, e que constitui a mensagem evocada pelo Outro — digamos, a mãe, para de vez em quando admitir a existência de boas mães. A instituição do Outro coexiste assim com a consumação da mensagem. Ambos se determinam ao mesmo tempo, um como mensagem, o outro como Outro.

Num terceiro tempo, veremos a curva dupla completar-se além do A e além do M. Indicaremos, pelo menos a título hipotético, como podemos dar nome a esses pontos terminais e situá-los na estruturação da demanda que tentamos colocar na base do exercício primordial do significante na expressão do desejo.

Pediria que admitissem, ao menos provisoriamente, como a referência mais útil para o que tentaremos desenvolver posteriormente, o caso ideal em que a demanda encontra, exatamente no terceiro tempo, aquilo que a prolonga, isto é, o Outro que a retoma a propósito de sua mensagem.

Ora, o que devemos considerar aqui, pelo lado da demanda, não pode exatamente se confundir com a satisfação da necessidade, pois o próprio exercício de qualquer significante transforma a manifestação dessa necessidade. Mediante o concurso do significante, introduz-se nesta um mínimo de transformação — de metáfora, numa palavra — que faz com que aquilo que é significado seja algo para além da necessidade bruta, que seja remodelado pelo uso do significante. Por conseguinte, desde o começo, o que entra na criação do significado não é uma pura e simples tradução da necessidade, mas uma retomada, reassunção, remodelagem da necessidade, criação de um desejo outro que não a necessidade. É a necessidade mais o significante. O socialismo, dizia Lenin, provavelmente é uma coisa muito simpática, mas a comunidade perfeita tem, além disso, a eletricidade. Do mesmo modo, na expressão da necessidade, existe a mais o significante.

Do outro lado, do lado do significante, seguramente existe, no terceiro tempo, algo que corresponde ao aparecimento miraculoso — de fato o supusemos miraculoso, plenamente satisfatório — da satisfação, no Outro, dessa nova mensagem que foi criada. É isso que normalmente desemboca no que Freud nos apresenta como o prazer do exercício do significante como tal. No caso ideal de sucesso, o Outro surge no próprio prolongamento do exercício do significante. O que prolonga o efeito do significante como tal é sua resolução num prazer próprio, autêntico, o prazer do uso do significante. Vocês podem registrá-lo em alguma linha limite.

Peço-lhes que admitam isto por um instante, a título de hipótese: o uso comum da demanda como tal é sustentado por uma referência primitiva ao que poderíamos chamar de pleno sucesso, ou sucesso primeiro, ou sucesso mítico, ou forma arcaica primordial do exercício do significante. Essa hipótese permanecerá subjacente a tudo o que tentarmos conceber sobre o que se produz nos casos reais do exercício do significante.

Na medida em que ao mesmo tempo cria a mensagem e o Outro, a passagem com pleno sucesso da demanda para o real conduz, por um lado, a um remanejamento do significado, que é introduzido pelo uso do significante como tal, e, por outro, prolonga diretamente o exercício do significante num prazer autêntico. Ambos se equilibram. Há, por um lado, o exercício do significante, que de fato encontramos, com Freud, inteiramente na origem do jogo verbal, e que constitui um prazer original sempre pronto a surgir. Por outro lado, há o que acontece em oposição a isso. Veremos agora do que se trata.

Quão disfarçada é essa novidade, que aparece não simplesmente na resposta à demanda, mas na própria demanda verbal, esse algo original que complexifica e transforma a necessidade, que a coloca no plano do que a partir daí chamaremos de desejo!

O que é o desejo? O desejo é definido por uma defasagem essencial em relação a tudo o que é, pura e simplesmente, da ordem da direção imaginária da necessidade — necessidade que a demanda introduz numa ordem outra, a ordem simbólica, com tudo o que ela pode introduzir aqui de perturbações.

Se lhes peço que se refiram a esse mito primordial, é porque será preciso nos apoiarmos nele na sequência, para que não tornemos incompreensível tudo o que nos for articulado por Freud a propósito do mecanismo próprio do prazer do chiste. Essa novidade que aparece no significado pela introdução do significante, vamos encontrá-la por toda parte como uma dimensão essencial, acentuada por Freud em todos os meandros do que constitui uma manifestação do inconsciente.

Freud às vezes nos diz que surge alguma coisa, no plano das formações do inconsciente, que se chama surpresa. Convém tomá-la não como um acidente dessa descoberta, mas como uma dimensão fundamental de sua essência. O fenômeno da surpresa tem algo de originário — quer se produza no interior de uma formação do inconsciente, na medida em que em si mesma ela choque o sujeito por seu caráter surpreendente, quer ainda quando, no momento em que é feito para o sujeito o desvelamento, provoca-se nele o sentimento da surpresa. Freud indica isso em toda sorte de ocasiões, seja em *A ciência dos sonhos*, seja na *Psicopatologia da vida cotidiana*, seja ainda, e a todo momento, no texto de *A tirada espirituosa em suas relações com o inconsciente*. A dimensão da surpresa é consubstancial ao que acontece com o desejo, desde que ele tenha passado ao nível do inconsciente.

Essa dimensão é o que o desejo traz consigo de uma condição de surgimento que lhe é própria como desejo. Trata-se propriamente da mesma pela qual ele é suscetível de entrar no inconsciente. Com efeito, nem todo desejo é suscetível de entrar no inconsciente. Só entram no inconsciente os desejos que, por terem sido simbolizados, podem, ao entrar no inconsciente, conservar-se em sua forma simbólica, isto é, sob a forma do traço indestrutível cujo exemplo Freud retoma no *Witz*. São desejos que não se desgastam, que não têm o caráter de impermanência próprio a toda insatisfação, mas que, ao contrário, são sustentados pela estrutura simbólica, que os mantém num certo nível de circulação do significante, aquele que lhes apontei como devendo ser situado, nesse esquema, no circuito entre a mensagem e o Outro, onde ele ocupa uma função variável conforme as incidências em que se produz. É por essas mesmas vias que devemos conceber o circuito rotativo do inconsciente, na medida em que ele está sempre pronto a reaparecer.

É pela ação da metáfora que se produz o surgimento do novo sentido, já que, tomando emprestados alguns circuitos originais, ela vem incidir no circuito corrente, banal, comumente aceito, da metonímia. Na tirada espirituosa, é às claras que a bola é rebatida entre a mensagem e o Outro, e que produz o efeito original que é próprio dela.

Entremos agora em mais detalhes, para tentar apreendê-lo e concebê-lo.

3

Se deixarmos o nível primordial, mítico, da primeira instauração da demanda em sua forma própria, como é que as coisas acontecem?

Reportemo-nos a um tema absolutamente fundamental ao longo de todas as histórias de tiradas espirituosas. É só o que se vê: pedintes a quem se concedem coisas. Ou lhes é concedido o que eles não pedem, ou, havendo obtido o que demandam, eles fazem outro uso disso, ou ainda comportam-se perante quem lhes satisfez a demanda com uma insolência toda especial, reproduzindo, na relação do pedinte com o solicitado, a bendita dimensão da ingratidão sem a qual seria realmente insuportável assentir em qualquer demanda. Observem, com efeito, como nos fez observar com muita pertinência nosso amigo Mannoni, num excelente livro, que o mecanismo normal da demanda na qual assentimos é provocar demandas sempre renovadas.

Que é, afinal de contas, essa demanda, desde que encontre seu ouvinte, a cujos ouvidos está destinada? Façamos aqui um pouquinho de etimologia. Embora não seja no uso do significante que reside forçosamente a dimensão essencial à qual devemos referir-nos, um pouco de etimologia faz bem para nos esclarecer. A demanda, muito marcada pelos temas da exigência, no emprego concreto do termo, e mais ainda em inglês do que em outras línguas, embora também em outras línguas, é, originalmente, *demandare*, se entregar.

Assim, a demanda se coloca no plano de uma comunhão de registro e de linguagem e efetua uma entrega de todo o si mesmo, de todas as suas necessidades, a um Outro de quem o próprio material significante da demanda é tomado de empréstimo, para adquirir uma outra ênfase. Esse deslocamento é imposto à demanda muito especialmente por seu funcionamento efetivo. Nisso encontramos a origem dos materiais metaforicamente empregados, como vocês podem ver pelo progresso da língua.

Esse fato é útil para nos instruir sobre o que está em questão no famoso complexo de dependência que evoquei há pouco. Com efeito, segundo os termos de Mannoni, quando quem demanda pode achar que, efetivamente, o Outro consentiu de verdade numa de suas demandas, de fato não há mais limite — é normal que ele lhe confie todas as suas necessidades. Daí os benefícios da ingratidão, que evoquei há pouco, que põe termo ao que não teria como acabar.

Mas também, por experiência, o pedinte não tem o hábito de apresentar sua demanda assim, inteiramente nua. A demanda nada tem de confiante. O sujeito sabe muito bem com que está lidando no espírito do Outro, e é por isso que disfarça sua demanda. Ele pede alguma coisa de que tem necessidade, em nome de outra da qual às vezes também necessita, mas que será mais facilmente aceita como pretexto para a demanda. Se necessário, não tendo essa outra coisa, ele a inventará, pura e simplesmente, e sobretudo levará em conta, na formulação de sua demanda, o que é o sistema do Outro. Irá dirigir-se de uma certa maneira à senhora que faz obras de caridade, de outra ao banqueiro, de outra ao casamenteiro, de outra a este ou aquele dos personagens que se perfilam de maneira tão divertida no livro do *Witz*. Ou seja, seu desejo será tomado e remanejado não apenas no sistema do significante, mas no sistema do significante tal como instaurado ou instituído no Outro.

Sua demanda, assim, começará a se formular a partir do Outro. Ela se reflete primeiramente naquilo que há muito tempo passou para o estado ativo em seu discurso, ou seja, o [Eu]. Este profere a demanda para refleti-la no Outro e, através do circuito A-M, ela se consuma como mensagem. Este é o apelo, a intenção, este é o circuito secundário da necessidade. Não é indispensável dar-lhe muito a ênfase da razão, mas a do controle — controle pelo sistema do Outro. É claro que isso já implica toda sorte de fatores, os quais, unicamente neste momento, temos motivos para qualificar de racionais. Digamos que, se é racional levá-los em conta, nem por isso está implícito em sua estrutura que eles sejam efetivamente racionais.

O que acontece na cadeia significante, segundo esses três tempos que vemos descreverem-se aqui? Alguma coisa torna a mobilizar todo o aparelho e todo o material e chega primeiro aqui, a M. Em seguida, isso não passa prontamente para o Outro, mas vem refletir-se aqui, nesse algo que, no segundo tempo, correspondeu ao apelo ao Outro, ou seja, o objeto. Trata-se do objeto aceitável pelo Outro, do objeto do que o Outro quer desejar, em suma, do objeto metonímico. Ao se refletir nesse objeto, isso vem, no terceiro tempo, convergir na mensagem.

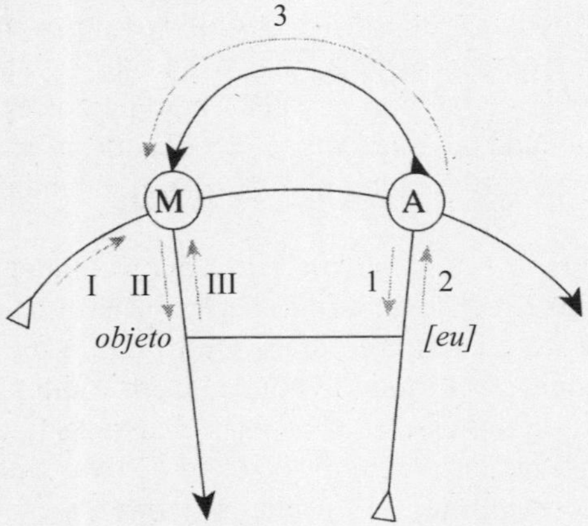

Não nos encontramos aqui, portanto, naquele afortunado estado de satisfação que havíamos obtido ao cabo dos três tempos da primeira representação mítica da demanda e de seu sucesso, com sua novidade surpreendente e seu prazer, por si só satisfatório. Encontramo-nos, ao contrário, retidos numa mensagem que traz em si um caráter de ambiguidade. Essa mensagem é, com efeito, uma formulação que se aliena desde o ponto de partida, na medida em que parte do Outro e, por essa vertente, leva ao que é de certo modo desejo do Outro. A mensagem é o encontro dos dois. Por um lado, é do próprio Outro que o apelo é evocado. Por outro lado, em seu próprio aparelho significante é introduzida toda sorte de elementos convencionais, que compõem o que chamaremos de caráter de comunhão ou de deslocamento dos objetos, na medida em que estes são profundamente remanejados pelo mundo do Outro. E é notável que, no terceiro tempo, como vimos, o discurso circule entre os dois pontos de chegada da flecha. É justamente isso que pode levar ao que chamamos de lapso, tropeço da fala.

Não é garantido que a significação assim formada seja unívoca. É tão pouco unívoca, aliás, que a equivocação [*maldonne*] e o desconhecimento são um caráter fundamental da linguagem, constituem dela uma dimensão essencial. É na ambiguidade dessa formação da mensagem que trabalha o chiste. É a partir desse ponto que, por diversas razões, será formado o chiste.

Ainda não será hoje que vou traçar a diversidade das formas sob as quais essa mensagem, tal como constituída em sua forma essencialmente ambígua quanto à estrutura, pode ser retomada, para seguir um tratamento que tem, segundo nos diz Freud, o objetivo de enfim restabelecer o encaminhamento ideal, que deverá levar à surpresa de uma novidade, por um lado, e ao prazer do jogo do significante, por outro. Esse é o objetivo do chiste. O objetivo do chiste, com efeito, é nos reevocar a dimensão pela qual o desejo, se não reconquista, pelo menos aponta tudo aquilo que perdeu ao percorrer esse caminho, ou seja, por um lado, o que deixou de dejetos no nível da cadeia metonímica, e por outro, o que não realizou plenamente no nível da metáfora.

Se chamamos de *metáfora natural* o que aconteceu há pouco na transição ideal do desejo que atinge o Outro, na medida em que ele se forma no sujeito e se dirige para o Outro que o retoma, encontramo-nos aqui numa etapa mais evoluída. Com efeito, já intervieram na psicologia do sujeito essas duas coisas chamadas [Eu], de um lado, e o objeto profundamente transformado que é o objeto metonímico, de outro. Por conseguinte, não estamos diante da metáfora natural, mas diante de seu exercício corrente, quer ela tenha êxito ou fracasse na ambiguidade da mensagem, à qual se trata agora de dar um destino nas condições que permanecem em estado natural.

Toda uma parte do desejo continua a circular sob a forma de dejetos do significante no inconsciente. No caso da tirada espirituosa, por uma espécie de pressão insistente, ela transmite a sombra feliz, o reflexo da antiga satisfação. Sucesso espantoso, e puramente veiculado pelo significante. Digamos que acontece alguma coisa que tem como efeito, muito exatamente, reproduzir o prazer primordial da demanda satisfeita, ao mesmo tempo que ela tem acesso a uma novidade original. É isso que a tirada espirituosa, por sua essência, realiza. E realiza como?

Esse esquema pode nos servir para perceber que a conclusão da curva primeira da cadeia significante prolonga também o que passa da necessidade intencional para o discurso. Como assim? Através da tirada espirituosa. Mas como vem à luz a tirada espirituosa? Aqui reencontramos as dimensões do senso e do contrassenso, mas devemos examiná-las mais de perto.

Se as indicações que lhes dei da vez passada sobre a função metonímica almejavam alguma coisa, era justamente ao que, no simples desenrolar da cadeia significante, produz-se de equalização, de nivelamento, de equivalência. Há um apagamento ou uma redução do sentido, o que não quer dizer que isso seja o nonsense. Eu havia usado, a esse respeito, a referência marxista — empregar dois objetos da necessidade de tal maneira que um se torne a medida do valor do outro, que apague do objeto, justamente, o que é a ordem da necessidade, e com isso o introduza na ordem do valor. Do ponto de vista do sentido, isso pode ser chamado, por uma espécie de neologismo que aliás apresenta uma ambiguidade, o *des-senso* [*dé-sens*]. Hoje vamos chamá-lo simplesmente de o *pouco-sentido* [*peu-de-sens*]. Uma vez que vocês disponham dessa chave, a significação da cadeia metonímica não deixará de se lhes evidenciar.

O pouco-sentido é exatamente aquilo com que joga a maioria dos chistes. Não se trata do nonsense, pois, no chiste, não somos aquelas almas nobres que, imediatamente após o grande deserto que as povoa, revelam-nos os grandes mistérios do absurdo geral. O discurso da alma generosa, se não conseguiu enobrecer nossos sentimentos, recentemente nobilitou um escritor. Nem por isso seu discurso sobre o nonsense deixa de ser o mais fútil que já ouvimos. Não há, de maneira nenhuma, uma ação do nonsense toda vez que o equívoco é introduzido. Se vocês estão lembrados da história do bezerro, daquele bezerro do qual, na última vez, diverti-me em quase fazer a resposta de Heine, digamos que esse bezerro não vale mais nada* na ocasião em que falam dele. Aliás, tudo o que vocês possam encontrar nos jogos de palavras, e, mais especialmente, naqueles a que chamamos jogos de palavras do pensamento, consiste em jogar com o caráter tênue das palavras que sustentam um sentido pleno. É esse pouco-sentido que, como tal, é retomado, e é por aí que passa alguma coisa que reduz à sua dimensão essa mensagem, na medida em que ela é sucesso e fracasso ao mesmo tempo, sendo sempre a forma necessária de qualquer formulação da demanda. A mensagem vem interrogar o Outro a propósito do pouco-sentido. A dimensão do Outro é essencial nisso.

Freud se detém, como coisa absolutamente primordial, presa à própria natureza da tirada espirituosa, no fato de que não existe tirada espirituosa solitária. Ainda que nós mesmos a tenhamos forjado, inventado — se é que inventamos a tirada espirituosa e que não é ela que nos inventa —, experimentamos a necessidade de propô-la ao Outro. A tirada espirituosa é solidária do Outro que está encarregado de autenticá-la.

Qual é esse Outro? Por que esse Outro? Qual é essa necessidade do Outro? Não sei se teremos tempo suficiente hoje para defini-lo e lhe dar sua estrutura e seus limites, mas, no ponto em que estamos, diremos simplesmente isto: o que é comunicado ao Outro na tirada espirituosa articula-se, essencialmente, de um modo singularmente astucioso, com a dimensão do pouco-sentido. Convém mantermos diante dos olhos o caráter daquilo que está em pauta. Nunca se trata, no *Witz*, de provocar aquela invocação patética de sabe-se lá que absurdo fundamental à qual aludi há pouco, ao me referir à obra de uma das Grandes Cabeças-Ocas de nossa época. O que sempre se trata de sugerir é a dimensão do pouco-sentido, interrogando o valor como tal, intimando-o, por assim dizer, a realizar sua dimensão de valor, a se revelar como valor verdadeiro. Observem bem que isso é um artifício da linguagem, pois, quanto mais ele se desvelar como valor verdadeiro, mais se desvelará como estando apoiado no que chamo de pouco-sentido. Ele só pode responder no sentido do pouco-sentido, e é nisso que está a natureza da mensagem que é própria da tirada espirituosa, isto é, no fato de que aqui, no nível da mensagem,

---

* Lacan faz um trocadilho com *veau* (bezerro) e *vaut* (vale ou tem valor), que são homófonos em francês. (N.E.)

retomo com o Outro a via interrompida da metonímia e lhe faço esta interrogação: — *Que quer dizer tudo isso?*

A tirada espirituosa só se completa para além desse ponto, ou seja, na medida em que o Outro acusa seu recebimento, reage à tirada espirituosa e a autentica como tal. Para que haja tirada espirituosa, é preciso que o Outro perceba o que está ali, nesse veículo da pergunta sobre o pouco-sentido, de demanda de sentido, isto é, da evocação de um sentido mais além* — além do que fica inacabado. Em tudo isso, alguma coisa realmente fica pelo caminho, marcada pelo sinal do Outro. Esse sinal, acima de tudo, marca com sua profunda ambiguidade qualquer formulação do desejo, ligando-o como tal às necessidades e às ambiguidades do significante, à homonímia — entenda-se, à homofonia. O Outro responde a isso no circuito superior, que vai de A à mensagem, autenticando — mas o quê?

Caberá dizermos que ele autentica o que há nisso de nonsense? Mais uma vez, insisto: não creio que se deva manter o termo nonsense, que só tem sentido na perspectiva da razão, da crítica, isto é, precisamente do que é evitado nesse circuito. Proponho-lhes a forma do *passo-de-sentido* — da maneira como se diz a volta do parafuso, o *pas-de-quatre*, o Passo de Susa, o Pas de Calais.**

Esse passo-de-sentido é, para falar com propriedade, o que se realiza na metáfora. A intenção do sujeito, sua necessidade, é o que, fora do uso metonímico, fora do que se encontra na medida comum, nos valores aceitos para ele se satisfazer, introduz na metáfora justamente o passo-de-sentido. Tomar um elemento no lugar onde ele se encontra e substituí-lo por outro, eu diria quase por qualquer um, introduz esse para-além da necessidade, em relação a qualquer desejo formulado, que está sempre na origem da metáfora.

Que faz aí a tirada espirituosa? Ela não indica nada além da própria dimensão do *passo* como tal, propriamente dito. Ela é o passo, por assim dizer, em sua forma. É o passo, esvaziado de qualquer espécie de necessidade. É isso que, na tirada espirituosa, pode mani-

---

* *Au-delà* é um termo fundamental para Lacan, sobretudo neste Seminário, em que é convocado insistentemente (cf., por exemplo, p.156, 343-4, 452) para esboçar uma topologia das relações entre o significante e o real. Optamos por variar sua tradução ("mais além", "para além", "para-além", "além"), segundo as nuances e o contexto em que ocorre. (N.E.)

** No original, *Le peu-de-sens et le pas-de-sens*. Este último, com sua evidente dubiedade, teria sua acepção primeira de "passagem do sentido", mas também "nenhum sentido", ou "o sem-sentido". A opção aqui adotada segue a explicitação dessa ideia pelo próprio Lacan. (N.E.)

festar, apesar de tudo, o que em mim é latente de meu desejo, e é esse algo que pode encontrar eco no Outro, mas não forçosamente. Na tirada espirituosa, o importante é que a dimensão do passo-de-sentido seja retomada, autenticada.

É a isso que corresponde um deslocamento. É somente para além do objeto que se produz a novidade, ao mesmo tempo que o passo-de-sentido, e no mesmo momento para os dois sujeitos. Existe o sujeito e existe o Outro; o sujeito é aquele que fala ao Outro e que lhe comunica a novidade como tirada espirituosa. Depois de haver percorrido o segmento da dimensão metonímica, ele faz com que o pouco-sentido seja acolhido como tal, o Outro autentica neste o passo-de-sentido, e o prazer se consuma para o sujeito.

É na medida em que o sujeito consegue, com sua tirada espirituosa, surpreender o Outro, que ele colhe o prazer, e este é, justamente, o mesmo prazer primitivo que o sujeito infantil, mítico, arcaico, primordial que lhes evoquei há pouco havia extraído do primeiro uso do significante.

Vou deixá-los nesse passo. Espero que ele não lhes tenha parecido artificial demais nem pedante demais. Peço desculpas àqueles a quem este tipo de pequeno exercício de trapézio dá dor de cabeça, mas não porque não os creia mentalmente capazes de captar essas coisas. Não creio que o que Kant denomina de o *Mutterwitz* de vocês, seu bom senso, esteja tão adulterado pelos estudos médicos, psicológicos, analíticos e outros a que vocês tenham se dedicado, que lhes seja impossível acompanhar-me por esses caminhos através de simples alusões. Não obstante, as leis de meu ensino tampouco tornam inoportuno que desvinculemos de alguma maneira essas etapas, esses tempos essenciais do progresso da subjetividade na tirada espirituosa.

Subjetividade, é a essa palavra que passo agora, pois, até o presente e ainda hoje, ao manejar com vocês os encaminhamentos do significante, alguma coisa falta no meio disso tudo — falta não sem razão, vocês vão ver. Não é à toa que, no meio de tudo isso, só vemos surgirem hoje sujeitos quase ausentes, uma espécie de apoio para devolver a bola do significante. E, no entanto, que há de mais essencial para a dimensão da tirada espirituosa do que a subjetividade?

Quando digo *subjetividade*, estou dizendo que em parte alguma é apreensível o objeto da tirada espirituosa. Até o que ela designa para além daquilo que formula, até seu caráter de alusão essencial, de alusão interna, não alude aqui a nada, a não ser à necessidade do passo-de-sentido. Todavia, nessa ausência total de objeto, alguma coisa, afinal de contas, sustenta a tirada espirituosa, que é o mais vivido do vivido, o mais assumido do assumido, o que a transforma numa coisa subjetiva. Como diz Freud em algum lugar, há nela uma condicionalidade subjetiva essencial, e lá está a palavra *soberana* a surgir nas entrelinhas. *Só é tirada espirituosa* — diz Freud numa daquelas fórmulas de caráter aguçado que não se encontram em quase nenhum autor literário, nunca vi isso na pena de ninguém —, *só é tirada espirituosa o que eu mesmo reconheço como tirada espirituosa.*

E, no entanto, necessito do outro. Todo o capítulo seguinte ao do *Mecanismo do prazer*, do qual acabo de lhes falar hoje, ou seja, *Os motivos da espirituosidade, as tendências sociais valorizadas pela espirituosidade* — traduziram isso em francês por *ressorts* [móbeis], nunca entendi por quê —, tem por referência essencial esse outro. Não há prazer da tirada espirituosa sem esse outro, que também está ali como sujeito. Tudo repousa nas relações dos dois sujeitos, aquele que Freud denomina de primeira pessoa da tirada espirituosa — aquele que a produz — e aquele a quem, diz Freud, é absolutamente necessário que ela seja comunicada.

Que ordem do outro isso sugere? Para dizê-lo de uma vez, esse outro realmente é, nesse nível, propriamente falando, com traços característicos que em parte alguma são apreensíveis com tamanho relevo, o que chamo de Outro com maiúscula.

Isso é o que espero mostrar-lhes da próxima vez.

4 DE DEZEMBRO DE 1957

VI

PARA TRÁS, CAVALINHO!

Exorcizar o tema do pensamento
Queneau me contou uma história
A máquina de tiradas espirituosas
O Outro entre o real e o simbólico
O espírito da paróquia

Tenho hoje coisas muito importantes a lhes dizer.

Havíamos parado, da última vez, na função do sujeito na tirada espirituosa, sublinhando o peso da palavra *sujeito*. Atrevo-me a esperar que, a pretexto de nos servirmos muito dela aqui, nem por isso ela tenha se tornado para vocês uma coisa com que limpar os pés. Quando nos servimos da palavra sujeito, isso costuma acarretar vivas reações muito pessoais, às vezes emotivas, nos que se atêm acima de tudo à objetividade.

Por outro lado, havíamos chegado àquela espécie de ponto de confluência que se situa aqui e que chamamos de A — em outras palavras, o Outro. Como lugar do código, esse é o lugar a que chega a mensagem constituída pelo chiste, tomando o caminho que, em nosso esquema, vai da mensagem ao Outro, onde se inscreve a simples sucessão da cadeia significante como fundamento do que se produz no nível do discurso. Nesse nível, emana do texto da frase aquele algo essencial que denominamos o pouco-sentido.

A homologação do pouco-sentido da frase pelo Outro, sempre mais ou menos manifesta na tirada espirituosa, foi algo que apontamos da última vez, sem nos determos nisso. Contentamo-nos em dizer que o que é transmitido a partir do Outro — no circuito que retorna no nível da mensagem — homologa a mensagem e constitui a tirada espirituosa, na medida em que o Outro, havendo recebido o que se apresenta como um pouco-sentido, transforma-o no que denominamos, de maneira equívoca, ambígua, de passo-do-sentido.

O que frisamos com isso não foi a ausência de sentido nem o nonsense, mas exatamente o passo [*pas*] que corresponde à visão geral daquilo que o sentido mostra de seu procedimento, no que ele sempre tem de metafórico e alusivo. Assim é que, a partir do momento em que ele passa pela dialética da demanda introduzida pela existência do significante, nunca mais se toca na necessidade. Tudo o que diz respeito à linguagem procede por uma série de passos semelhantes àqueles com que Aquiles nunca, nunca chega à tartaruga — tende a recriar um sentido pleno que, no entanto, nunca é atingido, que está sempre em outro lugar.

Foi esse o esquema a que chegamos nos últimos quinze minutos de nosso discurso da última vez. Este, ao que parece, estava meio cansado. Pelo que me disseram alguns, minhas frases não eram terminadas. No entanto, à leitura de meu texto, não achei que lhes faltasse desfecho. É por eu estar tentando propelir-me passo a passo numa coisa difícil de comunicar que esses tropeços se produzem. Peço desculpas se eles se repetirem hoje.

1

Estamos no ponto em que é preciso nos interrogarmos sobre a função desse Outro e, numa palavra, sobre sua essência, nessa transposição que indicamos suficientemente com o título de passo-do-sentido.

Esse passo-do-sentido é, de certo modo, um resgate parcial da plenitude ideal da demanda, pura e simplesmente realizada, da qual partimos como sendo o ponto de partida de nossa dialética. Esse passo-do-sentido, por qual transmutação, transubstanciação ou operação sutil de comunhão, por assim dizer, pode ele ser assumido pelo Outro? Qual é esse Outro?

Nossa interrogação diz respeito ao ponto de articulação que é suficientemente indicado pela problemática de Freud, quando ele nos fala do chiste com aquele poder de suspensão da questão que lhe é característico e que faz com que, incontestavelmente, por mais que eu leia — e não me privo de fazê-lo — as diversas tentativas feitas ao longo das eras para examinar de perto a questão-mistério do chiste, não importa a que autor me dirija, mesmo remontando ao período fecundo, o período romântico, realmente não vejo nenhum que tenha sequer reunido os elementos primordiais, materiais, da questão.

Vejam isto, por exemplo, em que Freud se detém. Por um lado, ele diz naquele seu tom soberano, que difere tão marcadamente da costumeira timidez ruborizada dos discursos científicos, que *só é espirituoso aquilo que eu reconheço como tal*. É o que ele chama de irredutível *condicionalidade subjetiva* da espirituosidade. O sujeito, aí, é realmente aquele que fala, diz Freud. Por outro lado, ele destaca que, tão logo possuo alguma coisa que é da ordem do espirituoso, só tenho uma pressa, que é a de colocá-la à prova pelo Outro — mais ainda, de lhe transmitir seu contexto. Essa chega até a ser a condição de que eu possa colher plenamente o prazer disso. E não me seria difícil fazer aparecer em perspectiva o jogo de espelhos pelo qual, quando conto uma história, e se realmente busco nela a realização, o repouso, a harmonia de meu prazer no consentimento do Outro, permanece no horizonte a ideia de que esse Outro, por sua vez, virá a contar essa história, a transmiti-la a terceiros, e assim sucessivamente.

Tomemos as duas pontas da cadeia. Por um lado, só é espirituoso o que eu mesmo sinto como tal. Mas, por outro, nada em meu próprio consentimento é suficiente nesse ponto — o prazer da tirada espirituosa só se completa no Outro e pelo Outro. Digamos — sob a condição de tomarmos muito cuidado com o que dizemos, para não implicar nenhuma simplificação nesse termo — que o espírito tem de ser comunicado. Isso supõe que deixemos no termo comunicação uma abertura a ser preenchida não sabemos pelo quê.

A observação de Freud coloca-nos, portanto, diante dessa questão essencial que já conhecemos, a de saber o que é esse Outro que é de certo modo o correlato do sujeito. Aqui encontramos afirmada essa correlação numa verdadeira necessidade inscrita no fenômeno. Mas a forma dessa relação do sujeito com o Outro, nós já a conhecemos, e conhecemos desde que insistimos no modo necessário pelo qual nossa reflexão nos propõe o termo subjetividade.

Aludi àquela espécie de objeção que poderia ocorrer a espíritos formados numa certa disciplina, e que tomaria como pretexto o fato de a psicanálise apresentar-se como ciência para introduzir a exigência de que nunca falemos senão de coisas objetiváveis, isto é, que possam ter correspondência com a experiência. Pelo simples fato de falar do sujeito, a experiência se tornaria uma coisa subjetiva e não científica. Isso equivale a implicar no termo sujeito uma ideia que em certo nível está mesmo inserida nele, qual seja, a de que o aquém do objeto — que permite fixar-lhe seu suporte e que, aliás, tanto está para além do objeto quanto por trás dele — nos apresentaria uma espécie de substância incognoscível, algo refratário à objetivação, da qual nossa educação, nossa formação psicológica, nos traria todo o armamento para nos defendermos. Isso desemboca, naturalmente, em modos de objeção ainda muito mais vulgares; refiro-me à identificação do termo subjetivo com os efeitos deturpadores do sentimento na experiência de um outro, não sem introduzir, aliás, sabe-se lá que miragem transparente que fundaria o sujeito numa imanência da própria consciência, na qual se confia um pouco depressa demais, reduzindo a ela o tema do *cogito* cartesiano. Em suma, toda uma série de estorvos. Eles só existem para se interpor entre nós e aquilo que designamos quando empregamos a subjetividade em nossa experiência.

De nossa experiência de analistas, a subjetividade é impossível de eliminar. Sua noção se afirma por uma via que passa por um lugar inteiramente diferente daquele em que se poderiam erguer-lhe obstáculos. Para o analista, como para quem procede pela via de um certo diálogo, a subjetividade é o que ele tem de considerar em seus cálculos quando lida com aquele outro que pode introduzir nos cálculos dele seu próprio erro, e não procurar provocar-se como tal. Essa é uma fórmula que lhes proponho, e que seguramente exprime algo de sensível, que a mais ínfima referência à partida de xadrez, ou até ao jogo do par ou ímpar, é suficiente para garantir.

Enunciando assim seus termos, a subjetividade parece emergir — não é útil eu retomar aqui tudo aquilo que já destaquei em outro lugar — em estado dual. Parece-nos, com certeza, ver seu reflexo em ação naquilo que se produz a partir do momento em que há confronto ou camuflagem na luta ou na exibição. Ilustrei isso, na ocasião oportuna, com exemplos etológicos que não creio ter necessidade de retomar. A luta interanimal ou até mesmo a exibição inter-sexual apresentam-nos fenômenos de aproximação recíproca e de ereção fascinatória, nos quais se manifesta uma espécie de coaptação natural. Observam-se, assim, condutas que têm um caráter recíproco e que convergem na atração sexual, ou seja, no nível motor que chamamos de behaviorista. O aspecto é realmente impressionante, do animal que parece executar uma dança.

Aliás, é isso que, nesse caso, deixa algo de ambíguo na noção de intersubjetividade, que, depois de haver surgido por um instante da oposição dos dois sujeitos, por assim dizer, pode se esvaecer de novo por um esforço de objetivação. O fascínio recíproco pode muito bem ser concebido, simplesmente, como estando submetido à regulação de um ciclo isolável no processo instintivo, que, depois de um estágio apetitivo, permite concluir a consumação e realizar o fim buscado. Podemos aqui reduzir tudo a um mecanismo inato de revezamento, a ponto de apagá-lo na obscuridade geral da teleologia viva.

A coisa é muito diferente quando introduzimos no problema uma resistência qualquer sob a forma de uma cadeia significante. A cadeia significante como tal introduz uma heterogeneidade essencial. Entenda-se *heterogeneidade* com a ênfase depositada no *hetero*, que significa *inspirado* em grego, e cuja acepção própria em latim é a do resto, do resíduo. A partir do momento em que fazemos entrar em jogo o significante, a partir do momento em que dois sujeitos se dirigem e se referem um ao outro por intermédio de uma cadeia significante, há um resto, e então o que se instaura é uma subjetividade de outra ordem, na medida em que está referida ao lugar da verdade como tal.

A partir daí, minha conduta já não é de engodo, mas de provocação. Nela se inclui o A, que faz com que até a mentira tenha de recorrer à verdade, e com que a própria verdade possa parecer que não é do registro da verdade. Lembrem-se deste exemplo: — *Por que me dizes que estás indo a Cracóvia, quando na verdade vais a Cracóvia?* É o que pode fazer a verdade necessitar da mentira. Mais ainda, no exato momento em que abaixo as cartas, minha boa-fé torna a me colocar na dependência da apreciação do Outro, na medida em que ele pode achar que está surpreendendo meu jogo, quando, precisamente, estou a lho mostrar. A discriminação entre o blefe e a tapeação fica também à mercê da má-fé do Outro.

Essas dimensões essenciais são evidenciadas em experiências simples da experiência cotidiana. Contudo, mesmo sendo urdidas em nossa vida do dia a dia, nem por isso somos levados a eludi-las, até que a experiência analítica e a posição freudiana venham nos mostrar essa heterodimensão do significante operando sozinha em sua autonomia. Enquanto não o houvermos tocado, reconhecido, não deixaremos de acreditar que o significante existe para servir às efusões da consciência.

Todo o pensamento freudiano acha-se impregnado da heterogeneidade da função significante, ou seja, do caráter radical da relação do sujeito com o Outro, na medida em que ele fala. Ora, isso fora mascarado, até Freud, pelo fato de que se tinha por certo que o sujeito fala, por assim dizer, de acordo com sua consciência, boa ou má, que ele nunca fala sem uma certa intenção de significação, e que essa intenção está por trás de sua mentira — ou de sua sinceridade, tanto faz. Ora, essa intenção é derrisória tanto o sujeito acredite mentir quanto dizer a verdade, pois ele não se engana menos em seu esforço de confissão do que no de enganação.

A intenção, até aqui, era confundida com a dimensão da consciência, pois a consciência parecia ser inerente ao que o sujeito tinha a dizer como significação.

O mínimo que se considerava afirmável até então era que o sujeito sempre tinha uma significação a dizer e que, por isso, a dimensão da consciência lhe era inerente. As objeções ao tema do inconsciente freudiano sempre encontraram aí seu último recurso. Como prever, antes de Freud, a existência dos *Traumgedanken*, dos pensamentos do sonho tal como ele os apresenta, e que são apreendidos pela intuição comum como pensamentos que não são pensados? Eis por que agora é necessário proceder a uma verdadeira exorcização do tema do pensamento.

Se o tema do *cogito* cartesiano certamente preserva toda a sua força, a sua nocividade, se assim posso dizer, isto se deve, no caso, a ele ser sempre infletido. Esse *penso, logo existo* é difícil de apreender na plenitude de sua força, e talvez não passe, aliás, de uma tirada espirituosa. Mas deixemo-lo em seu plano, pois não estamos aqui para evidenciar as relações da filosofia com a tirada espirituosa. O *cogito* cartesiano não é experimentado na consciência de cada um de nós, efetivamente, como um *penso, logo existo*, mas como um *sou como penso*, o que naturalmente pressupõe, por trás, um *penso como respiro*.

Basta, quanto a isso, ter a mais ínfima experiência ponderada do que sustenta a atividade mental daqueles que nos cercam. Uma vez que somos cientistas, falemos dos que estão atrelados às grandes obras científicas. Podemos, muito rapidamente, formar a ideia de que, em média, sem dúvida não há muito mais pensamentos em ação no conjunto desse corpo cogitante do que no de qualquer empregada doméstica industriosa, às voltas com as necessidades mais imediatas da vida. A dimensão do pensamento não tem em si mesma absolutamente nada a ver com a importância do discurso veiculado. Pelo contrário, quanto mais esse discurso é coerente e consistente, mais ele parece prestar-se a todas as formas de ausência quanto ao que se pode razoavelmente definir como uma pergunta formulada pelo sujeito à sua existência enquanto sujeito.

No final das contas, eis-nos de novo confrontados com o seguinte: em nós há um sujeito que pensa, e pensa de acordo com leis que mostram ser as mesmas da organização da cadeia significante. Esse significante em ação chama-se, em nós, inconsciente. É designado como tal por Freud. E é tido como tão original, tão separado de tudo o que é funcionamento da tendência, que Freud nos repete de mil maneiras que se trata de *uma outra cena psíquica*. Essa expressão se repete a todo instante na *Traumdeutung*.

Essa expressão, na verdade, Freud a tomou emprestada de Fechner, e já tive ocasião de frisar a singularidade do contexto fechneriano, que está longe de se reduzir à observação do paralelismo psicofísico, e tampouco às estranhas extrapolações a que ele se entregou por força da existência, por ele afirmada, do campo da consciência. A expressão *outra cena psíquica*, que Freud retirou de sua leitura aprofundada de Fechner, é sempre correlacionada por ele à estrita heterogeneidade das leis concernentes ao inconsciente com respeito a tudo o que pode estar relacionado ao domínio do pré-consciente, isto é, ao domínio do compreensível, da significação.

Esse Outro de que se trata, e que Freud também chama de *referência da cena psíquica*, a propósito da tirada espirituosa, é aquele sobre quem devemos hoje nos questionar, aquele que Freud nos traz repetidamente a propósito dos caminhos e do procedimento do chiste.

Para nós, assinala ele, não há possibilidade de emergência do chiste sem uma certa surpresa. Isso é ainda mais marcante em alemão: *seine volle Wirkung auf den Hörer nur zu äussern, wenn er ihm neu ist, ihm als Überraschung entgegentritt*. Podemos traduzir: *ele só manifesta seu efeito pleno no ouvinte quando é novo para ele, quando se apresenta a ele como uma surpresa*.

Há alguma coisa que deve tornar o sujeito alheio ao conteúdo imediato da frase, e que se apresenta, vez por outra, por meio do aparente nonsense. Trata-se do nonsense em relação à significação, que leva por um momento a dizer *Não compreendo, estou desnorteado, não há um verdadeiro conteúdo nessa frase*, marcando a ruptura do assentimento do sujeito com relação ao que ele assume. Essa é a primeira etapa, diz Freud, da preparação natural do chiste, que depois constituirá para o sujeito uma espécie de gerador de prazer, de *prazerógeno*.

O que acontece nesse nível? Qual é essa ordem do Outro que é invocada no sujeito? Uma vez que há também algo de imediato no sujeito, que é posto em rotação por meio do chiste, a técnica desse movimento giratório deve informar-nos sobre o que deve ser atingido como forma do Outro no sujeito.

É nisso que nos deteremos hoje.

2

Só me referi, até aqui, às histórias relatadas pelo próprio Freud, ou pouca coisa mais. Agora vou introduzir uma história cuja proveniência é outra. Ela também não foi especialmente escolhida. Quando resolvi abordar com vocês, este ano, a questão do *Witz* ou do *wit*, iniciei uma pequena pesquisa. Não há nada de surpreendente em que a tenha começado interrogando um poeta. Trata-se de um poeta que introduz em sua prosa, bem como em formas mais poéticas, a dimensão de um espírito singularmente dançarino que habita sua obra, e que ele faz vibrar até quando fala vez ou outra de matemática, pois é também matemático. Estou me referindo a Raymond Queneau.

Quando trocávamos nossas primeiras ideias a esse respeito, ele me contou uma história. Não é só no interior da experiência analítica que as coisas nos caem como uma luva. Depois de eu haver passado um ano inteiro a lhes falar da função significante do cavalo, eis que esse cavalo torna a entrar, de maneira bastante estranha, em nosso campo de atenção.

A história que Queneau me contou vocês não conhecem. Ele a tomou como exemplo do que podemos chamar de histórias longas, em contraste com as histórias curtas. Essa, na verdade, é uma classificação muito preliminar. *A concisão*, diz em algum lugar Jean-Paul Richter, citado por Freud, *é o corpo e a alma da espirituosidade*, ao que podemos acrescentar a frase de *Hamlet* que diz que, se a concisão é *a alma da espirituosidade*, a *prolixidade* não deixa de ser *seu corpo e seu ornamento*. As duas coisas são verdadeiras, os dois autores sabiam do que estavam falando. Vocês vão ver se a denominação "história longa" convém aqui, pois a tirada espirituosa é veiculada em algum lugar.

Vejamos a história, pois. É a história de um exame, de *baccalauréat*, por exemplo. Temos o candidato e temos o examinador.

— *Fale-me* — diz o examinador — *da batalha de Marengo.*

O candidato para por um instante, com ar pensativo: — *A batalha de Marengo...? Mortos! Uma coisa medonha... Feridos! Assustador...*

— *Mas* — diz o examinador — *o senhor não pode me dizer algo mais específico sobre essa batalha?*

O candidato reflete por um momento e responde: — *Um cavalo empinado nas patas traseiras, e que relinchava.*

Surpreso, o examinador quer sondá-lo um pouco mais, e lhe diz: — *Cavalheiro, sendo assim, quer ter a bondade de me falar da batalha de Fontenoy?*

— *A batalha de Fontenoy? ... Mortos! Por toda parte... E feridos! Uma porção deles, um horror...*

O examinador, interessado, diz: — *Mas será que o senhor pode me dar uma indicação mais específica sobre essa batalha de Fontenoy?*

— *Oh!* — diz o candidato. — *Um cavalo empinado nas patas traseiras, e que relinchava.*

Fazendo uma manobra, o examinador pede ao candidato que lhe fale da batalha de Trafalgar. E ele responde: — *Mortos! Uma carnificina... E feridos! Às centenas...*

— *Mas, afinal, cavalheiro, o senhor não pode me dizer nada mais específico sobre essa batalha?*

— *Um cavalo...*

— *Desculpe, meu senhor, devo observar que a batalha de Trafalgar foi uma batalha naval.*

— *Ôoô! Ôoô!* — diz o candidato. — *Para trás, cavalinho!*[*]

O valor dessa história está, a meu ver, em permitir decompor, creio eu, aquilo de que se trata na tirada espirituosa.

Penso que todo o caráter espirituoso da história está em seu clímax. A história em si não tem razão alguma para terminar, já que é simplesmente constituída por essa espécie de jogo ou de justa em que os dois interlocutores se opõem, e, aliás, por mais que vocês a estendam, o efeito se produz imediatamente.

Antes do clímax, é uma história da qual rimos porque é cômica. Nem quero entrar mais a fundo na questão do cômico, porque, a esse respeito, já se proferiu uma porção de barbaridades particularmente obscuras, desde que o sr. Bergson fez sobre o riso um livro do qual podemos simplesmente dizer que é legível.

---

* A expressão francesa aqui empregada, *Arrière cocotte!*, admite diferentes referências alusivas: na terminologia militar, o *arrière* remete ao recuo e à retaguarda e, por sua etimologia, faz lembrar a expressão *Vade retro!*, que poderia também estar referida ao examinador, donde a opção de tradução feita aqui; já na linguagem naval, corresponde ao substantivo "popa" e pode remeter à ideia do ir em frente, de vento em popa; por sua vez, o substantivo *cocotte*, entre outras acepções, inclusive a de termo de tratamento afetivo (como "gatinho" ou "fofinho", em português), tem na linguagem infantil as de "cocó" e "cavalinho", esta usada sobretudo na expressão *Hue cocotte!*, de incentivo aos cavalos, equivalente ao nosso "Upa, cavalinho!". (N.E.)

O cômico, em que consiste ele? Limitemo-nos, por enquanto, a dizer que está ligado a uma situação dual. É na medida em que o candidato está diante do examinador que se realiza essa justa, na qual evidentemente as armas são radicalmente diferentes, e se gera esse algo que tende a provocar em nós o que chamamos de um vivo divertimento. Será que é a ignorância do sujeito que nos faz rir? Não estou certo. Obviamente, o fato de ele enunciar essas verdades primárias sobre o que se pode chamar de batalha, e que nunca são ditas, pelo menos quando se está fazendo uma prova de história, justificaria que nos detivéssemos nisso por um instante, mas não podemos enveredar por esse caminho, pois ele nos levaria a perguntas referentes à natureza do cômico, e não sei se teremos oportunidade de entrar nesse assunto, a não ser para concluir o exame do livro de Freud.

Esse livro termina, com efeito, com um capítulo sobre o cômico no qual é impressionante, de repente, ver Freud cem pés abaixo de sua perspicácia habitual, a ponto de se tratar antes de nos indagarmos por que ele não tem mais a dizer do que o pior dos autores centrados na noção mais elementar do cômico. Porque ele teria como que se recusado a fazer mais do que isso. Provavelmente, isso nos dará maior indulgência para com os nossos colegas psicanalistas aos quais também falta o mínimo senso do cômico, a ponto de parecer que este está excluído do exercício da profissão.

Na medida em que participamos, com essa história, de um efeito vivamente cômico, o cômico concerne à parte preparatória, referente às batalhas. É contra esse pano de fundo que é desferido o golpe final, que faz dela uma história propriamente espirituosa.

Peço-lhes que observem o seguinte. Mesmo que vocês, alguns de vocês, não sejam muito sensíveis ao que constitui o espírito dessa história, mesmo assim a espirituosidade está contida nela, jaz num determinado ponto, que é a súbita saída dos limites da épura, quando o candidato faz uma coisa quase inverossímil, se nos colocarmos por um instante dentro da orientação de situar essa história no seio de uma realidade vivida qualquer. Subitamente, o sujeito parece esticar-se e puxar as rédeas. Essa imagem assume aí, num lampejo, um valor quase fóbico. Em todo caso, é um instante homólogo, segundo nos parece, ao que se pode relatar de diversas experiências infantis, que vão desde a fobia a toda sorte de excessos da vida imaginária, na qual, aliás, temos muita dificuldade de penetrar. Não é raro vermos relatada na anamnese da vida de um sujeito a atração por um cavalo grande, a imagem desse mesmo cavalo saindo das tapeçarias, ou a entrada desse cavalo num dormitório onde o sujeito se encontra com cinquenta colegas. O desfecho, portanto, faz-nos participar da súbita emergência da fantasia significante do cavalo nessa história.

Essa história, como quer que vocês a chamem, engraçada ou poética, certamente merece ser chamada de espirituosa, se, como diz Freud, a soberania nessa matéria for a de vocês. Podemos, ao mesmo tempo, qualificá-la como uma anedota. A verdade é que o fato de ela convergir, por seu conteúdo, para uma imagem aparentada com uma forma constatada, identificada no nível dos fenômenos do inconsciente, não deve surpreender-nos, portanto.

É isso, aliás, que responde pelo valor dessa história: que seu aspecto seja tão claro. E será que estamos dizendo que isso basta para fazer dela uma tirada espirituosa?

Vejamos decompostos esses dois tempos, que chamarei de sua preparação e seu clímax final. Iremos ater-nos a isso? Poderíamos ater-nos, nesse caso, ao nível do que podemos chamar de análise freudiana do *Witz*. Uma outra história qualquer não criaria maior dificuldade, creio eu, para valorizar esses dois tempos, esses dois aspectos do fenômeno, mas eles são particularmente destacados nessa.

O que responde pelo caráter não simplesmente poético ou engraçado da coisa, mas propriamente espirituoso, segue precisamente o caminho retrógrado ou retroativo do que designamos, em nosso esquema, como o passo-do-sentido. É que, por mais fugidio, mais inapreensível que seja o clímax dessa história, mesmo assim ele se dirige para alguma coisa. Articular isso é forçar um pouco a situação, sem dúvida, mas, para mostrar sua direção, eu preciso fazê-lo, apesar de tudo: trata-se da particularidade a que o sujeito retorna, com uma insistência que, em outro contexto, poderia já não ser espirituosidade, mas humor — qual seja, o cavalo erguido sobre as patas traseiras e que relinchava —, mas talvez esteja realmente nisso, com efeito, o verdadeiro tempero da história.

De tudo o que integramos de história em nossa experiência, nossa formação, nossa cultura, diríamos que essa é a imagem mais essencial. É impossível darmos três passos num museu, olharmos os quadros de batalhas, sem ver esse cavalo erguido sobre as patas traseiras e relinchando. O cavalo entrou na história da guerra com um certo brilhantismo. Foi memorável o momento em que surgiram pessoas aptas a cavalgar esse animal. Isso significou na época, por ocasião da chegada dos aqueus em suas montarias, um progresso verdadeiro e enorme. Essas pessoas tiveram, de uma hora para outra, uma superioridade tática extraordinária, comparada ao cavalo atrelado aos carros — isto até a guerra de 1914, quando o cavalo desapareceu, apagado por outros instrumentos que o deixaram praticamente fora de uso. Portanto, da época aqueia até a guerra de 1914, o cavalo foi, efetivamente, algo de absolutamente essencial nesse intercâmbio inter-humano chamado guerra.

Que por isso ele tenha sido a imagem central de algumas concepções da história, que podemos reunir sob a rubrica de história-batalha, é um fenômeno do qual, uma vez que esse período foi ficando para trás, somos realmente levados a perceber o caráter significante, que foi sendo decantado conforme progredia a disciplina histórica. Afinal de contas, toda uma história resume-se nessa imagem, que nos parece tola à luz da historieta. A indicação de sentido que ela encerra implica que, afinal, não há muita necessidade de nos atormentarmos a respeito das batalhas, nem a de Marengo, nem a de Fontenoy, mas talvez um pouco mais, justamente, a propósito da de Trafalgar.

Nada disso, é claro, está na historieta. Não se trata de extrair dela uma sabedoria qualquer acerca do ensino da História. Mas, sem ensinar, ela indica que o passo-do-sentido tem o sentido de uma redução do valor, de uma exorcização do elemento fascinante.

Em que sentido atua essa história? E em que sentido nos satisfaz, nos dá prazer?

A introdução do significante em nossas significações deixa uma margem que faz com que fiquemos escravos dele. Alguma coisa nos escapa para além das ligações que a cadeia significante mantém para nós. O simples fato de a monodia repetida desde o começo da história — isto é, *Mortos! Feridos!* — nos fazer rir indica bastante bem o quanto nos é recusado o acesso à realidade, a partir do momento em que penetramos nela pelo viés do significante.

Essa história, nesta oportunidade, nos servirá simplesmente de referencial. Freud assinala que, quando se trata da transmissão do chiste e da satisfação que ele pode proporcionar, há sempre três pessoas em jogo. O cômico pode contentar-se com um funcionamento a dois, mas no chiste há três. O Outro que é o segundo fica situado em lugares diferentes. Ora ele é o segundo da história, sem que saibamos ou sequer precisemos saber se é o estudante ou o examinador. Ora é também vocês, enquanto lhes conto essa história.

Com efeito, é preciso que, durante a primeira parte, vocês se deixem ludibriar um pouco. A história solicita, inicialmente, suas diversas simpatias, quer pelo candidato, quer pelo examinador, e lhes fascina ou lhes coloca numa atitude de oposição, ainda que, a bem da verdade, o que se busca nessa história não seja tanto nossa oposição, mas uma certa captação no jogo em que o candidato se vê às voltas com o examinador, e no qual este irá surpreendê-lo. O mesmo jogo é igualmente esboçado em histórias que são tendenciosas de uma outra maneira, as de tipo chulo ou sexual. Na verdade, trata-se menos de afastar o que há em vocês de resistência ou repugnância do que, ao contrário, de começar a colocá-lo em ação. Longe de extinguir o que pode suscitar objeções em vocês quando uma boa anedota é chula, alguma coisa, logo no início dela, já lhes indica que estaremos entrando nesse terreno. Então, vocês se preparam, seja para consentir, seja para resistir, mas, com certeza, alguma coisa em vocês coloca-se no plano dual. É assim que vocês se deixam apanhar pela vertente prestígio e exibicionismo anunciada pelo registro e pela ordem da história.

Naturalmente, o que acontece de inesperado no desfecho coloca-se sempre no plano da linguagem. A vertente jogo de palavras é levada muito mais longe aqui, e até decomposta a tal ponto que vemos, de um lado, um significante puro — o cavalo, no caso — e, de outro, o elemento jogo de significantes, que se apresenta sob a forma de um clichê muito mais difícil de encontrar, mas sobre o qual fica evidente, ainda assim, que é apenas isso que existe na anedota. O que surpreende vocês é a ambiguidade fundamental, a passagem de um sentido para outro, por intermédio de um suporte significante, como indicam bastante bem os exemplos que dei anteriormente. Há um furo aí, que faz vocês chegarem à etapa em que os atinge, como chiste, aquilo que lhes é comunicado.

Como regra geral, vocês são sempre atingidos em outro ponto que não o lugar para onde foi inicialmente atraída e ludibriada sua atenção — ou seu assentimento, ou sua oposição —, e isso, sejam quais forem os efeitos em jogo — efeitos de nonsense, efeitos de comicidade, efeitos de participação licenciosa numa narrativa sexualmente excitante. Digamos que esse jogo dual nunca é outra coisa senão uma preparação, que permite que se divida em dois polos opostos o que sempre há de imaginário, de refletido, de simpatizante na comunicação, o emprego de uma certa tendência na qual o sujeito é a segunda pessoa. Isso é apenas o suporte da anedota. Do mesmo modo, tudo o que atrai a atenção do sujeito, tudo o que é despertado no nível de sua consciência, não é mais do que a base destinada a permitir a passagem para um outro plano, que sempre se apresenta como mais ou menos enigmático. Então vem a surpresa, e é a partir daí que nos situamos então no nível do inconsciente.

Uma vez que aquilo de que se trata está sempre ligado ao mecanismo como tal da linguagem, num plano em que o Outro busca e é buscado, em que o Outro é tocado, em que o Outro é visado, em que o Outro é atingido na tirada espirituosa — como então definir esse Outro?

3

Detenhamo-nos por um instante em nosso esquema, para dizer coisas muito simples e verdades primordiais.

Podemos fazer desse esquema uma grade ou uma trama na qual situar, essencialmente, os elementos significantes como tais. Quando tomamos as diversas modalidades ou formas a partir das quais é possível estabelecer classificações da tirada espirituosa, somos levados a enumerações como esta: o jogo de palavras, o trocadilho propriamente dito, o jogo de palavras por transposição ou deslocamento do sentido, a tirada espirituosa por transposição ou deslocamento do sentido, a tirada espirituosa pela pequena modificação em uma palavra que basta para esclarecer algo e para fazer surgir uma dimensão inesperada. Sejam quais forem os elementos classificatórios escolhidos, tendemos, com Freud, a reduzi-los a termos que se inscrevem no registro do significante. Imaginemos, portanto, uma máquina.

A máquina situa-se em algum lugar em A ou M. Recebe dados que provêm dos dois lados. Está em condições de decompor as vias de acesso por onde se realizam tanto a formação do termo *familionário* quanto a passagem do Bezerro de Ouro para o vitelo de açougue. Suponhamos que seja suficientemente complexa para fazer a análise exaustiva dos elementos de significante. Será ela capaz de entender e de autenticar como tal uma tirada espirituosa? De calcular e responder que *Isso é uma tirada espirituosa*? Ou seja, de ratificar a mensagem em relação ao código, como convém para que fiquemos dentro dos limites, pelo menos possíveis, do que se denomina tirada espirituosa?

Essa imagem só é produzida aqui a título puramente humorístico, e nem se trata de discuti-la, é evidente. Mas que significa isso? Será que basta dizer que é preciso termos diante de nós um homem? Talvez isso seja óbvio, o que nos deixaria muito satisfeitos. Dizê-lo corresponde aproximadamente, em bloco, à experiência. Mas, dado que para nós existe o inconsciente com seu enigma, *homem* é uma resposta que precisamos decompor.

Começaremos dizendo que é preciso termos diante de nós um sujeito real. É no sentido, com efeito, na direção de sentido, que a tirada espirituosa desempenha seu papel. Ora, esse sentido, como já indicamos, só pode ser concebido em relação à interação entre um significante e uma necessidade. Logo, a ausência da dimensão da necessidade numa máquina cria uma objeção e um obstáculo a que ela possa de algum modo ratificar o chiste.

Será possível dizermos, no entanto, que esse sujeito real deve ter necessidades homogêneas às nossas? Não é forçosamente recomendável instaurar essa exigência logo no início de nosso percurso. Com efeito, a necessidade não é designada em parte alguma na tirada espirituosa. Ao contrário, a tirada espirituosa aponta para a distância existente entre a necessidade e o que é posto em jogo num discurso. O que se articula num discurso leva-nos, por isso mesmo, a uma série de reações que fica a uma distância infinita do que é a necessidade propriamente dita.

Eis, portanto, uma primeira definição: é preciso que esse sujeito seja um sujeito real. Deus, animal ou homem? Não temos a menor ideia.

O que estou dizendo é tão verdadeiro que as histórias do sobrenatural, que não existem à toa no folclore humano, não excluem a hipótese de que se possa ser espirituoso com fada ou diabo, isto é, com um sujeito postulado como tendo em seu real relações totalmente diferentes das determinadas pelas necessidades humanas. Vocês por certo me dirão que esses seres verbais, de pensamento, de qualquer modo são mais ou menos urdidos por imagens humanas. Não discordo, e é disso mesmo que se trata. Com efeito, encontramo-nos entre os dois seguintes termos. Primeiro, lidar com um sujeito real, isto é, um ser vivo. Por outro lado, que esse ser vivo entenda a linguagem e, mais do que isso, possua um estoque do que é verbalmente trocado — usos, empregos, locuções, termos —, sem o que não haveria nenhum meio de entrarmos em comunicação com ele pela linguagem.

O que nos sugere a tirada espirituosa e em que, de certo modo, nos faz tocar?

Lembremos que as imagens apresentam-se na economia humana num estado de desconexão, com uma aparente liberdade entre si, que permite todas as coalescências, trocas, condensações e deslocamentos, todo esse malabarismo que vemos no princípio de tantas manifestações que constituem, ao mesmo tempo, a riqueza e a heterogeneidade do mundo humano em relação ao real biológico. Na perspectiva analítica, muitas vezes inscrevemos essa liberdade das imagens num sistema de referência que nos leva a considerá-la condicionada por uma certa lesão primária da inter-relação entre o homem e seu meio, a qual tentamos apontar na prematuração do nascimento, e que faz com que seja através da imagem do outro que o homem encontre a unificação de seus movimentos, até os mais elementares. Quer isso venha daí ou de outro lugar, o certo é que essas imagens, em seu estado de anarquia característico na ordem humana, na espécie humana, são trabalhadas, tomadas, utilizadas pelo manejo significante. É nessa condição que passam para o que está em jogo na tirada espirituosa.

O que está em jogo na tirada espirituosa são essas imagens, na medida em que elas se tornaram elementos significantes mais ou menos usuais e mais ou menos ratificados no que chamei de tesouro metonímico. Esse tesouro, o Outro o detém. Supõe-se que ele conheça a multiplicidade das combinações significantes, aliás absolutamente abreviadas, elididas, diríamos até purificadas quanto à significação. Todas as implicações metafóricas estão desde sempre empilhadas e comprimidas na linguagem. Trata-se de tudo o que a linguagem traz em si, que se manifesta nos momentos de criação significativa, e que já está nela em estado não ativo, latente. É isso que invoco na tirada espirituosa, é isso que procuro despertar no Outro e cujo suporte lhe confio, de certo modo. Trocando em miúdos, só me dirijo a ele na medida em que suponho já repousar nele aquilo que faço entrar em jogo em minha tirada espirituosa.

Tomemos um dos exemplos de Freud. Trata-se do dito de um homem célebre e brilhante da sociedade de Viena, a propósito de um escritor ruim que vinha inundando os jornais com suas produções inúteis e intermináveis sobre Napoleão e os napoleonistas. Tendo esse escritor uma particularidade física, a de ser ruivo, o homem brilhante rotulou-o de *rote Fadian*, que significa ser ruivo e dizer tolices insípidas — *rouquin filandreux* [ruço filigranoso], como se traduziu em francês.

O que dá o tempero dessa história é a referência ao fio encarnado, *roter Faden*, por sua vez uma metáfora poética que, como vocês sabem, Goethe tomou emprestada de uma prática da marinha inglesa. Esse fio vermelho, com efeito, permitia reconhecer o menor pedaço de cordame, mesmo roubado, e sobretudo se fosse roubado, das naus de Sua Majestade britânica, na época em que a navegação a vela fazia um uso abundante de cordames. O fio encarnado autenticava em caráter absoluto a procedência desse material. Essa metáfora é certamente mais célebre para os sujeitos germanófonos do que talvez seja para nós, mas presumo que um número bem grande de vocês tenha ouvido falar, pelo menos através dessa citação, e talvez até sem o saber, dessa passagem das *Afinidades eletivas*. É no jogo entre o fio vermelho e o personagem filigranoso que diz tolices que se encaixa essa réplica, bem ao estilo da época, e que há de ter provocado muitas risadas num certo momento e num certo contexto — o qual, certo ou errado, chamaremos de cultural. É isso que faz com que uma coisa passe por uma ironia bem-sucedida, por uma tirada espirituosa. É a isso que quero chegar.

No caso, Freud nos diz que, à sombra da tirada espirituosa, satisfez-se uma coisa que é a tendência agressiva do sujeito. De outro modo, ela não se manifestaria. Não seria permitido falar tão grosseiramente de um confrade literato. A coisa só é possível sob a proteção da tirada espirituosa. Essa é apenas uma das facetas da questão, mas fica claro que há uma enorme diferença entre proferir um insulto, pura e simplesmente, e o expressar-se nesse registro, pois expressar-se nesse registro é recorrer, no Outro, a toda sorte de coisas que supostamente fazem parte de seu uso, de seu código mais corrente.

Foi para lhes dar a perspectiva disso que tomei esse exemplo, extraído de um momento especial da história da sociedade de Viena. Nesse contexto, a referência ao fio encarnado goethiano, na verdade, fica imediatamente acessível a todo o mundo e, até certo ponto, lisonjeia em cada um o desejo de reconhecimento ao se oferecer como um símbolo comum que todos sabem o que é.

Há ainda uma outra coisa indicada na direção desse chiste, que não põe em pauta apenas o personagem ridicularizado, mas também um valor muito particular, de ordem cultural. Como sublinha Freud, o ensaísta que toma a história pelo ângulo dos acontecimentos tem o hábito de introduzir nela temas de fundo, nos quais só faz tornar-se muito visível a insuficiência do autor, a pobreza de suas categorias ou até o esgotamento de sua pena. Em suma, no limiar da anedota, divisa-se todo um estilo filigranado cujas produções atulhavam as revistas da época. Sem dúvida, essa direção, bem caracterizada nesse chiste, não se consuma, não chega a seu termo, mas é ela que confere a esse dito seu alcance e seu valor.

Eis-nos portanto em condição de dizer que, longe de o sujeito diante de nós ter que ser um vivente real, esse Outro é, essencialmente, um lugar simbólico.

O Outro é, justamente, o lugar do tesouro, digamos, das frases ou até das ideias feitas sem as quais a tirada espirituosa não pode adquirir valor e alcance. Mas observe-se que, ao mesmo tempo, não é nele que se visa seja lá o que for que é precisamente acentuado como significação. Ao contrário, esse tesouro comum de categorias apresenta um caráter que podemos chamar de abstrato. Aludo aqui, muito precisamente, àquele elemento de transmissão que faz com que haja nisso alguma coisa que, de certa maneira, é supraindividual, e que se liga por uma comunhão absolutamente inegável a tudo o que foi preparado desde a origem da cultura. Aquilo a que nos dirigimos, ao visar o sujeito no plano dos equívocos do significante, tem, por assim dizer, um caráter singularmente imortal. É esse, na verdade, o outro termo da questão.

A questão de saber quem é o Outro coloca-se entre dois polos. Esse Outro, precisamos que ele seja muito real, que seja um ser vivo, de carne, embora não seja a sua carne que eu provoco. Mas, por outro lado, há também aí algo de quase anônimo, que está presente naquilo a que me refiro para atingi-lo e para suscitar seu prazer ao mesmo tempo que o meu.

Qual é o eixo que há entre os dois, entre esse real e esse simbólico? É a função do Outro. É ela, propriamente falando, que é posta em jogo. Seguramente, já falei dela o bastante para afirmar que esse Outro é realmente o Outro como lugar do significante, mas, desse lugar do significante, faço surgir tão somente uma direção de sentido, um passo-do-sentido em que está verdadeiramente, e em última instância, o eixo propulsor.

Podemos dizer que a tirada espirituosa apresenta-se aqui como um albergue espanhol.* Ou, mais exatamente, trata-se do contrário, pois nos albergues espanhóis só é preciso levar a comida, lá encontramos vinho, ao passo que, aqui, sou eu quem deve trazer o vinho da fala, pois não o encontraria, mesmo que jantasse — imagem mais ou menos bufa e cômica — meu adversário.

O vinho da fala está sempre presente em tudo o que digo. De hábito, a tirada espirituosa faz parte do ambiente em tudo o que estou contando a partir do momento em que falo, pois falo forçosamente no duplo registro da metonímia e da metáfora. O pouco-sentido e o passo-do-sentido estão o tempo todo se entrecruzando, à maneira como se cruzam e descruzam os milhares de navetas de que fala Freud na *Traumdeutung*. Mas, do mesmo modo, esse vinho da fala habitualmente se espalha pela areia. O que se produz entre mim e o Outro, no momento da tirada espirituosa, é como uma comunhão toda especial entre o pouco-sentido e o passo-do-sentido. Sem dúvida, ela é mais especificamente humanizante do que qualquer outra, mas, se é huma-

---

* Lacan parece aludir a uma conhecida frase de André Maurois, que diz que "Certas leituras parecem albergues espanhóis: nelas só se encontra aquilo que se leva para lá". (N.E.)

nizante, é precisamente por partirmos de um nível que, dos dois lados, é não humano ao extremo.

Se convido o Outro para essa comunhão, é porque tenho tanto mais necessidade de seu concurso quanto mais ele próprio é o vaso ou o Graal. Esse Graal é vazio. O que quero dizer é que não me dirijo no Outro a nada de específico, a nada que nos una numa comunhão, seja ela qual for, que tenda para um acordo qualquer de desejo ou de julgamento. Trata-se unicamente de uma forma.

Através de que se constitui essa forma? Através daquilo de que sempre se trata a propósito da tirada espirituosa, e que em Freud é chamado de inibições. Não é à toa que, na preparação de minha tirada espirituosa, evoco alguma coisa que tende, no Outro, a consolidá-lo numa certa direção. Isso ainda não passa de uma casca em relação a algo de mais profundo, que está ligado ao estoque de metonímias sem o qual não posso, nessa ordem, comunicar ao Outro absolutamente nada.

Em outras palavras, para que minha tirada espirituosa faça o Outro rir, é preciso, como diz Bergson em algum lugar — e essa é a única coisa boa que existe em *O riso* —, que ele seja da paróquia.

Que quer dizer isso? O próprio termo *paróquia* não é mau para nos ajudar a progredir na compreensão daquilo de que se trata. Não sei se vocês conhecem a origem da palavra *paróquia*. É bem singular, mas, desde o momento em que começaram a se debruçar sobre ela, os etimologistas nunca conseguiram saber por qual milagre uma coisa que no começo era *parodia*, isto é, aquelas pessoas que não eram de casa, ou seja, da casa da terra, aquelas que vinham de um outro mundo, que tinham suas raízes em outro mundo — os cristãos, para citá-los nominalmente, pois o termo surgiu com o cristianismo —, metaforizou-se, por assim dizer, num outro termo, o qual inscreveu seu elemento significante num *khi* que é encontrado na *parrocchia* italiana, a saber, o παροχος em grego, isto é, o provedor, o intendente a quem os funcionários do Império sabiam que tinham de se dirigir para que lhes fosse proporcionado quase tudo o que um funcionário do Império podia desejar — e, naqueles tempos tão abençoados da paz romana, isso podia ser um bocado.

Eis-nos, pois, no nível designado por esse ambíguo termo paróquia, que destaca bem a limitação do campo em que funciona uma tirada espirituosa. Vocês estão vendo que nem todas as tiradas espirituosas surtem o mesmo efeito em toda parte e em todas as ocasiões, uma vez que a do fio vermelho produziu em vocês apenas um efeito fraco, comparado à anedota do candidato de há pouco. Do modo como vocês se constituem como público, era perfeitamente natural que uma coisa tão da paróquia quanto o *baccalauréat*, ou outro exame qualquer, fosse apropriada para servir de continente ao que tinha de ser veiculado, isto é, uma direção de sentido. Sem dúvida, na medida em que não atinge nenhum, essa direção é apenas a distância que sempre permanece entre qualquer sentido realizado e o que eu poderia chamar de um ideal de pleno-sentido.

Vou acrescentar mais um jogo de palavras. A maneira como se constitui esse Outro, no plano da tirada espirituosa, é o que conhecemos através do uso de Freud, que ele chama de *censura* e que diz respeito ao *sentido**. O Outro constitui-se como um filtro que põe em ordem e cria obstáculos naquilo que pode ser aceito ou simplesmente ouvido. Há coisas que não podem ser ouvidas, ou que de hábito nunca mais são ouvidas, e que o chiste procura tornar audíveis em algum lugar, como um eco. Para torná-las audíveis num eco, ele se serve, justamente, daquilo que lhes cria obstáculos, como uma concavidade refletora qualquer. Trata-se já da metáfora a que cheguei há pouco, em cujo interior alguma coisa resiste, alguma coisa que é inteiramente feita de uma série de cristalizações imaginárias no sujeito.

Não ficamos surpresos ao ver as coisas se produzirem nesse nível. O pequeno outro, para chamar as coisas por seu nome, participa da possibilidade da tirada espirituosa, mas é no interior da resistência do sujeito — que, por esta vez, e para nós isso é muito instrutivo, eu procuro suscitar — que se fará ouvir algo que repercute muito mais longe, e que faz com que a tirada espirituosa vá ressoar diretamente no inconsciente.

11 DE DEZEMBRO DE 1957

* Vale lembrar que o jogo de palavras a que Lacan se refere apoia-se no primeiro fonema de *censure* e de *sens*, utilizados aqui por Lacan, e que são homófonos. (N.E.)

VII

UMA MULHER DE NÃO-RECEBER

A duplicação do grafo
O riso, fenômeno imaginário
Um Outro todo seu
O retorno ao gozo em Aristófanes
O amor cômico

Da última vez, falei do Graal. Vocês são o Graal, que eu vou consolidando através de toda sorte de atiçamentos de suas contradições, no intuito de fazê-los autenticarem em espírito, se assim ouso me expressar, que lhes estou enviando a mensagem. A essência desse Graal consiste em suas próprias falhas.

Como sempre convém retornar um pouco, até mesmo ao que foi mais bem compreendido, vou tratar de materializar no quadro-negro o que lhes disse da última vez.

1

O que lhes disse da vez passada concernia ao Outro, esse bendito Outro que, na comunicação do *Witz*, virá completar — de certa maneira, preencher — a hiância constituída pela insolubilidade do desejo. Podemos dizer que o *Witz* restitui o gozo à demanda essencialmente insatisfeita, sob o duplo aspecto, aliás idêntico, da surpresa e do prazer — o prazer da surpresa e a surpresa do prazer.

Insisti, na última vez, no processo de imobilização do Outro e da formação do que chamei de Graal vazio. Isso é o que é representado, em Freud, no que ele chama de *fachada* do chiste. Ela desvia a atenção do Outro do caminho por onde passará o chiste, fixa a inibição em algum lugar, a fim de deixar livre, num outro ponto, o caminho por onde passará a fala espirituosa.

Eis como mais ou menos se esquematizariam as coisas. Traça-se o caminho da fala, aqui condensada como mensagem ao Outro a quem é dirigida. É o embaraço, o vazio, a falha da mensagem que é autenticado pelo Outro como chiste, mas com isso restituído ao próprio sujeito, como constituindo o complemento indispensável do desejo característico do chiste.

Eis, portanto, o esquema que habitualmente nos serve. Aqui estão o Outro, a mensagem, o [Eu], o objeto metonímico. São pontos já transpostos, que suporemos conhecidos por vocês. O Outro é indispensável para o fechamento do circuito que o discurso constitui, na medida em que ele chega à mensagem em condições de satisfazer, ao menos simbolicamente, o caráter fundamentalmente insolúvel da demanda como tal. Esse circuito é a autenticação, pelo Outro, daquilo que, em suma, é uma alusão ao fato de que nada da demanda, desde que o homem entrou no mundo simbólico, pode ser alcançado, a não ser por uma sucessão infinita de passos-de-sentido. O homem, novo Aquiles perseguindo uma outra tartaruga, está fadado, em razão da captação de seu desejo no mecanismo da linguagem, a essa aproximação infinita e nunca satisfeita, ligada ao próprio mecanismo do desejo, que chamaremos simplesmente de discursividade.

Apesar de esse Outro ser essencial para o último passo simbolicamente satisfatório, constituindo um momento instantâneo — o do chiste ao ser veiculado —, convém, mesmo assim, nos lembrarmos de que esse Outro também existe. Existe à maneira daquele a quem chamamos sujeito, que circula em algum lugar como o jogo de passar o anel. Não vão vocês imaginar que o sujeito, a princípio, é a necessidade — a necessidade ainda não é o sujeito. Então, onde está ele? Talvez falemos mais desse assunto hoje.

O sujeito é todo o sistema, e talvez algo que se conclua nesse sistema. O Outro é a mesma coisa, é construído da mesma maneira, e é justamente por isso que pode retomar meu discurso.

Vou deparar com algumas condições especiais que não devem deixar de ser representáveis aqui, se meu esquema pode servir para alguma coisa. Essas condições são aquelas que mencionamos da última vez. Observem bem as direções dos segmentos. Aqui estão os vetores que partem do [Eu] para o objeto e para o Outro, e os vetores que partem da mensagem para o Outro e para o objeto, pois há uma enorme relação de simetria entre a mensagem e o [Eu], e a mesma também centrífuga, e a mesma centrípeta entre o Outro como tal, como lugar do tesouro das metonímias, e esse próprio objeto metonímico, tal como é constituído no sistema das metonímias.

O que lhes expliquei, na última vez, a propósito do que chamei de preparação do chiste? Às vezes, a melhor coisa é não fazê-la — mas é claro que não é ruim fazê-la. Basta nos lembrarmos do que aconteceu quando não a fiz — aconteceu que vocês ficaram sem ação. Uma coisa tão simples quanto o *At*, que um dia lhes contei, parece ter deixado algumas pessoas desconcertadas. Se eu tivesse feito uma preparação sobre as atitudes recíprocas do condezinho e da moça bem-educada, talvez vocês houvessem ficado suficientemente animados para que o *At* superasse mais facilmente alguma coisa. Como estavam prestando muita atenção, uma parte de vocês levou algum tempo para compreender. Inversamente, a história do cavalo da última vez os divertiu com muito mais facilidade, porque comporta uma longa preparação e, enquanto vocês se deliciavam com as afirmações do examinando, que lhes pareciam marcadas pela poderosa insolência que mora no fundo da ignorância, descobriram-se bastante dispostos a ver entrar o cavalo voador que desfecha a anedota e que lhe dá seu verdadeiro tempero.

O que produzo com essa preparação é o Outro. Com certeza, é isso que se chama *Hemmung*, inibição, em Freud. Trata-se simplesmente da oposição que é a base fundamental da relação dual, e que, nesse caso, compôs-se de tudo o que vocês puderam opor de objeções ao que eu estava apresentando como objeto. Isso é muito natural, vocês estavam se colocando em condições de suportar o choque, a aproximação, a pressão dele. O que assim se organiza é o que habitualmente chamamos *defesa*, que é a força mais elementar. É justamente disso que se trata nesses prelúdios, que podem ser feitos de mil maneiras. O nonsense às vezes vem desempenhar aí um papel de prelúdio, a título de provocação que atrai o olhar mental para uma certa direção. Ele é um engodo nessa espécie de tourada. Às vezes é o cômico, outras vezes, o obsceno.

Na verdade, trata-se de acomodar o Outro a um objeto. Digamos que, em sentido contrário à metonímia de meu discurso, trata-se de conseguir uma certa fixação do Outro como discorrendo, ele próprio, sobre um certo objeto metonímico. De certa maneira, ele é qualquer um. Não há nenhuma obrigação de que tenha a menor relação com minhas próprias inibições. Não tem importância, tudo serve, desde que um certo objeto ocupe o Outro nesse momento. Foi isso que lhes expliquei da vez passada ao lhes falar da consolidação imaginária do Outro, que é a posição primeira que permite a veiculação do chiste.

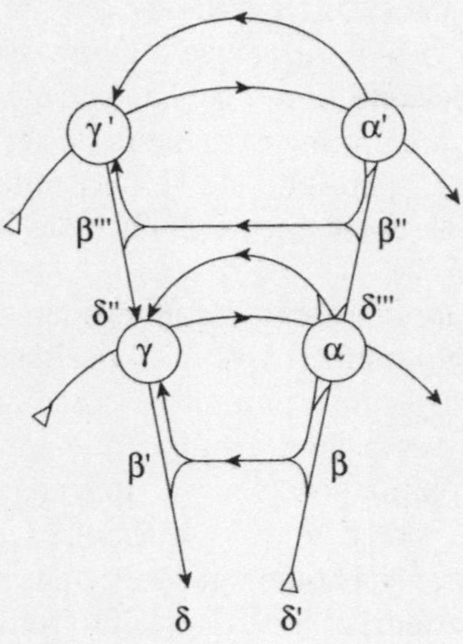

Assim, é preciso colocarmos em nosso esquema o homólogo da relação com o objeto no nível do Outro, que tomamos aqui como sujeito, razão por que lhes faço um outro sistema, que vou desenhar em azul. Traço o homólogo da linha que chamamos β–β', relação do [Eu] com o objeto metonímico no primeiro sujeito. Assim indicamos a superposição do sistema do Outro sujeito em relação ao sistema do primeiro.

Para que o Outro tome lugar do sujeito e assuma a mensagem que autentica o chiste como tal, trata-se de que este revezamento seja tomado no próprio sistema de significantes do Outro, isto é, se assim posso dizer, de que o problema lhe seja remetido, de tal sorte que ele mesmo, em seu sistema, autentique a mensagem como chiste.

Em outras palavras, meu γ α pressupõe inscrito um γ' α' paralelo, o que é exatamente colocado no esquema. Uma necessidade inerente ao chiste lhe dá uma perspectiva teórica de reprodução *ad infinitum*, dado que a boa anedota é feita para ser contada, que ela só fica completa depois de contada e que os outros riram. O próprio prazer de contá-la inclui o fato de os outros poderem, por sua vez, colocarem-na à prova com outros mais.

Se não há nenhuma relação necessária entre o que devo evocar no Outro de captação metonímica para dar livre passagem ao dito espirituoso e este dito, por outro lado existe necessariamente uma relação entre os sistemas dos dois sujeitos. Isso é suficientemente evidenciado no esquema pela relação que há entre a cadeia significante, tal como esta se organiza no Outro — a que vai de δ''' para δ'' —, e a que vai de δ' para δ. Deve haver uma relação, e foi isso que expressei da última vez, ao dizer que o Outro tem de ser da paróquia. Não é suficiente que ele compreenda o francês em linhas gerais, embora essa já seja uma primeira maneira de ser da paróquia. Se faço um chiste em francês, para que ele se transmita e tenha sucesso, há muitas outras coisas supostamente conhecidas de que o Outro deve participar.

Portanto, aí estão, representadas no esquema, duas condições que poderíamos escrever assim: o β'' β''' designa uma certa inibição provocada no Outro. Faço aí um sinal, composto de duas pequenas setas em sentido inverso uma à outra, que são iguais e de sentido oposto a minha metonímia, isto é, a γ α. Inversamente, há uma espécie de paralelismo entre γ α e γ' α', o que pode ser expresso dizendo-se que γ α pode encontrar sua homologação, o que assinalamos colocando um acento entre parênteses no α' γ'. O Outro o homologa como mensagem e o autentica como chiste.

Aí está o que pelo menos tem a vantagem de fixar as ideias, visualizando-as, uma vez que esse é um dos órgãos mentais mais familiares ao intelectual. Isso lhes permite visualizar o que eu quis dizer quando lhes falei, da última vez, das condições subjetivas do sucesso do chiste, ou seja, do que ele exige de outro imaginário para que, no interior do corte representado por esse outro imaginário, o Outro simbólico o entenda.

Deixo aos espíritos engenhosos o cuidado de aproximar isso do que, curiosamente, pude outrora dizer numa metáfora, quando estava ocupado sobretudo com imagens imaginárias e com as condições de aparecimento da unidade imaginária numa certa reflexão orgânica. Eu devia mesmo ter uma razão para me servir quase do mesmo esquema formal quando utilizei a imagem do espelho côncavo a propósito do narcisismo. Mas não vamos enveredar por uma aproximação que só poderia ser forçada, ainda que possa ser sugestiva.

Faremos agora um pequeno uso suplementar desse esquema, pois, qualquer que seja o interesse de eu lhes haver assim relembrado o sentido do que falei da última vez, isso seria muito pouco se não nos levasse mais longe.

O esquema inicial de que nos servimos desde o começo do ano transforma-se, portanto, através do desenvolvimento que damos à fórmula do Outro como sujeito. Temos aqui γ α para o sujeito e β β' para a relação com o objeto metonímico. Mais adiante, no escalão seguinte, reproduz-se essa mesma disposição, que faz com que o Outro também tenha uma relação com o objeto metonímico, β'' β''', enquanto γ α se transforma, aqui, em γ' α', e assim sucessivamente, *ad infinitum*. O último arco, aquele pelo qual passa o retorno da necessidade para a satisfação indefinidamente adiada, tem de ser feito através de todo o circuito dos Outros, antes de voltar, aqui, para seu ponto terminal no sujeito.

2

Logo, logo vamos reutilizar esse esquema. Detenhamo-nos, por ora, num caso particular que Freud examina logo depois de haver exposto sua análise dos mecanismos do chiste, dos quais isto é apenas o comentário. Freud fala do que chama de móbeis sociais do chiste, e daí segue para o problema do cômico.

É o que tentaremos abordar hoje, sem esgotar o assunto. Freud diz expressamente que vai abordá-lo apenas pelo prisma do chiste, pois esse é um campo realmente vasto demais para que lhe seja possível sequer pensar em enveredar por ele, pelo menos a partir de sua experiência. Para se introduzir na análise do cômico, Freud coloca em primeiro plano aquilo que, no cômico, mais se aproxima do chiste. É notável que, com a segurança de orientação e de pertinência que lhe é própria, o que ele nos apresenta como sendo o mais próximo do chiste é justamente aquilo que, à primeira vista, poderia parecer mais distante do espirituoso, ou seja, o ingênuo [*naïf*].

O ingênuo, diz Freud, fundamenta-se na ignorância, e, como é natural, ele fornece exemplos retirados das crianças. Já lhes evoquei aqui a cena das crianças que montaram, para uso dos adultos, toda uma historieta muito divertida. Um casal se separa, indo o marido em busca da fortuna. Ao cabo de alguns anos ele volta, havendo logrado alcançar a riqueza, e a mulher o acolhe em seu retorno, dizendo-lhe: *Como você vê, eu me portei magnificamente, também não perdi tempo durante sua ausência* — e lhe abre a cortina para uma fileira de dez bonecas. É como uma pequena cena de marionetes. As crianças ficam atônitas, ou talvez simplesmente surpresas — é provável que saibam mais do que se supõe — com o riso que explode entre os adultos do público.

Esse é o tipo do chiste ingênuo, tal como nos é apresentado por Freud. Ele o apresenta ainda sob uma forma tecnicamente mais próxima dos procedimentos da linguagem, na história da menina que sugere a seu irmão, que está sentindo um pouco de dor na barriga, que tome um *Bubizin*. Tendo ouvido falar num remédio *Medizin*, e já que *Mädi* designa as meninas e *Bubi* os meninos, ela acha que, se existe um *Medizin* para as meninas, deve haver também um *Bubizin* para os meninos. Essa é mais uma história que, desde que disponhamos da chave, ou seja, que compreendamos o alemão, pode ser facilmente apresentada no plano do espirituoso.

Embora a referência à criança não seja despropositada, o essencial não está nisso, porém num traço que não diremos ser o da ignorância, mas que Freud define de maneira muito especial, e cujo caráter facilmente supletivo ele assinala no mecanismo do chiste. O que nos agrada nisso, diz Freud, e que desempenha precisamente o mesmo papel do que chamei há pouco de fascinação ou captação metonímica, é sentirmos que não há inibição alguma em quem fala. É essa desinibição que nos permite transmitir ao outro a quem contamos a história, e que por sua vez já está fascinado com essa falta de inibição, a essência do chiste, ou seja, esse para-além que ele evoca. Aqui, na criança, nos casos que acabamos de evocar, o essencial não consiste na graça, mas na evocação daquele tempo da infância em que a relação com a linguagem é tão íntima que por isso nos evoca diretamente a relação da linguagem com o desejo que constitui a satisfação própria ao chiste.

Tomaremos um outro exemplo retirado de um adulto, que creio já haver citado num dado momento. Um de meus pacientes, que em geral não se distinguia por circunvoluções muito elaboradas, estava me contando uma daquelas histórias meio tristes, como lhe sucedia com bastante frequência. Havia marcado um encontro com uma mocinha que conhecera em suas peregrinações e, como muitas vezes lhe acontecia, a dita moça simplesmente lhe impingira gato por lebre, dando-lhe um bolo. E ele concluiu sua história: — *Entendi muito bem, mais uma vez, que ela era uma mulher de não-receber.*[*]

---

[*] No original, *Une femme de non-recevoir*, que busca a assonância com a expressão *fin de-non-recevoir*, extraída da linguagem jurídica francesa (em que significa recusa de uma intimação por improcedência da queixa) e usada na linguagem corrente com o sentido de recusa ou recusa peremptória. (N.E.)

Ele não estava fazendo um chiste; achava que essa era uma expressão conhecida, e estava dizendo uma coisa bastante inocente, que tem, no entanto, seu caráter picante, e satisfaz em nós algo que vai muito além da apreensão cômica do personagem em sua decepção. Embora essa história evoque em nós, o que é muito duvidoso, uma sensação de superioridade, certamente ela é bem inferior nesse aspecto. Aludo aqui a um dos mecanismos que com frequência se tem promovido, indevidamente, à categoria de princípio do fenômeno do cômico, qual seja, o sentimento de ser superior ao outro. Isso é absolutamente criticável. Embora tenha sido um homem cultíssimo quem tentou esboçar o mecanismo cômico nesse sentido, ou seja, Lipps, é inteiramente refutável que resida aí o prazer essencial do cômico. Se há alguém, nessa situação, que preserva toda a sua superioridade, trata-se mesmo do nosso personagem, que encontra nessa oportunidade um material para atribuir um motivo a uma decepção que está muito longe de atingir sua inabalável autoconfiança. Se alguma superioridade se esboça a propósito dessa história, isso é basicamente um engodo. Tudo os envolve por um momento na miragem constituída pela maneira como vocês situam, ou como situam para si mesmos, aquele que conta a história, mas o que acontece vai muito além disso.

Com efeito, por trás da expressão *mulher de não-receber*, o que se desenha é o caráter fundamentalmente decepcionante, em si mesmo, de qualquer aproximação do desejo, muito além da satisfação de uma dada aproximação particular. O que nos diverte nisso é a satisfação encontrada em sua própria decepção pelo sujeito que deixou escapar esse dito inocente. Sua decepção, ela a julga suficientemente explicada por uma locução que acredita ser a locução aceita, a metonímia já pronta para essas ocasiões. Sua decepção, em outras palavras, ele a encontra na cartola, sob a forma do coelho de pelúcia que ele presume ser o coelho vivo da explicação válida, e que é, na verdade, totalmente imaginário. Esse coelho, que constitui sua própria decepção, ele estará sempre pronto a vê-lo apresentar-se de novo, inabalável e constante, sem se deixar afetar de nenhum outro modo, toda vez que se aproximar do objeto de sua miragem.

Vocês estão vendo, portanto, que a tirada espirituosa do ignorante ou do ingênuo, daquele de quem tomo a palavra para fazer dela um chiste, desta vez está toda aqui, por assim dizer, no nível do Outro. Não preciso mais provocar no Outro nada que constitua o corte sólido, pois ele já me é totalmente dado por aquele de cuja boca recolho o dito precioso cuja comunicação constituirá um chiste, e o qual elevo, com isso, à dignidade de palavra-mestra através de minha história. Em suma, toda a dialética do chiste ingênuo cabe nesta parte azul do esquema. O que se trata de provocar no Outro, na ordem imaginária, para que o chiste em sua forma comum se transmita e seja aceito, é aqui totalmente constituído por sua ingenuidade, sua ignorância, até sua enfatuação. E basta apenas que eu a aborde hoje para fazer essa mancada passar à categoria de chiste, fazendo com que ela seja homologada pelo terceiro, pelo grande Outro a quem a comunico.

A promoção do outro imaginário nessa análise das metonímias, na satisfação pura e simples que ele encontra na linguagem, e que lhe serve para nem sequer perceber o quanto seu desejo é ludibriado, introduz-nos — e é por isso que Freud o coloca na articulação do chiste com o cômico — na dimensão do cômico.

Nesse ponto, não chegamos ao fim de nossos tormentos, porque, na verdade, quanto a essa questão do cômico, não faltou quem introduzisse teorias que são todas mais ou menos insatisfatórias, e certamente não é inútil nos perguntarmos por que elas o são, e também por que foram promovidas. Elas foram apresentadas sob toda sorte de formas, as quais não há meio de soletrar aqui, mas sua adição, sua sucessão, seu histórico, como se costuma dizer, não nos colocaria na pista de nada de fundamental. Ultrapassemos tudo isso para dizer que, em todos esses casos, a questão do cômico é eludida toda vez que se procura abordá-la, nem digo resolvê-la, apenas no plano psicológico.

No plano psicológico, tanto a espirituosidade quanto o cômico são, evidentemente, fáceis de reunir na categoria do risível, daquilo que provoca o riso. Ora, vocês não podem deixar de se espantar com o fato de que, mesmo pontuando que o chiste é mais ou menos acolhido, assimilado, em virtude de vocês o sancionarem com um riso discreto, ou pelo menos com um sorriso, não abordei até agora a questão do riso.

A questão do riso se acha longe de estar resolvida. Todos se contentam em fazer dele uma característica essencial do que acontece no espirituoso e também no cômico, mas, quando se trata de fazer o ajuste com seu caráter expressivo, ou até, simplesmente, de conotar a emoção a que poderia corresponder esse fenômeno — do qual se pode dizer, ainda que isso não seja absolutamente certo, que é próprio do homem —, geralmente entramos em coisas extremamente deploráveis. Alguns, a gente percebe, procuram se aproximar, roçando-a de leve, da relação do riso com os fenômenos que lhe seriam correspondentes de maneira analógica. Mas até os que disseram a esse respeito as coisas que parecem mais sustentáveis ou mais prudentes só fazem assinalar, no fenômeno do riso, o que ele pode deixar de traços oscilatórios. Para Kant, o riso é um movimento espasmódico com uma certa oscilação mental, que seria a da passagem de uma tensão à sua redução a zero, uma oscilação entre uma tensão despertada e sua queda brusca diante da ausência de algo que supostamente deveria lhe opor resistência, após seu despertar da tensão. Do mesmo modo, a brusca passagem de um conceito para sua contradição manifesta-se num psicólogo do século passado, Léon Dumont, que Dumas menciona em seu artigo sobre a psicologia do riso — artigo bem ao estilo de Dumas, muito fino e sutil, com cuja redação esse homem feliz não se esfalfou, mas que merece ser lido porque, mesmo sem ter se esfalfado, ele traz elementos muito interessantes.

Em suma, a questão do riso ultrapassa muito amplamente tanto a do espirituoso quanto a do cômico.

Não é raro ver evocadas as variedades do fenômeno. Existe a simples comunicação do riso, o riso do riso. Há o riso ligado ao fato de que não convém rir. O riso incontido das crianças em certas situações também merece reter a atenção. Há ainda um riso de angústia e até o da ameaça iminente, o riso nervoso da vítima que de repente se sente ameaçada por algo que ultrapassa até mesmo os limites de sua expectativa, o riso do desespero. E há até o riso do luto do qual se é bruscamente informado. Deixo para lá, porque tratar de todas essas formas do riso não é nosso assunto, nem é nosso objetivo fazer uma teoria do riso.

Apenas pontuarei, de passagem, que nada está mais longe de satisfazer-nos do que a teoria de Bergson, do mecânico que surge no meio da vida. Seu discurso sobre o riso retoma, de maneira condensada e esquemática, o mito da harmonia vital, do elã vital, caracterizado por sua pretensa eterna novidade, sua criação permanente. Não se pode deixar de perceber o caráter extravagante disso quando se lê que uma das características do mecânico, como oposto ao vital, seria seu caráter repetitivo, como se a vida não nos apresentasse nenhum fenômeno de repetição, como se não mijássemos todos os dias da mesma maneira, como se não dormíssemos todos os dias da mesma maneira, como se reinventássemos o amor a cada vez que trepássemos. Há realmente algo incrível nisso. A explicação pelo mecânico manifesta-se, ela mesma, ao longo de todo o livro, como uma explicação mecânica, ou seja, cai numa estereotipia lamentável, que deixa escapar por completo o essencial do fenômeno.

Se o mecânico fosse realmente o que está na origem do riso, onde iríamos acabar? Que faríamos dos comentários sutilíssimos de Kleist sobre as marionetes, que vão totalmente de encontro ao pretenso caráter risível e decadente do mecânico? Ele assinala, com muita propriedade, que um verdadeiro ideal de graça se realiza com essas maquininhas, que, ao serem meramente agitadas por alguns pedaços de fio, realizam movimentos cujo traçado elegante está ligado à constância do centro de gravidade de sua curvatura, bastando apenas que elas sejam um pouquinho bem construídas, quer dizer, segundo as características estritas das articulações humanas. Nenhum bailarino, diz ele, é capaz de atingir a graça de uma marionete movimentada com destreza.

Deixemos de lado a teoria bergsoniana, depois de assinalar simplesmente a que ponto ela negligencia as apreensões mais elementares do mecanismo do riso, antes mesmo que este seja implicado em algo tão elaborado quanto o espirituoso ou o cômico. O riso, com efeito, toca em tudo o que é imitação, dublê, sósia, máscara, e, se olharmos mais de perto, veremos que não se trata apenas da máscara, mas do desmascaramento, e isso conforme momentos que justificam que nos detenhamos neles. Vocês se aproximam de uma criança com o rosto coberto por uma máscara e ela ri de um modo tenso, nervoso. Vocês chegam um pouquinho mais perto, e começa alguma coisa que é uma manifestação de angústia. Vocês tiram a máscara, a criança ri. Mas se embaixo dessa máscara vocês tiverem outra, ela não rirá de jeito nenhum.

Quero apenas indicar que aqui se faz necessário um estudo, o qual só pode ser experimental, mas que só poderá sê-lo se começarmos a ter uma certa ideia do sentido em que deve ser dirigido. Enfim, esse fenômeno, como outros que eu poderia trazer para corroborar minha afirmação, se fosse minha intenção enfatizá-la, mostra-nos que há uma relação muito intensa, muito estreita, entre os fenômenos do riso e a função do imaginário no homem.

A imagem tem, como tal, um caráter cativante, que vai além dos mecanismos instintivos que lhe são correspondentes, como evidencia a exibição, seja ela sexual ou de combate. A isso vem somar-se, no homem, um toque suplementar, que se prende ao fato de que a imagem do outro, para ele, está muito profundamente ligada à tensão de que eu falava há pouco, e que é sempre evocada pelo objeto ao qual se presta atenção, o que leva a que ele seja colocado a uma certa distância, conotada de desejo ou de hostilidade. Nós o relacionamos com a ambiguidade que está na própria base da formação do eu e que faz com que sua unidade fique fora dele mesmo, com que seja em relação a seu semelhante que ele se erija, e com que ele encontre aquela unidade de defesa que é a de seu ser como ser narcísico.

É nesse campo que o fenômeno do riso deve ser situado. É aí que se produzem essas quedas de tensão a que os autores atribuem o desencadear instantâneo do riso. Se alguém nos faz rir por simplesmente levar um tombo, é em função de sua imagem mais ou menos pomposa, à qual, antes disso, nem sequer prestávamos muita atenção. Os fenômenos de status e de prestígio são a tal ponto a moeda corrente de nossa experiência vivida que nem sequer percebemos sua relevância. O riso eclode na medida em que em nossa imaginação o personagem imaginário continua sua marcha enquanto o que o sustenta de real fica ali, plantado e esborrachado no chão. Trata-se sempre de uma libertação da imagem. Entendam isso nos dois sentidos desse termo ambíguo — por um lado, alguma coisa é liberada da coerção da imagem, e por outro, a imagem também vai passear sozinha. É por isso que há qualquer coisa de cômico no pato cuja cabeça é cortada e que ainda dá mais alguns passos no pátio.

É por essa razão que o cômico, em algum ponto, entra em conexão com o risível. Nós o situamos no nível da direção [Eu]-objeto, β β' ou β" β'". Certamente, na medida em que o imaginário está implicado em algum lugar na relação com o simbólico, é nessa medida que se encontra, num nível mais elevado, e que nos interessa infinitamente mais do que o conjunto dos fenômenos do prazer, o riso como conotação e acompanhamento do cômico.

Passemos ao cômico.

3

Para introduzir hoje a noção do cômico, vou partir novamente da história do Bezerro de Ouro.

O dito de Soulié, ao falar do Bezerro de Ouro a propósito do banqueiro — que já é quase um chiste, ou pelo menos uma metáfora —, encontra em Heine esta resposta: *Para um bezerro, ele me parece haver passado um pouco da idade*. Observem que, se Heine houvesse dito isso ao pé da letra, é porque não teria entendido nada, e seria como meu ignorante de há pouco, que falou da *mulher-de-recusa* [*femme de non-recevoir*]. Nesse caso, sua réplica seria cômica.

É justamente isso que constitui os subterrâneos desse chiste. A réplica de Heine, com efeito, é como que uma recusa categórica [*fin de non-recevoir*], remete Soulié à sua própria colocação, deixa-o numa posição meio apertada, se assim ouso falar. Afinal, Soulié não disse nada de muito engraçado e Heine o bota no chinelo, ao mostrar que aquilo pode ser feito de outra maneira. Ele levanta um objeto metonímico diferente do primeiro bezerro. Nisso, joga com o plano da oposição cômica.

É impossível não perceber desde logo uma diferença essencial. Nós só apreendemos o cômico por ocasião de um *Witz* em estado fugidio, num traço, numa palavra, numa querela — mas o cômico vai muito além disso. Uma tirada espirituosa, não é preciso um contato muito demorado para que ela se transmita, ao passo que o cômico não se contenta com um puro e simples encontro relâmpago. Dirijo-me aqui a vocês todos, seja qual for sua situação atual, sem saber de onde vocês vêm, nem tampouco quem são; ora, para haver relações cômicas entre nós, seria necessária uma relação que nos implicasse muito mais uns com os outros pessoalmente. É isso que vocês já veem esboçar-se na relação de Soulié com Heine, e que concerne a um mecanismo de sedução, pois a resposta de Heine, afinal, meio que repele alguma coisa de Soulié.

Em suma, para que haja possibilidade do cômico, é preciso que a relação da demanda com a satisfação não se inscreva num momento instantâneo, mas numa dimensão que lhe dê sua estabilidade e constância, seu caminho na relação com um outro determinado. Ora, se encontramos nas subjacências do chiste a estrutura essencial da demanda que faz com que, enquanto retomada pelo Outro, ela permaneça essencialmente insatisfeita, ainda assim há uma solução, a solução fundamental, aquela que todos os seres humanos procuram desde o começo da vida até o fim da existência. Uma vez que tudo depende do Outro, a solução é ter um Outro só para si. É a isso que se chama amor. Na dialética do desejo, trata-se de ter um Outro todo seu.

O campo da fala plena, tal como o evoquei para vocês no passado, é definido neste esquema pelas próprias condições em que acabamos de ver que pode e deve realizar-se algo que seja equivalente à satisfação do desejo. Temos uma indicação de que ele só pode ser satisfeito no para-além da fala. O laço que une o Outro ao [Eu], ao objeto metonímico e à mensagem define a área onde deve situar-se a fala plena. Da mensagem característica que a constitui, dei-lhes uma imagem através do *Tu és meu mestre* ou *Tu és minha mulher*. *Tu, tu mesmo, o outro, és minha mulher*. É dessa forma, dizia-lhes eu então, que o homem dá o exemplo de fala plena na qual se compromete como sujeito, na qual se fundamenta como homem daquela com quem fala, e lhe anuncia isso sob essa forma invertida. Mostrei-lhes também o caráter estranhamente paradoxal disso. É que tudo repousa no que deve fechar o circuito. A metonímia que isso comporta, a passagem do Outro para esse objeto único que é constituído pela frase, demanda, afinal, que a metonímia seja aceita, que alguma coisa se veicule em seguida de γ para α, ou seja, que o *tu* de que se trata não responda pura e simplesmente: — *Não, de modo algum.*

Mesmo que ele não responda isso, produz-se muito mais comumente uma outra coisa: é que, em razão mesma do fato de nenhuma preparação habilidosa como o chiste vir a fazer com que se confunda a linha β" β'" com a paralela no nível inferior, essas duas linhas se mantêm perfeitamente independentes. Tanto assim que o sujeito de que se trata conserva efetivamente seu sistema próprio de objetos metonímicos. Assim veremos produzir-se a contradição que se estabelece no círculo dos quatro β, ou seja, tendo cada um sua ideiazinha, como se costuma dizer, essa fala fundadora esbarra no que chamarei, já que estamos diante de um quadrado, de problema não da quadratura do círculo, mas da *circulatura* das metonímias, que se mantêm perfeitamente distintas, mesmo no *conjungo* mais ideal. *Existem bons casamentos, mas não os há deliciosos*, disse La Rochefoucauld.

Ora, o problema do Outro e do amor está no centro do cômico. Para saber disso, convém primeiramente nos lembrarmos de que, se quisermos informar-nos sobre o cômico, talvez não seja má ideia lermos comédias.

A comédia tem uma história, a comédia tem até uma origem, sobre a qual muito se tem debruçado. A origem da comédia está estreitamente ligada à relação do isso com a linguagem.

O isso de que falamos de vez em quando, que vem a ser ele? Não é, pura e simplesmente, a necessidade radical original, aquela que está na raiz da individualização como organismo. O isso só é apreendido para além de qualquer elaboração do desejo na rede da linguagem, ele só se realiza no limite. Aqui, o desejo humano não é inicialmente captado no sistema de linguagem que o adia indefinidamente e que não deixa margem alguma para que o isso se constitua e se nomeie. No entanto, para além de toda essa elaboração da linguagem, ele é o que representa a realização daquela necessidade primária que, pelo menos no homem, não tem a menor possibilidade de ser sequer conhecida. Não sabemos o que é o isso de um animal, e são muito poucas as chances de que algum dia venhamos a sabê-lo, mas o que sabemos é que o isso do homem está inteiramente engajado na dialética da linguagem, e que ele veicula e conserva a existência primordial da tendência.

De onde vem a comédia? Dizem-nos que ela provém daquele banquete no qual, em síntese, o homem diz sim numa espécie de orgia — deixemos a essa palavra toda a sua imprecisão. O banquete é constituído por oferendas aos deuses, isto é, aos Imortais da linguagem. Afinal, todo o processo de elaboração do desejo na linguagem se resume e se conjuga na consumação de um banquete. Todo esse desvio serve apenas para retornar ao gozo, e ao mais elementar. É por isso que a comédia faz sua entrada no que podemos considerar, com Hegel, a face estética da religião.

O que nos mostra a comédia antiga? Seria conveniente, de vez em quando, que vocês fuçassem um pouco em Aristófanes. É sempre o momento em que o isso faz uma reviravolta em proveito próprio, calça as botas da linguagem para seu uso, o mais elementar. É sabido que, em *As nuvens*, Aristófanes zomba de Eurípides e Sócrates, particularmente de Sócrates, mas, de que forma nos mostra ele? Ele nos mostra que toda a bela dialética socrática serve para que um velho satisfaça suas vontades por toda sorte de truques — escapar dos credores, fazer com que lhe deem dinheiro —, ou serve para que um rapaz fuja a seus compromissos, descumpra todos os seus deveres, ridicularize seus antepassados etc. Trata-se do retorno da necessidade em sua forma mais elementar. O que entrou originalmente na dialética da linguagem, ou seja, muito especialmente, todas as necessidades do sexo, todas as necessidades ocultas em geral, é isso que vocês veem produzir-se em primeiro plano na cena aristofânica. E a coisa vai longe.

Recomendo à sua atenção, muito especialmente, as peças referentes às mulheres. Nesse retorno à necessidade elementar que é subjacente a todo o processo, há um papel especial reservado às mulheres, na medida em que é por intermédio delas que Aristófanes nos convida, no momento de comunhão imaginária representado pela comédia, a nos apercebermos daquilo que só pode ser percebido retroativamente: que, se o Estado existe, e a pólis, é para nos beneficiarmos deles, é para que se estabeleça na ágora um banquete luxuriante no qual, aliás, ninguém acredita. Depois de o bom senso ter sido contrariado pela evolução perversa da cidade submetida a todas as tensões de um processo dialético, volta-se a esse bom senso por intermédio das mulheres, as únicas que realmente sabem do que o homem necessita, e isso assume naturalmente as formas mais exuberantes.

Isso só é picante pelo que nos revela da violência de algumas imagens. Faz-nos também imaginar um mundo no qual as mulheres talvez não fossem exatamente o que imaginamos delas através dos autores que nos pintam uma Antiguidade policiada. Na Antiguidade, pareceu-me, as mulheres — estou falando das mulheres reais, não da Vênus de Milo — deviam ter muitos pelos e não cheirar muito bem, a julgarmos pela insistência colocada na função da navalha e em alguns perfumes.

Seja como for, há nesse crepúsculo aristofânico, especialmente no que concerne à vasta insurreição das mulheres, algumas imagens realmente belas, e que não deixam de impressionar. Há uma que se exprime de estalo na frase de uma mulher diante de suas companheiras que estão não apenas vestindo-se de homens, mas também colocando barbas por conta da onipotência;* a questão é apenas saber de que barba se trata. Ela ri e lhes diz: — *Que engraçado, parece uma assembleia de sépias grelhadas com barbas.* Essa visão de penumbra parece bastante adequada para nos sugerir todo arcabouço oculto das relações na sociedade antiga.

Para onde evoluiu essa comédia? Para a Comédia Nova, aquela que começou com Menandro e prossegue até hoje. O que é a Comédia Nova? Ela nos mostra as pessoas comprometidas, em geral da maneira mais fascinada e mais obstinada, com algum objeto metonímico. Todos os tipos humanos se encontram ali. Os personagens são os mesmos que encontramos na comédia italiana. São definidos por uma certa relação com um objeto. Alguma coisa ocupou o lugar da irrupção do sexo, coisa esta que é o amor — o amor denominado como tal, o amor que chamaremos de amor ingênuo, o amor inocente, o amor que une duas pessoas jovens, em geral bastante insossas. É isso que forma o pivô da trama. O amor desempenha o papel de eixo em torno do qual gira toda a comicidade da situação, e assim continuaria até o surgimento do romantismo, que hoje deixaremos de lado.

O amor é um sentimento cômico. O apogeu da comédia é perfeitamente localizável. A comédia, em seu sentido próprio, no sentido como a promovo aqui, diante de vocês, encontra seu apogeu numa obra-prima ímpar.

Esta situa-se, na história, no momento-articulatório em que a apresentação das relações entre o isso e a linguagem, sob a forma de

---

* Lacan alude aqui a um trecho da *Escola de mulheres*, de Molière, ato III, cena II, peça que será citada logo adiante. (N.E.)

um apoderamento da linguagem pelo isso, dá lugar à introdução da dialética das relações do homem com a linguagem de uma forma cega, fechada, que se consuma no romantismo. Isso é muito importante, no sentido de que, sem que o saiba, o romantismo revela-se uma introdução confusa à dialética do significante como tal, da qual a psicanálise, em síntese, é a forma articulada. Mas, na linhagem da comédia, digamos, clássica, o apogeu acontece no momento em que a comédia de que estou falando, que é de Molière e se chama *Escola de mulheres*, coloca o problema de maneira absolutamente esquemática, uma vez que se trata de amor, mas o amor se faz presente como instrumento da satisfação.

Molière propõe-nos o problema de um modo que fornece sua decodificação. É de uma limpidez absolutamente comparável a um teorema de Euclides.

Trata-se de um cavalheiro chamado Arnolfo. Na verdade, o rigor da coisa nem sequer exigiria que fosse um cavalheiro de uma ideia só. Verifica-se que é melhor assim, mas só pela maneira pela qual, na tirada espirituosa, a metonímia serve para nos fascinar. Vemo-lo entrar em cena, logo no início, com a obsessão de não ser cornudo. Essa é sua paixão principal. É uma paixão como outra qualquer. Todas as paixões se equivalem, todas são igualmente metonímicas. O princípio da comédia é expô-las como tais, isto é, centrar a atenção num isso que acredita inteiramente em seu objeto metonímico. Confia nele, o que não quer dizer que a ele esteja ligado, pois é também uma das características da comédia que o isso do sujeito cômico, seja ele quem for, saia sempre ileso. Tudo o que acontece durante a comédia passa por ele como a água nas penas de um pato. A *Escola de mulheres* termina com um *Ufa!* de Arnolfo, e só Deus sabe os paroxismos por que ele passou.

Tentarei lembrar-lhes sucintamente do que se trata. Dá-se que Arnolfo reparou numa menina por seu *ar doce e ajuizado*, que *me inspirou o amor por ela desde os quatro anos*. Assim, ele escolhe sua mocinha e profere desde logo o *Tu és minha mulher*. É justamente por essa razão que entra em profunda agitação ao ver que esse anjo dileto está para lhe ser arrebatado. É que, no ponto em que se encontra, diz Arnolfo, a moça já é sua mulher, ele já a instaurou socialmente como tal, e resolveu elegantemente a questão.

Ele é um homem esclarecido, diz seu parceiro, o chamado Crisaldo, e de fato é esclarecido. Não precisa ser o personagem monogâmico de que falávamos no começo: retirando-lhe essa monogamia, trata-se de um educador. Os velhos sempre cuidaram da educação das meninas e, para isso, até instituíram princípios. No caso, Arnolfo descobriu um princípio muito feliz, que consiste em conservá-la em estado de completa idiotia. Ele mesmo prescreve os cuidados que supostamente concorrerão para esse fim. *E nem podes imaginar a que ponto isso chega*, diz ele a seu amigo: *não é que um dia desses ela me perguntou se não se faziam filhos pela orelha!* Era justamente isso que deveria ter-lhe colocado a pulga atrás da dita orelha, pois, se a moça tivesse uma concepção fisiológica mais sadia das coisas, talvez fosse menos perigosa.

És minha mulher é a fala plena cuja metonímia são os deveres do casamento, convenientemente explicados, que ele manda a pequena Agnes ler. *Ela é completamente idiota*, diz Arnolfo, e acredita poder fundamentar nisso, como todos os educadores, a garantia de sua construção.

O que nos mostra o desenrolar da história? Poderíamos chamá-lo de *Como a inteligência* [l'esprit] *vem às moças*. A singularidade do personagem de Agnes parece haver proposto um verdadeiro enigma aos psicólogos e aos críticos — será ela uma mulher, uma ninfomaníaca, uma coquete, uma isto, uma aquilo? Nada disso: ela é um ser a quem ensinaram a falar, e que é articulada.

Agnes é captada pelas palavras do personagem, aliás completamente insignificante, do rapazinho. Esse Horácio entra em jogo na história quando, na grande cena em que Arnolfo lhe propõe arrancar a metade dos cabelos, ela lhe responde, tranquilamente — *Com duas palavras, Horácio faria melhor do que vós*. Com isso, ela pontua perfeitamente o que está presente ao longo de toda a peça, ou seja, que o que lhe aconteceu no encontro com o personagem em questão reside exatamente em que ele diz coisas espirituosas e doces de ouvir, arrebatadoras. O que ele disse, Agnes é incapaz de nos dizer, e também de dizer a si mesma, mas é algo que veio através da fala, isto é, daquilo que rompeu o sistema da fala aprendida e da fala educativa. É dessa maneira que ela foi cativada.

A espécie de ignorância que é uma das dimensões de seu ser está simplesmente ligada ao fato de que, para ela, não existe outra coisa a não ser a fala. Quando Arnolfo lhe explica que o outro lhe estreitou as mãos e os braços, ela pergunta: — *E existe outra coisa além disso?* — e fica muito interessada. É uma deusa da razão, essa Agnes. Por isso, a palavra "raciocinadora" vem sufocar Arnolfo por um momento, quando ele a censura por sua ingratidão, sua falta de sentimento do dever, sua traição, e ela lhe responde com admirável pertinência: —

Mas o que eu vos devo? Se é unicamente o ter-me tornado burra, vossas despesas vos serão reembolsadas.

Assim, vemo-nos, no começo, diante do raciocinador frente à ingênua, e o que constitui o gatilho cômico é que, a partir do momento em que o espírito penetra na moça, vemos surgir a raciocinadora diante do personagem que, ele sim, transforma-se no ingênuo, porque, com palavras que não deixam nenhuma ambiguidade, diz-lhe então que a ama, e o diz de todas as maneiras, e o diz a tal ponto que o clímax de sua declaração consiste em lhe dizer mais ou menos o seguinte: *Farás exatamente tudo o que quiseres, também terás Horácio de vez em quando, se quiseres.* No final das contas, o personagem inverte até mesmo o princípio de seu sistema, prefere até ser cornudo, o que fora seu principal ponto de partida na história, a perder o objeto de seu amor.

O amor, eis o ponto em que digo situar-se o ponto forte da comédia clássica. O amor está presente nela. É curioso ver até que ponto já não o percebemos senão através de toda sorte de paredes que o sufocam, de paredes românticas, ao passo que ele é um recurso essencialmente cômico. É precisamente nesse sentido que Arnolfo é um verdadeiro apaixonado, muito mais autenticamente enamorado do que o chamado Horácio, que, por sua vez, está em perpétua vacilação. A mudança de perspectiva romântica que se produziu em torno do termo amor faz com que não mais possamos concebê-lo com facilidade. É um fato: quanto mais a peça é encenada, quanto mais Arnolfo é encenado em seu toque de Arnolfo, mais as pessoas se curvam e dizem umas às outras: *Esse Molière, tão nobre e tão profundo, quando acabamos de rir com ele, deveríamos chorar.* As pessoas já quase não acham compatível o cômico com a expressão autêntica e inundante do amor como tal. No entanto, quando é o amor mais autenticamente amor que se declara e se manifesta, o amor é cômico.

É esse, portanto, o esquema da história. E convém que eu lhes indique aqui o que fecha seu circuito.

A história se fecha graças à burrice do personagem terceiro, isto é, Horácio, que, no caso, porta-se como um bebê, chegando até a devolver aquela a quem acaba de arrebatar às mãos de seu legítimo dono, sem sequer conseguir identificá-lo como o ciumento cuja tirania Agnes suporta e, ainda por cima, como o confidente a quem escolheu para si. Pouco importa, esse personagem é secundário, mas, por que está ali? Para que o problema seja colocado nos seguintes termos: para que a todo momento Arnolfo seja informado, hora a hora, minuto a minuto, exatamente por aquele que é seu rival, do que está acontecendo na realidade, e, por outro lado, de maneira também inteiramente autêntica, informado por sua própria pupila, a dita Agnes, que não lhe dissimula nada.

Efetivamente, como Arnolfo deseja, ela é completamente idiota, só que no sentido de não ter absolutamente nada a esconder, de dizer tudo, e de simplesmente o dizer da maneira mais pertinente. Mas a partir do momento em que ela se acha no mundo da fala, seja qual for o poder da formação educativa, seu desejo está para além. Seu desejo não está simplesmente referido a Horácio, a quem não duvidamos que, no futuro, ela leve a sofrer o destino tão temido por Arnolfo. Simplesmente, por ela estar no campo da fala, seu desejo está para além, Agnes fica sob o encanto das palavras, sob o encanto do espírito de inteligência, e, na medida em que há alguma coisa além da atualidade metonímica que tentam lhe impor, ela foge. Embora sempre dizendo a verdade a Arnolfo, ela o engana, pois tudo o que faz equivale a enganá-lo.

O próprio Horácio percebe isso, ao contar que ela lhe atirou sua pedrinha pela janela dizendo-lhe: — *Vá embora, não quero mais ouvir suas conversas, e aqui está minha resposta*, o que dava a impressão de querer dizer *Aqui está a pedra que lhe atiro*, só que a pedra foi também o veículo de uma cartinha. Horácio observa muito bem que, para uma moça a quem até então haviam querido manter na mais extrema ignorância, essa é uma ambiguidade bastante bem achada, esboço dos duplos sentidos e de todo um jogo do qual é possível augurar o melhor no futuro.

É nesse ponto que eu queria deixá-los hoje. O isso, por natureza, está para além da captação do desejo na linguagem. A relação com o Outro é essencial, uma vez que o caminho do desejo passa necessariamente por ele, mas não porque o Outro seja o objeto único, e sim na medida em que o Outro é o fiador da linguagem e a submete a toda sua dialética.

18 DE DEZEMBRO DE 1957

A LÓGICA DA CASTRAÇÃO

VIII

A FORACLUSÃO DO NOME-DO-PAI

A sra. Pankow expõe o double bind
A tipografia do inconsciente
O Outro dentro do Outro
A psicose entre código e mensagem
Triângulo simbólico e triângulo imaginário

Tenho a impressão de tê-los deixado um pouco sem fôlego no último trimestre — tive algumas repercussões. Não me dei conta disso, caso contrário, não o teria feito. Também tenho a impressão de me haver repetido, de haver me arrastado. Isso, aliás, talvez não tenha impedido que algumas das coisas que eu queria levá-los a entender ficassem no caminho, o que justifica uma pequena volta atrás, digamos, um olhar sobre a maneira como abordei as coisas este ano.

1

O que venho tentando mostrar a propósito da tirada espirituosa, da qual destaquei um certo esquema cuja utilidade pode não se haver evidenciado prontamente, é como as coisas se encaixam, como se engrenam com o esquema precedente. Vocês devem, afinal, perceber uma espécie de constante no que lhes ensino — embora convenha, é claro, que essa constante não seja simplesmente como uma bandeirinha no horizonte pela qual vocês se orientam, e que vocês compreendam para onde isso os leva, e por quais desvios. Essa constante é que julgo fundamental para compreender o que há em Freud: assinalar a importância da linguagem e da fala. Isso nós dissemos desde o início, porém, quanto mais nos aproximamos de nosso objeto, mais nos apercebemos da importância do significante na economia do desejo, digamos, na formação e na informação do significado.

Vocês puderam perceber isso em nossa sessão científica de ontem à noite, ao ouvir o que nos trouxe de interessante a sra. Pankow. Verifica-se que, na América, as pessoas se preocupam com a mesma coisa que lhes explico aqui. Elas tentam introduzir na determinação econômica dos distúrbios psíquicos o fato da comunicação e daquilo que eventualmente chamam de mensagem. Vocês puderam ouvir a sra. Pankow lhes falar de alguém que está longe de ter nascido ontem, ou seja, do sr. Bateson, antropólogo e etnógrafo, que nos trouxe algo que nos faz refletir um pouco além da ponta do nariz sobre o que concerne à ação terapêutica.

Este tenta situar e formular o princípio da gênese do distúrbio psicótico em alguma coisa que se estabelece no plano da relação entre a mãe e o filho, e que não é simplesmente um efeito elementar de frustração, tensão, retenção, e de relaxamento, satisfação, como se a relação inter-humana se desse na ponta de um elástico. Ele introduz desde o princípio a noção da comunicação como centrada não apenas num contato, num relacionamento, num meio, mas numa significação. É isso que ele situa no princípio do que originariamente acontece de discordante, de dilacerante nas relações da criança com sua mãe. O que ele designa como o elemento discordante essencial dessa relação é o fato de a comunicação se apresentar sob a forma de um *double bind*, uma relação dupla.

Como lhes disse muito bem a sra. Pankow, ontem à noite, há na mensagem em que a criança decifra o comportamento da mãe dois elementos. Estes não se definem um em relação ao outro, no sentido de um se apresentar como a defesa do sujeito em relação ao que o outro quer dizer, o que constitui a ideia comum que vocês têm do mecanismo da defesa quando praticam a análise. Vocês consideram que aquilo que o sujeito diz tem por fim desconhecer o que há de significação em algum lugar dele, e que, de esguelha, ele indica — a si mesmo e a vocês — suas intenções. Não é disso que se trata. Trata-se de alguma coisa que concerne ao Outro, e que é aceita pelo sujeito de tal maneira que, se ele responder a respeito de uma coisa, sabe que, por isso mesmo, será acuado acerca de outra. É como o exemplo usado pela sra. Pankow: se respondo à declaração de amor que minha mãe me faz, provoco seu afastamento, e, se não lhe dou ouvidos, isto é, se não lhe respondo, eu a perco.

Eis-nos introduzidos, com isso, numa verdadeira dialética do duplo sentido, na medida em que este já concerne a um terceiro elemento. Não se trata de dois sentidos, um por trás do outro, com um que estaria além do primeiro e teria o privilégio de ser o mais autêntico dos dois. Há duas mensagens simultâneas na mesma emissão, por assim dizer, de significação, o que cria no sujeito uma situação tal que ele se vê num impasse. Isso lhes prova que, mesmo na América, está havendo um enorme progresso.

E estaremos dizendo que isso é suficiente? A sra. Pankow apontou muito bem o que essa tentativa tinha de rasteiro, de empírico, diríamos, embora não se trate em absoluto de empirismo, é claro. Se não houvesse na América, paralelamente, trabalhos importantíssimos na estratégia dos jogos, o sr. Bateson não teria pensado em introduzir na análise o que é, afinal, uma reconstrução do que supostamente ocorreu na origem, e em determinar essa posição do sujeito profundamente dilacerado, em equilíbrio instável, perante o que a mensagem tem de constitutivo para ele. Digo *constitutivo* porque, se essa concepção não implicasse que a mensagem é constitutiva para o sujeito, seria difícil entender como se poderia atribuir efeitos tão grandes a esse *double bind* primitivo.

A questão que se coloca a propósito das psicoses é saber o que acontece com o processo da comunicação quando, justamente, ele não chega a ser constitutivo para o sujeito. Esse é um outro referencial que convém buscar. Até o momento, ao ler o sr. Bateson, vocês veem que tudo se centra, em suma, nessa dupla mensagem, sem dúvida, mas na dupla mensagem como dupla significação. É exatamente aí que o sistema peca, e justamente porque essa concepção negligencia o que o significante tem de constitutivo na significação.

Ontem à noite eu havia feito, assim-assim, uma nota que agora me falta, na qual havia colhido uma afirmação da sra. Pankow sobre a psicose, que se resume mais ou menos nisto: não existe, dizia ela, a palavra que funda a fala como ato. Entre as palavras, é preciso haver uma que funde a fala como ato no sujeito. Isso está bem no caminho do que vou abordar agora.

Ao assinalar o fato de haver, em algum lugar da fala, alguma coisa que a fundamenta como verdadeira, a sra. Pankow manifestou uma exigência de estabilização de todo o sistema. Ela recorreu, para esse fim, à perspectiva da personalidade, o que tem ao menos o mérito de atestar sua sensação de insuficiência de um sistema que nos deixa inseguros e não nos permite uma dedução e uma construção suficientes.

Não creio, de maneira alguma, que seja dessa maneira que podemos formulá-lo. Essa referência personalista, não a creio psicologicamente fundamentada, a não ser no sentido de que não podemos deixar de sentir e pressentir que as significações criam esse impasse supostamente desencadeador do profundo desconcerto do sujeito quando ele é esquizofrênico. Mas também não podemos deixar de sentir e pressentir que deve haver alguma coisa no princípio desse déficit, e que ela não é simplesmente a experiência impressa dos impasses das significações, porém a falta de alguma coisa que funda a própria significação, e que é o significante — e mais alguma coisa, que é justamente o que vou abordar hoje. Não se trata de algo que simplesmente se coloque como personalidade, como aquilo que funda a fala como ato, como dizia ontem à noite a sra. Pankow, mas de alguma coisa que se coloca como conferindo autoridade à lei.

Aqui chamamos de *lei* aquilo que se articula propriamente no nível do significante, ou seja, o texto da lei.

Não é a mesma coisa dizer que uma pessoa deve estar presente para sustentar a autenticidade da fala e dizer que há alguma coisa que autoriza o texto da lei. Com efeito, o que autoriza o texto da lei se basta por estar, ele mesmo, no nível do significante. Trata-se do que chamo de Nome-do-Pai, isto é, o pai simbólico. Esse é um termo que subsiste no nível do significante, que, no Outro como sede da lei, representa o Outro. É o significante que dá esteio à lei, que promulga a lei. Esse é o Outro no Outro.

É precisamente isso que é expresso por esse mito necessário ao pensamento de Freud que é o mito de Édipo. Examinem-no mais de perto. É necessário que ele mesmo forneça a origem da lei sob essa forma mítica. Para que haja alguma coisa que faz com que a lei seja fundada no pai, é preciso haver o assassinato do pai. As duas coisas estão estreitamente ligadas — o pai como aquele que promulga a lei é o pai morto, isto é, o símbolo do pai. O pai morto é o Nome-do-Pai, que se constrói aí sobre o conteúdo.

Isso é absolutamente essencial. Vou relembrar-lhes por quê.

Em torno de que centrei tudo o que lhes ensinei, dois anos atrás, sobre a psicose? Em torno do que chamei de *Verwerfung*. Tentei fazer com que vocês a sentissem como distinta da *Verdrängung*, isto é, do fato de a cadeia significante continuar a se desenrolar e a se ordenar no Outro, quer vocês o saibam ou não, o que constitui, essencialmente, a descoberta freudiana.

A *Verwerfung*, dizia-lhes eu, não é simplesmente o que está além de seu alcance, ou seja, o que está no Outro como recalcado e como significante. Essa é a *Verdrängung*, e é a cadeia significante. A prova está em que ela continua a agir sem que vocês lhe atribuam a menor significação, em que ela determina a significação, por menor que seja, sem que vocês a conheçam como cadeia significante.

Eu também lhes disse haver uma outra coisa que, nessa ocasião, é *verworfen*. Pode haver, na cadeia dos significantes, um significante ou uma letra que falta, que sempre falta na tipografia. O espaço do significante, o espaço do inconsciente, é realmente um espaço tipográfico, que é preciso tratar de definir como se constituindo de acordo com linhas e pequenos quadrados, e correspondente a leis topológicas. Pode faltar alguma coisa numa cadeia dos significantes. Vocês precisam compreender a importância da falta desse significante especial do qual acabo de falar, o Nome-do-Pai, no que ele funda como tal o fato de existir a lei, ou seja, a articulação numa certa ordem do significante — complexo de Édipo, ou lei do Édipo, ou lei da proibição da mãe. Ele é o significante que significa que, no interior desse significante, o significante existe.

É esse o Nome-do-Pai, e, como veem, ele é, no interior do Outro, um significante essencial, em torno do qual procurei centrá-los no que acontece na psicose — a saber, que o sujeito tem de suprir a falta desse significante que é o Nome-do-Pai. Tudo o que chamei de reação em cadeia, ou de debandada, que se produz na psicose, ordena-se em torno disso.

2

O que devo fazer aqui? Devo enveredar de imediato pela recordação do que lhes falei a propósito do Presidente Schreber? Ou será que convém lhes mostrar, primeiro, de maneira ainda mais precisa, em detalhe, como articular no nível do esquema deste ano o que acabo de apontar?

Para minha grande surpresa, esse esquema não interessa a todo mundo, mas, de qualquer modo, interessou a alguns. Ele foi construído, não se esqueçam, para representar o que acontece num nível que merece o nome de técnica, e que é a técnica do chiste. Trata-se aí de algo bem singular, uma vez que o *Witz* pode ser manifestamente fabricado pelo sujeito, da maneira mais inintencional do mundo. Como lhes mostrei, a tirada espirituosa é, às vezes, apenas o avesso de um lapso, e a experiência mostra que muitos dos chistes nascem dessa maneira — percebe-se a posteriori que se teve espírito, mas aconteceu por si só. Poderia, em alguns casos, ser tomado exatamente pelo contrário, por um sinal de ingenuidade, e fiz alusão, da última vez, ao chiste ingênuo.

O chiste, com a satisfação que dele resulta e que lhe é peculiar, foi aquilo em torno do qual, no último trimestre, procurei organizar este esquema. Tratava-se de identificar como conceber a origem da satisfação que ele traz. Isso nos fez remontar a nada menos do que a dialética da demanda a partir do *ego*.

Lembrem-se do esquema do que eu poderia chamar de momento simbólico ideal primordial, que é totalmente inexistente.

O momento da demanda satisfeita é representado pela simultaneidade da intenção, na medida em que ela se manifeste como mensagem, e da chegada dessa mensagem como tal ao Outro. O significante — é dele que se trata, uma vez que essa cadeia é a cadeia significante — chega no Outro. A identidade perfeita, a simultaneidade, a superposição exata entre a manifestação da intenção, uma vez que ela é a do *ego*, e o fato de o significante ser como tal ratificado no Outro acham-se no princípio da própria possibilidade da satisfação da fala. Se esse momento, que chamo de momento primordial ideal, existe, ele deve ser constituído pela simultaneidade, pela coextensividade exata do desejo, na medida em que ele se manifesta, e do significante, na medida em que ele o porta e o comporta. Se esse momento existe, a sequência, ou seja, o que sucede à mensagem, à sua passagem para o Outro, é ao mesmo tempo realizado no Outro e no sujeito, e corresponde ao que é necessário para que haja satisfação. Esse é, muito precisamente, o ponto de partida que convém para vocês compreenderem que isso nunca acontece.

Ou seja, é da natureza e do efeito do significante que o que acontece aqui, em M, se apresente como significado, isto é, como alguma coisa que é característica da transformação, da refração do desejo por sua passagem pelo significante. É por essa razão que estas duas linhas se entrecruzam. Isso é para fazê-los sentir o fato de que o desejo se exprime e passa pelo significante.

O desejo cruza a linha significante e, no nível de seu cruzamento com a linha significante, encontra o quê? Encontra o Outro. Veremos dentro em pouco, já que será preciso voltar a isso, o que é o Outro nesse esquema. Ele encontra o Outro, disse-lhes eu, não como uma pessoa, mas o encontra como tesouro do significante, como sede do código. É aí que se produz a refração do desejo pelo significante. O desejo chega como significado, portanto, diferente do que era no começo, e é por isso não que sua mulher é muda, mas que seu desejo é sempre cornudo. Ou melhor, é você quem é cornudo. Você próprio é traído, uma vez que seu desejo deitou-se com o significante. Não sei como me conviria articular melhor as coisas para fazê-los compreendê-las. Toda a significação do esquema está em fazê-los visualizarem o conceito de que a passagem do desejo — como emanação, como ressalto do *ego* radical — pela cadeia significante introduz, por si só, uma mudança essencial na dialética do desejo.

Está bastante claro que, no que concerne à satisfação do desejo, tudo depende do que acontece nesse ponto A, inicialmente definido como lugar do código, e que, já por si só, *ab origine*, pela simples realidade de sua estrutura de significante, traz uma modificação essencial para o desejo no nível de sua transposição de significante. Aí está implicado todo o resto, uma vez que não há somente o código, mas há uma coisa bem diferente. Nisso eu me situo no nível mais radical, porém, é claro, existe a lei, existem as proibições, existe o supereu etc. Contudo, para compreender como se edificam esses diversos níveis, é preciso compreender que, já no nível mais radical, a partir do momento em que se fala com alguém, existe um Outro, um outro Outro em si, como sujeito do código, e que já nos encontramos submetidos à dialética de "corneação" do desejo. Logo, tudo depende, como se constata, do que acontece nesse ponto de cruzamento, A, nesse nível de transposição.

Verifica-se que qualquer satisfação possível do desejo humano vai depender da concordância entre o sistema significante, tal como articulado na fala do sujeito, e, como lhes diria o sr. de la Palice,* do sistema do significante como assentado no código, isto é, no nível do Outro como lugar e sede do código. Uma criança pequena, ouvindo isso, ficaria convencida, e não tenho a pretensão de que o que acabo de lhes explicar nos faça dar qualquer passo a mais. Mesmo assim, é preciso articulá-lo.

É aí que iremos abordar a articulação que quero fazer-lhes, entre esse esquema e o que há pouco lhes anunciei de essencial acerca da questão do Nome-do-Pai. Vocês o verão preparar-se e se desenhar,

---

* Jacques II de Chabannes, Seigneur de La Palice (1470-1525), militar cujo nome, por conta de uma canção simplória que alguns soldados fizeram em sua homenagem, tornou-se sinônimo do que chamaríamos de "óbvio ululante" e deu origem ao termo *lapalissade* (truísmo, obviedade). (N.E.)

não engendrar-se, nem sobretudo engendrar a si mesmo, pois ele deve dar um salto para chegar a se constituir. Nem tudo se passa na continuidade, e o típico do significante é, justamente, ser descontínuo.

O que nos traz a técnica do chiste para a experiência? Foi isso que tentei levá-los a perceber. Mesmo não comportando nenhuma satisfação particular imediata, o chiste consiste em acontecer no Outro alguma coisa que simboliza o que poderíamos chamar de condição necessária de qualquer satisfação. Ou seja, que vocês sejam ouvidos para além do que dizem. Em nenhum caso, com efeito, o que vocês dizem pode realmente fazer com que sejam ouvidos.

A tirada espirituosa desenvolve-se como tal na dimensão da metáfora, isto é, para além do significante como aquilo através do qual vocês procuram expressar alguma coisa, e através do qual, apesar de tudo, expressam sempre uma coisa diferente. É justamente na medida em que se apresenta como tropeço do significante que vocês ficam satisfeitos, simplesmente porque, por esse sinal, o Outro reconhece a dimensão para além onde deverá se expressar o que está em causa, e que vocês não conseguem expressar como tal. É essa dimensão que a tirada espirituosa nos revela.

Esse esquema, portanto, é baseado na experiência. Tivemos necessidade de construí-lo para explicar o que se passa na tirada espirituosa. Aquilo que, na tirada espirituosa, supre o fracasso da comunicação do desejo pela via do significante, a ponto de nos dar uma espécie de felicidade, realiza-se da seguinte maneira: o Outro ratifica uma mensagem como tropeçada, fracassada, e nesse próprio tropeço reconhece a dimensão de um para-além no qual se situa o verdadeiro desejo, isto é, aquilo que, em razão do significante, não consegue ser significado.

Vocês estão vendo que a dimensão do Outro amplia-se um pouquinho aqui. Com efeito, ele já não é unicamente a sede do código, mas intervém como sujeito, ratificando uma mensagem no código e complicando-a. Ou seja, ele já está no nível daquele que constitui a lei como tal, uma vez que é capaz de lhe acrescentar esse traço, essa mensagem, como suplementar, isto é, como ela mesma designando o para-além da mensagem.

Foi por essa razão que, quando se tratou das formações do inconsciente, comecei este ano a lhes falar da tirada espirituosa. Tratemos agora de examinar mais de perto — e numa situação menos excepcional que a da tirada espirituosa — esse Outro, já que estamos procurando descobrir em sua dimensão a necessidade desse significante que funda o significante, como o significante que instaura a legitimidade da lei ou do código. Retomemos, pois, nossa dialética do desejo.

Quando nos dirigimos ao outro, não nos exprimimos o tempo todo por intermédio da tirada espirituosa. Se pudéssemos fazê-lo, de certa maneira, seríamos mais felizes. Isso, durante o curto espaço de tempo do discurso que lhes dirijo, é o que procuro fazer. Nem sempre o consigo. Se é por culpa de vocês ou minha, é absolutamente indiscernível por esse ponto de vista. Mas, enfim, no plano terra a terra do que acontece quando me dirijo ao outro, há uma palavra que nos permite fundá-lo da maneira mais elementar, e que é absolutamente maravilhosa em francês, se pensarmos em todos os equívocos que ela permite, todos os trocadilhos — dos quais eu ficaria ruborizado se me servisse aqui, a não ser da maneira mais discreta. Quando eu disser essa palavra, vocês se lembrarão imediatamente da evocação a que me refiro. Trata-se da palavra *Tu*.

Esse *Tu* é absolutamente essencial no que chamei, em diversas ocasiões, de fala plena, a fala como fundadora na história do sujeito, o *Tu* do *Tu és meu mestre* ou *Tu és minha mulher*. Esse *Tu* é o significante do apelo ao Outro, e lembro àqueles que tiveram a bondade de acompanhar toda a cadeia de meus seminários sobre a psicose o uso que fiz dele, a demonstração à qual tentei dar vida, diante de vocês, em torno da distância entre o *Tu és aquele que me seguirás*, com s, e o *Tu és aquele que me seguirá*. O que abordei com vocês já naquele momento, e no qual tentei fazê-los pensarem, foi precisamente isso a que farei alusão agora e ao qual já tinha dado seu nome.

Há nessas duas frases, com suas diferenças, um apelo. Ele está mais em uma do que na outra, e até completamente em uma e nem um pouco na outra. No *Tu és aquele que me seguirás*, há uma coisa que não está no *Tu és aquele que me seguirá*, e é a isso que se chama invocação. Quando digo *Tu és aquele que me seguirás*, estou invocando você, atribuindo-lhe a função de ser aquele que me seguirá, suscito em você o *sim* que diz *Estou contigo* [je suis à toi], *entrego-me a ti, sou aquele que te seguirá*. Mas, quando digo *Tu és aquele que me seguirá*, não faço nada parecido: anuncio, constato, objetivo e até, vez por outra, rechaço. Isso pode querer dizer: *Tu és aquele que me seguirá sempre, e estou farto disso*. Da maneira mais comum e mais consequente de proferir essa frase, ela é uma recusa. A invocação exige, é claro, uma dimensão inteiramente diversa, ou seja, que eu faça meu desejo depender do teu ser, no sentido de te convidar a entrar na via desse desejo, seja ele qual for, de maneira incondicional.

Esse é o processo da invocação. Essa palavra quer dizer que eu apelo para a voz, isto é, para aquilo que sustenta a fala. Não para a fala, mas para o sujeito como portador dela, e é por isso que, nesse ponto, encontro-me no plano do que há pouco chamei de nível personalista. É justamente por isso que os personalistas usam e abusam com vocês do *Tu, tu, tu, tu*, o dia inteiro, *tu* e *contigo*. O sr. Martin Buber, por exemplo, cujo nome a sra. Pankow pronunciou de passagem, é, nesse registro, um nome eminente.

Naturalmente, há nisso um nível fenomenológico essencial, e não podemos deixar de passar por ele. Também não convém ceder à sua miragem, ou seja, nos prosternarmos. A atitude personalista — esse é o perigo com que nos deparamos no nível dela — resulta, com demasiada facilidade, na prosternação mística. E por que não? Não recusamos nenhuma atitude a ninguém, apenas pleiteamos o direito de compreender essas atitudes, o que, aliás, não nos é recusado pela vertente personalista, mas nos é recusado pela vertente científica: se vocês começarem a atribuir alguma autenticidade à posição mística, haverá quem considere que também estão caindo numa complacência ridícula.

Toda estrutura subjetiva, seja qual for, na medida em que conseguimos acompanhar o que ela articula, é estritamente equivalente a qualquer outra, do ponto de vista da análise subjetiva. Somente os cretinos imbecis, do tipo do sr. Blondel, o psiquiatra, podem levantar objeções, em nome de uma pretensa consciência mórbida inefável da vivência do outro, ao que não se apresenta como inefável, mas como articulado, e que como tal deveria ser recusado, em razão de uma confusão que provém de as pessoas acreditarem que o que não se articula está mais além, quando não é nada disso: o que está mais além se articula. Em outras palavras, não há por que falar de inefável quanto ao sujeito, seja ele delirante ou místico. No plano da estrutura subjetiva, estamos na presença de algo que não pode se apresentar de outra maneira senão daquela como se apresenta, e que, como tal, apresenta-se, por conseguinte, com todo o seu valor, em seu nível de credibilidade.

Se existe o inefável, quer no delirante, quer no místico, por definição ele não fala disso, uma vez que é inefável. Então, não temos que julgar o que ele articula, ou seja, sua fala, a partir daquilo de que ele não pode falar. Apesar de se supor que exista o inefável, e nós o supomos de bom grado, nunca nos recusamos a apreender o que se demonstra como estrutura numa fala, seja ela qual for, a pretexto de existir o inefável. Podemos perder-nos nela e, então, renunciar a ela. Mas, caso não nos percamos, a ordem demonstrada e revelada por essa fala deve ser tomada como tal. Percebemos, em geral, que é infinitamente mais fecundo apreendê-la como tal e procurar articular a ordem que ela instaura, desde que tenhamos referenciais seguros — e é para isso que nos esforçamos aqui. Se partíssemos da ideia de que a fala é essencialmente feita para representar o significado, ficaríamos imediatamente confusos, porque isso seria recair nas oposições precedentes, ou seja, que não conhecemos o significado.

O *Tu* de que se trata é aquele que invocamos. Através da invocação, é claro, é a impenetrabilidade pessoal subjetiva que fica implicada, mas não é nesse nível que procuramos atingi-la. O que está em causa em qualquer invocação? A palavra invocação tem um emprego histórico. Ela é o que se produzia numa certa cerimônia que os antigos, que tinham mais sabedoria do que nós quanto a certas coisas, praticavam antes do combate. Essa cerimônia consistia em fazer o que fosse preciso — eles sabiam o que era, provavelmente — para colocar a seu lado os deuses dos outros. É exatamente isso que quer dizer a palavra invocação, e é nisso que reside a relação essencial, à qual os remeto agora, dessa etapa secundária, a do apelo, necessária para que o desejo e a demanda sejam satisfeitos.

Não basta simplesmente dizer ao Outro *tu, tu, tu*, e obter uma participação do coração. Trata-se de lhe dar a mesma voz que desejamos que ele tenha, de evocar essa voz, que está presente na tirada espirituosa justamente como sua dimensão própria. A tirada espirituosa é uma provocação que não executa com perfeição o esforço grandioso, que não atinge o grande milagre da invocação. É no nível da fala, e por se tratar de que essa voz se articule de conformidade com nosso desejo, que a invocação se coloca.

Verificamos nesse nível que toda satisfação da demanda, na medida em que depende do Outro, fica, pois, na dependência do que acontece aqui, nesse vaivém giratório da mensagem para o código e do código para a mensagem, e que permite que minha mensagem seja autenticada pelo Outro no código. Retornamos ao ponto anterior, ou seja, àquilo que constitui a essência do interesse que dedicamos juntos, este ano, à tirada espirituosa.

Vou simplesmente fazê-los observar, de passagem, que, se vocês dispusessem desse esquema, isto é, se eu houvesse conseguido, não dá-lo a vocês, mas que vocês o houvessem forjado na ocasião do seminário sobre as psicoses, se tivéssemos chegado juntos, no mesmo momento, à mesma tirada espirituosa, eu poderia ter-lhes feito a imagem, aqui em cima, do que acontece essencialmente com o Presidente Schreber, na medida em que ele se torna presa, sujeito absolutamente dependente de suas vozes.

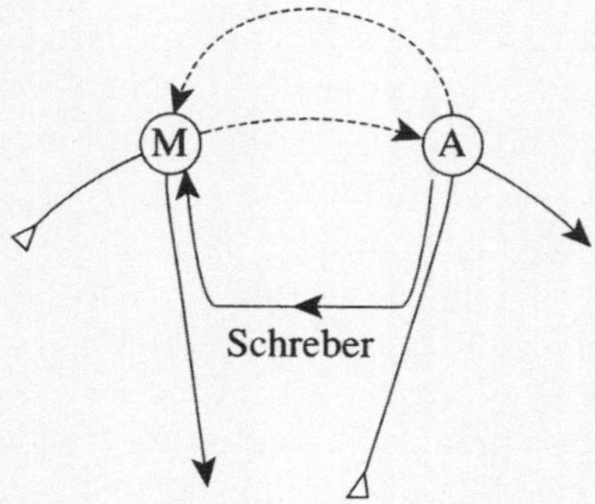

Observem atentamente o esquema que está atrás de mim e suponham simplesmente que esteja *verworfen* tudo aquilo que pode, seja de que maneira for, responder, no Outro, no nível que chamo aquele do Nome-do-Pai, que encarna, especifica, particulariza o que acabo de lhes explicar, isto é, representa no Outro o Outro como aquele que dá alcance à lei. Pois bem, se vocês supuserem a *Verwerfung* do Nome-do-Pai, isto é, se presumirem que esse significante está ausente, irão perceber que as duas ligações que enquadrei aqui, a ida e volta da mensagem para o código e do código para a mensagem, ficarão, por isso mesmo, destruídas e impossíveis. Isso lhes permite transpor para esse esquema os dois tipos fundamentais de fenômenos de vozes experimentados pelo Presidente Schreber como substituição dessa deficiência, dessa falta.

Esclareço que, se esse oco ou esse vazio aparece, é por ter sido evocado ao menos uma vez o Nome-do-Pai — é na medida em que o que foi chamado num dado momento no nível do *Tu* foi, justamente, o Nome-do-Pai como aquele que é capaz de ratificar a mensagem, e que, por isso mesmo, é a garantia de que a lei como tal se apresente como autônoma. É esse o ponto de báscula, de virada, que precipita o sujeito na psicose, e deixo momentaneamente de lado o como, em qual momento e por quê.

Naquele ano, comecei meu discurso sobre a psicose partindo de uma frase que extraí para vocês de uma de minhas apresentações de doentes. Apreendeu-se muito bem em que momento a frase resmungada pela paciente, *Eu venho do salsicheiro*, resvalou para o outro lado. Foi quando apareceu em aposição a palavra *porca*. Não sendo mais assumível, integrável pelo sujeito, ela pendeu, por seu movimento próprio, por sua própria inércia de significante, para o outro lado do travessão da réplica, para dentro do Outro. Foi uma pura e simples fenomenologia elementar. Em Schreber, o que resulta da exclusão das ligações entre a mensagem e o Outro? O resultado se apresenta sob a forma de duas grandes categorias de vozes e alucinações.

Primeiro há a emissão, no nível do Outro, dos significantes daquilo que se apresenta como a *Grundsprache*, a *língua fundamental*. Trata-se de elementos originais do código, articuláveis uns em relação aos outros, pois essa língua fundamental é tão bem organizada que abrange literalmente o mundo com sua rede de significantes, sem que nenhuma outra coisa seja segura e certa nela, a não ser que se trata da significação essencial, total. Cada uma dessas palavras tem seu peso próprio, sua ênfase, sua pesagem de significante. O sujeito as articula relacionando-as entre si. Toda vez que elas são isoladas, a dimensão propriamente enigmática da significação, por ser infinitamente menos evidente do que a certeza que ela comporta, é realmente impressionante. Em outras palavras, o Outro só faz emissões aqui, por assim dizer, para além do código, sem nenhuma possibilidade de integrar nelas o que possa provir do lugar onde o sujeito articula sua mensagem.

Por um outro lado, basta que vocês restabeleçam as setinhas aqui, surgem mensagens. Elas de modo algum são autenticadas pelo retorno do Outro, como suporte do código, sobre a mensagem, nem integradas no código com esta ou aquela intenção, mas provêm do Outro como qualquer mensagem, uma vez que não há meio de uma mensagem partir senão do Outro, já que ela é feita de uma língua que é a do Outro — mesmo quando parte de nós como reflexo do outro. Essas mensagens, portanto, partirão do Outro e abandonarão esse referencial para se articular neste tipo de formulações: — *E agora, quero dar-lhes... Especialmente, quero para mim... Agora, no entanto, isso deve...*

Que é que está faltando? O pensamento principal, aquele que se exprime no nível da língua fundamental. As próprias vozes, que conhecem toda a teoria, também dizem: — *Falta-nos a reflexão*. Isso quer dizer que partem do Outro, com efeito, mensagens da outra categoria de mensagens. Trata-se de um tipo de mensagens que não é possível ratificar como tais. A mensagem manifesta-se, aqui, na dimensão pura e rompida do significante como algo que só comporta sua significação para além de si mesmo, algo que, por não poder participar da autenticação pelo *Tu*, manifesta-se como não tendo outro objetivo senão apresentar como ausente a posição do *Tu*, onde a significação se autentica. É claro que o sujeito se esforça por completar essa significação, e assim fornece complementos de suas frases: — *Agora não quero* — dizem as vozes, mas em outro lugar ele diz a si mesmo que ele, Schreber, *não pode confessar que é uma*... A mensagem permanece rompida aqui, por não poder passar pela via do *Tu*, por só poder chegar ao ponto gama como mensagem interrompida.

Creio lhes haver indicado suficientemente que a dimensão do Outro como lugar do depósito, do tesouro do significante, comporta, para que ele possa exercer plenamente sua função de Outro, que ele tenha também o significante do Outro como Outro. Também o Outro tem, além dele, esse Outro capaz de dar fundamento à lei. Essa é uma dimensão que, é claro, é igualmente da ordem do significante, e que se encarna em pessoas que sustentam essa autoridade. Que essas pessoas faltem, vez por outra, ou que haja carência paterna, por exemplo, no sentido de o pai ser imbecil demais, não é o essencial. O essencial é que o sujeito, seja por que lado for, tenha adquirido a dimensão do Nome-do-Pai.

Acontece efetivamente, é claro, e vocês podem levantar nas biografias, que o pai, muitas vezes, está presente para lavar a louça da cozinha com o avental da mulher. Isso não basta, em absoluto, para determinar uma esquizofrenia.

3

Agora vou colocar no quadro o esqueminha com o qual pretendo introduzir o que vou lhes dizer da próxima vez, e que nos permitirá fazer a articulação da distinção, que talvez lhes pareça meio escolástica, entre o Nome-do-Pai e o pai real — o Nome-do-Pai tal como pode faltar, ocasionalmente, e o pai que não dá a impressão de ter muita necessidade de estar presente para não faltar. Assim, vou introduzir o que será objeto de minha aula da próxima vez, ou seja, o que desde já intitulo de metáfora paterna.

Um nome nunca é mais do que um significante como os outros. Certamente é importante tê-lo, mas isso não quer dizer que tenhamos acesso a ele — não mais do que à satisfação do desejo, a princípio cornudo, de que lhes falei há pouco. Por isso é que, no ato, no famoso ato da fala de que ontem nos falou a sra. Pankow, é na dimensão que chamamos metafórica que se realiza concretamente, psicologicamente, a invocação de que acabo de falar.

Em outras palavras, é preciso ter o Nome-do-Pai, mas é também preciso que saibamos servir-nos dele. É disso que o destino e o resultado de toda a história podem depender muito.

Existem palavras reais que acontecem em torno do sujeito, especialmente em sua infância, mas a essência da metáfora paterna, que hoje lhes anuncio e da qual falaremos mais longamente da próxima vez, consiste no seguinte triângulo:

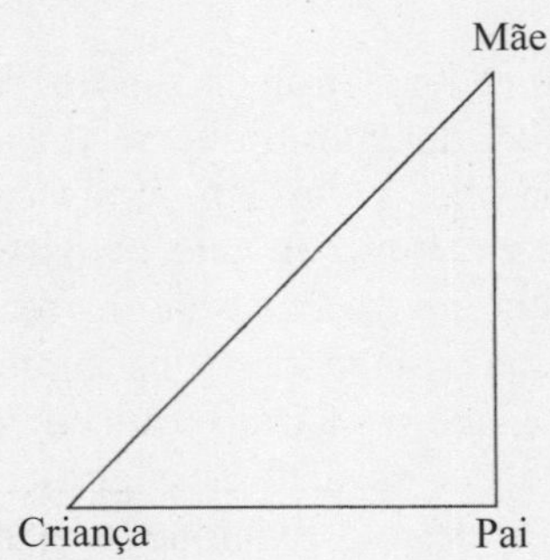

Temos, por outro lado, este esquema:

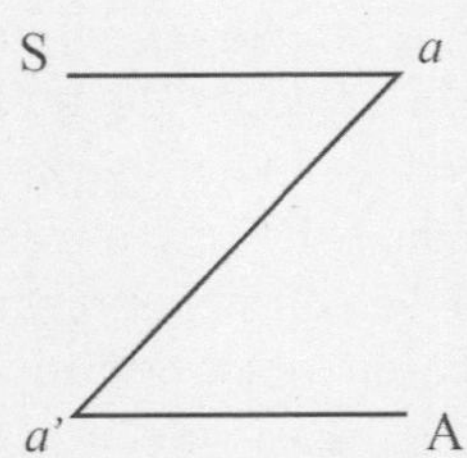

ESQUEMA *L*

Tudo o que se realiza no S, sujeito, depende do que se coloca de significantes no A. Se o A é realmente o lugar do significante, ele mesmo tem que trazer algum reflexo do significante essencial que lhes represento aí nesse zigue-zague, e que chamei, em outro lugar, em meu artigo sobre *A carta roubada*, de esquema *L*.

Três desses quatro pontos cardeais são dados pelos três termos subjetivos do complexo de Édipo como significantes encontrados em cada vértice do triângulo. Voltarei a isso da próxima vez, mas, por enquanto, peço-lhes que aceitem o que estou dizendo, para abrir seu apetite.

O quarto termo é o S. Ele — não apenas lhes admito isso, como é daí que partimos — é, com efeito, inefavelmente estúpido, pois não tem seu significante. Está fora dos três vértices do triângulo edipiano e depende do que venha a acontecer nesse jogo. É o morto da partida. É justamente pelo fato de a partida se estruturar dessa maneira — ou seja, de não se realizar somente como uma partida particular, mas como uma partida que se institui como regra — que o sujeito se descobre dependente dos três polos chamados Ideal do eu, supereu e realidade.

Mas, para compreender a transformação da primeira tríade na outra, é preciso ver que, por morto que seja, o sujeito, uma vez que há sujeito, está na partida às suas próprias custas. Do ponto não constituído em que se encontra, ele terá de participar dela — se não com seus trocados, pois talvez ainda não os tenha, pelo menos com sua pele, isto é, com suas imagens, sua estrutura imaginária e tudo o que se segue. Assim é que o quarto termo, o S, vem representar-se em algo de imaginário que se opõe ao significante do Édipo, e que também deve ser, para que isso funcione, ternário.

É claro que há todo um estoque, toda a bagagem das imagens. Para conhecê-la, abram os livros do sr. Jung e sua escola, e vocês verão que há imagens a rodo — é coisa que brota e vegeta por toda parte: existem a serpente, o dragão, as línguas, o olho flamejante, a planta, o vaso de flores, a zeladora do prédio. Todas são imagens fundamentais, incontestavelmente carregadas de significação, só que não há rigorosamente nada a fazer com elas, e, se vocês ficarem perambulando nesse nível, só conseguirão perder-se com sua lanterna na floresta vegetante dos arquétipos primitivos.

Quanto ao que nos interessa, ou seja, a dialética intersubjetiva, há três imagens selecionadas — estou articulando meu pensamento meio depressa — que assumem o papel de guias. Isso não é difícil de compreender, uma vez que algo é como que totalmente preparado não apenas para ser o homólogo da base do triângulo mãe-pai-filho, mas para se confundir com ele — é a relação do corpo despedaçado e, ao mesmo tempo, envolto num bom número dessas imagens de que falávamos, com a função unificadora da imagem total do corpo. Em outras palavras, a relação do eu com a imagem especular já nos fornece a base do triângulo imaginário, aqui indicado pelo pontilhado.

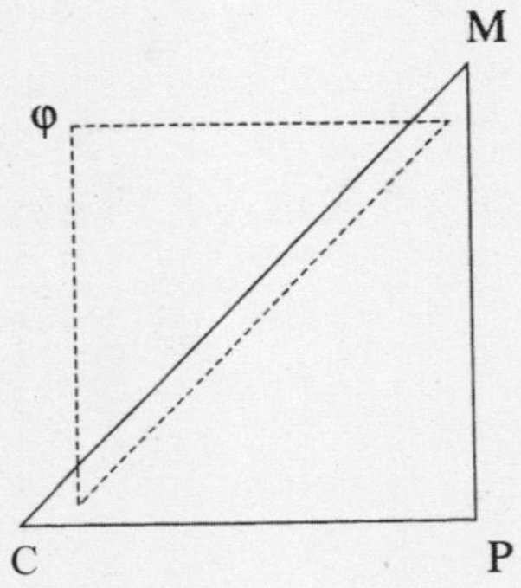

O outro ponto é precisamente onde veremos o efeito da metáfora paterna.

Esse outro ponto, eu o trouxe a vocês em meu seminário do ano passado sobre a relação de objeto, mas agora vocês o verão assumir seu lugar nas formações do inconsciente. Esse ponto, creio que vocês o reconheceram pelo simples fato de vê-lo aqui como terceiro com a mãe e o filho. Aqui vocês o veem numa outra relação, que de modo algum lhes mascarei no ano passado, uma vez que terminamos na relação com o Nome-do-Pai daquele que fizera surgir a fantasia do cavalinho em nosso Pequeno Hans. Esse terceiro ponto — finalmente o denomino, e acho que todos vocês o têm na ponta da língua — não é outro senão o falo. E é por isso que o falo ocupa um lugar de objeto tão central na economia freudiana.

Isso basta, por si só, para nos mostrar onde está a errância da *psicanálise de hoje*. É que ela se afasta cada vez mais dele. Elude a função fundamental do falo, com o qual o sujeito se identifica imaginariamente, e o reduz à ideia de objeto parcial. Isso nos leva de volta à comédia.

Vou deixá-los com isso por hoje, depois de haver mostrado por quais caminhos o discurso complexo no qual tento reunir tudo o que lhes apresentei se ajusta e se mantém unido.

8 DE JANEIRO DE 1958

IX

A METÁFORA PATERNA

Supereu, Realidade, Ideal do eu
Variedade da carência paterna
A delicada questão do Édipo invertido
O falo como significado
As dimensões da Outra coisa

Excepcionalmente, anunciei o título daquilo de que lhes falarei hoje, ou seja, a metáfora paterna.

Não faz muito tempo, alguém, um pouquinho inquieto, imagino, com o rumo que eu daria às coisas, perguntou-me: — *De que o senhor espera nos falar na continuação do ano?* E respondi: — *Espero abordar questões de estrutura.* Desse modo, não me comprometi. No entanto, é realmente de questões de estrutura que tenciono lhes falar este ano a propósito das formações do inconsciente. Para dizê-lo em termos simples, trata-se de colocar no lugar as coisas de que vocês falam todos os dias, e com as quais se atrapalham todos os dias, a ponto de já nem sequer incomodá-los.

A metáfora paterna, pois, concerne à função do pai, como se diria em termos de relações inter-humanas. Todos os dias vocês se deparam com complicações em sua maneira possível de fazer uso dela, como um conceito que adquiriu um certo ar familiar desde o tempo em que vocês começaram a falar dele. Trata-se, justamente, de saber se vocês falam disso sob a forma de um discurso realmente coerente.

A função do pai tem seu lugar, um lugar bastante grande, na história da análise. Está no centro da questão do Édipo, e é aí que vocês a veem presentificada. Freud introduziu-a logo de início, uma vez que o complexo de Édipo aparece desde *A ciência dos sonhos*. O que o inconsciente revela, no princípio, é, acima de tudo, o complexo de Édipo. A importância da revelação do inconsciente é a amnésia infantil, que incide sobre o quê? Sobre a existência dos desejos infantis pela mãe e sobre o fato de esses desejos serem recalcados. E não apenas eles são reprimidos, como se esquece que esses desejos são primordiais. E não apenas são primordiais, como estão sempre presentes. Foi daí que partiu a análise e é a partir daí que se articula um certo número de indagações clínicas.

Tentei ordenar para vocês, num certo número de direções, as questões que se colocaram na história da análise a propósito do Édipo.

1

Distingo três polos históricos, que vou situar resumidamente.

No primeiro inscrevo uma questão que marcou época. Tratava-se de saber se o complexo de Édipo, inicialmente promovido como fundamental na neurose, mas que a obra de Freud transformava em algo universal, encontrava-se não somente no neurótico, mas também no normal. E por uma boa razão: a de o complexo de Édipo ter uma função essencial de normalização. Assim, podia-se, por um lado, considerar que era um acidente do Édipo que provocava a neurose, mas, por outro, formular a pergunta: existem neuroses sem Édipo?

Algumas observações, com efeito, parecem indicar que o drama edipiano nem sempre desempenha o papel essencial, cabendo este, por exemplo, à relação exclusiva do filho com a mãe. A experiência, portanto, obrigava a admitir que podia haver sujeitos que apresentassem neuroses em que não houvesse Édipo algum. Lembro-lhes que "Neurose sem complexo de Édipo?" é precisamente o título de um artigo de Charles Odier.

A ideia da neurose sem Édipo é correlata do conjunto das perguntas formuladas sobre o que se denominou de supereu materno. No momento em que foi levantada a questão da neurose sem Édipo, Freud já havia formulado que o supereu era de origem paterna. Houve então quem se interrogasse: será que o supereu é mesmo unicamente de origem paterna? Não haverá na neurose, por trás do supereu paterno, um supereu materno ainda mais exigente, mais opressivo, mais devastador, mais insistente?

Não quero estender-me demoradamente, pois temos um longo caminho a percorrer. Portanto, esse é o primeiro polo, no qual se agrupam os casos excepcionais e a relação entre o supereu paterno e o supereu materno.

Agora, o segundo polo.

Independentemente da questão de saber se o complexo de Édipo existe ou falta num dado sujeito, houve quem se indagasse se todo um campo da patologia que vem se oferecer a nossos cuidados em nossa jurisdição não poderia estar referido ao que chamaremos de campo pré-edipiano.

Existe o Édipo, esse Édipo é considerado representante de uma fase e, quando há maturidade num certo momento da evolução do sujeito, o Édipo está sempre presente. Mas o que o próprio Freud havia afirmado muito rapidamente, nos primeiros momentos de sua obra, cinco anos depois de *A ciência dos sonhos*, nos *Três ensaios sobre a teoria da sexualidade*, era de molde a deixar claro que o que se passa antes do Édipo também tinha sua importância.

Em Freud, com certeza, isso assume sua importância, mas através do Édipo. Só que, nessa época, a noção da retroação, de uma *Nachträglichkeit* do Édipo, para a qual vocês sabem que o tempo todo chamo atenção aqui de maneira insistente, nunca, nunca fora valorizada. Essa ideia parecia escapar ao pensamento. Pensava-se apenas nas exigências do passado temporal.

Algumas partes de nosso campo de experiência relacionam-se especialmente com esse campo das etapas pré-edipianas do desenvolvimento do sujeito, quais sejam, a perversão, de um lado, e a psicose, de outro.

A perversão era, para alguns, o estado primário, o estado bruto. Graças a Deus, já não estamos nesse ponto. Se, nos primórdios, essa concepção foi legítima, pelo menos a título de uma aproximação da questão, certamente ela o é menos em nossos dias. A perversão era considerada essencialmente uma patologia cuja etiologia devia ser especificamente referida ao campo pré-edipiano, e que extraía seu condicionamento de uma fixação anormal. Foi por essa razão, aliás, que a perversão foi considerada apenas como a neurose invertida, ou, mais exatamente, como a neurose mantida patente, não tendo sido invertida. O que se invertera na neurose era visto às claras na perversão. Posto que a perversão não teria sido recalcada nem passado pelo Édipo, o inconsciente ficava exposto a céu aberto. Essa é uma concepção na qual ninguém mais se detém, o que não quer dizer, no entanto, que estejamos mais avançados nisso.

Assinalo, pois, que em torno da questão do campo pré-edipiano reúnem-se a questão da perversão e a da psicose.

Tudo de que se trata aí pode agora se esclarecer para nós de diversas maneiras. Quer consideremos a perversão ou a psicose, sempre se trata da função imaginária. Mesmo sem ter sido especialmente introduzido no manejo que dela fazemos aqui, qualquer um pode perceber a importância especial da imagem nesses dois registros, por ângulos diferentes, é claro. Uma invasão endofásica, feita de palavras ouvidas, não é o caráter estorvador parasitário, de uma imagem numa perversão, mas, em ambos os casos, trata-se de manifestações patológicas nas quais o campo da realidade é profundamente perturbado por imagens.

A história da psicanálise nos atesta que é especialmente ao campo pré-edipiano que a experiência, a preocupação com a coerência e a maneira como a teoria é fabricada e se mantém de pé fizeram com que fossem atribuídas as perturbações, profundas, em alguns casos, do campo da realidade pela invasão do imaginário. O termo imaginário, aliás, parece render mais serviços do que o termo fantasia, que seria impróprio para falar das psicoses e perversões. Toda uma direção da análise enveredou pelo sentido da exploração do campo pré-edipiano, a ponto de até podermos dizer que foi nesse caminho que se fizeram todos os progressos essenciais desde Freud.

Destaco, a esse respeito, o paradoxo, essencial para nosso tema de hoje, constituído pela obra da sra. Melanie Klein.

Numa obra, assim como em qualquer produção em palavras, existem dois planos. Por um lado, há o que ela diz, o que ela formula em seu discurso, o que ela quer dizer, na medida em que há em seu sentido, separando o *quer* e o *dizer*, sua intenção. Além disso, nós não seríamos analistas, no sentido como tento fazer as coisas serem entendidas aqui, se não soubéssemos que, às vezes, ela diz um pouquinho mais do que isso. De hábito, aliás, é nisso que consiste nossa abordagem — em captar o que é dito para além do que se quer dizer. A obra da sra. Melanie Klein diz coisas que têm toda a sua importância, mas por vezes simplesmente pelas contradições internas de seus textos, os quais podem estar sujeitos a algumas críticas, que aliás foram feitas. E há também o que ela diz sem querer dizer, e uma das coisas mais impressionantes a esse respeito é a seguinte.

Essa mulher, que nos trouxe visões profundas, muito esclarecedoras, não apenas sobre o tempo pré-edipiano, mas sobre as crianças a quem examinou e analisou numa etapa supostamente pré-edipiana, numa primeira aproximação da teoria, essa analista, que abordou necessariamente temas nessas crianças em termos às vezes pré-verbais, quase que no surgimento da fala — pois bem, quanto mais ela remontou à época da pretensa história pré-edipiana, mais enxergou nesta, mais continuou a ver o tempo todo como algo permanente, a interrogação edipiana.

Leiam seu artigo que concerne, precisamente, ao Édipo. Ali, ela descreve uma etapa extremamente precoce do desenvolvimento, a chamada etapa da formação dos maus objetos, que é anterior à chamada fase paranoide-depressiva, que está ligada ao aparecimento do corpo da mãe em sua totalidade. A ouvirmos o que ela diz, o papel predominante na evolução das primeiras relações objetais infantis seria desempenhado pelo interior do corpo da mãe, que concentraria toda a atenção da criança. Ora, vocês constatarão com surpresa que, baseando-se em desenhos, em ditos e em toda uma reconstrução da psicologia da criança nessa etapa, a sra. Melanie Klein nos atesta que, entre os maus objetos presentes no corpo da mãe — dentre eles, todos os rivais, o corpo dos irmãos e irmãs, passados, presentes e futuros —, há, muito precisamente, o pai, representado sob a forma de seu pênis.

Esse é realmente um achado que justifica que nos detenhamos nele, uma vez que se situa nas primeiras etapas das relações imaginárias, às quais podem vincular-se as funções propriamente esquizofrênicas e psicóticas em geral. Essa contradição tem todo o seu valor, considerando-se que a intenção da sra. Melanie Klein era explorar os estados pré-edipianos. Quanto mais ela recua no plano imaginário, mais constata a precocidade — muito difícil de explicar, se nos ativermos a uma ideia puramente histórica do Édipo — do aparecimento do terceiro termo paterno, e isso desde as primeiras fases imaginárias da criança. É nisso que digo que a obra diz mais do que pretende dizer.

Aí estão, portanto, já definidos, dois polos da evolução do interesse em torno do Édipo — primeiro, as questões do supereu e das neuroses sem Édipo, e segundo, as questões concernentes às perturbações que se produzem no campo da realidade.

Terceiro polo, que não é menos merecedor de comentários: a relação do complexo de Édipo com a genitalização, como se costuma dizer. Não se trata da mesma coisa.

Por um lado — ponto que muitas explorações e discussões na história fizeram passar para o segundo plano, mas que continua implícito em todas as clínicas —, o complexo de Édipo tem uma função normativa, não simplesmente na estrutura moral do sujeito, nem em suas relações com a realidade, mas quanto à assunção de seu sexo — o que, como vocês sabem, sempre persiste, na análise, dentro de uma certa ambiguidade. Por outro lado, a função propriamente genital é objeto de uma maturação, após uma primeira onda sexual de ordem orgânica, para a qual se buscou um apoio anatômico na dupla onda dos testículos e na formação dos espermatozoides. A relação entre essa onda orgânica e a existência do complexo de Édipo na espécie humana permanece como uma questão filogenética sobre a qual paira muita obscuridade, a ponto de ninguém mais se arriscar a escrever artigos sobre o assunto. Mas, enfim, nem por isso a questão deixou de estar presente na história da análise.

A questão da genitalização é dupla, portanto. Há, por um lado, um salto que comporta uma evolução, uma maturação. Por outro, há no Édipo a assunção do próprio sexo pelo sujeito, isto é, para darmos os nomes às coisas, aquilo que faz com que o homem assuma o tipo viril e com que a mulher assuma um certo tipo feminino, se reconheça como mulher, identifique-se com suas funções de mulher. A virilidade e a feminização são os dois termos que traduzem o que é, essencialmente, a função do Édipo. Encontramo-nos, aí, no nível em que o Édipo está diretamente ligado à função do Ideal do eu — ele não tem outro sentido.

São esses, portanto, os três capítulos nos quais vocês poderão classificar todas as discussões que se produziram em torno do Édipo, e, ao mesmo tempo, em torno da função do pai, pois se trata de uma única e mesma coisa. Não existe a questão do Édipo quando não existe o pai, e, inversamente, falar do Édipo é introduzir como essencial a função do pai.

Repito, para aqueles que tomam notas. Com respeito ao tema histórico do complexo de Édipo, tudo gira em torno de três polos — o Édipo em relação ao supereu, em relação à realidade e em relação ao Ideal do eu. Ideal do eu na medida em que a genitalização, ao ser assumida, torna-se um elemento do Ideal do eu. E realidade na medida em que se trata das relações do Édipo com as afecções que comportam uma subversão da relação com a realidade — a perversão e a psicose.

Resumo isso no quadro, com um complemento cuja significação vocês verão mais adiante.

Supereu	R.i
Realidade	S ← S′.r
Ideal do eu	I.s

Tentemos, agora, ir um pouco mais longe.

2

Estando suficientemente presentes para sua apreciação esses conjuntos maciços, globais, sublinhados pela história, avançaremos para o que, no terceiro capítulo — a função do Édipo como repercutindo diretamente na assunção do sexo —, concerne à questão do complexo de castração no que ela tem de pouco elucidado.

É comum tomarmos as coisas pela vertente da clínica, perguntando a nós mesmos a respeito dos casos, com toda a boa-fé: — *Mas, e o pai? Que estava fazendo o pai enquanto isso? Em que está implicado nessa história?*

A questão da ausência ou da presença do pai, do caráter benéfico ou maléfico do pai, certamente não é velada. Até vimos aparecer, recentemente, a expressão "carência paterna", o que equivaleu a procurar enfrentar um assunto nada insignificante; saber o que se pôde dizer a esse respeito, e se foi algo capaz de se sustentar, já é uma outra questão. Mas, enfim, essa carência paterna, quer a chamemos ou não dessa maneira, é um assunto da ordem do dia numa evolução da análise que vai se tornando cada vez mais ambientalista, como também se costuma dizer.

Nem todos os analistas incorrem nessa mania, graças a Deus. Muitos analistas a quem vocês levarem informações biográficas interessantes, do tipo *Mas os pais não se entendiam, havia um desentendimento conjugal, isso explica tudo*, lhes responderão, inclusive aqueles com quem nem sempre estamos de acordo: — *E daí? Isso não prova absolutamente nada. Não devemos ater-nos a nenhuma espécie de efeito particular* — e terão razão.

Dito isso, ao procurarmos a carência paterna, pelo que nos interessamos no que concerne ao pai? As perguntas acumulam-se no registro biográfico. O pai estava ou não estava presente? Será que viajava, que se ausentava, será que voltava com frequência? E também — será que um Édipo pode constituir-se normalmente quando não existe pai? Trata-se de perguntas que são muito interessantes em si, e digo mais, foi por essa maneira que se introduziram os primeiros paradoxos, os que levaram à formulação das perguntas que vieram depois. Percebeu-se então que um Édipo podia constituir-se muito bem, mesmo quando o pai não estava presente.

Bem no começo, achava-se sempre que era algum excesso de presença paterna, ou excesso de pai, que engendrava todos os dramas. Foi a época em que a imagem do pai aterrorizante era considerada um elemento lesivo. Na neurose, logo se percebeu que isso era ainda mais grave quando ele era extremamente gentil. As escolas foram feitas com lentidão, e agora, portanto, estamos no extremo oposto, a nos interrogar sobre as carências paternas. Existem os pais fracos, os pais submissos, os pais abatidos, os pais castrados pela mulher, enfim, os pais enfermos, os pais cegos, os pais cambaios, tudo o que quiserem. Conviria tentar perceber o que se depreende de tal situação, e encontrar fórmulas mínimas que nos permitissem progredir.

Primeiro, a questão de sua presença ou de sua ausência, concreta, como elemento do meio ambiente. Se nos colocarmos no nível em que se desenrolam essas pesquisas, isto é, no nível da realidade, poderemos dizer que é perfeitamente possível, concebível, exequível, palpável pela experiência, que o pai esteja presente mesmo quando não está, o que já deveria nos incitar a uma certa prudência no manejo do ponto de vista ambientalista no que concerne à função do pai. Mesmo nos casos em que o pai não está presente, em que a criança é deixada sozinha com a mãe, complexos de Édipo inteiramente normais — normais nos dois sentidos: normais como normalizadores, por um lado, e também normais no que se desnormalizam, isto é, por seu efeito neurotizante, por exemplo — se estabelecem de maneira exatamente homóloga à dos outros casos. É o primeiro ponto que nos deve chamar a atenção.

No que concerne à carência do pai, gostaria simplesmente de lhes assinalar que nunca se sabe em que o pai é carente. Em certos casos, dizem-nos que ele é meigo demais, o que parece dizer que lhe conviria ser malvado. Por outro lado, o fato de ele poder ser muito mau, manifestamente, implica que mais valeria talvez, de tempos em tempos, que fosse meigo. Finalmente, faz muito tempo que esgotaram-se as voltas desse pequeno carrossel. Vislumbrou-se que o problema da carência do pai não concernia diretamente à criança em questão, mas, como ficou evidente desde o início, que era possível começar a dizer coisas um pouco mais eficazes acerca dessa carência, tomando o pai como aquele que tem de manter seu lugar como membro do trio fundamental da família. Nem por isso, entretanto, conseguiu-se formular melhor aquilo de que se tratava.

Não quero me estender longamente a esse respeito, mas já falamos, no ano passado, a propósito do Pequeno Hans. Vimos as dificuldades que tivemos para esclarecer bem, unicamente do ponto de vista ambientalista, em que residia a carência do personagem paterno, posto que ele estava longe de ser carente em sua família — estava ali, ao lado da mulher, sustentava seu papel, discutia, até se fazia mandar ir às favas pela mulher, mas, enfim, cuidava muito do filho, não era ausente, e era tão pouco ausente que até mandou analisá-lo, o que é o melhor ponto de vista que se pode esperar de um pai, pelo menos nesse sentido.

A questão da carência do pai merece que retornemos a ela, mas, neste ponto, entramos num mundo tão movediço que é preciso tentar fazer uma distinção que permita ver em que peca a pesquisa. Ela peca não pelo que descobre, mas pelo que procura. Creio que o erro de orientação é este: confundem-se duas coisas que estão relacionadas, mas que não se confundem — o pai como normativo e o pai como normal. O pai pode, é claro, ser muito desnormatizador, na medida em que ele mesmo não seja normal, mas isso é rejeitar a questão para o nível da estrutura — neurótica, psicótica — do pai. Logo, a normalidade do pai é uma questão, e a de sua posição normal na família é outra.

Terceiro ponto que proponho: a questão de sua posição na família não se confunde com uma definição exata de seu papel normatizador. Falar de sua carência na família não é falar de sua carência no complexo. De fato, para falar de sua carência no complexo, é preciso introduzir uma outra dimensão que não a dimensão realista, definida pelo modo caracterológico, biográfico ou outro de sua presença na família.

É nessa direção que daremos o passo seguinte.

3

Agora que vocês estão vendo mais ou menos o estado atual da questão, vou tentar colocar um pouco de ordem para situar os paradoxos. Passemos a introduzir mais corretamente o papel do pai. Se é seu lugar no complexo que nos pode indicar a direção por onde avançar e enunciar uma formulação correta, interroguemos agora o complexo, e comecemos relembrando o bê-á-bá.

Para começar, o pai terrível. Apesar de tudo, a imagem resume alguma coisa muito mais complexa, como indica o nome. O pai intervém em diversos planos. Antes de mais nada, interdita a mãe. Esse é o fundamento, o princípio do complexo de Édipo, é aí que o pai se liga à lei primordial da proibição do incesto. É o pai, recordam-nos, que fica encarregado de representar essa proibição. Às vezes, tem de manifestá-la de maneira direta, quando a criança se deixa levar por suas expansões, manifestações e pendores, mas é para além disso que ele exerce esse papel. É por toda a sua presença, por seus efeitos no inconsciente, que ele realiza a interdição da mãe. Vocês estão esperando que eu diga: *sob a ameaça de castração*. É verdade, convém dizê-lo, mas isso não é tão simples. É certo que a castração tem nisso um papel manifesto e cada vez mais confirmado. O vínculo da castração com a lei é essencial, mas vejamos como isso se apresenta a nós clinicamente. Sou obrigado a lhes recordar isso, porque minhas colocações sem dúvida despertam em vocês toda sorte de evocações textuais.

Tomemos, primeiro, o menino. A relação entre o menino e o pai é dominada, como se sabe, pelo medo da castração. O que é esse medo da castração? Por que vértice devemos abordá-lo? Nós o abordamos na primeira experiência do complexo de Édipo, mas, sob qual forma? Como uma represália no interior de uma relação agressiva. Essa agressão parte do filho, na medida em que seu objeto privilegiado, a mãe, lhe é proibido, e se dirige ao pai. E retorna para ele em função da relação dual, uma vez que ele projeta imaginariamente no pai intenções agressivas equivalentes ou reforçadas em relação às suas, mas que têm como ponto de partida suas próprias tendências agressivas. Em suma, o medo experimentado diante do pai é nitidamente centrífugo, quer dizer, tem seu centro no sujeito. Essa apresentação é simultaneamente conforme à experiência e à história da análise. Foi por esse ângulo que a experiência nos ensinou, com muita rapidez, que era preciso medir a incidência do medo experimentado no Édipo em relação ao pai.

Apesar de profundamente ligada à articulação simbólica da proibição do incesto, a castração manifesta-se, portanto, em toda a nossa experiência, e particularmente, nos que são seus objetos privilegiados, ou seja, os neuróticos, no plano imaginário. É aí que tem seu ponto de partida. Ela não parte de uma ordem do tipo da formulada pela lei de Manu — *Aquele que deitar com sua mãe terá que cortar seus próprios órgãos genitais e, segurando-os com a mão direita* — ou esquerda, já não me lembro muito bem —, *irá diretamente para o Oeste, até que sobrevenha a morte*. Essa é a lei, mas essa lei não chegou especialmente como tal aos ouvidos de nossos neuróticos. Em geral, é até mais deixada na sombra. Existem, aliás, outros meios de escapar-lhe, mas não tenho tempo de me estender sobre isso hoje.

Logo, a maneira como a neurose encarna a ameaça de castração está ligada à agressão imaginária. É uma retaliação. Na medida em que Júpiter é perfeitamente capaz de castrar Cronos, nossos pequenos Júpiteres temem que o próprio Cronos comece fazendo o trabalho.

O exame do complexo de Édipo, a maneira como ele foi apresentado pela experiência, como foi introduzido por Freud, como foi articulado na teoria, traz-nos ainda outra coisa, que é a questão delicada do Édipo invertido. Não sei se isso lhes parece evidente, mas, a lermos o artigo de Freud, ou qualquer artigo de qualquer autor sobre o assunto, toda vez que é abordada a questão do Édipo, sempre ficamos impressionados com o papel extremamente móvel, cambiante, desconcertante, desempenhado pela função do Édipo invertido.

Esse Édipo invertido nunca está ausente da função do Édipo, isto é, não se pode eludir dele o componente do amor pelo pai. É ele que proporciona o término do complexo de Édipo, seu declínio, numa dialética, que se mantém muito ambígua, do amor e da identificação, da identificação como enraizada no amor. Identificação e amor não são a mesma coisa — podemos identificar-nos com alguém sem amá-lo, e vice-versa —, mas, ainda assim, os dois termos são estreitamente ligados e absolutamente indissociáveis.

Leiam no artigo de Freud sobre o declínio do complexo, "Der Untergang des Ödipuskomplex", de 1924, a explicação que ele fornece sobre a identificação terminal que constitui sua solução. É na medida em que o pai é amado que o sujeito se identifica com ele, e que encontra a solução terminal do Édipo numa composição do recalque amnésico com a aquisição, nele mesmo, do termo ideal graças ao qual ele se transforma no pai. Não estou dizendo que desde logo e imediatamente ele seja um pequeno macho, mas ele pode tornar-se alguém, já está com seus títulos de propriedade no bolso, com a coisa guardada, e, quando chegar o momento, se tudo correr bem, se o gato não comê-lo, no momento da puberdade, ele terá seu pênis prontinho, junto com seu certificado — *Aí está papai que no momento certo o conferiu a mim.*

Isso não acontece dessa maneira quando eclode a neurose, justamente porque há alguma irregularidade no título em questão. Só que o Édipo invertido também não é simples assim. É pelo mesmo caminho, o do amor, que pode produzir-se a posição de inversão, ou seja, ao invés de uma identificação benéfica, o sujeito se descobre afetado por uma bela posiçãozinha apassivada no plano inconsciente, que no momento certo fará seu reaparecimento, colocando-o numa espécie de bissetriz de ângulo *squeeze-panic*.* Trata-se de uma posição que

* Talvez inspirado na expressão inglesa *squeeze play*, que designa, no *bridge*, o lance com que se força o adversário a se desfazer de um trunfo, e que, na linguagem

captura o sujeito, que ele descobre sozinho e que é muito vantajosa. Ela consiste nisto: ante esse pai temível, que proibiu muitas coisas, mas que, por outro lado, é muito gentil, colocar-se em boas condições de cair em suas graças, isto é, de se fazer amar por ele. Entretanto, uma vez que fazer-se amar por ele consiste em passar, primeiramente, para a categoria de mulher, e, como cada um sempre conserva seu pequeno amor-próprio viril, essa posição, como nos explica Freud, comporta o perigo da castração, donde aquela forma de homossexualidade inconsciente que coloca o sujeito numa situação conflitante, com múltiplas repercussões: por um lado, o retorno constante da posição homossexual em relação ao pai, e por outro, sua suspensão, isto é, seu recalque, em razão da ameaça de castração que essa posição comporta.

Nada disso é muito simples. Ora, estamos justamente tentando elaborar uma coisa que nos permita concebê-lo de maneira mais rigorosa e formular melhor nossas perguntas em cada caso particular.

Resumamos então. Como há pouco, o resumo consistirá em introduzir um certo número de distinções que são o prelúdio da focalização do ponto que não funciona. Já há pouco nos havíamos aproximado disto, de que era em torno do Ideal do eu que a pergunta não tinha sido formulada. Tratemos, aqui também, de fazer a redução que acabamos de abordar. Proponho-lhes o seguinte: não é avançar demais dizer, desde logo, que o pai aparece aqui na posição de incômodo. Não simplesmente porque seria um estorvo em decorrência de seu volume, mas porque ele proíbe. O que proíbe ele, precisamente?

Retomemos e distingamos. Devemos fazer entrar em jogo o aparecimento da pulsão genital e dizer que ele proíbe, em primeiro lugar, sua satisfação real? Por um lado, esta realmente parece intervir antes. Mas também fica claro que alguma coisa se articula em torno do fato de ele proibir o menininho de se servir de seu pênis no momento em que o referido pênis começa a manifestar veleidades. Diremos, pois, que se trata da proibição do pai em relação à pulsão real.

Mas, por que o pai? A experiência prova que a mãe também o faz tão bem quanto ele. Lembrem-se da observação do Pequeno Hans, onde é a mãe quem diz: — *Ponha isso para dentro, isso não se faz.*

---

corrente, é o ato de exercer pressão para arrancar uma concessão ou vantagem, Lacan cunhou *squeeze-panic*, que poderia traduzir-se por algo como "obtenção de vantagens através do pânico". (N.E.)

Em geral, na maioria das vezes, é a mãe quem diz: — *Se você continuar a fazer isso, vamos chamar o doutor para cortá-lo fora.* Convém, portanto, assinalar que o pai, na medida em que proíbe no nível da pulsão real, não é muito essencial. Retomemos, a propósito disso, o que eu lhes trouxe no ano passado — como veem, isso sempre acaba servindo —, meu quadro em três patamares:

Pai real	Castração	imaginária
Mãe simbólica	Frustração	real
Pai imaginário	Privação	simbólica

De que se trata, no plano da ameaça de castração? Trata-se da intervenção real do pai no que concerne a uma ameaça imaginária, R.i, pois é muito raro suceder que ele lhe seja realmente cortado. Ressalto que, neste quadro, a castração é um ato simbólico cujo agente é alguém real, o pai ou a mãe, que lhe diz *Vamos mandar cortá-lo*, e cujo objeto é um objeto imaginário — se o menino se sente cortado, é por imaginar isso. Vou assinalar-lhes que isso é paradoxal. Vocês poderiam objetar-me: — *Esse é propriamente o nível da castração, e o senhor diz que o pai não é tão útil assim!* Pois é justamente o que digo, isso mesmo.

Por outro lado, o que o pai proíbe? Esse foi o ponto de que partimos — ele proíbe a mãe. Como objeto, ela é dele, não é do filho. É nesse plano que se estabelece, pelo menos numa certa etapa, tanto no menino quanto na menina, aquela rivalidade com o pai que, por si mesma, gera uma agressão. O pai efetivamente frustra o filho da posse da mãe.

Eis um outro patamar, o da frustração. Nesse, o pai intervém como detentor de um direito, e não como personagem real. Mesmo que não esteja presente, mesmo que telefone para a mãe, por exemplo, o resultado é idêntico. Nesse ponto, é o pai como simbólico que intervém numa frustração, ato imaginário concernente a um objeto muito real, que é a mãe, na medida em que a criança necessita dela, S'.r.

Por fim vem o terceiro nível, o da privação, que intervém na articulação do complexo de Édipo. Trata-se então do pai como aquele que se faz preferir em lugar da mãe, dimensão que vocês são absolutamente forçados a fazer intervir na função terminal, aquela que leva à formação do ideal do eu, S $\leftarrow$ S'.r. É na medida em que o pai se torna um objeto preferível à mãe, seja por que vertente for, pelo lado da força ou pelo da fraqueza, que pode estabelecer-se a identificação final. A questão do complexo de Édipo invertido e de sua função se estabelece nesse nível. Direi mais: é aí que se centra a questão da diferença do efeito do complexo no menino e na menina.

Isso não traz dificuldades quando se trata da menina, e é por essa razão que se diz que a função do complexo de castração é dissimétrica no menino e na menina. É na entrada que fica a dificuldade para ela, ao passo que, no fim, a solução é facilitada, porque o pai não tem dificuldade de se fazer preferir à mãe como portador do falo. Para o menino, em contrapartida, é uma outra história, e é aí que fica aberta a hiância. Como é que o pai se faz preferir à mãe, na medida em que é por aí que se produz a saída do complexo de Édipo? Estamos diante da mesma dificuldade com que havíamos deparado a propósito da instauração do complexo de Édipo invertido. Por isso, parece-nos que, para o menino, o complexo de Édipo é sempre o que há de menos normatizador, ao passo que, ainda assim, ele fica implicado. Dizem até que ele é o mais normatizador, visto que é pela identificação com o pai que a virilidade é assumida.

Por fim, o problema é saber como a função essencialmente proibidora do pai não conduz, no menino, ao que é a conclusão claríssima do terceiro plano, isto é, à privação correlacionada com a identificação ideal, que tende a se produzir tanto no menino quanto na menina. É na medida em que o pai se torna o Ideal do eu que se produz na menina o reconhecimento de que ela não tem falo. Mas isso é o que há de bom para ela — ao passo que, para o menino, seria um resultado absolutamente desastroso, e às vezes é. Aqui, o agente é I, enquanto o objeto é s – I.s.

Em outras palavras, no momento da saída normatizadora do Édipo, a criança reconhece não ter — não ter realmente aquilo que tem, no caso do menino, e aquilo que não tem, no caso da menina.

O que acontece no nível da identificação ideal, nível em que o pai se faz preferir à mãe e ponto de saída do Édipo, deve levar, literalmente, à privação. Para a menina, esse resultado é totalmente admissível e totalmente gerador de conformidade, embora nunca seja completamente atingido, pois sempre lhe fica um pequeno amargo na boca, ao qual se dá o nome de *Penisneid*, prova de que isso não funciona de maneira realmente rigorosa. Mas, no caso em que isso tem de funcionar, se nos ativermos a esse esquema, o menino, por sua vez, deveria ser sempre castrado. Há, portanto, alguma coisa que não bate, algo que falta em nossa explicação.

Tentemos agora introduzir a solução.

Que é o pai? Não digo na família, porque, na família, ele é tudo o que quiser, é uma sombra, é um banqueiro, é tudo o que tem de ser, ele o é ou não é, o que às vezes tem toda a sua importância, mas também pode não ter nenhuma. A questão toda é saber o que ele é no complexo de Édipo.

Pois bem, o pai, aí, não é um objeto real, mesmo que tenha de intervir como objeto real para dar corpo à castração. Mas, se ele não é um objeto real, é o quê?

Ele tampouco é unicamente um objeto ideal, porque, por esse aspecto, só podem ocorrer acidentes. Ora, o complexo de Édipo, afinal, não é unicamente uma catástrofe, uma vez que é a base de nossa relação com a cultura, como se costuma dizer.

Então, naturalmente, vocês dirão, *O pai é o pai simbólico, você já disse*. De fato, já lhes disse isso o bastante para não ter de repeti-lo hoje. O que lhes trago hoje, justamente, dá um pouco mais de exatidão à ideia de pai simbólico. É isto: o pai é uma metáfora.

Uma metáfora, que vem a ser isso? Digamos desde logo, para colocá-lo neste quadro, o que nos permitirá retificar as consequências escabrosas do quadro. Uma metáfora, como já lhes expliquei, é um significante que surge no lugar de outro significante. Digo que isso é o pai no complexo de Édipo, ainda que isso venha a aturdir os ouvidos de alguns.

Digo exatamente: o pai é um significante que substitui um outro significante. Nisso está o pilar, o pilar essencial, o pilar único da intervenção do pai no complexo de Édipo. E, não sendo nesse nível que vocês procuram as carências paternas, não irão encontrá-las em nenhum outro lugar.

A função do pai no complexo de Édipo é ser um significante que substitui o primeiro significante introduzido na simbolização, o significante materno. Segundo a fórmula que um dia lhes expliquei ser a da metáfora, o pai vem no lugar da mãe, S em lugar de S', sendo S' a mãe como já ligada a alguma coisa que era o *x*, ou seja, o significado na relação com a mãe.

$$\frac{\text{Pai}}{\text{Mãe}} \cdot \frac{\text{Mãe}}{x}$$

É a mãe que vai e que vem. É por eu ser um serzinho já tomado pelo simbólico, e por haver aprendido a simbolizar, que podem dizer que ela vai e que ela vem. Em outras palavras, eu a sinto ou não sinto, o mundo varia com sua chegada e pode desaparecer.

A pergunta é: qual é o significado? O que quer essa mulher aí? Eu bem que gostaria que fosse a mim que ela quer, mas está muito claro que não é só a mim que ela quer. Há outra coisa que mexe com ela — é o *x*, o significado. E o significado das idas e vindas da mãe é o falo.

Para lhes resumir meu seminário do ano passado, é pura besteira colocar no centro da relação de objeto o objeto parcial. Para começar, é pelo fato de a própria criança ser o objeto parcial que ela é levada a se perguntar o que querem dizer as idas e as vindas da mãe — e o que isso quer dizer é o falo.

A criança, com maior ou menor astúcia ou sorte, pode conseguir vislumbrar desde muito cedo o que é o *x* imaginário, e, uma vez tendo compreendido, fazer-se de falo. Mas a via imaginária não é a via normal. Aliás, é por essa razão que ela acarreta as chamadas fixações. Ademais, ela não é normal porque, afinal de contas, nunca é pura, nunca é completamente acessível, deixa sempre alguma coisa de aproximativo e insondável, ou até de dual, que gera todo o polimorfismo da perversão.

Qual é a via simbólica? É a via metafórica. Exponho desde já e lhes explicarei depois, uma vez que estamos quase chegando ao final de nossa conversa de hoje, o esquema que nos servirá de guia: é na medida em que o pai substitui a mãe como significante que vem a se produzir o resultado comum da metáfora, aquele que se expressa na fórmula que está no quadro.

$$\frac{S}{S'} \cdot \frac{S'}{x} \rightarrow S\left(\frac{1}{s'}\right)$$

O elemento significante intermediário cai, e o S se apodera, pela via metafórica, do objeto do desejo da mãe, que então se apresenta sob a forma do falo.

Não digo que lhes esteja apresentando a solução sob uma forma já transparente. Apresento-a a vocês em seu resultado, a fim de lhes mostrar para onde iremos. Veremos como se vai por aí e para que serve ter ido, isto é, tudo o que essa solução resolve.

Deixo-lhes nas mãos esta afirmação bruta — é minha pretensão que toda a questão dos impasses do Édipo pode ser resolvida em se postulando a intervenção do pai como a substituição de um significante por outro significante.

4

Para começar a lhes explicar um pouco as coisas, introduzirei uma observação que, segundo espero, irá deixar-lhes com que alimentar seus sonhos da semana.

A metáfora situa-se no inconsciente. Ora, se existe uma coisa realmente surpreendente, é não se haver descoberto o inconsciente mais cedo, já que ele estava lá desde sempre e, aliás, continua estando. Sem dúvida, é porque foi preciso saber que estava no interior para perceber que esse lugar existia.

Eu gostaria de lhes dar, simplesmente, algo com que vocês, que vão pelo mundo como, espero eu, apóstolos da minha fala, possam apresentar a questão do inconsciente a pessoas que nunca ouviram falar dele. Vocês lhes dirão: — Como é espantoso que, desde que o mundo é mundo, nenhuma dessas pessoas que se intitulam filósofos jamais tenha pensado em produzir, pelo menos no período clássico — agora andamos meio distraídos, mas ainda há um caminho a percorrer —, essa dimensão essencial da qual lhes falei sob o nome de *Outra coisa*.

Já lhes falei do desejo de Outra coisa — não como vocês talvez o estejam sentindo agora, o desejo de ir comer uma salsicha, em vez de me escutar, mas, seja lá como for e do que quer que se trate, o desejo de Outra coisa como tal.

Essa dimensão não está unicamente presente no desejo. Acha-se presente em muitos outros estados, que são permanentes. A vigília, por exemplo, não se pensa muito na chamada vigília. *Velar*, dirão vocês, *e daí*? Velar é o que Freud evoca em seu estudo sobre o Presidente Schreber, ao nos falar de "Antes do romper do dia", capítulo do *Zaratustra*, de Nietzsche. Esse é justamente o tipo de notas rápidas que nos revela a que ponto Freud vivia nessa Outra coisa. Quando, tempos atrás, falei-lhes do dia, da paz do entardecer e de outras coisinhas assim, que lhes foram mais ou menos transmitidas, foi inteiramente centrado nessa indicação. Antes do romper do dia, será que é o sol propriamente dito que irá aparecer? Há Outra coisa que está latente, que é esperada no momento de vigília.

E há também a reclusão. Não é essa, enfim, uma dimensão essencial? A partir do momento em que um homem chega a algum lugar, à floresta virgem ou ao deserto, ele começa a se fechar. Se preciso fosse, como Cami, levaria consigo duas portas para criar correntes de ar entre elas. Trata-se de um instalar-se no interior, mas não é simplesmente uma ideia de interior e de exterior, é a ideia do Outro, daquilo que é Outro como tal, do que não é o lugar onde se está bem enfurnado.

Digo mais: se vocês explorassem a fenomenologia, digamos, da reclusão, perceberiam a que ponto é absurdo limitar a função do medo à relação com um perigo real. A ligação estreita entre o medo e a segurança deveria manifestar-se para vocês pela fenomenologia da fobia. E vocês perceberiam que, no fóbico, seus momentos de angústia se produzem quando ele percebe que perdeu seu medo, quando vocês começam a lhe retirar um pouco de sua fobia. É nesse momento que ele diz a si mesmo: — *Opa, isso não funciona. Não sei mais os lugares onde devo me deter. Ao perder meu medo, perdi minha segurança.* Em suma, tudo aquilo que eu lhes disse no ano passado sobre o Pequeno Hans.

Há também uma dimensão na qual vocês não pensam muito, estou convencido, porque a vivenciam como se estivessem em seu ambiente natal, e que se chama tédio. Talvez vocês nunca tenham refletido muito sobre o quanto o tédio é, tipicamente, uma dimensão da Outra coisa, que até chega a se formular como tal da maneira mais clara — quer-se uma Outra coisa. A gente pode até comer merda, contanto que não seja sempre a mesma. Esses são tipos de álibis, de álibis formulados, já simbolizados, da relação essencial com Outra coisa.

Vocês hão de estar achando que, de um minuto para outro, estou caindo no romantismo e na nostalgia. Vão vendo isso — o desejo, a reclusão, a vigília, eu já ia quase lhes dizendo a oração, já que estava nesse processo, por que não? — e se perguntam: *Para onde ele está indo? Para onde está resvalando?* Nada disso.

Eu gostaria, para terminar, de chamar sua atenção para as diversas manifestações da presença da Outra coisa no que elas são institucionalizadas. Vocês podem classificar as formações humanas instaladas pelos homens onde quer que eles vão, e por toda parte — as chamadas formações coletivas — em função da satisfação que elas dão aos diferentes modos da relação com a Outra coisa.

Assim que chega a algum lugar, o homem constrói uma prisão e um bordel, ou seja, o lugar onde está verdadeiramente o desejo, e fica esperando alguma coisa, um mundo melhor, um mundo futuro, ele fica ali, de vigília, à espera da revolução. Mas acima, acima de tudo, assim que ele chega a algum lugar, é extremamente importante que todas as suas ocupações exalem o tédio. Uma ocupação só começa a se tornar séria quando aquilo que a constitui, isto é, em geral, a regularidade, torna-se perfeitamente entediante.

Em particular, pensem em tudo aquilo que, em sua prática analítica, é exatamente a conta certa para que vocês se entediem. Entediar-se, tudo se resume nisso. Uma grande parte, pelo menos, do que chamamos de regras técnicas a serem observadas pelo analista não são outra coisa senão meios de dar a essa ocupação as garantias de seu padrão profissional — mas, se vocês olharem bem no fundo das coisas, perceberão que isso se dá na medida em que elas ratificam, alimentam, sustentam a função do tédio como estando no cerne da prática.

Essa foi uma pequena introdução. Ela ainda não os faz entrarem no que lhes direi da próxima vez, quando lhes mostrar que é no nível desse Outro como tal que se situa a dialética do significante, e que é por aí que convém abordar a função, a incidência, a pressão exata, o efeito indutor do Nome-do-Pai, igualmente como tal.

15 DE JANEIRO DE 1958

X

OS TRÊS TEMPOS DO ÉDIPO

Do Nome-do-Pai ao falo
A chave do declínio do Édipo
Ser e ter
O capricho e a lei
A criança assujeitada

Vamos continuar nosso exame do que chamamos de metáfora paterna.

Chegamos ao ponto em que afirmei que na estrutura que promovemos como sendo a da metáfora residiam todas as possibilidades de articular claramente o complexo de Édipo e seu móbil, isto é, o complexo de castração.

Àqueles que possam espantar-se por demorarmos tanto a articular uma questão tão central na teoria e na prática analíticas, responderemos que era impossível fazê-lo sem ter provado a vocês, em diversos terrenos, tanto teóricos quanto práticos, o que têm de insuficientes as fórmulas de que atualmente nos servimos na análise e, acima de tudo, sem ter-lhes mostrado em que podemos fornecer fórmulas mais suficientes, por assim dizer. Para começar a articular os problemas, trata-se, primeiramente, de habituá-los através do exemplo a pensarem em termos de sujeito.

O que é um sujeito? Será alguma coisa que se confunde, pura e simplesmente, com a realidade individual que está diante de seus olhos quando vocês dizem *o sujeito*? Ou será que, a partir do momento em que vocês o fazem falar, isso implica necessariamente uma outra coisa? Quero dizer, será que a fala é como que uma emanação que paira acima dele, ou será que ela desenvolve, que impõe por si só, sim ou não, uma estrutura como aquela que tenho comentado longamente, à qual os habituei? — e que diz que, quando há um sujeito falante, não há como reduzir a um outro, simplesmente, a questão de suas relações como alguém que fala, mas há sempre um terceiro, o grande Outro, que é constitutivo da posição do sujeito enquanto alguém que fala, isto é, também como sujeito que vocês analisam.

Não se trata de uma simples necessidade teórica suplementar. Isso traz toda sorte de facilidades, quando a questão é compreender onde se situam os efeitos com que vocês lidam, isto é, o que acontece quando vocês encontram no sujeito a exigência, os desejos, uma fantasia — o que não é a mesma coisa — e, além disso, aquilo que parece, em suma, ser o mais incerto, o mais difícil de captar e definir, uma realidade.

Teremos a oportunidade de ver até que ponto avançamos agora para explicar a expressão metáfora paterna.

1

De que se trata na metáfora paterna? Há, propriamente, no que foi constituído por uma simbolização primordial entre a criança e a mãe, a colocação substitutiva do pai como símbolo, ou significante, no lugar da mãe. Veremos o que quer dizer esse *no lugar da*, que constitui o ponto axial, o nervo motor, a essência do progresso representado pelo complexo de Édipo.

Os termos que propus para vocês no ano passado, acerca das relações entre a criança e a mãe, estão resumidos no triângulo imaginário que lhes ensinei a manejar. Admitir agora como fundamental o triângulo filho-pai-mãe é introduzir algo que é real, sem dúvida, mas que já insere no real, como que instituída, digamos, uma relação simbólica. Ele a insere objetivamente, se assim posso dizer, na medida em que podemos, por nossa vez, fazer dela um objeto, examiná-la.

A primeira relação de realidade desenha-se entre a mãe e o filho, e é aí que a criança experimenta as primeiras realidades de seu contato com o meio vivo. É para desenhar objetivamente essa situação que fazemos o pai entrar no triângulo, embora, para a criança, ele ainda não tenha entrado.

O pai, para nós, *é*, ele é real. Mas não nos esqueçamos de que ele só é real para nós na medida em que as instituições lhe conferem, eu nem diria seu papel e sua função de pai — não se trata de uma questão sociológica —, mas seu nome de pai. Que o pai seja, por exemplo, o verdadeiro agente da procriação não é, de maneira alguma, uma verdade da experiência. Na época em que os analistas ainda discutiam coisas sérias, sucedeu assinalarem que, numa determinada tribo primitiva, a procriação era atribuída a não sei o quê, uma fonte, uma pedra, ou o encontro com um espírito em lugares afastados. O sr. Jones, com muita pertinência aliás, fez a esse respeito a observação de que era absolutamente impensável que esta verdade da experiência escapasse a seres inteligentes — e em todo ser humano supomos um mínimo dessa inteligência. Está bastante claro que, salvo exceções — exceções muito excepcionais —, uma mulher não engravida se não houver praticado um coito, e também num prazo muito preciso. Mas, ao tecer esse comentário particularmente pertinente, o sr. Ernest Jones simplesmente deixou de lado tudo o que é importante nessa questão.

O importante, com efeito, não é as pessoas saberem perfeitamente que uma mulher só pode engravidar quando pratica um coito, mas sancionarem num significante que aquele com quem ela praticou o coito é o pai. Isso porque, se assim não fosse, tal como se constitui por natureza a ordem do símbolo, absolutamente nada obstaria a que aquele algo que é responsável pela procriação continuasse a ser mantido, no sistema simbólico, como idêntico a uma coisa qualquer, uma pedra, uma fonte, ou o encontro com um espírito num local afastado.

A posição do pai como simbólico não depende do fato de as pessoas haverem mais ou menos reconhecido a necessidade de uma certa sequência de acontecimentos tão diferentes quanto um coito e um parto. A posição do Nome-do-Pai como tal, a qualidade do pai como procriador, é uma questão que se situa no nível simbólico. Pode materializar-se sob as diversas formas culturais, mas não depende como tal da forma cultural, é uma necessidade da cadeia significante. Pelo simples fato de vocês instituírem uma ordem simbólica, alguma coisa corresponde ou não à função definida pelo Nome-do-Pai, e no interior dessa função vocês colocam significações que podem ser diferentes conforme os casos, mas que de modo algum dependem de outra necessidade que não a necessidade da função paterna, à qual corresponde o Nome-do-Pai na cadeia significante.

Creio já haver insistido bastante nisso. É isso, portanto, que podemos chamar de triângulo simbólico, como instituído no real a partir do momento em que há uma cadeia significante, a articulação de uma fala.

Digo que há uma relação entre esse ternário simbólico e o que trouxemos aqui, no ano passado, sob a forma do ternário imaginário, para lhes apresentar a relação da criança com a mãe, na medida em que a criança revela depender do desejo da mãe, da primeira simbolização da mãe como tal, e de nada mais. Através dessa simbolização, a criança desvincula sua dependência efetiva do desejo materno da pura e simples vivência dessa dependência e alguma coisa se institui, sendo subjetivada num nível primário ou primitivo. Essa subjetivação consiste, simplesmente, em instaurar a mãe como aquele ser primordial que pode estar ou não presente. No desejo da criança, em seu desejo próprio, esse ser é essencial. O que deseja o sujeito? Não se trata da simples apetência das atenções, do contato ou da presença da mãe, mas da apetência de seu desejo.

A partir dessa primeira simbolização em que se afirma o desejo da criança esboçam-se todas as complicações posteriores da simbolização, na medida em que seu desejo é o desejo do desejo da mãe. Em vista disso abre-se uma dimensão pela qual se inscreve virtualmente o que a própria mãe deseja em termos objetivos como ser que vive no mundo do símbolo, num mundo em que o símbolo está presente, num mundo falante. Mesmo que ela só viva nele parcialmente, mesmo que seja, como sucede ocorrer, um ser mal adaptado a esse mundo do símbolo, ou que tenha recusado alguns de seus elementos, essa simbolização primordial abre para a criança, ainda assim, a dimensão do que a mãe pode desejar de diferente, como se diz, no plano imaginário.

É assim que o desejo de Outra coisa, do qual falei oito dias atrás, faz sua entrada, de maneira confusa e inteiramente virtual — não da maneira substancial que permitiria reconhecê-lo em toda a sua generalidade, como fizemos no último seminário, mas de um modo concreto. Há nela o desejo de Outra coisa que não o satisfazer meu próprio desejo, que começa a palpitar para a vida.

Nesse caminho, simultaneamente há acesso e não há acesso. Nessa relação de miragem pela qual o ser primordial lê ou antecipa a satisfação de seus desejos nos movimentos esboçados pelo outro, nessa adaptação dual da imagem à imagem que é feita em todas as relações interanimais, como conceber que possa ser lido, como que num espelho, tal como se exprimem as Escrituras Sagradas, o que o sujeito deseja de Outro?

Seguramente, isso é ao mesmo tempo difícil de pensar e muito difícil de efetuar, pois justamente aí reside todo o drama do que acontece nesse nível primitivo de entroncamento das perversões. É algo difícil de efetuar no sentido de que isso se efetua de maneira falha, ainda que mesmo assim se efetue. Certamente, não se efetua sem a intervenção de um pouco mais do que a simbolização primordial dessa mãe que vai e vem, que é chamada quando não está presente e que, quando está presente, é repelida para que seja possível chamá-la. Esse algo mais, que é preciso que exista, é exatamente a existência, por trás dela, de toda a ordem simbólica de que ela depende, e a qual, como está sempre mais ou menos presente, permite um certo acesso ao objeto de seu desejo, o qual já é um objeto tão específico, tão marcado pela necessidade instaurada pelo sistema simbólico, que é absolutamente impensável de outra maneira quanto à sua prevalência. Esse objeto chama-se falo, e foi em torno dele que fiz girar toda a nossa dialética da relação de objeto no ano passado.

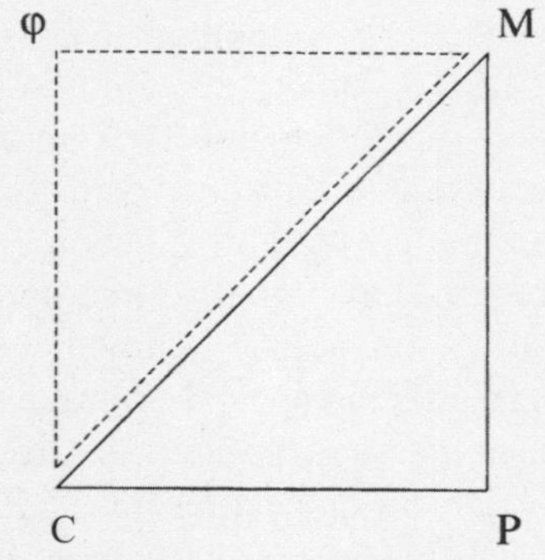

Por quê? Por que esse objeto se faz necessário nesse lugar? Só pode ser porque é privilegiado na ordem simbólica. É nessa questão que queremos entrar agora, com maiores detalhes.

Há nesse desenho uma relação de simetria entre *falo*, que está aqui no vértice superior do ternário imaginário, e *pai*, no vértice inferior do ternário simbólico. Veremos que não há aí uma simples simetria, mas uma ligação. Como é que já se faz possível eu adiantar que essa ligação é de ordem metafórica?

Ora, isso é justamente o que nos leva para a dialética do complexo de Édipo. Tentemos articular passo a passo do que se trata, como fez Freud e como fizeram outros depois dele.

Nem sempre tudo está perfeitamente claro nisso, nem claramente simbolizado. Nós tentaremos ir mais longe, e não apenas para satisfação de nosso espírito. Se articularmos passo a passo essa gênese, se assim posso dizer, que faz com que a posição do significante paterno no símbolo seja fundadora da posição do falo no plano imaginário, se conseguirmos distinguir claramente os tempos lógicos, por assim dizer, da constituição do falo, no plano imaginário, como objeto privilegiado e preponderante, e se da distinção entre eles resultar que possamos orientar-nos melhor, interrogar melhor tanto o doente em exame quanto o sentido da clínica e da condução da análise, consideraremos nossos esforços justificados. Dadas as dificuldades com que deparamos na clínica, o interrogatório, o exame e a manobra terapêuticos, esses esforços estão justificados de antemão.

Observemos esse desejo do Outro, que é o desejo da mãe e que comporta um para-além. Só que para atingir esse para-além é necessária uma mediação, e essa mediação é dada, precisamente, pela posição do pai na ordem simbólica.

Em vez de proceder dogmaticamente, interroguemo-nos sobre a maneira como a questão se coloca no concreto. Vemos que existem estados muito diferentes, casos e também etapas em que o filho se identifica com o falo. Isso foi objeto do caminho que percorremos no ano passado. Mostramos no fetichismo uma perversão exemplar, no sentido de que, nele, a criança tem uma certa relação com o objeto do além do desejo materno, em cuja prevalência e valor de excelência, por assim dizer, ela reparou, e ao qual se liga por intermédio de uma identificação imaginária com a mãe. Também indicamos que, em outras formas de perversão, em especial no travestismo, é na posição contrária que a criança passa a assumir a dificuldade da relação imaginária com a mãe. Dizem que ela mesma se identifica com a mãe fálica. Creio ser mais correto dizer que é propriamente com o falo que ela se identifica, como escondido sob as roupas da mãe.

Lembro-lhes isso para mostrar que a relação do filho com o falo se estabelece na medida em que o falo é o objeto do desejo da mãe. Além disso, a experiência nos prova que esse elemento desempenha um papel ativo essencial nas relações que o filho mantém com o casal parental. Nós a recordamos da última vez, no plano teórico, na exposição do declínio do complexo de Édipo em relação ao chamado Édipo invertido. Freud nos assinala os casos em que, na medida em que se identifica com a mãe, a criança, havendo adotado essa posição a um tempo significativa e promissora, teme sua consequência, ou seja, a privação que resultará para ela, se for um menino, de seu órgão viril.

Essa é uma indicação, mas a coisa vai muito mais longe. A experiência analítica nos prova que o pai, como aquele que priva a mãe do objeto de seu desejo, a saber, o objeto fálico, desempenha um papel absolutamente essencial, não direi nas perversões, mas em qualquer neurose e em todo o desenrolar, por mais fácil e mais normal que seja, do complexo de Édipo. Vocês sempre constatarão, na experiência, que o sujeito posicionou-se de uma certa maneira, num momento de sua infância, quanto ao papel desempenhado pelo pai no fato de a mãe não ter falo. Esse momento nunca é elidido.

Nossa recapitulação, da última vez, deixou a questão do desfecho favorável ou desfavorável do Édipo suspensa em torno de três planos, o da castração, o da frustração e o da privação exercidas pelo pai. Trata-se aqui do nível da privação. Nesse nível, o pai priva alguém daquilo que, afinal de contas, ele não tem, isto é, de algo que só tem existência na medida em que se faz com que surja na existência como símbolo.

Está bastante claro que o pai não castra a mãe de uma coisa que ela não tem. Para que fique postulado que ela não o tem, é preciso que isso de que se trata já esteja projetado no plano simbólico como símbolo. Mas há de fato uma privação, uma vez que toda privação real exige a simbolização. Assim, é no plano da privação da mãe que, num dado momento da evolução do Édipo, coloca-se para o sujeito a questão de aceitar, de registrar, de simbolizar, ele mesmo, de dar valor de significação a essa privação da qual a mãe revela-se o objeto. Essa privação, o sujeito infantil a assume ou não, aceita ou recusa. Esse ponto é essencial. Vocês o encontrarão em todas as encruzilhadas, a cada vez que sua experiência os levar a um certo ponto que agora tentamos definir como nodal no Édipo.

Vamos chamá-lo *ponto nodal*, já que isso acaba de me ocorrer. Não me atenho essencialmente a esse termo, o que quero dizer é que ele não coincide, longe disso, com o momento cuja chave buscamos, que é o declínio do Édipo, seu resultado, seu fruto no sujeito, ou seja, a identificação do filho com o pai. Mas há o momento anterior, no qual o pai entra em função como privador da mãe, isto é, perfila-se por trás da relação da mãe com o objeto de seu desejo como *aquele que castra*, coisa que digo apenas entre aspas, pois o que é castrado, no caso, não é o sujeito, e sim a mãe.

Esse ponto não é muito novo. A novidade, precisamente, é apontá-lo, é voltar o olhar de vocês para esse ponto, na medida em que ele nos permite compreender o que vem antes, sobre o qual já dispomos de alguns esclarecimentos, e o que virá depois.

Não duvidem disso, já que é algo que vocês poderão controlar e confirmar toda vez que tiverem a oportunidade de vê-lo. A experiência prova que, na medida em que a criança não ultrapassa esse ponto nodal, isto é, não aceita a privação do falo efetuada na mãe pelo pai, ela mantém em pauta — a correlação se fundamenta na estrutura — uma certa forma de identificação com o objeto da mãe, esse objeto que lhes apresento desde a origem como um objeto-rival, para empregar a palavra que surge aí, e isso ocorre, quer se trate de fobia, de neurose ou de perversão. Ele é um ponto-referencial — talvez não haja palavra melhor — em torno do qual vocês poderão agrupar os elementos das observações, fazendo a si mesmos esta pergunta em cada caso particular: qual é a configuração especial da relação com a mãe, com o pai e com o falo que faz com que a criança não aceite que a mãe seja privada, pelo pai, do objeto de seu desejo? Em que medida, num dado caso, é preciso apontar que, em correlação com essa relação, a criança mantém sua identificação com o falo?

Existem graus, é claro, e essa relação não é a mesma na neurose, na psicose e na perversão. Mas essa configuração, de qualquer modo, é nodal. Nesse nível, a questão que se coloca é *ser ou não ser, to be or not to be* o falo. No plano imaginário, trata-se, para o sujeito, de ser ou não ser o falo. A fase a ser atravessada coloca o sujeito na situação de escolher.

Ponham também esse *escolher* entre aspas, porque o sujeito é tão passivo quanto ativo nisso, pela simples razão de que não é ele quem manipula as cordinhas do simbólico. A frase foi começada antes dele, foi começada por seus pais, e aquilo a que pretendo conduzi-los é precisamente a relação de cada um desses pais com essa frase começada, e a maneira como convém que a frase seja sustentada por uma certa posição recíproca dos pais em relação a ela. Mas, digamos, uma vez que convém nos exprimirmos bem, que existe, em termos neutros, uma alternativa entre ser ou não ser o falo.

Vocês hão de estar sentindo que há um passo considerável a dar para compreender a diferença entre essa alternativa e aquela de que se trata num outro momento, e que afinal de contas é preciso esperarmos encontrar — a do *ter ou não ter*, para nos basearmos numa outra citação literária. Dito de outra maneira, ter ou não ter o pênis não são a mesma coisa. Entre os dois, não o esqueçamos, há o complexo de castração. Aquilo de que se trata no complexo de castração nunca é articulado e se faz quase completamente misterioso. Sabemos, no entanto, que é dele que dependem estes dois fatos: que, de um lado, o menino se transforme em homem, e de outro, a menina se transforme em mulher. Em ambos os casos, a questão do ter ou não ter é regida — mesmo naquele que, no fim, tem o direito de tê-lo, ou seja, o varão — por intermédio do complexo de castração. Isso supõe que, para tê-lo, é preciso que haja um momento em que não se tem. Não chamaríamos o que está em jogo de complexo de castração se, de certa maneira, isso não pusesse em primeiro plano que, para tê-lo, primeiro é preciso que tenha sido instaurado que não se pode tê-lo, de modo que a possibilidade de ser castrado é essencial na assunção do fato de ter o falo.

Esse é um passo a ser transposto, e no qual tem de intervir, em algum momento, eficazmente, realmente, efetivamente, o pai.

2

Até aqui, como indicava o próprio fio de meu discurso, pude falar somente a partir do sujeito, dizendo-lhes: ele aceita ou não aceita, e, na medida em que não aceita, isso o leva, homem ou mulher, a ser o falo. Agora, porém, para o passo seguinte, é essencial fazermos intervir efetivamente o pai.

Não digo que ele já não interviesse efetivamente antes, mas meu discurso pôde deixá-lo, até o momento, em segundo plano, ou até prescindir dele. A partir de agora, quando se trata do ter ou não ter, somos forçados a fazê-lo entrar em consideração. Para começar, convém assinalar que ele é, fora do sujeito, constituído como símbolo. Isso porque, se assim não for, ninguém poderá intervir realmente como revestido desse símbolo. É como personagem real, revestido desse símbolo, que ele passa então a intervir efetivamente na etapa seguinte.

O que acontece com o pai real, na medida em que ele pode ser portador de uma proibição? Já observei a esse respeito que, no que tange a proibir as primeiras manifestações do instinto sexual que chegam à sua primeira maturidade no sujeito, quando este começa a destacar seu instrumento, ou até a exibi-lo, a oferecer à mãe os préstimos dele, não temos nenhuma necessidade do pai. Eu diria até mais: quando o sujeito se mostra para a mãe e lhe faz ofertas, momento ainda muito próximo do da identificação imaginária com o falo, o que acontece desenrola-se, na maioria das vezes — vimos isso no ano passado, a propósito do Pequeno Hans —, no plano da depreciação imaginária. A mãe é perfeitamente capaz de mostrar ao filho o quanto é insuficiente o que ele lhe oferece, e também é suficiente para proferir a proibição do uso do novo instrumento.

No entanto, o pai entra em jogo, isso é certo, como portador da lei, como proibidor do objeto que é a mãe. Isso, como sabemos, é fundamental, mas está totalmente fora da questão, tal como esta é efetivamente introduzida para a criança. Sabemos que a função do pai, o Nome-do-Pai, está ligada à proibição do incesto, mas ninguém jamais pensou em colocar no primeiro plano do complexo de castração o fato de o pai promulgar efetivamente a lei da proibição do incesto. Às vezes o dizemos, mas isso nunca é proferido pelo pai, digamos, como legislador *ex cathedra*. Ele é um obstáculo entre o filho e a mãe, é o portador da lei, mas isso de direito, ao passo que, nos fatos, intervém de outra maneira, e é também de outra maneira que se manifesta a falta de sua intervenção. É nisso que tocamos aqui. Em outras palavras, o pai como aquele que é culturalmente portador da lei, o pai como investido pelo significante do pai, intervém no complexo de Édipo de maneira mais concreta, mais escalonada, por assim dizer, e é isso que queremos articular hoje. Esse é o nível em que é mais difícil compreender alguma coisa, embora seja aquele em que nos dizem que se encontra a chave do Édipo, ou seja, seu desfecho.

É aqui que o esqueminha que comentei com vocês durante todo o primeiro trimestre, para enorme preguiça de alguns, ao que parece, revela, contudo, que não deve ser completamente inútil.

Lembro-lhes aquilo a que sempre convém voltar: é somente depois de haver atravessado a ordem desde sempre constituída do simbólico que a intenção do sujeito, quero dizer, seu desejo já passado ao estado de demanda, encontra aquilo a que se dirige, seu objeto, seu objeto primordial — nomeadamente, a mãe. O desejo é uma coisa que se articula. O mundo no qual ele entra e progride, este mundo aqui, este baixo mundo, não é simplesmente um *Umwelt* no sentido de nele se poderem encontrar meios de saciar as necessidades, mas é um mundo onde impera a fala, que submete o desejo de cada um à lei do desejo do Outro. A demanda do jovem sujeito, portanto, cruza com maior ou menor felicidade a linha da cadeia significante, que está ali, latente e já estruturante. Por esse simples fato, a primeira experiência que ele tem de sua relação com o Outro, ele a tem com esse Outro primeiro que é sua mãe, na medida em que já a simbolizou. É por já havê-la simbolizado que ele se dirige à mãe de um modo que, por ser mais ou menos vagido, nem por isso é menos articulado, porque essa primeira simbolização está ligada às primeiras articulações, que reconhecemos no *Fort-Da*. Portanto, é na medida em que essa intenção ou essa demanda atravessa a cadeia significante que ela pode impor-se junto ao objeto materno.

Nessa medida, a criança, que constituiu sua mãe como sujeito com base na primeira simbolização, vê-se inteiramente submetida ao que podemos chamar, mas unicamente por antecipação, de lei. Isso é apenas uma metáfora. É preciso desdobrar a metáfora contida nesse termo, lei, para lhe dar sua verdadeira situação no momento em que a emprego.

A lei da mãe, é claro, é o fato de que a mãe é um ser falante, e isso basta para legitimar que eu diga *a lei da mãe*. Não obstante, essa lei é, por assim dizer, uma lei não controlada. Reside simplesmente, ao menos para o sujeito, no fato de que alguma coisa em seu desejo é completamente dependente de alguma outra coisa, que sem dúvida já se articula como tal, e que é realmente da ordem da lei, só que essa lei está, toda ela, no sujeito que a sustenta, isto é, no bem-querer ou malquerer da mãe, na mãe boa ou má.

É isso que me faz propor-lhes um novo termo, que, como vocês verão, não é tão novo assim, já que basta forçá-lo um pouquinho para fazê-lo ir ao encontro de alguma coisa que a língua não descobriu por acaso.

Partamos do princípio que formulamos aqui, o de que não há sujeito se não houver um significante que o funde. É na medida em que existem as primeiras simbolizações, constituídas pelo par significante do *Fort-Da*, que o primeiro sujeito é a mãe. Diante desse princípio, o que acontece com a criança no início da vida? Perguntamo-nos se existem para ela realidade ou não realidade, autoerotismo ou não autoerotismo. Vocês verão as coisas se esclarecerem singularmente a partir do momento em que centrarem suas perguntas na criança como sujeito, como aquele de quem provém a demanda, aquele onde se forma o desejo — e toda a análise é uma dialética do desejo.

Pois bem, digo que a criança se esboça como *assujeito*. Trata-se de um assujeito porque, a princípio, ela se experimenta e se sente como profundamente assujeitada ao capricho daquele de quem depende, mesmo que esse capricho seja um capricho articulado.

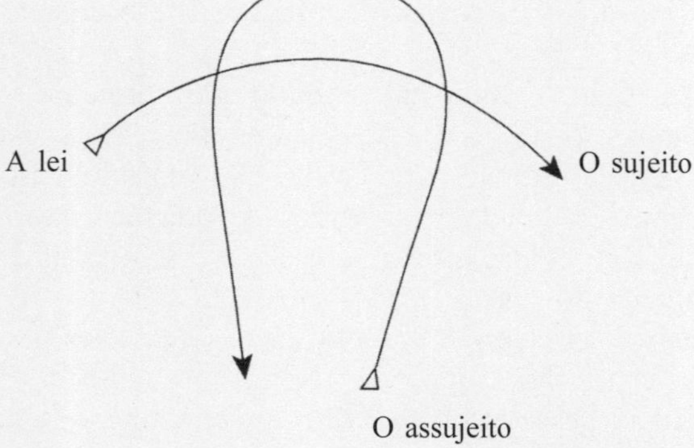

O que estou formulando é imperativo em toda a nossa experiência e, para ilustrá-lo, tomo o primeiro exemplo que me vem à mente. Vocês puderam ver, no ano passado, o Pequeno Hans encontrar um desfecho atípico para seu Édipo, que não é o desfecho que agora tentaremos designar, mas uma suplência. Ele precisou, com efeito, de seu cavalo pau para toda obra a fim de suprir tudo o que lhe faltou naquele momento de virada, que não era outro senão a etapa da assunção do simbólico como complexo de Édipo à qual os conduzo hoje. Ele supriu isso, portanto, com aquele cavalo que era, ao mesmo tempo, o pai, o falo, a irmãzinha, tudo o que quisermos, mas que correspondia essencialmente ao que vou mostrar agora.

Lembrem-se de como Hans saiu disso, e de como essa saída foi simbolizada no último sonho. O que ele convocou no lugar do pai foi aquele ser imaginário e onipotente chamado encanador. Esse encanador apareceu, justamente, para des-assujeitar alguma coisa, pois a angústia do Pequeno Hans era, essencialmente, como eu lhes disse, a angústia de um assujeitamento. Literalmente, a partir de um certo momento, ele percebeu que, ficando assujeitado assim, era impossível saber para onde aquilo poderia levá-lo. Vocês estão lembrados do esquema da carroça que se afastava, e que encarnava o centro de seu medo. É justamente a partir desse momento que o Pequeno Hans instaura em sua vida um certo número de centros de medo, em torno dos quais irá girar precisamente o restabelecimento de sua segurança. O medo, algo que tem sua origem no real, é um elemento de asseguração do menino. Graças a seus medos, ele dá um para-além ao assujeitamento angustiante do qual se apercebe no momento em que aparece a falta desse domínio externo, desse outro plano. Para que ele não seja pura e simplesmente um *assujeito*, é necessário que apareça alguma coisa que lhe meta medo.

É aqui que convém assinalar que o Outro a quem ele se dirige, isto é, claramente a mãe, tem uma certa relação com o pai. Todo o mundo percebe que de suas relações com o pai dependem muitas coisas, visto que — como nos provou a experiência — o pai não desempenha seu papel, como se costuma dizer. Não preciso lembrar que lhes falei, da última vez, de todas as formas de carência paterna concretamente designadas em termos de relações inter-humanas. A experiência, com efeito, impõe que seja assim, mas ninguém articula suficientemente do que se trata. Não se trata tanto das relações da mãe com o pai, no sentido vago de haver entre eles uma espécie de rivalidade de prestígio, que convergiria no sujeito da criança. Sem dúvida alguma, esse esquema de convergência não é falso, e a duplicidade das instâncias é mais do que exigível, uma vez que sem ela não poderia haver o ternário, mas isso não basta, mesmo que aquilo que acontece entre um e outro, como todo o mundo admite, seja essencial.

Chegamos, neste ponto, aos laços de amor e respeito em torno dos quais há quem faça girar a análise inteira do caso do Pequeno Hans, ou seja: será que a mãe era suficientemente meiga, afetuosa etc. com o pai? E assim recaímos no rame-rame da análise sociológica ambiental. Ora, trata-se menos das relações pessoais entre o pai e a mãe, ou de saber se ambos estão ou não à altura, do que de um momento que tem que ser vivido como tal, e que concerne às relações não apenas da pessoa da mãe com a pessoa do pai, mas da mãe com a palavra do pai — com o pai na medida em que o que ele diz não é, de modo algum, igual a zero.

O que importa é a função na qual intervêm, primeiro, o Nome-do-Pai, o único significante do pai, segundo, a fala articulada do pai, e terceiro, a lei, considerando que o pai está numa relação mais ou menos íntima com ela. O essencial é que a mãe funde o pai como mediador daquilo que está para além da lei dela e de seu capricho, ou seja, pura e simplesmente, a lei como tal. Trata-se do pai, portanto, como Nome-do-Pai, estreitamente ligado à enunciação da lei, como todo o desenvolvimento da doutrina freudiana no-lo anuncia e promove. E é nisso que ele é ou não é aceito pela criança como aquele que priva ou não priva a mãe do objeto de seu desejo.

Em outras palavras, para compreender o complexo de Édipo, devemos considerar três tempos, que tentarei esquematizar com a ajuda do nosso pequeno diagrama do primeiro trimestre.

3

Primeiro tempo. O que a criança busca, como desejo de desejo, é poder satisfazer o desejo da mãe, isto é, *to be or not to be* o objeto do desejo da mãe. Assim, ela introduz sua demanda aqui, no Δ, e o fruto, o resultado desta, aparecerá ali, no Δ'. Nesse caminho colocam-se dois pontos, este aqui, que corresponde ao que é *ego*, e, em frente a ele, aquele ali, que é seu outro, aquilo com que a criança se identifica, esse algo diferente que ela vai procurar ser, ou seja, o objeto satisfatório para a mãe. A partir do momento em que alguma coisa começa a se remexer em seu baixo-ventre, ela começa a mostrá-la à mãe, no intuito de saber *se sou mesmo capaz de alguma coisa*, com as decepções que se seguem. Ela a procura e a encontra na medida em que a mãe é interrogada pela demanda da criança. Também a mãe, por sua vez, está em busca de seu próprio desejo, e em algum lugar por aí situam-se os componentes deste.

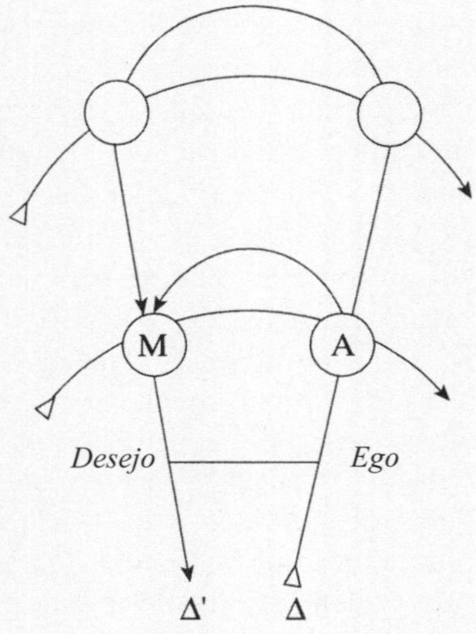

No primeiro tempo e na primeira etapa, portanto, trata-se disto: o sujeito se identifica especularmente com aquilo que é objeto do desejo de sua mãe. Essa é a etapa fálica primitiva, aquela em que a metáfora paterna age por si, uma vez que a primazia do falo já está instaurada no mundo pela existência do símbolo do discurso e da lei. Mas a criança, por sua vez, só pesca o resultado. Para agradar à mãe, se vocês me permitem andar depressa e empregar palavras figuradas, é necessário e suficiente ser o falo. Nessa etapa, muitas coisas se detêm e se fixam num certo sentido. Conforme a maneira mais ou menos satisfatória de a mensagem se realizar em M, pode fundar-se um certo número de distúrbios e perturbações, dentre eles as identificações que qualificamos de perversas.

Segundo tempo. Eu lhes disse que, no plano imaginário, o pai intervém efetivamente como privador da mãe, o que significa que a demanda endereçada ao Outro, caso transmitida como convém, será encaminhada a um tribunal superior, se assim posso me expressar.

Com efeito, aquilo sobre o qual o sujeito interroga o Outro, na medida em que ele o percorre por inteiro, sempre encontra dentro dele, sob certos aspectos, o Outro do Outro, ou seja, sua própria lei. É nesse nível que se produz o que faz com que aquilo que retorna à criança seja, pura e simplesmente, a lei do pai, tal como imaginariamente concebida pelo sujeito como privadora da mãe. Esse é o estádio, digamos, nodal e negativo, pelo qual aquilo que desvincula o sujeito de sua identificação liga-o, ao mesmo tempo, ao primeiro aparecimento da lei, sob a forma desse fato de que a mãe é dependente de um objeto, que já não é simplesmente o objeto de seu desejo, mas um objeto que o Outro tem ou não tem.

A estreita ligação desse remeter a mãe a uma lei que não é a dela, mas a de um Outro, com o fato de o objeto de seu desejo ser soberanamente possuído, na realidade, por esse mesmo Outro a cuja lei ela remete, fornece a chave da relação do Édipo. O que constitui seu caráter decisivo deve ser isolado como relação não com o pai, mas com a palavra do pai.

Lembrem-se do Pequeno Hans no ano passado. O pai é tudo o que há de mais agradável, é tudo o que há de mais presente, é tudo o que há de mais inteligente, é tudo o que há de mais amistoso para Hans, não parece ser nem um pouco imbecil e leva o Pequeno Hans a Freud — o que, afinal, na época, era dar mostras de um espírito esclarecido; mas, com tudo isso, ele é totalmente inoperante, na medida em que aquilo que diz é precisamente sem efeito — junto à mãe, quero dizer. Isso fica perfeitamente claro, sejam quais forem as relações entre os dois personagens parentais.

A mãe, observem, em relação ao Pequeno Hans, acha-se numa posição ambígua. É proibidora, desempenha o papel castrador que poderíamos ver atribuído ao pai no plano real, diz-lhe: *Não mexa aí, isso é nojento* — o que não a impede, no plano prático, de deixar o filho entrar em sua intimidade, e não apenas de lhe permitir que exerça a função de seu objeto imaginário, mas de encorajá-lo a isso. Ele, com efeito, presta-lhe os melhores serviços, encarna perfeitamente o falo para ela, e assim se vê mantido na posição de *assujeito*. Ele é assujeitado, e essa é toda a fonte de sua angústia e sua fobia.

Existe um problema, na medida em que a posição do pai é posta em dúvida pelo fato de não ser sua palavra que serve de lei para a mãe. Mas não é só isso — parece que, no caso do Pequeno Hans, o que deveria produzir-se no terceiro tempo fica faltando. Foi por essa razão que assinalei, no ano passado, que o desfecho do complexo de Édipo, no caso do Pequeno Hans, foi desfigurado. Apesar de o menino haver saído dele graças à sua fobia, sua vida amorosa ficou completamente marcada pelo estilo imaginário cujos prolongamentos apontei no caso de Leonardo da Vinci.

A terceira etapa é tão importante quanto a segunda, pois é dela que depende a saída do complexo de Édipo. O falo, o pai atestou dá-lo em sua condição, e apenas em sua condição, de portador ou de *suporte*, diria eu, da lei. É dele que depende a posse ou não desse falo pelo sujeito materno. Na medida em que a etapa do segundo tempo é atravessada, é preciso então, no terceiro tempo, que aquilo que o pai prometeu seja mantido. Ele pode dar ou recusar, posto que o tem, mas o fato de que ele, o pai, tem o falo, disso ele tem que dar provas. É por intervir no terceiro tempo como aquele que tem o falo, e não que o é, que se pode produzir a báscula que reinstaura a instância do falo como objeto desejado da mãe, e não mais apenas como objeto do qual o pai pode privar.

O pai onipotente é aquele que priva. Esse é o segundo tempo. Era nesse estágio que se detinham as análises do complexo de Édipo, na época em que se achava que todas as devastações do complexo decorriam da onipotência paterna. Pensava-se apenas nesse segundo tempo, só que não se frisava que a castração exercida aí era a privação da mãe, e não do filho.

O terceiro tempo é este: o pai pode dar à mãe o que ela deseja, e pode dar porque o possui. Aqui intervém, portanto, a existência da potência no sentido genital da palavra — digamos que o pai é um pai potente. Por causa disso, a relação da mãe com o pai torna a passar para o plano real.

A identificação que pode ser feita com a instância paterna realiza-se aqui, portanto, nesses três tempos.

Em primeiro lugar, a instância paterna se introduz de uma forma velada, ou que ainda não aparece. Isso não impede que o pai exista na realidade mundana, ou seja, no mundo, em virtude de neste reinar a lei do símbolo. Por causa disso, a questão do falo já está colocada em algum lugar da mãe, onde a criança tem de situá-la.

Em segundo lugar, o pai se afirma em sua presença privadora, como aquele que é o suporte da lei, e isso já não é feito de maneira velada, porém de um modo mediado pela mãe, que é quem o instaura como aquele que lhe faz a lei.

Em terceiro lugar, o pai se revela como aquele que tem. É a saída do complexo de Édipo. Essa saída é favorável na medida em que a identificação com o pai é feita nesse terceiro tempo, no qual ele intervém como aquele que tem o falo. Essa identificação chama-se *Ideal do eu*. Ela vem inscrever-se no triângulo simbólico no polo em que está o filho, na medida em que é no polo materno que começa a se constituir tudo o que depois será realidade, ao passo que é no nível do pai que começa a se constituir tudo o que depois será o supereu.

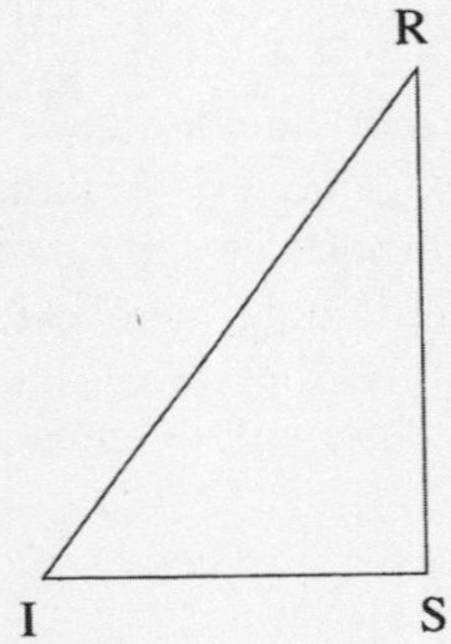

No terceiro tempo, portanto, o pai intervém como real e potente. Esse tempo se sucede à privação ou à castração que incide sobre a mãe, a mãe imaginada, no nível do sujeito, em sua própria posição imaginária, a dela, de dependência. É por intervir como aquele que tem o falo que o pai é internalizado no sujeito como Ideal do eu, e que, a partir daí, não nos esqueçamos, o complexo de Édipo declina.

Que quer dizer isso? Não quer dizer que o menino vá tomar posse de todos os seus poderes sexuais e exercê-los, como vocês bem sabem. Muito pelo contrário, ele não os exerce nem um pouco, e poderíamos dizer que, aparentemente, decai do exercício das funções que haviam começado a despertar. Não obstante, se o que Freud articulou tem algum sentido, a criança detém consigo todas as condições de se servir delas no futuro. A metáfora paterna desempenha nisso um papel que é exatamente o que poderíamos esperar de uma metáfora — leva à instituição de alguma coisa que é da ordem do significante, que fica guardada de reserva, e cuja significação se desenvolverá mais tarde. O menino tem todo o direito de ser homem, e o que lhe possa ser contestado, mais tarde, no momento da puberdade, deverá ser relacionado a alguma coisa que não tenha cumprido completamente a identificação metafórica com a imagem do pai, na medida em que essa identificação se houver constituído através desses três tempos.

Ressalto-lhes que isso quer dizer que, na medida em que é viril, um homem é sempre mais ou menos sua própria metáfora. É isso, aliás, que coloca sobre o termo virilidade a sombra de ridículo que, enfim, convém destacar.

Também lhes saliento que o desfecho do complexo de Édipo, como todos sabem, é diferente na mulher. Para ela, com efeito, essa terceira etapa, como sublinha Freud — leiam seu artigo sobre o declínio do Édipo —, é muito mais simples. Ela não tem de fazer essa identificação nem guardar esse título de direito à virilidade. Ela, a mulher, sabe onde ele está, sabe onde deve ir buscá-lo, o que é do lado do pai, e vai em direção àquele que o tem.

Isso também indica por que uma feminilidade, uma feminilidade verdadeira, tem sempre o toque de uma dimensão de álibi. Nas verdadeiras mulheres há sempre algo meio extraviado.

Essa é uma sugestão que lhes faço, unicamente, para ressaltar a dimensão concreta desse desenvolvimento.

Hoje isso ainda não passa, como vocês sentem perfeitamente, de um diagrama. Voltaremos a falar de cada uma dessas etapas, e veremos o que se prende a elas. Concluirei justificando meu termo metáfora.

Observem bem do que se trata aqui, que é, no nível mais fundamental, exatamente a mesma coisa que a longa metáfora comum no terreno maníaco. De fato, a fórmula da metáfora que lhes forneci não quer dizer nada senão isto: existem duas cadeias, os S do nível superior, que são significantes, ao passo que encontramos abaixo deles tudo o que circula de significados ambulantes, porque eles estão sempre deslizando. A amarração de que falo, o ponto de basta, é tão somente uma história mística, pois ninguém jamais pode alinhavar uma significação num significante. Em contrapartida, o que se pode fazer é atar um significante num significante e ver no que dá. Nesse caso, sempre se produz alguma coisa de novo, a qual, às vezes, é tão inesperada quanto uma reação química, ou seja, o surgimento de uma nova significação.

O pai é, no Outro, o significante que representa a existência do lugar da cadeia significante como lei. Ele se coloca, por assim dizer, acima desta.

$$\frac{\mathrm{S}}{\dfrac{\mathrm{S\ S\ S\ S\ S}}{s\ s\ s\ s\ s}}$$

O pai acha-se numa posição metafórica, na medida, e unicamente na medida, em que a mãe faz dele aquele que sanciona, por sua presença, a existência como tal do lugar da lei. Uma imensa amplitude, portanto, é deixada aos meios e modos como isso pode se realizar, razão por que é compatível com diversas configurações concretas.

É nessa medida que o terceiro tempo do complexo de Édipo pode ser transposto, isto é, a etapa da identificação, na qual se trata de o menino se identificar com o pai como possuidor do pênis, e de a menina reconhecer o homem como aquele que o possui.

Veremos a continuação da próxima vez.

22 DE JANEIRO DE 1958

XI

OS TRÊS TEMPOS DO ÉDIPO (II)

O desejo de desejo
O falo metonímico
O lindo bilhete de La Châtre
Injeto *e* adjeto
Clínica da homossexualidade masculina

Estou falando da metáfora paterna. Espero que tenham se dado conta de que falo do complexo de castração. Não é por eu falar da metáfora paterna que estou falando do Édipo. Se minha colocação estivesse centrada no Édipo, isso implicaria uma enormidade de questões, e não posso dizer tudo de uma vez.

O esquema que apresentei da última vez assemelha-se ao que tentei fazê-los entenderem sob o título de três tempos do complexo de Édipo. Trata-se, como digo a todo instante, de uma estrutura constituída em outro lugar que não a aventura do sujeito, e na qual ele tem de se introduzir. Outros além de nós podem se interessar por isso, por diferentes razões. As razões dos psicólogos que projetam as relações individuais no campo inter-humano, ou interpsicológico, ou social, ou nas tensões dos grupos, eles que tentem inscrever isso em seus esquemas, se puderem. Do mesmo modo, os sociólogos deverão levar em conta relações estruturais que nisso constituem nosso denominador comum, pela simples razão, que é a raiz derradeira, de que a existência mesma do complexo de Édipo é socialmente injustificável, isto é, não pode ser fundamentada em nenhuma finalidade social. Quanto a nós, achamo-nos na situação de ver como um sujeito deve se introduzir nessa relação que é a do complexo de Édipo.

Não fui eu quem inventou que ele não se introduz nisso sem que aí venha desempenhar um papel de primeiríssimo plano o órgão sexual masculino. Este é o centro, o eixo, o objeto de tudo o que se relaciona com a ordem de acontecimentos, bastante confusos e mal discernidos, convém dizer, a que chamamos complexo de castração. Nem por isso se deixa de continuar a fazer menção a ele em termos que é espantoso que não acarretem uma insatisfação maior no público.

De minha parte, nessa espécie de fulminação psicanalítica a que me entrego aqui, procuro dar-lhes uma letra que não se obscureça, isto é, distinguir através de conceitos os diversos níveis daquilo de que se trata no complexo de castração.

Temos de fazê-lo intervir tanto no nível de uma perversão que chamarei de primária, no plano imaginário, quanto no de uma perversão da qual talvez falemos um pouco mais hoje, e que está intimamente ligada à conclusão do complexo de Édipo, a homossexualidade.

Para tentar enxergar com clareza, vou retomar, já que isso é bastante novo, a maneira como articulei da última vez o complexo de Édipo, tendo por centro o fenômeno ligado à função particular de objeto nele desempenhada pelo órgão sexual masculino. Depois que houver retomado esses passos para deixá-los claros, eu lhes mostrarei, como anunciei, que isso traz alguns esclarecimentos sobre os fenômenos, bastante conhecidos porém mal situados, da homossexualidade.

1

Nos esquemas que proponho a vocês e que são extraídos do sumo da experiência, procuro produzir tempos. Eles não são, forçosamente, tempos cronológicos, mas isso não vem ao caso, já que também os tempos lógicos só podem desenrolar-se numa certa sucessão.

Vocês têm num primeiro tempo, portanto, como lhes disse, a relação da criança não com a mãe, como se costuma dizer, mas com o desejo da mãe. É um desejo de desejo. Tive a oportunidade de me dar conta de que essa não era uma fórmula muito usual, e de que algumas pessoas tinham certa dificuldade de se acertar com a ideia de que é diferente desejar alguma coisa ou desejar o desejo de um sujeito. O que cabe compreender é que esse desejo de desejo implica que estejamos lidando com o objeto primordial que é a mãe, com efeito, e que a tenhamos constituído de tal maneira que seu desejo possa ser desejado por um outro desejo, o do filho, nomeadamente.

Onde se situa a dialética dessa primeira etapa? A criança fica particularmente isolada nela, desprovida de qualquer outra coisa que não o desejo desse Outro que ela já constituiu como sendo o Outro que pode estar presente ou ausente. Tentemos discernir bem de perto qual é a relação da criança com a coisa de que se trata, ou seja, o objeto do desejo da mãe. O que é preciso transpor é isto aqui, D, ou seja, o desejo da mãe, esse desejo que é desejado pela criança, D (D). Trata-se de saber como ela poderá ir ao encontro desse objeto, posto que este é constituído de maneira infinitamente mais elaborada no nível da mãe, a qual já avançou um pouco mais na vida do que a criança.

Esse objeto, nós postulamos que ele é o falo como eixo de toda a dialética subjetiva. Trata-se do falo como desejado pela mãe. Do ponto de vista da estrutura, há diversos estados diferentes da relação da mãe com o falo. Ele desempenha um papel primordial na estruturação subjetiva da mãe e pode achar-se em diferentes estados como objeto — o que é justamente o que produzirá toda a complicação do que virá depois. Por ora, entretanto, contentemo-nos em tomá-lo tal e qual, pois pensamos só poder introduzir ordem e uma perspectiva correta em tudo o que é fenômeno analítico partindo da estrutura e da circulação significantes. Se nossos referenciais são sempre estáveis e seguros, é por serem estruturais, por estarem ligados às vias de construções significantes. É isso que nos serve para nos conduzirmos, e é por isso que quase não temos que nos embaraçar aqui com o que é o falo para uma mãe efetiva num caso determinado. Sem dúvida, há coisas por diferenciar aí. Voltaremos a elas.

A confiarmos simplesmente em nosso esqueminha habitual, o falo situa-se aqui, e é um objeto metonímico.

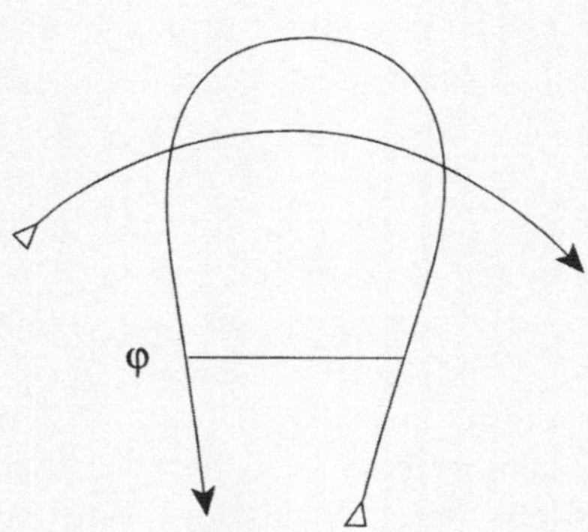

No significante, podemos contentar-nos em situá-lo assim — é um objeto metonímico. Em virtude da existência da cadeia significante, ele circula de todas as maneiras, como o anel no jogo de passar o anel, por toda parte do significado — sendo, no significado, aquilo que resulta da existência do significante. A experiência nos mostra que esse significado assume para o sujeito um papel preponderante, que é o de objeto universal.

É isso o surpreendente. É isso que escandaliza aqueles que gostariam que a situação concernente ao objeto sexual fosse simétrica em ambos os sexos. Assim como o homem tem que descobrir e, depois, adaptar a uma série de aventuras o uso de seu instrumento, o mesmo deveria acontecer com a mulher, isto é, que o *cunnus* ficasse no centro de toda a sua dialética. Mas não é nada disso, e foi precisamente essa a descoberta da análise. Essa é a melhor sanção de que existe um campo que é o campo da análise, que não é o do desenvolvimento instintivo mais ou menos vigoroso, o qual, no conjunto, superpõe-se à anatomia, isto é, à existência real dos indivíduos.

Como conceber que a criança que tem o desejo de ser objeto do desejo de sua mãe atinja a satisfação? Evidentemente, não há outro meio senão surgir no lugar do objeto do desejo dela.

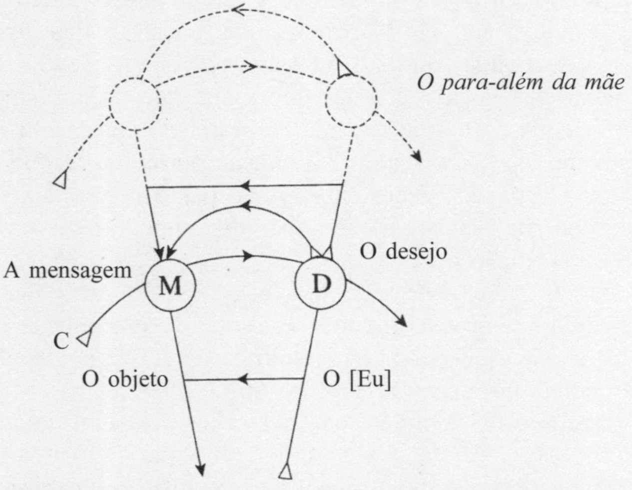

O que quer dizer isso? Aí está a criança, em C. Já tivemos que representá-la, em muitas ocasiões, pela relação de sua demanda com a existência da articulação significante como tal, que não está apenas nela, mas a qual ela encontra.

No ponto assinalado [Eu] ainda não há nada, pelo menos a princípio. A constituição do sujeito como [Eu] do discurso ainda não se diferenciou marcantemente, embora já esteja implicada desde a primeira modulação significante. Não é obrigatório que o [Eu] se designe como tal no discurso para ser suporte dele. Numa interjeição, numa ordem — *Venha!* —, num chamado — *Você* —, existe um [Eu], só que latente. Poderíamos exprimi-lo colocando apenas uma linha pontilhada entre D e [Eu]. Do mesmo modo, o objeto metonímico, em frente, ainda não se constituiu para a criança.

Em D vem o desejo esperado da mãe. Em frente a ele coloca-se o que será o resultado do encontro de um chamado da criança com a existência da mãe como Outro, isto é, uma mensagem. O que é preciso para que a criança consiga vir a coincidir com o objeto do desejo da mãe, que, já nesse nível, podemos representar como o que está imediatamente a seu alcance atingir?

Comecemos colocando em pontilhado — só que por razões diferentes, pois isso lhe é completamente inacessível — o que é o para-além da mãe.

É necessário e suficiente que o [Eu] latente no discurso da criança venha aqui, em D, constituir-se no nível do Outro que é a mãe — que o [Eu] da mãe torne-se o Outro da criança, que o que circula no nível da mãe em D, na medida em que ela mesma articula o objeto de seu desejo, venha em M cumprir sua função de mensagem para a criança, o que supõe que, no final das contas, esta renuncie momentaneamente a seja lá o que for que é sua fala própria, mas não há dificuldade nisso, porque sua fala própria, nesse momento, ainda está basicamente em formação. A criança, portanto, recebe em M a mensagem bruta do desejo da mãe, ao passo que, abaixo, no nível metonímico em relação ao que a mãe diz, efetua-se sua identificação com o objeto dela.

Isso é extremamente teórico, mas, não sendo apreendido logo de início, torna-se impossível conceber o que deve acontecer depois, ou seja, a entrada em jogo do para-além da mãe, que é constituído pela relação dela com um outro discurso, o do pai.

Portanto, é na medida em que a criança assume inicialmente o desejo da mãe — e ela só o assume como que de maneira bruta, na realidade desse discurso — que ela se abre para se inscrever no lugar da metonímia da mãe, isto é, para se transformar no que lhes designei, outro dia, como seu assujeito.

Vocês viram em que deslocamento se baseia o que chamaremos, nesta ocasião, de identificação primitiva. Ele consiste na troca que faz o [Eu] do sujeito surgir no lugar da mãe como Outro, enquanto o [Eu] da mãe transforma-se no Outro dele. É isso que pretende expressar essa subida de um degrau na escadinha de nosso esquema, que acaba de ser efetuada nesse segundo tempo.

Esse segundo tempo tem como eixo o momento em que o pai se faz pressentir como proibidor. Ele aparece mediado no discurso da mãe. Agora há pouco, na primeira etapa do complexo de Édipo, o discurso da mãe era captado em estado bruto. Dizer agora que o discurso do pai é mediado não significa que façamos intervir novamente o que a mãe faz da palavra do pai, mas que a fala do pai intervém efetivamente no discurso da mãe. Portanto, ele então aparece menos velado do que na primeira etapa, mas não é completamente revelado. É a isso que corresponde o uso do termo *mediado*, nessa ocasião.

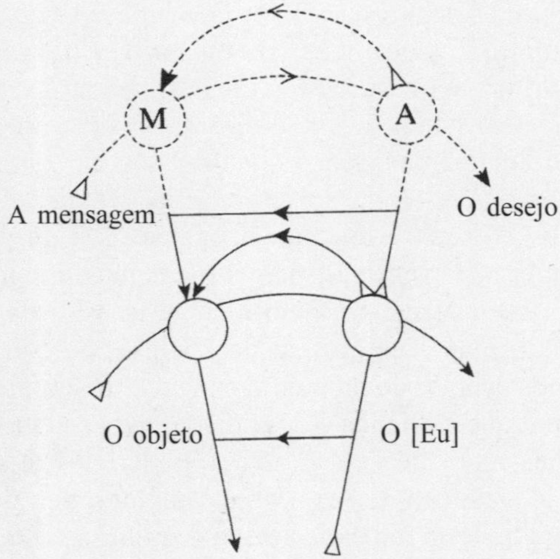

Nessa etapa, o pai intervém a título de mensagem para a mãe. Detém a palavra em M, e o que ele enuncia é uma proibição, um *não* que se transmite no nível em que a criança recebe a mensagem esperada da mãe. Esse *não* é uma mensagem sobre uma mensagem. É uma forma particular de mensagem sobre uma mensagem — que, para minha enorme surpresa, os linguistas não distinguem como tal, no que se vê que há realmente um interesse em que façamos nossa articulação com eles —, isto é, a mensagem de proibição.

Essa mensagem não é simplesmente o *Não te deitarás com tua mãe*, já nessa época dirigido à criança, mas um *Não reintegrarás teu produto*, que é endereçado à mãe. Assim, são todas as conhecidas formas do chamado instinto materno que deparam aqui com um obstáculo. Com efeito, a forma primitiva do instinto materno, como todos sabem, manifesta-se — talvez mais ainda em alguns animais do que nos homens — pela reintegração oral, como dizemos elegantemente, daquilo que saiu por outro lado.

Essa proibição chega como tal em A, onde o pai se manifesta como Outro. Em vista disso, a criança é profundamente questionada, abalada em sua posição de assujeito — potencialidade ou virtualidade salutar, afinal. Em outras palavras, é na medida em que o objeto do desejo da mãe é tocado pela proibição paterna que o círculo não se fecha completamente em torno da criança e ela não se torna, pura e simplesmente, objeto do desejo da mãe. O processo poderia ser interrompido na primeira etapa, dado que a relação da criança com a mãe comporta uma triplicidade implícita, uma vez que não é a mãe que ela deseja, mas seu desejo. Essa já é uma relação simbólica, que permite ao sujeito o fechamento de um primeiro circuito do desejo de desejo e um primeiro sucesso — a descoberta do objeto do desejo da mãe. Não obstante, tudo é questionado pela proibição paterna, que deixa a criança em suspenso quanto a seu balizamento do desejo do desejo da mãe.

Essa segunda etapa é um pouco menos feita de potencialidades do que a primeira. É sensível, perceptível, mas essencialmente instantânea, por assim dizer, ou, pelo menos, transitória. Nem por isso é menos capital, pois é ela, afinal de contas, que constitui o âmago do que podemos chamar de momento privativo do complexo de Édipo. É na medida em que a criança é desalojada, para seu grande benefício, da posição ideal com que ela e a mãe poderiam satisfazer-se, e na qual ela exerce a função de ser o objeto metonímico desta, que pode se estabelecer a terceira relação, a etapa seguinte, que é fecunda. Nela, com efeito, a criança torna-se outra coisa, pois essa etapa comporta a identificação com o pai de que lhes falei da última vez, e o título de propriedade virtual que o pai tem.

Se lhes fiz da última vez um rápido esboço dos três tempos do Édipo, foi para não ter de recomeçá-lo hoje, ou, mais exatamente, para dispor de todo o tempo de hoje para retomá-lo passo a passo.

2

Detenhamo-nos aqui por um instante, para dar margem ao que é quase um parêntese, mas importante, e que concerne à psicose.

A maneira como o pai intervém nesse momento, na dialética do Édipo, é extremamente importante de considerar.

Vocês verão isso com mais clareza no artigo que entreguei para o próximo número da revista *La Psychanalyse*, que apresenta um resumo do que eu disse no ano em que falamos das estruturas freudianas da psicose. O nível de publicação que ela representa não me permitiu fornecer o esquema precedente, que teria exigido explicações em demasia, mas, quando lerem esse artigo, dentro de não muito tempo, espero, vocês poderão retomar em suas anotações o que vou indicar-lhes agora.

Na psicose, o Nome-do-Pai, o pai como função simbólica, o pai no nível do que acontece aqui, entre mensagem e código e código e mensagem, é, precisamente, *verworfen*. Por causa disso, não existe aqui o que representei em pontilhado, isto é, aquilo mediante o qual o pai intervém como lei. Existe a intervenção bruta da mensagem *não* na mensagem da mãe para o filho. Essa mensagem, posto que inteiramente bruta, é também fonte de um código que está para além da mãe. Isso é perfeitamente identificável nesse esquema de condução dos significantes.

Reportando-nos ao caso do Presidente Schreber, este, por ter sido instigado a um desvio vital essencial, o de fazer o Nome-do-Pai responder em seu lugar, isto é, ali de onde ele não pode responder porque nunca esteve, vê nesse lugar surgir essa estrutura. Ela se materializa pela intervenção maciça, real, do pai para além da mãe, na medida em que de modo algum é sustentada por ele como provocador da lei. Daí resulta que, no ponto alto e fecundo de sua psicose, o Presidente Schreber ouve... o quê? Exatamente, dois tipos fundamentais de alucinação, que nunca são isolados como tais nos manuais clássicos.

Para compreender alguma coisa sobre a alucinação, mais vale ler o livro excepcional de um psicótico como o Presidente Schreber do que ler os melhores autores psiquiátricos que abordaram o problema da alucinação, trazendo no bolso, já prontinha, a famosa escala escolar aprendida nas aulas de filosofia — sensação, percepção, percepção sem objeto e outras futilidades.

O Presidente Schreber distingue ele próprio muito bem duas ordens de coisas.

Primeiro, existem as vozes que falam na língua fundamental e cujo traço característico é ensinar o código ao sujeito através dessa própria fala. As mensagens que ele recebe na língua fundamental, feitas de palavras que, neológicas ou não, continuam a ser palavras, à sua maneira, consistem em ensinar ao sujeito o que elas são num novo código, aquele que lhe repete literalmente um novo mundo, um universo significante. Em outras palavras, uma primeira série de alucinações é feita de mensagens sobre um neocódigo, que se apresenta como proveniente do Outro. Isso é o que há de mais terrivelmente alucinatório.

Por outro lado, há uma outra forma de mensagem, a mensagem interrompida. Vocês estarão lembrados desses pedacinhos de frases — *Ele deve, especialmente...*, *Agora, quero...* etc. São começos de ordens e, em alguns casos, até verdadeiros axiomas — *Acabar uma coisa quando se começou*, e assim por diante. Em suma, essas mensagens se apresentam como mensagens puras, ordens ou ordens interrompidas, como puras forças de indução no sujeito, e são perfeitamente localizáveis dos dois lados, mensagem e código, como dissociadas.

É nisso que se resume a intervenção do discurso paterno quando é abolido desde a origem, quando nunca é integrado na vida do sujeito, aquilo que produz a coerência do discurso, a saber, a autossanção mediante a qual, havendo concluído seu discurso, o pai retorna a ele e o sanciona como lei.

Passemos agora à etapa seguinte do complexo de Édipo, que pressupõe, em condições normais, que o pai entre em jogo, como dissemos da última vez, como aquele que tem. Ele intervém nesse nível para dar o que está em causa na privação fálica, termo central da evolução do Édipo e de seus três tempos. Aparece, efetivamente, no ato de doação. Já não é nos vaivéns da mãe que ele está presente, e portanto ainda semivelado, mas aparece em seu próprio discurso. De certo modo, a mensagem do pai torna-se a mensagem da mãe, na medida em que agora ele permite e autoriza. Meu esquema da última vez não quer dizer outra coisa senão que essa mensagem do pai, por se encarnar como tal, pode produzir a subida de um degrau no esquema, de modo que o sujeito pode receber da mensagem do pai o que havia tentado receber da mensagem da mãe. Por intermédio do dom ou da permissão concedidos à mãe, ele afinal consegue isto: que lhe seja permitido ter um pênis para mais tarde. Aí está o que é efetivamente realizado pela fase de declínio do Édipo — ele realmente carrega, como dissemos da última vez, o título de posse no bolso.

Para evocar uma citação histórica e divertida: uma mulher cujo marido queria certificar-se de que ela lhe era fiel deu-lhe por escrito um atestado de que era fiel, e desde então começou a se espalhar pelo mundo, dizendo: — *Ah! que lindo bilhete tem o La Châtre!* Pois bem, esse La Châtre e nosso pequeno castrado [*châtré*] são realmente da mesma ordem, levando também, no fim do Édipo, esse lindo bilhete que não é pouca coisa, uma vez que é nele que repousará, mais tarde, a possibilidade de o menino assumir tranquilamente, nos casos mais felizes, a posse de um pênis, ou, em outras palavras, de ser alguém idêntico a seu pai.

Mas essa é uma etapa cujas duas vertentes, como vocês estão vendo, são sempre suscetíveis de reverter uma na outra. Há algo de abstrato, e, contudo, de dialético, na relação dos dois tempos de que acabo de lhes falar, aquele em que o pai intervém como proibidor e privador, e aquele em que intervém como permissivo e doador — doador no nível da mãe. Podem acontecer outras coisas e, para examiná-las, devemos agora colocar-nos no nível da mãe e nos interrogarmos novamente sobre o paradoxo representado pelo caráter central do objeto fálico como imaginário.

A mãe é uma mulher que supomos haver chegado à plenitude de suas capacidades de voracidade feminina, e a objeção feita à função imaginária do falo é inteiramente válida. Se a mãe é assim, o falo não é pura e simplesmente isso, esse belo objeto imaginário, pois já faz algum tempo que ela o engoliu. Em outras palavras, o falo, no nível da mãe, não é unicamente um objeto imaginário, mas é também, perfeitamente, uma coisa que cumpre sua função no nível instintivo, como instrumento normal do instinto. É o *injeto*, se assim posso me exprimir — com uma palavra que não quer simplesmente dizer que ela o introduz em si, mas que ele lhe é introduzido. Esse *in* assinala igualmente sua função instintiva.

É pelo fato de o homem ter de atravessar toda a floresta do significante, para se reunir a seus objetos instintivamente válidos e primitivos, que lidamos com toda a dialética do complexo de Édipo. Isso não impede que, de qualquer modo, de tempos em tempos ele chegue lá, graças a Deus, caso contrário, as coisas ter-se-iam extinguido há muito tempo por falta de combatentes, dada a enorme dificuldade de ir ao encontro do objeto real.

Essa é uma das possibilidades pela vertente da mãe. Existem outras, e seria preciso tratar de ver o que significa para ela sua relação com o falo, na medida em que, como acontece com todo sujeito humano, este tem para ele especial importância. Podemos distinguir, por exemplo, ao lado da função de injeto, a de *adjeto*. Esse termo designa o pertencimento imaginário de alguma coisa que, no nível imaginário, é-lhe dada ou não, que ela tem permissão de desejar como tal, e que lhe falta. O falo intervém então como falta, como objeto de que ela foi privada, como objeto da *Penisneid*, da privação sempre sentida cuja incidência conhecemos na psicologia feminina. Mas ele também pode intervir como objeto que afinal lhe é dado, mas, de lá onde está, entrando em consideração de maneira muito simbólica. Essa é uma outra função do adjeto, ainda que possa confundir-se com a do injeto primitivo.

Em suma, se ela tem todas as dificuldades implicadas no fato de ter que se introduzir na dialética do símbolo para conseguir integrar-se na família humana, a mulher tem, por outro lado, todos os acessos a algo de primitivo e instintivo, que a estabelece numa relação direta com o objeto não mais de seu desejo, mas de sua necessidade.

Elucidado isso, falemos agora dos homossexuais.

3

Fala-se dos homossexuais. Trata-se dos homossexuais. Não se curam os homossexuais. E o mais impressionante é que não são curados, a despeito de serem absolutamente curáveis.

Se há uma coisa que se destaca das observações da maneira mais clara, é que a homossexualidade masculina — a outra também, mas hoje vamos limitar-nos ao homem, por razões de clareza — é uma inversão quanto ao objeto, que se estrutura no nível de um Édipo pleno e acabado. Mais exatamente, mesmo realizando a terceira etapa de que falávamos há pouco, o homossexual a modifica muito sensivelmente. Vocês me dirão: — *Isso nós já sabíamos, ele realiza o Édipo de forma invertida.* Se isso lhes basta, vocês podem ficar por aí, não os obrigo a me seguirem, mas considero que temos o direito de ter exigências maiores do que dizer: — *Por que sua filha é muda?* — *Porque o Édipo é invertido.*

Temos que investigar, na própria estrutura do que a clínica mostra a propósito dos homossexuais, se não podemos compreender muito melhor em que ponto exato se situa a conclusão do Édipo. Devemos considerar, primeiramente, sua posição, com todas as suas características, e, em segundo lugar, o fato de ele se apegar extremamente à citada posição. O homossexual, com efeito, desde que lhe sejam oferecidos os meios e a facilidade para isso, agarra-se extremamente à sua posição de homossexual, e suas relações com o objeto feminino, muito longe de serem abolidas, são, ao contrário, profundamente estruturadas.

Creio que somente essa maneira de esquematizar o problema permite apontar de onde provém a dificuldade de abalar sua posição e, mais do que isso, apontar por que, uma vez deslocada esta, a análise costuma fracassar. Não é em razão de uma impossibilidade interna dessa posição, mas em virtude de que toda sorte de condições é exigível e de que é preciso caminhar pelos desvios por onde sua posição veio a se tornar preciosa e primordial para ele.

Há um certo número de traços que podemos assinalar no homossexual, a começar por uma relação profunda e perpétua com a mãe. A mãe nos é apresentada, segundo a média dos casos, como tendo no casal parental uma função diretiva, eminente, e como havendo cuidado mais do filho que do pai. Também se costuma dizer, e isso já é outra coisa, que ela teria cuidado do filho de maneira muito castradora, que teria tomado um cuidado enorme, muito minucioso e muito prolongado com sua educação. Ninguém parece desconfiar que essas coisas não vão, todas elas, no mesmo sentido. É preciso acrescentar alguns pequenos elos suplementares, para chegar a supor que o efeito de uma intervenção tão castradora teria como resultado, no filho, uma supervalorização do objeto, sob a forma geral como esta costuma se apresentar no homossexual, de tal sorte que nenhum parceiro passível de lhe despertar o interesse pode ser privado desse objeto.

Não quero levá-los a se impacientar, nem dar a impressão de lhes estar propondo adivinhações. Creio que a chave do problema concernente ao homossexual é esta: se o homossexual, em todas as suas nuances, atribui um valor preponderante ao bendito objeto, a ponto de fazer dele uma característica absolutamente exigível do parceiro sexual, é na medida em que, de alguma forma, a mãe dita a lei ao pai, no sentido como lhes ensinei a distingui-lo.

Eu lhes disse que o pai intervém na dialética edipiana do desejo por ditar a lei à mãe. Aqui, o que está em pauta, e que pode revestir-se de formas diversas, sempre se resume nisto: é a mãe que mostra ter sido a lei para o pai num momento decisivo. Isso quer dizer, muito precisamente, que, no momento em que a intervenção proibidora do pai deveria ter introduzido o sujeito na fase de dissolução de sua relação com o objeto do desejo da mãe, e cortado pela raiz qualquer possibilidade de ele se identificar com o falo, o sujeito encontra na estrutura da mãe, ao contrário, o suporte, o reforço que faz com que essa crise não ocorra. No momento ideal, no tempo dialético em que a mãe deveria ser apreendida como privada do adjeto, de tal modo que o sujeito literalmente não soubesse mais para que santo apelar a esse respeito, ele depara, ao contrário, com a segurança dela. Isso permite aguentar o tranco perfeitamente, por ele ter experimentado que é a mãe que é a chave da situação, e que ela não se deixa privar nem despojar. Em outras palavras, o pai pode continuar a dizer o que quiser, que isso para eles não fede nem cheira.

Isso não quer dizer, no entanto, que o pai não tenha entrado em jogo. Freud, já se vai muito tempo — peço-lhes que se reportem aos *Três ensaios sobre a teoria da sexualidade* —, disse que não era raro — e ele não se exprime ao acaso, não foi por indolência que disse que *não é raro*, foi por tê-lo visto com frequência — uma inversão ser determinada pela *Wegfall*, pela derrocada de um pai demasiadamente proibidor. Há nisso os dois tempos, isto é, a proibição, mas vê-se também que essa proibição fracassou, ou, em outras palavras, que foi a mãe quem acabou ditando a lei.

Isso também lhes explica por que, em casos inteiramente diferentes, quando a marca do pai proibidor é quebrada, o resultado é exatamente o mesmo. Em particular, nos casos em que o pai ama excessivamente a mãe, nos quais parece, por seu amor, ser demasiadamente dependente dela, o resultado é exatamente o mesmo.

Não estou dizendo que o resultado seja sempre o mesmo, mas que, em alguns casos, ele é o mesmo. O fato de o pai amar demais a mãe pode ter um resultado diferente de uma homossexualidade. Não estou de modo algum refugiando-me na constituição, mas apenas salientando de passagem que é preciso estabelecer diferenças, e que podemos observar, por exemplo, um efeito do tipo neurose obsessiva, como veremos numa outra ocasião. Por ora, simplesmente assinalo que causas diferentes podem ter um efeito comum, ou seja, que nos casos em que o pai é apaixonado demais pela mãe, ele fica, de fato, na mesma posição daquele para quem a mãe dita a lei.

Há ainda casos — o interesse dessa perspectiva é reunir casos diferentes — em que o pai, como lhes atesta o sujeito, permaneceu sempre como um personagem muito distante, cujas mensagens só chegavam por intermédio da mãe. Mas a análise mostra que, na realidade, ele está longe de estar ausente. Em particular, por trás da relação tensa com a mãe — muito comumente marcada por toda sorte de acusações, de queixas, manifestações agressivas como se costuma dizer —, que constitui o texto da análise de um homossexual, a presença do pai como rival, não, em absoluto, no sentido do Édipo invertido, mas do Édipo normal, é revelada da maneira mais clara. Nesse caso, contentamo-nos em dizer que a agressividade contra o pai foi transferida para a mãe, o que não fica muito claro, mas pelo menos tem a vantagem de aderir aos fatos. O que se trata de saber é por que isso acontece.

Acontece porque, na situação crítica em que o pai era efetivamente uma ameaça para ele, o filho encontrou uma solução, aquela que consistiu na identificação representada pela homologia desses dois triângulos.

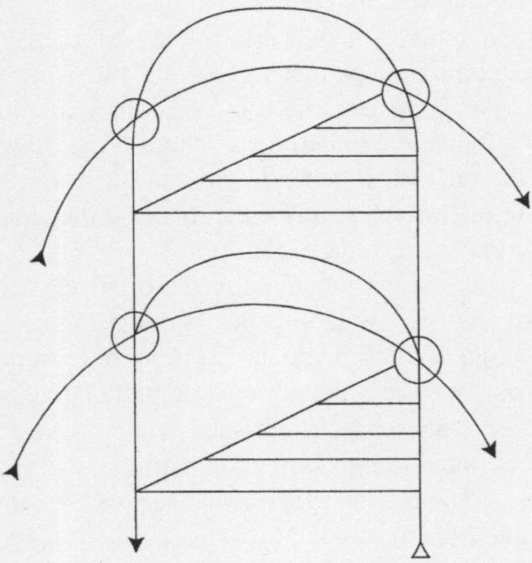

O sujeito considerou que a maneira certa de aguentar o tranco era identificar-se com a mãe, porque esta, por sua vez, não se deixava abalar. Desse modo, é na posição da mãe assim definida que ele se encontra.

Por um lado, ao lidar com um parceiro que é um substituto do personagem paterno, trata-se, para ele, como frequentemente aparece nas fantasias e nos sonhos dos homossexuais, de desarmá-lo, humilhá-lo, ou até, de um modo perfeitamente claro em alguns, de incapacitar esse personagem substituto do pai de se impor perante uma mulher ou as mulheres.

Por outro lado, a exigência do homossexual de encontrar em seu parceiro o órgão peniano corresponde precisamente a que, na posição primitiva, aquela ocupada pela mãe que dita a lei ao pai, o que é questionado — não resolvido, mas posto em questão — é saber se, na verdade, o pai tem ou não tem, e é exatamente isso que é exigido pelo homossexual a seu parceiro, acima de qualquer outra coisa, e de um modo preponderante em relação às outras coisas. Depois se verá o que terá de ser feito com isso, mas trata-se, antes de mais nada, de ele mostrar que tem.

Irei até mais longe, indicando-lhes aqui em que consiste o valor de dependência representado para a criança pelo amor excessivo do pai pela mãe. Vocês estão lembrados, espero, da fórmula que escolhi em sua homenagem, ou seja, que amar é sempre dar o que não se tem, e não dar o que se tem. Não retomarei as razões pelas quais lhes dei essa fórmula, mas estejam certos dela, e tomem-na como uma fórmula-chave, como uma pequena passarela que, a um toque da mão, os levará ao andar certo, mesmo que vocês não entendam nada, e é muito melhor que não entendam nada. Amar é dar a alguém que, por sua vez, tem ou não tem o que está em causa, mas é certamente dar o que não se tem. Dar, ao contrário, também é dar, mas é dar o que se tem. A diferença está toda nisso.

Em todos os casos, na medida em que o pai se mostra verdadeiramente apaixonado pela mãe, ele fica sob a suspeita de não ter, e é por esse ângulo que o mecanismo entra em jogo. Observo-lhes, a esse respeito, que as verdades nunca são completamente obscuras nem desconhecidas — quando não articuladas, pelo menos são pressentidas. Não sei se vocês notaram que esse tema melindroso nunca é abordado pelos analistas, embora seja pelo menos tão interessante saber se o pai amava a mãe quanto se a mãe amava o pai. A questão é sempre colocada nesse sentido — o filho teve uma mãe fálica, castradora e o que mais vocês quiserem, que tinha em relação ao pai uma atitude autoritária, desamor, desrespeito etc. —, mas é muito curioso ver que nunca enfatizamos a relação do pai com a mãe. Não sabemos muito bem o que pensar disso e, em suma, não nos parece possível dizer alguma coisa realmente normativa a esse respeito. Por isso, deixamos cuidadosamente de lado, pelo menos até hoje, esse aspecto do problema, ao qual é muito provável que eu tenha de voltar.

Outra consequência. Há também uma coisa que aparece muito frequentemente, e que não é dos paradoxos menos significativos da análise dos homossexuais. À primeira vista, parece paradoxal, em relação à exigência do pênis no parceiro, que eles tenham um medo pavoroso de ver o órgão da mulher, porque, segundo nos dizem, isso lhes sugere ideias de castração. Talvez seja verdade, mas não da maneira que se supõe, pois o que os paralisa diante do órgão da mulher é precisamente a suposição, em muitos casos, de que ele ingeriu o falo do pai, e o que é temido na penetração é justamente o encontro com esse falo.

Há sonhos — vou citar-lhes alguns — bem registrados na literatura, e que também são encontrados em minha prática, que evidenciam da maneira mais clara que o que ocasionalmente emerge, no possível encontro com uma vagina feminina, é um falo que se desenvolve como tal e que representa qualquer coisa de insuperável, diante da qual não somente o sujeito tem de se deter, mas é também invadido por toda sorte de temores. Isso confere ao perigo da vagina um sentido inteiramente diferente daquele que se julgou dever colocar na categoria da vagina dentada, que também existe. Trata-se da vagina temida por conter o falo hostil, o falo paterno, o falo simultaneamente fantasístico e absorvido pela mãe, e cuja verdadeira potência ela detém no órgão feminino.

Isso articula de modo suficiente toda a complexidade das relações do homossexual. Trata-se de uma situação estável, de modo algum dual, uma situação cheia de segurança, uma situação com três pés. É precisamente por nunca ser considerada senão sob o aspecto de uma relação dual, e por nunca se penetrar no labirinto das posições do homossexual, que, por culpa do analista, a situação nunca vem a ser inteiramente elucidada.

Mesmo havendo as mais estreitas relações com a mãe, a situação só tem importância pela relação com o pai. O que deveria ser a mensagem da lei é justamente o contrário e, ingerido ou não, mostra estar nas mãos da mãe. A mãe detém a chave, porém de um modo muito mais complexo do que o implicado pela noção global e maciça de que ela é a mãe provida de um falo. Se o homossexual se identifica com ela, não é, de modo algum, pura e simplesmente por ela ter ou não ter o adjeto, mas por deter as chaves da situação particular que prevalece na saída do Édipo, onde se julga a questão de saber qual dos dois, afinal de contas, detém o poder. Não um poder qualquer, mas, muito precisamente, o poder do amor, e na medida em que os vínculos complexos da edificação do Édipo, tal como lhes são apresentados aqui, permitem-lhes compreender como a relação com a força da lei repercute, metaforicamente, na relação com o objeto fantasístico que é o falo, como o objeto com o qual, num dado momento, deve fazer-se a identificação do sujeito.

Examinarei, da próxima vez, um pequeno comentário anexo ao que se denominou de estados de passividade do falo — a expressão é de Löwenstein — para fornecer o motivo de certos distúrbios da potência sexual. Isso se insere aqui com demasiada naturalidade para que eu não o faça. Depois, vou mostrar-lhes como, através das diferentes metamorfoses do mesmo objeto, desde o princípio, ou seja, desde sua função como objeto imaginário da mãe até o momento em que ele é assumido pelo sujeito, podemos esboçar a classificação geral e definitiva das diferentes formas em que ele intervém. Isso é o que faremos dentro de oito dias.

Na vez seguinte, depois da qual vou deixá-los por três semanas, concluiremos o que concerne à relação do sujeito com o falo, de uma maneira que talvez lhes interesse menos diretamente, mas da qual faço muita questão.

Com efeito, terminei meu último trimestre com o que lhes trouxe a respeito da comédia. Quando lhes disse que a essência da comédia era quando o sujeito retomava toda a questão dialética na mão e dizia, *Afinal, toda essa história dramática, a tragédia, os conflitos entre o pai e a mãe, nada disso equivale ao amor, e agora vamo-nos divertir, entremos na orgia, façamos cessarem todos os conflitos, afinal, isso tudo foi feito para o homem*, isso não foi muito bem ingerido. Fiquei bastante espantado por haver surpreendido ou até escandalizado algumas pessoas. Vou fazer-lhes uma confidência: isso está em Hegel.

Por outro lado, introduzirei nesse assunto algo novo, e que me parece muito mais demonstrativo do que tudo o que já foi elaborado sobre os diversos fenômenos da espirituosidade. É que, ao seguir esse caminho, deparamos com uma surpreendente confirmação do que vimos formulando, ou seja, o caráter crucial, para o sujeito e para seu desenvolvimento, da identificação imaginária com o falo.

Marco, portanto, um encontro com vocês para o último dia deste período, a fim de lhes mostrar a que ponto isso se aplica, a que ponto é demonstrativo, a que ponto é sensacional — para fornecer uma chave, um termo único, uma explicação unívoca para a função da comédia.

29 DE JANEIRO DE 1958

XII

DA IMAGEM AO SIGNIFICANTE NO PRAZER E NA REALIDADE

A conexão dos dois princípios
O paradoxo de Winnicott
Impasses do kleinismo
Da Urbild *ao Ideal*
A moça que quer ser chicoteada

A simbolização preocupa o mundo. Saiu um artigo no *International Journal*, em maio-junho de 1956, sob o título "Symbolism and its Relationship to the Primary and Secondary Processes", no qual o sr. Charles Rycroft tenta dar sentido ao simbolismo, no ponto da psicanálise em que nos encontramos. Aqueles de vocês que leem em inglês tirariam proveito de tomar conhecimento desse artigo, onde verão as dificuldades que se apresentam desde sempre a propósito do sentido a ser dado, na análise, não apenas à palavra simbolismo, mas à ideia que fazemos do processo de simbolização.

Desde 1911, quando o sr. Jones fez a esse respeito o primeiro trabalho importante de conjunto, a questão passou por diversas fases, e deparou e continua a deparar com enormes dificuldades naquilo que constitui atualmente a posição mais articulada sobre o assunto, isto é, a que provém das considerações da sra. Melanie Klein sobre o papel do símbolo na formação do eu.

Aquilo de que se trata tem a mais estreita relação com o que lhes venho explicando, e gostaria de fazê-los sentir a utilidade do ponto de vista que tento comunicar-lhes para pôr um pouquinho de clareza em direções obscuras.

Não sei por qual lado vou tomá-lo hoje, pois não tenho um plano quanto ao modo como lhes vou apresentar as coisas. Uma vez que esta é uma antepenúltima sessão e que lhes anunciei que o seminário da próxima vez terá como eixo o falo e a comédia, eu gostaria, hoje, de simplesmente marcar um ponto de suspensão, e de mostrar em que direções o que lhes expus acerca do complexo de castração permite introduzir pontos de interrogação.

Vou começar tomando as teses tal como aparecem. Nem sempre se pode introduzir nesse assunto uma ordem rigorosa, sobretudo quando se trata, como hoje, de um ponto-encruzilhada.

1

No título do artigo de Rycroft, vocês acabam de ver surgirem os termos processo primário e secundário, dos quais nunca falei em sua presença, a tal ponto que, algum tempo atrás, houve quem se surpreendesse por eles terem surgido a propósito de uma definição de vocabulário.

A oposição entre o processo primário e o processo secundário data do tempo da *Traumdeutung* e, sem ser completamente idêntica a elas, superpõe-se às ideias opostas de princípio de prazer e princípio de realidade. A esses dois termos aludi mais de uma vez diante de vocês, e sempre para lhes assinalar que o uso que se faz deles é incompleto, quando eles não são relacionados um com o outro e quando sua ligação, sua oposição, não é sentida como constitutiva da posição de cada um.

Abordarei de imediato o x da questão.

Quando se isola a noção de princípio de prazer como princípio do processo primário, chega-se ao que faz Rycroft — para definir o processo primário, ele acredita ter que afastar todas as suas características estruturais e colocar em segundo plano a condensação, o deslocamento etc., tudo aquilo que Freud começou por abordar ao definir o inconsciente, para caracterizá-lo pelo que é trazido pela elaboração terminal da teoria freudiana na *Traumdeutung*. Ou seja, Rycroft faz dele um mecanismo originário, primordial — quer vocês o entendam como etapa histórica ou como subjacência, fundamento —, sobre o qual alguma coisa diferente teve de se desenvolver. Ele seria uma espécie de base, de profundeza psíquica, ou, entendido no sentido lógico, um ponto de partida obrigatório da reflexão. Em resposta à incitação pulsional, haveria sempre, no sujeito humano —

é evidente que não poderia tratar-se de outra coisa, mas esse ponto não é lá muito definido —, uma tendência para a satisfação alucinatória do desejo. Essa seria uma possibilidade virtual e como que constitutiva da posição do sujeito perante o mundo.

Penso que isso não os surpreende, pois encontramos abundantemente expressa em todos os autores essa referência a uma experiência primitiva, baseada num modelo do arco reflexo. Antes mesmo de corresponder a uma incitação interna do sujeito, que desencadeia o ciclo instintivo, o movimento, mesmo descoordenado, do apetite e, em seguida, a busca e a orientação na realidade — a necessidade satisfaz-se através dos traços mnêmicos daquilo que já respondeu ao desejo. A satisfação tende, assim, a se reproduzir, pura e simplesmente, no plano alucinatório.

Essa ideia, que se tornou quase consubstancial a nossas concepções analíticas, e da qual nos servimos quase que implicitamente toda vez que falamos do princípio de prazer, não lhes parece ela suficientemente exorbitante para justificar um esclarecimento? Pois, afinal, se é da natureza do ciclo dos processos psíquicos criar sua satisfação para si mesmo, por que as pessoas não se satisfazem?

Naturalmente, a necessidade continua a insistir. A satisfação da fantasia não tem como atender a todas as necessidades. Mas sabemos muito bem que, na ordem sexual, seguramente em todos os casos, ela é eminentemente passível de fazer face à necessidade, caso se trate de necessidades pulsionais. Com a fome, a coisa é outra. Desenha-se no horizonte que a questão, afinal de contas, é o caráter muito possivelmente ilusório do objeto sexual.

Essa concepção da relação da necessidade com sua satisfação existe e pode realmente sustentar-se, pelo menos num certo nível — o da satisfação sexual. Ela impregnou tão profundamente todo o pensamento analítico que vieram para o primeiro plano as gratificações ou satisfações primordiais, bem como as frustrações que se produzem nos primórdios da vida do sujeito, isto é, nas relações do sujeito com a mãe. Assim, em seu conjunto, a psicanálise ingressou cada vez mais numa dialética da necessidade e de sua satisfação, à medida que se interessou mais e mais pelos estágios primitivos do desenvolvimento do sujeito. Por esse caminho, chegou-se a formulações das quais eu gostaria de lhes apontar o caráter não menos necessário do que significativo.

Na perspectiva kleiniana, que é a que estou designando neste momento, toda a aprendizagem, por assim dizer, da realidade pelo sujeito é primordialmente preparada e sustentada pela constituição essencialmente alucinatória e fantasística dos primeiros objetos, classificados como objetos bons e maus, na medida em que eles fixam uma primeira relação primordial que, na sequência da vida do sujeito, fornecerá os tipos principais de seus modos de relação com a realidade. Chegamos, assim, à ideia de que o mundo do sujeito é construído por uma relação fundamentalmente irreal entre ele e objetos que não passam do reflexo de suas pulsões fundamentais.

É em torno da agressividade fundamental do sujeito, por exemplo, que se ordena, numa série de projeções das necessidades do sujeito, o mundo da *phantasy*, tal como se utiliza esse conceito na escola kleiniana. É na superfície desse mundo que intervém uma série de experiências mais ou menos felizes, e é desejável que elas sejam bastante felizes. Desse modo, pouco a pouco, o mundo da experiência permite uma certa demarcação razoável daquilo que, nesses objetos, é, como se costuma dizer, objetivamente definível como correspondente a uma certa realidade, mantendo-se absolutamente fundamental a trama de irrealidade.

Aí está algo que podemos realmente chamar de uma construção psicótica do sujeito. O sujeito normal é, em suma, dentro dessa perspectiva, uma psicose que deu certo, uma psicose afortunadamente harmonizada com a experiência. O que lhes estou enunciando não é uma reconstrução. O autor de que vou falar agora, o sr. Winnicott, exprime-o rigorosamente dessa maneira, num texto que escreveu sobre a utilização da regressão na terapêutica analítica. Nele, a homogeneidade fundamental da psicose com a relação normal com o mundo é absolutamente afirmada como tal.

Enormes dificuldades surgem dessa perspectiva, nem que seja para conseguir concebê-la. Não sendo a fantasia [*fantaisie*]* nada além da trama subjacente ao mundo da realidade, qual pode ser a função da fantasia reconhecida como tal, no sujeito acabado e em estado adulto, e que teve êxito na constituição de seu mundo? Esse é também o problema que se apresenta a qualquer kleiniano que se preze, isto é, a qualquer kleiniano confesso, e também, podemos dizer atualmente, a quase qualquer analista, na medida em que o registro no qual ele inscreve a relação do sujeito com o mundo torna-se, cada vez mais exclusivamente, o de uma sucessão de aprendizagens do mundo, feitas

* Lacan, provavelmente para marcar a especificidade da elaboração kleiniana, utiliza aqui e em toda esta passagem, em vez do *fantasme* habitual, o termo *fantaisie*, que aproxima "fantasia" de "devaneio", "imaginação". (N.E.)

com base numa série de experiências mais ou menos bem-sucedidas de frustração.

Peço-lhes que se reportem ao texto do sr. Winnicott que se encontra no volume 26 do *International Journal of Psycho-Analysis*, sob o título de "Primitive Emotional Development". Nele, o autor se empenha em identificar o motivo do surgimento do mundo da fantasia, tal como conscientemente vivido pelo sujeito e tal como ele equilibra sua realidade, como é preciso constatar no próprio texto da experiência. Que os que se interessarem por isso se apoiem numa observação do autor, cuja necessidade podemos sentir, a tal ponto ela conduz a um paradoxo sumamente curioso.

O surgimento do princípio de realidade, isto é, do reconhecimento da realidade, a partir das relações primordiais da criança com o objeto materno, objeto de sua satisfação e também de sua insatisfação, não permite perceber como pode brotar daí o mundo da fantasia em sua forma adulta — a não ser por um artifício, do qual o sr. Winnicott está ciente, e que sem dúvida permite um desenvolvimento bastante coerente da teoria, mas ao preço de um paradoxo que quero levá-los a perceber.

Há uma discordância fundamental entre a satisfação alucinatória da necessidade e o que a mãe oferece ao filho. É nessa própria discordância que se abre a hiância que permite à criança obter um primeiro reconhecimento do objeto. Isso pressupõe que o objeto, a despeito das aparências, mostre-se decepcionante. Então, para explicar como pode nascer aquilo em que se resume, para o psicanalista moderno, tudo o que acontece com o mundo da fantasia e da imaginação, ou seja, o que se chama em inglês *wishful thinking*, é preciso observar o seguinte.

Suponhamos que o objeto materno chegue na hora exata para satisfazer a necessidade. Mal a criança começa a reagir para ter o seio, que a mãe o ofereça a ela. Winnicott detém-se, com justa razão, e levanta o seguinte problema: o que permite à criança, nessas condições, estabelecer uma distinção entre a satisfação alucinatória de seu desejo e a realidade? Em outras palavras, com esse ponto de partida, chegamos estritamente à seguinte equação: na origem, a alucinação é absolutamente impossível de distinguir do desejo completo. O paradoxo dessa confusão não tem como deixar de impressionar.

Numa perspectiva que caracterize rigorosamente o processo primário como devendo ser naturalmente satisfeito de maneira alucinatória, chegamos a que, quanto mais satisfatória é a realidade, menos ela constitui uma experiência da realidade — daí a ideia de onipotência na criança se fundamentar, na origem, em tudo que pode haver de bem-sucedido na realidade.

Essa concepção pode sustentar-se de certa maneira, mas admitam que, em si mesmo, isso apresenta um certo aspecto paradoxal. A própria necessidade de recorrer a tal paradoxo, para explicar um ponto axial do desenvolvimento do sujeito, presta-se à reflexão ou ao questionamento.

Mas, por mais paradoxal que seja, e francamente paradoxal, essa concepção não deixa de ter algumas consequências, que já lhes apontei no ano passado ao fazer alusão a esse mesmo artigo do sr. Winnicott. É que ela não tem outro efeito, na sequência de sua antropologia, senão o de fazê-lo classificar no mesmo registro dos aspectos fantasísticos do pensamento quase tudo o que se pode chamar de especulação livre. Ele assimila completamente à vida fantasística tudo o que é da ordem do especulativo, por mais extraordinariamente elaborado que seja, isto é, tudo o que podemos chamar de convicções — quase qualquer uma — políticas, religiosas ou outras. Esse é um ponto de vista que se insere bem no humor anglo-saxão, tanto numa certa perspectiva de respeito mútuo, de tolerância, como numa de retraimento. Há uma série de coisas das quais só se fala entre aspas, ou das quais não se fala entre pessoas bem-educadas. No entanto, são coisas de certa importância, uma vez que fazem parte do discurso interno, que estamos longe de poder reduzir ao *wishful thinking*.

Mas deixemos as resultantes da coisa. Simplesmente quero agora mostrar-lhes o que, face a isso, uma outra concepção pode colocar.

2

Para começar, estará assim tão claro que podemos, pura e simplesmente, chamar de satisfação o que se produz no nível alucinatório, e nos diferentes registros em que podemos encarnar a tese fundamental da satisfação alucinatória da necessidade primordial, no nível do processo primário?

Já introduzi em várias ocasiões esse problema. Diz-se *vejam o sonho*, e sempre nos reportamos ao sonho da criança. É o próprio Freud quem nos indica o caminho quanto a isso. Na perspectiva explorada por ele, a do caráter fundamental do desejo no sonho, Freud foi levado a nos dar, com efeito, o exemplo do sonho da criança como típico da satisfação alucinatória.

Com isso, a porta estava aberta. Por ela precipitaram-se os psiquiatras, que desde longa data vinham procurando formar uma ideia sobre as relações perturbadas do sujeito com a realidade no delírio, referindo-o, por exemplo, a estruturas análogas às do sonho. A perspectiva que acabei de lhes apresentar não introduz nenhuma modificação essencial nesse ponto.

No ponto em que nos encontramos, e onde vemos as dificuldades e os impasses suscitados pela concepção de uma relação puramente imaginária do sujeito com o mundo como estando na base do desenvolvimento de sua relação com a chamada realidade oposta, é importante retomarmos o esqueminha do qual não paro de me servir.

Retomo-o em sua forma mais simples, e lembro, ainda que pareça repisá-lo um pouquinho como um realejo, do que se trata.

Aqui encontramos uma coisa que se pode chamar de necessidade, mas que desde logo chamo de desejo, porque não existe estado originário nem estado de necessidade pura. Desde a origem, a necessidade tem sua motivação no plano do desejo, isto é, de alguma coisa que se destina, no homem, a ter uma certa relação com o significante. Aí está a travessia pela intenção desejante do que se coloca para o sujeito como a cadeia significante — quer a cadeia significante já tenha imposto suas exigências na subjetividade dele, quer, bem na origem, ele só a encontre sob a forma disto: de ela estar desde logo constituída na mãe, de ela lhe impor, na mãe, sua exigência e sua barreira. O sujeito, como vocês sabem, depara inicialmente com a cadeia significante sob a forma do Outro, e ela desemboca nessa barreira sob a forma da mensagem — da qual, nesse esquema, trata-se de ver apenas a projeção.

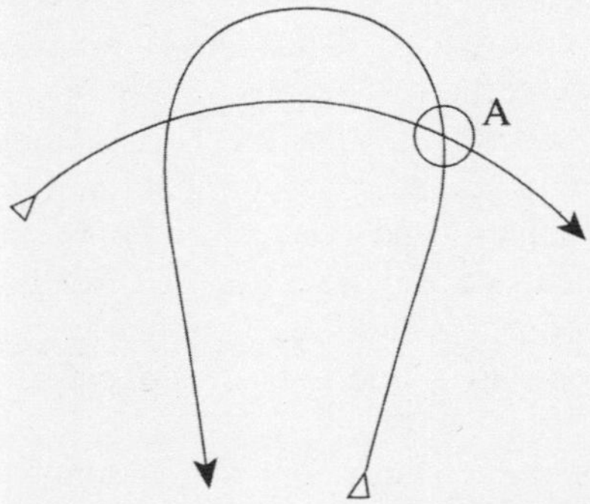

a necessidade, ou o desejo

Onde se situa, nesse esquema, o princípio de prazer? Podemos considerar, sob certas incidências, que encontramos uma manifestação primitiva dele sob a forma do sonho. Tomemos o sonho mais primitivo, o mais confuso, o do cão. Percebe-se que o cão, quando está dormindo, mexe as patas de vez em quando. Deve estar sonhando, portanto, e talvez tenha também uma satisfação alucinatória de seu desejo. Podemos nós concebê-lo? Como situá-lo no homem? Vejam então o que lhes proponho, para que pelo menos isso exista como um termo de possibilidade em seu espírito, e para que vocês se deem conta, na ocasião oportuna, de que isso se aplica de maneira mais satisfatória.

O que constitui uma resposta alucinatória à necessidade não é o surgimento de uma realidade fantasística no fim do circuito inaugurado pela exigência da necessidade. Ao cabo dessa exigência que começa a ser suscitada no sujeito, desse movimento em direção a alguma coisa, que deve efetivamente designar para ele algum lineamento, o que aparece, é claro, não deixa de estar relacionado com a necessidade do sujeito, não deixa de estar relacionado com um objeto, mas está numa relação tal com o objeto que ele merece ser chamado de significante. Trata-se, com efeito, de algo que tem uma relação fundamental com a ausência do objeto, e que já apresenta um caráter de elemento discreto, de signo.

Se vocês consultarem a carta 52 a Fliess, já citada por mim, verão que, quando ele se empenha em articular o nascimento das estruturas inconscientes, no momento em que para ele começa a se formular um modelo do aparelho psíquico que permite esclarecer precisamente o processo primário, o próprio Freud não pode fazer outra coisa senão admitir, na origem, que a inscrição mnêmica que corresponderá alucinatoriamente à manifestação da necessidade não é nada além de um signo, um *Zeichen*.

Um signo não se caracteriza unicamente por sua relação com a imagem, na teoria dos instintos. Não é o tipo de engodo que possa bastar para despertar a necessidade, mas tampouco para satisfazê-la. Ele se situa numa certa relação com outros significantes — por exemplo, com o significante que lhe é diretamente oposto, e que expressa sua ausência. Ele se situa num conjunto já organizado como significante, já estruturado na relação simbólica, na medida em que aparece na conjunção de um jogo da presença com a ausência, da ausência com a presença — um jogo, por sua vez, comumente ligado a uma articulação vocal em que já aparecem elementos discretos, que são significantes.

De fato, a experiência que temos dos sonhos mais simples da criança não é a de uma simples satisfação, como quando se trata da necessidade da fome. Ela é algo que já se apresenta com um caráter de excesso, como exorbitante. Aquilo com que sonha a pequena Anna Freud é justamente o que lhe foi proibido — *cerejas, morangos, framboesas, pudim*, tudo o que já entrou numa característica propriamente significante, por ter sido proibido. Ela não sonha simplesmente com o que atenderia a uma necessidade, mas com o que se apresenta à maneira de um banquete, ultrapassando os limites do objeto natural da satisfação da necessidade.

Esse traço é essencial. É encontrado em absolutamente todos os níveis. Está presente, seja qual for o nível em que vocês tomem o que se apresenta como satisfação alucinatória.

Ao contrário, tomando as coisas pelo extremo oposto, pela vertente do delírio, vocês podem ficar tentados — na falta de coisa melhor, durante algum tempo, antes de Freud — a também procurar fazê-lo corresponder a uma espécie de desejo do sujeito. Chegam a isso por alguns apanhados, alguns *flashes* meio de viés, como aquele em que uma coisa pode efetivamente parecer que representa a satisfação do desejo. Mas porventura não é evidente que o fenômeno principal, o mais impressionante, o mais maciço, o mais invasivo de todos os fenômenos do delírio, não é, de modo algum, um fenômeno que se relacione com um devaneio de satisfação do desejo, mas, antes, algo tão marcado quanto a alucinação verbal?

Perguntamo-nos em que nível se produz essa alucinação verbal, se há nela, no sujeito, como que um reflexo interno, sob a forma da alucinação psicomotora, que é excessivamente importante de constatar, se há uma projeção ou outra coisa etc. Mas acaso não se evidencia, desde o começo, que o que predomina na estruturação dessa alucinação, e que deve servir de primeiro elemento de classificação, é sua estrutura significante? As alucinações são fenômenos estruturados no nível do significante. Não podemos, nem sequer por um instante, pensar na organização dessas alucinações sem ver que a primeira coisa a ser sublinhada nesse fenômeno é que ele constitui um fenômeno de significante.

Eis, portanto, uma coisa que deve sempre lembrar-nos que, se é verdade que podemos abordar o princípio de prazer pelo ângulo da satisfação fundamentalmente irreal do desejo, o que caracteriza a satisfação alucinatória do desejo é que ela se propõe no campo do significante e implica, como tal, um certo lugar do Outro. Aliás, não se trata forçosamente de um Outro, mas de um certo lugar do Outro, na medida em que ele é exigido pela proposição da instância do significante.

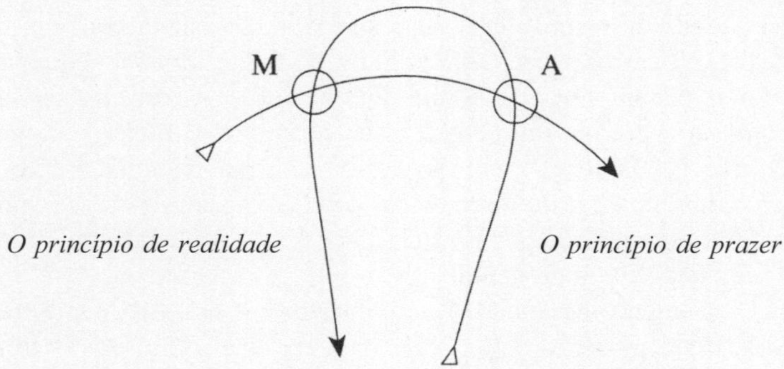

Vocês notarão que, neste pequeno esquema aqui, vemos a necessidade entrar em jogo nessa parte como que externa do circuito, que é constituída pela parte da direita. A necessidade manifesta-se sob a forma de uma espécie de cauda da cadeia significante, como algo que só existe no limite, mas onde vocês sempre reconhecerão a característica do prazer como estando ligada a ele. É o que acontece toda vez que alguma coisa chega a esse nível do esquema.

Se é a um prazer que leva a tirada espirituosa, é na medida em que ela exige que o que se realiza no nível do Outro só se conclua, virtualmente, ao tender para o além do sentido, que comporta em si uma certa satisfação.

Se é na parte externa do circuito que o princípio de prazer vem a se esquematizar, é na parte oposta que se situa o princípio de realidade. No que concerne ao sujeito humano, tal como lidamos com ele em nossa experiência, não há outra apreensão nem definição possível do princípio de realidade, uma vez que ele entra aí no nível do processo secundário. Como desconsiderar, em se tratando da realidade, que o significante entra efetivamente em jogo no real humano como uma realidade originária? Existe linguagem, há fala no mundo e, por causa disso, há toda uma série de coisas, de objetos, que são significados, e que de modo algum o seriam se não existisse significante no mundo.

A introdução do sujeito numa realidade qualquer não é pensável, de maneira alguma, a partir da pura e simples experiência seja lá do que for — frustração, discordância, choque, queimadura e o que mais quiserem. Não existe um soletrar passo a passo do *Umwelt*, explorado de maneira imediata e tateante. No animal, o instinto vem em seu socorro, graças a Deus. Se fosse preciso o animal reconstruir o mundo, ele não disporia de vida suficiente para fazê-lo. Então, por que pretender que o homem, que, por sua vez, tem instintos muito pouco adaptados, tenha uma experiência do mundo como que com suas próprias mãos? O fato de existir o significante é absolutamente essencial nisso, e o principal intermediário de sua experiência da realidade — é quase uma banalidade, uma tolice dizê-lo — é, apesar dos pesares, a voz. O ensinamento que ele recebe provém-lhe, essencialmente, da fala do adulto.

Mas o espaço importante que Freud conquista nesse elemento da experiência é este: antes mesmo que a aprendizagem da linguagem seja elaborada no plano motor e no plano auditivo, e no plano de que ele compreenda o que lhe é dito, já existe a simbolização — desde a origem, desde as primeiras relações com o objeto, desde a primeira relação da criança com o objeto materno como objeto primordial, primitivo, do qual depende sua subsistência no mundo. Esse objeto, com efeito, já está introduzido como tal no processo de simbolização, e desempenha um papel que introduz no mundo a existência do significante. E isso num estágio ultraprecoce.

Digam claramente: a partir do momento em que a criança começa simplesmente a poder opor dois fonemas, eles já são dois vocábulos. E, posto que existem dois, aquele que os pronuncia e aquele a quem eles são dirigidos, isto é, o objeto, a mãe, já existem aí quatro elementos, o que é suficiente para conter em si virtualmente toda a combinatória da qual irá surgir a organização do significante.

3

Passarei agora a um outro esqueminha novo, que aliás já foi esboçado aqui, e que lhes mostrará quais serão as consequências do que lhes enunciei, sempre lhes recordando o que os procurei fazer sentir na última lição.

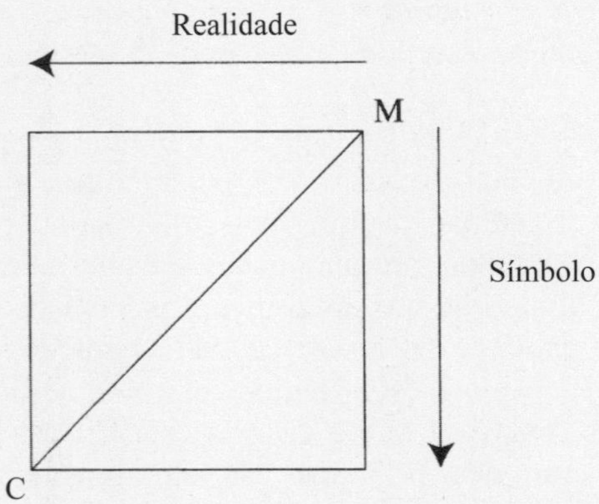

Dissemos que, primordialmente, tínhamos a relação da criança com a mãe. Se é no eixo C-M que pretendemos que se constitua a primeira relação de realidade, e se fazemos a constituição da realidade depender unicamente das relações do desejo da criança com o objeto, conforme este o satisfaça ou não o satisfaça, essa realidade permanece não dedutível, e só pode ser reconstruída na experiência com a ajuda de passes de mágica perpétuos.

Se podemos, em última instância, encontrar alguma coisa que corresponda a isso num certo número de casos de psicose precoce, é sempre, no final das contas, à fase dita depressiva do desenvolvimento da criança que nos reportamos toda vez que fazemos intervir essa dialética. Mas, na medida em que essa dialética comporta um desenvolvimento posterior, infinitamente mais complexo, trata-se, de fato, de algo completamente diferente — a criança não tem relação simplesmente com um objeto que a satisfaz ou não a satisfaz, mas, graças ao mínimo de espessura de irrealidade dado pela primeira simbolização, já existe um referenciamento triangular da criança, uma relação não com aquilo que traz satisfação para sua necessidade, mas uma relação com o desejo do sujeito materno que ela tem diante de si.

A criança só é capaz de conseguir situar sua posição na medida em que a dimensão do símbolo já foi inaugurada. Esta dimensão é representada aqui como o chamado eixo das coordenadas na análise matemática. É isso que permite conceber que a criança tenha de se situar em relação a dois polos. É justamente em torno disso, aliás, que tateia a sra. Melanie Klein, sem conseguir fornecer a fórmula. De fato, é em torno de um duplo polo da mãe — que ela chama de mãe boa e mãe má — que a criança começa a tomar posição. Não é o objeto que ela situa, mas a si mesma, para começar. Depois, ela vai situar-se em toda sorte de pontos que se encontram nesse eixo, para tentar unir-se ao objeto do desejo da mãe, atender a seu desejo. É esse o elemento essencial, e isso pode durar um tempo extremamente longo.

Na verdade, nenhuma espécie de dialética é possível, a se considerar tão somente a relação da criança com a mãe, primeiro porque é impossível deduzir qualquer coisa daí, depois porque é igualmente impossível, segundo a experiência, conceber que a criança esteja no mundo ambíguo que nos apresentam os analistas kleinianos, no qual não existe realidade a não ser a da mãe. O mundo primitivo da criança, segundo eles, é ao mesmo tempo refém desse objeto e inteiramente autoerótico, uma vez que a criança está tão estreitamente ligada ao objeto materno, que forma com ele, literalmente, um círculo fechado.

Com efeito, como todos sabem, e para isso basta vê-la viver, a criança pequena nada tem de autoerótica. Interessa-se normalmente, como qualquer animalzinho — e já que é, acima de tudo, um bichinho mais especialmente inteligente do que os outros — interessa-se por toda sorte de outras coisas na realidade. Evidentemente, essas não são coisas quaisquer. Existe uma à qual conferimos uma certa importância, e que, no eixo das abscissas, que é aqui o eixo da realidade, apresenta-se no limite dessa realidade. Não se trata de uma fantasia, mas de uma percepção.

À sra. Melanie Klein podemos perdoar tudo, porque ela é uma mulher de talento, mas, em seus alunos, e particularmente naqueles que são instruídos em matéria de psicologia, como Susan Isaacs, que era psicóloga, isso é imperdoável: seguindo a sra. Melanie Klein, ela acabou articulando uma teoria da percepção de tal ordem que não há nela a menor possibilidade de distinguir a percepção de uma introjeção, no sentido analítico do termo.

Não posso, assim de passagem, apontar-lhes todos os impasses do sistema kleiniano; apenas tento dar-lhes um modelo que lhes permita articular com mais clareza o que acontece.

O que acontece no nível do estádio do espelho? O estádio do espelho é o encontro do sujeito com aquilo que é propriamente uma realidade e, ao mesmo tempo, não o é, ou seja, com uma imagem virtual, que desempenha um papel decisivo numa certa cristalização do sujeito à qual dou o nome de sua *Urbild*. Coloco isso em paralelo com a relação que se produz entre a criança e a mãe. Grosso modo, é disso mesmo que se trata. A criança conquista aí o ponto de apoio dessa coisa no limite da realidade, que se apresenta para ela de maneira perceptiva, mas que, por outro lado, podemos chamar de uma imagem, no sentido de que a imagem tem a propriedade de ser um sinal cativante que se isola na realidade, que atrai e captura uma certa libido do sujeito, um certo instinto graças ao qual, com efeito, um certo número de referenciais, de pontos psicanalíticos no mundo, permite ao ser vivo ir organizando mais ou menos suas condutas.

No ser humano, no final das contas, parece que esse é o único ponto que subsiste. Ele desempenha o seu papel, e o faz na medida em que é enganador e ilusório. É nisso que ele vem em socorro de uma atividade à qual, desde logo, o sujeito só se entrega por ter de satisfazer o desejo do Outro, e, portanto, almejando iludir esse desejo. Esse é todo o valor da atividade jubilatória da criança diante de seu espelho. A imagem do corpo é conquistada como algo que, ao mesmo tempo, existe e não existe, e em relação ao qual ela situa seus próprios movimentos, bem como a imagem daqueles que a acompanham diante desse espelho. O privilégio dessa experiência está em oferecer ao sujeito uma realidade virtual, irrealizada, captada como tal, a ser conquistada. Qualquer possibilidade de que a realidade humana se construa passa literalmente por aí.

Sem dúvida, o falo, na medida em que é o objeto imaginário com que a criança tem de se identificar para satisfazer o desejo da mãe, ainda não pode situar-se em seu lugar. Mas a possibilidade disso é grandemente enriquecida pela cristalização do eu nesse referenciamento, que abre todas as possibilidades do imaginário.

A que assistimos? A um movimento duplo. Por um lado, a experiência da realidade introduz, sob a forma da imagem do corpo, um elemento ilusório e enganador como fundamento essencial do referenciamento do sujeito em relação à realidade. Por outro, a margem que essa experiência oferece à criança dá-lhe a possibilidade de realizar, numa direção contrária, suas primeiras identificações do eu, entrando num outro campo.

O campo da experiência da realidade é aqui representado pelo triângulo M-*i*-*m*, que se apoia no eixo das abscissas anteriormente definido, enquanto o triângulo homólogo e inverso, M-*m*-C, mais enigmático, dá ao sujeito seu campo, na medida em que ele tem que se identificar, definir, conquistar, subjetivar.

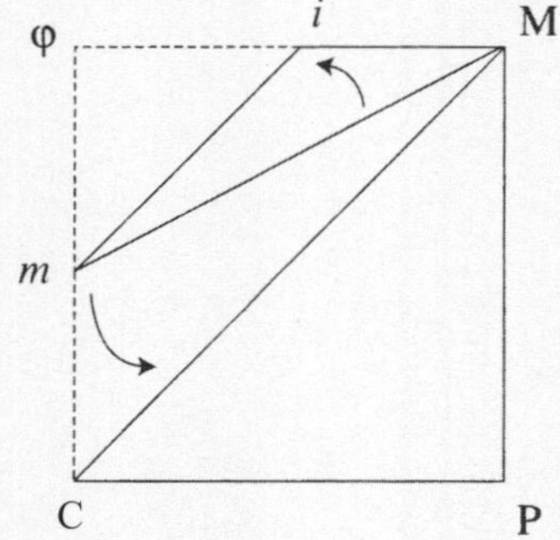

O que é esse triângulo, M-*m*-C? Qual é esse campo? E como esse trajeto, que parte da *Urbild* especular do eu, em *m*, vai permitir que a criança se conquiste, se identifique, progrida? Como podemos defini-lo? De que se constitui ele?

Resposta. A *Urbild* do eu é essa primeira conquista ou domínio do eu que a criança realiza em sua experiência, a partir do momento em que desdobra o polo real em relação ao qual tem de se situar. Ela a faz entrar no trapézio *m*-*i*-M-C, na medida em que a criança se identifica por elementos multiplicados de significante na realidade. Através de todas as suas identificações sucessivas no segmento *m*-C, a própria criança assume o papel de uma série de significantes, leia-se aqui, de hieróglifos, tipos, formas e representações que pontuam sua realidade com um certo número de referenciais, para fazer dela uma realidade recheada de significantes.

O que constitui o limite da série é, em C, a formação a que se chama Ideal do eu. É com isso que o sujeito se identifica, ao ir em direção ao simbólico. Ele parte do referenciamento imaginário — que é, de certo modo, instintivamente pré-formado na relação dele mesmo com seu próprio corpo — para enveredar por uma série de identificações significantes cuja direção é definida como oposta ao imaginário, e que o utilizam como significante. Se a identificação do Ideal do eu se faz no nível paterno, é precisamente porque, nesse nível, o desapego é maior no que concerne à relação imaginária do que no nível da relação com a mãe.

Essa pequena edificação de esquemas, uns por cima dos outros, esses pequenos dançarinos que montam uns com as pernas sobre os ombros do outro, é disso mesmo que se trata.

O terceiro desses pequenos andaimes é o pai, na medida em que ele intervém para proibir. É por isso que ele faz passar à categoria propriamente simbólica o objeto do desejo da mãe, de tal sorte que este deixa de ser somente um objeto imaginário — passa a ser, ainda por cima, destruído, proibido. É na medida em que, para desempenhar essa função, o pai intervém como personagem real, como [Eu], que esse [Eu] vem a se tornar um elemento eminentemente significante, constituindo o núcleo da identificação máxima, resultado supremo do complexo de Édipo. É por isso que é ao pai que se refere a formação chamada de Ideal do eu.

As oposições do Ideal do eu em relação ao objeto do desejo da mãe são expressas nesse esquema. A identificação virtual e ideal do sujeito com o falo, como objeto do desejo da mãe, situa-se no ápice do primeiro triângulo da relação com a mãe. Ele se situa ali virtualmente, ao mesmo tempo sempre possível e sempre ameaçado, tão ameaçado que será efetivamente destruído pela intervenção do puro princípio simbólico representado pelo Nome-do-Pai.

Este se encontra ali, em estado de presença velada. Sua presença se desvela não progressivamente, mas por uma intervenção desde logo decisiva, na medida em que ele é o elemento proibidor.

Em que intervém ele? Nessa espécie de busca tateante do sujeito, que, sem tal intervenção, acabaria — e acaba, em alguns casos — numa relação exclusiva com a mãe. Essa relação exclusiva não é uma pura e simples dependência, mas se manifesta em toda sorte de perversões por uma certa relação essencial com o falo, quer o sujeito o assuma sob diversas formas, quer faça dele seu fetiche, quer, ainda, encontremo-nos, nesse ponto, no nível do que podemos chamar de raiz primitiva da relação perversa com a mãe.

De maneira geral, o sujeito pode, com efeito, numa certa fase, fazer um movimento de aproximação da identificação de seu eu com o falo. É na medida em que é carregado para a outra direção que ele constitui e estrutura uma certa relação — marcada pelos pontos-terminais que estão ali, no eixo da realidade, em *i*-M — com a imagem do próprio corpo, isto é, o imaginário puro e simples, ou seja, a mãe.

Por outro lado, como termo real, seu eu é suscetível não apenas de se reconhecer, mas também, em se havendo reconhecido, de se tornar, ele mesmo, um elemento significante, e não mais simplesmente o elemento imaginário em sua relação com a mãe. É assim que se podem produzir, em *m*-C, as identificações sucessivas que Freud nos articula da maneira mais firme, e que são o objeto de sua teoria do eu. Esta nos mostra, com efeito, que o eu se compõe de uma série de identificações com um objeto que está além do objeto imediato, o pai que está para além da mãe.

Esse esquema é algo essencial a conservar. Ele lhes mostra que, para que isso se produza corretamente, de maneira completa e na direção certa, tem de haver uma dada relação entre a direção do sujeito, sua retidão, seus acidentes, e o desenvolvimento sempre crescente da presença do pai na dialética da relação da criança com a mãe.

Esse esquema comporta um duplo movimento de báscula. Por um lado, a realidade é conquistada pelo sujeito humano na medida em que chega a um de seus limites sob a forma virtual da imagem do corpo. De maneira correspondente, é pelo fato de o sujeito introduzir em seu campo de experiência os elementos irreais do significante que ele consegue ampliar o campo dessa experiência até a medida em que ele é ampliado para o sujeito humano.

Esse esquema é de utilização constante. Se vocês não se referirem a ele, irão deslizar perpetuamente por uma série de confusões e, literalmente, misturar alhos com bugalhos — confundindo uma idealização com uma identificação, uma ilusão com uma imagem, toda sorte de coisas que estão longe de ser equivalentes, e às quais teremos de voltar mais tarde, referindo-nos a esse esquema.

Está muito claro, por exemplo, que a concepção que podemos ter do fenômeno do delírio é facilmente indicada pela estrutura manifesta nesse esquema. O delírio é um fenômeno que certamente merece ser chamado de regressivo, mas não a título de reprodução de um estado anterior, o que seria absolutamente abusivo. A ideia de que a criança vive num mundo de delírio, ideia essa que parece implicada pela concepção kleiniana, é uma das coisas mais difíceis que existem para se admitir, pela simples razão de que, se essa fase psicótica é exigida pelas premissas da articulação kleiniana, não temos nenhuma espécie de experiência, na criança, de seja lá o que for que possa representar um estado psicótico transitório.

Em contrapartida, o delírio é perfeitamente concebível no plano de uma regressão estrutural, e não genética, que o esquema permite ilustrar através de um movimento inverso ao descrito aqui pelas duas setas. A invasão da imagem do corpo no mundo dos objetos é patente nos delírios de tipo schreberiano, ao passo que, inversamente, todos os fenômenos de significante são reunidos em torno do eu, a ponto de o sujeito não mais ser sustentado como eu senão por uma trama contínua de alucinações verbais, que constitui um recuo para uma posição inicial da gênese de seu mundo ou da realidade.

4

Vejamos qual foi hoje a nossa meta. Nossa meta é situar definitivamente o sentido da pergunta que formulamos a propósito do objeto.

A questão do objeto, para nós, analistas, é fundamental. Temos constantemente a experiência dela, é só com isso que lidamos, com que nos ocupamos. Essa questão é, essencialmente, a seguinte: qual é a fonte e a gênese do objeto ilusório? Trata-se de saber se podemos ter uma concepção suficiente desse objeto como ilusório, referindo-nos simplesmente às categorias do imaginário.

Eu lhes respondo: não, isso é impossível. O objeto ilusório, nós o conhecemos há um tempo imensamente longo, desde que existe gente e gente que pensa, filósofos que tentam exprimir o que acontece com a experiência de todo o mundo. O objeto ilusório, faz muito tempo que se fala dele, trata-se do véu de Maia. Sabemos muito bem que a necessidade sexual realiza, manifestamente, objetivos que estão para além do sujeito. Não foi preciso esperar por Freud para isso; já o sr. Schopenhauer, e muitos outros antes dele, viram um artifício da natureza no fato de o sujeito acreditar que está beijando uma dada mulher, quando está, pura e simplesmente, submetido às necessidades da espécie.

O caráter fundamentalmente imaginário do objeto, muito especialmente do objeto da necessidade sexual, foi reconhecido há muito tempo. O fato de o sujeito só ser sensível à imagem da fêmea de sua espécie, isso em linhas muito gerais, tem um caráter de engodo que parece, por assim dizer, realizar-se na natureza — mas isso não nos fez dar um único passo na compreensão de um fato que, não obstante, é essencial, ou seja, o de que um sapatinho de mulher pode ser, muito precisamente, o que provoca num homem o surgimento daquela energia que dizem estar destinada à reprodução da espécie. O problema está todo aí.

Ele só se resolve sob a condição de percebermos que o objeto ilusório não exerce sua função no sujeito humano como imagem — por mais enganosa, por mais naturalmente bem organizada como engodo que vocês a suponham. Ele a exerce como elemento significante, preso numa cadeia significante.

Estamos, hoje, no fim de uma lição talvez muito especialmente abstrata. Peço-lhes desculpas por isso, mas, se não situarmos esses termos, jamais poderemos conseguir compreender o que está aqui e o que está lá, o que eu digo e o que eu não digo, o que digo para contradizer outras pessoas, e o que os outros dizem, muito inocentemente, sem se aperceber de suas contradições. É realmente necessário passar por isso, pela função exercida por um dado objeto, fetiche ou não, e até, simplesmente, por toda a instrumentação de uma perversão.

É realmente preciso alguém ter a cabeça sabe-se lá onde para se contentar, por exemplo, com termos como masoquismo e sadismo, o que fornece toda sorte de considerações admiráveis sobre as etapas, os instintos, e sobre o fato de existir sabe-se lá que necessidade motora agressiva, para que se consiga chegar, simplesmente, ao objetivo do intercurso sexual genital. Mas, afinal, por que, nesse sadismo e nesse masoquismo, o fato de ser surrado — há outras maneiras de exercer o sadismo e o masoquismo — com uma bengala, muito precisamente, ou com alguma coisa análoga, desempenha um papel essencial? Por que minimizar a importância, na sexualidade humana, do instrumento a que se costuma chamar de chicote, de maneira mais ou menos elidida, simbólica, generalizada? E, no entanto, aí está uma coisa que merece ser considerada.

O sr. Aldous Huxley pintou-nos um mundo futuro no qual tudo será tão bem organizado, no que concerne ao instinto de reprodução, que os pequeninos fetos serão pura e simplesmente engarrafados, depois de se haverem escolhido aqueles que estarão destinados a fornecer os melhores embriões. Tudo vai correndo muito bem e o mundo se torna particularmente satisfatório. O sr. Huxley, em razão de suas preferências pessoais, declara-o entediante. Não tomamos partido, mas o interessante é que, ao se entregar a certos tipos de previsões às quais, de nossa parte, não damos a mínima importância, ele faz renascer o mundo que conhece, e nós também, por intermédio de um personagem que não é qualquer um — uma moça que manifesta sua necessidade de ser chicoteada. Parece-lhe, sem dúvida alguma, haver nisso algo que está estreitamente ligado ao caráter de humanidade do mundo.

Apenas lhes assinalo isso. O que é acessível a um romancista, que sem dúvida alguma tem experiência quanto à vida sexual, deveria afinal deter-nos, a nós, analistas.

Considerem a guinada da história da perversão na análise. Para descartar a noção de que a perversão era, pura e simplesmente, a pulsão em sua emergência, isto é, o contrário da neurose, esperou-se pelo sinal do maestro, ou seja, pelo momento em que Freud escreveu *Ein Kind wird geschlagen*, texto de uma sublimidade total, do qual tudo o que se disse desde então não passa de ninharia. Foi através da análise dessa fantasia de chicote que Freud realmente fez a perversão entrar em sua verdadeira dialética analítica. Ela não aparece como a manifestação pura e simples de uma pulsão, mas revela estar ligada a um contexto dialético tão sutil, tão composto, tão rico de compromissos e tão ambíguo quanto o de uma neurose.

A perversão, portanto, não deve ser classificada como uma categoria do instinto, de nossas tendências, mas deve ser articulada, precisamente, em seus detalhes, em seu material, e, para dizer a palavra exata, em seu significante. Toda vez, aliás, que vocês lidam com uma perversão, é um desconhecimento não ver quão fundamentalmente ligada ela está a uma trama de fabulação que é sempre passível de se transformar, de se modificar, de se desenvolver, de se enriquecer. Em alguns casos, a experiência permite ver que a perversão liga-se quimicamente, da maneira mais estreita, ao aparecimento, ao desaparecimento, a todo o movimento compensatório de uma fobia, a qual, por sua vez, evidentemente mostra um direito e um avesso, mas num sentido bem diferente, no sentido de dois sistemas articulados se comporem e se compensarem, e se alternarem um com o outro. É o quanto basta para nos incitar a articular a pulsão num campo totalmente diferente do puro e simples campo da tendência.

Chamo particularmente a atenção de vocês, uma vez que se trata, no momento, do objeto, para o peso de significante que têm os elementos, o material da perversão em si.

Que quer dizer tudo isso? Temos um objeto, um objeto primordial, e que continua, sem dúvida alguma, a dominar a continuação da vida do sujeito. Temos alguns elementos imaginários que desempenham um papel cristalizador e, particularmente, todo o material do aparelho corporal, os membros, a referência do sujeito à dominação deles, a imagem total. Mas a verdade é que o objeto é articulado à função do significante.

Constitui-se aqui uma relação entre duas séries, uma série de S, S', S", que simboliza para nós a existência de uma cadeia significante, e uma série de significações, na parte inferior. Enquanto a cadeia superior avança num certo sentido, o algo que está nas significações avança em sentido contrário. Há uma significação que sempre desliza, escoa e se furta, o que faz com que, no final das contas, a relação intrínseca do homem com toda a significação seja, em virtude da existência do significante, um objeto de um tipo especial. A esse objeto eu dou o nome de *objeto metonímico*.

Qual é seu princípio, na medida em que o sujeito tem uma relação com ele? O sujeito se identifica imaginariamente com ele de um modo absolutamente radical, e não com esta ou aquela das funções de objeto que atenda a essa ou aquela tendência parcial, como se costuma dizer. Alguma coisa exige que, nesse nível, haja em algum lugar um polo que represente no imaginário aquilo que sempre se furta, aquilo que se induz de uma certa corrente de fuga do objeto para o imaginário, em razão da existência do significante. Esse polo é um objeto. Ele é axial, central, em toda a dialética das perversões, das neuroses e até, pura e simplesmente, do desenvolvimento subjetivo. Ele tem um nome. Chama-se falo.

É o que terei a ilustrar-lhes da próxima vez.

5 DE FEVEREIRO DE 1958

XIII

A FANTASIA PARA ALÉM DO PRINCÍPIO DE PRAZER

Leitura de Bate-se em uma criança
O hieróglifo do chicote, a lei da Schlag
A reação terapêutica negativa
A dor de ser
O pretenso masoquismo feminino

A título de indicações bibliográficas, aponto-lhes três artigos aos quais terei oportunidade de fazer referência. O primeiro é de Ernest Jones, "The Phallic Phase", publicado no *International Journal*, volume XIV, de 1933, e reproduzido em sua coletânea, concluída por ele, intitulada *Papers on Psycho-analysis*. O segundo é em alemão e é de Hanns Sachs, "Genese der Perversion", que vocês encontrarão no nono volume do *Zeitschrift für Psychoanalyse*, de 1923. Por último, dou-lhes a referência inglesa do terceiro, "Perversion and Neurosis", de Otto Rank, no *IJP* do mesmo ano.

Acrescento a eles o artigo inicial de Freud, de 1919, "Ein Kind wird geschlagen", que foi o sinal que ele deu de uma reviravolta ou um passo adiante em seu próprio pensamento e, ao mesmo tempo, em todo o desenvolvimento teórico do pensamento analítico que se seguiu, no tocante às neuroses e às perversões.

Olhando de perto, a melhor formulação que se pode dar do que aconteceu nesse momento é uma formulação que apenas permite fornecer o registro que estou tentando desenvolver aqui, mostrando-lhes a instância essencial do significante na formação dos sintomas

— com efeito, trata-se da intervenção, em Freud, da noção de significante.

A partir do momento em que Freud mostrou isso, evidenciou-se claramente que o instinto, a pulsão, não tem direito algum de ser promovido como se estivesse, digamos, mais desnudado na perversão do que na neurose. Todo o artigo de Hanns Sachs sobre a gênese das perversões serve para mostrar que, em toda formação dita perversa, seja ela qual for, há exatamente a mesma estrutura de compromisso, de elusão, de dialética do recalcado e de retorno do recalcado que há na neurose. Essa é a essência desse artigo notável, e ele fornece exemplos absolutamente convincentes. Há sempre, na perversão, alguma coisa que o sujeito não quer reconhecer, com o que esse *quer* comporta em nossa linguagem — o que o sujeito não quer reconhecer só é concebível como estando articulado nela, mas, apesar disso, não somente desconhecido por ele, como também recalcado, por razões essenciais de articulação.

É essa a mola do mecanismo analítico do recalque. Se o sujeito reconhecesse o recalcado, ele seria forçado a reconhecer, ao mesmo tempo, uma série de outras coisas, as quais lhe são propriamente intoleráveis, o que constitui a fonte do recalcado. O recalque só pode ser concebido como ligado a uma cadeia significante articulada. Toda vez que vocês têm um recalque na neurose, é na medida em que o sujeito não quer reconhecer alguma coisa que necessitaria ser reconhecida, e esse termo, *necessitaria*, sempre comporta um elemento de articulação significante que não é concebível senão numa coerência discursiva. Pois bem, na perversão dá-se exatamente a mesma coisa. Eis que, em 1923, depois do artigo de Freud, Sachs e todos os psicanalistas perceberam que, examinada de perto, ela comportava exatamente os mesmos mecanismos de elisão dos termos fundamentais, isto é, edipianos, que encontramos na análise das neuroses.

Se, apesar disso, existe uma diferença, ela merece ser discernida muito de perto. Não podemos contentar-nos, de modo algum, com uma oposição sumária como a que consistiria em dizer que, na neurose, a pulsão é evitada, ao passo que, na perversão, ela se declara em sua nudez. A pulsão aparece nela, mas nunca aparece senão parcialmente. Aparece em alguma coisa que, em relação ao instinto, é um elemento desligado, um signo propriamente dito, e, podemos até chegar a dizê-lo, um significante do instinto. Foi por isso que ao me despedir de vocês, da vez passada, insisti no elemento instrumental que há em toda uma série de fantasias ditas perversas — para nos limitarmos a elas, por ora.

Convém, com efeito, partirmos do concreto, e não de uma certa ideia geral que podemos ter da chamada economia instintiva de uma tensão, agressiva ou não, de seus reflexos, retornos e refrações. Pelo menos, não é ela que nos explicará a prevalência, a insistência, a predominância de elementos cujo caráter é não apenas emergente, mas isolado na forma assumida pelas perversões sob a aparência de fantasias, isto é, naquilo que faz com que elas comportem uma satisfação imaginária.

Por que têm tais elementos esse lugar privilegiado? Falei, da última vez, do sapato e do chicote — e não podemos ligá-los a uma pura e simples economia biológica do instinto. Esses elementos instrumentais são isolados de uma forma que, evidentemente, é simbólica demais para que possa ser desconhecida por um só instante, a partir do momento em que abordamos a realidade da vivência da perversão. A constância de determinado elemento, através das transformações que podem ser mostradas, no curso da vida de um sujeito, pela evolução de sua perversão — ponto no qual Sachs também insiste —, é apropriada para sublinhar a necessidade de admiti-lo não apenas como um elemento primordial, derradeiro, irredutível, cujo lugar devemos discernir na economia subjetiva, mas também como um elemento significante da perversão.

Passemos ao artigo de Freud.

1

Freud parte de uma fantasia isolada por ele num conjunto de oito pacientes, seis moças e dois rapazes, que apresentavam formas patológicas bastante diferenciadas, dentre as quais uma parcela bem importante, em termos estatísticos, era neurótica, mas não a totalidade.

Trata-se de um estudo sistemático e cuidadosíssimo, acompanhado passo a passo com um escrúpulo que, dentre todas, distingue as investigações feitas pelo próprio Freud. Partindo desses sujeitos, por mais variados que fossem, ele se empenhou em acompanhar, através das etapas do complexo de Édipo, as transformações da economia da fantasia *bate-se em uma criança*, e começou a articular o que depois viria a se desenvolver como o momento de investigação das perversões em seu pensamento, o qual nos mostraria cada vez mais, insisto, a importância do jogo do significante nessa economia.

Só posso assinalar de passagem que um dos últimos artigos de Freud, "Construções em análise" — não sei se vocês terão reparado nele —, mostra a importância central da ideia da relação do sujeito com o significante para conceber o mecanismo da rememoração na análise. Nesse artigo, fica claramente admitido que esse mecanismo está ligado, como tal, à cadeia significante. Do mesmo modo, a última obra que Freud nos legou, o último de seus artigos do qual dispomos, de 1938, aquele que foi traduzido nos *Collected Papers* com o título *Splitting of the Ego in the Process of Defence*, que eu traduzo por *A divisão* ou *A fragmentação do eu no mecanismo do sintoma analítico*, e cujo título em alemão é *Die Ichspaltung im Abwehrvorgang*, aquele no qual Freud parou, caindo-lhe a pena das mãos — o artigo ficou inacabado —, esse texto liga estreitamente a economia do *ego* à dialética do reconhecimento perverso, por assim dizer, de um certo tema com que o sujeito se vê confrontado. Um nó indissolúvel reúne a função do *ego* à relação imaginária nos contatos do sujeito com a realidade, e o faz na medida em que essa relação imaginária é utilizada como integrada no mecanismo do significante.

Tomemos agora a fantasia *Bate-se em uma criança.*

Freud detém-se no que significa essa fantasia, na qual parece estar absorta, se não a íntegra, ao menos uma parte importante das satisfações libidinais do sujeito. Ele insiste no fato de a haver encontrado, em sua grande maioria, em sujeitos femininos, e com menos frequência em sujeitos masculinos. Não se trata de uma fantasia sádica ou perversa qualquer, mas de uma fantasia que culmina e se fixa sob uma forma cujo tema o sujeito revela de maneira muito reticente. Parece que uma carga muito grande de culpa está ligada à própria comunicação desse tema, o qual, uma vez revelado, não pode ser articulado senão como *Bate-se em uma criança.*

Bate-se. *Ein Kind wird geschlagen.* Isso quer dizer que não é o sujeito que bate, ele é um espectador nessa história. Freud começa por analisar a coisa tal como esta se passa na imaginação dos sujeitos femininos que lha tiveram que revelar. O personagem que bate, considerando-o em seu conjunto, é da linhagem dos que detêm a autoridade. Não é o pai, é, vez por outra, um professor, um homem onipotente, um rei, um tirano, às vezes uma figura muito romanceada. Reconhecemos não o pai, mas alguém que, para nós, é equivalente a ele. Vamos situá-lo na forma acabada da fantasia e, com muita facilidade, veremos que não há por que nos contentarmos com uma homologia com o pai. Longe de assimilá-lo ao pai, convém situá-lo no para-além do pai, isto é, naquela categoria do Nome-do-Pai que tomamos o cuidado de distinguir das incidências do pai real.

Trata-se, nessa fantasia, de diversas crianças, de uma espécie de grupo ou multidão, e são sempre meninos. Aí está uma coisa que suscita problemas, e tão numerosos que não posso pensar em abarcá-los hoje — peço-lhes, simplesmente, que se reportem ao artigo de Freud. Que sejam sempre meninos apanhando, isto é, sujeitos de um sexo oposto ao do sujeito da fantasia, é algo sobre o qual podemos especular indefinidamente — tentar, por exemplo, relacioná-lo prontamente com temas como o da rivalidade entre os sexos. Foi com isso que Freud concluiu seu artigo, mostrando a profunda incompatibilidade entre teorias como a de Adler e os dados clínicos, bem como sua incapacidade de explicar um resultado desse tipo. A argumentação de Freud é amplamente suficiente, e não é isso que constitui nosso interesse essencial.

O que desperta nosso interesse é a maneira como Freud procede para abordar o problema. Ele nos fornece o resultado de suas análises e começa falando do que acontece com a menina, em nome das exigências da exposição, para não ter de estar constantemente fazendo intercalações duplas — tal coisa na menina, tal coisa no menino —, e depois examina o que acontece com o menino, sobre quem, aliás, tem menos material. Em suma, o que nos diz ele? Freud constata constâncias e as relata. O que lhe parece essencial são os avatares dessa fantasia, suas transformações, seus antecedentes, sua história, suas subjacências, aos quais a investigação analítica lhe dá acesso. A fantasia, de fato, passa por um certo número de estados sucessivos, durante os quais podemos constatar que alguma coisa se modifica e alguma coisa permanece constante. Trata-se, para nós, de extrair ensinamentos do resultado dessa investigação minuciosa, que traz a marca que constitui a originalidade de quase tudo o que Freud escreveu — precisão, insistência, trabalho do material, até que as articulações que lhe parecem irredutíveis sejam realmente isoladas. É assim que, nas cinco grandes análises e, em particular, no admirável *Homem dos Lobos*, nós o vemos voltar, vezes sem conta, a investigar rigorosamente o papel do que podemos chamar de origem simbólica e o papel da origem real, na cadeia primitiva da história do sujeito. Aqui, do mesmo modo, ele nos destaca três tempos.

A primeira etapa, diz ele, que sempre encontramos nas meninas nessas ocasiões, é a seguinte: num dado momento da análise, a criança que está sendo espancada, e que, em todos os casos, revela seu rosto verdadeiro, é um parente próximo, um irmãozinho ou uma irmãzinha, em quem o pai bate. Qual é a significação dessa fantasia?

Não podemos dizer se ela é sexual ou sádica, tal é a afirmação surpreendente que sai da pena de Freud, com uma referência literária para corroborá-la: a resposta das feiticeiras de *Macbeth* a Banquo — ela é feita da matéria, *stuff*, da qual ambos provêm, o sexual e o sádico. Nisso encontramos o que Freud iria valorizar num artigo de 1924, "O problema econômico do masoquismo", e que é exigido em *Além do princípio do prazer*, ou seja, a etapa primária na qual devemos considerar que existe, primitivamente, pelo menos numa parte importante, uma *Bindung*, ligação, fusão dos instintos libidinais, dos instintos de vida, com os instintos de morte, ao passo que a evolução dos instintos comporta uma desfusão, uma *Entbindung*, mais ou menos precoce desses instintos. Algumas prevalências ou algumas paradas na evolução do sujeito são atribuíveis ao isolamento precoce do instinto de morte.

Embora essa fantasia seja primitiva — na medida em que não se encontra uma etapa arcaica anterior —, Freud assinala, ao mesmo tempo, que é no nível do pai que se situa sua significação. O pai recusa, nega seu amor à criança espancada, irmãozinho ou irmãzinha. É por haver uma denúncia da relação de amor e humilhação que esse sujeito é visado em sua existência de sujeito. Ele é objeto de uma sevícia, e essa sevícia consiste em negá-lo como sujeito, em reduzir a nada sua existência de desejante, em reduzi-lo a um estado que tende a aboli-lo como sujeito. *Meu pai não o(a) ama*, eis o sentido da fantasia primitiva, e é isso que dá prazer ao sujeito — o outro não é amado, ou seja, não é estabelecido na relação propriamente simbólica. É por esse meio que a intervenção do pai assume seu valor primordial para o sujeito, aquele do qual dependerá tudo o que vem depois.

Essa fantasia arcaica, portanto, nasce de saída numa relação triangular, que não se estabelece entre o sujeito, a mãe e o filho, mas entre o sujeito, o irmãozinho ou irmãzinha e o pai. Estamos antes do Édipo, e mesmo assim o pai presente.

Ao passo que esse primeiro tempo da fantasia, o mais arcaico, é reencontrado pelo sujeito em análise, o segundo, ao contrário, nunca o é, e tem de ser reconstruído. Isso é extraordinário. Se destaco as ousadias da dedução freudiana, não é para que nos detenhamos momentaneamente em saber se ela é ou não legítima, mas para que não nos deixemos levar de olhos vendados, para que percebamos o que Freud faz, e graças a que sua construção pode continuar. O material analítico converge, portanto, para esse estado da fantasia, que tem de ser reconstruído, uma vez que nunca aparece, segundo Freud, na lembrança.

Esse segundo tempo está ligado ao Édipo como tal. Tem o sentido de uma relação privilegiada da menina com o pai — é ela que é espancada. Freud admite, assim, que essa fantasia reconstruída pode indicar o retorno do desejo edipiano na menina, o de ser objeto do desejo do pai, com o que isso comporta de culpa, exigindo que ela seja espancada. Freud fala de regressão a esse respeito. Que devemos entender por isso? Dado que a mensagem de que se trata é recalcada, não podendo ser encontrada na memória do sujeito, um mecanismo correlato, que Freud chama aqui de regressão, faz com que o sujeito recorra à figuração da etapa anterior, para exprimir, numa fantasia que nunca vem à luz, a relação francamente libidinal, já estruturada à maneira edipiana, que o sujeito então mantém com o pai.

Num terceiro tempo, e depois da saída do Édipo, não resta outra coisa da fantasia senão um esquema geral. Introduz-se uma nova transformação, que é dupla. A figura do pai é ultrapassada, transposta, remetida à forma geral de um personagem na posição de bater, onipotente e despótico, enquanto o próprio sujeito é apresentado sob a forma das crianças multiplicadas, que já nem sequer são de um sexo preciso, mas formam uma espécie de série neutra.

Essa forma derradeira da fantasia, na qual alguma coisa é mantida, fixada, memorizada, diríamos, permanece, para o sujeito, investida da propriedade de constituir a imagem privilegiada na qual o que ele puder experimentar de satisfações genitais irá encontrar seu apoio.

Eis o que merece reter-nos e suscitar nossa reflexão, por meio dos termos cujo uso inicial procurei ensinar-lhes aqui. Que podem vir eles a representar?

2

Retomo meu triângulo imaginário e meu triângulo simbólico.

A primeira dialética da simbolização da relação da criança com a mãe é feita, essencialmente, com respeito ao que é significável, ou seja, ao que nos interessa. Há, sem dúvida, outras coisas além disso — há o objeto que a mãe pode representar, como portadora do seio, há as satisfações imediatas que ela pode dar à criança —, mas, se houvesse apenas isso, não existiria nenhuma espécie de dialética, nenhuma abertura no edifício. Na sequência, a relação com a mãe não é simplesmente feita de satisfações e frustrações, mas da descoberta do que é o objeto do desejo dela. O sujeito, essa criança pequena que tem de se constituir em sua aventura humana e ter acesso ao mundo do significado, deve, com efeito, fazer a descoberta do que significa para ela o seu desejo. Ora, o que sempre criou problemas na história analítica, tanto para a teoria quanto para a prática, foi saber por que, nesse ponto, aparece a função privilegiada do falo.

Quando vocês lerem o artigo de Jones sobre a *Phallic Phase*, verão as dificuldades insondáveis que nascem, para ele, da afirmação freudiana de que existe nos dois sexos uma etapa originária do desenvolvimento sexual em que o tema do outro como outro desejante está ligado à posse do falo. Isso era literalmente incompreensível para quase todos os que cercavam Freud, ainda que eles se contorcessem para, mesmo assim, introduzi-lo em sua articulação, porque os fatos lhes impunham isso. O que eles não compreendiam é que Freud instaurara ali um significante-pivô, em torno do qual girava toda a dialética do que o sujeito tem de conquistar por si mesmo, por seu próprio ser.

Na impossibilidade de compreender que se estava tratando de um significante, e não de outra coisa, os comentadores esfalfaram-se em procurar o equivalente dele, falando de defesa do sujeito sob a forma da crença no falo. É claro que, a propósito disso, eles coligiram numerosos fatos extremamente válidos, descobriram mil vestígios em suas diversas experiências, mas estas nunca passavam de casos ou encaminhamentos particulares, que não chegam a explicar por que tinha sido esse o elemento privilegiado tomado como centro e pivô da defesa. Jones, em particular, atribui à crença no falo uma função no desenvolvimento do menino, a qual, ao lê-lo, vocês perceberão ter sido extraída do caso de um homossexual, que está longe de ser o caso geral. Ora, com o falo, trata-se da função mais geral que existe.

Permitam-me uma fórmula concisa, que lhes parecerá muito audaciosa, mas à qual não teremos de voltar se vocês tiverem a bondade de admiti-la por um instante por seu uso operacional. Assim como eu lhes disse que, no interior do sistema significante, o Nome-do-Pai tem a função de significar o conjunto do sistema significante, de autorizá-lo a existir, de fazer dele a lei, direi que, frequentemente, devemos considerar que o falo entra em jogo no sistema significante a partir do momento em que o sujeito tem de simbolizar, em oposição ao significante, o significado como tal, isto é, a significação.

O que importa para o sujeito, o que ele deseja, o desejo como desejado, o desejo do sujeito, quando o neurótico ou o perverso tem de simbolizá-lo, isso, em última análise, é literalmente feito com a ajuda do falo. O significante do significado em geral é o falo.

Isso é essencial. Se vocês partirem daí, compreenderão muitas coisas. Se não partirem disso, compreenderão muito menos, e serão forçados a fazer desvios consideráveis para entender coisas excessivamente simples.

O falo entra desde logo em jogo, a partir do momento em que o sujeito aborda o desejo da mãe. Esse falo é velado e permanecerá velado até o fim dos séculos, por uma razão simples: é que ele é um significante último na relação do significante com o significado. Com efeito, há pouca probabilidade de que venha jamais a se revelar senão em sua natureza de significante, ou seja, de que venha realmente a revelar, ele mesmo, aquilo que, como significante, ele significa.

Não obstante, pensem no que acontece — caso que não contemplamos até aqui — quando, nesse lugar, intervém algo que é muito menos fácil de articular, de simbolizar, do que seja lá o que houver de imaginário, ou seja, um sujeito real. É precisamente disso que se trata nessa fase primária que nos é apontada por Freud.

O desejo da mãe não é simplesmente, nesse momento, o objeto de uma busca enigmática que deva conduzir o sujeito, no correr de seu desenvolvimento, a rastrear esse sinal, o falo, para que então este entre na dança do simbólico, seja o objeto preciso da castração e, por fim, seja entregue a ele sob uma outra forma, para que ele faça e seja o que se trata de fazer e ser. Ele o é, ele o faz, mas, aqui, estamos absolutamente na origem, no momento em que o sujeito se confronta com o lugar imaginário onde se situa o desejo da mãe, e esse lugar está ocupado.

Não podíamos falar de tudo ao mesmo tempo e, aliás, foi muito bom não termos pensado de imediato nesse papel dos irmãos mais novos, que todos sabemos, no entanto, ser de importância decisiva no desencadeamento das neuroses. Basta ter a mínima experiência analítica para saber o quanto o aparecimento de um irmãozinho ou irmãzinha tem um papel crucial na evolução de seja que neurose for. Só que, se houvéssemos pensado imediatamente nesse dado, isso teria surtido em nosso pensamento exatamente o mesmo efeito que observamos no sujeito neurótico — determo-nos na realidade dessa relação faz com que percamos completamente de vista sua função. A relação com o irmão ou irmã menor, com um rival qualquer, não assume seu valor decisivo no plano da realidade, mas por se inscrever num desenvolvimento totalmente diferente, num desenvolvimento da simbolização. Ela o complica e exige uma solução totalmente diversa, uma solução fantasística. Qual é esta? Freud articulou-nos sua natureza — o sujeito é abolido no plano simbólico, por ser um nada absoluto ao qual é recusada qualquer consideração como sujeito. Nesse caso particular, a criança descobre a chamada fantasia masoquista de fustigação, que constitui, nesse nível, uma solução bem-sucedida do problema.

Não temos que nos limitar a esse caso, e sim, antes de mais nada, compreender o que acontece aí. E o que acontece é um ato simbólico. Freud frisa bem: para a criança que se crê alguém na família, um único sopapo basta, muitas vezes, para precipitá-la do alto de sua onipotência. Pois bem, trata-se de um ato simbólico, e a própria forma que entra em jogo na fantasia, o chicote ou a chibata, traz em si o caráter, a natureza de um não-sei-quê que, no plano simbólico, exprime-se por um risco. Antes de qualquer outra coisa, de uma *Einfühlung*, de uma empatia qualquer que possa ser atribuída a uma relação física do sujeito com aquele que sofre, o que intervém, acima de tudo, é alguma coisa que risca o sujeito, que o barra, que o abole, alguma coisa de significante.

Isso é tão verdadeiro que quando mais tarde — tudo isso está no artigo de Freud, eu o estou seguindo linha a linha — a criança efetivamente depara com o ato de bater, ou seja, quando, na escola, vê diante de si uma criança espancada, ela não acha isso nem um pouco engraçado, diz Freud, fiando-se no texto de sua experiência com os sujeitos de quem extraiu a história dessa fantasia. Essa cena inspira na criança alguma coisa da ordem de uma *Ablehnung* — corrijo a tradução —, de uma aversão, um desviar de olhos. O sujeito é obrigado a suportá-la, mas não tem nada a ver com isso, mantém-se a distância. O sujeito está muito longe de participar do que realmente acontece quando é confrontado com uma cena efetiva de fustigação. E, aliás, como indica Freud com muita precisão, o próprio prazer dessa fantasia está manifestamente ligado a seu caráter pouco sério, inoperante. A fustigação não atinge a integridade real e física do sujeito. É justamente seu caráter simbólico que é erotizado como tal, e o é desde a origem.

No segundo tempo — e isso tem sua importância para a valorização do esquema que lhes apresentei da última vez —, a fantasia assume um valor completamente diferente, muda de sentido. É justamente aí que reside todo o enigma da essência do masoquismo.

Em se tratando do sujeito, não há como sair desse impasse. Não estou lhes dizendo que isso seja fácil de apreender, de explicar, de desdobrar. É preciso nos atermos primeiramente ao fato, ou seja, ao fato de que é assim, e depois tratarmos de compreender por que isso pode ser assim.

A introdução radical do significante comporta dois elementos distintos. Existem a mensagem e sua significação — o sujeito recebe a notícia de que o pequeno rival é uma criança espancada, ou seja, um nada absoluto, que a gente pode mandar às favas. Há também um significante que é preciso isolar como tal, qual seja, aquele com que operamos, o instrumento.

O caráter fundamental da fantasia masoquista, tal como efetivamente existe no sujeito — e não numa reconstrução modelar ou ideal qualquer da evolução dos instintos —, é a existência do chicote. É isso que, em si mesmo, merece ser por nós acentuado. Estamos lidando com um significante que merece ter um lugar privilegiado na série de nossos hieróglifos, antes de mais nada por uma simples razão, a de que o hieróglifo correspondente àquele que segura o chicote designa desde sempre o diretor, o governador, o mestre/senhor. Trata-se de não perder de vista que isso existe e constitui aquilo com que lidamos.

A mesma duplicidade é encontrada no segundo tempo. Só que a mensagem de que se trata, *Meu pai me bate*, não chega ao sujeito — é assim que é preciso entender o que Freud diz. A mensagem, que inicialmente quis dizer *O rival não existe, não é nada em absoluto*, agora quer dizer: *Tu existes, e é até amado*. É isso que, no segundo tempo, serve de mensagem, sob uma forma regressiva ou recalcada, não faz diferença. E é uma mensagem que não chega.

Quando Freud se dedicou ao problema do masoquismo como tal, um ano depois, em *Além do princípio do prazer*, e procurou saber qual era o valor radical do masoquismo encontrado na análise sob a forma de uma oposição, de um inimigo radical, ele foi forçado a enunciá-lo em diversos termos. Daí o interesse de nos determos nesse tempo enigmático da fantasia que ele nos diz ser toda a essência do masoquismo.

3

Avancemos passo a passo. Devemos começar por discernir o paradoxo e ver onde ele está.

Existe a mensagem, portanto, aquela que não chega ao lugar do sujeito. Em contrapartida, a única coisa que persiste é o material do significante, esse objeto, o chicote, que permanece como um signo até o fim, a ponto de se tornar o pivô e, diria eu, quase o modelo da relação com o desejo do Outro.

Com efeito, o caráter de generalidade da fantasia última, aquela que fica, é muito bem indicado pela multiplicação indefinida dos sujeitos. Ele evidencia a relação com o outro, os outros, os pequenos outros, o *a* minúsculo como libidinal, e significa que os seres humanos, como tais, estão todos sujeitos ao jugo de alguém. Entrar no mundo do desejo é, para o ser humano, suportar, logo de saída, a lei imposta por esse algo que existe mais-além, a lei da *Schlag* — o fato de o chamarmos aqui de pai já não tem importância, não vem ao caso. É assim que, num determinado sujeito, que entra na história por vias particulares, define-se uma certa linha de evolução. A função da fantasia terminal é manifestar uma relação essencial do sujeito com o significante.

Avancemos agora um pouco mais e recordemos em que consiste o que Freud introduz de novo a respeito do masoquismo em *Além do princípio do prazer*. É essencialmente isto: ao considerar o modo de resistência ou de inércia do sujeito ante uma certa intervenção terapêutica normativa, normatizadora, somos levados a articular o princípio de prazer como a tendência da vida a retornar ao inanimado. O recurso fundamental da evolução libidinal é voltar ao repouso das pedras. Eis o que Freud introduz, para grande escândalo de todos os que até então haviam feito da noção de libido a lei de seu pensamento.

Essa contribuição, se foi paradoxalmente nova ou até escandalosa, ao ser expressa como acabo de fazer, não passa, por outro lado, de uma extensão do princípio de prazer, tal como Freud o caracterizou através do retorno da tensão a zero. Não há, de fato, retorno mais radical a zero do que a morte. Só que vocês podem observar que, ao mesmo tempo, para distinguir essa formulação do princípio de prazer, somos, ainda assim, forçados a situá-la para além do princípio de prazer.

Conviria dizer aqui algumas palavras sobre um dos problemas mais singulares da vida e da pessoa de Freud — sua relação com a mulher, à qual um dia talvez tenhamos oportunidade de voltar. Sua vida foi muito privada de mulheres, ou privou-se delas. Quase só conhecemos duas mulheres nela, a dele e a cunhada que vivia à sombra do casal. Na verdade, não temos nenhum indício de outra coisa que fosse uma relação propriamente amorosa. Em contrapartida, ele tinha uma tendência bastante deplorável a acolher, com facilidade, sugestões provenientes da constelação feminina que se formou a seu redor, e cujas componentes se pretendiam continuadoras ou auxiliares de seu pensamento. Assim é que bastou que lhe fosse proposto, por uma pessoa como Barbara Low, um termo tão mediocremente adaptado, atrevo-me a dizê-lo, quanto *Nirvana principle*, para que ele lhe desse sua sanção. A relação que pode existir entre o Nirvana e a ideia do retorno da natureza ao inanimado é um tanto quanto aproximativa, mas, já que Freud se contentou com ela, contentemo-nos nós também.

Se o princípio de Nirvana é a regra e a lei da evolução vital, deve haver um troço em algum lugar para que, pelo menos de vez em quando, não seja a redução da tensão que é prazerosa, mas, ao contrário, seu aumento — só que, reconhece Freud, somos absolutamente incapazes de dizer por quê. Deve ser alguma coisa do tipo de um ritmo temporal, de uma conveniência dos termos, de pulsações. Ele deixa despontar no horizonte um possível recurso a explicações que, se pudessem ser dadas, não seriam vagas, mas que continuam muito longe de nosso alcance — elas vão no sentido da música, da harmonia das esferas.

Em todo caso, desde que admitamos que o princípio de prazer está em retornar à morte, o prazer efetivo, aquele com que lidamos concretamente, exige uma outra ordem de explicações. É preciso que alguma coisa da vida faça os sujeitos acreditarem, por assim dizer, que é para o prazer deles que eles existem. Voltamos, assim, à maior das banalidades filosóficas, ou seja, a de que o véu de Maia é que nos conservaria vivos, graças ao fato de nos engambelar. Afora isso, a possibilidade de atingirmos, quer o prazer, quer diferentes prazeres, fazendo toda sorte de desvios, repousaria no princípio de realidade. Seria esse o mais-além do princípio de prazer.

Não foi preciso nada menos que isso para que Freud justificasse a existência do que chamou de reação terapêutica negativa. Devemos, no entanto, deter-nos aqui por um momento, porque, afinal, essa reação terapêutica negativa não é uma espécie de reação estoica do sujeito. Ela se manifesta por toda sorte de coisas extraordinariamente incômodas para ele, assim como para nós e para seu círculo. Elas são tão estorvadoras, aliás, que, pensando bem, *não ter nascido* pode afigurar-se um destino melhor, por tudo o que acontece com o ser. O dito que Édipo acaba articulando, seu μη φυναι, como termo último que dá sentido ao ponto em que vem culminar a aventura trágica, longe de abolir essa aventura, eterniza-a, ao contrário, pela simples razão de que, se Édipo não conseguisse enunciá-lo, não seria o herói supremo que é. É justamente na medida em que ele enfim o articula, isto é, em que se pereniza, que ele é esse herói.

O que Freud nos desvenda como o para-além do princípio de prazer é que talvez haja, com efeito, uma aspiração última ao repouso e à morte eterna, mas, em nossa experiência, e esse é todo o sentido de meu segundo ano de seminário, deparamos com o caráter específico da reação terapêutica negativa, sob a forma do irresistível pendor para o suicídio que se faz reconhecer nas derradeiras resistências com que lidamos nos sujeitos mais ou menos caracterizados pelo fato de terem sido filhos não desejados. À medida mesmo que se articula melhor para eles aquilo que deve fazer com que se aproximem de sua história de sujeitos, eles se recusam cada vez mais a entrar no jogo. Querem sair dele, literalmente. Não aceitam ser aquilo que são, não querem essa cadeia significante na qual só foram aceitos com pesar por sua mãe.

O que se evidencia aqui para nós, analistas, nesses casos, é exatamente o que se encontra nos outros, ou seja, a presença de um desejo que se articula, e que se articula não somente como desejo de reconhecimento, mas como reconhecimento de um desejo. O significante é a dimensão essencial disso. Quanto mais o sujeito se afirma, com a ajuda do significante, como querendo sair da cadeia significante, e quanto mais entra e se integra nela, mais ele próprio se torna um signo dessa cadeia. Quando abole a si mesmo, torna-se mais signo do que nunca. A razão disso é simples: é precisamente a partir do momento em que o sujeito morre que ele se torna, para os outros, um signo eterno, e os suicidas mais que os outros. É por isso mesmo que o suicídio tem uma beleza horrenda, que o faz ser tão terrivelmente condenado pelos homens, e também uma beleza contagiosa, que dá margem àquelas epidemias de suicídio que são o que há de mais real na experiência.

Mais uma vez, em *Além do princípio do prazer*, Freud enfatiza o desejo de reconhecimento como tal, como servindo de fundo para o que constitui nossa relação com o sujeito. E, afinal, no que Freud denomina de além do princípio de prazer, haverá realmente outra coisa senão a relação fundamental do sujeito com a cadeia significante?

Se vocês refletirem bem, recorrer a uma pretensa inércia da natureza humana para fornecer o modelo daquilo a que a vida aspiraria é uma ideia que tem de, no ponto em que nos encontramos, nos fazer sorrir ligeiramente. Em matéria de retorno ao nada, nada é menos garantido. Aliás, o próprio Freud — num parêntese muito pequeno, que eu lhes rogaria buscarem no artigo "O problema econômico do masoquismo", onde ele torna a evocar seu *Além do princípio do prazer* — nos indica que, se o retorno à natureza inanimada é efetivamente concebível como o retorno ao nível mais baixo de tensão, ao repouso, nada nos garante que, na redução ao nada de tudo aquilo que se elevou e que seria a vida, também aí, por assim dizer, isso não se mexa, e que não haja, no fundo, a dor de ser. Essa dor, não a estou fazendo surgir, não a estou extrapolando: ela é apontada por Freud como o que devemos considerar como o resíduo último da ligação de Tânatos com Eros. Sem dúvida, Tânatos encontra meios de se libertar através da agressividade motora do sujeito diante daquilo que o cerca, mas resta alguma coisa no interior do sujeito sob a forma dessa dor de ser que, aos olhos de Freud, parece estar ligada à própria existência do ser vivo. Ora, nada prova que essa dor se detenha nos vivos, segundo tudo o que agora sabemos de uma natureza que é animada de um outro modo, estagnada, fermentante, fervilhante ou mesmo explosiva, mais ainda do que podíamos imaginar.

Em contrapartida, o que não precisamos imaginar, aquilo em que tocamos diretamente agora é que o sujeito em sua relação com o significante pode, de vez em quando, ao ser solicitado a se constituir no significante, recusar-se a fazê-lo. Ele pode dizer: — *Não, eu não serei um elemento da cadeia*. É isso, realmente, que constitui o fundo. Mas aqui, o fundo, o avesso, é exatamente a mesma coisa que o direito. Que faz o sujeito, na verdade, a cada momento em que se recusa, de certo modo, a pagar uma dívida que não contraiu? Não faz outra coisa senão perpetuá-la. Suas recusas sucessivas têm como efeito fazer a cadeia repercutir mais, e ele se descobre sempre mais e mais ligado a essa mesma cadeia. A *Absagüngzwang*, essa necessidade eterna de repetir a mesma recusa, é onde Freud nos mostra o último recurso de tudo aquilo que se manifesta do inconsciente sob a forma da reprodução sintomática.

Precisa-se de nada menos do que isso para compreender por que o significante, a partir do momento em que é introduzido, tem, fundamentalmente, um valor duplo. De que modo se sente o sujeito, afetado como desejo pelo significante, na medida em que é ele que é abolido, e não o outro que detém o chicote imaginário e, é claro, significante? Como desejo, ele se sente escorado naquilo que como tal o consagra e o valoriza, ao mesmo tempo que o profana. Há sempre, na fantasia masoquista, uma faceta degradante e profanadora, que indica ao mesmo tempo a dimensão do reconhecimento e o modo de relação proibido do sujeito com o sujeito paterno. É isso que constitui o fundo da parte desconhecida da fantasia.

O acesso do sujeito ao caráter de duplo sentido radical do significante é facilitado por isso — que ainda não empreguei no esquema para poupar as cabecinhas de vocês, porque, da última vez, houve complicações assustadoras a partir do momento em que introduzi a linha paralela *i-m*, ou seja, a relação da imagem do próprio corpo com o eu do sujeito.

Não podemos desconhecer que o rival não intervém, pura e simplesmente, na relação triangular, mas se apresenta, já no nível imaginário, como um obstáculo radical. É isso que provoca o que santo Agostinho nos descreve em suas *Confissões* — a palidez mortal do recém-nascido ao ver seu irmão de leite no seio da mãe. Há nisso, com efeito, alguma coisa de radical, de verdadeiramente mortífera para o sujeito, que se exprime bem nessa passagem. Mas a rivalidade com o outro não é tudo, já que também existe a identificação com o outro. Em outras palavras, a relação que liga o sujeito a qualquer imagem do outro tem um caráter fundamentalmente ambíguo, e constitui uma apresentação perfeitamente natural do sujeito à báscula que, na fantasia, leva-o ao lugar que era do rival, onde, por conseguinte, a mesma mensagem chegará a ele, com um sentido totalmente oposto.

Vemos então o seguinte, que nos faz compreender melhor do que se trata: é na medida em que uma parte da relação vem a entrar em ligação com o eu do sujeito que se organizam e se estruturam as fantasias consecutivas. Não é à toa que é nessa dimensão, entre o objeto materno primitivo e a imagem do sujeito — dimensão na qual se abre em leque toda a gama dos intermediários em que se constitui a realidade —, que vêm situar-se todos esses outros que são o suporte do objeto significativo, isto é, do chicote. A partir desse momento, a fantasia, em sua significação — refiro-me à fantasia em que o sujeito figura como criança espancada —, torna-se a relação com o Outro por quem se trata de ser amado, enquanto ele mesmo não é reconhecido como tal. Essa fantasia situa-se, então, em algum lugar da dimensão simbólica entre o pai e a mãe, entre os quais, aliás, ela efetivamente oscila.

Hoje os fiz percorrer um caminho não menos difícil do que aquele que os fiz percorrer da última vez. Esperem, para poder controlar seu valor e sua validade, pelo que eu possa dizer-lhes em seguida. Para terminar com uma notinha sugestiva, far-lhes-ei o seguinte comentário, que lhes mostrará como nossos termos se aplicam.

É corrente dizer-se, na análise, que a relação com o homem comporta, por parte da mulher, um certo masoquismo. Esse é um dos erros de perspectiva a que nos conduz, o tempo todo, não sei que deslizamento de nossa experiência para a confusão e a rotina. Não é pelo fato de os masoquistas manifestarem, em suas relações com o parceiro, certos sinais ou fantasias de uma posição tipicamente feminina que, inversamente, a relação da mulher com o homem é uma relação masoquista. Nas relações entre o homem e a mulher, a ideia de que a mulher é alguém que recebe pancadas pode muito bem ser uma perspectiva de sujeito masculino, na medida em que a posição feminina o afeta. Mas não basta o sujeito masculino perceber em algumas perspectivas, as suas ou as de sua experiência clínica, uma certa ligação entre a tomada de posição feminina e tal ou qual significante da posição do sujeito, que estaria mais ou menos relacionado com o masoquismo, para que essa seja, de fato, uma posição constitutivamente feminina.

É extremamente importante proceder a essa correção, que lhes faço de passagem, do termo masoquismo feminino, introduzido por Freud em seu artigo sobre o problema econômico.

Não tive tempo algum para abordar o que tinha a lhes dizer a propósito das relações do falo com a comédia. Lamento, e remeto o assunto a um próximo encontro.

12 DE FEVEREIRO DE 1958

O VALOR DE SIGNIFICAÇÃO DO FALO

XIV

O DESEJO E O GOZO

As máscaras de uma mulher
A perversão de André Gide
Ideal do eu e perversão
O balcão, *de Jean Genet*
A comédia e o falo

Caros amigos, para retomar nosso discurso interrompido há três semanas, partirei do que lembrávamos ontem à noite com justeza: que nosso discurso deve ser um discurso científico. Dito isso, parece que, para chegar a esse fim, os caminhos não são muito fáceis, quando se trata de nosso objeto.

Simplesmente apontei, ontem à noite, a originalidade do momento que é constituída, no exame dos fenômenos do homem ao se colocar em primeiro plano, o que faz toda a disciplina freudiana, esse elemento privilegiado que se chama desejo.

Observei que, até Freud, esse elemento em si sempre fora reduzido e, sob certo aspecto, precocemente elidido. Isso é o que permite dizer que, até Freud, qualquer estudo da economia humana partia mais ou menos de uma preocupação com a moral, com a ética, no sentido de que se tratava menos de estudar o desejo do que, desde logo, reduzi-lo e discipliná-lo. Ora, é com os efeitos do desejo, num sentido muito amplo — o desejo não é um efeito colateral —, que temos, na psicanálise, que lidar.

O que se manifesta no fenômeno do desejo humano é sua subducção intrínseca, para não dizer sua subversão, pelo significante. Eis o sentido de tudo o que me esforço por lembrar-lhes aqui — a relação do desejo com o significante.

Não é isso que desenvolverei hoje para vocês, uma vez mais, ainda que tenhamos de voltar a esse ponto para tornar a partir dele, mas vou mostrar-lhes o que significa, na perspectiva rigorosa que mantém a originalidade das condições do desejo do homem, uma ideia que está sempre mais ou menos implícita no manejo que vocês fazem da noção de desejo, e que merece ser distinguida dela — direi mais, que só pode começar a ser articulada a partir do momento em que está suficientemente inculcada em nós a complexidade na qual se constitui esse desejo. Essa ideia de que estou falando será o outro polo de nosso discurso de hoje. Ela se chama gozo.

Retomando brevemente o que constitui como tal o desvio ou a alienação do desejo no significante, vamos perguntar-nos o que pode significar, nessa perspectiva, o fato de o sujeito humano ser capaz de se apropriar das condições que lhe são impostas em seu mundo, como se essas condições fossem feitas para ele, e de se satisfazer com elas.

Isso, indico-lhes, nos fará desembocar — espero chegar lá hoje — num tema que já lhes anunciei no início do ano, ao tomar as coisas pela perspectiva da tirada espirituosa, ou seja, na natureza da comédia.

1

Lembremos, para começar, que o desejo está instalado numa relação com a cadeia significante, que ele se instaura e se propõe inicialmente na evolução do sujeito humano como demanda, e que frustração, em Freud, é *Versagung*, ou seja, recusa, ou, ainda mais exatamente, desdizer.

Quando, com os kleinianos, remontamos à gênese, exploração esta que certamente constituiu um progresso para a análise, somos conduzidos, na maioria dos problemas da evolução do sujeito neurótico, à chamada satisfação sádico-oral. Observem, simplesmente, que essa satisfação se efetua como uma fantasia e, desde logo, como retorsão da satisfação fantasiada.

Dizem-nos que tudo parte da necessidade de morder, às vezes agressiva, que tem a criança pequena em relação ao corpo da mãe. Não nos esqueçamos, no entanto, que tudo isso jamais consiste numa mordida real, que são fantasias, e que nada nessa dedução pode sequer avançar um passo, a não ser o de nos indicar que o medo da mordida, inversamente, é o eixo essencial daquilo que se trata de demonstrar.

Aliás, um de vocês, com quem eu conversava ontem à noite, e que vem tentando retomar com Susan Isaacs algumas definições válidas da fantasia, falou-me, muito justificadamente, de sua total dificuldade em fazer delas qualquer dedução que seja fundamentada, pura e simplesmente, na relação imaginária entre os sujeitos. É absolutamente impossível estabelecer uma distinção válida entre as fantasias inconscientes e essa criação formal que é o funcionamento da imaginação, se não virmos que a fantasia inconsciente é desde sempre dominada, estruturada, pelas condições do significante.

Os objetos primordiais bons e maus, os objetos primários a partir dos quais se faz toda a dedução analítica, constituem uma bateria na qual se desenham diversas séries de termos substitutos, fadados à equivalência. O leite e o seio transformam-se, posteriormente, quer no esperma, quer no pênis. Desde sempre, os objetos estão, se assim me posso exprimir, *significantizados*.

O que se produz da relação com o objeto mais primordial, o objeto materno, efetua-se desde logo com base em signos, com base no que poderíamos chamar, para dar uma imagem do que queremos dizer, de moeda do desejo do Outro. Só que o estudo que fizemos da última vez, tão de perto quanto é necessário para enxergá-la bem, dessa obra que Freud considera decisiva — e lhes ressaltei, com efeito, que ela marcou o passo inaugural na verdadeira compreensão analítica do problema da perversão — pretendia fazê-los perceber que, entre esses signos, pode efetuar-se uma divisão. Com efeito, nem todos eles são redutíveis ao que já lhes indiquei como sendo títulos de propriedade, valores fiduciários, valores representativos, moeda de troca, como acabamos de dizer há pouco, signos constituídos como tais. Há entre esse signos alguns que são signos constitutivos, ou seja, através dos quais a criação do valor é assegurada, através dos quais esse algo de real que é implicado a todo instante nessa economia é atingido pela bala que faz dele um signo.

Vimos da última vez uma bala dessas, constituída pelo signo da bengala, da chibata, ou seja lá do que for que golpeie. Esse é um elemento através do qual até um efeito desagradável pode tornar-se uma distinção subjetiva, e instaurar a própria relação em que a demanda possa ser reconhecida como tal. O que a princípio fora um meio de anular a realidade rival do irmão torna-se, secundariamente, aquilo mediante o qual o próprio sujeito se vê distinguido, reconhecido, apontado como algo que pode ser reconhecido ou atirado ao nada. A partir daí, o sujeito se apresenta como a superfície sobre a qual se pode inscrever tudo o que poderá dar-se a seguir, ou até, se posso me expressar assim, como um cheque em branco no qual todas as doações são possíveis. E, já que todas as doações são possíveis, é que também não se trata nem mesmo daquilo que pode ser dado ou não, porque se trata da relação de amor, que eu lhes disse ser constituída pelo fato de que o sujeito dá essencialmente o que não tem. Toda a possibilidade de introdução na ordem do amor pressupõe esse signo fundamental para o sujeito, que pode ser por ele anulado ou reconhecido como tal.

Pedi-lhes, durante esse intervalo, que fizessem algumas leituras. Espero que as tenham feito, e que se hajam ocupado ao menos um pouquinho com a fase fálica do sr. Jones e com o desenvolvimento precoce da sexualidade feminina.

Uma vez que tenho que ir adiante hoje, vou pontuar-lhes um exemplo perfeitamente localizado, que encontrei ao reler o número do *IJP* que comemorou o quinquagésimo aniversário de Jones, na época em que essa fase fálica estava no primeiro plano do interesse dos psicanalistas ingleses. Nesse número, o volume X, reli mais uma vez, com muito interesse, o artigo de Joan Riviere intitulado "A feminilidade como mascarada".

Trata-se da análise de um caso específico — não da função da feminilidade em geral —, que Joan Riviere situa em relação a diversas ramificações que são um punhado de encaminhamentos possíveis no acesso à feminilidade.

O sujeito em questão apresentava-se como dotado de uma feminilidade ainda mais notável, em sua assunção aparentemente completa, pelo fato de que toda a sua vida podia, nessa época, muito mais até do que na nossa, parecer manifestar uma assunção de todas as funções masculinas. Em outras palavras, tratava-se de alguém que tinha uma vida profissional perfeitamente independente, elaborada, livre — o que, repito, destacava-se muito mais naquela época do que na nossa —, e que, não obstante, manifestava-se pela assunção correlata, e em grau máximo, de suas funções femininas — tanto sob a forma pública de suas funções de dona de casa quanto em suas relações com o marido, o que mostrava por toda parte a superioridade de qualidades que, em nossa sociedade e em todas as posições sociais, concernem àquilo que fica forçosamente sob o encargo da mulher, e, num outro registro, concernem muito especialmente ao plano sexual, no qual suas relações com o homem revelavam-se inteiramente satisfatórias quanto ao gozo.

Pois bem, sob a aparente satisfação completa da posição feminina, essa análise destacou algo de muito oculto, que nem por isso deixava de constituir sua base. Trata-se, sem dúvida alguma, de alguma coisa que não é encontrada sem que, apesar de tudo, se tenha sido instigado por alguma discordância pequenina, infinitamente pequena, que aparece na superfície de um estado que é, em princípio, completamente satisfatório.

Vocês sabem da ênfase que nossa experiência pôde colocar no *Penisneid*, reivindicação do pênis, em muitos distúrbios do desenvolvimento da sexualidade feminina. Aqui, o que se oculta é exatamente o contrário. Não posso refazer-lhes a história dessa mulher, não é esse o nosso objetivo de hoje, mas a origem da satisfação que sustentava o que aparentemente florescia nessa libido feliz era a satisfação oculta de uma supremacia em relação aos personagens parentais. É exatamente esse o termo de que se serve a sra. Joan Riviere, e que ela considera como estando na própria origem dos problemas desse caso — o qual, como eu disse, apresentava-se com um caráter de liberdade e plenitude que se fazia notar por não ser tão garantido na evolução da sexualidade feminina. A identificação dessa mola oculta da personalidade surtiu o efeito, ainda que apenas de maneira transitória, de perturbar profundamente o que fora apresentado como uma relação acabada, madura e feliz, a ponto de levar, por algum tempo, ao desaparecimento do desfecho feliz do ato sexual — o que, segundo a autora, constitui uma prova.

Encontramo-nos pois na presença, nessa mulher, como salienta a sra. Joan Riviere, da necessidade de evitar uma represália por parte dos homens, motivada pela subtração sub-reptícia que ela efetuava da fonte e do próprio símbolo da potência deles. À medida que a análise avançou, o sentido da relação da paciente com as pessoas de ambos os sexos mostrou-se, de maneira cada vez mais evidente, dado, norteado, dominado pela preocupação de evitar o castigo e a represália por parte dos homens visados.

Essa escansão sutilíssima, que apareceu, como acabei de dizer, à medida que avançou a análise, já era perceptível, no entanto, em pequenos traços anômalos. Toda vez, com efeito, que essa mulher dava mostras de sua potência fálica, ela se precipitava numa série de providências, fosse de sedução, fosse até de um processo sacrificial — *fazer tudo para os outros* —, nisso adotando, aparentemente, as formas mais elevadas da dedicação feminina, como se ela dissesse: — *Vejam bem, eu não tenho esse falo, sou mulher, e puramente mulher*. Ela se mascarava especialmente em sua postura profissional perante os homens: embora fosse eminentemente qualificada, de repente adotava, por uma espécie de evasiva, uma atitude excessivamente modesta ou mesmo ansiosa quanto à qualidade do que havia feito, com isso fazendo, na realidade, todo um jogo de coquetismo, como se exprimiu a sra. Joan Riviere, que lhe servia menos para tranquilizar do que para ludibriar aqueles que pudessem ofender-se com o que se apresentava nela, fundamentalmente, como agressão, como necessidade e gozo com a supremacia como tal, e que se estruturava numa história de rivalidade, inicialmente com a mãe, e, depois, com o pai.

Em suma, a propósito de um exemplo como esse, por mais paradoxal que pareça, vemos que aquilo de que se trata numa análise, na compreensão de uma estrutura subjetiva, é sempre algo que nos mostra o sujeito empenhado num processo de reconhecimento como tal — mas reconhecimento de quê? Entendamos bem isso.

Dessa necessidade de reconhecimento, o sujeito é inconsciente, e é por isso mesmo que devemos, com absoluta necessidade, situá-lo numa alteridade de um teor que, até Freud, não conhecíamos. Essa alteridade prende-se ao lugar puro e simples de significante, pelo qual o ser se cinde de sua própria existência.

O destino do sujeito humano está essencialmente ligado a sua relação com seu signo de ser, que é objeto de toda sorte de paixões e que presentifica, nesse processo, a morte. Em sua ligação com esse signo, o sujeito, com efeito, está suficientemente desligado de si mesmo para poder ter com sua própria vida uma relação que é única, ao que parece, na criação — uma relação que constitui a forma derradeira do que chamamos, na análise, de masoquismo, isto é, aquilo mediante o qual o sujeito apreende a dor de existir.

Como existência, o sujeito vê-se constituído desde o início como divisão. Por quê? Porque seu ser tem de se fazer representar alhures, no signo, e o próprio signo está num lugar terceiro. É isso que estrutura o sujeito na decomposição de si mesmo sem a qual nos é impossível fundamentar, de alguma maneira válida, o que se chama inconsciente.

Tomem o menor sonho que seja, e vocês verão, sob a condição de o analisarem corretamente e de se reportarem à *Traumdeutung*, que não é no significante articulado, mesmo depois de feita a primeira decodificação, que se encarna o inconsciente. A propósito de tudo, Freud retorna a isso e o enfatiza: existem, diz ele, sonhos hipócritas, que nem por isso deixam de ser a representação de um desejo, nem que seja o desejo de enganar o analista. Lembrem-se do que lhes apontei sobre uma passagem plenamente articulada da análise da jovem homossexual. O discurso inconsciente não é a última palavra do inconsciente, ele é sustentado pelo que é de fato a mola última do inconsciente, e que não pode ser articulado senão como desejo de reconhecimento do sujeito. Nem que seja através de uma mentira, desde logo articulada no nível dos mecanismos que escapam à consciência. Desejo de reconhecimento que sustenta, nessa oportunidade, a própria mentira, e que pode apresentar-se, numa falsa perspectiva, como mentira do inconsciente.

Isso lhes dá o sentido e a chave da necessidade que temos de colocar na base de qualquer análise do fenômeno subjetivo completo, tal como ele nos é fornecido pela experiência analítica, o esquema em torno do qual tento fazer progredir o encaminhamento autêntico da experiência das formações do inconsciente. Ele é o que promovi perante vocês, recentemente, sob uma forma que hoje posso apresentar-lhes de maneira mais simples. Naturalmente, são sempre as formas mais simples que devem ser trazidas por último.

2

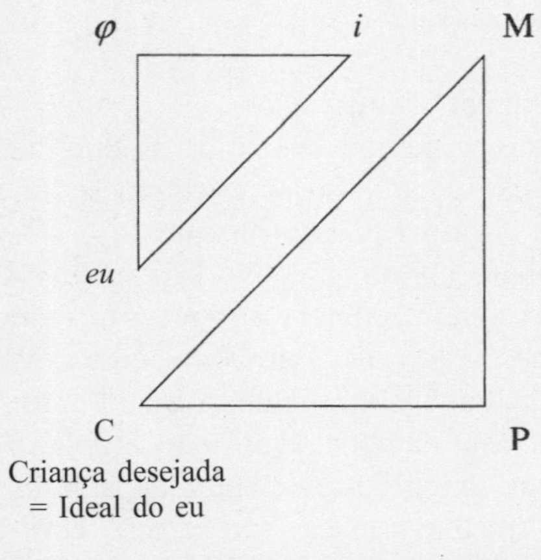

Que temos nesse ângulo de três polos, C, P e M, que constitui a posição do sujeito?

Vemos o sujeito em sua relação com uma tríade de termos, que são as fundações significantes de todo o seu progresso. Nomeadamente, M, a mãe, na medida em que é o primeiro objeto simbolizado, já que sua ausência ou sua presença se tornarão, para o sujeito, o signo do desejo ao qual se agarrará o desejo dele próprio, uma vez que fará ou não dele não apenas uma criança satisfeita ou insatisfeita, mas uma criança desejada ou não desejada.

Essa não é uma construção arbitrária. Reconheçam que o que instauro aí, nossa experiência nos ensinou a descobri-lo passo a passo.

Foi a experiência que nos ensinou o que comporta de consequências em cascata, de desestruturação quase infinita, o fato de um sujeito, antes de seu nascimento, ter sido uma criança desejada ou não. Esse termo é essencial. É mais essencial do que ter sido, neste ou naquele momento, uma criança mais ou menos satisfeita. A expressão criança desejada corresponde à constituição da mãe como sede do desejo, e a toda a dialética da relação do filho com o desejo da mãe que tentei demonstrar-lhes, e que se concentra no fato primordial do símbolo da criança desejada.

Aqui fica P, o termo do pai, na medida em que ele é, no significante, o significante mediante o qual o próprio significante se instaura como tal. É por isso que o pai é essencialmente criador, eu diria até criador absoluto, aquele que cria do nada. Em si mesmo, com efeito, o significante tem a dimensão original de poder conter o significante que se define como o surgimento desse significante.

É em relação a isso que tem de se situar algo de essencialmente confuso, indeterminado, não desvinculado de sua existência, mas feito para se separar dela, ou seja, o sujeito, na medida em que ele tem de ser significado.

Se é possível haver identificações, se o sujeito chega, em sua vivência, a conferir esse ou aquele sentido ao que lhe é dado por sua fisiologia humana particular, isso se estrutura sempre nessa relação triádica constituída no nível do significante.

Não preciso voltar à homologia dos termos no nível do significado, do lado em que está o sujeito, em relação a esses três termos simbólicos. Já o demonstrei em parte, não faço outra coisa, aliás, senão isso. Peço-lhes que me acompanhem quanto a esse ponto, até uma informação mais ampla, uma demonstração mais ampla.

Na relação com sua própria imagem, o sujeito depara com a duplicidade do desejo materno em sua relação com ele como filho desejado, que é apenas simbólica. Ele a comprova, experimenta-a nessa relação com sua autoimagem, na qual pode vir superpor-se uma porção de coisas.

Vou trazer-lhes prontamente um exemplo que ilustra isso, uma vez que aludi, ontem à noite, ao fato de haver examinado de perto a história de Gide em criança, tal como Jean Delay no-la expôs de maneira realmente exaustiva na patografia que nos forneceu desse caso, sob o título de *A juventude de André Gide*.

Sabemos que Gide, o menino canhestro — como disse o autor em algum lugar, à visão da fotografia diante da qual o personagem se sentira estremecer —, ficou entregue em sua erótica, em seu autoerotismo primitivo, às imagens menos constituídas, uma vez que, segundo nos disse, encontrava seu orgasmo na identificação com situações catastróficas. Por exemplo, ele descobriu muito precocemente o gozo na leitura de Mme de Ségur, cujos livros são fundamentais por toda a ambiguidade do sadismo primário, mas nos quais esse sadismo talvez não seja o mais elaborado. Encontramos igualmente outros exemplos — a criança espancada, uma empregada que deixa cair alguma coisa, com um grande estrépito de destruição do que carregava nas mãos, ou, ainda, a identificação com o personagem de Gribouille num conto de Andersen, que vai sendo levado pela correnteza e acaba chegando a um rio distante, transformado num feixe de vegetação. Essas são formas dentre as menos humanamente constituídas da dor da existência.

Não podemos apreender aí nada senão esse algo de abissal que se constitui na relação primária do sujeito com uma mãe que sabemos, ao mesmo tempo, que tinha altíssimas e notabilíssimas qualidades, e um não-sei-quê de totalmente elidido em sua sexualidade, em sua vida feminina, que, na presença dela, certamente deixava o menino, no momento de seus primeiros anos de vida, numa posição totalmente não situada.

O ponto decisivo em que a vida do jovem Gide retomou, por assim dizer, um sentido e uma constituição humana deve ser situado num momento crucial de entificação que nos é dado em sua lembrança tão claramente quanto possível, e que deixou sua marca de maneira indubitável em toda a sua vida. Trata-se de sua identificação com a jovem prima.

Identificação, com certeza, mas não basta fornecermos o termo sob essa forma vaga. Ele nos conta precisamente o momento dela, e não nos detemos o bastante em seu caráter singular. Trata-se do momento em que ele encontra a prima aos prantos no segundo andar da casa para onde se precipitara, não tanto atraído por ela, mas sim por seu faro, por seu amor à clandestinidade que grassava naquela casa. É depois de haver atravessado o primeiro andar, onde se encontra a mãe dessa prima — sua tia, a quem ele mais ou menos entrevê nos braços de um amante —, que ele encontra a prima aos prantos e, nisso, encontra um auge de embriaguez, entusiasmo, amor, desamparo e devoção. A partir daí, ele se dedica a proteger essa criança, como nos dirá mais tarde. Não nos esqueçamos de que a menina era mais velha que ele — na época, Gide tinha treze anos e Madeleine, quinze.

O que se produziu nesse momento é algo cujo sentido não podemos compreender, em absoluto, se não o colocarmos numa relação terceira.

O jovem André não se encontra apenas com sua prima, mas também com aquela que, no andar debaixo, está evaporando os calores de sua febre, ou seja, a mãe da citada prima, que Gide nos confessa, em *A porta estreita*, ter feito anteriormente com ele uma tentativa de sedução.

O que então acontecera fora — o quê? No momento daquela sedução, ele se transformara no filho desejado e, aliás, fugira horrorizado, porque, na verdade, nada viera introduzir o elemento de aproximação e mediação que teria feito daquilo outra coisa que não um trauma. No entanto, ele se descobrira pela primeira vez na posição da criança desejada. Essa situação nova, que sob certo aspecto seria salvadora para ele, iria fixá-lo, no entanto, numa posição profundamente dividida, em razão da maneira atípica, tardia e, repito, sem mediação como se produziu esse encontro.

O que guardaria ele disso, na constituição do termo simbólico que até então lhe faltava? Não guardaria outra coisa senão o lugar da criança desejada, o qual enfim poderia ocupar, por intermédio de sua prima. Nesse lugar, onde tinha havido um furo, passou a haver um lugar, porém nada além disso, pois, ao mesmo tempo, Gide recusou-se esse lugar, por não poder aceitá-lo, já que não podia aceitar o desejo do qual foi objeto. Em contrapartida, seu eu, incontestavelmente, não parou de se identificar para sempre, e sem o saber, com o sujeito do desejo do qual ele se tornou dependente. Gide apaixonou-se para sempre, até o fim da vida, por aquele menininho que ele fora por um instante nos braços da tia, dessa tia que lhe afagara o pescoço, os ombros e o peito. Sua vida inteira resumiu-se nisso.

Podemos registrar o fato, posto que ele o confessou — todo o mundo se embasbacou e se escandalizou com isso —, de que, já em sua viagem de núpcias e quase que na frente de sua mulher, ele pensava *nas supliciantes delícias*, como se exprimiu, de acariciar os braços e os ombros dos rapazinhos que encontrava no trem. Essa é uma página que se celebrizou, que faz parte da literatura, e na qual Gide mostra o que permaneceu, para ele, como o ponto privilegiado de toda a fixação de seu desejo.

Em outras palavras, o que foi subtraído no nível daquilo que para ele se transformou em seu Ideal do eu, ou seja, o desejo do qual ele foi objeto e que não pôde suportar, Gide o assumiu por si mesmo, ficando para sempre e eternamente apaixonado pelo mesmo menininho acariciado que ele não quis ser.

A expressão criança desejada, esse significante que constitui primordialmente o sujeito em seu ser, é o pivô aqui. É preciso que se elabore alguma coisa, e que o eu se aproxime disso de alguma maneira, no ponto X em que está, e que é designado por C. É aí que se constitui o Ideal do eu, que marca todo o desenvolvimento psicológico de um sujeito.

O Ideal do eu é marcado, primeiramente, pelo signo do significante. A questão é saber, em segundo lugar, de onde ele pode partir. Ele pode constituir-se por uma progressão a partir do eu, ou, ao contrário, sem que o eu possa fazer outra coisa senão suportar o que se produz à revelia do sujeito, pela simples sucessão de acidentes entregues às aventuras do significante, e que lhe permite subsistir na posição significante de criança mais ou menos desejada.

O esquema nos mostra, assim, que é no mesmo lugar — conforme isso se produza pela via consciente ou pela via inconsciente — que se produz o que chamamos, num caso, Ideal do eu, e no outro, perversão.

A perversão de André Gide não se prende tanto ao fato de ele só poder desejar menininhos, o menininho que ele mesmo fora, *i*. A perversão de André Gide consiste em que ali, em C, ele só pode constituir-se ao se expressar perpetuamente, ao se submeter à correspondência que é, para ele, o cerne de sua obra, ao ser aquele que se impõe no lugar ocupado pela prima, aquele cujos pensamentos estão todos voltados para ela, aquele que lhe dá a cada instante, literalmente, tudo aquilo que não tem, porém nada além disso — que se constitui como personalidade nela, por ela e em relação a ela. É isso que o coloca, em relação à prima, numa dependência mortal, que o faz exclamar em algum lugar: — *Você não tem como saber o que é o amor de um uranista. É qualquer coisa como um amor embalsamado.*

Toda essa projeção de sua própria essência nessa relação é a base de sua vida, o cerne e a raiz de sua existência de literato, de homem inteiramente inserido no significante, e inteiramente inserido no que comunica a essa mulher. É através disso que ele é coisificado em sua relação inter-humana. Essa mulher não desejada pode ser, para ele, com efeito, objeto de um amor supremo, e quando esse objeto com o qual ele preencheu o vazio do amor sem desejo vem a desaparecer, ele solta aquela exclamação infeliz cujo parentesco indiquei, ontem à noite, com o grito cômico por excelência, o do avarento: — *Meu cofrinho! Meu querido cofrinho!*

Todas as paixões, na medida em que são uma alienação do desejo num objeto, encontram-se no mesmo pé. É claro que o cofrinho do avarento nos faz rir com mais facilidade — pelo menos se tivermos em nós um toque de humanidade, o que não é a situação universal

— do que o desaparecimento da correspondência de Gide com sua mulher. Evidentemente, essa deveria ser, para todos nós, uma coisa que teria valor para sempre. Nem por isso deixa de se tratar, fundamentalmente, da mesma coisa, e a exclamação de Gide por ocasião do desaparecimento dessa correspondência é a mesma de Harpagon.*

Essa comédia de que se trata, que vem a ser ela?

3

A comédia nos atinge por mil formulações dispersas. A comédia não é o cômico.

Se quisermos fornecer da comédia uma teoria correta, teremos de partir do fato de que, pelo menos durante algum tempo, a comédia era produzida diante da comunidade, na medida em que esta representava um grupo de homens, isto é, constituía acima dela a existência de um Homem como tal. A comédia foi o que parece ter sido num momento em que a representação da relação entre o homem e a mulher era objeto de um espetáculo que tinha um valor cerimonial. Não sou o primeiro a comparar o teatro à missa, uma vez que todos os que se aproximaram da questão do teatro assinalaram que, certamente, o drama da missa é o único em nossa época a representar o que pode ter representado, num dado momento da história, o desenvolvimento completo das funções do teatro.

No tempo da era grandiosa do teatro grego, a tragédia representou a relação do homem com a fala, na medida em que essa relação o tomava em sua fatalidade — uma fatalidade conflitante, posto que a cadeia que liga o homem à lei significante não é a mesma no nível da família e no nível da comunidade. Essa é a essência da tragédia.

Já a comédia representa outra coisa, que não deixa de estar ligada à tragédia, uma vez que, como vocês sabem, uma comédia sempre completava a trilogia trágica, e não podemos considerá-la independentemente. Dessa comédia, vou mostrar-lhes que encontramos o vestígio e a sombra até mesmo no comentário marginal do próprio drama cristão. Certamente, não se encontra isso em nossa época de cristianismo constipado, na qual decerto não nos atreveríamos a acompanhar essas cerimônias com as farsas robustas constituídas pelo que era chamado de *risus pascalis*. Mas deixemos isso de lado.

---

* Personagem central de *O avarento*, de Molière (1668). (N.E.)

A comédia apresenta-se como o momento em que o sujeito e o homem tentam assumir com a fala uma relação diferente da que há na tragédia. Já não se trata de seu engajamento ou de seu disfarce em exigências contrárias, não se trata apenas de seu problema, mas se trata daquilo em que ele mesmo tem de se articular como aquele que está destinado a absorver a substância e a matéria dessa comunhão, aquele que tira proveito dela, que goza com ela, que consome. A comédia, pode-se dizer, é qualquer coisa como a representação do fim do banquete comunial a partir do qual a tragédia foi evocada. É o homem, afinal de contas, quem consome tudo o que é presentificado ali de sua substância, de sua carne comum, e a questão é saber no que isso vai dar.

Para sabê-lo, creio que não há outro meio senão nos reportarmos à Comédia Antiga, da qual todas as comédias que vieram depois não passam de uma degradação, mas na qual os vestígios da origem continuam reconhecíveis. Reportem-se às comédias de Aristófanes — *A assembleia de mulheres*, *Lisístrata*, *As Tesmofórias* —, para ver aonde isso leva. Já comecei a indicar-lhes o seguinte: a comédia manifesta, por uma espécie de necessidade interna, a relação do sujeito com seu próprio significado, como resultado, como fruto da relação significante. Esse significado precisa entrar na cena da comédia plenamente desenvolvida. A comédia assume, colhe, desfruta da relação com um efeito que está fundamentalmente relacionado com a ordem significante, qual seja, o aparecimento do significado chamado falo.

Sucede que, desde que eu lhes trouxe esse termo, nos dias que se seguiram ao rápido esboço que lhes fiz da *Escola de mulheres*, de Molière, como representando a relação cômica essencial, só precisei abrir um certo texto, que creio poder considerar uma ressurgência singularíssima e extraordinária das obras-primas da comédia, se o que julgo ler em Aristófanes está certo. Trata-se de nada menos do que *O balcão*, de Jean Genet.

O que é *O balcão*?

Vocês estão cientes de que se formaram vivíssimas oposições a que ele nos fosse apresentado. Não há por que nos surpreendermos com isso, numa situação do teatro em que podemos dizer que sua substância e seu interesse consistem, principalmente, em os atores se imporem no palco a diversos títulos, o que enche de bem-estar e arrepios aqueles que vão lá para se identificar com o que convém chamarmos pelo nome — uma exibição. Se o teatro é outra coisa, creio seguramente que uma peça como esta é perfeita para nos fazer percebê-lo. Não é certo que o público esteja em condições de ouvi-lo. Parece-me difícil, no entanto, não enxergar seu interesse dramático.

Genet fala de uma coisa que quer dizer mais ou menos o que tentarei expor-lhes. Não digo que ele saiba o que está fazendo. Quer o saiba ou não, isso não tem a mínima importância. Corneille, provavelmente, também não sabia o que estava escrevendo como Corneille, o que não impede que o tenha feito com grande rigor.

Entram em cena no *Balcão* as funções humanas tal como relacionadas com o simbólico: o poder, conferido por Cristo à posteridade de são Pedro e a todos os episcopados, de estabelecer a ligação e a separação entre a ordem e o pecado, o erro; o poder daquele que condena e que castiga, isto é, o juiz; e o poder daquele que assume o comando nesse grande fenômeno que é a guerra, o poder do chefe guerreiro, mais comumente, o general. Todos esses personagens representam funções em relação às quais o sujeito fica como que alienado — são funções da fala das quais ele é o suporte, mas que ultrapassam em muito sua particularidade.

Ora, sucede que esses personagens de repente são submetidos à lei da comédia. Ou seja, nós nos pomos a fazer uma ideia do que é gozar com essas funções. É sem dúvida uma postura de desrespeito formular a questão dessa maneira, mas o desrespeito da comédia não é uma coisa em que convenha nos determos, sem tentarmos saber o que resultará disso um pouco mais adiante.

É sempre em algum período de crise que isso emerge. Foi no momento supremo do desespero de Atenas — resultante, precisamente, da aberração de uma série de escolhas ruins e de uma submissão à lei da cidade que parecia literalmente levá-la a sua perdição — que Aristófanes ensaiou o toque de alvorada que consistiu em dizer que os homens estavam se desgastando numa guerra sem saída, e que não havia nada como ficarem em casa, bem aquecidos, em companhia de suas mulheres. Isso não é algo que deva ser colocado propriamente como uma moral, mas sugere uma retomada da relação essencial do homem com sua condição, sem que tenhamos de saber, aliás, se suas consequências são muito salutares.

Aqui vemos, portanto, o bispo, o juiz e o general, promovidos diante de nós a partir de uma pergunta: o que pode significar gozar com a condição de bispo, de juiz ou de general? Isso lhes explica o artifício mediante o qual esse balcão não passa daquilo que chamamos de um palácio das ilusões. O que se produz no nível das diferentes formas do Ideal do eu não é, como se supõe, efeito de uma sublimação, no sentido de esta ser a neutralização progressiva de funções enraizadas no interior. Muito pelo contrário, sua formação é sempre mais ou menos acompanhada por uma erotização da relação simbólica. Assim, pode-se fazer uma assimilação entre aquele que, em sua condição e sua função de bispo, de juiz ou de general, goza com sua posição, e um personagem conhecido pelos donos de palácios das ilusões — o velhinho que vem satisfazer-se com uma situação rigorosamente planejada, que o coloca momentaneamente numa posição — a mais estranha diversidade é encontrada nesse nível — que ele assume em relação a uma parceira cúmplice, que queira, nessa oportunidade, encarregar-se do papel de contracenar com ele.

Assim é que vemos um empregado de um estabelecimento de crédito ir até lá para se vestir com os ornamentos sacerdotais, a fim de obter de uma prostituta complacente uma confissão. Tal confissão, naturalmente, não passa de um simulacro, mas um simulacro do qual é preciso, em alguma medida, que a verdade se aproxime. Em outras palavras, é preciso que alguma coisa, na intenção de sua cúmplice, lhe permita ao menos acreditar que ela está participando de um gozo culpado. Não é nada insignificante, na arte, no lirismo com que o poeta Jean Genet sabe conduzir diante de nós o diálogo desse personagem grotesco, sua singularidade de conferir ao grotesco dimensões ainda maiores, fazendo o personagem em questão subir em patins, para que sua posição caricata seja enaltecida. Vemos assim o sujeito, certamente perverso, comprazer-se em buscar sua satisfação nessa imagem, mas na medida em que ela é o reflexo de uma função essencialmente significante.

Em outras palavras, em três grandes cenas Genet nos presentifica, no plano da perversão, aquilo que dela extrai seu nome, ou seja, aquilo que numa linguagem forte podemos denominar, nos dias de grande desordem, a zona em que vivemos. A sociedade, com efeito, não pode definir-se senão por um estado mais ou menos avançado de degradação da cultura. Toda a confusão que se estabelece nas relações do homem com a fala, apesar de fundamentais, é aí representada em seu lugar. Sabemos do que se trata.

Mas, de que se trata? Trata-se de alguma coisa que encarna para nós a relação do sujeito com as funções da fé, em suas diversas formas mais sagradas, e que as apresenta através de uma série de degradações. O salto momentaneamente dado, isto é, o de serem o próprio bispo, o juiz e o general que vemos aí na posição de especialistas, como se costuma dizer em termos de perversão, questiona a relação do sujeito com a função da fala.

Ora, o que acontece? Acontece o seguinte. Essa relação, por mais degradada, por mais adulterada que seja — e é uma relação em que todo o mundo fracassa, em que ninguém se encontra —, nem por isso deixa de continuar presente diante de nós, de se sustentar e de subsistir, pura e simplesmente. Na impossibilidade de ser reconhecida como legítima, ela persiste, pelo menos, por estar ligada ao fato de existir o que chamamos ordem.

Mas a que se reduz essa ordem, quando uma sociedade chega a sua desordem mais extrema? Reduz-se à chamada polícia. Esse recurso derradeiro, esse direito último, esse argumento final da ordem a que se chama manutenção da ordem — simbolizada pela instauração, no centro da comunidade, daquele bordel, daquela "zona", daquilo que se apresenta em sua origem como as três lanças cruzadas —, essa redução de tudo o que acontece com a ordem à manutenção dela, é ao personagem central do drama que cabe encarná-la, ou seja, ao chefe de polícia.

A hipótese de Genet, e ela é realmente uma graça, é que a imagem do chefe de polícia — daquele que sabe, essencialmente, que sobre ele repousa a manutenção da ordem, e que ele é o termo derradeiro, o resto de todo o poder — não se eleva a uma nobreza suficiente para que algum dos velhinhos que frequentam o bordel peça para usar seus adornos, seus atributos, seu papel e sua função. Há quem saiba brincar de juiz e, diante de uma pequena prostituta, para que ela se confesse ladra, saiba entrar nesse papel a fim de obter tal confissão, pois, *Como é que eu seria juiz se você não fosse ladra?*, pergunta o juiz. Poupo-lhes o que diz o general à sua égua. Inversamente, ninguém pede para ser o chefe de polícia.

Isso é pura hipótese. Não temos experiência suficiente dos bordéis para saber se neles, há muito tempo, o chefe de polícia não teria sido elevado à dignidade dos personagens em cuja pele é possível gozar. Na peça, porém, o chefe de polícia, que é muito amigo da dona de todo o bordel — não estou procurando teorizar aqui, em absoluto, assim como não disse que se tratava de coisas concretas —, chega e pergunta ansiosamente: — *Apareceu alguém que tenha vindo pedir para ser o chefe de polícia?* E isso jamais acontece.

Do mesmo modo, não existe uniforme de chefe de polícia. Vimos exibirem-se o hábito, a toga do juiz, o quepe do general, sem falar nas calças deste último, mas não há ninguém que tenha entrado na pele do chefe de polícia para fazer amor. Esse é que é o pivô do drama.

Ora, saibam vocês que tudo o que sucede no interior do bordel acontece enquanto, ao redor dele, a revolução campeia. Tudo o que se desenrola — e eu paro por aqui de lhes citar, vocês terão muito prazer em descobrir essa comédia —, tudo o que se desenrola do lado de dentro — e a coisa está longe de ser tão esquemática quanto lhes digo, há gritos, pancadaria, enfim, as pessoas se divertem — é acompanhado, do lado de fora, pelo estampido das metralhadoras. A cidade está em revolução, e todas aquelas mulheres esperam sofrer uma morte magnífica, massacradas pelas operárias sombrias e virtuosas que supostamente representam, na peça, o homem íntegro, o homem real, aquele que não duvida de que seu desejo seja capaz de realizar-se, impor-se como tal, e de maneira harmoniosa. A consciência proletária sempre acreditou no sucesso da moral, com ou sem razão, não vem ao caso.

O importante é que Jean Genet nos mostra o desfecho da aventura — sou obrigado a andar meio depressa — no fato de que o chefe de polícia, por sua vez, não duvida, porque essa é sua função — e é por isso que a peça se desenrola como se desenrola —, não duvida de que, tanto depois quanto antes da revolução, tudo será sempre uma zona. Ele sabe que a revolução, nesse sentido, é um jogo.

Há ainda uma belíssima cena em que o diplomata de estirpe vem esclarecer, ante o amável grupo que se encontra no centro do palácio das ilusões, o que está acontecendo no palácio real. Lá, em seu estado de mais completa legitimidade, a rainha borda e não borda. A rainha ronca e não ronca. A rainha está bordando um lencinho. No meio dele há um cisne, que ainda não se sabe se aparecerá no mar, num lago um numa xícara de chá. Abstenho-me de lhes falar do que concerne ao esvaecimento derradeiro do símbolo.

Aquela que se torna a voz e a fala da revolução é uma das prostitutas, que foi arrebatada por um encanador virtuoso e, a partir daí, veio a desempenhar o papel da mulher de barrete frígio nas barricadas, com o dado adicional de ser uma espécie de Joana d'Arc. Conhecendo nos mínimos detalhes a dialética masculina, por ter estado ali onde se a escuta desenvolver-se em todas as suas fases, ela sabe falar com os homens e lhes responder. Uma vez escamoteada a dita Chantal, num abrir e fechar de olhos — ela é morta por um tiro —, o poder mostra-se prontamente encarnado por Irma, a dona do bordel. Esta assume, e com grande altivez, as funções da rainha. Porventura não passa também ela ao puro estado de símbolo, já que, como expressa o autor em algum lugar, nela nada é verdadeiro, a não ser as joias?

Chegamos então à arregimentação dos perversos que tínhamos visto exibirem-se durante todo o primeiro ato, e à assunção autêntica e integral, por parte deles, das funções recíprocas que eles encarnavam em seus pequenos passatempos variadamente amorosos.

Um diálogo de grande despudor político se estabelece entre eles e o personagem do chefe de polícia, que necessita deles para representar os poderes que deverão substituir a ordem anteriormente derrubada. Eles não o fazem sem repugnância, compreendendo muito bem que uma coisa é gozar na intimidade, sob a proteção dos muros de uma dessas casas sobre as quais não se pondera muito que são justamente o lugar em que a ordem é mais minuciosamente preservada, e outra coisa é ficar à mercê dos vendavais ou, muito simplesmente, das responsabilidades implicadas nessas funções realmente absurdas. Nesse ponto, evidentemente, estamos em plena farsa.

É a conclusão dessa farsa apimentada que eu gostaria, no final, de enfatizar.

No meio de todo esse diálogo, o chefe de polícia continua com sua preocupação: — *Apareceu alguém que tenha vindo pedir para ser o chefe de polícia? Apareceu alguém que tenha reconhecido sua grandeza?* Reconhecendo estar pleiteando uma satisfação difícil de obter, desanimado por esperar indefinidamente pelo acontecimento que seria, para ele, a sanção de seu acesso à ordem das funções respeitadas, posto que profanadas, o chefe de polícia, agora que conseguiu demonstrar que somente ele é a ordem e o pivô de tudo — o que quer dizer que não dispõe de outra coisa, em última instância, senão da força, o que não deixa de ter significação, na medida em que a descoberta do Ideal do eu por Freud coincidiu mais ou menos com a inauguração, na Europa, daquele tipo de personagem que oferece à comunidade política uma identificação única e fácil, ou seja, o ditador —, o chefe de polícia, dizia eu, consulta os que o cercam a propósito da conveniência de uma espécie de uniforme e de um símbolo que possa ser o de sua função, não sem timidez, neste caso. Na verdade, ele choca um pouco os ouvidos de seus ouvintes — propõe-lhes um falo.

Não veria a Igreja nenhuma objeção nisso? — e ele se inclina para o bispo, que, com efeito, balança momentaneamente o barrete, demonstra uma certa hesitação, mas sugere que, afinal de contas, se fizessem dele a pomba do Espírito Santo, a coisa seria mais aceitável. Do mesmo modo, o general propõe que o referido signo seja pintado nas cores da bandeira nacional. Algumas outras sugestões desse tipo levam a crer que logo se chegará ao que é chamado, no caso, uma concordata.

É então que eclode o lance teatral. Uma das moças cujo papel não lhes descrevi, nessa peça realmente pululante de significações, aparece em cena, com a fala ainda entrecortada pela emoção do que acaba de lhe acontecer. E não é nada menos do que isto: o namorado, o salvador da prostituta, que havia chegado à condição de símbolo revolucionário, o personagem do encanador, portanto, que é conhecido na casa, foi procurá-la e lhe pediu tudo o que era preciso para se parecer com o personagem do chefe de polícia.

Emoção geral. Nó na garganta. Nossas aflições acabaram. Tudo está à mão, incluindo até mesmo a peruca do chefe de polícia. Este tem um sobressalto: — *Como é que vocês sabiam?* E lhe respondem: — *Só mesmo o senhor para achar que todos desconheciam que o senhor usa peruca*. Uma vez vestido o personagem — que é realmente a figura heroica do drama — com todos os atributos do policial, a prostituta faz o gesto de lhe jogar no rosto, depois de lhe haver arrancado, aquilo com que, diz ela pudicamente, ele nunca mais deflorará ninguém. Nisso, o chefe de polícia, que estava prestes a chegar ao auge da felicidade, faz, no entanto, o gesto de verificar se ele ainda o detém. Ele lhe resta, com efeito, e sua passagem ao estado de símbolo, sob a forma do uniforme fálico proposto, torna-se a partir daí inútil.

A conclusão, de fato, é perfeitamente clara. Esse sujeito, aquele que representa o desejo simples que o homem tem de se unir, de maneira autêntica e assumida, a sua própria existência e a seu próprio pensamento, esse sujeito que está ali representando o homem, o homem que lutou para que algo que até agora chamamos de bordel encontrasse uma estabilidade, uma norma, um estado passível de ser aceito como plenamente humano, esse sujeito só se reintegra nele, uma vez vencida a prova, sob a condição de se castrar. Ou seja, de fazer com que o falo seja novamente promovido ao estado de significante, como aquele algo que pode dar ou retirar, conferir ou não conferir, aquilo que então se confunde, e o faz da maneira mais explícita, com a imagem do criador do significante, do *Pai Nosso*, do *Pai Nosso que estais no céu*.

Nisso termina a comédia. Será ela blasfematória? Será cômica? Podemos colocar a ênfase a nosso gosto.

Esses termos, que retomarei, irão nos servir de referencial na questão essencial do desejo e do gozo, da qual eu quis dar-lhes hoje a primeira gota.

5 DE MARÇO DE 1958

XV

A MENINA E O FALO

As aporias da via kleiniana
O falo, significante do desejo
A teoria da fase fálica
A crítica de Ernest Jones
Um passo adiante

O pressuposto mínimo de nosso trabalho é que vocês percebam o que tentamos fazer aqui. O que é, em outras palavras, levá-los sempre ao ponto em que as dificuldades, as contradições e os impasses que são o tecido de sua prática possam aparecer diante de vocês em seu verdadeiro alcance, ainda que vocês se esquivem deles, reportando-se a teorias parciais ou até mesmo praticando escamoteações e deslizamentos de sentido nos próprios termos que empregam, os quais são também a sede de todos os álibis.

Falamos, da última vez, do desejo e do gozo. Hoje eu gostaria de avançar, mostrando-lhes, no próprio texto, o que expõe Freud sobre um ponto teórico preciso, ao observar as dificuldades que ele suscita naqueles que o seguem. Em sua tentativa de discernir as coisas mais de perto, a partir, aliás, de algumas exigências preconcebidas, destaca-se alguma coisa que vai mais longe no sentido da dificuldade. Talvez possamos, quanto a nós, dar um terceiro passo.

Trata-se, nomeadamente, da posição fálica na mulher, ou, mais exatamente, do que Freud denomina de fase fálica.

1

Relembro aquilo que enfatizamos e aquilo a que chegamos. Em nossas últimas três ou quatro sessões, começamos por articular o desejo que é colocado como tal no cerne da mediação analítica. Concentrando o que dissemos, nós o formulamos aqui, de maneira conjunta, como uma *demanda significada.**

Aí estão dois termos que somam apenas um. *Eu demando, significo-lhe minha demanda*, tal como se costuma dizer *Eu lhe significo uma ordem, eu lhe significo uma prisão.* Essa demanda, portanto, implica o outro, aquele de quem algo é exigido, mas também aquele para quem essa demanda tem um sentido, um Outro que, entre outras dimensões, tem a de ser o lugar no qual esse significante tem seu alcance. O segundo termo, *significada*, no sentido de *Eu lhe significo alguma coisa, significo-lhe minha vontade*, constitui aí o ponto importante no qual pensamos especialmente. Esse termo implica, no sujeito, a ação estruturante de significantes constituídos em relação à necessidade numa alteração essencial, que se prende à entrada do desejo na demanda.

Interrompo um instante para fazer um parêntese.

Até aqui, tanto por uma razão de tempo quanto de economia, deixamos de lado este ano, apesar de nele virmos falando das formações do inconsciente, o sonho. Vocês conhecem a afirmação de Freud a respeito do sonho — que o sonho exprime um desejo. Mas, afinal, nem sequer começamos a nos perguntar o que é esse desejo do sonho de que falamos. Há mais de um num sonho. São os desejos do dia que dão ao sonho o ensejo, o material, embora, como todos sabem, o que nos interessa seja o desejo inconsciente.

Esse desejo inconsciente, por que foi, em suma, que Freud o reconheceu no sonho? Em nome de quê? De que modo ele é reconhecido? Aparentemente, não há nada no sonho que corresponda àquilo através do qual um desejo se manifesta gramaticalmente. Não existe nenhum texto do sonho, a não ser o que deve ser traduzido numa articulação mais profunda, porém, no nível dessa articulação, que é mascarada, latente, o que distingue, o que enfatiza aquilo que o sonho articula? Aparentemente, nada.

* O termo utilizado por Lacan, *signifiée*, particípio do verbo *signifier*, remete a "expressar"; optamos no entanto por uma tradução mais literal, evocando o vínculo com o significante. (N.E.)

Observem que, no final das contas, o que Freud reconhece como desejo no sonho assinala-se de fato pelo que eu lhes disse, isto é, pela alteração da necessidade. O que, no fundo, é mascarado, posto que articulado num material que o transforma. Isso passa por um certo número de modos, de imagens, que estão ali como significantes, o que pressupõe, portanto, a entrada em jogo de toda uma estrutura.

Essa estrutura é, sem dúvida, a do sujeito, uma vez que nela deve operar um certo número de instâncias, mas só a reconhecemos através do fato de que o que acontece no sonho fica sujeito às modalidades e às transformações do significante, às estruturas da metáfora e da metonímia, da condensação e do deslocamento. O que fornece a lei da expressão do desejo no sonho é justamente a lei do significante. É através de uma exegese do que é articulado num sonho particular que detectamos alguma coisa que é o quê, afinal de contas? Alguma coisa que supomos querer fazer-se reconhecer, que participa de uma aventura primordial, que está inscrita ali e que se articula, e que sempre relacionamos com algo de originário que aconteceu na infância e foi recalcado. É a isso, afinal, que damos a primazia de sentido naquilo que se articula no sonho.

Aí se apresenta alguma coisa que é absolutamente fundamental quanto à estruturação do desejo do sujeito. Podemos desde já articulá-la — é a aventura primordial do que se passou em torno do desejo infantil, do desejo essencial, que é o desejo do desejo do Outro, ou o desejo de ser desejado. O que se inscreve no sujeito ao longo dessa aventura fica permanente ali, subjacente. É isso que dá a última palavra do que nos interessa no sonho. Um desejo inconsciente exprime-se através da máscara do que, ocasionalmente, terá dado ao sonho seu material. Ele nos é significado através das condições sempre particulares que são impostas ao desejo pela lei do significante.

Estou tentando aqui ensiná-los a substituírem a mecânica, a economia das gratificações, dos cuidados, das fixações, das agressões — que fica mais ou menos confusa na teoria, por ser sempre parcial — pela noção fundamental da dependência primordial do sujeito em relação ao desejo do Outro. O que se estrutura do sujeito passa sempre pela intermediação do mecanismo que faz com que seu desejo já seja, como tal, moldado pelas condições da demanda. Eis o que vai sendo inscrito, conforme a história do sujeito, em sua estrutura: são as peripécias, os avatares da constituição desse desejo, na medida em que ele está submetido à lei do desejo do Outro. É isso que faz do mais profundo desejo do sujeito, daquele que permanece suspenso no inconsciente, a soma, a integral, diríamos, desse D maiúsculo que é o desejo do Outro.

Somente isso pode dar sentido a uma evolução que vocês conhecem da psicanálise, que depositou tanta ênfase na relação primordial com a mãe, que acabou eludindo, ou parecendo eludir, toda a dialética posterior, até mesmo a dialética edipiana.

Esse movimento, ao mesmo tempo, tem um sentido correto e o formula lateralmente. O importante, com efeito, não é apenas a frustração como tal, ou seja, um mais ou um menos de real que tenha ou não tenha sido dado ao sujeito, mas é aquilo pelo qual o sujeito almejou e identificou o desejo do Outro que é o desejo da mãe. E o importante é fazê-lo reconhecer, em relação ao que é um X de desejo na mãe, de que modo ele foi levado a se tornar ou não aquele que atende a esse desejo, a se tornar ou não o ser desejado.

Isso é essencial. Ao negligenciá-lo, embora se aproximando disso, ao penetrar o mais de perto possível naquilo que acontece com a criança, Melanie Klein descobriu muitas coisas. Mas, ao formulá-lo simplesmente no confronto da criança com o personagem materno, ela desembocou numa relação especular, em espelho. Em vista disso, o corpo — e já é mesmo impressionante que o corpo fique em primeiro plano — o corpo materno tornou-se o recinto, o habitáculo de tudo o que nele se pode localizar, por projeção, das pulsões da criança, sendo essas mesmas pulsões motivadas pela agressão decorrente de uma decepção fundamental. No fim das contas, nada nessa dialética pode tirar-nos de um mecanismo de projeção ilusória, de uma construção do mundo a partir de uma espécie de autogênese de fantasias primordiais. A gênese do exterior como lugar do ruim é puramente artificial, e submete todo o acesso posterior à realidade a uma pura dialética fantasiosa.

Para completar a dialética kleiniana, é preciso introduzir a ideia de que o exterior, para o sujeito, é inicialmente dado não como alguma coisa que se projeta a partir de seu interior, de suas pulsões, mas como a sede, o lugar onde se situa o desejo do Outro, e onde o sujeito tem que ir encontrá-lo.

Essa é a única via pela qual podemos encontrar a solução para as aporias geradas por esse caminho kleiniano, que se mostrou sumamente fecundo sob muitos aspectos, mas que leva a fazer esvaecer-se, a eludir completamente ou a reconstruir — de maneira implícita, quando ela mesma não se apercebe disso, mas de maneira ilícita, porque não esclarecida em suas causas — a dialética primordial do desejo tal como Freud a descobriu, e que comporta uma relação terceira, a qual faz intervir, para além da mãe, ou mesmo através dela, a presença do personagem desejado ou rival, mas sempre terceiro, que é o pai.

É aí que se justifica o esquema que lhes apresentei, dizendo-lhes que primeiro era preciso estabelecer a tríade simbólica fundamental, isto é, a mãe, a criança e o pai.

A ausência da mãe ou sua presença oferecem à criança — colocada aqui como termo simbólico, não se trata do sujeito —, pela simples introdução da dimensão simbólica, a possibilidade de ela ser ou não uma criança demandada.

O terceiro termo é essencial, por ser ele que permite tudo isso, ou que o proíbe. Ele se coloca para além da ausência ou presença da mãe, como sentido, presença significante, o que lhe permite ou não manifestar-se. É em relação a isso que, a partir do momento em que a ordem significante entra em jogo, o sujeito tem de se situar.

O sujeito estende-lhe sua vida concreta e real, que comporta desde logo desejos no sentido imaginário, no sentido da captura, no sentido de que as imagens o fascinam, no sentido de que, em relação a essas imagens, ele se sente como eu, como centro, como mestre/senhor ou como dominado.

Na relação imaginária, como vocês sabem, a imagem de si, do corpo, desempenha no homem um papel primordial, e acaba dominando tudo. A eletividade dessa imagem no homem está profundamente ligada ao fato de que ele está aberto à dialética do significante da qual falamos. A redução das imagens cativantes à imagem central da imagem do corpo não deixa de estar ligada à relação fundamental do sujeito com a tríade significante. Essa relação com a tríade significante introduz o termo terceiro através do qual o sujeito, além de sua relação dual, de sua relação de cativação com a imagem, pede, por assim dizer, para ser significado. E é por essa razão que há três polos no plano do imaginário.

Na constituição mínima do campo simbólico além do eu e de minha imagem, pelo fato de eu ter de entrar nas condições do significante, alguma coisa deve assinalar que meu desejo tem de ser significado, já que passa necessariamente por uma demanda que eu devo significar no plano simbólico. Em outras palavras, é exigido um símbolo geral da margem que sempre me separa de meu desejo, e que faz com que meu desejo seja sempre marcado pela alteração que ele sofre em decorrência da entrada no significante. Há um símbolo geral dessa margem, dessa falta fundamental necessária para introduzir meu desejo no significante, para fazer dele o desejo com que lido na dialética analítica. Esse símbolo é aquilo mediante o qual o significado é designado como sendo sempre significado, alterado, ou até mesmo significado lateralmente.

É isso que constatamos no esquema que lhes forneço. Esse triângulo está, no sujeito, no nível do imaginário. Aqui está sua imagem, *i*. Aqui, o ponto onde se constitui o eu, *m*. E aqui, o que lhes designo com a letra φ, ou seja, o falo.

A função constitutiva do falo, na dialética da introdução do sujeito em sua existência pura e simples e em sua posição sexual, é impossível de deduzir, se não fizermos dele o significante fundamental pelo qual o desejo do sujeito tem que se fazer reconhecer como tal, quer se trate do homem, quer se trate da mulher.

O fato é que o desejo, seja ele qual for, tem no sujeito essa referência fálica. É o desejo do sujeito, sem dúvida, mas, na medida em que o próprio sujeito recebeu sua significação, ele tem que extrair seu poder de sujeito de um signo, e esse signo, ele só o obtém ao se mutilar de alguma coisa por cuja falta tudo será valorizado.

Isso não é uma coisa deduzida. É dado pela experiência analítica. É o essencial da descoberta de Freud.

É isso que faz com que Freud, ao escrever, em 1931, *Über die weibliche Sexualität*, formule uma afirmação que é, sem dúvida, à primeira vista, problemática, insuficiente, a ser elaborada, e que suscita inicialmente as respostas de todos os psicanalistas do sexo feminino, Helene Deutsch, Karen Horney, Melanie Klein, Josine Müller e muitas outras, e depois, resumindo tudo isso, e articulando-o de maneira mais ou menos compatível com a articulação de Freud, a intervenção de Ernest Jones.

É o que iremos examinar hoje.

2

Tomemos a questão no ponto em que ela é mais paradoxal.

O paradoxo se apresenta, primeiro, no plano de uma espécie de observação natural. É como naturalista que Freud nos diz: — *O que me mostra minha experiência é que também na mulher, e não apenas no homem, o falo está no centro.*

De conformidade com a fórmula geral que tentei dar-lhes há pouco, ele nos mostrou que a introdução do sujeito na dialética que lhe permitirá assumir um lugar e uma posição na transmissão dos tipos humanos, que lhe permitirá, por sua vez, tornar-se pai, nada disso se realiza sem o que chamei há pouco de mutilação fundamental graças à qual o falo se torna o significante do poder, o cetro, e também aquilo graças ao qual a virilidade poderá ser assumida. Até aí, entendemos Freud. Mas ele vai mais longe, e nos mostra como esse mesmo falo se produz no centro da dialética feminina. Aqui, alguma coisa parece escancarar-se, boquiaberta.

Até esse momento, era em termos de luta, de rivalidade biológica, que havíamos sido capazes, a rigor, de compreender o acesso do homem à qualidade de homem, através do complexo de castração. Na mulher, porém, essa afirmação certamente comporta um paradoxo, e Freud o traz, inicialmente, como um dado da observação pura e simples, que se apresentaria, portanto — como tudo o que é observado —, como fazendo parte da natureza, como natural.

É assim mesmo, com efeito, que ele parece expor-nos a questão, quando nos enuncia — digamos as coisas tal como estão escritas — que tanto a menina quanto o menino desejam, inicialmente, a mãe. Só existe uma única maneira de desejar. A menina se supõe, a princípio, provida de um falo, como também acredita que sua mãe seja provida de um falo.

O que isso quer dizer é que a evolução natural das pulsões faz com que, de transferência em transferência, através das fases instintivas, desde a forma do seio e por intermédio de um certo número de outras formas, chega-se à fantasia fálica mediante a qual, no final das contas, é na posição masculina que a filha se apresenta em relação à mãe. É preciso, por conseguinte, que intervenha alguma coisa, mais complexa no caso dela que no do menino, para que ela reconheça sua posição feminina. Na articulação de Freud, não apenas o reconhecimento da posição feminina não é, a princípio, sustentado por coisa alguma, como também se supõe que ele falte desde o começo.

Não é nada insignificante o paradoxo de nos propor uma afirmação tão inversa à natureza, a qual poderia, ao contrário, sugerir-nos uma simetria em relação à posição do menino, distinguindo na menina a vagina, ou até, como disse alguém, a boca vaginal. Dispomos de observações que até vão, diria eu, de encontro aos dados freudianos. Existem experiências vividas primitivas, cujo vestígio primordial podemos encontrar no sujeito jovem, que mostram que, contrariando a afirmação de um desconhecimento primitivo, alguma coisa pode ser mobilizada no sujeito, ao menos por via indireta, ao que parece, no momento da operação de amamentação. A menininha ainda no peito mostra uma certa emoção, sem dúvida vaga, mas que de modo algum é injustificado relacionar com uma emoção corporal profunda, decerto difícil de localizar através das lembranças, mas que permitiria, em suma, estabelecer a equação, por uma série de transmissões, entre a boca da amamentação e a boca vaginal, bem como, por outro lado, no estado desenvolvido da feminilidade, com a função de órgão absorvente ou até sugador.

Há nisso alguma coisa de identificável na experiência, e que fornece a continuidade mediante a qual, se a questão fosse apenas uma migração da pulsão erótica, veríamos traçada a via real da evolução da feminilidade no nível biológico. É disso mesmo que Jones, com efeito, faz-se o defensor e o teórico, quando considera que é impossível, por toda sorte de razões de princípio, admitir que a evolução da sexualidade na mulher esteja fadada a esse desvio e a esse artificialismo.

Jones propõe-nos, assim, uma teoria que se opõe ponto a ponto ao que Freud, por seu turno, nos articula como um dado da observação — a fase fálica da menina repousa, segundo Jones, numa pulsão cujos apoios naturais ele nos demonstra em dois elementos. O primeiro, admitimos, é a bissexualidade biológica primordial, mas esse é um ponto, convém reconhecer, puramente teórico, muito distante de nosso acesso, como podemos muito bem concordar com ele em afirmar. Mas há uma outra coisa — a presença de um esboço do órgão fálico. Com efeito, o órgão clitoridiano dos primeiros prazeres ligados à masturbação pode fornecer o começo da fantasia fálica que desempenha o papel decisivo do qual nos fala Freud. E é justamente isso que ele sublinha: a fase fálica é uma fase fálica clitoridiana, o pênis fantasístico é um exagero do pequeno pênis que está efetivamente presente na anatomia feminina.

É na decepção que Freud vê a mola da entrada da menina em sua posição feminina. A saída de sua fase fálica é gerada por essa decepção, um desvio que a seus olhos se fundamenta, no entanto, num mecanismo natural, e é nesse momento, diz ele, que o complexo de Édipo desempenha o papel normativo que tem de desempenhar, mas o desempenha, na menina, inversamente ao que acontece no menino. O complexo de Édipo lhe dá acesso ao pênis que lhe falta, por intermédio da apreensão do pênis do varão, quer ela o descubra em algum companheiro, quer o situe, ou o descubra igualmente, no pai.

É por intermédio do desapontamento, da desilusão em relação a essa fase fantasística da fase fálica, que a menina é introduzida no complexo de Édipo, como o teorizou uma das primeiras analistas a seguirem Freud nesse campo, a sra. Lampl-de Groot. Ela o assinalou com muita justeza: a menina entra no complexo de Édipo pela fase inversa do complexo. A menina apresenta-se no complexo de Édipo, inicialmente, em sua relação com a mãe, e é o fracasso dessa relação com a mãe que lhe descortina a relação com o pai, com o que depois será normatizado pela equivalência entre o pênis, que ela jamais possuirá, e o filho que ela de fato poderá ter, e que poderá dar em seu lugar.

Observem que aqui se encontra um certo número de referenciais que lhes ensinei. O *Penisneid* revela-se, aqui, a articulação essencial da entrada da mulher na dialética edipiana, assim como a castração encontra-se no cerne da dialética no homem. Sem dúvida, as críticas que lhes vou formular, como as que foram feitas por Jones, irão questionar essa concepção, a qual, é claro, vista de fora, quando se começa a abordar a teoria analítica, parece apresentar-se como uma construção artificial.

Detenhamo-nos por um momento, primeiro, para assinalar a ambiguidade com que o termo *Penisneid* é empregado nos diversos tempos da evolução edipiana na menina, como, aliás, aponta a discussão de Jones. O *Penisneid* apresenta-se, com efeito, sob três modalidades distintas, desde a entrada até a saída do complexo de Édipo, tal como Freud os articulou em torno da fase fálica.

Existe o *Penisneid* no sentido da fantasia. É o anseio, o desejo guardado por muito tempo, às vezes conservado por toda a vida, de que o clitóris seja um pênis. Freud insiste no caráter irredutível dessa fantasia quando ela se mantém no primeiro plano.

Há um outro sentido, quando o *Penisneid* intervém no momento em que o desejado é o pênis do pai. Esse é o momento em que o sujeito se apega à realidade do pênis lá onde ele está, e vê aonde ir buscar-lhe a posse. Mas ele é frustrado nisso tanto pela proibição edipiana quanto em razão da impossibilidade fisiológica.

Por último, na sequência da evolução surge a fantasia de ter um filho do pai, isto é, de possuir aquele pênis sob uma forma simbólica.

Lembrem-se agora do que, a propósito do complexo de castração, eu lhes ensinei a distinguir — castração, frustração e privação — e se perguntem qual dessas três formas corresponde a cada um desses três termos.

Uma frustração é imaginária, mas se refere a um objeto bem real. É nisso que o fato de a menina não receber o pênis do pai constitui uma frustração.

Uma privação é absolutamente real, embora se refira a um objeto simbólico. Na verdade, quando a menina não tem um filho do pai, a questão nunca seria, afinal, que ela o tivesse. Ela é incapaz de tê-lo. O filho, aliás, só existe aí como um símbolo, e símbolo, precisamente, daquilo em que ela é realmente frustrada. É a título de privação, portanto, que o desejo de um filho do pai intervém num momento da evolução.

Resta, pois, o que corresponde à castração, a qual amputa simbolicamente do sujeito alguma coisa imaginária. Que se trate, no caso, de uma fantasia, corresponde bem a isso.

Haja o que houver com sua concepção, Freud está no caminho certo quando nos detalha a posição da menina em relação a seu clitóris — num dado momento, ela tem de renunciar àquilo que conservava pelo menos a título de esperança, ou seja, renunciar a que, cedo ou tarde, ele se torne uma coisa tão importante quanto um pênis. É exatamente nesse nível que se encontra o correspondente estrutural da castração, se vocês se lembrarem do que julguei dever articular quando lhes falei da castração no ponto eletivo em que ela se manifesta, isto é, no menino.

Podemos discutir a questão de saber se, efetivamente, tudo na menina gira em torno da pulsão clitoridiana. Podemos sondar os desvios da aventura edipiana, sondar como a coisa se processa, como vocês verão agora através da crítica de Jones. Mas não podemos deixar de assinalar, primeiramente, o rigor, na perspectiva estrutural, do ponto que Freud nos designa como sendo correspondente à castração. É justamente no nível da relação fantasística — na medida, é claro, em que ela assume um valor significante — que deveria encontrar-se o ponto simétrico.

Trata-se, agora, de entender como isso acontece. Não é por ser utilizado que esse ponto nos fornece a chave da questão. Este ponto a fornece em Freud, aparentemente, na medida em que este dá a impressão de nos mostrar aqui uma história de anomalia pulsional, e é isso mesmo que vai revoltar, que leva a se insurgir um certo número de sujeitos, precisamente a título de preconcepções biológicas. Mas vocês verão o que, na própria articulação de suas objeções, eles acabam dizendo. Eles são obrigados pela natureza das coisas a articular um certo número de traços, que nos permitirão, justamente, dar o passo adiante.

Trata-se, na verdade, de ir além da teoria da pulsão natural e ver que o falo intervém, efetivamente, da maneira que lhes expus nas premissas da aula de hoje. E isso não é outra coisa senão o que acabamos de discernir por outros caminhos, ou seja, que o falo intervém aqui como significante.

Mas passemos agora à articulação, feita à guisa de resposta, de Jones.

3

Há três artigos de Jones sobre esse assunto. Um, escrito em 1935, intitula-se "Early Female Sexuality", e é desse que falaremos hoje. Ele fora precedido pelo artigo sobre "The Phallic Phase", apresentado no Congresso de Wiesbaden três anos antes, em setembro de 1932, e, finalmente, por "Early Development of Female Sexuality", comunicado ao Congresso de Innsbruck em setembro de 1927, ao qual Freud aludiu em seu artigo de 1931, no qual refutou em algumas linhas, muito desdenhosamente, devo dizer, as posições assumidas por Jones, o qual respondeu em "The Phallic Phase", articulando sua posição, em suma, contrária a Freud, ao mesmo tempo em que se esforçou por ficar o mais perto possível da letra dele.

O terceiro artigo sobre o qual vou apoiar-me hoje é extremamente significativo do que queremos demonstrar. É também o ponto mais avançado da articulação de Jones. Situa-se quatro anos depois do artigo de Freud sobre a sexualidade feminina. Foi proferido a pedido de Federn, que, na época, era vice-presidente da sociedade vienense. Foi a Viena que ele foi levado para propor ao círculo vienense o que Jones havia formulado, muito simplesmente, como sendo o ponto de vista dos londrinos, o qual desde logo mostrava centrar-se na experiência kleiniana.

À maneira dos londrinos, Jones faz oposições bem definidas, com as quais sua exposição ganha em pureza e clareza e dá um bom suporte à discussão. Há um grande interesse em nos determos num certo número de suas observações, reportando-nos o máximo possível ao texto.

Jones assinala, primeiramente, que a experiência nos mostra ser difícil, ao nos aproximarmos da criança, captar a pretensa posição masculina que seria a da menina em relação à mãe, por ocasião da fase fálica. Quanto mais remontamos à origem, mais nos vemos confrontados com alguma coisa que é crítica ali. Peço desculpas se, ao seguir esse texto, virmo-nos diante de posições às vezes meio laterais em relação à linha que lhes desenho aqui, mas elas merecem ser destacadas pelo que revelam.

As suposições de Jones, como lhes disse desde logo, são essencialmente dirigidas para o que ele articula com clareza no fim do artigo: será a mulher um ser *born*, isto é, nascido como tal, como mulher, ou será que é ela um ser *made*, fabricado como mulher? É aí que Jones situa sua interrogação, e é isso que o faz insurgir-se contra a posição freudiana. É em direção a essa alternativa que avança seu encaminhamento. Sem dúvida, seu trabalho brotou de uma espécie de resumo dos fatos oriundos da experiência concreta com a criança, que ou permitem questionar ou, vez por outra, confirmar, mas, em todos os casos, corrigir a concepção freudiana — mas o que anima toda a sua demonstração é o que ele coloca no final como uma pergunta: *sim ou não?* De fato, essa escolha realmente não é possível, a seu ver, posto que uma das respostas é absolutamente redibitória — na perspectiva dele, não se pode sustentar uma posição que implica que metade da humanidade é composta de seres *made*, isto é, fabricados no desfile edipiano.

Jones não parece notar, a propósito disso, que o desfile edipiano fabrica também, se for o caso, homens. Não obstante, o fato de as mulheres entrarem nisso com uma bagagem que não lhes pertence parece-lhe constituir uma diferença suficiente em relação ao menino para que ele a reivindique.

Essa reivindicação, em sua substância, consiste em dizer: é verdade que observamos na menina, num certo momento de sua evolução, a colocação do falo em primeiro plano, bem como uma exigência, um desejo que se manifesta sob a forma ambígua, e muito problemática para nós, do *Penisneid*. Mas que vem a ser isto? Vejam no que consiste tudo o que Jones nos explica: ele é uma formação defensiva, é um desvio comparável a uma fobia, e a saída da fase fálica deve ser concebida como a cura de uma fobia, que seria, em síntese, uma fobia muito genericamente difundida, uma fobia normal, porém da mesma ordem e com o mesmo mecanismo da fobia.

Uma vez que, em suma, como vocês estão vendo, eu opto por saltar para o cerne da demonstração de Jones, convém dizer que há nela algo que de fato é extraordinariamente propício à nossa reflexão, considerando que talvez ainda estejam lembrados da maneira como tentei articular-lhes a função da fobia. Se é assim mesmo, como diz Jones, que a relação da menina com o falo deve ser concebida, decerto estamos nos aproximando da concepção que lhes forneço quando lhes digo que é a título de elemento significante privilegiado que o falo intervém na relação edipiana da menina.

Será que isso quer dizer que assim nos aliaremos à posição de Jones? Certamente não. Se vocês estiverem lembrados da diferença que estabeleci entre fobia e fetiche, diremos que o falo desempenha aqui muito mais o papel de fetiche que o de objeto fóbico. Voltaremos a isso posteriormente.

Retornemos à entrada de Jones em sua articulação crítica e digamos a partir de onde essa fobia vem a se constituir. Essa fobia é, para ele, uma construção defensiva contra o perigo gerado pelas pulsões primitivas da criança, tanto menina quanto menino. Aqui, porém, trata-se da menina, e ele observa que a relação originária dela com a mãe — foi nisso que me detive há pouco, quando lhes disse que iríamos encontrar coisas absolutamente singulares — atesta uma posição feminina primitiva. Jones diz que ela está longe de se portar com a mãe como um homem em relação a uma mulher. *Her mother she regards not as a man regards a woman, as a creature whose wishes to receive something it is a pleasure to fulfill.*[*] A acreditarmos nisso, o homem considera a mulher como uma criatura a cujos desejos de receber alguma coisa é um prazer ter acesso, é um prazer realizá-los.

Deve-se reconhecer que é no mínimo paradoxal expor, no nível em que estamos, uma posição tão elaborada das relações entre o homem e a mulher. É certo que, quando Freud fala da posição masculina da menina, ele não menciona de maneira alguma o efeito mais acabado da civilização, se é que este é realmente atingido, segundo o qual o homem existiria para realizar todos os desejos da mulher. Mas, na pena de alguém que progride nesse campo com pretensões tão naturalistas no começo, não podemos deixar de destacar esse traço como atestando, eu diria, uma das dificuldades do terreno, que não deve ser pequena, para que ele venha a tropeçar a tal ponto em sua demonstração, e, ainda por cima, logo no começo. Pelo menos ele não confunde, mas antes contrasta bem a posição do homem em relação à mulher e a da criança em relação à mãe.

Em seguida ele nos traz, na esteira de Melanie Klein, a tigela de leite da mãe, que a criança considera — traduzo Jones — como *a person who had been successful in filling herself with just the things the child wants so badly.*[**] Esse *successful* tem toda a sua importância,

---

* "À mãe, ela não vê do modo como um homem vê uma mulher, como uma criatura a cujos desejos de receber algo é um prazer atender." (N.E.)

** "Uma pessoa que obteve sucesso em se cumular justamente das coisas que a criança deseja com grande ardor." (N.E.)

porque implica, embora Jones não perceba isso, que, calcando as coisas no texto do que encontramos na criança, o sujeito materno é, de fato, um ser desejante. A pessoa que tem sucesso é a mãe, já que teve a felicidade de lograr encher-se das coisas que a criança deseja *violentamente*,* ou seja, com o material rejubilante das coisas sólidas e líquidas.

Só temos acesso à experiência primitiva da criança com uma luneta, é claro, mas Melanie Klein aproximou-se dela o máximo possível, analisando crianças de três e quatro anos, e nos fez descobrir uma relação com o objeto que se estrutura sob a forma que qualifiquei de império do corpo materno. Não se pode desconhecer que o simples fato de nos mostrar isso já constitui uma contribuição eminente.

Vocês o constatam a propósito do que ela chamou, em suas contribuições, de Édipo ultraprecoce da criança. Os desenhos desta mostram-nos que o império materno comporta em seu interior o que chamei, numa referência à história chinesa, de reinos combatentes — a criança é capaz de desenhar no interior desse campo aquilo que ela identifica como significantes: os irmãos, as irmãs, os excrementos. Tudo isso coabita no corpo materno, tudo já está em seu interior, uma vez que ela também distingue ali o que a dialética do tratamento permite articular como sendo o falo paterno. Este se acharia desde sempre presente, como um elemento particularmente nocivo e particularmente rival em relação às exigências da criança no que concerne à posse do conteúdo do corpo materno.

É muito difícil não vermos que esses dados acusam e aprofundam o caráter problemático de relações que nos são apresentadas como supostamente naturais, ao passo que as vemos desde logo estruturadas pelo que chamei, da última vez, de toda uma bateria significante, articulada de tal modo que nenhuma relação biológica natural é capaz de explicar suas causas.

Assim, é já no nível dessa experiência primitiva que se faz a entrada em cena do falo na dialética da criança. Embora essa referência nos seja apresentada por Melanie Klein como lida no que a criança oferece, nem por isso o fato deixa de ser estarrecedor. A introdução do pênis como sendo um seio mais acessível, mais cômodo e, de certo

---

* Lacan usa o advérbio *vachement*, extraído da linguagem mais coloquial e formado a partir do substantivo *vache* (vaca), com isso fazendo um jogo de palavras que se perde em português. (N.E.)

modo, mais perfeito, eis o que caberia admitir como um dado da experiência.

Naturalmente, dado isso, a coisa é válida. Mas nem por isso é evidente, em absoluto. O que pode fazer do pênis uma coisa mais acessível, mais cômoda, mais gozosa do que o seio primordial? Eis a pergunta sobre o que significa esse pênis e, portanto, essa introdução precoce da criança numa dialética significante. Aliás, toda a sequência da demonstração de Jones só faz formular essa pergunta de maneira cada vez mais premente.

Como exigem suas premissas, Jones é levado a nos dizer que o falo só pode intervir como meio e álibi de uma espécie de defesa. Ele presume, portanto, que, originalmente, é numa certa apreensão primitiva de seu próprio órgão, feminino, que a menina se descobre libidinalmente interessada, e ele chega a nos explicar por que é preciso que ela recalque essa apreensão de sua vagina. A relação da criança feminina com seu próprio sexo evoca uma ansiedade maior do que a evocada no menino pela relação com seu sexo, porque, diz Jones, o órgão é mais interno, mais difuso, mais profundamente fonte apropriada para seus primeiros movimentos. Daí o papel que irá desempenhar, portanto, o clitóris.

Se Jones não recua, nesse texto, diante de articulações relativamente ingênuas, é, tenho certeza, para valorizar as necessidades que estão implicadas nisso. O clitóris, diz ele, na medida em que é externo, serve para que o sujeito projete nele suas angústias, e torna-se mais facilmente objeto de tranquilização por parte dele, porque o sujeito pode experimentar, por suas próprias manipulações, ou até, a rigor, através da visão, o fato de que o órgão continua ali. Na sequência de sua evolução, será sempre para objetos mais externos, ou seja, para sua aparência, suas roupas, que a mulher transporá o que Jones chama de sua necessidade de reafirmação, o que também lhe permitirá moderar a angústia, deslocando-a para um objeto que não é seu ponto de origem. Daí resulta que essa origem, precisamente, permanece especialmente desconhecida.

Como vocês estão vendo, encontramos aí, mais uma vez, a exigência implícita de que seja como exteriorizável, como representável, que o falo venha para o primeiro plano, a título de termo-limite no qual se detém a ansiedade. Essa é a dialética de Jones. Veremos se ela é suficiente.

Essa dialética o leva a apresentar a fase fálica como uma posição fálica que permite à criança afastar a angústia, concentrando-a em alguma coisa acessível, enquanto seus próprios desejos, orais ou sádicos, transpostos para o interior do corpo materno, logo suscitam temores de retaliação e lhe aparecem como um perigo capaz de ameaçar a ela mesma, no interior de seu próprio corpo. Tal é a gênese fornecida por Jones sobre a posição fálica como fobia.

Seguramente, é como órgão fantasiado, mas acessível, exteriorizado, que o falo entra em jogo e, posteriormente, torna-se capaz de voltar a desaparecer de cena. Os temores ligados à hostilidade poderão ser moderados ao serem transpostos para outros objetos que não a mãe. A erotogenia e a ansiedade ligadas aos órgãos profundos poderão deslocar-se através do processo de um certo número de exercícios masturbatórios. No fim das contas, diz Jones, a relação com o objeto feminino tornar-se-á menos parcial, poderá deslocar-se para outros objetos, e a angústia original, em síntese inominável, ligada ao órgão feminino, que corresponde na menina às angústias de castração no menino, poderá depois variar, transformando-se no medo de ser abandonada que, no dizer de Jones, é característico da psicologia feminina.

Aí está, portanto, o problema diante do qual nos encontramos, e vejam como Freud tenciona resolvê-lo. Sua posição é a de um observador, e sua articulação apresenta-se, portanto, como uma observação natural.

A ligação com a fase fálica é de natureza pulsional. A entrada na feminilidade produz-se a partir de uma libido que é, por natureza, digamos — para colocar as coisas em seu ponto exato, sem acompanhar Jones em sua crítica meio caricatural —, ativa. Chega-se à posição feminina na medida em que a decepção consegue, mediante uma série de transformações e equivalências, fazer brotar do sujeito uma demanda, dirigida ao personagem paterno, de que lhe seja dada alguma coisa que realize seu desejo.

Afinal, o pressuposto de Freud, aliás plenamente articulado, é que a exigência infantil primordial é, como diz ele, *ziellos*, sem objetivo. O que ela exige é tudo, e é em razão do desapontamento dessa exigência, aliás impossível de satisfazer, que a criança entra, pouco a pouco, numa posição mais normativa. Temos aí, seguramente, uma formulação que, por mais problemática que seja, comporta uma abertura que nos permitirá articular o problema nos termos do desejo e da demanda, que são aqueles que procuro enfatizar.

A isso Jones responde que essa é uma história natural, uma observação de naturalista, que não é tão natural assim — *e, de minha parte, vou torná-la mais natural*. Ele diz isso formalmente. A história da fobia fálica é tão somente um desvio na passagem de uma posição primordialmente determinada. A mulher é *born*, nascida, nascida como tal numa posição que é desde sempre a de uma boca, uma boca absorvente, uma boca sugadora. Após a redução de sua fobia, que não passa de um simples desvio, ela reencontra sua posição primitiva. O que vocês chamam de pulsão fálica é apenas o artificialismo de uma fobia contradescrita, evocada na criança por sua hostilidade e sua agressão para com a mãe. Não passa de um puro desvio num ciclo essencialmente instintivo, e, depois disso, a mulher entra de pleno direito em sua posição, que é vaginal.

É essa, em resumo, a concepção de Ernest Jones.

4

Para responder a ela, o que tento articular é o seguinte.

O falo é absolutamente inconcebível na dinâmica ou na mecânica kleiniana. Ele só é concebível se implicado desde logo como sendo o significante da falta, o significante da distância entre a demanda do sujeito e seu desejo. Para que se chegue a esse desejo, é sempre preciso fazer uma certa dedução da entrada necessária no ciclo significante. Se a mulher tem de passar por esse significante, por mais paradoxal que ele seja, é porque não se trata, para ela, de realizar uma posição feminina primitivamente dada, mas de entrar numa determinada dialética de troca. Enquanto o homem, o varão, é afastado em virtude da existência significante de todas as proibições que constituem a relação do Édipo, ela tem de se inscrever no ciclo das trocas da aliança e do parentesco, a título de ela mesma se tornar aí um objeto de troca.

O que estrutura na base a relação edipiana, como nos demonstra efetivamente qualquer análise correta, é que a mulher tem de se propor, ou, mais exatamente, tem de aceitar a si mesma como um elemento do circuito das trocas. Esse fato é impressionante em si, e infinitamente mais importante, do ponto de vista natural, do que tudo o que pudemos observar até hoje de anomalias em sua evolução instintiva. Deveríamos, com efeito, esperar encontrar uma espécie de representante dele no nível imaginário, no nível do desejo, nas vias desviantes por onde ela mesma tem que entrar.

O fato de, como o homem, aliás, ela ter de se inscrever no mundo do significante é pontuado, nela, por esse desejo, que, como significado, deverá permanecer sempre a uma certa distância, a uma margem, seja lá do que for que possa relacionar-se com uma necessidade natural. De fato, a introdução nessa dialética exige que alguma coisa da relação natural seja amputada, sacrificada, e com que finalidade? Precisamente para que isso se torne o próprio elemento significante da introdução na demanda.

Observaremos um retorno, que não direi surpreendente, da necessidade — que acabo de lhes enunciar com toda a brutalidade implicada nessa observação sociológica fundamentada em tudo o que sabemos e, mais recentemente, articulada por Lévi-Strauss em suas *Estruturas elementares do parentesco* — da necessidade de que metade da humanidade se torne o significante da troca, segundo leis diversas, mais simplesmente estruturadas nas estruturas elementares, surtindo efeitos muito mais sofisticados nas estruturas complexas do parentesco. O que observamos na dialética da entrada da criança no sistema do significante, com efeito, é, de certo modo, o avesso da passagem da mulher, como objeto significante, para o que podemos chamar de dialética social, entre aspas, pois toda a ênfase deve ser colocada, aqui, na dependência do social em relação à estrutura significante e combinatória. Ora, para que a criança entre nessa dialética social significante, que é que observamos? Muito precisamente, isto: que não há nenhum outro desejo do qual ela dependa mais estreitamente e mais diretamente que do desejo da mulher, na medida em que ele é significado, exatamente, por aquilo que lhe falta, o falo.

O que lhes mostrei é que tudo o que encontramos como obstáculo, acidente, na evolução da criança, inclusive o mais radical desses obstáculos e desses acidentes, está ligado ao fato de que a criança não se acha sozinha diante da mãe, mas que, diante da mãe, existe o significante de seu desejo, ou seja, o falo. Achamo-nos, neste ponto, frente ao que será o objeto de minha exposição na próxima vez.

Das duas, uma. Ou a criança entra na dialética, faz-se objeto na corrente das trocas e, num dado momento, renuncia a seu pai e a sua mãe, isto é, aos objetos primitivos de seu desejo, ou então ela conserva esses objetos. Ou seja, mantém neles alguma coisa que é muito mais do que o valor deles, pois o valor é justamente aquilo que pode ser trocado. A partir do momento em que ela reduz esses objetos a puros significantes, atendo-se a eles como objetos de seu desejo, é que o apego edipiano é conservado, ou seja, a relação infantil com os objetos parentais não passa. E, na medida em que ela não passa, e estritamente nessa medida, vemos manifestarem-se — digamos, de uma forma muito geral — as inversões ou perversões do desejo que mostram que, no interior da relação imaginária com os objetos edipianos, não há normatização possível.

Por quê? Muito precisamente, porque há sempre como terceiro, até na relação mais primitiva, a da criança com a mãe, o falo como objeto do desejo da mãe, o que instaura uma barreira intransponível à satisfação do desejo da criança, o qual consiste em ela mesma ser o objeto exclusivo do desejo da mãe. E é isso que a impele a uma série de soluções, que serão sempre de redução ou de identificação dessa tríade. Sendo preciso que a mãe seja fálica, ou que o falo seja colocado no lugar da mãe, teremos o fetichismo. Sendo preciso que ela realize em si mesma, intimamente, a junção do falo com a mãe, sem a qual nada nela poderá satisfazer-se, teremos o travestismo. Em suma, é na medida em que a criança — isto é, o ser que entra com necessidades naturais nessa dialética — não renuncia a seu objeto que seu desejo não consegue satisfazer-se.

O desejo só consegue satisfação sob a condição de fazer uma renúncia parcial — o que é, essencialmente, o que articulei no começo, ao lhes dizer que ele tem de se tornar demanda, ou seja, desejo significado, significado pela existência e pela intervenção do significante, ou seja, em parte, desejo alienado.

12 DE MARÇO DE 1958

XVI

AS INSÍGNIAS DO IDEAL

Karen Horney e Helene Deutsch
Complexo de masculinidade e homossexualidade
O processo da identificação secundária
A mãe e a mulher
A metáfora do Ideal do eu

Eu gostaria de começar, hoje, por introduzir a questão das identificações. Para os que não estiveram presentes da última vez, e também para os que estiveram, relembro o sentido do que foi dito.

Tentei chamar atenção para as dificuldades instauradas pela ideia da fase fálica. Experimentamos, com efeito, uma certa dificuldade para fazer entrar numa racionalidade biológica aquilo que Freud deduziu da experiência, ao passo que as coisas logo se esclarecem quando dizemos que o falo é tomado numa certa função subjetiva que precisa desempenhar um papel de significante.

Esse falo como significante não cai do céu. É preciso que haja em sua origem, que é uma origem imaginária, uma certa propriedade em exercer sua função significante. Não se trata de uma função qualquer — ela é mais especialmente adaptada do que outras para prender o sujeito humano no conjunto do mecanismo significante.

De certo modo, esse é um significante-encruzilhada. Para ele converge, mais ou menos, o que aconteceu durante a captação do sujeito humano no sistema significante, visto que é preciso que seu desejo passe por esse sistema para se fazer reconhecer, e que é profundamente modificado por ele. Esse é um dado experimental: o falo, nós o encontramos a todo instante em nossa experiência do drama edipiano, tanto em sua entrada quanto em suas saídas.

Podemos até dizer, de uma certa maneira problemática, que ele ultrapassa esse drama edipiano, uma vez que também não podemos deixar de ficar impressionados com a presença do falo, e do falo paterno, nomeadamente, nas fantasias kleinianas primitivas. É justamente essa presença que nos levanta a questão de sabermos em que registro cabe inserir essas fantasias kleinianas. No registro proposto pela própria Melanie Klein, quando admitiu um Édipo ultraprecoce? Ou devemos, ao contrário, admitir um funcionamento imaginário primitivo, a ser classificado como pré-edipiano? A pergunta pode ser deixada provisoriamente em suspenso.

Para esclarecer a função do falo, que está presente aqui de maneira absolutamente geral, justamente por se apresentar como uma função de significante, devemos examinar, antes de levarmos nossas fórmulas ao limite final, em que economia significante o falo está implicado, o que significa abordar o momento que Freud explorou e articulou como sendo a saída do Édipo, do qual, após o recalque do desejo edipiano, o sujeito sai renovado, e provido de quê? A resposta é: de um Ideal do eu.

1

No Édipo normal, o recalque que resulta da saída do Édipo tem como efeito constituir no sujeito uma identificação que fica, perante este, numa relação ambígua. Quanto a isso, convém procedermos passo a passo. Uma coisa, pelo menos, destaca-se de maneira unívoca, ou seja, por uma via única, daquilo que Freud foi o primeiro a enunciar, e todos os autores não podem deixar de postulá-la como fórmula mínima: trata-se de uma identificação distinta da identificação do eu.

Enquanto a estrutura do eu repousa sobre a relação do sujeito com a imagem do semelhante, a estrutura do Ideal do eu levanta um problema que lhe é peculiar. De fato, o Ideal do eu não se propõe — é quase uma obviedade dizê-lo — como um eu ideal. Sublinhei muitas vezes que esses dois termos são distintos em Freud, inclusive no próprio artigo sobre o narcisismo, *Zur Einführung des Narzissmus*, mas convém examiná-los com uma lupa, pois a diferença é muito difícil de distinguir no texto, a ponto de haver quem os confunda. Primeiro, não é verdade, e mesmo que fosse, que devamos aperceber-nos por convenção de que não há nenhuma sinonímia entre o que é atribuído à função do Ideal do eu nos textos de Freud, como inspirados na experiência clínica, e o sentido que podemos dar à imagem do eu, por mais exaltada que a suponhamos, ao fazermos dela uma imagem ideal com a qual o sujeito se identifica, modelo bem-sucedido, por assim dizer, dele mesmo, com o qual ele se confunde e no qual se assegura de sua inteireza.

Por exemplo, podemos colocar aquilo que fica ameaçado quando fazemos alusão aos medos dos ataques narcísicos ao próprio corpo, que é atingido quando falamos da necessidade de reafirmação narcísica, no registro do eu ideal. Quanto ao Ideal do eu, ele intervém em funções que, muitas vezes, são depressivas ou até agressivas em relação ao sujeito. Freud o faz intervir em diversas formas de depressão. No fim do capítulo VII da *Massenpsychologie*, que se intitula *Die Identifizierung*, no qual introduz pela primeira vez, de maneira decisiva e articulada, a noção de Ideal do eu, Freud tende a colocar todas as depressões no registro não do Ideal do eu, mas de uma relação vacilante, conflitiva, entre o eu e o Ideal do eu.

Admitamos que tudo o que acontece no registro depressivo, ou, ao contrário, no da exaltação, deve ser tomado sob o prisma de uma franca hostilidade entre as duas instâncias, qualquer que seja a instância da qual parte a declaração de hostilidades, quer seja o eu que se insurge, quer seja o Ideal do eu que se torna severo demais, com as consequências e contragolpes do desequilíbrio dessa relação desmedida. A verdade é que o Ideal do eu nos propõe seu problema.

Dizem que o Ideal do eu provém de uma identificação tardia, que esta se acha ligada à relação terceira do Édipo, e que nela se misturam, de maneira complexa, desejo e rivalidade, agressão e hostilidade. Desenrola-se alguma coisa, um conflito, cujo desfecho é balanceado. Ainda que incerto, mesmo assim o desfecho do conflito propõe-se como havendo acarretado uma transformação subjetiva, em razão da introdução — da introjeção, dizem —, no interior de uma certa estrutura, daquilo a que chamamos Ideal do eu, o qual passa, desde então, a ser parte do próprio sujeito, embora conserve uma certa relação com um objeto externo. As duas coisas acham-se presentes e, neste ponto, tocamos no fato de que, como nos ensina a análise, a intrassubjetividade e a intersubjetividade não podem ser separadas. Sejam quais forem as modificações que intervêm em seu ambiente e seu meio, o que é adquirido como Ideal do eu permanece, no sujeito, exatamente como a pátria que o exilado carregaria na sola dos sapatos — seu Ideal do eu lhe pertence, é, para ele, algo de adquirido. Não se trata de um objeto, mas de uma coisa que, no sujeito, é a mais.

Insistimos muito em lembrar que a intrassubjetividade e a intersubjetividade devem permanecer ligadas em qualquer encaminhamento analítico correto. No uso corrente da psicanálise, fala-se das relações entre o eu e o Ideal do eu como relações que podem ser boas ou más, conflituosas ou harmoniosas. Deixa-se entre parênteses, ou não se formula completamente, aquilo que deve ser formulado, e que se impõe pelas mais ínfimas exigências de nossa linguagem, ou seja, que essas relações são sempre estruturadas como relações intersubjetivas.

No interior do sujeito reproduz-se — e, como vocês estão vendo, só pode reproduzir-se a partir de uma organização significante — o mesmo estilo de relações que existe entre os sujeitos. Não podemos supor — ainda que o digamos, e que isso possa funcionar ao ser dito — que o supereu seja, efetivamente, qualquer coisa de severo que fica espreitando o eu na esquina para lhe impor sofrimentos atrozes. Ele não é uma pessoa, funciona no interior do sujeito tal como um sujeito se comporta em relação a outro, e justamente pelo fato de que uma relação entre os sujeitos nem por isso implica a existência da pessoa — basta que haja condições introduzidas pela existência e funcionamento do significante como tal para que possam estabelecer-se relações intersubjetivas.

É com essa intersubjetividade no interior da pessoa viva que lidamos na análise. É no seio dessa intersubjetividade que devemos formar uma ideia do que é a função do Ideal do eu. Vocês não a encontrarão, essa função, num dicionário, ninguém lhes dará para ela uma resposta unívoca, vocês só encontrarão enormes embaraços. Essa função não se confunde, certamente, com a do supereu. Ambas surgiram quase juntas, mas por isso mesmo se distinguiram. Digamos que elas se confundem, em parte, mas que o Ideal do eu desempenha uma função mais tipificadora no desejo do sujeito. Ele realmente parece estar ligado à assunção do tipo sexual, na medida em que este se acha implicado em toda uma economia que, vez por outra, pode ser social. Trata-se das funções masculinas e femininas, não simplesmente na medida em que elas levam ao ato necessário para que sobrevenha a reprodução, mas na medida em que comportam toda uma modalidade de relações entre o homem e a mulher.

Qual é o interesse dos conhecimentos adquiridos pela análise a esse respeito? A análise permitiu-nos desvendar uma função que só se mostra na superfície e através de seus resultados. Penetrou nela por intermédio dos casos em que o resultado foi falho, seguindo, nesse aspecto, o conhecido método dito psicopatológico, que consiste em decompor, desarticular uma função, captando-a ali onde ela se viu imperceptivelmente defasada, desviada, e onde, por isso mesmo, o que costuma inserir-se mais ou menos normalmente num complemento ambiental aparece com suas raízes e suas arestas.

Eu gostaria de me referir, aqui, à experiência que temos com as incidências da identificação falha, ou que supomos parcial ou provisoriamente falha, de um certo tipo de sujeitos com o que podemos chamar de seu tipo regular, satisfatório. Teremos que escolher um caso particular. Tomemos, portanto, o das mulheres nas quais se reconhece o que foi chamado de *masculinity complex*, o complexo de masculinidade, que é articulado com a existência da fase fálica. Podemos fazer isso porque eu já assinalei o lado problemático da existência dessa fase fálica.

Haverá aí alguma coisa de instintivo? Uma espécie de vício do desenvolvimento instintivo pelo qual a existência do clitóris, por si só, seria responsável — seria a causa do que se traduziria, no fim da cadeia, por complexo de masculinidade? Estamos preparados, desde logo, para compreender que não deve ser tão simples assim. Se examinarmos de perto, em Freud isso não é tão simples — ele viu claramente que não se tratava de um desvio puro e simples do desenvolvimento feminino, exigido por uma anomalia natural ou pela famosa bissexualidade. Em todo caso, o debate que se seguiu serviu para nos mostrar que a coisa não é tão simples, ainda que esse próprio debate tenha sido mal inspirado, havendo partido da petição de princípio de que não podia ser assim.

O que está em questão é certamente mais complexo. Nem por isso, no entanto, somos capazes de formular prontamente o que é, mas vemos que a vicissitude do que se apresenta como complexo de masculinidade na mulher já nos indica uma ligação com o elemento fálico, um jogo, um uso desse elemento, que merece ser levado em conta, uma vez que aquilo pelo qual um elemento pode ser utilizado presta-se, pelo menos, para nos esclarecer sobre o que é esse elemento, no fundo.

O que dizem os analistas, portanto, especialmente os do sexo feminino, que abordaram esse assunto?

2

Hoje não falaremos de tudo o que elas nos disseram. Refiro-me, muito particularmente, a duas dessas analistas, que estão no pano de fundo da discussão jonesiana do problema, Helene Deutsch e Karen Horney. Aqueles dentre vocês que leem em inglês poderão reportar-se, por um lado, a um artigo de Helene Deutsch intitulado "The significance of masochism in the mental life of women", de janeiro de 1930, no *International Journal of Psychoanalysis*, volume XI, e por outro, a um artigo de Karen Horney, de janeiro de 1924, no volume V, intitulado "On the genesis of the castration-complex in women".

O que quer que se possa pensar das formulações a que Karen Horney chegou, tanto na teoria quanto na técnica, ela foi, incontestavelmente, uma criadora no plano clínico, desde o começo até metade de sua carreira. Suas descobertas preservam todo o seu valor, independentemente do que ela possa haver deduzido delas de mais ou menos fraco no tocante à situação antropológica da psicanálise. O que Horney destaca em seu artigo sobre o complexo de castração pode ser assim resumido: ela observa, na mulher, uma analogia entre tudo o que se ordena clinicamente em torno da ideia da castração e aquilo que o sujeito articula, na análise, de reivindicações concernentes ao órgão como algo que lhe falta. Encontramos nessas reivindicações as ressonâncias, os vestígios clínicos da castração. Karen Horney mostra, através de uma série de exemplos — convém vocês se reportarem a esse texto —, que não há diferença de natureza entre esses casos de reivindicação fálica e alguns casos de homossexualidade feminina, aqueles em que o sujeito, numa certa posição em relação a sua parceira, identifica-se com a imagem paterna. Há entre os dois casos uma continuidade imperceptível. Os tempos são compostos da mesma maneira, e as fantasias, os sonhos, as inibições e os sintomas são os mesmos. Nem sequer podemos dizer, ao que parece, que os primeiros constituam uma forma atenuada dos outros, mas, simplesmente, que uma certa fronteira foi ou não foi ultrapassada, fronteira essa que é em si mesma incerta.

O ponto em que Karen Horney vem a depositar ênfase, a propósito disso, é o seguinte. O que acontece nesses casos incita-nos a concentrar nossa atenção num certo momento do complexo de Édipo que se situa muito adiante, já no final da fase, uma vez que pressupõe que já se haja atingido o momento em que não apenas a relação com o pai foi constituída, mas no qual ela está tão bem constituída que se manifesta, no sujeito menina, sob a aparência de um desejo deliberado do pênis paterno, o que, como nos é muito justificadamente sublinhado, implica, portanto, um reconhecimento do pênis, não fantasístico, não em geral, não na penumbra ambígua que a todo instante faz com que nos perguntemos o que é o falo, mas um reconhecimento da realidade do pênis. Não estamos no plano da pergunta — será que ele é imaginário ou não?

Naturalmente, em sua função central, o falo implica essa existência imaginária. Em diversas fases do desenvolvimento dessa relação, o sujeito feminino pode, contrariando a tudo e a todos, sustentar que o possui, mesmo sabendo muito bem não possuí-lo. Ele o possui simplesmente como imagem, quer o tenha tido, quer deva tê-lo, como é frequente. Aqui, porém, segundo o que é dito, trata-se de outra coisa. Trata-se de um pênis percebido como real e, como tal, esperado.

Eu não poderia expor isso, se já não lhes houvesse modulado em três tempos o complexo de Édipo, fazendo-os notar que é sob diversos modos que ele chega a cada um desses três tempos. O pai como detentor do pênis real intervém no terceiro tempo. Eu lhes disse isso especialmente quanto ao menino, mas eis que as coisas ficam perfeitamente situadas na menina.

O que acontece, de acordo com o que nos é dito? Dizem que, nos casos de que se trata, é da privação do que é esperado que resulta um fenômeno, que não foi inventado por Karen Horney, mas que é empregado o tempo todo no próprio texto de Freud — a virada, a mutação que faz com que o que era amor se transforme em identificação.

Com efeito, é na medida em que o pai decepciona uma expectativa, uma exigência do sujeito, orientada de uma certa maneira, que se constitui uma identificação. Isso já pressupõe uma maturação avançada da situação. Poderíamos dizer que o sujeito chegou ao auge da situação edipiana, se a função desta não consistisse, justamente, em ela ter de ser ultrapassada, já que é em sua superação que o sujeito deve encontrar a identificação satisfatória com seu próprio sexo.

A identificação com o pai que então se produz articula-se como um problema, ou até um mistério. O próprio Freud observou que a transformação do amor em identificação, cuja possibilidade se manifesta por excelência aqui, não acontece por si só. Nós a admitimos neste momento, entretanto, antes de mais nada porque a constatamos. O problema é articular seu funcionamento, isto é, fornecer uma fórmula que permita conceber o que é essa identificação como ligada a um momento de privação.

Eu gostaria de tentar dar-lhes algumas fórmulas, pois considero que elas são úteis para distinguir assim do assado. Se introduzo esse elemento essencial da articulação significante, não é, por assim dizer, por prazer, nem pelo simples gosto de nos encontrarmos nas palavras, mas para que não façamos das palavras e dos significantes um uso do tipo *misturar alhos com bugalhos*. Não tomemos coisas insuficientemente formuladas por coisas suficientemente esclarecedoras. É articulando-as bem que poderemos avaliar efetivamente o que acontece, e distinguir o que sucede num caso do que sucede em outro.

Que acontece quando o sujeito feminino assume uma certa posição de identificação com o pai?

A situação, adiantamos, é a seguinte. Dado o pai, alguma coisa é esperada no nível da criança, e o resultado singular, paradoxal, é que, sob um certo ângulo e de uma certa maneira, a criança transforma-se nesse pai. Ela não se transforma realmente no pai, é claro, mas torna-se o pai enquanto Ideal do eu. Nesse caso, uma mulher pode realmente dizer, da maneira mais franca, é só escutá-la: — *Eu tusso como meu pai*. É de uma identificação que se trata. Tentemos ver passo a passo a economia dessa transformação.

A menina nem por isso se transforma em homem. Dessa identificação encontramos sinais, estigmas, que se exprimem parcialmente, que podem ser assinalados pelo sujeito, e dos quais este pode se gabar, até certo ponto. Que vem a ser isso? Não há dúvida — são elementos significantes.

Quando uma mulher diz *eu tusso como meu pai*, ou *eu empino a barriga ou o corpo como ele*, esses são elementos significantes. Mais exatamente, para destacar bem do que se trata, vamos chamá-los por um termo especial, porque não se trata de significantes empregados numa cadeia significante. Vamos chamá-los de insígnias do pai.

A atitude psicológica mostra isso na superfície — para dar nome às coisas, o sujeito se apresenta sob a máscara das insígnias da masculinidade, coloca-as sobre o que há de parcialmente indiferenciado em todo sujeito como tal.

Talvez convenha aqui, sempre com o vagar que deve resguardar-nos do erro, perguntarmos em que se transforma, nesse processo, o desejo. De onde partiu tudo isso? O desejo, afinal, não era um desejo viril. Em que se transforma ele quando o sujeito assume as insígnias do pai? Diante de quem serão empregadas essas insígnias? A experiência nos mostra: diante daquele que assume o lugar ocupado pela mãe na evolução primitiva do complexo de Édipo. A partir do momento em que o sujeito se reveste das insígnias daquele com quem se identifica, e se transforma num sentido que é da ordem de uma passagem ao estado de significante, ao estado de insígnia, o desejo que passa a entrar em jogo não é mais o mesmo.

De que desejo se tratava? No ponto a que havíamos chegado no complexo de Édipo e considerando o que era esperado na relação com o pai, podemos supor que era um desejo apaixonado, um apelo propriamente feminino, extremamente próximo de uma posição genital passiva. Fica muito claro que já não é o mesmo desejo que está presente depois da transformação.

Deixemos em suspenso, por enquanto, a questão de saber o que acontece com esse desejo, e voltemos ao termo privação, que pronunciamos há pouco. Poderíamos igualmente falar de frustração. Por que privação, em vez de frustração? Indico aqui que o fio continua solto.

Seja como for, o sujeito que está aqui também esteve lá, na medida em que tem um Ideal do eu. Assim, sucedeu alguma coisa em seu interior que é estruturada como na intersubjetividade. Esse sujeito irá agora exercer um certo desejo, que é o quê?

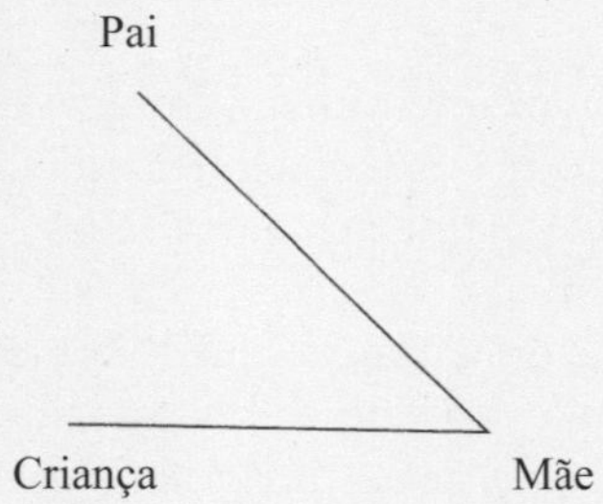

Nesse esquema aparecem as relações do pai com a mãe. Ora, é claro que o que encontramos na análise de um sujeito como esse, no momento em que o analisamos, não é o duplo, a reprodução do que acontecia entre o pai e a mãe, por toda sorte de razões — nem que seja pelo fato de que o sujeito só teve acesso a isso imperfeitamente. A experiência mostra, ao contrário, que o que surge é todo o passado, são as vicissitudes das relações extremamente complexas que até então moldaram, desde a origem, as relações da criança com a mãe, isto é, as frustrações, as decepções ligadas ao que forçosamente existe de contratempos, de abalos, com tudo o que estes acarretam numa relação extraordinariamente complexa, fazendo intervirem com uma ênfase muito particular as relações agressivas em sua forma mais original, e também as relações de rivalidade, nas quais marca sua incidência, por exemplo, a chegada de elementos estranhos ao trio, os irmãos ou irmãs que possam ter interferido, mais ou menos inoportunamente, na evolução do sujeito e de suas relações com sua mãe. Tudo isso surte efeitos, e encontramos seu vestígio e seu reflexo, moderando ou reforçando o que então passa a se apresentar como uma reivindicação das insígnias da masculinidade. Tudo isso se projeta nas relações do jovem sujeito com seu objeto. Estas, por conseguinte, serão comandadas a partir do ponto da identificação em que o sujeito se reveste das insígnias daquele com quem se identificou, e que desempenham nele o papel e a função do Ideal do eu.

É claro que o que lhes estou descrevendo é uma maneira de imaginar os lugares de que se trata, mas pressupõe, evidentemente, se vocês quiserem compreendê-lo, que se acrescente uma espécie de vaivém. Essas insígnias, o sujeito as leva consigo depois desse movimento de oscilação, e se vê constituído de uma nova maneira, e com um novo desejo.

O que comporta o mecanismo dessa transformação? Três tempos devem ser distinguidos.

No começo, há o sujeito e um outro termo, que tem para ele um valor libidinal.

Depois, há um terceiro termo, com o qual o sujeito mantém uma relação distinta, que exige que tenha interferido, no passado da relação com esse termo, aquele elemento radicalmente diferenciador que é a concorrência.

Por fim, produz-se uma troca: o que foi objeto da relação libidinal transforma-se em outra coisa, é transformado numa função significante para o sujeito, e o desejo deste passa para um outro plano, o plano do desejo estabelecido com o terceiro termo. Nessa operação, esse outro desejo vem substituir o desejo inicial, que é recalcado, e sai dele transformado em sua base.

É isso que constitui o processo de identificação.

É preciso que haja, inicialmente, o elemento libidinal que aponta para um certo objeto como objeto. Esse objeto torna-se, no sujeito, um significante, ocupando o lugar que desde então será chamado de Ideal do eu. O desejo, por outro lado, sofre uma substituição — um outro desejo surge em seu lugar. Esse outro desejo não vem do nada, não é o nada, ele existia antes, dizia respeito ao terceiro termo, e sai dele transformado.

Eis o esquema que lhes peço que conservem, porque é o esquema mínimo de qualquer processo de identificação no sentido próprio, de identificação no nível secundário, no que ela funda o Ideal do eu. Nunca falta nenhum desses três termos. A contradança resulta da transformação de um objeto num significante que assume um lugar no sujeito, e constitui a identificação que encontramos na base do que constitui um Ideal do eu. Isso é sempre acompanhado, por outro lado, pelo que podemos chamar de uma transferência do desejo — um outro desejo surge de outro lugar, da relação com um terceiro termo que nada tinha a ver com a relação libidinal primária, e esse desejo vem substituir o primeiro, mas, nessa e através dessa substituição, ele mesmo se vê transformado. Isso é absolutamente essencial. Podemos explicá-lo de outra maneira ainda, retomando nosso esquema sob a forma como o apresentaremos agora.

A criança, em sua primeira relação com o objeto primordial — essa é a fórmula geral —, vê-se assumir a posição simétrica à do pai. Entra em rivalidade com ele e se situa do lado contrário com respeito à relação primitiva com o objeto, num ponto X, marcado pelo sinal φ. Ali, torna-se alguma coisa que pode revestir-se das insígnias daquele com quem entrou em rivalidade, e é nessa medida que depois encontra seu lugar, ali onde forçosamente se situa, ou seja, em C — em oposição ao ponto X onde as coisas aconteceram —, onde ela vem a se constituir sob essa nova forma chamada I, Ideal do eu, preservando assim algo dessa passagem sob a forma mais geral.

Já não se trata aí, como vocês estão vendo perfeitamente, nem de pai nem de mãe, mas de relações com o objeto. A mãe é o objeto primitivo, o objeto por excelência. O que o sujeito retém do vaivém que, em relação ao objeto, fez com que ele entrasse em rivalidade com um terceiro termo é o que se caracteriza pelo que podemos chamar de fator comum resultante, no psiquismo humano, da existência dos significantes. Posto que os homens lidam com o mundo do significante, são os significantes que constituem o desfiladeiro por onde é preciso que passe seu desejo. Por essa razão, esse vaivém sempre implica o fator comum na incidência do significante no desejo, naquilo que o expressa, naquilo que faz dele, necessariamente, um desejo significado — esse fator comum é, precisamente, o falo.

O falo sempre faz parte disso. É o mínimo denominador comum desse fator comum. E é por isso que sempre o encontramos, em todos os casos, quer se trate do homem ou da mulher. Eis por que colocamos aqui, nesse ponto X, o falo, o φ minúsculo.

O falo é terceiro no que constitui aí a relação imaginária do sujeito consigo mesmo, *m-i*, sempre mais ou menos fragilmente constituída. É a identificação primitiva — que, na verdade, é sempre mais ou menos ideal — do eu com uma imagem sempre mais ou menos contestada. Isso nada tem a ver com a relação de base que o sujeito estabelece com aquilo a que dirigiu suas demandas, isto é, o objeto.

Nessa ida e vinda, o Ideal do eu, I, sempre se constitui em oposição ao ponto virtual onde se produz a concorrência, o *contest* do terceiro termo, o P, aqui, e em oposição ao fator comum metonímico que é o falo, que se encontra por toda parte. Naturalmente, o que acontece no nível do Ideal do eu consiste em ter esse fator comum no mínimo. O Ideal do eu é composto de uma maneira que não permite vê-lo, ou que só permite vê-lo como algo que sempre nos escapa por entre os dedos. Nem por isso o falo deixa de correr no fundo de qualquer espécie de assunção significante.

Observem bem o seguinte: em todos os casos, esse significante penetra nos limites do significado. O Ideal do eu constitui-se na relação com o terceiro termo, que aqui é o pai, e implica sempre o falo, unicamente na medida em que esse falo é o fator comum, o fator pivô da instância do significante.

3

Karen Horney mostrou-nos a continuidade do complexo de castração com a homossexualidade feminina. Que diz uma Helene Deutsch?

Ela nos fala de outra coisa. Ela também nos diz que a fase fálica realmente desempenha o papel afirmado por Freud; o que lhe importa entretanto é seguir sua vicissitude posterior, que é a adoção, pela menina, da posição masoquista que, no dizer dela, é constitutiva da posição feminina. Na medida em que o gozo clitoridiano é proibido à menina, esta passa a extrair sua satisfação de uma posição que já não será, portanto, unicamente passiva, mas uma posição de gozo assegurado na própria privação do gozo clitoridiano que lhe é imposta.

Há nisso um certo paradoxo. Mas é um paradoxo que Helene Deutsch sustenta através de constatações da experiência, que chegam até a preceitos técnicos. Relato-lhes aí os dados da experiência de uma analista, que sem dúvida alguma foram submetidos à escolha que ela fez do material, mas nos quais, não obstante, vale a pena nos determos.

Para Helene Deutsch, a questão da satisfação feminina apresenta-se de uma maneira tão complexa que ela considera que uma mulher, em sua natureza de mulher, pode encontrar uma satisfação completa — completa o bastante para que não apareça nada que se apresente como neurótico ou atípico em seu comportamento, em sua adaptação a suas funções femininas — sem que para isso intervenha, sob nenhuma forma claramente marcada, a satisfação propriamente genital.

Repito, essa é a posição da sra. Deutsch. Para ela, a satisfação da posição feminina pode consumar-se integralmente na relação materna, em todas as etapas da função de reprodução, ou seja, nas satisfações próprias do estado de gestação, da amamentação e da manutenção da posição materna. A maturação da satisfação ligada ao ato genital, ao próprio orgasmo, para chamá-lo por seu nome, é outra coisa — está ligada à dialética da privação fálica.

Assim, Helene Deutsch encontrou, em sujeitos mais ou menos implicados na dialética fálica, e que apresentavam um certo grau de identificação masculina, um equilíbrio forçosamente conflituoso, e portanto precário, da personalidade constituída sobre essas bases. Reduzir demais essa relação complexa, levar longe demais o avanço da análise, serviria para frustrar tal sujeito daquilo que, até então, ele teria realizado do gozo, mais ou menos satisfatoriamente, no plano genital. Esse tipo de caso chega até a comportar, segundo ela, a indicação de deixar o sujeito com o pênis de suas identificações mais ou menos bem-sucedidas, mas que, pelo menos, eram um patrimônio dele. Decompor, analisar, reduzir essas identificações traria o risco de colocar o sujeito numa posição de perda em relação ao que a análise revelava ser a base do gozo conquistado antes dela. A conquista feita no plano do gozo genital estaria ligada ao passado do sujeito em relação a suas identificações. Se o gozo, com efeito, consiste na frustração masoquista implicada pela posição conquistada, ele exige, ao mesmo tempo, a manutenção da posição a partir da qual essa frustração pode ser exercida. Em outras palavras, em algumas condições, a redução das identificações propriamente masculinas pode ameaçar aquilo que foi conquistado pelo sujeito no plano do gozo, na própria dialética dessas identificações.

Quer isso tenha valor ou não, a questão para nós aqui é simplesmente que isso possa ter sido formulado, e por uma analista que não era inexperiente, e que por certo se manifestava, nem que fosse por suas reflexões, como alguém que ponderava sobre seu ofício e sobre as consequências do que fazia. É a esse título — unicamente a esse título — que isso merece ser mantido na questão.

Resumindo a posição da sra. Deutsch, nas relações inter-humanas — não estou dizendo que o ato genital se apresente da mesma maneira entre os pintarroxos ou os louva-a-deus —, na espécie humana, o centro de gravidade da posição feminina, seu principal elemento de satisfação, estaria para além da relação genital como tal.

Tudo o que a mulher poderia encontrar na relação genital estaria ligado a uma dialética cuja intervenção não tem por que nos surpreender. Que quer dizer isso? Quer dizer, em primeiro lugar, da extrema importância do que se chama prazer preliminar — que é também manifesto na postura do homem diante do ato genital, que talvez seja simplesmente mais acentuado na mulher. São esses os materiais libidinais a pôr em questão. Mas eles mesmos só entram efetivamente em jogo a partir de sua influência na história do sujeito, numa dialética significante que implica a intromissão da possível identificação com o terceiro objeto, no caso, o pai. A reivindicação fálica, bem como a identificação com o pai, complicada pela relação da mulher com seu objeto, não passaria, assim, da elaboração significante do prazer preliminar do qual são retiradas as satisfações que se produzem no ato genital. Quanto ao orgasmo em si, na medida em que estaria identificado com o momento do ato, ele de fato levanta na mulher um problema que merece ser formulado, dado o que sabemos, em termos fisiológicos, sobre a ausência de uma organização nervosa que se preste diretamente a provocar volúpia na vagina.

Isso nos leva a tentar formular da seguinte maneira a relação do Ideal do eu com uma certa vicissitude do desejo. Tanto no menino quanto na menina, temos, num dado momento, uma relação com um certo objeto, já constituído em sua realidade de objeto, e esse objeto torna-se o Ideal do eu através de suas insígnias. Por que o desejo que está em pauta nessa relação com o objeto foi chamado, nessa ocasião, de privação? Porque sua característica, ao contrário do que se costuma dizer, não é a de concernir a um objeto real.

É claro que, quando o pai intervém na evolução da menina — esse foi o primeiro exemplo que dei —, é preciso, com efeito, que ele seja um ser suficientemente real, em sua constituição fisiológica, para que o falo passe para um estágio de evolução que ultrapasse a função puramente imaginária que ele pode conservar por muito tempo no *Penisneid*. Isso está definido, mas o que constitui a privação do desejo não é que ele vise alguma coisa real, mas que vise alguma coisa que pode ser demandada. Só pode instaurar-se uma dialética de privação propriamente dita a propósito de algo que o sujeito possa simbolizar. É na medida em que o pênis paterno pode ser simbolizado e solicitado que se produz o que sucede no nível da identificação de que estamos tratando hoje.

Isso é inteiramente distinto do que intervém no plano da proibição do gozo fálico. O gozo clitoridiano, para chamá-lo por seu nome, pode ser proibido num dado momento da evolução. O que é proibido rejeita o sujeito colocando-o em uma situação na qual ele não encontra mais nada que seja apropriado para significá-lo. É isso que constitui seu caráter doloroso e, na medida em que o eu se encontra nessa posição de rejeição por parte do Ideal do eu, por exemplo, estabelece-se o estado melancólico. Voltaremos a falar da natureza dessa rejeição, mas entendam desde já que aquilo a que estou aludindo aqui pode ser relacionado com o termo alemão que, em nosso vocabulário, relacionei com a rejeição, isto é, a *Verwerfung*. É na medida em que, por parte do Ideal do eu, o próprio sujeito pode descobrir-se, em sua realidade viva, numa situação de exclusão de qualquer significação possível, que se estabelece o estado depressivo como tal.

O que entra em pauta na formação do Ideal do eu é um processo totalmente inverso. O objeto é confrontado com aquilo que chamamos privação na medida em que se trata de um desejo negativo, no qual há um objeto que pode ser demandado, e no qual é no plano da demanda que o sujeito vê recusado seu desejo. A ligação entre o desejo como recusado e o objeto, eis o que está no ponto de partida da constituição desse objeto como um certo significante, que assume um certo lugar, que substitui o sujeito, que se torna uma metáfora do sujeito.

Isso se produz na identificação com o objeto do desejo, no caso de a menina se identificar com o pai. Esse pai que ela desejou, e que lhe recusou o desejo de sua demanda, surge em seu lugar. A formação do Ideal do eu tem, portanto, um caráter metafórico, e, tal como na metáfora, o que resulta disso é a modificação de um desejo que nada tem a ver com o desejo que está em pauta na constituição do objeto, um desejo que está em outro lugar, aquele que havia ligado a menina a sua mãe.

Chamemos esse desejo, em relação ao D maiúsculo, de *d* minúsculo. Toda a aventura precedente da filha com a mãe vem aqui assumir seu lugar na questão, e sofre as consequências da metáfora a que o desejo fica ligado. Aí reencontramos a fórmula da metáfora que lhes dei anteriormente. Disso resulta uma mudança de significação nas relações até então estabelecidas na história do sujeito.

Uma vez que continuamos no primeiro exemplo da menina com o pai, digamos que o que modifica sua história, e que desde então passa a modelar as relações do sujeito com seu objeto, é a instauração nele dessa nova função, chamada Ideal do eu.

19 DE MARÇO DE 1958

XVII

AS FÓRMULAS DO DESEJO

Crítica do Édipo precoce
O desejo e a marca
Sobre Totem e tabu
O signo da linguagem
O significante do Outro barrado

$$d \longrightarrow \$ \Diamond a \rightleftarrows i(a) \longleftarrow m$$

$$\mathrm{D} \longrightarrow \mathrm{A} \Diamond d \rightleftarrows s(\mathrm{A}) \longleftarrow \mathrm{I}$$

$$\Delta \longrightarrow \$ \Diamond \mathrm{D} \rightleftarrows \mathrm{S}(\not{\mathrm{A}}) \longleftarrow \Phi$$

Comecei escrevendo essas três fórmulas no quadro para evitar escrevê-las incorretamente ou incompletamente quando tiver de me referir a elas. Espero poder esclarecer seu conjunto, daqui até o fim de nosso discurso de hoje.

Retomando as coisas onde as deixei da última vez, pude constatar, não sem satisfação, que algumas de minhas colocações não deixaram de provocar certa emoção, especialmente por parecer que eu havia endossado as opiniões de uma dada psicanalista que julgou dever emitir a opinião de que algumas análises de mulheres não saíam ganhando, forçosamente, ao serem levadas até o fim, em razão de que o próprio progresso do tratamento podia privar os referidos sujeitos do ponto que eles haviam atingido em suas relações sexuais, ameaçar neles um certo gozo conquistado e adquirido. Após o que me perguntaram se eu endossava essa formulação, e se a análise de fato devia parar num certo ponto, por razões externas às leis de seu próprio progresso.

A isso responderei que tudo depende do que se considera como sendo o objetivo da análise, não seu objetivo externo, mas aquilo que a rege, por assim dizer, teoricamente. Com efeito, há uma visão segundo a qual a própria ideia do desenvolvimento da análise implicaria a de um ajustamento à realidade. Estaria dado, na condição do homem e na da mulher, que uma elucidação plena dessa condição deveria conduzir o sujeito, obrigatoriamente, a uma adaptação como que pré-formada, harmoniosa. Isso é uma hipótese. Na verdade, nada na experiência vem justificá-la.

A questão do desenvolvimento da mulher e de sua adaptação a um certo registro plurivalente da ordem humana é, seguramente, um ponto sensível da teoria analítica. Para abrir o jogo e para empregar termos que serão justamente os que retornarão hoje, desta vez num sentido totalmente concreto, porventura não parece certo desde logo que, no tocante à mulher, convém não confundir o que ela deseja — dou a esse termo seu sentido pleno — com o que ela demanda? Que também convém não confundir o que ela demanda com o que ela quer, no sentido em que se diz que *o que a mulher quer, Deus também quer*?

Esses lembretes simples, se não da evidência, pelo menos da experiência, destinam-se a mostrar que a questão que levantamos, de saber o que se trata de realizar na análise, não é simples.

1

Aquilo com que os entretive da última vez entrou lateralmente em nosso discurso. O ponto a que eu desejava levá-los, e ao qual vou levá-los hoje para fornecer uma fórmula generalizada, depois me servirá de referencial na crítica das identificações normativas, precisamente, do homem e da mulher.

Eu lhes trouxe, da última vez, um primeiro apanhado da identificação que produz o Ideal do eu, na medida em que este é o ponto de saída, o ponto-pivô, o ponto de conclusão da crise do Édipo em torno da qual se iniciou a experiência analítica, e em torno da qual ela não para de girar, ainda que assuma posições cada vez mais centrífugas. Insisti nisto, em que toda identificação do tipo Ideal do eu vinculava-se ao relacionamento do sujeito com certos significantes, no Outro, aos quais chamei insígnias, e nos quais essa própria relação vinha enxertar-se num outro desejo que não o que havia confrontado os dois termos, o sujeito e o Outro, como portador dessas insígnias.

Eis, mais ou menos, no que aquilo se resumiu, o que, é claro, não satisfez a todo o mundo, ainda que, falando com um ou com outro, eu não tivesse dado só isso como referência. Por exemplo, vocês não veem que é na medida em que uma mulher se identifica com o pai que ela dirige ao marido todas as censuras que fazia a sua mãe? Isso é indicado como um fato de primeiro plano por Freud, assim como por todos os autores.

Não se trata de ficarmos fascinados com esse exemplo, pois encontraremos a mesma fórmula sob outras formas, mas ele ilustra bem o que acabo de lhes dizer: o fato de a identificação ser feita pela assunção de significantes característicos das relações de um sujeito com outro engloba e implica a ascensão, para o primeiro plano, das relações desejantes entre esse sujeito e um terceiro. Vocês encontram o S, sujeito, o A maiúsculo e o *a* minúsculo. Onde fica o A maiúsculo, onde fica o *a* minúsculo? Não importa — o importante é que eles sejam dois.

Retomemos nosso curso com uma observação que faz parte da máxima de La Rochefoucauld acerca das coisas para as quais não podemos olhar fixamente, o sol e a morte. Existem na análise coisas assim. É muito curioso que seja justamente para o ponto central da análise que olhemos cada vez mais obliquamente, e de uma distância cada vez maior. O complexo de castração é uma dessas coisas.

Observem o que acontece, e o que aconteceu desde as primeiras concepções que Freud teve disso. Havia ali um ponto essencial, pivô, na formação do sujeito, uma coisa estranha, convém dizer, e que até então nunca tinha sido promovida nem articulada. O passo de Freud consistiu em fazer a formação do sujeito girar em torno de uma ameaça precisa, particularizada, paradoxal, arcaica, até provocadora do horror propriamente dito, e que sobrevinha num momento decisivo, patogênico, sem dúvida, mas também normativo. Essa ameaça não estava sozinha, isolada, mas era coerente com a chamada relação edipiana entre o sujeito, o pai e a mãe — o pai servindo, aqui, de portador da ameaça, e a mãe sendo o objeto visado por um desejo, por sua vez, profundamente oculto.

Vocês encontram aí, na origem, precisamente o que se trata de elucidar — essa relação terceira na qual se produzirá a assunção da relação com certas insígnias, indicadas no complexo de castração, porém de maneira enigmática, uma vez que essas próprias insígnias acham-se numa relação singular com o sujeito. Elas estão, como se diz, ameaçadas, e, ao mesmo tempo, são justamente elas que é preciso acolher, receber, e fazê-lo numa relação de desejo concernente a um terceiro termo, que é a mãe.

No começo, é justamente isso que encontramos, e, tendo feito essa afirmação, estamos precisamente diante de um enigma. Essa relação, complexa por definição e por essência, com que deparamos na vida de nosso sujeito, nós temos, nós, que somos os clínicos, que captá-la, coordená-la e articulá-la. Encontramos mil formas, mil reflexos, uma dispersão de imagens, de relações fundamentais, das quais temos de captar todas as incidências, os reflexos, as múltiplas faces psicológicas na experiência do sujeito neurótico. E então, o que acontece?

Acontece o fenômeno que chamarei de fenômeno da motivação psicologizante. É no indivíduo que tratamos de buscar a origem e o sentido do medo da castração, o que nos conduz a uma série de deslocamentos e transposições. Faço-lhes um resumo.

O medo da castração está relacionado, inicialmente, com o pai como objeto, com o medo do pai.

Considerando-o em sua incidência, somos levados a perceber sua relação com uma tendência ou um desejo do sujeito, o de sua integridade corporal. Daí por diante, é a noção de medo narcísico que é promovida.

Então — sempre seguindo uma linha que é forçosamente genética, ou seja, que remonta às origens, a partir do momento em que procuramos no próprio indivíduo a gênese do que se desenvolve depois —, encontramos, colocado em primeiro plano, e corroborado pelo material clínico, porque sempre temos material para apreender as encarnações de um efeito determinado, o medo do órgão feminino. E isso de maneira ambígua, ou porque é ele que se torna a sede da ameaça contra o órgão incriminado, ou, ao contrário, porque ele é o modelo do desaparecimento desse órgão.

Por fim, indo mais longe ainda, por um recuo cada vez maior, até o termo último — conclusão impressionante e singular à qual fomos chegando progressivamente, e cuja lista de autores não lhes refarei hoje, exceto que, quanto ao último, vocês sabem que foi Melanie Klein —, o que está na origem do medo da castração é o próprio falo, escondido no fundo do órgão materno. Bem nas origens, o falo paterno é percebido pela criança como estando sediado no interior do corpo materno, e é ele que é temido pelo sujeito.

Acaso já não é suficientemente impressionante ver surgir no espelho, frente ao órgão ameaçado, o órgão ameaçador, e de uma maneira que direi ser cada vez mais mítica, à medida que a origem é mais recuada? Para que seja dado o último passo, é preciso que o órgão paterno no interior do sexo materno seja considerado ameaçador, em razão de o próprio sujeito, nas origens do que chamamos suas tendências agressivas, sádicas, primordiais, ter feito dele a arma ideal. Em última instância, portanto, tudo se resume numa espécie de puro reflexo do órgão fálico, considerado como o suporte de uma tendência primitiva, que é a da pura e simples agressão. O complexo de castração reduz-se, então, ao isolamento de uma pulsão agressiva primordial parcial, e portanto, desvinculada.

Por causa disso, todo o esforço dos autores visa então a reintegrar o complexo de castração em seu contexto de complexo, ou seja, naquilo mesmo de que ele partiu, e que motivou profundamente o caráter central que lhe foi reconhecido na economia subjetiva que está na origem da exploração das neuroses. Assim, os autores foram levados a ter um enorme trabalho para re-situá-lo em seu lugar, apesar de tudo, de modo que, considerando as coisas, vemos desenhar-se o giro inútil de um conjunto de conceitos em torno dele mesmo. Isso é o que nos parece evidente ao examinarmos atentamente a economia do que Melanie Klein articula como acontecendo no nível do Édipo precoce. Essa expressão não é outra coisa senão uma contradição dos termos — é uma maneira de dizer *o Édipo pré-edipiano*. É o Édipo antes que qualquer dos personagens do Édipo tenha aparecido. Os significantes interpretativos de que ela se serve para dar nome às pulsões com que se depara, ou que acredita se deparar na criança, os significantes dela mesma, implicam toda a dialética de que se trata na origem.

Pois bem, é preciso retomar essa dialética no começo e em sua essência.

2

A castração tem um caráter essencial, se a tomarmos tal como foi promovida pela experiência e pela teoria analítica, bem como por Freud, desde o começo. Saibamos ver, agora, o que ela quer dizer. Antes de ser temida, antes de ser vivida, antes de ser psicologizável, o que quer dizer a castração?

A castração não é uma castração real. Está ligada, como dissemos, a um desejo. Está ligada inclusive à evolução, ao progresso, à maturação do desejo no sujeito humano.

Embora ela seja castração, é certo, por outro lado, que o vínculo com esse órgão é difícil de centralizar claramente na ideia de complexo de castração. Já se observou, com frequência, que não se trata de uma castração que se dirija aos órgãos genitais em seu conjunto, e é por isso mesmo que ela não assume, na mulher, a aparência de uma ameaça contra os órgãos genitais femininos como tais, mas de uma outra coisa — justamente, como o falo. Do mesmo modo, pôde-se levantar legitimamente a questão de saber se, no homem, convinha isolar na ideia do complexo de castração o pênis como tal, ou incluir nela o pênis e os testículos. Na verdade, essas discussões mostram bem que a coisa de que se trata não é nem isso nem daquilo. É algo que tem uma certa relação com os órgãos, mas uma certa relação cujo caráter significante, desde a origem, não deixa dúvidas. É o caráter significante que predomina.

Digamos que, pelo menos, é preciso conservar um mínimo para definir o que é, em sua essência, o complexo de castração — é a relação de um desejo com o que chamarei, nesta oportunidade, de uma marca.

Para que o desejo atravesse satisfatoriamente algumas fases e chegue à maturidade, a experiência freudiana e a teoria analítica ensinam que é preciso que alguma coisa tão problemática de situar quanto o falo seja marcada pelo seguinte: que ele só possa ser conservado na medida em que atravessa a ameaça de castração.

Isso deve ser mantido como o mínimo essencial, além do qual partimos para os sinônimos, os deslizamentos, as equivalências e, ao mesmo tempo, as obscuridades. Literalmente, não sabemos mais o que estamos dizendo, quando não guardamos essas características como essenciais. Não será melhor nos dirigirmos, primeiramente, para a relação como tal entre esses dois polos, o desejo e a marca, antes de irmos procurá-la nas diversas maneiras pelas quais ela se encarna para o sujeito? A partir do momento em que deixamos o ponto de partida, a razão dessa ligação só pode tornar-se mais enigmática, problemática e, em pouco tempo, eludida.

Insisto nesse caráter de marca. Aliás, fora da análise, em todas as suas outras manifestações interpretativas ou significativas, e certamente em tudo o que a encarna em termos cerimoniais, ritualísticos e sociológicos, a marca é o sinal do que sustenta a relação castradora cuja emergência antropológica a psicanálise nos permitiu perceber. Não nos esqueçamos das encarnações religiosas em que reconhecemos o complexo de castração, como a circuncisão, por exemplo, para chamá-la por seu nome, ou então, nos ritos de puberdade, tal ou qual forma de inscrição, de marca, de tatuagem, ligada a uma certa fase, que se apresenta de maneira não ambígua como o acesso a um certo estágio do desejo. Isso tudo sempre se apresenta como marca e impressão.

Vocês me dirão: — *A marca é isso, está entendido, não é difícil encontrá-la, já quando temos rebanhos, cada pastor tem sua marquinha, de maneira a distinguir suas ovelhas das dos outros*. Essa não é uma observação tão tola assim, pois realmente existe uma certa relação, nem que seja no sentido de que a marca se apresenta numa certa transcendência com respeito à constituição do rebanho. Deve isso bastar-nos? É bem verdade que, de certa maneira, a circuncisão se apresenta como constituindo um certo rebanho, o rebanho dos eleitos de Deus. É só isso que encontramos? Certamente, não. O que a experiência analítica e também Freud nos mostram, desde o início, é que há uma relação estreita ou até íntima entre o desejo e a marca. A marca não está ali simplesmente como sinal de reconhecimento para o pastor, o qual teríamos dificuldade de saber onde está, nessa situação. Quando se trata do homem, o ser vivo marcado tem um desejo que não deixa de estar numa certa relação íntima com a marca.

Não se trata de andarmos depressa demais nem de dizermos que é essa marca que modifica o desejo. Talvez haja nesse desejo, desde a origem, uma hiância que permite que essa marca assuma sua incidência especial. O certo é que existe a mais estreita relação entre o que caracteriza o desejo no homem e a incidência, o papel e a função da marca. Nisso reencontramos o confronto entre o significante e o desejo, que é o ponto a que se refere toda a interrogação que desenvolvemos aqui.

Eu não gostaria de me alongar demais, porém, assim mesmo, cabe aqui um pequeno parêntese. Não nos esqueçamos de que a questão desemboca, evidentemente, na função do significante no homem, e de que esta não é a primeira vez que vocês ouvem falar disso. Se Freud escreveu *Totem e tabu*, se foi para ele uma necessidade e uma satisfação essenciais articulá-lo — reportem-se ao texto de Jones para ver a importância que esse texto tinha para ele —, não foi simplesmente a título de psicanálise aplicada. Sua satisfação não estava em encontrar, ampliado até as dimensões do céu, o pequeno animal humano com que lhe sucedia lidar em seu consultório. Não se tratava do cão celeste em relação ao cão terrestre, como em Espinosa. Para ele, esse era um mito absolutamente essencial, tão essencial que, a seu ver, não era um mito. Que significa, o *Totem e tabu*?

Significa que, se quisermos entender alguma coisa sobre o que é a interrogação particular de Freud a respeito da experiência do Édipo em seus doentes, seremos necessariamente levados ao tema do assassinato do pai.

Quanto a isso, Freud não se interroga. Mas eu lhes pergunto — o que pode significar o fato de que, para conceber a transição da natureza para a humanidade, seja preciso passar pelo assassinato do pai?

Segundo seu método, que é um método de observador e naturalista, Freud colige os fatos, faz pulularem em torno desse ponto de convergência todos os documentos que sua informação lhe traz. Sem dúvida, vemos passar para o primeiro plano o ponto em que sua experiência depara com o material etnológico. Pouco importa que este seja mais ou menos obsoleto. Isso, agora, já não tem nenhuma importância. O que importa é que o ponto onde ele se encontra, no qual se satisfaz, no qual vê conjugarem-se os sinais cujas pistas ele segue, é aquele em que a função da fobia liga-se ao tema do totem. E isso é indiscernível de um progresso que coloca em primeiro plano a função do significante.

A fobia é um sintoma no qual aparece em primeiro plano, de maneira isolada e promovida como tal, o significante. Passei o último ano a lhes explicar isso, mostrando-lhes a que ponto o significante de uma fobia tem trezentas mil significações para o sujeito. Ele é o ponto-chave, o significante que falta para que as significações possam, ao menos por algum tempo, ficar mais ou menos tranquilas. Sem isso, o sujeito é literalmente inundado. Do mesmo modo, o totem também é isso mesmo, o significante de serventia múltipla, o significante-chave, aquele graças ao qual tudo se ordena, e principalmente o sujeito, porque o sujeito encontra nesse significante aquilo que ele é, e é em nome desse totem que se ordena também, para ele, o que é proibido.

Mas o que isso ainda nos vela, nos esconde, em última instância? O que esconde o próprio assassinato do pai, na medida em que é em torno dele que se faz a revolução graças à qual os jovens machos da horda veem ordenar-se o que será a lei primitiva, isto é, a proibição do incesto? Ele esconde, simplesmente, a estreita ligação que existe entre a morte e o aparecimento do significante.

Em seu rame-rame ordinário, todo o mundo sabe que a vida não se detém nos cadáveres que produz. Os peixes grandes comem os pequenos — ou até, depois de matá-los, não os comem. O movimento da vida nivela o que, diante de si, ela tem para abolir, e já é um problema saber em que medida uma morte é memorizada, mesmo que essa memorização seja como que implícita, isto é, que, como tudo deixa transparecer, seja da natureza dessa memorização que o fato seja esquecido pelo indivíduo, quer se trate do assassinato do pai ou do assassinato de Moisés. É da natureza de nossa mente esquecer o que é absolutamente necessário como chave, o ponto-pivô em torno do qual ele gira. Para que uma morte seja memorizada, é preciso que um certo vínculo tenha se tornado significante, de maneira a que essa morte exista de outro modo no real, na pululação da vida. Não há existência da morte, existem mortos, e é só. E, quando morrem, ninguém mais no mundo lhes presta atenção.

Em outras palavras, o que produz tanto a paixão de Freud ao escrever *Totem e tabu* quanto o efeito fulgurante de um livro que foi publicado para ser rejeitado e vomitado de maneira generalizada? Todo o mundo disse: — *Que história é essa que esse camarada está nos contando? Quem é ele? Com que direito nos conta isso? Nós, etnógrafos, nunca vimos nada assim.* O que não impede que esse livro seja um dos acontecimentos capitais de nosso século, que transformou profundamente toda a inspiração do trabalho crítico, etnológico, literário e antropológico.

Que quer dizer isso, a não ser que Freud conjuga nele duas coisas, o desejo e o significante? Ele os conjuga como dizemos que se conjuga um verbo. Faz a categoria dessa conjugação entrar no seio de um pensamento acerca do homem que, até ele, continuava, eu diria, academizante — com isso designando uma filiação filosófica da Antiguidade, a qual, desde o platonismo até as seitas estoica e epicurista, e passando pelo cristianismo, tende profundamente a esquecer a relação orgânica do desejo com o significante, a excluir o desejo do significante, a reduzi-lo, a lhe dar como causa uma certa economia do prazer, a eludir o que há nele de absolutamente problemático, irredutível e propriamente perverso, a eludir aquilo que é o caráter essencial, vivo, das manifestações do desejo humano, em cujo primeiro plano devemos colocar seu caráter não somente inadaptado e inadaptável, mas, fundamentalmente, marcado e pervertido.

É desse vínculo entre o desejo e a marca, entre o desejo e a insígnia, entre o desejo e o significante, que estamos aqui fazendo um esforço para descrever a situação.

3

Reportemo-nos agora às três pequenas fórmulas que lhes escrevi.

Hoje quero simplesmente apresentá-las e lhes dizer o que elas significam, porque não poderemos ir mais adiante. Essas fórmulas, a meu ver, são as que lhes permitirão articular não apenas alguma coisa do problema que acabo de lhes propor, mas até todas as vagueações ou mesmo divagações do pensamento analítico acerca do que continua a ser nosso problema fundamental, que é, não nos esqueçamos, o problema do desejo.

Comecemos por esclarecer o que querem dizer aquelas letras ali. O *d* minúsculo é o desejo. O *\$* é o sujeito. O *a* minúsculo é o pequeno outro, o outro como nosso semelhante, cuja imagem nos retém, nos cativa, nos sustenta, e na medida em que constituímos em torno dela aquela primeira ordem de identificações, que lhes defini como a identificação narcísica, que é o *m* minúsculo, o eu.

Essa primeira linha coloca essas letras numa certa relação, que as setas lhes indicam que não pode ser percorrida até o fim em se partindo de cada extremidade, mas que se detém no ponto exato em que a seta diretriz depara com uma outra de sinal oposto. A identificação egoica ou narcísica encontra-se, aqui, numa certa relação com a função do desejo. Retomarei esse comentário.

A segunda linha concerne àquilo a respeito do qual articulei todo o meu discurso no início deste ano, quando tentei fazê-los verem na tirada espirituosa uma certa relação fundamental do desejo não com o significante como tal, mas com a fala, isto é, com a demanda. O D escrito aqui quer dizer demanda. O A maiúsculo que se segue é o grande Outro, o lugar, a sede, a testemunha a que o sujeito se refere em sua relação com um *a* minúsculo qualquer, como sendo o lugar da fala. Não é preciso lembrar aqui o quanto tenho articulado, há muito tempo, e voltado a ela sem cessar, a necessidade desse grande Outro como o lugar da fala articulada como tal. Aqui encontramos o *d* minúsculo e também, pela primeira vez, o *s* minúsculo, com a mesma significação que ele costuma ter em nossas fórmulas, ou seja, a de significado. O *s* minúsculo do A maiúsculo designa o que é expresso no Outro, e expresso com a ajuda do significante, ou seja, aquilo que, no Outro, para mim, sujeito, adquire valor de significado, isto é, aquilo que há pouco chamamos de insígnias. É na relação com essas insígnias do Outro que se produz a identificação que tem por fruto e resultado a constituição, no sujeito, do I maiúsculo, que é o Ideal do eu. A simples constituição dessas fórmulas presentifica o fato de que só existe acesso à identificação do Ideal do eu depois que entra em conta o grande Outro.

Tal como as precedentes, a terceira linha procura articular um problema numa cadeia-referencial. Trata-se, aqui, do problema que hoje articulo diante de vocês.

O delta é precisamente aquilo sobre o qual nos interrogamos, ou seja, o próprio eixo pelo qual o sujeito humano é colocado numa certa relação com o significante, e isso em sua essência de sujeito, de sujeito total, de sujeito em seu caráter completamente aberto, problemático, enigmático — que esse símbolo exprime.

Aqui vocês veem o sujeito retornar mais uma vez, agora em sua relação com o fato de que seu desejo passa pela demanda, de que ele fala, e de que isso tem alguns efeitos. Em seguida, vocês têm o S maiúsculo, que, como de hábito, é a letra com que designamos o significante. A fórmula explica que o S maiúsculo do Ⱥ barrado é exatamente o que Φ, o falo, realiza. Em outras palavras, o falo é o significante que introduz no Ⱥ algo de novo, e que só o introduz no Ⱥ e no nível do Ⱥ — graças ao que essa fórmula se esclarecerá pelos efeitos de significante. O ponto exato de incidência no Outro é o que essa fórmula nos permitirá esclarecer.

Retomemos agora aquilo de que se trata.

A relação do homem com o desejo não é uma relação pura e simples de desejo. Não é, em si, uma relação com o objeto. Se a relação com o objeto estivesse desde logo instituída, não haveria problema para a análise. Os homens, como se presume que faça a maioria dos animais, iriam em direção a seu objeto. Não haveria, por assim dizer, essa relação secundária do homem com o fato de ele ser um animal desejante, e que condiciona tudo o que acontece no nível que chamamos perverso, ou seja, o fato de ele gozar de seu desejo. Toda a evolução do desejo encontra sua origem nesses fatos vividos que são classificados na relação, digamos, masoquista, porque ela é a primeira que nos fazem extrair da ordem genética, mas chegamos a ela por uma espécie de regressão. A que se oferece como mais exemplar, como mais axial, é a chamada relação sádica, ou a relação escotofílica.

Está absolutamente claro que é por uma redução, um manejo, uma decomposição artificial secundária do que é dado na experiência que as isolamos sob a forma de pulsões, que substituem umas às outras e se equivalem. A relação escotofílica, no que conjuga exibição e voyeurismo, é sempre ambígua — o sujeito se vê sendo visto, vê-se o sujeito como visto, mas, é claro, ele não é visto pura e simplesmente, e sim no gozo, na espécie de irradiação ou fosforescência que se destaca pelo fato de o sujeito estar numa posição vinda sabe-se lá de que hiância primitiva, como que extraída de sua relação de implicação com o objeto, e, a partir daí, ele mesmo se apreende fundamentalmente como paciente nessa relação. Disso provém o fato de que o que encontramos na base da exploração analítica do desejo é o masoquismo — o sujeito apreende-se como aquele que sofre, capta sua existência de ser vivo como aquele que sofre, isto é, como sendo sujeito do desejo.

Onde está o problema agora? Para todo o sempre, o desejo humano continuará irredutível a qualquer redução e adaptação. Nenhuma experiência analítica irá contra isso. O sujeito não satisfaz simplesmente um desejo, mas goza por desejar, e essa é uma dimensão essencial de seu gozo. É absolutamente errôneo omitir esse dado primitivo, ao qual, devo dizer, a chamada investigação existencialista trouxe algumas luzes, colocando-as sob um certo prisma esclarecedor. Isso, que lhes estou articulando como posso, pede, para ter sentido, que vocês se refiram à nossa experiência do dia a dia, mas foi desenvolvido ao longo de páginas magistrais, diversamente, pelo sr. Sartre, em *O ser e o nada*. Aquilo nem sempre é de absoluto rigor filosófico, mas é, certamente, de incontestável talento literário. O impressionante é que coisas dessa ordem só tenham conseguido ser articuladas com tamanho brilhantismo depois que a análise concedeu direito de cidadania à dimensão do desejo.

O sr. Jones, cuja utilidade e função na análise terão sido diretamente proporcionais ao que ele não compreendia, tentou muito depressa articular o complexo de castração, dando-lhe um equivalente. Numa palavra, o significante fálico, ao longo de toda a sua vida de escritor e analista, foi para ele objeto do que talvez possamos chamar de uma verdadeira fobia. O que ele escreveu de melhor, e que culminou em seu artigo sobre a fase fálica, consistiu precisamente em dizer: por que privilegiar esse maldito falo que encontramos a todo instante, a cada passo, esse objeto aliás inconsistente, quando há coisas igualmente interessantes? — como a vagina, por exemplo. E, de fato, tinha razão esse homem. Está muito claro que esse objeto não tem um interesse menor do que o falo, sabemos disso. Só que o que o espanta é que os dois não tenham a mesma função. Ele estava estritamente condenado a não compreender nada disso, na medida mesma em que, desde o começo, desde seu primeiro impulso, desde o momento em que procurou articular o que era o complexo de castração em Freud, ele sentiu necessidade de lhe dar um equivalente, em vez de reter o que talvez houvesse de teimoso, ou até de irredutível, no complexo de castração, ou seja, o significante falo.

Jones não deixava de ter uma certa orientação, e talvez tenha cometido apenas um erro, o de pensar que Deus criou o homem e a mulher. Foi com essa frase que ele concluiu seu artigo sobre a "*phallic Phase*", com isso deixando bem claras as origens bíblicas de sua convicção. Já que Deus os criou homem e mulher, é porque foram feitos para andar juntos, e é preciso que seja aí que isso desemboque, ou então que diga por quê.

Ora, justamente, estamos na análise para perceber que, quando pedimos que isso diga por quê, entramos em toda sorte de complicações. Foi por isso que, desde o início, o sr. Jones substituiu o termo complexo de castração pela palavra *afânise*, a qual foi buscar no dicionário de grego e a qual, convém dizer, não é uma palavra das mais empregadas pelos autores. Ela significa *desaparecimento*. Desaparecimento de quê? Desaparecimento do desejo. É isso que o sujeito temeria no complexo de castração, no dizer do sr. Jones. Com seu passinho saltitante de personagem shakespeariano, ele nem pareceu desconfiar que já era um problema enorme que um ser vivo pudesse intimidar-se, como se isso fosse um perigo, não com o desaparecimento, com a falta, com a separação de seu objeto, mas de seu desejo. Não há outro meio de fazer da *afânise* um equivalente do complexo de castração, a não ser definindo-a como ele faz, ou seja, como desaparecimento do desejo. Não haverá aí alguma coisa que não é de todo infundada? Que isso já seja alguma coisa de segundo ou terceiro grau, em referência a uma relação articulada em termos de necessidade, não há dúvida, mas é disso que ele não parece ter a mínima desconfiança.

Dito isso, mesmo admitindo que já tenham sido resolvidas todas as complicações sugeridas pela simples formulação do problema nesses termos, resta estruturar, precisamente, a relação do sujeito com o Outro, na medida em que é no Outro, no olhar do Outro, que ele apreende sua própria posição. Não é à toa que distingo aqui a posição escotofílica, mas por ela estar efetivamente no cerne não apenas dessa posição, mas também da atitude do Outro, na medida em que não há posição sádica que, para ser propriamente qualificável de sádica, não seja acompanhada por uma certa identificação masoquista. O sujeito humano, assim, acha-se numa relação com seu próprio ser como separado, o que o coloca numa posição tal perante o Outro, que, tanto no que ele apreende quanto naquilo com que goza, trata-se de algo diferente de uma relação com o objeto, trata-se de uma relação com seu desejo. O que resta saber agora é: que vem fazer nisso o falo como tal? Aí é que está o problema.

Para resolvê-lo, abstenhamo-nos de procurar gerar o termo de que se trata, de imaginá-lo através de uma reconstituição genética baseada no que chamarei de referências fundamentais do obscurantismo moderno. Refiro-me a fórmulas que, a meu ver, são imensamente mais imbecis do que o que vocês podem encontrar nos livrinhos de catecismo, e dentre as quais esta é um exemplo: a ontogênese reproduz a filogênese. Quando nossos bisnetos souberem que, em nossa época, isso bastava para explicar uma porção de coisas, eles dirão que o homem é mesmo uma coisa engraçada — sem se aperceberem, aliás, do que haverá no mesmo lugar nessa ocasião.

A questão, portanto, é saber o que o falo vem fazer nessa história. Enunciemos, por hoje, o que a existência da terceira linha comporta, ou seja, que o falo desempenha um papel de significante. Que quer dizer isso?

Para esclarecê-lo, partamos da segunda linha, que significa que há uma certa relação do homem com o pequeno outro (*a*) que é estruturado como o que acabamos de chamar de desejo humano, no sentido de que esse desejo já é fundamentalmente perverso e, por conseguinte, todas as suas demandas são marcadas por uma certa relação, que é representada por esse novo pequeno símbolo em losango que vocês encontram repetidamente nessas fórmulas. Ele simplesmente implica — esse é todo o seu sentido — que tudo de que se trata aqui é comandado por essa relação quadrática que sempre colocamos na base de nossa articulação do problema, e que diz que não há $\mathbb{S}$ concebível — nem articulável, nem possível — que não se sustente na relação ternária A *a'a*. Isso é tudo o que o losango pretende dizer. Para que a demanda exista, tenha uma possibilidade, seja alguma coisa, é preciso que haja uma certa relação entre *s*(A) e o desejo tal como é estruturado, A ◊ *d*, o que nos remete à primeira linha.

Há, com efeito, uma composição das linhas. A primeira indica que a identificação narcísica, ou seja, aquilo que constitui o eu do sujeito, faz-se numa certa relação da qual, ao longo do tempo, temos visto todas as variações, diferenças, nuances — prestígio, imponência, dominação — numa certa relação com a imagem do outro. Vocês encontram seu correspondente, seu correlato, naquilo que está do outro lado do ponto de revolução desse quadro, ou seja, na linha dupla de equivalência que está ali no centro. A própria possibilidade da existência de um eu, desse modo, é relacionada com o caráter fundamentalmente desejante — e ligado aos avatares do desejo — do sujeito, o que está articulado, aqui, na primeira parte da primeira linha.

Do mesmo modo, qualquer identificação com as insígnias do Outro, isto é, do terceiro como tal, depende de quê? Da demanda. Da demanda e das relações do Outro com o desejo.

Isso, que é perfeitamente claro e evidente, permite dar seu pleno valor ao termo com que Freud, por sua vez, designa o que chamamos, de maneira muito imprópria — direi por quê — frustração. Freud diz *Versagung*. Sabemos por experiência que é na medida em que alguma coisa é *versagt* que se produz no sujeito o fenômeno da identificação secundária, ou identificação com as insígnias do Outro.

O que implica isso? Que, para que sequer possa estabelecer-se alguma coisa para o sujeito, entre o grande Outro (A) como lugar da fala e o fenômeno de seu desejo — o qual se coloca num plano totalmente heterogêneo, já que está relacionado com o pequeno outro (*a*) como sua imagem —, é preciso que algo introduza no Outro (A) essa mesma relação com o pequeno outro (*a*) que é exigível, necessária e fenomenologicamente tangível, para explicar o desejo humano como desejo perverso. É a necessidade de uma articulação do problema que estamos propondo hoje.

Isso pode parecer-lhes obscuro. Vou lhes dizer uma coisa só — é ao não afirmar nada que não apenas isso se torna cada vez mais obscuro, como também, ainda por cima, tudo se embrulha. Pode ser que, ao contrário, afirmando isso talvez possamos extrair daí um pouco de ordem.

Afirmamos que Φ, o falo, é o significante pelo qual é introduzida no A, como lugar da fala, a relação com o *a*, o pequeno outro, na medida em que o significante tem alguma coisa a ver com isso.

Aí está. Isso dá a impressão de morder o próprio rabo — mas é preciso que morda o próprio rabo. É claro que o significante tem alguma coisa a ver com isso, já que deparamos com esse significante a cada passo. Encontramo-lo desde a origem, uma vez que não haveria entrada do homem na cultura — ou melhor, na sociedade, se distinguirmos cultura e sociedade, mas é a mesma coisa — se a relação com o significante não estivesse na origem.

Assim como definimos o significante paterno como o significante que, no lugar do Outro, instaura e autoriza o jogo dos significantes, há um outro significante privilegiado que tem por efeito instituir no Outro uma coisa que modifica sua natureza — e é por isso que, na terceira linha, o símbolo do Outro leva uma barra —, ou seja, ele não é, pura e simplesmente, o lugar da fala, mas está, como o sujeito, implicado na dialética situada no plano fenomênico da reflexão acerca do pequeno outro. O que isso vem acrescentar é que essa relação existe na medida em que o significante a inscreve.

Peço-lhes, seja qual for a dificuldade que isso lhes cause, que a guardem em mente. Vocês ficarão nesse ponto por hoje. Depois lhes mostrarei o que isso permite ilustrar e articular.

26 DE MARÇO DE 1958

XVIII

AS MÁSCARAS DO SINTOMA

Nossas interpretações e as dele
O caso de Elisabeth von R.
Dissociação do amor e do desejo
O desejo articulado não é articulável
O riso e a identificação

Eu gostaria de levá-los, hoje, a uma apreensão primária acerca do objeto de nossa experiência, isto é, o inconsciente.

Meu propósito, em suma, é mostrar-lhes o que a descoberta do inconsciente nos abre de vias e possibilidades, sem deixá-los esquecerem os limites que ela impõe a nosso poder. Em outras palavras, trata-se, para mim, de lhes mostrar em que perspectiva, em que alameda se deixa vislumbrar a possibilidade de uma normatização — uma normatização terapêutica — que toda a experiência analítica está aí para lhes mostrar que se choca, no entanto, com as antinomias internas de qualquer normatização na condição humana.

A psicanálise permite-nos até aprofundar a natureza desses limites.

1

Não podemos deixar de nos impressionar com o fato de que Freud, num de seus últimos artigos — aquele cujo título foi impropriamente traduzido por "Análise terminável e interminável", quando, na verdade, ele diz respeito ao finito e ao infinito, tratando-se da análise na medida em que ela se finda ou em que deve ser situada numa espécie de alcance infinito —, com o fato de que Freud, portanto, designa-nos da maneira mais clara a projeção do objetivo da análise no infinito, e o designa no nível da experiência concreta, como ele diz, apontando o que há de irredutível, para o homem, no complexo de castração e, para a mulher, no *Penisneid*, ou seja, numa certa relação fundamental com o falo.

Em que foi que a descoberta freudiana depositou a ênfase, em seu início? No desejo. O que Freud descobriu essencialmente, o que ele apreendeu nos sintomas, fossem estes quais fossem, quer se tratasse de sintomas patológicos, quer se tratasse do que ele interpretou no que até então se apresentava como mais ou menos redutível à vida normal, como o sonho, por exemplo, foi sempre um desejo.

E mais ainda, no sonho ele não nos falou simplesmente de desejo, mas de realização de desejo, *Wunscherfüllung*. Há um dado que não deve deixar de nos impressionar, ou seja, que foi precisamente no sonho que ele falou de satisfação do desejo. Ele indicou, por outro lado, que no próprio sintoma há alguma coisa que se assemelha a essa satisfação, só que é uma satisfação cujo caráter problemático é muito acentuado, uma vez que é também uma satisfação às avessas.

Evidencia-se desde logo, portanto, que o desejo está ligado a alguma coisa que é sua aparência e, para dizermos a palavra exata, sua máscara. O vínculo estreito que é mantido pelo desejo, tal como se apresenta a nós na experiência analítica, com aquilo de que ele se reveste, de maneira problemática, convida a que nos detenhamos nisso como sendo um problema essencial.

Frisei em diversas ocasiões, nas últimas vezes, a maneira como o desejo, na medida em que aparece na consciência, manifesta-se sob uma forma paradoxal na experiência analítica — ou, mais exatamente, o quanto esta promoveu um caráter inerente ao desejo como desejo perverso, que é o de ser um desejo à segunda potência, um gozo com o desejo como desejo.

De maneira geral, não foi a análise que descobriu a função do desejo, mas ela nos permitiu perceber a que grau de profundidade é levado o fato de o desejo humano não estar diretamente implicado numa relação pura e simples com o objeto que o satisfaz, mas estar ligado a uma posição assumida pelo sujeito na presença desse objeto e a uma posição que ele assume fora de sua relação com o objeto, de tal modo que nada jamais se esgota, pura e simplesmente, na relação com o objeto.

Por outro lado, a análise se presta para lembrar uma coisa conhecida desde sempre, qual seja, o caráter vagabundo, fugidio, inapreensível do desejo. Ele justamente escapa à síntese do eu, não lhe deixando outra saída senão ser, a todo instante, apenas uma afirmação ilusória de síntese. Embora seja sempre eu quem deseja, isso em mim só pode ser apreendido na diversidade dos desejos.

Através dessa diversidade fenomenológica, através da contradição, da anomalia, da aporia do desejo, é certo, por outro lado, que se manifesta uma relação mais profunda, que é a relação do sujeito com a vida e, como se costuma dizer, com os instintos. Por se haver situado nesse caminho, a análise nos leva a fazer progressos na situação do sujeito em relação à sua posição de ser vivo. Mas, justamente, a análise nos faz experimentar por quais meios se realizam não apenas os objetivos ou finalidades da vida, mas também, talvez, do que está para-além da vida. Freud contemplou, com efeito, como um para-além do princípio do prazer, sabe-se lá que teleologia dos primeiros fins vitais ou das finalidades derradeiras a que almejaria a vida, e que é o retorno ao equilíbrio da morte. Tudo isso, a análise nos permitiu, eu não diria definir, mas entrever, na medida em que nos permitiu também acompanhar em seus encaminhamentos a realização dos desejos.

O desejo humano, em suas relações internas com o desejo do Outro, foi vislumbrado desde sempre. Basta nos reportarmos ao primeiro capítulo da *Fenomenologia do espírito*, de Hegel, para descobrirmos por quais caminhos uma reflexão bastante aprofundada poderia permitir-nos iniciar essa investigação. Isso não equivale a retirar nada da originalidade do fenômeno novo trazido por Freud, e que nos permite lançar uma luz muito essencial sobre a natureza do desejo.

O caminho seguido por Hegel em sua primeira abordagem do desejo está longe de ser, unicamente, como se supõe ao vê-lo de fora, uma via dedutiva. Trata-se de uma apreensão do desejo por intermédio das relações da consciência de si com a constituição da consciência de si no outro. A questão que então se coloca é saber de que modo, por intermédio disso, pode introduzir-se a dialética da própria vida. Isso só pode traduzir-se, em Hegel, por uma espécie de salto que, na ocasião, ele chama de síntese. A experiência freudiana mostra-nos um encaminhamento inteiramente diverso, embora, muito curiosamente, e também de maneira muito notável, o desejo também se apresente nele como profundamente ligado à relação com o outro como tal, apesar de se apresentar como um desejo inconsciente.

Convém agora nos remetermos ao nível do que foi, na experiência do próprio Freud, em sua experiência humana, essa abordagem do desejo inconsciente. É preciso formarmos uma ideia dos primeiros tempos em que Freud deparou com essa experiência em seu caráter de novidade surpreendente, como que apelando, eu não diria para a intuição, mas para a adivinhação, pois se tratava de apreender alguma coisa por trás de uma máscara.

Agora que a psicanálise está constituída, e que se desenvolveu num discurso muito amplo e mobilizador, podemos formar uma ideia — mas a formamos muito mal — do que foi o alcance do que Freud introduziu, quando começou a ler nos sintomas de seus pacientes, a ler em seus próprios sonhos e a trazer para nós a noção do desejo inconsciente. É justamente isso que nos falta para avaliar por seu justo valor suas interpretações. Ficamos sempre muito espantados com o que se nos afigura, com grande frequência, como seu caráter extraordinariamente intervencionista, comparado ao que nós mesmos nos permitimos e, diria eu, comparado ao que podemos e não podemos mais permitir-nos.

Podemos até acrescentar que as interpretações dele nos impressionam, até certo ponto, por seu caráter enviesado. Porventura não lhes assinalei mil vezes, a propósito do caso Dora, por exemplo, ou das intervenções dele na análise da jovem homossexual de que falamos longamente aqui, o quanto as interpretações de Freud — ele mesmo o reconheceu — estavam ligadas a seu conhecimento incompleto da psicologia, muito especialmente a dos homossexuais em geral, mas também a dos histéricos? O conhecimento insuficiente que Freud tinha nessa ocasião fez com que, em mais de um caso, suas interpretações se apresentassem com um caráter demasiadamente diretivo, quase forçado e, ao mesmo tempo, precipitado, o que de fato confere pleno valor à expressão interpretação enviesada.

Não obstante, é certo que essas interpretações se apresentavam naquele momento, até certo ponto, como tendo de ser feitas, como as interpretações eficazes para a resolução do sintoma. Que quer dizer isso?

Evidentemente, isso nos levanta um problema. Para começar a desbastá-lo, convém concebermos que, quando Freud fazia interpretações dessa ordem, ele se achava diante de uma situação completamente diferente da situação atual. Com efeito, numa interpretação-veredito, tudo o que sai da boca do analista, desde que haja interpretação propriamente dita, esse veredito, isso que é dito, proposto, tido como verdadeiro, literalmente adquire valor a partir daquilo que não é dito. A questão, portanto, é saber contra qual fundo de não-dito propõe-se uma interpretação.

Na época em que interpretava Dora, Freud lhe dizia, por exemplo, que ela amava o Sr. K., e lhe indicava sem rodeios que era com ele que ela deveria refazer normalmente sua vida. Isso nos surpreende, ainda mais por sabermos que não podia tratar-se disso, pelas melhores razões possíveis, e porque, afinal, Dora não queria saber absolutamente nada a esse respeito. No entanto, uma interpretação dessa ordem, no momento em que era feita por Freud, apresentava-se contra um fundo que, por parte da paciente, não comportava nenhuma presunção de que seu interlocutor estivesse ali para lhe retificar a apreensão do mundo ou fazer com que sua relação de objeto fosse levada à maturidade. Para que o sujeito espere essas coisas da boca do analista, é preciso todo um ambiente cultural, do qual nada se havia formado até então. Na verdade, Dora não sabia o que esperar, era conduzida pela mão, e Freud lhe dizia *Fale*, e nada mais despontava no horizonte de uma experiência dirigida dessa maneira — a não ser implicitamente, pois, pelo simples fato de lhe dizerem para falar, devia haver em jogo alguma coisa da ordem da verdade.

A situação está longe de ser parecida com essa para nós. Hoje em dia, o sujeito já chega à análise com a ideia de que a maturação da personalidade, dos instintos, da relação de objeto, é uma realidade já organizada e normatizada, da qual o analista representa o padrão. O analista aparece diante dele como o detentor dos caminhos e segredos do que se apresenta de imediato como uma rede de relações, se não todas conhecidas pelo sujeito, pelo menos chegando a ele em suas linhas gerais — ao menos na ideia que ele tem dessas linhas gerais. Ele tem a ideia de que são concebíveis interrupções em seu desenvolvimento, de que um progresso deve ser realizado. Em suma, há todo um fundo concernente à normatização de sua pessoa, de seus instintos etc. — insiram nessa categoria tudo o que quiserem. Tudo isso implica que o analista, quando intervém, intervém, digamos, numa posição de julgamento, de sanção — há uma palavra ainda mais exata, que indicaremos mais tarde —, o que confere um alcance completamente diferente à sua interpretação.

Para apreender bem do que se trata quando lhes falo do desejo inconsciente na descoberta freudiana, é preciso voltar àqueles tempos de frescor em que nada era implicado pela interpretação do analista, a não ser a detecção no imediato, por trás de algo que se apresentava paradoxalmente como absolutamente fechado, de um X que estava mais além.

Todo o mundo aqui se deleita com o termo sentido. Não acho que esse termo seja outra coisa, no caso, senão uma atenuação daquilo de que se tratava na origem, ao passo que o termo desejo, no que ele ata e reúne de idêntico ao sujeito, confere toda a importância ao que se encontrou nessa primeira apreensão da experiência analítica. É a isso que convém voltarmos, se quisermos juntar, ao mesmo tempo, o ponto em que nos encontramos e o que significa, essencialmente, não apenas nossa experiência, mas as possibilidades dela — ou seja, o que a torna possível.

Também é isso que deve resguardar-nos de ceder à inclinação, ao pendor, eu diria quase à armadilha em que nós mesmos somos implicados com o paciente a quem introduzimos na experiência — e que seria a de induzi-lo por um caminho que repousa num certo número de petições de princípio, isto é, na ideia de que possa ser dada a seu estado uma solução derradeira, que finalmente lhe permita tornar-se, digamos a palavra, idêntico a um objeto qualquer.

Voltemos, pois, ao caráter problemático do desejo tal como ele se apresenta na experiência analítica, isto é, no sintoma, seja este qual for.

2

Chamo aqui de sintoma, em seu sentido mais geral, tanto o sintoma mórbido quanto o sonho, ou quanto qualquer coisa analisável. O que chamo de sintoma é aquilo que é analisável.

O sintoma apresenta-se sob uma máscara, apresenta-se de uma forma paradoxal.

A dor de uma das primeiras histéricas analisadas por Freud, Elisabeth von R., apresentou-se, a princípio, de uma maneira que parecia inteiramente fechada. Aos poucos, graças a uma paciência que realmente podemos dizer inspirada numa espécie de instinto de perdigueiro, Freud associou essa dor à longa presença da paciente ao lado do pai enfermo e à incidência, enquanto ela cuidava dele, de alguma outra coisa, que a princípio ele entreviu numa espécie de bruma, a saber, o desejo que poderia ligá-la, na época, a um de seus amigos de infância, de quem ela esperava fazer seu marido. Uma outra coisa apresentou-se em seguida, também sob forma dissimulada, a saber, suas relações com os maridos de suas duas irmãs. A análise nos faz entrever que, de maneiras diversas, ambos haviam representado para ela algo de importante — ela detestava um, por não sei qual indignidade, grosseria ou inabilidade masculina, enquanto o outro, ao contrário, parecia havê-la seduzido infinitamente. Com efeito, o sintoma parecia haver se precipitado em torno de um certo número de encontros e de uma espécie de meditação oblíqua acerca das relações, aliás muito felizes, desse cunhado com uma de suas irmãs mais novas. Retomo esses dados para fixar as ideias, à guisa de exemplo.

É claro que estávamos, então, numa época primitiva da experiência analítica. O fato de Freud dizer à paciente, pura e simplesmente, como não deixou de fazer, que ela estava apaixonada por seu cunhado, e que era em torno desse desejo reprimido que se havia cristalizado o sintoma, ou seja, a dor na perna, sentimos perfeitamente e sabemos agora, após todas as experiências feitas posteriormente, que isso, numa histérica, é uma intromissão forçada — tal como dizer a Dora que ela estava apaixonada pelo Sr. K.

Quando nos aproximamos de uma observação assim, tocamos nesta visão mais panorâmica que lhes proponho. Para isso, não há necessidade alguma de subverter a observação, pois, sem que o formulasse dessa maneira, sem que o diagnosticasse, o discernisse, Freud forneceu todos os seus elementos da maneira mais clara. Até certo ponto, além das palavras que ele articulou em seus parágrafos, a própria composição de seu relato deixa transparecer isso, de uma maneira infinitamente mais convincente do que tudo o que ele diz.

O que ele põe em relevo, portanto, a propósito da experiência de Elisabeth von R.? Precisamente que, segundo suas palavras e sua experiência, em muitos casos, o aparecimento dos sintomas histéricos está ligado à experiência, duríssima em si mesma, de alguém ser de uma devoção completa a serviço de um doente e desempenhar o papel de enfermeira — mais ainda quando pensamos na importância que essa função adquire ao ser assumida por um sujeito em relação a um parente próximo. Nesse caso, são todos os laços de afeição ou até de paixão que ligam aquele que cuida ao que é cuidado. Assim, o sujeito vê-se na posição de ter que satisfazer, mais do que em qualquer outra ocasião, o que podemos designar nesse momento, com o máximo de ênfase, como a demanda. A completa submissão ou abnegação do sujeito em relação à demanda é indicada por Freud, realmente, como uma das condições essenciais da situação, no que ela se revela histerogênica.

Isso é ainda mais importante na medida em que, nessa histérica, ao contrário de outras que ele também nos forneceu como exemplos, os antecedentes, tanto pessoais quanto familiares, são extraordinariamente evasivos e pouco acentuados e, por conseguinte, o termo situação histerogênica adquire todo o seu alcance. Freud, aliás, fornece todas as indicações disso.

Na mediana de minhas três fórmulas, portanto, isolo aqui a função da demanda. Correlativamente, diremos, em função dessa posição de base, a coisa de que se trata é, essencialmente, do interesse assumido pelo sujeito numa situação desejante.

Freud comete aqui apenas um erro, por assim dizer, que é o de ser como que levado pela necessidade da linguagem e orientar o sujeito de maneira prematura, a implicá-lo de maneira definida demais nessa situação desejante.

Existe uma situação de desejo e o sujeito adquire um interesse nela. Agora, porém, que sabemos o que é uma histérica, nem sequer podemos acrescentar — *qualquer que seja o aspecto pelo qual ela o adquire*. Isso, com efeito, já seria implicar que ela adquire esse interesse por um lado ou por outro — que se interessa pelo cunhado do ponto de vista da irmã, ou pela irmã do ponto de vista do cunhado. A identificação da histérica pode perfeitamente subsistir de maneira correlata em diversas direções. Aqui, ela é dupla. Digamos que o sujeito se interessa, que está implicado na situação de desejo, e é essencialmente isso que é representado por um sintoma, o que traz, aqui, a ideia de máscara.

A ideia de máscara significa que o desejo se apresenta sob uma forma ambígua, que justamente não nos permite orientar o sujeito em relação a esse ou aquele objeto da situação. Há um interesse do sujeito na situação como tal, isto é, na relação desejante. É precisamente isso que é exprimido pelo sintoma que aparece, e é isso que chamo de elemento de máscara do sintoma.

É a propósito disso que Freud pode nos dizer que o sintoma fala na sessão. O *isso fala*, com o qual entretenho vocês o tempo todo, está presente desde as primeiras articulações de Freud, expresso no texto. Mais tarde, ele diria que os borborigmos de seus pacientes, quando se faziam ouvir na sessão, tinham uma significação de fala. Mas o que ele nos diz com isso é que as dores que reaparecem, que se acentuam, que se tornam mais ou menos intoleráveis durante a própria sessão, fazem parte do discurso do sujeito, e que ele mede pelo tom e pela modulação da fala o grau de ardor, a importância, o valor revelador daquilo que o sujeito declara, daquilo que ele deixa escapar na sessão. O traçado, a direção centrípeta desse traçado, o progresso da análise, Freud o mede pela própria intensidade da modulação com que o sujeito acusa, durante a sessão, uma intensificação maior ou menor de seu sintoma.

Tomei esse exemplo e poderia igualmente tomar outros, poderia igualmente tomar o exemplo de um sonho, a fim de focalizar o problema do sintoma e do desejo inconsciente. A questão é a da ligação do desejo, que permanece como um ponto de interrogação, um X, um enigma, com o sintoma do qual ele se reveste, ou seja, com a máscara.

Dizem que o sintoma, como inconsciente, é, em síntese, até certo ponto, uma coisa que fala, e sobre a qual podemos dizer, com Freud — com Freud desde a origem —, que ele se articula. O sintoma, portanto, vai no sentido do reconhecimento do desejo. Mas o que acontecia com esse sintoma, que existe para fazer o desejo ser reconhecido, antes que chegassem Freud e, atrás dele, toda a leva de seus discípulos, os analistas? Esse reconhecimento tendia a se manifestar, procurava seu caminho, mas só se manifestava pela criação do que chamamos máscara, que é uma coisa fechada. Esse reconhecimento do desejo era um reconhecimento por ninguém, que não visava ninguém, já que ninguém podia interpretá-lo, até o momento em que alguém começou a descobrir seu segredo. Esse reconhecimento se apresentava sob uma forma fechada para o outro. Reconhecimento do desejo, portanto, mas reconhecimento por ninguém.

Por outro lado, na medida em que se trata de um desejo de reconhecimento, ele é diferente do desejo. Aliás, isso nos é dito com clareza — esse desejo é um desejo recalcado. É por isso que nossa intervenção acrescenta algo mais à simples leitura. Esse desejo é um desejo que o sujeito exclui na medida em que quer fazê-lo reconhecer. Como desejo de reconhecimento, ele é um desejo, talvez, mas, no final das contas, um desejo de nada. É um desejo que não está ali, um desejo rejeitado, excluído.

Esse caráter duplo do desejo inconsciente, que, ao identificá-lo com sua máscara, faz dele algo diferente do que quer que se dirija para um objeto, é algo que não devemos jamais esquecer.

3

É isso que nos permite, literalmente, ler o sentido analítico da demarcação do que nos é apresentado como uma das descobertas freudianas mais essenciais, qual seja, a degradação, a *Erniedrigung*, da vida amorosa, a qual decorre da base do complexo de Édipo.

Freud nos apresenta o desejo da mãe como estando no princípio dessa degradação em alguns sujeitos sobre os quais nos é dito, precisamente, que não abandonaram o objeto incestuoso — enfim, que não o abandonaram o bastante, pois, afinal, aprendemos que o sujeito nunca o abandona por completo. Deve haver, é claro, alguma coisa que corresponda a esse maior ou menor abandono, e nós a diagnosticamos — a fixação na mãe.

Trata-se dos casos em que Freud nos apresenta a dissociação entre o amor e o desejo.

Esses sujeitos não conseguem pensar em abordar a mulher quando, para eles, ela goza de seu pleno *status* de um ser passível de ser amado, de um ser humano, de um ser no sentido acabado, de um ser que, como se costuma dizer, pode dar e pode se dar. O objeto está presente, dizem-nos, o que significa, é claro, que ele está presente sob uma máscara, porque não é à mãe que o sujeito se dirige, mas à mulher que a sucede, que toma o lugar dela. Aqui, portanto, não há desejo. Por outro lado, diz-nos Freud, esses sujeitos vão encontrar prazer com prostitutas.

Que significa isso? Como estamos no momento de uma primeira exploração das trevas concernentes aos mistérios do desejo, dizemos: é que a prostituta é o oposto diametral da mãe.

Será que isso basta plenamente, o fato de se tratar do oposto diametral da mãe? Fizemos desde então progressos suficientes no conhecimento das imagens, das fantasias do inconsciente, para saber que o que o sujeito vai buscar nas prostitutas, nessa situação, não é outra coisa senão o que a Antiguidade romana nos mostrava, claramente esculpido e representado na porta dos bordéis — ou seja, o falo, o falo como aquilo que habita a prostituta.

O que o sujeito vai buscar na prostituta é o falo de todos os outros homens, é o falo como tal, o falo anônimo. Há nisso alguma coisa de problemática, sob uma forma enigmática, sob uma máscara, que liga o desejo a um objeto privilegiado, cuja importância só fizemos aprender a conhecer ao acompanhar a fase fálica e os caminhos pelos quais é preciso que a experiência subjetiva passe, para que o sujeito possa encontrar-se com seu desejo natural.

O que nessa ocasião chamamos de desejo da mãe é, aqui, um rótulo, uma designação simbólica do que constatamos na prática, isto é, a promoção correlata e cindida do objeto do desejo em duas metades irreconciliáveis. De um lado, há o que pode propor-se em nossa própria interpretação como sendo o objeto substitutivo, a mulher como herdeira da função da mãe e como despojada, frustrada do elemento do desejo. Do outro, há esse próprio elemento de desejo, ligado a outra coisa extraordinariamente problemática, e que se apresenta, também ele, com um caráter de máscara e de marca, com um caráter, digamos a palavra, de significante. É como se, a partir do momento em que se trata do desejo inconsciente, encontrássemo-nos na presença de um mecanismo, de uma *Spaltung* necessária, que faz com que o desejo, que há muito tempo presumíamos estar alienado numa relação absolutamente especial com o outro, se apresente aqui como marcado não apenas pela necessidade desse intermediário para o outro como tal, mas também pela marca de um significante especial, de um significante eleito, que aqui revela ser a via obrigatória à qual deve aderir, por assim dizer, o encaminhamento da força vital, no caso, do desejo.

O caráter problemático desse significante particular, o falo, é o ponto onde está a questão, é onde está aquilo em que nos detemos, é onde está o que nos propõe todas as dificuldades. Como conceber que, nos caminhos da chamada maturação genital, deparemos com esse obstáculo? Não se trata, aliás, de um simples obstáculo, mas de um desfiladeiro essencial, que faz com que seja apenas por intermédio de uma certa posição assumida em relação ao falo — na mulher, como carente dele, e no homem, como ameaçado — que se realiza, necessariamente, aquilo que se apresenta como devendo ser o desfecho, digamos, mais feliz.

Vemos aqui que ao intervir, ao interpretar, ao nomear alguma coisa, sempre fazemos mais, não importa o que façamos, do que supomos fazer. A palavra exata que há pouco eu queria dizer-lhes a esse respeito é o verbo *homologar*. Identificamos o mesmo com o mesmo e dizemos: — *É isso*. Substituímos por um alguém o ninguém a quem o sintoma é dirigido, na medida em que ele está no caminho do reconhecimento do desejo. Assim, sempre desconhecemos, até certo ponto, o desejo que quer fazer-se reconhecer, uma vez que lhe atribuímos seu objeto, quando, na verdade, não é de um objeto que se trata — o desejo é desejo daquela falta que, no Outro, designa um outro desejo.

Eis o que nos introduz, agora, na segunda dessas três fórmulas que lhes proponho aqui, ou seja, no capítulo da demanda.

4

Pela maneira como abordo as coisas e como as retomo, procuro articular para vocês a originalidade do desejo do qual se trata a todo instante na análise, deixando de lado a supervisão que podemos fazer dele, em nome de uma ideia mais ou menos teórica da maturação de cada um.

Penso que vocês devem começar a entender que, se falo da função da fala ou da instância da letra no inconsciente, certamente não é para eliminar o que o desejo é de irredutível e impossível de formular — não de pré-verbal, mas de para-além do verbo.

Digo isso a propósito de um comentário que alguém muito mal inspirado, no caso, julgou dever fazer recentemente sobre o fato de alguns psicanalistas — como se houvesse muitos — darem excessiva importância à linguagem, no tocante ao famoso informulado do qual, não sei por quê, alguns filósofos fizeram um dos casos de sua propriedade pessoal. A esse personagem, que, nesta oportunidade, qualifico de muito mal inspirado, o que é o mínimo do meu pensamento, e que enunciou que *o informulado não é informulável*, responderei o seguinte, ao qual ele faria bem em prestar atenção, em vez de ficar procurando implicar todo o mundo em suas brigas de igrejinha, pois essa é uma observação da qual os filósofos não parecem estar cientes até aqui. A perspectiva é inversa: o fato de o desejo não ser articulável não é razão para que ele não seja articulado.

Quero dizer que, em si mesmo, o desejo é articulado, na medida em que está ligado à presença do significante no homem. Isso não significa, entretanto, que ele seja articulável. Justamente por se tratar essencialmente da ligação com o significante, ele nunca é plenamente articulável num caso particular.

Voltemos agora ao segundo capítulo, que é o da demanda, onde estamos no articulado articulável, no efetivamente articulado.

É justamente da ligação entre o desejo e a demanda que se trata, por ora. Não chegaremos hoje ao final deste discurso, mas dedicarei a próxima vez a esses dois termos, o desejo e a demanda, e aos paradoxos que há pouco apontamos no desejo como desejo mascarado.

O desejo articula-se necessariamente na demanda, porque só podemos aproximar-nos dele por intermédio de alguma demanda. A partir do momento em que o paciente nos aborda e vem a nosso consultório, é para nos pedir alguma coisa, e já vamos muito longe no compromisso e no rigor da situação quando lhe dizemos, simplesmente: — *Estou à sua escuta*. Convém, portanto, tornarmos a partir daquilo que podemos chamar de premissas da demanda, daquilo que produz uma demanda atrás da outra, daquilo que cria a situação da demanda, da maneira como a demanda se estabelece no interior de uma vida individual.

O que institui a demanda? Não vou refazer a dialética do *Fort-Da*. A demanda está ligada, antes de mais nada, a algo que está nas próprias premissas da linguagem, isto é, à existência de uma invocação, que ao mesmo tempo é princípio da presença e termo que permite repeli-la, jogo da presença e da ausência. O objeto chamado pela primeira articulação já não é mais um objeto puro e simples, mas um objeto-símbolo — transforma-se naquilo que o desejo da presença faz dele. A dialética fundamental não é do objeto parcial, da mãe-seio, ou da mãe-alimento, ou da mãe-objeto total de uma abordagem gestaltista qualquer, como se se tratasse de uma conquista feita aos poucos. O lactente percebe muito bem que o seio se prolonga em axilas, pescoço e cabelos. O objeto de que se trata é o parêntese simbólico da presença, em cujo interior está a soma de todos os objetos que ele pode trazer. Esse parêntese simbólico é, desde sempre, mais precioso do que qualquer bem. Nenhum dos bens que ele contém pode, por si só, satisfazer a invocação da presença. Como já lhes expressei diversas vezes, nenhum desses bens, em particular, pode servir para outra coisa senão aniquilar o princípio dessa invocação. A criança se alimenta, começa a adormecer, talvez, e nesse momento, evidentemente, já não se trata de uma invocação. Qualquer relação com um objeto parcial qualquer, como se costuma dizer, no interior da presença materna, não é uma satisfação como tal, mas um substituto, uma aniquilação do desejo.

O caráter primordial da simbolização do objeto como objeto da invocação, objeto da presença, é desde logo marcado pelo fato — nós também lemos isso, por nossa vez, mas, como sempre, não sabemos extrair até o fim as consequências daquilo que lemos — de que, no objeto, a dimensão da máscara aparece.

O que nos traz nosso bom amigo, o sr. Spitz, senão isso? O que é inicialmente reconhecido pelo lactente é o frontal grego, a armadura, a máscara, com o caráter de para-além que caracteriza essa presença como simbolizada. Sua busca, com efeito, leva mais além dessa presença como mascarada, sintomatizada, simbolizada. Desse para-além, a criança nos aponta sem ambiguidade, em seu comportamento, que tem as dimensões.

Já falei, a propósito de outra coisa, do caráter muito particular da reação da criança diante da máscara. Vocês colocam uma máscara, retiram-na e a criança dá risadas — mas, se sob a máscara aparece uma outra máscara, ela não ri mais, e até se mostra particularmente ansiosa.

Nem é preciso nos entregarmos a esses pequenos exercícios. Há que nunca haver observado uma criança em seu desenvolvimento, ao longo dos primeiros meses, para não perceber que, antes mesmo da fala, a primeira comunicação verdadeira, isto é, a comunicação com o além daquilo que vocês são diante dela como presença simbolizada, é o riso. Antes de qualquer palavra, a criança ri. O mecanismo fisiológico do riso está sempre ligado ao sorriso, ao relaxamento, a uma certa satisfação. Houve quem falasse do desenho do sorriso da criança saciada, mas a criança que ri para nós o faz, presente e desperta, numa certa relação não apenas com a satisfação do desejo, mas, depois e além disso, com o para-além da presença, no que esta é capaz de satisfazê-la, e no que esta contém a anuência possível a seu desejo. A presença conhecida, aquela com a qual ela está habituada e sobre a qual sabe que pode satisfazer seus desejos em sua diversidade, é chamada, apreendida e reconhecida no código especialíssimo que é constituído, na criança antes da fala, por seus primeiros risos diante de certas presenças que cuidam dela, que a alimentam e a atendem.

O riso responde, igualmente, a todas as brincadeiras maternas que são os primeiros exercícios nos quais lhe é trazida a modulação, a articulação como tal. O riso está ligado, justamente, àquilo que chamei, durante todas as primeiras articulações das conferências deste ano sobre a tirada espirituosa, de para-além, além do imediato, além de qualquer demanda. Enquanto o desejo está ligado a um significante, que é, no caso, o significante da presença, é ao para-além dessa presença, ao sujeito por trás dela, que se dirigem os primeiros risos.

Desde esse momento, desde a origem, por assim dizer, encontramos aí a raiz da identificação, que se fará sucessivamente, ao longo do desenvolvimento da criança, primeiro com a mãe e, depois, com o pai. Não lhes estou dizendo que isso esgote a questão, mas a identificação é, muito exatamente, o correlato desse riso.

O oposto do riso, é claro, não são as lágrimas. As lágrimas expressam a cólica, expressam a necessidade, as lágrimas não são uma comunicação, as lágrimas são uma expressão, ao passo que o riso, tal como sou forçado a articulá-lo, é uma comunicação.

Qual é o oposto do riso? O riso comunica, dirige-se àquele que, para-além da presença significada, é o pilar, o recurso do prazer. E a identificação? É o contrário. Não se ri mais. Fica-se sério como um papa, ou como um papai. Faz-se um ar de quem não quer nada, porque aquele que está presente faz uma cara meio impassível, porque, sem dúvida, essa não é a hora de rir. Não é hora de rir porque, nesse momento, as necessidades não têm de ser satisfeitas. O desejo molda-se, como se costuma dizer, naquele que detém o poder de satisfazê-lo, e lhe opõe a resistência da realidade, que talvez não seja, em absoluto, o que dizem que ela é, mas que seguramente se apresenta, aqui, sob uma certa forma e, em suma, desde logo na dialética da demanda.

Vemos, segundo meu velho esquema, produzir-se aquilo de que se trata no riso, quando a demanda chega sã e salva, isto é, quando vai para-além da máscara para encontrar ali não a satisfação, mas a mensagem da presença. Quando o sujeito passa um recibo de que tem diante de si a fonte de todos os bens, o riso certamente eclode, e o processo não precisa seguir adiante.

Esse processo também pode ter de ser levado mais longe, quando o rosto se mostra impassível e a demanda é recusada. Então, como eu lhes disse, o que está na origem dessa necessidade e desejo aparece sob uma forma transformada. O rosto impassível transfere-se no circuito, para chegar aqui, a um lugar onde não é à toa que encontramos a imagem do outro. Ao término dessa transformação da demanda é dado o que se chama Ideal do eu, enquanto, na linha significante, esboça-se o princípio da chamada proibição e do supereu, que se articula como proveniente do Outro.

A teoria analítica sempre teve toda sorte de dificuldades para conciliar a existência, a coexistência, a codimensionalidade do Ideal do eu e do supereu, embora eles correspondam a formações e produções diferentes. Bastaria, no entanto, estabelecer a distinção essencial entre a necessidade e a fala que demanda essa necessidade, para compreender como esses dois produtos podem ser, ao mesmo tempo, codimensionais e diferentes. É na linha da articulação significante, a da proibição, que o supereu se formula, até mesmo sob suas formas mais primitivas, ao passo que é na linha da transformação do desejo, como sempre ligado a uma certa máscara, que se produz o Ideal do eu.

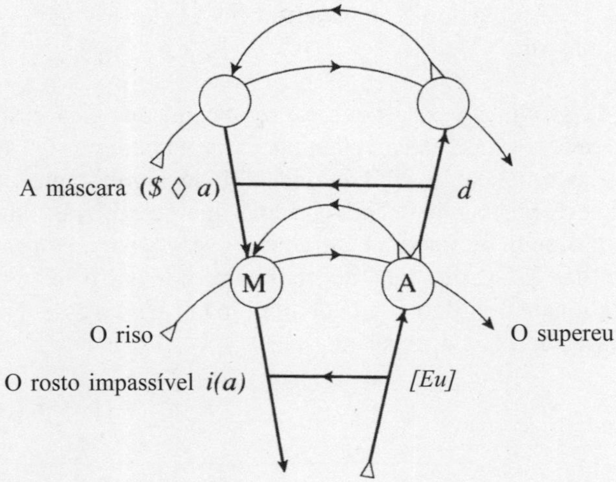

Em outras palavras, a máscara constitui-se na insatisfação e por intermédio da demanda recusada. É esse o ponto ao qual eu queria trazê-los hoje.

Mas, então, o que resultaria disso? É que haveria, em suma, tantas máscaras quantas são as formas de insatisfação.

Sim, é exatamente desse modo que as coisas se apresentam, e vocês poderão guiar-se aí com segurança. No discurso psicológico que se desdobra a partir da frustração, sumamente viva em alguns sujeitos, vocês poderão destacar, entre suas próprias declarações, essa relação entre a insatisfação e a máscara, que faria com que, até certo ponto, houvesse tantas máscaras quantas são as insatisfações. A pluralidade das relações do sujeito com o outro, conforme a diversidade de suas insatisfações, realmente levanta um problema. Podemos dizer que, até certo ponto, ela faria de qualquer personalidade um mosaico móvel de identificações. O que permite ao sujeito descobrir-se uno exige a intervenção de uma terceira dimensão, que hoje deixarei de lado, reservando-a para a próxima vez.

Essa dimensão não é introduzida, como costumam dizer, pela maturação genital, nem pelo dom da oblatividade, nem por outras balelas moralizantes que são características absolutamente secundárias da questão. Há que intervir nela, sem dúvida, um desejo — um desejo que não é uma necessidade, mas que é *eros*, um desejo que não é autoerótico, e sim, como se costuma dizer, aloerótico, o que é uma outra maneira de dizer a mesma coisa. Só que não basta dizer isso, porque não basta a maturação genital para acarretar reformulações subjetivas decisivas, as quais nos permitirão captar o vínculo entre o desejo e a máscara.

Veremos, da próxima vez, a condição essencial que liga o sujeito a um significante prevalente, privilegiado, que chamamos — não por acaso, mas porque ele é concretamente esse significante — falo. Veremos que é precisamente nessa etapa que se realiza, paradoxalmente, aquilo que permite ao sujeito descobrir-se um através da diversidade das máscaras, mas que também, por outro lado, o torna fundamentalmente dividido, marcado por uma *Spaltung* essencial entre o que é desejo e o que é máscara.

16 DE ABRIL DE 1958

XIX

O SIGNIFICANTE, A BARRA E O FALO

O desejo excêntrico à satisfação
Esboço do grafo do desejo
A marca do pé de Sexta-Feira
A Aufhebung *do falo*
A castração do Outro

Trata-se hoje de continuar a aprofundar a distinção entre o desejo e a demanda, que consideramos essencial para a boa condução da análise, a qual, na impossibilidade de estabelecê-la, cremos que desliza irresistivelmente para uma especulação prática, baseada nos termos frustração, por um lado, e gratificação, por outro, o que constitui, a nosso ver, um verdadeiro desvio de seu caminho.

A questão, portanto, é prosseguir no sentido daquilo a que já demos um nome — a distância entre o desejo e a demanda, sua *Spaltung*.

Spaltung não é um termo que eu empregue ao acaso. Ele foi, se não introduzido, ao menos fortemente acentuado no derradeiro escrito de Freud, aquele em meio ao qual a pena lhe caiu das mãos, por ter-lhe sido simplesmente arrancada pela morte. Essa *Ichspaltung* é, de fato, o ponto de convergência da derradeira meditação de Freud. Não podemos dizer que ela o tenha feito ir e vir sobre a questão, porque dispomos apenas de um fragmento, algumas páginas, que se encontram no volume XVII das *Gesammelte Werke*, que eu os aconselho a lerem, se quiserem fazer surgir em vocês a presença da pergunta que essa *Spaltung* levantou no espírito de Freud. Mas ali vocês verão com que força ele acentuou que a função de síntese do eu está longe de ser o todo da questão quando se trata do *Ich* psicanalítico.

Vou retomar, portanto, o que dissemos da última vez, pois creio que aqui só se pode progredir dando três passos para a frente e dois para trás, para então recomeçar e conquistar um passinho de cada vez. Andarei rápido o bastante, no entanto, para lhes recordar aquilo em que insisti ao falar do desejo, por um lado, e da demanda, por outro.

1

No que concerne ao desejo, enfatizei que ele é inseparável da máscara, e lhes ilustrei isso, muito especialmente, com o lembrete de que é por demais precipitado fazer do sintoma um simples interior em relação a um exterior.

Falei de Elisabeth von R., sobre quem lhes disse que, à simples leitura do texto de Freud, podemos formular, pois ele mesmo o articulou, que a dor no alto de sua coxa direita *era* o desejo de seu pai e de seu amigo de infância*. Com efeito, essa dor sobrevinha toda vez que a paciente evocava o momento em que estivera inteiramente submetida ao desejo de seu pai doente, à demanda de seu pai, enquanto se exercia, à margem, a atração do desejo do amigo de infância, que ela se censurava de levar em consideração. A dor da coxa esquerda *era* o desejo de seus dois cunhados, um dos quais, o marido de sua irmã mais nova, representava o bom desejo masculino, e o outro, o mau — este, aliás, era considerado por todas essas senhoras um homem muito ruim.

Além dessa observação, o que convém considerarmos antes de compreender o que significa nossa interpretação do desejo é que, no sintoma — e é isso que quer dizer *conversão* —, o desejo é idêntico à manifestação somática. Ela é seu lado direito, assim como ele é seu avesso.

Por outro lado, uma vez que, se avançamos, aliás, foi pelo fato de as coisas só terem sido introduzidas sob a forma de uma problemática, introduzi a problemática do desejo, tal como a análise o mostra determinado por um ato de significação. Mas o fato de o desejo ser determinado por um ato de significação não fornece todo o seu sentido, em absoluto,

---

* Lacan concentra na ambiguidade do *de* francês o fato de que se tratava ao mesmo tempo do desejo "por" seu pai e "do" seu pai. (N.E.)

de maneira acabada. É possível que o desejo seja um subproduto, se assim me posso exprimir, desse ato de significação.

Citei-lhes alguns artigos como constituindo a verdadeira introdução na questão da perversão, na medida em que também ela se apresenta como um sintoma, e não como a pura e simples manifestação de um desejo inconsciente. Esses artigos situam o momento em que os autores perceberam que há tanta *Verdrängung* numa perversão quanto num sintoma. Num desses artigos, publicado no *International Journal*, no quarto ano, sob o título de "Neuroses e perversões", o autor, Otto Rank, detém-se no fato de que um sujeito neurótico, logo depois de praticar seu primeiro coito de maneira satisfatória — o que não quer dizer que os outros não o fossem a partir de então —, entrega-se a um ato misterioso, único, na verdade, em sua vida. Ao retornar para casa, na volta do encontro com aquela que lhe concedera seus favores, ele se entrega a uma exibição particularmente bem-sucedida — creio já haver feito alusão a ela no seminário do ano passado —, no sentido de que se realiza com o máximo de plenitude e segurança, ao mesmo tempo. Com efeito, ele tira as calças e se exibe ao longo de um elevado de estrada de ferro, à luz de um trem que passa. Com isso, vem a se exibir para uma multidão inteira sem correr o menor perigo. Esse ato é interpretado pelo autor, na economia geral da neurose do sujeito, de maneira mais ou menos satisfatória.

Não é por essa vertente que pretendo estender-me, mas vou me deter no seguinte: seguramente, para um analista, o fato de isso ser um ato significativo, como se costuma dizer, é certo, mas que significação tem ele?

Repito, ele acaba de praticar sua primeira copulação. Será que esse ato significa que ele ainda tem o falo? Que este está à disposição de todos? Que se tornou como que sua propriedade pessoal? Que pretende ele ao mostrá-lo? Será que quer desaparecer por trás daquilo que mostra, ser apenas o falo? Tudo isso é igualmente plausível por esse único e mesmo ato, e no interior de um único e mesmo contexto subjetivo.

O que, no entanto, parece mais digno de ser acentuado do que qualquer outra coisa, e que é destacado e confirmado pelos ditos do paciente, pelo contexto da observação, pela própria sequência das coisas, é que esse primeiro coito foi plenamente satisfatório. Sua satisfação foi captada e percebida. Mas o que o ato em questão mostra em primeiro lugar, antes de qualquer outra interpretação, é o que ficou a desejar para-além da satisfação.

Relembro esse pequeno exemplo apenas para fixar as ideias no que pretendo dizer, quando falo da problemática do desejo como determinado por um ato de significação — o que é distinto de qualquer sentido apreensível. Considerações como essa, que mostram a profunda coerência, coalescência, do desejo com o sintoma, da máscara com o que aparece na manifestação do desejo, recolocam no devido lugar muitas perguntas inúteis que estão sempre sendo formuladas a propósito da histeria, porém, mais ainda, a propósito de toda sorte de fatos sociológicos, etnográficos e outros, nos quais continuamos a ver as pessoas se atrapalharem com essa questão.

Tomemos um exemplo. Acaba de ser lançado, numa pequena coleção publicada por *L'Homme*, na editora Plon, um livrinho de Michel Leiris sobre os episódios de possessão e sobre os aspectos teatrais da possessão, que ele desenvolve a partir de sua experiência com etíopes do Gondar. Ao ler esse volume, vê-se claramente como episódios de transe de consistência incontestável aliam-se, casam-se perfeitamente com o caráter externamente tipificado, determinado, esperado, conhecido, pré-situado, dos chamados espíritos, que supostamente se apoderam da subjetividade dos personagens que são sede de todas essas manifestações singulares. Isso é observado nas chamadas cerimônias do *wadâgâ*, já que é delas que se trata na região indicada. E há mais — observa-se não apenas o papel convencional das manifestações que se reproduzem durante a encarnação deste ou daquele espírito, mas também seu caráter disciplinável. A ponto de os sujeitos o perceberem como um verdadeiro adestramento desses espíritos, que, no entanto, supostamente se apoderam deles. A coisa se inverte — os espíritos têm de se portar bem, têm uma aprendizagem a fazer.

A possessão, com tudo o que ela comporta de fenômenos poderosamente inscritos nas emoções, num patético em que o sujeito fica inteiramente possuído durante o tempo da manifestação, é perfeitamente compatível com toda a riqueza significante ligada à dominação exercida pelas insígnias do deus ou do espírito. Tentar inscrever a coisa na série da simulação, da imitação, e outros termos dessa espécie, seria criar um problema artificial para satisfazer as exigências de nossa própria mentalidade. A identidade mesma da manifestação desejante com suas formas é totalmente tangível ali.

O outro termo a ser inscrito nessa problemática do desejo, e no qual, ao contrário, insisti da última vez, é a excentricidade do desejo em relação a qualquer satisfação. Ela nos permite compreender o que é, em geral, sua profunda afinidade com a dor. Em última instância, aquilo com que o desejo confina, não mais em suas formas desenvolvidas, mascaradas, porém em sua forma pura e simples, é a dor de existir. Esta representa o outro polo, o espaço, a área em cujo interior sua manifestação se apresenta a nós.

Ao descrever assim, no polo oposto da problemática, o que chamo de errância do desejo, sua excentricidade em relação à satisfação, não tenho a pretensão de resolver a questão. Não é uma explicação que estou dando com isso, é uma exposição do problema. É nisso que devemos avançar hoje.

Recordo o outro elemento do díptico que propus da última vez, ou seja, a função identificadora, idealizadora, no que ela mostra depender da dialética da demanda. Com efeito, tudo o que acontece no registro da identificação baseia-se numa certa relação com o significante no Outro — significante que, no registro da demanda, é caracterizado em seu conjunto como o sinal da presença do Outro. Aí se institui também algo que deve ter uma relação com o problema do desejo, isto é, que o sinal da presença passa a dominar as satisfações trazidas por essa presença. É isso que faz com que, tão fundamentalmente, de maneira muito extensa e muito constante, o ser humano tanto se satisfaz com palavras quanto com satisfações mais substanciais, ou, pelo menos, numa proporção sensível, muito ponderável, em relação a estas últimas. Essa é a característica fundamental do que se refere ao que acabo de recordar.

Mais uma vez, este é um parêntese complementar ao que eu disse da última vez. Será que significa que o ser humano é o único a se satisfazer com palavras? Até certo ponto, não é ilícito supor que certos animais domésticos tenham algumas satisfações ligadas à fala humana. Não preciso fazer evocações a esse respeito, mas, de qualquer modo, ficamos sabendo de coisas um bocado estranhas, a confiarmos nos ditos dos que são chamados, de maneira mais ou menos apropriada, de especialistas, que parecem ter um certo grau de credibilidade. Assim, ouvi dizer que os visons mantidos em cativeiro com fins lucrativos, ou seja, para que se ganhe dinheiro com sua pele, definham e só dão produtos medíocres aos peleteiros quando não se conversa com eles. Isso, ao que parece, torna muito dispendiosa a criação de visons, aumentando as despesas gerais. O que se manifesta aqui, e no que não temos como nos aprofundar mais, deve estar ligado ao próprio fato de eles estarem aprisionados, já que os visons em estado selvagem não têm, segundo todas as aparências, a possibilidade — salvo maiores informações — de encontrar essa satisfação.

Daí eu gostaria simplesmente de passar a lhes apontar em que direção podemos, em relação a nosso problema, referir-nos aos estudos pavlovianos dos reflexos condicionados. Afinal, que são os reflexos condicionados?

Em suas formas mais difundidas, e que ocuparam a maior parte da experiência, a existência dos reflexos condicionados repousa na intervenção do significante num ciclo mais ou menos predeterminado, inato, de comportamentos instintivos. Todos aqueles sinaizinhos elétricos, aquelas pequenas campainhas, aquelas sinetas com que se atordoam os pobres animais, para conseguir fazê-los secretarem, conforme sejam ordenados a fazer, suas diversas produções fisiológicas, são justamente significantes, e nada mais. São fabricados por experimentadores para quem o mundo se constitui, muito nitidamente, de um certo número de relações objetivas — um mundo do qual uma parte importante compõe-se do que podemos isolar, com justa razão, como propriamente significante. Aliás, é no intuito de mostrar por qual via de substituição progressiva é concebível um progresso psíquico que todas essas coisas são elucubradas e construídas.

Poderíamos perguntar-nos por que, no final das contas, tão bem adestrados esses animais, isso não resulta em lhes ser ensinado um certo tipo de linguagem. Ora, justamente, esse salto não é dado. Quando a teoria pavloviana chega a se interessar pelo que se produz no homem a propósito da linguagem, Pavlov opta, muito justificadamente, por falar, no que tange à linguagem, não de um prolongamento de significações, tal como o que ele empregou nos reflexos condicionados, mas de um segundo sistema de significações. O que equivale a reconhecer — implicitamente, pois isso talvez não seja plenamente articulado na teoria — que há alguma coisa diferente num caso e noutro. Para tentar definir essa diferença, diremos que ela se prende ao que chamamos de relação com o grande Outro, na medida em que ele constitui o lugar de um sistema unitário do significante. Diremos também que o que falta ao discurso dos animais é a concatenação.

A fórmula mais simples, enfim, nós enunciaríamos da seguinte forma: seja qual for o caráter elaborado dessas experiências, o que não é descoberto, e que talvez não se trate de descobrir, é a lei pela qual se ordenariam esses significantes empregados. O que equivale a dizer que essa é a lei a que os animais obedeceriam. Está absolutamente claro que não há nenhum vestígio de referência a tal lei, isto é, a nada que fique além do sinal ou de uma curta cadeia de sinais, uma vez estabelecidos. Nenhum tipo de extrapolação legalizante é perceptível, e é nisso que podemos dizer que não se chega a instituir a lei. Repito: isso não quer dizer, no entanto, que não haja no animal nenhuma dimensão do Outro com maiúscula, mas apenas que nada se articula deste para ele, efetivamente, como discurso.

A que chegamos? Se resumirmos o que está em pauta na relação do sujeito com o significante no Outro, ou seja, o que acontece na dialética da demanda, veremos que é essencialmente o seguinte: o que caracteriza o significante não é ele substituir as necessidades do sujeito — o que acontece nos reflexos condicionados —, mas seu poder de substituir a si mesmo. O significante é essencialmente de natureza substitutiva em relação a si mesmo.

Nessa direção, vemos que a predominante, o importante, é o lugar que ele ocupa no Outro. O que aponta para essa direção, e que tento de diversas maneiras formular aqui como essencial na estrutura significante, é o espaço topológico, para não dizer tipográfico, que justamente faz da substituição sua lei. A numeração dos lugares fornece a estrutura fundamental de um sistema significante como tal.

É na medida em que o sujeito se presentifica, no interior de um mundo assim estruturado na posição de Outro, que se produz — fato enfatizado pela experiência — aquilo a que se chama identificação. Na impossibilidade da satisfação, é com o sujeito capaz de aceder à demanda que o sujeito se identifica.

2

Deixei-os, da última vez, com a pergunta: — Mas, por que não o máximo pluralismo nas identificações? Tantas identificações quantas são as demandas insatisfeitas? Tantas identificações quantos são os Outros que se colocam na presença do sujeito como atendendo ou não atendendo à demanda?

Essa distância, essa *Spaltung*, acha-se refletida aqui, na construção deste esqueminha que hoje lhes coloco no quadro pela primeira vez.

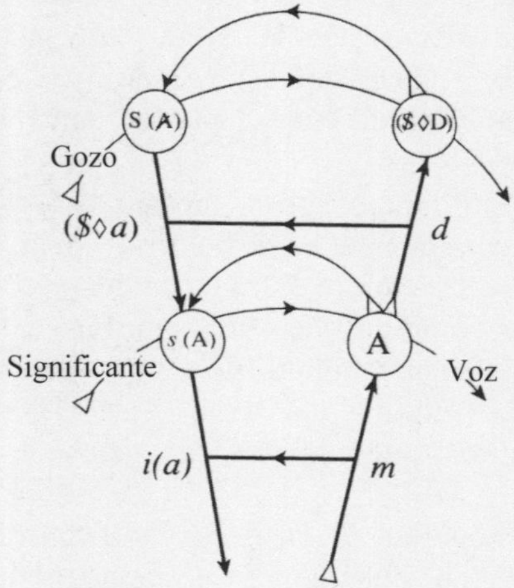

Aqui reencontramos as três linhas que já por duas vezes lhes repeti. Creio que vocês as têm em suas anotações, mas posso relembrá-las.

A primeira linha liga o *d* minúsculo do desejo, de um lado, à imagem de *a* e a *m*, isto é, ao eu, do outro lado — por intermédio da relação do sujeito com o *a* minúsculo.

A segunda linha representa, precisamente, a demanda, na medida em que vai da demanda à identificação, passando pela posição do Outro (A) em relação ao desejo. Assim vocês veem o Outro decomposto. Para-além dele fica o desejo. A linha passa pelo significado de A, que se coloca aqui no esquema, nessa primeira etapa que lhes detalhei da última vez, ao lhes dizer que o Outro só atende à demanda. Por causa de alguma coisa que é o que procuramos, num segundo tempo, ele vem a se dividir e a se estabelecer numa relação não simples, mas dupla, que aliás já esbocei por outras vias, com duas cadeias significantes.

A primeira cadeia, que fica aqui quando é única e simples, coloca-se no nível da demanda — é uma cadeia significante através da qual a demanda tem de se manifestar. Em seguida intervém alguma coisa que duplica a relação significante.

A que corresponde essa duplicação da relação significante? A linha inferior, vocês podem, por exemplo, entre outras coisas — naturalmente, não de maneira unívoca —, identificar, como foi feito até agora, com a resposta da mãe. Isso é o que acontece no nível da demanda, no qual a resposta da mãe, por si só, constitui a lei, isto é, submete o sujeito a seu arbítrio. A outra linha representa a intervenção de uma outra instância, correspondente à presença paterna, e aos modos pelos quais essa instância se faz sentir para além da mãe.

É claro que isso não é simples. Se tudo fosse apenas uma questão de mamãe e papai, é difícil ver como poderíamos dar conta dos fatos com que lidamos.

Iremos agora introduzir-nos na questão da *Spaltung* — da hiância entre o desejo e a demanda, responsável pela discordância, pela divergência que se estabelece entre esses dois termos. É por isso que ainda teremos de voltar ao que é um significante.

Eu sei, vocês se perguntam, toda vez que nos despedimos: — *Mas, afinal, o que ele está querendo dizer?* Têm razão de se fazer essa pergunta, porque, seguramente, isso não se diz assim, não é uma coisa já dada.

Retomemos a questão do que é um significante no nível elementar. Proponho-lhes que detenham o pensamento num certo número de observações. Por exemplo, vocês não acham que, com o significante, tocamos em algo a propósito do qual poderíamos falar em emergência?

Partamos do que é um traço. Um traço é uma marca, não é um significante. A gente sente, no entanto, que pode haver uma relação entre os dois, e, na verdade, o que chamamos de material do significante sempre participa um pouco do caráter evanescente do traço. Essa até parece ser uma das condições de existência do material significante. No entanto, não é um significante. A marca do pé de Sexta-Feira, que Robinson Crusoé descobre durante seu passeio pela ilha, não é um significante. Em contrapartida, supondo-se que ele, Robinson, por uma razão qualquer, apague esse traço, nisso se introduz claramente a dimensão do significante. A partir do momento em que é apagado, em que há algum sentido em apagá-lo, aquilo do qual existe um traço é manifestamente constituído como significado.

Se o significante, portanto, é um vazio, é por atestar uma presença passada. Inversamente, no que é significante, no significante plenamente desenvolvido que é a fala, há sempre uma passagem, isto é, algo que fica além de cada um dos elementos que são articulados, e que por natureza são fugazes, evanescentes. É essa passagem de um para o outro que constitui o essencial do que chamamos cadeia significante.

Essa passagem, como evanescente, é justamente o que se faz voz — nem sequer digo articulação significante, pois é possível que a articulação continue enigmática, mas o que sustenta a passagem é voz. É também nesse nível que emerge o que corresponde ao que designamos do significante, inicialmente, como atestando uma presença passada. Inversamente, numa passagem que é atual, manifesta-se alguma coisa que o aprofunda, que está além, e que faz dele uma voz.

O que mais uma vez constatamos aí é que, apesar de existir um texto, apesar do significante se inscrever entre outros significantes, o que resta após o apagamento é o lugar onde se apagou, e é também esse lugar que sustenta a transmissão. A transmissão é algo de essencial nisso, já que é graças a ela que o que acontece na passagem ganha consistência de voz.

Quanto à questão da emergência, há um ponto que é essencial apreender: é que o significante como tal é algo que pode ser apagado e que não deixa mais do que seu lugar, isto é, não se pode mais encontrá-lo. Essa propriedade é essencial e faz com que, apesar de podermos falar de emergência, não possamos falar de desenvolvimento. Na realidade, o significante a contém em si. Quero dizer que uma das dimensões fundamentais do significante é poder anular a si mesmo. Existe, quanto a isso, uma possibilidade que, no caso, podemos qualificar como modalidade do próprio significante. Ela se materializa por uma coisa muito simples, que todos nós conhecemos, e cuja originalidade não podemos deixar que seja dissimulada pela trivialidade do uso — é a barra. Qualquer espécie de significante é, por natureza, uma coisa que pode ser barrada.

Desde que existem filósofos e que eles pensam, fala-se muito da *Aufhebung*, e aprendemos a fazer dela um uso mais ou menos astucioso. Essa palavra significa, essencialmente, *anulação* — como, por exemplo, quando eu cancelo [*j'annule*] minha assinatura de um jornal, ou minha reserva em algum lugar. Ela quer dizer também, graças a uma ambiguidade de sentido que a torna preciosa na língua alemã, *elevar a uma potência, a uma situação superior*. As pessoas não parecem deter-se o bastante em que ser anulado, propriamente falando, somente uma única espécie de coisa, diria eu em termos grosseiros, pode sê-lo — é um significante. Na verdade, quando anulamos qualquer outra coisa, seja ela imaginária ou real, por isso mesmo a elevamos ao grau, à qualificação de significante.

Há no significante, portanto, em sua cadeia e em sua manobra, sua manipulação, algo que está sempre em condições de destituí-lo de sua função na linha ou na linhagem — a barra é um sinal de abastardamento —, de destituí-lo como tal, em razão da função propriamente significante do que chamaremos de *consideração* geral. Quero dizer que o significante tem seu lugar no dado da bateria significante, na medida em que ela constitui um certo sistema de signos disponíveis num discurso atual, concreto — e em que ele pode sempre decair da função que lhe constitui seu lugar, ser arrancado da consideração em constelação que o sistema significante institui ao ser aplicado ao mundo e ao pontuá-lo. A partir daí, ele cai da desconsideração para o *rebaixamento* [*désidération*]*, onde é marcado precisamente por isso, por deixar a desejar.

Não estou me divertindo em brincar com as palavras. Quero simplesmente, através desse uso das palavras, indicar-lhes uma direção que nos aproxima de nosso objeto, que é o desejo, a partir de sua ligação com a manipulação significante. A oposição entre a conside-

---

* O termo empregado por Lacan, *désidération*, tem etimologia que inclui os verbos *desiderare* (sentir falta de, lamentar a ausência ou a perda de, desejar, procurar) e *desidere* (abater, vir abaixo, afundar-se, enfraquecer-se, degenerar-se). (N.E.)

ração e o rebaixamento, marcada pela barra do significante, é apenas, bem entendido, um esboço, e não resolve a questão do desejo, seja qual for a homonímia a que se presta a conjunção desses dois termos encontrados na etimologia latina da palavra desejo [*désir*] em francês.

A verdade é que é quando o significante se apresenta como anulado, marcado pela barra, que temos o que se pode chamar de um produto da função simbólica. É um produto, justamente, na medida em que é isolado, distinto da cadeia geral do significante e da lei que ela institui. É unicamente a partir do momento em que pode ser barrado que um significante qualquer tem seu status próprio, ou seja, entra na dimensão que faz com que todo significante seja, em princípio — para distinguir aqui o que quero dizer —, revogável.

O termo *Aufhebung* é empregado em Freud, e em lugares bem engraçados, onde ninguém parece dar-se conta de encontrá-lo. Ah, de repente, se é Freud quem o emprega, vocês se animam. Não que o termo tenha nele a mesma ressonância que em Hegel.

Em princípio, todo significante é revogável. Daí resulta que, quanto a tudo o que não é significante, ou seja, em particular quanto ao real, a barra é um dos modos mais certeiros e mais rápidos de elevá-lo à dignidade de significante.

Isso, já lhes ressaltei de maneira extremamente precisa a propósito da fantasia da criança espancada.

3

No começo, esse signo — que a criança seja espancada pelo pai — é o do rebaixamento do irmão odiado. Assinalei-lhes que, na segunda etapa da evolução dessa fantasia, aquela que Freud aponta como tendo que ser reconstruída, como nunca sendo percebida, a não ser de viés e em casos excepcionais, e embora se trate do próprio sujeito, esse signo transforma-se, ao contrário, no signo do amor. Espancado, ele, o sujeito, é amado. Ingressa na ordem do amor, ao estado de ser amado, por ser espancado. A mudança de sentido desse ato, no intervalo, não deixa de levantar um problema. O mesmo ato que, quando se trata do outro, é tomado como uma sevícia e percebido pelo sujeito como sinal de que o outro não é amado, adquire um valor essencial quando é o sujeito que se torna seu suporte. Isso só é concebível, propriamente falando, através da função de significante.

É na medida em que esse ato eleva o próprio sujeito à dignidade de sujeito significante que, nesse momento, ele é tomado em seu registro positivo, inaugural. Ele o institui como um sujeito com o qual pode se pensar em amor.

É isso que Freud — convém sempre retornar às frases de Freud, elas são sempre lapidares — expressa em "Algumas consequências psíquicas da distinção anatômica entre os sexos", ao dizer: *A criança então espancada torna-se amada, apreciada no plano amoroso.* E é aí que ele introduz um comentário que estivera simplesmente implícito em *Ein Kind wird geschlagen*, e que eu havia esboçado através da análise do texto. Aqui, Freud o formula com todas as letras, sem apontar seus motivos, em absoluto, mas orientando-o com o faro prodigioso que o caracteriza. Isso é tudo o que está em causa na dialética do reconhecimento do para-além do desejo. Abrevio-lhes o que ele diz: — *Esta fixidez*, Starrheit, *tão particular que se lê na fórmula monótona "uma criança é espancada" só permite, provavelmente, uma única significação: a criança espancada aí, e que por isso é apreciada*, nichts anderes sein, als die Klitoris selbst, *não é outra coisa senão o próprio clitóris.* Trata-se, nesse estudo, das meninas.

Starrheit, eis uma palavra muito difícil de traduzir em francês, porque tem um sentido ambíguo em alemão. Ela quer dizer, ao mesmo tempo, *fixo*, no sentido de um olhar fixo, e *rígido*, o que de modo algum deixa de estar relacionado, embora, nesse ponto, estejamos na contaminação dos dois sentidos, que têm uma analogia na história. É disso mesmo que se trata, ou seja, de vermos despontar uma coisa da qual já lhes assinalei o lugar de nó a desatar, e que é a relação existente entre o sujeito como tal, o falo como objeto problemático e a função essencialmente significante da barra, visto que ela entra em jogo na fantasia da criança espancada.

Para isso, não basta nos contentarmos com o clitóris, que, sob tantos aspectos, deixa muito a desejar. Trata-se de ver por que ele está aí, numa certa postura tão ambígua, que, afinal de contas, se Freud o reconhece na criança espancada, o sujeito, ao contrário, não o reconhece como tal. Trata-se, com efeito, do falo, na medida em que ele ocupa um certo lugar na economia do desenvolvimento do sujeito e é o suporte indispensável da construção subjetiva e pivô do complexo de castração do *Penisneid*. Resta agora verificar de que modo ele entra em jogo no ingresso do sujeito na estrutura significante da qual acabo de lhes relembrar aqui um dos termos essenciais — ou o inverso.

Convém, para isso, determo-nos por um instante no modo pelo qual é possível considerar o falo. Por que se fala de falo, e não, pura e simplesmente, de pênis? Por que, efetivamente, vemos que uma coisa é o modo como fazemos intervir o falo, e outra coisa é a maneira como o pênis, de maneira mais ou menos satisfatória, vem em suplência dele, tanto no sujeito masculino quanto no sujeito feminino? Em que medida o clitóris, nessa ocasião, está implicado no que podemos chamar de funções econômicas do falo?

Observemos o que é o falo na origem. Ele é o *phallos*.

Vemos este falo atestado pela primeira vez na Antiguidade grega. Se formos aos textos, em diferentes pontos de Aristófanes, Heródoto, Luciano etc., veremos, primeiro, que o falo de modo algum é idêntico ao órgão como acessório do corpo, prolongamento, membro, órgão em funcionamento. O uso mais predominante da palavra é seu emprego a propósito de um simulacro, de uma insígnia, seja qual for a maneira como ele se apresente — bastão em cujo cimo ficam pendurados os órgãos viris, iniciação do órgão viril, pedaço de madeira, pedaço de couro, outras variedades em que ele se apresenta. Trata-se de um objeto substituto e, ao mesmo tempo, essa substituição tem uma propriedade muito diferente da substituição no sentido como acabamos de entendê-la, a substituição-signo. Quase podemos dizer que esse objeto tem todas as características de um substituto real, daquilo que chamamos nas boas piadas, e sempre mais ou menos com um sorriso, de consolo [*godemiché*], que vem de *gaude mihi*, ou seja, um dos objetos mais singulares, por seu caráter inencontrável, que existem na indústria humana. Trata-se, apesar disso, de uma coisa que não podemos deixar de levar em conta quanto à sua existência e à sua própria possibilidade.

Observo ainda que o *olisbos* é frequentemente confundido, em grego, com o falo.

Está fora de dúvida que esse objeto desempenhava um papel central no seio dos Mistérios, já que era em torno dele que se colocavam os últimos véus erguidos pela iniciação. Isso quer dizer que, no nível da revelação do sentido, ele era considerado como tendo um caráter significativo derradeiro.

Porventura tudo isso não nos coloca na pista daquilo de que se trata, ou seja, do papel econômico preponderante do falo, como representando o desejo em sua forma mais manifesta?

Vou contrastá-lo termo a termo com o que eu disse do significante, que é essencialmente oco e que, nessa condição, introduz-se no espaço cheio do mundo. Inversamente, o que se apresenta no falo é aquilo que se manifesta da vida, da maneira mais pura, como turgescência e impulso. Sentimos que a imagem do falo está na própria base do termo pulsão, que manipulamos a fim de traduzir para o francês o termo alemão *Trieb*. Ele é o objeto privilegiado do mundo da vida, e sua denominação grega aparenta-o com tudo o que é da ordem do fluxo, da seiva, ou até da própria veia, pois parece haver uma mesma raiz em *phléps*, e em *phallos*.

Portanto, as coisas parecem ser tais que esse ponto extremo da manifestação do desejo, em suas aparências vitais, só pode entrar na área do significante desencadeando aí a barra. Tudo o que é da ordem da intrusão do impulso vital como tal vem despontar aqui, maximizar-se, nessa forma ou nessa imagem. E, como nos mostra a experiência — só estamos fazendo lê-la —, é precisamente isso que inaugura o que se apresenta, no sujeito humano que não tem o falo, como conotação de uma ausência ali onde isso não deve estar, uma vez que não está, e que o faz ser considerado castrado, ao passo que, inversamente, aquele que tem alguma coisa, e pode ter a pretensão de assemelhar-se a ela, é tido como ameaçado de castração.

Fiz alusão aos Mistérios antigos. É absolutamente espantoso verificar que, nos raros afrescos preservados com notável integridade, os da Vila dos Mistérios, em Pompeia, é bem ao lado do lugar onde se representa o desenvolvimento do falo, precisamente, que surgem, representadas com uma grandeza impressionante, em tamanho natural, umas espécies de demônios que podemos identificar através de um certo número de recortes. Há um deles num vaso do Louvre e em alguns outros lugares. Esses demônios alados, calçados de botas, não providos de capacetes, mas quase, e, em todo caso, armados com um *flagellum*, estão começando a aplicar o castigo ritualístico a uma das suplicantes ou iniciantes que aparecem na imagem. Assim surge a fantasia da flagelação, da forma mais direta e na conexão mais imediata com o desvelamento do falo.

Não é necessário nos entregarmos a nenhuma espécie de investigação sobre a profundeza dos Mistérios para saber o que toda sorte de textos atesta — que, em todos os cultos antigos, à medida mesma que nos aproximamos do culto, isto é, da manifestação significante do poder fecundo da Grande Deusa, da deusa síria, tudo o que se relaciona com o falo é objeto de amputações, de marcas de castração ou de proibição cada vez mais acentuadas. Em particular, o caráter de eunucos dos sacerdotes da Grande Deusa é atestado em toda sorte de textos.

O falo é sempre coberto pela barra colocada sobre seu acesso ao campo significante, isto é, sobre seu lugar no Outro. E é através disso que a castração se introduz no desenvolvimento. Nunca é — vejam-no diretamente nas observações — por intermédio de uma proibição da masturbação, por exemplo. Se vocês lerem a observação clínica do Pequeno Hans, verão que as primeiras proibições não surtiram nenhum efeito nele. Se lerem a história de André Gide, verão que seus pais brigaram durante todos os seus primeiros anos de vida para impedi-lo de praticá-la, e que o professor Brouhardel, mostrando-lhe as grandes agulhas e as grandes navalhas que tinha na parede — porque já estava em moda, entre os médicos, ter em seus consultórios um *brechó** inteiro — jurou-lhe que, se ele recomeçasse, aquilo lhe seria serrado fora. E o menino Gide nos relata muito bem não haver acreditado nem por um instante nessa ameaça, porque ela lhe parecia extravagante — em outras palavras, nada além da manifestação episódica das fantasias do próprio professor Brouhardel.

Não é disso que se trata, de modo algum. Como nos indicam os textos e também as observações, trata-se daquele ser no mundo que, no plano real, teria menos razão para se presumir castrado, ou seja, a mãe. É no lugar onde se manifesta a castração no Outro, onde é o desejo do Outro que é marcado pela barra significante, aqui, é essencialmente por intermédio disso que, tanto no homem quanto na mulher, introduz-se esse algo específico que funciona como complexo de castração.

Quando falamos do complexo de Édipo, no início do último trimestre, acentuei o fato de que a primeira pessoa a ser castrada na dialética intrassubjetiva é a mãe. É aí que se encontra, desde o começo, a posição de castração. Se os destinos são diferentes no menino e na menina, é porque a castração é inicialmente encontrada no Outro.

A menina junta essa percepção com aquilo em que a mãe a frustrou. O que é percebido na mãe como castração o é também, portanto, como castração para ela, e se apresenta inicialmente sob a forma de uma recriminação à mãe. Esse rancor vem então somar-se aos que possam ter nascido das frustrações anteriores. É desse modo que se apresenta inicialmente na menina, como insiste Freud, o complexo de castração.

---

* Lacan usa o termo *décrochez-moi-ça*, substantivo invariável que designa as lojas de coisas (sobretudo roupas) de segunda mão, mas que deriva do verbo *décrocher* (desenganchar, tirar do prego ou do suporte, e também desprender, separar etc.) e que, por isso mesmo, em sua literalidade de "despendure-me ou desenganche-me isso", presta-se ao jogo feito com o sentido de arrancar ou cortar fora. (N.E.)

O pai só entra aqui na posição de substituto daquilo em que ela se viu inicialmente frustrada, e é por isso que ela passa para o plano da experiência da privação. É pelo fato de já ser no nível simbólico que se apresenta o pênis real do pai, que nos dizem ser esperado por ela como um substituto do que ela percebe como aquilo em que foi frustrada, que podemos falar de privação, com a crise que esta gera e com a encruzilhada que se oferece ao sujeito, a de renunciar a seu objeto, isto é, ao pai, ou renunciar a seu instinto, identificando-se com o pai.

Daí resulta uma consequência curiosa. Justamente por ser introduzido no complexo de castração da mulher sob a forma de substituto simbólico, o pênis acha-se na origem, na mulher, de toda sorte de conflitos do tipo dos conflitos de ciúme. A infidelidade do parceiro é sentida por ela como uma privação real. A ênfase, nesse caso, é totalmente diferente da que há nesse mesmo conflito, visto pelo lado do homem.

Estou andando depressa e voltarei a isso, mas há ainda uma coisa que é preciso vermos. Se o falo se encontra sob a forma barrada onde tem lugar como indicando o desejo do Outro, que acontece com o sujeito? A sequência de nossa elaboração nos mostrará que também o sujeito tem de encontrar seu lugar de objeto desejado em relação ao desejo do Outro. Por conseguinte, e como nos indica Freud em seu vislumbre notável em *Bate-se em uma criança*, é sempre como aquele que é e que não é o falo que o sujeito terá de se situar, no final das contas, e encontrará sua identificação de sujeito. Em suma, como veremos, o sujeito como tal é, ele mesmo, um sujeito marcado pela barra.

Isso se manifesta claramente na mulher, da qual abordei hoje, através de uma simples indicação, as incidências do desenvolvimento a propósito do falo. A mulher — e o homem também, aliás — encontra-se presa num dilema insolúvel, em torno do qual é preciso colocar todas as manifestações típicas de sua feminilidade, neuróticas ou não. No que concerne a encontrar sua satisfação, existe, para começar, o pênis do homem, e depois, por substituição, o desejo do filho. Só faço aqui apontar o que é corrente e clássico na teoria analítica. Mas que quer dizer isso? Que, afinal de contas, ela só obtém uma satisfação tão intrínseca, tão fundamental, tão instintiva quanto a da maternidade, e tão exigente, aliás, pelos caminhos da linha substitutiva. É na medida em que o pênis é, a princípio, um substituto — eu chegaria até a dizer um fetiche — que também o filho, sob certo aspecto, é posteriormente um fetiche. São essas as vias pelas quais a mulher se aproxima, digamos, do que é seu instinto e sua satisfação natural.

Inversamente, quanto a tudo o que está na linha de seu desejo, ela se vê ligada à exigência implicada na função do falo — a de ser, até certo grau, que é variável, esse falo, na medida em que ele é o próprio signo do que é desejado. Por mais *verdrängt* que possa ser a função do falo, é justamente a ela que correspondem as manifestações do que é considerado feminilidade. O fato de ela se exibir e se propor como objeto do desejo identifica-a, de maneira latente e secreta, com o falo, e situa seu ser de sujeito como falo desejado, significante do desejo do Outro. Esse ser a situa para além do que podemos chamar de mascarada feminina, já que, afinal, tudo o que ela mostra de sua feminilidade está ligado, precisamente, a essa identificação profunda com o significante fálico, que é o que está mais ligado à sua feminilidade.

Vemos aparecer aí a raiz do que podemos chamar, na consumação do sujeito no caminho do desejo do Outro, sua profunda *Verwerfung*, sua profunda rejeição, como ser, daquilo pelo qual ela aparece sob a modalidade feminina. Sua satisfação passa pela via substitutiva, ao passo que seu desejo manifesta-se num plano em que só pode levar a uma profunda *Verwerfung*, a uma profunda estranheza de seu ser em relação àquilo mediante o qual ela tem de parecer.

Não pensem que a situação é melhor para o homem. É até mais cômica. O falo, o infeliz o tem, e é justamente saber que sua mãe não o tem que o traumatiza — pois, sendo assim, já que ela é muito mais forte, onde é que vamos parar? Foi no medo primitivo diante das mulheres que Karen Horney mostrou um dos pilares mais essenciais dos distúrbios do complexo de castração. Assim como a mulher é apanhada num dilema, o homem é apanhado em outro. Nele, é na linha da satisfação que se estabelece a mascarada, porque ele resolve a questão do perigo que ameaça aquilo que efetivamente ele tem através de algo que conhecemos bastante, ou seja, da identificação pura e simples com aquele que tem as insígnias do falo, que tem toda a aparência de haver escapado ao perigo, ou seja, o pai. No final das contas, o homem nunca é viril senão por uma série infinita de procurações, que lhe provêm de todos os seus ancestrais varões, passando pelo ancestral direto.

Inversamente, porém, na linha do desejo, isto é, na medida em que ele deve encontrar sua satisfação com a mulher, também ele vai à procura do falo. Ora — temos todos os testemunhos disso, clínicos e outros, e voltarei a esse ponto —, é justamente por não encontrar esse falo ali onde o procura que ele vai procurá-lo em tantos outros lugares.

Em outras palavras, na mulher, o pênis simbólico acha-se no interior, por assim dizer, do campo de seu desejo, ao passo que, no homem, ele está no exterior. Isso lhes explica que os homens sempre tenham tendências centrífugas na relação monogâmica.

É na medida em que não é ela mesma, isto é, na medida em que, no campo de seu desejo, é preciso ser o falo, que a mulher experimenta a *Verwerfung* da identificação subjetiva, aquela que se produz no ponto em que termina a segunda linha, que partiu do D maiúsculo. E é na medida em que também ele não é ele mesmo como alguém que se satisfaz, ou seja, que obtém do Outro a satisfação, mas só se percebe como instrumento dessa satisfação, que o homem se acha, no amor, fora de seu Outro.

O problema do amor é o da profunda divisão que se introduz no interior das atividades do sujeito. A questão de que se trata, para o homem, segundo a própria definição do amor — *dar o que não se tem* —, é dar aquilo que ele não tem, o falo, a um ser que não o é.

23 DE ABRIL DE 1958

A DIALÉTICA DO DESEJO E DA DEMANDA NA CLÍNICA E NO TRATAMENTO DAS NEUROSES

XX

O SONHO DA BELA AÇOUGUEIRA

O desejo do Outro
O desejo insatisfeito
O desejo de outra coisa
O desejo barrado
A identificação de Dora

Uma vez que, as coisas do homem, das quais em princípio nos ocupamos, são marcadas por sua relação com o significante, não podemos servir-nos do significante para falar dessas coisas assim como para falar das coisas que o significante o ajuda a instaurar. Em outras palavras, deve haver uma diferença entre a maneira como falamos das coisas do homem e aquela como falamos das outras coisas.

Bem sabemos, hoje em dia, que as coisas não são insensíveis à aproximação do significante, que elas se relacionam com a ordem do *logos* e que essa relação deve ser estudada. Estamos, mais do que nossos predecessores, em condições de perceber que a linguagem penetra nas coisas, deixa-lhes sulcos, levanta-as, subverte-as um pouco. Mas, afinal, no ponto em que estamos agora, sabemos, ou pelo menos supomos que, salvo erro, as coisas, por sua vez, não se desenvolveram na linguagem. Ao menos foi daí que se partiu para o trabalho da ciência, tal como atualmente constituída por nós, da ciência da *physis*.

Pensar primeiramente em apurar a linguagem, isto é, em reduzi-la ao mínimo necessário para que seu domínio sobre as coisas possa fazer-se, é o princípio daquilo que chamamos analítica transcendental.

Em suma, providenciou-se para desvincular a linguagem ao máximo possível — não totalmente, é claro — das coisas em que ela estava profundamente engajada até uma certa época, mais ou menos correspondente ao início da ciência moderna, para reduzi-la a sua função de interrogação.

Agora, tudo se complica. Acaso não constatamos convulsões singulares nas coisas, que certamente não deixam de estar relacionadas com a maneira como as interrogamos? — e, por outro lado, curiosos impasses na linguagem, a qual, no momento em que falamos das coisas, torna-se-nos estritamente incompreensível? Mas isso não nos diz respeito. De nossa parte, lidamos com o homem. E quanto a isso, quero assinalar-lhes que a linguagem com que interrogá-lo não foi até hoje isolada.

Nós a acreditamos isolada, quando sustentamos a respeito das coisas do homem o discurso da Academia ou da psicologia psiquiátrica — até nova ordem, é o mesmo. Podemos aperceber-nos suficientemente, nós mesmos, da pobreza das construções a que nos entregamos e, aliás, de sua imutabilidade, pois, na verdade, depois de um século falando da alucinação em psiquiatria, praticamente não demos um só passo e continuamos incapazes de defini-la de outra maneira que não de um modo derrisório.

Toda a linguagem da psicologia psiquiátrica apresenta, aliás, a mesma deficiência, faz-nos sentir sua profunda estagnação. Dizemos que essa ou aquela função é reificada e sentimos a arbitrariedade dessas reificações, ao falarmos numa linguagem bleuleriana, por exemplo, da discordância na esquizofrenia. E, quando dizemos *reificar*, temos a impressão de estar formulando uma crítica válida. Que quer dizer isso? Não se trata, de modo algum, de censurarmos essa psicologia por fazer do homem uma coisa. Quisera Deus que ela fizesse dele uma coisa, pois esse é justamente o objetivo de uma ciência do homem. Mas, justamente, ela faz dele uma coisa que não é nada além de uma linguagem prematuramente cristalizada, que coloca apressadamente sua própria forma de linguagem no lugar de alguma coisa que já está tecida na linguagem.

O que chamamos de *formações do inconsciente*, o que Freud nos apresentou com esse nome, é unicamente a apreensão de um certo primarismo na linguagem. Foi por isso mesmo que ele o chamou de *processo primário*. A linguagem marca esse primarismo, e é por isso que podemos dizer que a descoberta de Freud, a do inconsciente, foi preparada pela interrogação desse primarismo, na medida em que se detectou inicialmente sua estrutura de linguagem.

Eu disse *preparada*. Ela poderia, com efeito, permitir preparar a interrogação desse primarismo, introduzir a uma interrogação correta das tendências primárias. Mas não chegaremos a isso enquanto não fizermos um balanço daquilo que se trata primeiramente de reconhecer, ou seja, que esse primarismo é tecido, antes de mais nada, como uma linguagem. Eis por que os levo a ele. Aqueles que fazem reluzir diante de vocês a síntese da psicanálise com a biologia demonstram-lhes que, manifestamente, isso é um engodo, não apenas por não haver absolutamente nada esboçado nesse sentido até o momento, mas também porque, até nova ordem, prometer isso já é uma vigarice.

Estamos, pois, tentando manifestar, projetar, situar diante de vocês o que chamo de textura da linguagem. Isso não quer dizer que excluamos o primário enquanto algo diferente da linguagem. É justamente em busca dele que avançamos.

1

Nas lições precedentes, estivemos tocando no que lhes designei por dialética do desejo e da demanda.

Eu lhes disse que, na demanda, a identificação é feita com o objeto do sentimento. Por que, afinal, isso acontece? Justamente porque nada de intersubjetivo pode estabelecer-se enquanto o Outro, com maiúscula, não fala. Ou então, porque é da natureza da fala ser a fala do Outro. Ou ainda, porque é preciso que tudo o que acontece com a manifestação do desejo primário se instale no que Freud, seguindo Fechner, chamou de outra cena, porque isso é necessário à satisfação do homem, na medida em que, sendo um ser falante, suas satisfações devem passar pela intermediação da fala.

Por esse simples fato introduz-se uma ambiguidade inicial. O desejo está obrigado à intermediação da fala, e é patente que essa fala só tem seu estatuto, só se instala, só se desenvolve por sua natureza no Outro como lugar da fala. Ora, é claro que não há razão alguma para que o sujeito se aperceba disso. Quero dizer que a distinção entre o Outro e ele mesmo é a mais difícil das distinções a serem feitas de saída. Por isso, Freud frisou bem o valor sintomático do momento da infância em que a criança acredita que os pais conhecem todos os seus pensamentos, e explicou muito bem a ligação desse fenômeno com a fala. Sendo os pensamentos do sujeito formados na fala do Outro, é perfeitamente natural que, na origem, seus pensamentos pertençam a essa fala.

No plano imaginário, por outro lado, entre o sujeito e o outro, só existe, a princípio, uma fronteira frágil, uma fronteira ambígua, no sentido de que é transponível. A relação narcísica está aberta, com efeito, a um transitivismo permanente, como também mostra aqui a experiência da criança.

Esses dois modos de ambiguidade, esses dois limites, um que se situa no plano imaginário, outro que pertence à ordem simbólica pela qual o desejo se fundamenta na fala do Outro, esses dois modos de transposição, que fazem com que o sujeito se aliene, não se confundem. É a discordância entre eles, ao contrário, que abre para o sujeito, como mostra a experiência, uma primeira possibilidade de ele se distinguir como tal. Naturalmente, ele se distingue de maneira mais especial no plano imaginário, estabelecendo-se com seu semelhante numa posição de rivalidade em relação a um objeto terceiro. Mas persiste a questão do que acontece quando esses sujeitos são dois, isto é, quando se trata de o sujeito se sustentar na presença do Outro.

Essa dialética confina com a chamada dialética do reconhecimento, que vocês entreveem um pouquinho qual é, ao menos alguns de vocês, graças ao que lhes comunicamos aqui. Vocês sabem que um certo Hegel procurou a mola disso no conflito do gozo e no caminho da luta a que chamou luta de morte, de onde fez surgir toda a sua dialética do senhor e do escravo. Tudo isso é muito importante conhecer, mas está bem claro que não abrange o campo de nossa experiência, por ótimas razões. É que há outra coisa além da dialética da luta entre o senhor e o escravo, há a relação da criança com os pais, há, precisamente, o que acontece no nível do reconhecimento, quando o que está em jogo não é a luta, o conflito, mas a demanda.

Trata-se, em suma, de ver quando e como o desejo do sujeito, alienado na demanda, profundamente transformado pelo fato de ter de passar pela demanda, pode e deve reintroduzir-se. São simples essas coisas que eu lhes digo hoje.

Primitivamente, a criança, em sua impotência, constata depender inteiramente da demanda, isto é, da fala do Outro, que modifica, reestrutura, aliena profundamente a natureza de seu desejo. Essa dialética da demanda corresponde mais ou menos ao período que, com ou sem razão, é chamado de pré-edipiano e, certamente com razão, de pré-genital. Em razão da ambiguidade dos limites do sujeito com o Outro, vemos introduzirem-se na demanda o objeto oral, que, na medida em que é demandado no plano oral, é incorporado, e o objeto anal, suporte da dialética do dom primitivo, essencialmente ligado, no sujeito, ao fato de ele atender ou não à demanda educativa, isto é, de aceitar ou não desprender-se de um certo objeto simbólico. Em suma, o profundo remanejamento dos primeiros desejos pela demanda nos é perpetuamente sensível na dialética do objeto oral e, particularmente, na do objeto anal, daí resultando que o Outro com que o sujeito lida na relação da demanda está, por sua vez, submetido a uma dialética de assimilação, ou de incorporação, ou de rejeição.

Deve então introduzir-se uma coisa diferente, pela qual a originalidade, a irredutibilidade, a autenticidade do desejo do sujeito é restabelecida. Não é outra coisa que significa o progresso realizado durante a pretensa etapa genital. Ele consiste em que, instalado na dialética primária, pré-genital, da demanda, o sujeito depara, num dado momento, com um outro desejo, um desejo que até então não foi integrado, e que não é integrável sem remanejamentos ainda muito mais críticos e mais profundos que no caso dos primeiros desejos. Esse outro desejo, o caminho comum pelo qual ele se introduz para o sujeito, é como desejo do Outro. O sujeito reconhece um desejo para além da demanda, um desejo como não adulterado pela demanda, e o encontra, situa-o no para-além do primeiro Outro a quem dirigia sua demanda — digamos, para fixar as ideias, a mãe.

O que estou dizendo com isso é apenas uma maneira de exprimir o que foi ensinado desde sempre, que é através do Édipo que o desejo genital é assumido e vem tomar lugar na economia subjetiva. Mas aquilo para o qual espero chamar-lhes a atenção é a função desse desejo do Outro, no que ele permite que a verdadeira distinção entre o sujeito e o Outro se estabeleça de uma vez por todas.

No nível da demanda, há entre o sujeito e o Outro uma situação de reciprocidade. Apesar de o desejo do sujeito depender inteiramente de sua demanda ao Outro, o que o Outro demanda também depende do sujeito. Isso se exprime, nas relações da criança com a mãe, pelo fato de que a criança sabe muito bem que ela também detém algo que pode recusar à demanda da mãe, recusando-se, por exemplo, a aceder aos requisitos da disciplina excrementícia. Essa relação entre os dois sujeitos em torno da demanda demanda ser complementada pela introdução de uma nova dimensão, que faça com que o sujeito seja outra coisa que não um sujeito dependente, e cuja relação de dependência constitua o ser essencial. O que tem de ser introduzido, e que está ali desde o começo, latente desde a origem, é que, para-além daquilo que o sujeito demanda, além daquilo que o Outro demanda do sujeito, deve haver a presença e a dimensão do que o Outro deseja.

Isso, a princípio, é profundamente velado ao sujeito, mas, ainda assim, é imanente à situação, e é o que irá desenvolver-se aos poucos na experiência do Édipo. Isso é essencial na estrutura, mais original e mais fundamental do que a percepção tanto das relações do pai com a mãe, sobre as quais me estendi no que chamei de metáfora paterna, quanto de seja que ponto for daquilo que leva ao complexo de castração, e constitui um desenvolvimento do além da demanda.

Que o desejo do sujeito é inicialmente situado e encontrado na existência como tal do desejo do Outro, como desejo distinto da demanda, eis o que quero hoje ilustrar-lhes através de um exemplo. Que exemplo? É exigível que ele seja o primeiro.

Com efeito, se o que afirmo é realmente introdutório a tudo o que acontece com a estruturação do inconsciente do sujeito por sua relação com o significante, devemos encontrar prontamente nosso exemplo.

2

Já aludi aqui ao que podemos apontar nas primeiras observações feitas por Freud sobre a histeria. Passemos, pois, ao momento em que Freud nos fala do desejo pela primeira vez.

Ele fala do desejo a propósito dos sonhos. Comentei com vocês, no passado, o que Freud extrai do sonho inaugural de Irma, o sonho da injeção, e não voltarei a isso. O segundo sonho é um sonho de Freud — posto que ele também analisa alguns de seus sonhos na *Traumdeutung* —, o sonho do tio Josef. Vou analisá-lo em outro dia, pois ele é absolutamente demonstrativo e ilustra muito bem, em particular, o esquema das duas alças entrecruzadas — nada mostra melhor os dois patamares em que se desenvolve um sonho, o patamar propriamente significante, que é o da fala, e o patamar imaginário no qual se encarna, de certo modo, o objeto metonímico.

Tomo, pois, o terceiro sonho que Freud analisou. Ele figura no quarto capítulo, *Die Traumentstellung*, "A transposição do sonho". É o sonho daquela a quem chamaremos *a bela açougueira*.

> Eis o sonho — *diz Freud.** Eu queria oferecer um jantar, mas o único mantimento que tinha em casa era um pouco de salmão defumado. Quis

* Nessa citação de Freud e noutras que virão a seguir, a tradução para o português foi feita diretamente do texto francês transcrito (e/ou traduzido) por Lacan, sem levar em conta a versão brasileira da *ESB*. (N.E.)

sair para fazer compras, mas lembrei-me de que era domingo à tarde e todas as lojas estavam fechadas. Quis telefonar para alguns fornecedores, mas o telefone estava pifado. Assim, tive que renunciar ao desejo de oferecer um jantar.

É esse o texto do sonho. Freud anota escrupulosamente a maneira como é verbalizado o texto dos sonhos, e é sempre e unicamente a partir dessa verbalização, de uma espécie de texto escrito do sonho, que lhe parece concebível a análise de um sonho.

Respondi, naturalmente, que só a análise poderia decidir sobre o sentido desse sonho. *De fato, a paciente o confrontara com esse sonho, dizendo-lhe*: — O senhor sempre diz que o sonho é uma coisa em que um desejo se realiza, pois nesse tive enormes dificuldades de realizar meu desejo. *Freud prossegue*: — Admiti, todavia, que à primeira vista ele se afigurava sensato e coerente, e parecia ser exatamente o oposto da realização de um desejo. "Mas quais foram os elementos desse sonho? A senhora sabe que os motivos de um sonho sempre se encontram nos acontecimentos dos dias precedentes."

O marido de minha paciente é açougueiro atacadista; é um homem honesto, muito ativo. Dias antes, dissera a ela que estava engordando muito e queria fazer um regime de emagrecimento. Levantaria cedo, faria exercícios, ater-se-ia a uma dieta rigorosa e não mais aceitaria convites para jantar. Ela contou ainda, rindo, que, à mesa dos frequentadores habituais do restaurante onde costumava almoçar, seu marido havia travado conhecimento com um pintor que queria a todo custo fazer seu retrato, pois nunca havia encontrado um rosto tão expressivo. Mas o marido respondera, com sua rudeza de praxe, que ficava muito agradecido, mas estava convencido de que o pintor preferiria a todo o seu rosto um pedaço do traseiro de uma moça bonita. Minha paciente está atualmente muito apaixonada pelo marido e implica com ele sem parar. Pediu-lhe também que ele não lhe desse nenhum caviar. — *Que quer dizer isso?*

Na realidade, há muito tempo ela deseja comer sanduíche de caviar todas as manhãs, mas se proíbe essa despesa — *ou melhor, não se autoriza isso*. Naturalmente, receberia de imediato esse caviar, se falasse com o marido. Mas lhe pediu, ao contrário, que não lhe desse caviar, de modo a poder continuar a implicar com ele por causa disso.

Aqui entra um parêntese de Freud. Isso me pareceu uma história meio sem pé nem cabeça. Em geral, essas informações insuficientes escondem motivos que não são expressos. Pensemos na maneira como os hipnotizados de Bernheim, ao executarem uma tarefa pós-hipnótica, explicam-na, ao lhes ser indagada a razão dela, com um motivo visivelmente insuficiente, em vez de responder: "Não sei por que fiz isso." O caviar de minha paciente seria um motivo desse tipo. Observei que ela fora obrigada a criar em sua vida um desejo insatisfeito. Seu sonho lhe mostrava esse desejo como realmente não consumado. Mas por que precisaria ela de tal desejo?

Outro comentário de Freud, entre parênteses. O que lhe viera à cabeça até então não pudera servir para interpretar o sonho. Insisti. Passado um momento, como convém quando se tem de superar uma resistência, ela me disse haver visitado ontem uma de suas amigas, de quem sente muito ciúme porque seu marido sempre fala muito bem dela. Felizmente, a amiga é miúda e magra, e seu marido gosta de formas rechonchudas. E de que havia falado essa pessoa magra? Naturalmente, de seu desejo de engordar. E lhe perguntara: "Quando é que vocês vão nos convidar de novo? Sempre se come muito bem em sua casa."

Agora o sentido do sonho estava claro. Pude dizer à minha paciente: "É exatamente como se a senhora lhe houvesse respondido, mentalmente: — 'Pois sim! Eu vou mesmo convidá-la, para que você coma bem, engorde e agrade ainda mais ao meu marido! Prefiro nunca mais oferecer um jantar na minha vida!' O sonho lhe disse que a senhora não poderia oferecer um jantar e, assim, realizou seu desejo de não contribuir para embelezar sua amiga. A resolução de seu marido de não aceitar mais convites para jantar, para não engordar, na verdade lhe indicara que os jantares em sociedade engordam." Faltava apenas uma concordância que confirmasse a solução. Ainda não sabíamos a que correspondia o salmão no sonho. "— Como foi que lhe ocorreu evocar no sonho o salmão defumado?". "— Esse", respondeu ela, "é o prato predileto de minha amiga." Por acaso, eu também conheço essa senhora e sei que ela tem em relação ao salmão defumado a mesma conduta de minha paciente a respeito do caviar.

É nesse ponto que Freud introduz o texto do sonho que comporta uma outra interpretação, a qual entra na dialética da identificação. *Ela se havia identificado com a amiga. Foi como um sinal dessa identificação, isto é, na medida em que se identificou com a outra, que ela se atribuiu na vida real um desejo não realizado.*

Creio que vocês já devem estar sentindo desenhar-se, nesse texto simples, seus contornos. Eu poderia ter aberto a *Traumdeutung* em qualquer outra página, e encontraríamos a mesma dialética. Esse sonho, que foi o primeiro a nos cair nas mãos, irá mostrar-nos a dialética do desejo e da demanda, que é particularmente simples na histérica.

Continuemos a ler, de maneira a acompanhar até o fim o que nos articula esse texto importantíssimo. Essa é, em suma, uma das primeiras articulações muito claras, por parte de Freud, do que significa a identificação histérica. Ele esclarece seu sentido. Pulo algumas linhas para que não fique longo demais. Ele discute o que chamamos imitação histérica, a simpatia da histérica pelo outro, e critica com muita energia a redução simplista do contágio histérico à pura e simples imitação.

O processo da identificação histérica, diz Freud, *é um pouco mais complicado do que a imitação histérica, tal como tem sido representada; como ficará provado através de um exemplo, ele corresponde a deduções inconscientes. Quando um médico coloca junto de outros pacientes, numa enfermaria hospitalar, um sujeito que apresenta uma espécie de tremor, ele não fica surpreso ao saber que esse acidente histérico foi imitado (...). Mas esse contágio produz-se mais ou menos da seguinte maneira. Em geral, as pacientes sabem* — convém observar o peso que tal observação comporta, não digo simplesmente na época em que foi feita, mas até hoje, para nós — *mais coisas a respeito umas das outras do que o médico pode saber sobre qualquer delas, e continuam a se preocupar umas com as outras depois da visita do médico*. Observação essencial. Em outras palavras, o objeto humano continua a viver sua relaçãozinha particular com o significante, mesmo depois que o observador, behaviorista ou não, se interessou por sua fotografia.

Uma delas teve sua crise hoje, e as outras sabem muito bem que uma carta de casa, uma lembrança de uma mágoa de amor ou outras coisas semelhantes foram a causa disso. Sua compaixão é despertada e, inconscientemente, elas fazem o seguinte exame: se esses motivos acarretam esses tipos de crises, também posso ter uma crise dessas — articulação do sintoma elementar com uma identificação discursiva, com uma situação articulada no discurso —, porque tenho os mesmos motivos. Se essas fossem conclusões conscientes, elas levariam à angústia de ver sobrevir a mesma crise. Mas as coisas se passam em outro plano psíquico, e levam à realização do sintoma temido. A identificação, portanto, não é uma simples imitação, mas uma apropriação decorrente de uma etiologia idêntica: ela expressa um "como se", relacionado com um traço comum que persiste no inconsciente. O termo *apropriação* não foi muito bem traduzido. Trata-se, antes, de um *tomado como próprio*.

A histérica se identifica, de preferência, com pessoas com quem manteve relações sexuais, ou que tenham as mesmas relações sexuais com as mesmas pessoas que ela. A língua, aliás, é responsável por essa concepção. Dois amantes são um só, diz Freud.

O problema aqui levantado por Freud é a relação de identificação com a amiga invejosa. A propósito disso, quero chamar-lhes a atenção para o seguinte: o desejo com que deparamos desde os primeiros passos da análise, e a partir do qual se desenrola a solução do enigma, é o desejo como insatisfeito. No momento desse sonho, a paciente estava preocupada em criar para si um desejo insatisfeito. Qual é a função desse desejo insatisfeito?

Lemos no sonho, com efeito, a satisfação de um anseio, o de ter um desejo insatisfeito. E o que descobrimos a esse respeito é a subjacência de uma situação que é a situação fundamental do homem entre a demanda e o desejo, à qual estou tentando introduzi-los, e à qual efetivamente os introduzo através da histérica, porque a histérica fica presa na clivagem cuja necessidade lhes mostrei há pouco, entre a demanda e o desejo. Aqui, nada é mais claro do que isso.

Que pede ela antes do sonho, em sua vida? Essa paciente, apaixonadíssima pelo marido, demanda o quê? Amor; e as histéricas, como todo o mundo, demandam amor, só que, nelas, isso é mais incômodo. Que deseja ela? Ela deseja caviar. Basta simplesmente ler. E que quer ela? Quer que não lhe deem caviar.

A questão, justamente, é saber por que, para que uma histérica mantenha um relacionamento amoroso que a satisfaça, é necessário, primeiramente, que ela deseje *outra coisa*, e o caviar não tem aqui outro papel senão o de ser outra coisa, e, em segundo lugar, que, para que essa *outra coisa* desempenhe bem a função que tem a missão de desempenhar, ela justamente não lhe seja dada. Seu marido não lhe pediria mais do que dar-lhe caviar, mas nesse caso, provavelmente, ele ficaria mais tranquilo, imagina ela. Porém o que nos diz Freud, formalmente, é que ela quer que o marido não lhe dê caviar, para que eles possam continuar a se amar loucamente, isto é, a implicar um com o outro, a se atazanar a perder de vista.

Esses elementos estruturais, deixando de lado o fato de nos determos neles, nada têm de muito original, mas começam aqui a ganhar sentido. O que se exprime é uma estrutura que, além de seu aspecto cômico, deve representar uma necessidade. A histérica é, precisamente, o sujeito para quem é difícil estabelecer com a constituição do Outro como grande Outro, portador do signo falado, uma relação que lhe permita preservar seu lugar de sujeito. Essa é a própria definição que podemos dar da histérica. Numa palavra, o histérico ou a histérica estão tão abertos à sugestão da fala que deve haver alguma coisa nisso.

Freud se interroga, em *Psicologia das massas e análise do eu*, sobre a maneira como se manifesta a hipnose, embora sua relação com o sono esteja longe de ser transparente e embora a eletividade que a torna adequada a algumas pessoas, enquanto outras opõem-se a ela, afastam-se dela radicalmente, permaneça enigmática. Mas tudo parece mostrar, no entanto, que o que se realiza na hipnose é possibilitado no sujeito pela pureza de certas situações, ou, melhor dizendo, atitudes libidinais. De que se trata senão dos lugares, dos postos que estamos esclarecendo? O elemento desconhecido de que fala Freud gira em torno da articulação da demanda e do desejo. É o que tentaremos mostrar mais adiante.

Se é necessário ao sujeito criar para si um desejo insatisfeito, é por ser essa a condição para que se constitua para ele um Outro real, isto é, que não seja inteiramente imanente à satisfação recíproca da demanda, à captura inteira do desejo do sujeito pela fala do Outro. Que o desejo de que se trata é, por natureza, o desejo do Outro, é nisso, muito precisamente, que a dialética do sonho nos introduz, uma vez que o desejo de caviar, a paciente não quer que ele seja satisfeito na realidade. E o sonho tende, incontestavelmente, a satisfazê-la quanto à solução do problema que ela busca.

Esse desejo de caviar, através do que é ele representado no sonho? Por intermédio da pessoa que está em jogo no sonho, a amiga com quem — Freud aponta os sinais disso — ela se identifica. A amiga também é histérica, ou não é, não vem ao caso, tudo é puro histero-histérico. A paciente é histérica e, com certeza, a outra também o é, ainda mais que o sujeito histérico se constitui quase que integralmente a partir do desejo do Outro. O desejo que o sujeito registra no sonho é o desejo favorito da amiga, o desejo de salmão, e, mesmo no momento em que ela não pode oferecer um jantar, só lhe resta isso, salmão defumado, que indica ao mesmo tempo o desejo do Outro e o indica como podendo ser satisfeito, mas somente para o Outro. *Por outro lado, não tenha medo, temos salmão defumado*. O sonho não diz com isso que as coisas chegam a ponto de ela o dar à amiga, mas a intenção está presente.

Inversamente, o que é posto de lado é a demanda da amiga, elemento genético do sonho. Ela lhe pediu para ir jantar em sua casa, onde se come muito bem e onde, ademais, pode-se encontrar o belo açougueiro. Esse marido amável, que sempre fala tão bem da amiga, também deve ter seu desejozinho lá atrás, no fundo da cabeça, e o traseiro da moça, tão prontamente evocado a propósito da amável proposta do pintor que queria retratá-lo, desenhar seu rosto tão interessante, tão expressivo, certamente está aí para demonstrá-lo. Numa palavra, cada um tem seu pequeno desejo para além, apenas mais ou menos intensificado.

Só que, no caso específico da histérica, o desejo como para além de qualquer demanda, isto é, como devendo ocupar sua função a título de desejo recusado, desempenha um papel de primeiríssimo plano. Vocês jamais compreenderão nada numa histérica ou num histérico se não partirem desse primeiro elemento estrutural. Por outro lado, na relação do homem com o significante, a histérica é uma estrutura primordial. Por menos que vocês levem adiante com um sujeito a dialética da demanda, sempre encontrarão, num ponto da estrutura, a *Spaltung* da demanda e do desejo, com o risco de cometer grandes erros, ou seja, de tornar o paciente histérico, pois tudo o que analisamos nisso, é claro, é inconsciente para o sujeito. Em outras palavras, o histérico não sabe que não pode satisfazer-se na demanda, mas é absolutamente essencial que, de sua parte, vocês o saibam.

Essas notações irão permitir-nos, agora, começar a apontar o que significa o pequeno diagrama que lhes fiz da última vez, e cuja interpretação era um pouco prematuro trazer-lhes naquele momento.

Como dissemos, o que se manifesta como necessidade tem de passar pela demanda, isto é, endereçar-se ao Outro. Frente a isso, ocorre ou não ocorre um encontro que ocupa o lugar da mensagem, isto é, do que é expresso pelo Outro. Por fim, produz-se esse resquício da demanda que consiste na alteração do que se manifesta no estado ainda não informado pelo desejo do sujeito, e que se manifesta, em princípio, sob a forma da identificação do sujeito. Retomarei isso da próxima vez, com o texto de Freud na mão, e vocês verão que, na primeira vez em que ele fala de maneira completamente articulada da identificação — desde já vocês poderão reportar-se a ele, se assim lhes aprouver —, a identificação primitiva não é articulada de outra maneira senão esta que lhes assinalo.

Vocês sabem, por outro lado, que, no caminho em que se introduz o curto-circuito narcísico, já existe uma possibilidade, uma abertura, um esboço de terceiro na relação do sujeito com o outro.

O essencial do que apresentei, ao lhes descrever a função do falo, foi que ele é o significante que marca o que o Outro deseja na medida em que ele mesmo, como Outro real, Outro humano, está, em sua economia, marcado pelo significante. É essa fórmula, precisamente, que estamos estudando. É precisamente na medida em que o Outro é marcado pelo significante que o sujeito pode — e só pode através disso, por intermédio desse Outro — reconhecer que também ele é marcado pelo significante, ou seja, que há sempre algo que resta para além do que pode satisfazer-se por intermédio do significante, isto é, pela demanda. Essa clivagem feita em torno da ação do significante, esse resíduo irredutível ligado ao significante, também tem seu signo próprio, mas esse signo vem a se identificar com essa marca no significado. É aí que o sujeito tem de encontrar seu desejo.

Em outras palavras, é na medida em que o desejo do Outro é barrado que o sujeito vem a reconhecer seu desejo barrado, seu próprio desejo insatisfeito. É no nível desse desejo, barrado por intermédio do Outro, que se produz o encontro do sujeito com seu desejo mais autêntico, isto é, o desejo genital. É por essa razão que o desejo genital é marcado pela castração, ou, dito de outra maneira, por uma certa relação com o significante falo. Aí estão duas coisas equivalentes.

Encontramos, primeiro, aquilo que responde à demanda, ou seja, numa primeira etapa, a fala da mãe. Essa própria fala tem uma relação com uma lei que está além, e que lhes mostrei ser encarnada pelo pai. É isso que constitui a metáfora paterna. Mas vocês têm o direito, com justa razão, de achar que nem tudo se reduz a esse escalonamento da fala, e creio que essa espécie de falta deve tê-los decepcionado, vocês também, no momento em que lhes expliquei isso.

Com efeito, para além da fala e da superfala, da lei do pai, como quer que a denominemos, outra coisa bem diferente é exigível. É nessa condição que se introduz, e naturalmente no mesmo nível em que se situa a lei, esse significante eletivo, o falo. Em condições normais, ele se coloca num segundo grau do encontro com o Outro. Foi isso que, em minhas pequenas fórmulas, eu lhes designei por S(Ⱥ), o significante do A barrado. Trata-se, muito precisamente, do que acabo de definir como sendo a função do significante falo, ou seja, a de marcar o que o Outro deseja como marcado pelo significante, isto é, barrado.

Onde fica o sujeito? Quando já não se trata do sujeito ambíguo, ao mesmo tempo perpetuamente inclinado para a fala do Outro e aprisionado na relação especular, dual, com o pequeno outro (*a*), mas do sujeito constituído, acabado, da fórmula em *Z*, temos o sujeito como aquele em quem se introduziu a barra, ou seja, como aquele que também está marcado em algum lugar, ele próprio, pela relação com o significante. Por isso é que o encontramos aqui, em ($◇D), lá onde se produz a relação do sujeito com a demanda como tal.

Como dar conta da etapa necessária pela qual normalmente se realiza a integração do complexo de Édipo e do complexo de castração, ou seja, a estruturação, por intermédio deles, do desejo do sujeito? Como se produz isso? Vocês o encontram desenvolvido neste diagrama. É por intermédio do significante falo que se introduz o para-além da relação com a fala do Outro. Mas, é claro, a partir do momento em que isso se constitui, uma vez que o significante falo está presente como desejo do Outro, ele não fica mais nesse lugar, mas se integra na fala do Outro e vem, com toda a sequência que isso comporta, assumir seu lugar no para-aquém, no lugar primário da relação de fala com a mãe. É aí que ele desempenha seu papel e assume sua função.

Em outras palavras, esse para-além que postulamos, na medida em que procuramos delimitar as etapas necessárias à integração de uma fala que permita ao desejo encontrar seu lugar para o sujeito, permanece inconsciente para o sujeito. De agora em diante, é aqui que se desenrola para ele a dialética da demanda, sem que ele saiba que essa dialética só é possível na medida em que seu desejo, seu verdadeiro desejo, encontra lugar numa relação, que para ele permanece inconsciente, com o desejo do Outro. Em suma, normalmente, essas duas linhas são intercambiáveis.

Pelo simples fato de elas terem de se intercambiar, sucede no intervalo todo tipo de acidentes. Esses acidentes, nós os encontramos sob diversas formas. Quero apenas indicar-lhes, hoje, os elementos de carência que sempre encontramos no histérico.

3

Tomemos o caso Dora.

Nela, vemos o além do desejo do Outro produzir-se em estado puro, e podemos ver com clareza por que falta uma parte da bateria dos elementos. Não se fala da mãe, em absoluto. Talvez vocês tenham notado que ela está completamente ausente do caso. Dora vê-se confrontada com o pai. É do pai que quer amor.

Temos que dizer: antes da análise, a vida de Dora está muito bem equilibrada. Até o momento em que eclode o drama, ela encontrara uma solução muito feliz para seus problemas. É ao pai que endereça a demanda, e as coisas correm muito bem, porque o pai tem um desejo, e tudo corre ainda melhor na medida em que esse desejo é um desejo insatisfeito. Dora, como Freud não nos dissimula, sabe muito bem que seu pai é impotente e que seu desejo pela Sra. K. é um desejo barrado.

Mas o que nós também sabemos — Freud só o soube meio tarde demais — é que a Sra. K. é o objeto do desejo de Dora, por ser o desejo do pai, o desejo barrado do pai.

Uma única coisa é necessária à manutenção desse equilíbrio: que Dora consiga realizar em algum lugar uma identificação de si que lhe dê uma base e lhe permita saber onde ela está, e isso em função de sua demanda não satisfeita, sua demanda de amor feita ao pai. Isso se sustenta dessa maneira enquanto existe um desejo, um desejo que não pode ser satisfeito, nem para Dora, nem para seu pai.

Tudo isso depende do lugar onde se produz a chamada identificação do Ideal do eu. Como vocês veem no esquema, normalmente ela sempre se produz após a dupla transposição da linha do Outro, em I(Ⱥ). No caso de Dora dá-se o mesmo, exceto que o desejo do pai é representado pela segunda linha. É depois da dupla transposição das duas linhas que se realiza, aqui, em ($\$\lozenge a$), a identificação da histérica. Não se trata mais de uma identificação com o pai, como acontece quando o pai é, pura e simplesmente, aquele a quem se dirige a demanda. Não se esqueçam de que agora existe um mais além, e isso deixa a histérica muito bem arranjada para sua satisfação e seu equilíbrio. A identificação é feita com um pequeno outro, que, por sua vez, está em condições de satisfazer o desejo. É o Sr. K., marido da Sra. K., dessa Sra. K. tão sedutora, tão encantadora, tão deslumbrante, verdadeiro objeto do desejo de Dora. A identificação é feita aqui porque Dora é histérica e, no caso da histérica, o processo não pode ir adiante.

Por quê? Porque o desejo é o elemento encarregado, sozinho, de tomar o lugar do para-além situado pela própria posição do sujeito em relação à demanda. Por se tratar de uma histérica, ela não sabe o que demanda, simplesmente necessita que haja em algum lugar esse desejo mais além. Mas para que nesse desejo ela possa apoiar-se, consumar-se, encontrar nele sua identificação, seu ideal, é preciso pelo menos que haja aí, no nível do para-além da demanda, um encontro que lhe permita repousar, referenciar-se nessa linha, e é aí que intervém o Sr. K., no qual, como se evidencia por toda a observação do caso, ela encontra seu pequeno outro no sentido do *a* minúsculo, aquele em quem ela se reconhece.

É por essa razão que Dora se interessa extremamente por ele, a ponto de a princípio enganar todo o mundo, ou seja, de Freud acreditar que ela ama o Sr. K. Dora não o ama, mas ele lhe é indispensável, e lhe é muito mais indispensável ainda por desejar a Sra. K. Como já lhes assinalei cem vezes, isso é arquidemonstrado pelo fato de que a circulação entra inteira em curto-circuito, e de que Dora cai, diante do *a* minúsculo, na situação de ímpeto agressivo que se manifesta numa formidável bofetada. Essa é a fúria contra o outro na medida em que ele é nosso semelhante e em que, sendo nosso semelhante, simplesmente nos arrebata a existência. A réplica fatal que o Sr. K. lhe diz — ele não sabe nada do que está dizendo, o pobre coitado, não sabe que é o suporte da identificação de Dora —, ou seja, que sua mulher não é nada para ele, é justamente o que Dora não pode tolerar. E não pode tolerar por quê?

Tem-se razão em dizer, exceto pelo fato de isso ser incompleto, que Dora é visivelmente estruturada de maneira homossexual, tanto quanto uma histérica pode sê-lo. Depois do que lhe diz o Sr. K., ela deveria, em condições normais, ficar muito contente. De modo algum; é precisamente isso que desencadeia sua fúria, pois nesse momento desmorona sua bela construção histérica de identificação com a máscara, com as insígnias do Outro, especialmente com as rematadas insígnias masculinas que lhe são oferecidas pelo Sr. K., e não por seu pai. Ela volta então à demanda pura e simples, à reivindicação do amor do pai, e entra num estado quase paranoico ao se conceber pelo que ela de fato é para o pai, em termos muito mais objetivos, ou seja, um objeto de troca, alguém que diverte o Sr. K. enquanto ele, o pai, pode cuidar da Sra. K. Por mais ilusoriamente que seja, isso lhe basta, e vocês percebem bem, no caso, a própria função do desejo.

Depois do dito do Sr. K., nossa histérica desaba lá do alto e volta ao nível totalmente primitivo da demanda. Exige, pura e simplesmente, que o pai só cuide dela, que lhe dê amor, ou, em outras palavras, segundo nossa definição, tudo aquilo que ele não tem.

Esse foi, hoje, um primeiro pequeno exercício que fiz com a barra, para tratar de lhes mostrar qual é o sentido da relação do desejo com a demanda. À medida que vocês se habituarem com ela, isso nos permitirá avançar com muito mais segurança e ir muito mais longe.

30 DE ABRIL DE 1958

XXI

OS SONHOS DA “ÁGUA PARADA”

A sra. Dolto e o falo
O corpete de uma histérica
A incondicionalidade da demanda de amor
A condição absoluta do desejo
O Outro transformado em objeto do desejo

Partiremos da atualidade que aqueles dentre vocês que assistiram à comunicação científica da Sociedade, ontem à noite, puderam apreciar. Ali falou-se da relação heterossexual. É justamente sobre isso que falaremos.

1

Na perspectiva que nos foi trazida, a relação heterossexual se revelaria essencialmente formadora. Ela seria, em suma, um dado primário da tensão evolutiva entre os pais e a criança. Numa outra perspectiva, na qual se situa nosso ponto de partida, isso é justamente o que está em questão — a relação heterossexual entre os seres humanos é uma coisa simples?

Na verdade, a nos atermos a uma experiência primária, não parece. Se ela fosse simples, deveria constituir no interior do mundo humano uma série de ilhotas de harmonia, ao menos para aqueles que houvessem conseguido livrar-se das ervas daninhas. Não parece que possamos, até o momento, considerar que uma voz comum dos analistas — mas, afinal, será preciso invocar os analistas a esse respeito? — concorde em dizer que, mesmo havendo atingido sua conjunção, a relação heterossexual se apresente para o homem de outro modo que não como uma coisa instável, já que o mínimo que se pode dizer é, precisamente, que todo o seu problema gira em torno disso. Tomemos os escritos de Balint, por exemplo, que são bastante centrados nisso, de vez que esse é o próprio título de sua coletânea *Genital Love* — na qual se atesta a existência de uma *Spaltung* absolutamente terminal, e a justaposição entre a corrente de desejo e a corrente de ternura. É em torno dessa justaposição que se compõe todo o problema da relação heterossexual.

Os comentários que acabo de fazer não diminuem o interesse do que nos foi dito ontem à noite, longe disso — nem que seja pelos termos de referência que foram empregados, como, por exemplo, a valorização consciente e estética do sexo, para retomarmos os termos da conferencista, a qual constitui, na perspectiva dela, uma etapa fundamental do Édipo. O sexo, seu símbolo, apresenta-se, segundo nos disse a sra. Dolto, como uma bela e boa forma. O sexo é belo, acrescentou ela. Essa é, evidentemente, uma perspectiva da boca da qual emana, e seguramente é envaidecedora para os portadores desse sexo viril.

Não obstante, não parece que esse seja um dado que possamos adotar univocamente, nem que seja por nos reportarmos às ressalvas de uma das pessoas que intervieram, e com autoridade, sobre o assunto, para nos fazer o que poderíamos chamar de observações etnológicas. Os selvagens, os bons selvagens, sempre foram um termo de referência dos antropólogos, mas também não parece, na verdade, que possamos encontrar neles um dado primário — se é que o selvagem é primário — da bela e boa forma do falo.

A nos reportarmos ao conjunto dos documentos — não estou falando dos documentos científicos, daquelas coisas elaboradas no gabinete do etnógrafo, mas dos testemunhos da experiência daqueles dentre os etnógrafos que estiveram em campo, em meio aos ditos selvagens, bons ou maus —, parece, de fato, que é realmente uma base e um princípio das relações entre os sexos, mesmo que seja nas tribos mais atrasadas, que ao menos uma coisa fique escondida, a ereção do falo. É impressionante constatar a existência, mesmo nas tribos que só possuem o mais primitivo modo de trajar, de uma coisa que serve precisamente para esconder o falo — o estojo peniano, por exemplo —, como estrito resíduo que resta da roupa.

Por outro lado, inúmeros etnógrafos atestaram, como uma reação realmente primária, o tipo de irritação que as pessoas do sexo feminino experimentam na presença das manifestações de ereção do falo. Existe o caso raríssimo em que não há roupa alguma, como entre os nhambiquaras, por exemplo, de quem vocês sabem que nosso amigo Lévi-Strauss foi visitante em diversas ocasiões e sobre quem ele falou longamente. Ante a pergunta que lhe fiz a esse respeito, Lévi-Strauss atestou-me, retomando o que disse em seu livro *Tristes trópicos*, nunca haver observado uma ereção diante do grupo. As relações sexuais transcorrem sem nenhuma esquiva especial, a dois passos do grupo, à noite, ao redor das fogueiras, mas a ereção, seja de dia, seja nesse momento, não se produz em público. Isso não é nada indiferente para nosso tema.

Por outro lado, existe a ideia da bela e boa forma. Situar nesses termos a significação do falo parece decorrer de uma perspectiva bastante unilateral. Por outro lado, bem sei que existe a bela e boa forma da mulher. Seguramente, ela é valorizada por todos os elementos da civilização, mas, afinal, nem que seja em razão de sua diversidade individual, não se pode dizer que possamos falar univocamente, a esse respeito, de bela e boa forma. Digamos que essa bela e boa forma deixa, em todo caso, uma oscilação maior do que a outra. Sem dúvida, por trás de toda mulher perfila-se a forma da Vênus de Milo ou da Afrodite de Cnide, mas, enfim, nem sempre com resultados univocamente favoráveis. Muito se censurou Daumier por ele ter dado aos deuses da Grécia as formas meio flácidas dos burgueses e burguesas de sua época. Isso lhe foi criticado como um sacrilégio. É exatamente aí que se situa o problema que estou apontando — se é evidentemente tão deplorável humanizar os deuses, sem dúvida é porque os seres humanos nem sempre se divinizam com muita facilidade.

Em suma, se as exigências da perpetuação da raça humana estão entregues a essa bela e boa forma, o conjunto nos convida a nos contentarmos, nesse aspecto, com exigências medianas que a expressão bela e boa forma talvez não esteja apta a evocar. Pelo menos, ela é bastante enigmática.

De fato, tudo o que foi dito de notável e oportuno para valorizar essa bela e boa forma do falo é, justamente, o que está em questão. Isso não elimina, é claro, seu caráter de forma preponderante. O discurso que conduzimos aqui, na medida em que é fundamentado e em que prolonga diretamente não apenas o discurso mas a experiência de Freud, serve para nos dar uma outra ideia da significação do falo.

O falo não é uma forma, não é uma forma objetal, no que uma forma se mantém como uma forma cativante, fascinante, pelo menos num sentido, porque o problema está todo no outro. A atração entre os sexos é uma coisa infinitamente mais complexa do que uma atração imaginária, como nos revela toda a economia da doutrina analítica. Quanto a nós, enveredaremos pelo caminho de fornecer a solução do problema em função da seguinte fórmula, que em si mesma é apenas um enunciado a ser desenvolvido para ser compreendido — o falo não é uma fantasia, nem uma imagem, nem um objeto, mesmo que parcial, mesmo que interno, mas é um significante. Ser ele um significante é a única coisa que nos permite conceber e articular as diversas funções que ele assume nos diferentes níveis do encontro intersexual.

Um significante. Não basta dizer que ele é um significante. Qual? Ele é o significante do desejo. Isso, é claro, recoloca uma questão que vai mais longe — o significante do desejo, isso quer dizer o quê? É certo que o alcance dessa afirmação implica que articulemos, primeiramente, o que é o desejo.

O desejo não é uma coisa que seja evidente na função que ocupa em nossa experiência. Não é simplesmente o apetite intersexual, a atração intersexual, o instinto sexual. Está bem claro que sua noção tampouco elimina a existência de tendências mais ou menos acentuadas, variáveis conforme os indivíduos, que têm o caráter primário de manifestar — digamos, em linhas gerais — a maior ou menor potência deste ou daquele indivíduo com respeito à união sexual. Isso em nada resolve a questão da constituição do desejo, tal como a identificamos nesse ou naquele indivíduo, neurótico ou não. A constituição de seu desejo é algo diferente do que ele tem como bagagem de potência sexual.

A fim de nos repormos no caminho depois do extravio que talvez possam ter-nos trazido as perspectivas de ontem, retomaremos sem rodeios o texto de Freud.

2

Não é de hoje que faço esta observação, mas hoje a comunico a vocês — ficamos maravilhados com a existência desse texto da *Traumdeutung*. Ficamos maravilhados como que com uma espécie de milagre, porque realmente não é exagero dizer que podemos lê-lo como um pensamento em marcha. Mas há muito mais do que isso.

As coisas são conduzidas ali em tempos correspondentes a uma composição com vários planos sobredeterminados — é a exatamente isso que a palavra seria aplicável. Tomando-o simplesmente como lhes falei que eu fazia da última vez, isto é, colhendo seus primeiros sonhos, percebe-se que o alcance do que vem primeiro ultrapassa em muito as razões alegadas para colocá-los em primeiro lugar nos capítulos. Por exemplo, é a propósito das lembranças da véspera, no que elas entram em consideração no determinismo dos sonhos, que se apresentam ali alguns desses primeiros sonhos, como o que comentei com vocês da última vez, o sonho da bela açougueira, como o chamei.

Tomei-o, como vocês viram, para abordar a questão da demanda e do desejo. Não fui eu que coloquei a demanda e o desejo no sonho, eles estão lá, e Freud não os colocou ali, mas os leu. Viu que a paciente precisava criar para si um desejo insatisfeito, é ele quem diz isso. Freud, é claro, quando escreveu a *Traumdeutung*, não estava dando nomes com um candeeiro de vela. Mas, se abordou e compôs as coisas nessa ordem, ele o fez impelido por uma preocupação que pode ir muito além da divisão dos capítulos. De fato, esse sonho apresenta uma característica especialmente introdutória com respeito ao problema que é fundamental na perspectiva que tento promover aqui, a do desejo.

Quanto à demanda, nem é preciso dizer que ela também está por toda parte. Se o sonho se produziu, foi porque uma amiga pediu à paciente para jantar na casa dela. No próprio sonho, a demanda está presente da forma mais clara. A paciente sabe que nesse dia está tudo fechado, que não poderá suprir sua insuficiência de mantimentos para fazer frente ao jantar que tem de oferecer, e então demanda — da maneira mais clara e mais isolada pela qual se pode apresentar uma demanda, uma vez que ela demanda ao telefone, o que, na época (o texto faz parte da primeira edição), não era de uso corrente. O telefone está ali, na verdade, com sua plena potência simbólica.

Vamos um pouco mais adiante. Quais são os primeiros sonhos que encontramos no capítulo sobre os "Elementos e fontes do sonho"?

Encontramos, primeiro, o sonho da monografia de botânica, que é um sonho de Freud. Vou deixá-lo de lado, não porque ele não traga exatamente o que hoje podemos esperar quando eu tentar fazer funcionar diante de vocês as relações do significante fálico com o desejo, mas simplesmente porque é um sonho de Freud, e seria um pouquinho mais demorado e um pouquinho mais complicado mostrá-lo a vocês. Eu o farei mais tarde, se tiver tempo, pois ele é absolutamente claro, estruturado exatamente como o esqueminha que comecei a lhes desenhar a propósito do desejo da histérica. Mas Freud não é, pura e simplesmente, um histérico. Se mantém com a histeria a relação que qualquer relação com o desejo comporta, é de maneira um pouco mais elaborada.

Saltemos, pois, o sonho da monografia de botânica, e chegamos a uma paciente que Freud nos diz ser histérica. Retomamos, portanto, o desejo da histérica.

Uma jovem inteligente e fina, reservada, do tipo "água parada" [*eau qui dort*], contou: "— Sonhei que chegava tarde demais ao mercado e não encontrava mais nada no açougueiro nem na vendedora de legumes." *Eis aí certamente um sonho inocente, mas os sonhos não se apresentam assim. Pedi-lhe um relato detalhado. Ei-lo: ela ia ao mercado com a cozinheira, que carregava a cesta. O açougueiro lhe disse, depois de ela lhe pedir alguma coisa, que não se podia mais tê-la,* Das ist nicht mehr zu haben. *Quis dar-lhe uma outra coisa, dizendo "Isso é bom", mas ela recusou. Foi até a vendedora de legumes. Esta quis vender-lhe legumes de uma espécie singular, atados em pequenos molhos e de cor negra. Ela disse:* "Das kenne ich nicht, das nehme ich nicht" — *"Não conheço, não vou levar."*

O comentário de Freud é essencial aqui, uma vez que não fomos nós que analisamos essa paciente. Quando a *Traumdeutung* foi lançada, na época, foi mais ou menos como se o primeiro livro sobre teoria atômica fosse publicado sem nenhuma espécie de ligação com a física que o precedia. Aliás, o livro foi acolhido por um silêncio quase total.

É nas primeiras páginas de seu livro, portanto, que, para falar da presença do recente e do indiferente no sonho, Freud estende tranquilamente a seus leitores o seguinte comentário: — *Ela realmente tinha ido ao mercado tarde demais e não encontrara mais nada.* Tentativa de ligar o sonho aos acontecimentos do dia. *Ficamos tentados a dizer: o açougue estava fechado.* Nisso, ele não diz estar relatando as palavras da paciente, mas ele próprio declara, dizendo que o enunciado se impõe como tal. *No entanto, pausa* — Doch halt. *Mas não há aí, ou melhor, na expressão inversa, uma maneira muito vulgar de indicar uma negligência na roupa de um homem?* De fato, parece que na linguagem vienense, pelo menos em termos familiares, era comum indicar a alguém que houvesse esquecido de abotoar as calças: *Seu açougue, a porta do seu açougue está aberta* — Du hast deine Fleischbank offen. Freud reconhece: *A sonhadora, aliás, não empregou essas palavras*; e acrescenta: — *Talvez as houvesse evitado.*

Dito isso, sigamos em frente. *Quando, num sonho, alguma coisa tem o caráter de um discurso, é dita ou ouvida, em vez de pensada, costuma-se distinguir isso sem dificuldade.* Trata-se, pois, de palavras inscritas no sonho, como que numa bandeirola. Não saímos das implicações da situação. Trata-se daquilo que se distingue sem dificuldade, diz-nos Freud, ou seja, do elemento linguístico, que ele nos convida a tomar sempre como um elemento que tem valor em si. *Isso provém de discursos da vida de vigília. Sem dúvida, estes são tratados como matéria-prima, fragmentados, um pouco transformados, e sobretudo separados do conjunto a que pertenciam. O trabalho de interpretação pode partir desse tipo de discursos. De onde vinham, pois, as palavras do açougueiro, "Não se pode mais tê-la"?*

Essa frase, *Das ist nicht mehr zu haben*, é lembrada por Freud, no momento em que ele redige o caso do Homem dos Lobos, como um testemunho de que ele se interessa há muito tempo pela dificuldade que há em reconstruir o que é pré-amnésico na vida do sujeito, datado de antes da amnésia infantil. É justamente a propósito disso que ele diz à paciente: — *Eu mesmo as havia proferido ao lhe explicar, dias antes, que* não mais podíamos ter *as vivências mais antigas da infância, as quais já não eram abordáveis como tais, mas nos eram fornecidas por "transferências" e sonhos durante a análise. Era eu, portanto, o açougueiro, e ela rechaçava aquela "transferência" de antigos modos de pensar e sentir.*

De onde vinham, por outro lado, as palavras pronunciadas por ela no sonho: "Não conheço, não vou levar" — "Das kenne ich nicht, das nehme ich nicht". A tradução francesa acrescenta *ça*.*

A análise tem que dividir essa frase. Ela mesma, dias antes, durante uma discussão, dissera à sua cozinheira: "Não sei o que é isso", "Das kenne ich nicht", *mas havia acrescentado:* "Benehmen Sie sich anständig" — *"Comporte-se corretamente!"*

Como diz Freud, o que se conservou no sonho foi precisamente o elemento linguístico, a parte desprovida de significação, *Das kenne ich nicht*, ao passo que foi afastada a censura da segunda frase dita à empregada. O que aparece no sonho, portanto, *Das kenne ich nicht, das nehme ich nicht*, dá sentido ao que foi preservado de *Das kenne ich nicht, benehmen Sie sich anständig.*

Freud prossegue: *Captamos o deslocamento: das duas frases ditas à cozinheira, ela só conservou no sonho a que era desprovida de sentido; a que recalcou era a única que correspondia ao restante do sonho. Diz-se "Comporte-se com compostura" a alguém que tenha sido voluntariamente negligente com seus trajes.* Essa também não é uma tradução muito correta, pois, no texto alemão, trata-se do seguinte:

---

* Dizendo "não conheço *isso*". (N.E.)

Diz-se isso a alguém que se atreva a fazer exigências inconvenientes e que se esqueça de fechar seu açougue. A tradução, nesse ponto, é fantasiosa.

A exatidão de nossa interpretação foi confirmada pela concordância dela com as alusões que estavam na base do incidente com a vendedora de legumes. Um legume comprido, vendido em molhos, e um legume negro, pode isso ser outra coisa senão a confusão, produzida pelo sonho, entre o aspargo e o rábano negro? Não preciso interpretar o aspargo para ninguém, mas o outro legume também me parece ser uma alusão — a palavra alusão não está no texto alemão —, *o outro legume refere-se ao mesmo tema sexual que adivinhamos desde o começo, quando quisemos simbolizar o relato inteiro pela frase: o açougue está fechado. Não precisamos descobrir aqui todo o sentido desse sonho, basta haver demonstrado que ele é repleto de significações e que nada tem de inocente.*

Peço desculpas se isso lhes pareceu meio demorado. Eu simplesmente desejava tornar a concentrar as coisas nesse pequeno sonho, pois atualmente, que estamos muito informados, tendemos a ler meio depressa.

Vemos representado aqui, da maneira mais clara, um outro exemplo da relação da histérica com o desejo como tal, cujo lugar, como indiquei da última vez, a histérica precisa, em seus sonhos e seus sintomas, que seja marcado em algum ponto. Aqui, porém, é de outra coisa que se trata, ou seja, do lugar do significante falo.

Mesclemos nosso discurso teórico com referências aos sonhos, de maneira a variar um pouquinho, para descansar a atenção de vocês. Três outros sonhos da mesma paciente são mencionados em seguida, e faremos uso deles quando for conveniente. Detenhamo-nos por um momento no que é preciso destacar.

Como no outro dia, trata-se do lugar a ser dado ao desejo. Desta vez, porém, esse lugar não está marcado no campo externo do sujeito, não se trata de um desejo no sentido de que o sujeito o recuse a si mesmo para além da demanda e só o assuma no sonho como o desejo do Outro, no caso, de sua amiga. Trata-se do desejo no que ele é suportado por seu significante, o significante falo, por hipótese. Vejamos que função desempenha, nessa oportunidade, o significante.

Como vocês estão vendo, Freud introduz aí, sem hesitação e sem ambiguidade, o significante falo. O único elemento que ele não valoriza como tal em sua análise, porque, afinal, tinha que deixar alguma coisa para nós fazermos, é o seguinte, e é absolutamente impressionante. Toda a ambiguidade da conduta do sujeito em relação ao falo reside num dilema, o de que esse significante o sujeito pode tê-lo ou pode sê-lo.

Se esse dilema se propõe, é porque o falo não é o objeto do desejo, mas o significante do desejo. Esse dilema é absolutamente essencial, acha-se na base de todos os deslizamentos, de todas as transmutações, de toda a prestidigitação, diria eu, do complexo de castração.

Por que o falo entra nesse sonho? A partir dessa perspectiva, não creio que seja uma transposição minimamente abusiva dizer que o falo é atualizado como tal, no sonho dessa histérica, em torno da frase de Freud: *Das ist nicht mehr zu haben*. Ou seja — *Não se pode mais tê-lo*.

Obtive confirmação do emprego absoluto do verbo *ter*, tal como se manifesta no uso linguístico que nos leva a dizer *tê-lo*, ou, melhor ainda, *ter ou não ter*, o que também tem sua importância em alemão. Trata-se aqui, nessa frase, do falo na medida em que surge como o objeto que falta.

O objeto que falta em quem? É isso, é claro, que convém saber, mas nada é menos certo do que ser, pura e simplesmente, o objeto que falta no sujeito como sujeito biológico. Digamos para começar que isso se apresenta, em termos significantes, como que ligado à frase que articula que é isso que não mais podemos ter — *Das ist nicht mehr zu haben*. Essa não é uma experiência frustrante, é uma significação, é uma articulação significante da falta do objeto como tal.

Isso combina, é claro, com a ideia, que coloco em primeiro plano, de que o falo é significante aqui, na medida em que quem não o tem? Em que o Outro não o tem. Com o falo, trata-se realmente de uma coisa que se articula no plano da linguagem e que, portanto, situa-se como tal no plano do Outro. Ele é o significante do desejo na medida em que o desejo se articula como desejo do Outro. Voltarei a isso dentro em pouco.

Agora tomaremos o segundo sonho da mesma paciente. É um sonho supostamente inocente. *O marido lhe pergunta: "Não seria bom mandar afinar o piano?" E ela: "Não vale a pena", "Es lohnt sich nicht"* — o que quer dizer alguma coisa como *"não compensa"* — *"Primeiro é preciso mandar restaurá-lo."*

Freud comenta nestes termos: *Essa é a repetição de um acontecimento real da véspera. Mas por que ela sonha com isso? Diz ela que o piano é uma caixa* nojenta, *que produz um* som horrível, *que seu marido já o possuía antes do casamento etc.* Numa nota, diz

Freud: *Como nos mostraria a análise, ela disse o contrário do que estava pensando* — ou seja, o marido não o tinha antes do casamento —, *mas a solução nos seria dada pela frase* "Não vale a pena". *Ela a proferiu ontem, quando estava visitando uma amiga. Propuseram-lhe que tirasse o casaco, mas ela se recusou, dizendo:* "Não vale a pena", *tenho que ir embora. Pensei então que ontem, durante a análise, ela levara bruscamente a mão ao casaco, um de cujos botões se abrira. Era como se dissesse: "Por favor, não olhe para cá,* não vale a pena.*" Assim, ela substituiu peito por caixa,* Brust *por* Kasten, *e a interpretação do sonho levou-nos à época de sua formação: era quando ela havia começado a ficar insatisfeita com suas formas. Se levarmos em conta o* "repulsiva", *o* "som horrível", *lembrando quantas vezes, no sonho e nas expressões de duplo sentido, os pequenos hemisférios do corpo feminino substituem os grandes, a análise nos levará a um tempo ainda mais remoto na infância.*

Encontramo-nos aqui do outro lado da questão. Se o falo é o significante do desejo, e do desejo do Outro, o problema que se apresenta para o sujeito, desde o primeiro passo da dialética do desejo, mostra aqui sua outra vertente — trata-se de ser ou não ser o falo.

Fiemo-nos solidamente nessa função de significante que atribuímos ao falo e digamos o seguinte: assim como não se pode ser e ter sido, também não se pode ser e não ser. Se é preciso que o que não se é seja o que se é, resta não ser o que se é, ou seja, empurrar o que se é para o parecer, que é exatamente a posição da mulher na histeria. Como mulher, ela se faz máscara. Faz-se máscara precisamente para, por trás dessa máscara, ser o falo. Todo o comportamento da histérica manifesta-se no gesto da mão levada ao botão — cujo sentido o olho de Freud, durante muito, muito tempo, habituou-nos a ver —, acompanhado pela frase *Não vale a pena*. Por que não vale a pena? Porque, é claro, não se trata de olharmos para o que está por trás, porque por trás, é claro, é onde trata-se de estar o falo. Mas realmente não vale a pena ir ver, *Es lohnt sich nicht*, já que, justamente, ele não será encontrado ali.

Na histérica, trata-se do ver e do saber, como nos diz Freud imediatamente, numa nota endereçada *Für Wissbegierige*, que se traduz em francês por *A quem quiser aprofundar-se*. Para sermos mais rigorosos, *Aos ávidos de saber*.

Isso nos levará ao cerne do que talvez eu já lhes tenha designado por um certo termo — extraído de uma moral que, apesar de tudo, continua marcada por uma experiência humana talvez mais rica do que muitas outras, a moral teológica —, a *Cupido sciendi*. É um termo que podemos escolher para traduzir o desejo, embora as equivalências entre as línguas sempre levantem questões delicadas. A propósito do desejo, já obtive, por parte de meus alunos germanófonos, *Begierde*, que é encontrado em Hegel, mas há quem o considere animalesco demais. É engraçado que Hegel o tenha empregado a propósito do senhor e do escravo, tema que não tem lá uma grande marca de animalidade.

Assinalo, diz Freud nessa nota, *que esse sonho encerra uma fantasia: conduta provocante de minha parte, defesa da parte dela.* Em suma, ele torna a nos apontar aqui o que é, na verdade, uma conduta fundamental da histérica, cujo sentido, ao mesmo tempo, esse contexto faz aparecer. A provocação da histérica tende a constituir o desejo, só que além daquilo que se chama defesa. Ou seja, ela indica o lugar — para além da aparência, da máscara — de algo que é apresentado ao desejo, e que, naturalmente, não pode ser oferecido a seu acesso, já que se trata de algo que é apresentado por trás de um véu, mas que, por outro lado, não pode ser encontrado ali. Não vale a pena você abrir meu corpete, porque não encontrará o falo, mas, se levo minha mão ao corpete, é para que você aponte, por trás desse corpete, o falo, isto é, o significante do desejo.

Essas observações levam-me a me perguntar como definir com estrito rigor esse desejo, de maneira a fazê-los sentirem, apesar de tudo, do que é que estamos falando.

3

Alguém, num diálogo comigo, chamou minhas pequenas linhas-tramas, estas que volta e meia sirvo a vocês, de um pequeno móbile de Calder. É uma expressão, para o meu gosto, muito feliz. Trata-se de não nos atermos a isso, e de tentarmos articular o que queremos dizer com o desejo como tal.

Nessa dialética, colocamos o desejo como aquilo que, no pequeno móbile, encontra-se além da demanda. Por que é preciso um além da demanda? É preciso um além da demanda na medida em que a demanda, por suas exigências articulatórias, desvia, modifica, transpõe a necessidade. Há, pois, a possibilidade de um resíduo.

Na medida em que o homem é apanhado na dialética significante, há alguma coisa que não funciona — pensem o que pensarem as pessoas otimistas que nos apontam o que acontece de satisfatório, como referenciamento do sexo oposto, entre os filhos e os pais. Falta apenas uma coisa, é que isso funcione igualmente bem entre os pais. Ora, é justamente nesse nível que abordamos a questão.

Há um resíduo, portanto. Como se apresenta ele? Como deve, necessariamente, apresentar-se? Agora já não se trata do desejo sexual, sobre o qual veremos, mais tarde, por que deve entrar nesse lugar. Mas consideramos a relação geral de uma necessidade do homem com o significante, e vemo-nos diante da seguinte pergunta: há alguma coisa que restabeleça a margem de desvio marcada pela incidência do significante nas necessidades, e como se apresenta esse para-além, se é que se apresenta? A experiência prova que ele se apresenta. E é isso que chamamos desejo. Eis como podemos articular uma forma possível de sua apresentação.

A maneira como tem de se apresentar o desejo no sujeito humano depende do que é determinado pela dialética da demanda. A demanda tem um certo efeito nas necessidades, mas ela tem, por outro lado, suas características próprias. Essas características próprias, já as articulei aqui. A demanda, pelo simples fato de se articular como demanda, coloca expressamente o Outro, mesmo que não demande isso, como ausente ou presente, e como dando ou não essa presença. Ou seja, a demanda, no fundo, é uma demanda de amor — demanda daquilo que não é nada, nenhuma satisfação particular, demanda do que o sujeito introduz por sua pura e simples resposta à demanda.

É aí que reside a originalidade da introdução do simbólico sob a forma da demanda. É na incondicionalidade da demanda, isto é, no fato de ela ser demanda baseada numa demanda de amor que se situa a originalidade da introdução da demanda em relação à necessidade.

Se a introdução da demanda comporta alguma perda em relação à necessidade, seja sob que forma for, deve o que é assim perdido ser reencontrado para além da demanda? É claro que, se isso tem de ser reencontrado para além da demanda, isto é, para além do que é trazido de distorção à necessidade pela dimensão da demanda, é na medida em que, nesse para-além, devemos encontrar alguma coisa em que o Outro perde sua prevalência e em que a necessidade, como algo que parte do sujeito, retoma o primeiro lugar.

No entanto, uma vez que a necessidade já passou pelo filtro da demanda no plano da incondicionalidade, é somente a título de uma segunda negação, por assim dizer, que encontraremos, mais além, a margem do que foi perdido nessa demanda. O que encontramos nesse mais além é, precisamente, o caráter de condição absoluta que se apresenta no desejo como tal.

Esse é um caráter que, naturalmente, é tomado de empréstimo à necessidade. Como produziríamos nossos desejos, a não ser tomando emprestada de nossas necessidades a matéria-prima? Mas isso passa para um estado que não é a incondicionalidade, uma vez que se trata de algo que é tomado emprestado de uma necessidade particular, e sim o estado de uma condição absoluta, desmedida, sem nenhuma proporção com a necessidade de qualquer objeto. Essa condição pode ser chamada de absoluta, justamente, por abolir a dimensão do Outro, por ser uma exigência na qual o Outro não tem de responder sim ou não. Esse é o caráter fundamental do desejo humano como tal.

O desejo, seja ele qual for, em estado de desejo puro, é algo que, arrancado do terreno das necessidades, ganha uma forma de condição absoluta em relação ao Outro. Ele é a margem, o resultado da subtração, por assim dizer, da exigência da necessidade em relação à demanda de amor. Inversamente, o desejo apresenta-se como aquilo que, na demanda de amor, é rebelde a qualquer redução a uma necessidade, porque, na realidade, não satisfaz a nada senão ele mesmo, ou seja, ao desejo como condição absoluta.

É por essa razão que o desejo sexual entra nesse lugar, na medida em que se apresenta em relação ao sujeito, em relação ao indivíduo, como essencialmente problemático, e nos dois planos da necessidade e da demanda de amor.

No plano da necessidade, Freud não foi o primeiro a enfatizá-lo: desde que o mundo é mundo, perguntamo-nos como o ser humano, que tem a propriedade de reconhecer o que lhe é vantajoso, aguenta, admite essa necessidade sexual que o impele incontestavelmente a extremos aberrantes, que não corresponde a nenhuma necessidade imediatamente racionalizável, e que introduz no indivíduo, digamos, a chamada dialética da espécie. Assim, por sua própria natureza, a necessidade sexual já se apresenta como problemática no sujeito tal como o definimos, mesmo que os filósofos tenham-no articulado de outra maneira, como alguém capaz de racionalizar suas necessidades, isto é, de articulá-las em termos de equivalências, ou seja, de significantes.

Por outro lado, frente à demanda de amor, essa necessidade sexual transforma-se justamente em desejo, porque só pode colocar-se no nível do desejo tal como acabamos de defini-lo. O desejo sexual apresenta-se em relação à demanda de amor de maneira problemática, não importa o que se diga, seja qual for a água benta com que se tente cobri-lo sob o termo oblatividade. Frente ao que em todas as línguas é chamado de *formular sua demanda*, a questão do desejo é problemática, na medida em que, para exprimir as coisas sob a forma da linguagem mais comum, que é reveladora aqui, seja qual for o modo como se formule a demanda, perfila-se isto: que o Outro entra em jogo a partir do momento em que o desejo sexual entra em causa sob a forma de instrumento do desejo.

É por essa razão que é no nível do desejo que se coloca o desejo sexual como sendo pergunta. Como pergunta, ele não pode realmente articular-se. Não há, de fato, uma palavra para isso — ouçam-no de minha boca, já que talvez não faça mal eu dizer que nem tudo é redutível à linguagem. Eu sempre disse isso, é claro, mas, se não foi entendido, repito: não existe palavra para exprimir uma coisa, uma coisa que tem um nome, e que é justamente o desejo. Para exprimir o desejo, como a sabedoria popular sabe muito bem, só existe a lábia [*du baratin*].

A questão do significante do desejo coloca-se, pois, como tal. O que o exprime não é um significante como os outros. É, na verdade, algo que se deve a uma forma prevalente do impulso, do fluxo vital, mas que nem por isso deixa de estar preso na dialética a título de significante, com o que essa passagem para o registro do significante sempre comporta de mortificado para tudo o que ingressa na dimensão do significante.

Aqui, a mortificação ambígua apresenta-se sob a forma do véu, aquele que vemos reproduzir-se todos os dias sob a forma do corpete da histérica. Essa é a posição fundamental da mulher em relação ao homem no que concerne ao desejo, ou seja, que lá, atrás da combinação, sobretudo não vá procurar ver, porque, é claro, não há nada ali, nada a não ser o significante. Mas trata-se de nada além, justamente, do significante do desejo.

Por trás desse véu, há ou não há algo que não convém mostrar, e é por isso que o demônio de que lhes falei, a propósito do desvelamento do falo no Mistério antigo, denomina-se demônio do pudor. O pudor tem sentidos e alcances diferentes no homem e na mulher, seja qual for sua origem, quer se trate do horror sentido pela mulher, quer de algo que surge naturalmente da delicadíssima alma dos homens.

Aludi ao véu que, com muita regularidade, encobre o falo no homem. É exatamente a mesma coisa que normalmente encobre a quase totalidade do ser da mulher, na medida em que aquilo que se trata de estar por trás, justamente, aquilo que é velado, é o significante do falo. O desvelamento que só mostra nada, isto é, a ausência do que é desvelado, é precisamente aquilo a que se liga ao que Freud chamou, a propósito do sexo feminino, o *Abscheu*, o horror que corresponde à ausência como tal, a cabeça da Medusa.

Dizem que o progresso, a maturação sexual, consistiria em passar de um objeto parcial a um objeto total. O que lhes pude esboçar da perspectiva que lhes dou do jogo entre o sujeito do desejo e o significante do desejo, e que está longe de se haver esgotado, já basta para inverter completamente uma noção como essa, que obscurece toda a dialética da abordagem do outro na relação sexual. Há aí uma verdadeira camuflagem ou escamoteação. Ao ter acesso ao lugar do desejo, o outro de modo algum se torna o objeto total, mas o problema, ao contrário, é que ele se torna totalmente objeto, como instrumento do desejo. O problema é manter compatíveis duas posições.

Há, por um lado, a posição do Outro como Outro, como lugar da fala, aquele a quem é endereçada a demanda, aquele cuja irredutibilidade radical manifesta-se por ele poder dar amor, isto é, alguma coisa que é tão mais totalmente gratuita na medida em que não existe nenhum suporte do amor, já que, como eu lhes disse, dar amor é não dar nada que se tenha, pois é justamente por não se o ter que se trata de amor. Mas há uma discordância entre o que há de absoluto na subjetividade do Outro que dá ou não dá amor e o fato de que, para haver acesso a ele como objeto de desejo, é necessário que ele se faça totalmente objeto. É nesse desvio vertiginoso, nauseante, para chamá-lo por seu nome, que se situa a dificuldade de acesso na abordagem do desejo sexual.

Breuer, nos *Estudos sobre a histeria*, aproximou as manifestações do sintoma histérico, sob a forma da náusea e do nojo, dos fenômenos de vertigem. Reportou-se aos trabalhos de Mach sobre as sensações motoras para indicar, com notável intuição, que é na discordância entre as sensações ópticas e as sensações motoras que reside a mola essencial desse fenômeno labiríntico cuja série veríamos desenhar-se — vertigem, náusea, nojo.

Efetivamente, já observei em mais de uma pessoa, tanto quanto a análise de uma coisa dessas é possível, a espécie de curto-circuito que se estabelece entre o significante falo, sob cuja forma se realiza a percepção do Outro no desejo, e aquilo que, nesse momento, só pode afigurar-se vazio ao sujeito, ou seja, o lugar que o órgão deve ocupar normalmente, isto é, entre as duas pernas, e que só é então evocado como lugar. Eu teria umas dez observações de caso a lhes propor a esse respeito, sob toda sorte de formas, quer inteiramente claras e cruas, quer variadamente simbólicas, mas com o sujeito dizendo-o com toda a clareza — é na medida em que o Outro como objeto do desejo é percebido como falo, e em que, como tal, é percebido como falta no lugar de seu próprio falo, que o sujeito experimenta uma coisa que se assemelha a uma curiosíssima vertigem. Alguém chegou até a aproximar isso de uma espécie de vertigem metafísica, experimentada em outras circunstâncias, as mais raras, a propósito da noção do próprio ser como subjacente a tudo o que é.

Terminarei aqui por hoje. Voltaremos a falar da dialética do ser ou do ter na histérica, e iremos mais adiante, vendo até onde isso nos levará no obsessivo.

Anuncio-lhes desde já, e de qualquer modo vocês devem estar percebendo, que isso não deixa de se relacionar com toda uma dialética, uma outra que não esta, e imaginária, cuja teoria não apenas lhes foi proposta, mas a qual os pacientes são mais ou menos forçados a engolir, numa certa técnica concernente à neurose obsessiva, e na medida em que o falo como elemento imaginário desempenha nela um papel preponderante.

Veremos o que pode trazer a ela de retificações, tanto teóricas quanto técnicas, a consideração do falo, não mais como imagem e como fantasia, porém como significante.

7 DE MAIO DE 1958

XXII

O DESEJO DO OUTRO

Três artigos de Maurice Bouvet
O grafo do desejo
O terceiro sonho da "água parada"
As ideias fixas do futuro obsessivo
Os apoios do desejo

Forderung: *Demanda*	Wunsch:
Begehren: *Desejo*	Desejo do sonho
Bedürfnis: *Necessidade*	

Nosso encaminhamento, no qual o tema do falo desempenha um papel essencial, leva-nos a delimitar mais de perto o que é proferido na análise sobre a noção de objeto.

Devemos, ao mesmo tempo, concentrar nossa atenção na função efetiva que tem a relação de objeto na prática analítica atual, a maneira como se faz uso dela, os serviços que isso presta, e também tentar uma articulação mais elaborada daquilo que esclarecemos ao falar do falo.

1

Quanto à primeira parte desse programa, podemos referir-nos a um trabalho que adquiriu valor histórico com o tempo, publicado em 1953 na *Revue Française de Psychanalyse* sob a assinatura de Maurice

Bouvet, sobre "O eu na neurose obsessiva". Trata-se apenas, na realidade, da relação de objeto no obsessivo, e talvez uma coisa a explorar seja saber por que o autor colocou esse título inadequado, quando não diz realmente nada sobre o eu na neurose obsessiva, a não ser: ele é fraco, ele é forte. Quanto a isso, afinal de contas, o autor manteve-se numa atitude de prudência que só se pode enaltecer.

Aponto-lhes dois artigos anteriores do mesmo autor. Um, datado de dezembro de 1948, saiu em 1950 na mesma revista, sob o título de "Incidências terapêuticas da conscientização da inveja do pênis na neurose obsessiva feminina". É o frescor dessa primeira abordagem da função do pênis na neurose obsessiva que confere valor a esse artigo. Ele permite avaliar que as coisas só fizeram degradar-se posteriormente, pois essa experiência ainda nova dá um reflexo interessante da questão. O outro foi publicado no número de julho-setembro de 1948, "A importância do aspecto homossexual da transferência em quatro casos de neurose obsessiva masculina".

Aí estão três coisas a ser lidas, uma vez que não há tantos artigos escritos em francês sobre o assunto. Isso indica bastante bem a que nível as coisas chegaram por aqui no tocante a esses problemas. Por outro lado, relê-los não pode deixar de causar uma impressão de conjunto que fornece uma base ao que poderemos conseguir abordar aqui, parece-me, da articulação exata daquilo de que se trata, e que permite situar o valor e o alcance de uma terapêutica assim centrada. Quando vemos essa relação de objeto articular-se em quadros sinóticos que permitem acompanhar a constituição progressiva do objeto, percebemos muito bem que há neles, pelo menos por um lado, visões falsas. Não creio que o objeto genital nem o objeto pré-genital tenham neles outra importância significativa senão a de aperfeiçoar a beleza dos referidos quadros sinóticos.

O que constitui o valor dessa relação de objeto, e que é seu pivô, o que introduziu na dialética analítica a noção de objeto, é, antes de mais nada, o chamado objeto parcial. Esse termo foi retirado do vocabulário de Abraham, de um modo que, aliás, nada tem de exato, pois o que ele falou foi do amor parcial pelo objeto, e esse deslizamento, em si mesmo, já é significativo. Esse objeto parcial, não é preciso um grande esforço para identificá-lo, pura e simplesmente, com o falo de que falamos, e do qual deveremos falar com facilidade ainda maior na medida em que justamente lhe confiramos seu alcance, o que, ao mesmo tempo, retira-nos qualquer espécie de embaraço por nos servirmos dele como objeto privilegiado. Sabemos por que ele merece esse privilégio — é na condição de significante. Foi em razão de seu extraordinário embaraço em conceder tal privilégio a um órgão particular que os autores acabaram não mais falando dele, em absoluto, embora ele esteja praticamente em toda análise.

Se vocês relerem esses artigos, constatarão que um fato extraordinário, de primeiro plano, que percorre todas essas páginas, é que o falo é tomado — não apenas pelo psicanalista em questão, mas por todos aqueles que o ouviram — no nível da fantasia. Na perspectiva do autor, o tratamento da neurose obsessiva gira inteiramente em torno de uma incorporação ou introjeção imaginária do falo que aparece no diálogo analítico sob a forma do falo atribuído ao analista, ao qual se referem todas as fantasias.

Haveria nele duas fases. Na primeira, as fantasias de incorporação e devoração desse falo fantasístico teriam um caráter nitidamente agressivo, sádico, ao mesmo tempo que ele seria sentido como horrível e perigoso. Essas fantasias teriam um valor revelador da posição do sujeito em relação ao objeto constitutivo de seu estágio — no caso, o de uma certa segunda fase do estágio sádico-anal, marcado por tendências fundamentais para a destruição do objeto. Daí se passaria a uma segunda fase, onde se começaria a respeitar a autonomia do objeto, ao menos sob uma forma parcial.

Toda a dialética do momento — do momento subjetivo, diríamos aqui — em que se situa o neurótico obsessivo seria dependente da manutenção de uma certa forma de objeto parcial. É em torno deste último que poderia instituir-se um mundo que não estaria inteiramente fadado a uma destruição intrínseca, em razão do estágio imediatamente subjacente ao equilíbrio precário a que o sujeito teria chegado. O obsessivo nos é apresentado, com efeito, como sempre pronto a resvalar para uma destruição do mundo, uma vez que, na perspectiva em que se expressa o autor, pensa-se também em termos de relação do sujeito com seu ambiente. É através da manutenção do objeto parcial — manutenção que requer todo um arcabouço de sustentação, que é justamente o que constitui a neurose obsessiva — que o sujeito evitaria resvalar para uma psicose sempre ameaçadora. Isso, com toda a certeza, é considerado pelo autor como a própria base do problema.

Não podemos, no entanto, deixar de objetar a isso que, sejam quais forem os sintomas parapsicóticos do obsessivo — despersonalização, por exemplo, distúrbios do eu, sentimento de estranheza, de obscurecimento do mundo, todos eles sentimentos que tocam, evidentemente, na cor ou até na estrutura do eu —, apesar de sempre ter havido casos de transição entre a obsessão e a psicose, eles sempre foram raríssimos. Os autores perceberam há muito tempo que, pelo contrário, havia uma espécie de incompatibilidade entre as duas afecções. Quando se trata de uma verdadeira neurose obsessiva, corre-se o risco, numa psicanálise, de não curar o sujeito, mas vê-lo resvalar para a psicose é um risco que parece extraordinariamente fantasioso, pois essa é realmente a coisa que menos se arrisca. Que o obsessivo, no correr de uma análise, mesmo após uma intervenção terapêutica inoportuna, ou até selvagem, resvale para a psicose, é muito, muito, muito raro. Pessoalmente, nunca vi isso em minha prática, graças a Deus. Também nunca tive a impressão de que esse fosse um risco que eu corresse com tais pacientes.

Uma avaliação como essa deve trair um pouco mais do que uma simples falta de discernimento na experiência clínica. Podemos supor que a preocupação de assegurar a coerência de sua teoria leve o autor mais longe do que ele quer. Muito provavelmente, há também, sem dúvida, uma coisa que vai ainda mais longe, e que decorre de uma certa postura do próprio autor diante do obsessivo. Não se trata de falar da contratransferência de uma pessoa em particular, mas da contratransferência num sentido mais geral, no qual podemos considerá-la constituída pelo que frequentemente chamo de preconceitos do analista, ou, em outras palavras, a base das coisas ditas ou não ditas sobre as quais se articula seu discurso.

Essa prática é levada, pois, na terapêutica particular da neurose obsessiva, a tomar como pivô a fantasia de incorporação imaginária do falo, o falo do analista. Não vemos muito bem em que momento nem por que se efetua a inversão, a não ser pelo que podemos presumir que seja uma espécie de efeito de desgaste. Isso, a bem da verdade, é meio misterioso. Há um momento, dizem, no qual, em razão de um *working-through*, de uma insistência do tratamento, a incorporação da fantasia fálica afigura-se para o sujeito como tendo um valor totalmente diferente. O que parece ter sido, nas fantasias de incorporação de um objeto, perigoso e como que repelido, de repente muda de natureza, suscita uma aceitação, torna-se o objeto acolhido, um objeto que é fonte de potência — *fonte*, a palavra está lá, não fui eu que criei a metáfora.

Uma vez tornada conservadora essa introjeção, dizem-nos, *não terá ela traços em comum com a comunhão religiosa, na qual se engole sem mastigar?* — acrescentam para comentar *o sentimento de felicidade* que seria dado por essa fantasia, *que não comportaria nenhuma destruição que se assemelhasse, nesse aspecto, às fantasias de sucção dos melancólicos de Abraham.*

Esses não são traços escolhidos de maneira tendenciosa. Sentimos que efetivamente acontece, numa análise assim conduzida, algo como uma espécie de ascese, que joga principalmente com as fantasias, sem dúvida com uma dosagem, com barreiras, com um refreamento, com etapas, com todas as precauções que a técnica comporta, e que ela permite ao sujeito da neurose obsessiva estabelecer novas relações com o objeto. Temos mais dificuldade em ver o que se deseja com o que o autor chama de distanciamento do objeto. Se bem compreendo, trata-se de permitir que o sujeito chegue mais perto do objeto, passe por uma fase em que essa distância é anulada, sem dúvida para ser — ao menos é o que se deve esperar — reconquistada depois. Um objeto que concentrou sucessivamente em si todos os poderes do medo e do perigo torna-se, em seguida, o símbolo através do qual se estabelece uma relação libidinal considerada mais normal, e qualificada de genital.

Em nossa perspectiva, talvez sejamos um pouco mais severos do que o autor, que se aplaude por atingir o objetivo, por haver colhido de uma paciente, ao cabo de um certo número de meses de tratamento, a seguinte declaração: — *Tive uma experiência extraordinária, a de poder gozar com a felicidade de meu marido; fiquei extremamente comovida ao constatar a alegria dele, e seu prazer produziu o meu.*

Peço-lhes que pesem esses termos. Eles por certo não são sem valor. Descrevem muito bem uma experiência que não implica nenhuma suspensão da frigidez anterior da referida paciente. A experiência extraordinária de poder gozar com a felicidade do marido é uma coisa frequentemente observada, mas nem por isso significa que a dita paciente haja, de modo algum, atingido o orgasmo. A paciente continua, segundo nos é dito, meio frígida. Eis por que ficamos um tanto surpresos com o fato de o autor acrescentar, logo a seguir: — *Não equivale isso a caracterizar da melhor maneira possível as relações genitais adultas?*

A ideia de relações genitais adultas é, evidentemente, o que confere a toda essa perspectiva seu caráter de construção de visões falsas. Relação genital adulta é uma coisa que não vemos muito bem o que possa querer dizer, quando a examinamos de perto.

Quando o autor tenta se explicar, não diríamos que encontra a simplicidade nem a unidade que isso parece implicar: — *Quanto à afirmação da coerência do eu, ela provém não somente do desaparecimento da sintomatologia obsessiva e dos fenômenos de despersonalização, como também se traduz pelo acesso a um sentimento de liberdade da unidade que é uma experiência nova para esses sujeitos.* Essas aproximações otimistas também não correspondem inteiramente à nossa experiência do que realmente representam progresso e cura na neurose obsessiva.

Aí vemos muito bem com que espécie de montanha, de muralha, de concepção pronta, estamos lidando, quando se trata de avaliar o que é uma estrutura obsessiva, a maneira como é vivenciada e a maneira como evolui. Tentamos aqui articular as coisas num registro totalmente diferente. Não cremos ser mais complicado do que outros, e, se vocês conseguirem familiarizar-se com as medidas que empregamos aqui, ao contarem seu número verão, afinal, que isso não corresponde a muitas coisas mais, e que é simplesmente articulado de uma outra maneira, menos unilinear.

Bem sei que o desejo de ter um quadro sinótico que corresponda ou se oponha ao da sra. Ruth Mack Brunswick acha-se no fundo do coração de muitos dos ouvintes. Pode ser que cheguemos a isso um dia, mas, antes de chegar lá, talvez convenha andarmos passo a passo e começarmos por criticar a ideia de falo como objeto parcial, cujo uso presente, que comporta perigos certeiros, deve ser colocado no devido lugar.

É esse lugar que tentamos articular com este esqueminha.

2

Poderíamos cobrir o esquema inteiro com signos e equações, mas não quero dar-lhes uma impressão de artifício, ainda que tenha tentado reduzir as coisas a sua necessidade essencial.

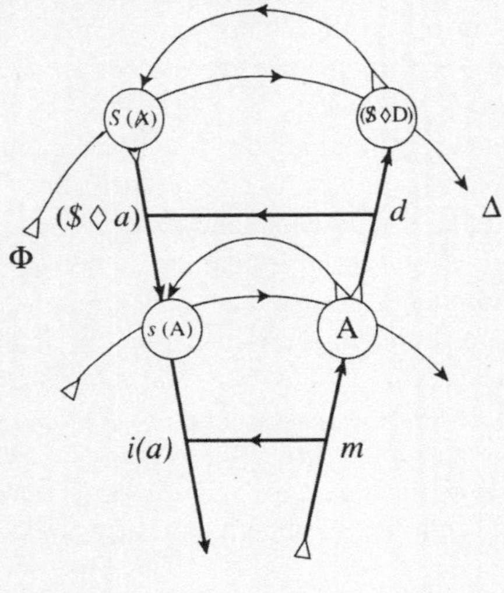

Já colocamos aqui o A maiúsculo do grande Outro, no qual se encontra o código e que acolhe a demanda. É na passagem do A para o ponto onde se encontra a mensagem que se produz o significado do Outro. Depois disso, a necessidade esboçada aqui vê-se transformada ali, e se qualifica diferentemente nos diferentes níveis. Se tomarmos essa linha como sendo a da realização do sujeito, ela se traduzirá, no final, por algo que é sempre mais ou menos da alçada de uma identificação, isto é, da remodelação, da transformação também, da passagem, enfim, da necessidade do sujeito pelos desfiladeiros da demanda.

Ora, sabemos que isso não basta para constituir um sujeito satisfatório, um sujeito que se sustente no número de pontos de apoio que lhe convém, digamos, quatro. Por isso é que há um campo para além da demanda.

Aí se articula, primeiro, o que já tentamos definir, qualificando-o de significante do desejo, com seu lugar topológico, e que lhes apresentei formalmente como "–Φ". Com efeito, há uma exigência ligada a essa topologia, a de que seja no campo do para-além da demanda que o desejo sexual venha situar-se, e, ao mesmo tempo, sofrer a articulação particular desse além.

Há aí uma coincidência entre a linha na qual se inscreve a pulsão, a tendência como tal, e o lugar atribuído ao Phi maiúsculo no além da demanda — em razão da exigência estrutural de que alguma coisa venha superpor-se ao conjunto dos significantes para fazer deles um significado, isto é, aquilo que habitualmente colocamos abaixo da barra de nossa articulação S maiúsculo sobre *s* minúsculo. Aqui, o significado é, inicialmente, um *a significar*.

O falo é o significante particular que, no corpo dos significantes, especializa-se em designar o conjunto dos efeitos do significante, como tais, no significado. Isso vai longe, mas não há como ir menos longe para dar ao falo sua significação. Ele ocupa aqui um lugar privilegiado no que se produzirá de significante no além do desejo, ou seja, em todo o campo que se situa para além do campo da demanda.

Na medida em que esse além do desejo é simbolizado, existe a possibilidade — essa é uma simples articulação do sentido do que estamos dizendo — de haver aqui uma relação do sujeito com a demanda como tal: ($S̸◊D$). É bastante evidente que tal relação presume que o sujeito não esteja completamente incluído nela até o momento em que esse mais além se constitui, supondo-se que, por hipótese, ele se constitua ao se articular graças ao significante falo.

Nesse aquém, que é o campo da demanda, o puro e simples Outro equivale a toda a lei da constituição do sujeito, nem que seja simplesmente tomado no nível da existência de seu corpo, pelo fato de a mãe ser um ser falante. O fato de ela ser um ser falante é absolutamente essencial, não importa o que pense Spitz. Não é apenas o pequeno roça-roça, os cuidados com água-de-colônia, que constituem uma relação com a mãe; é preciso que a mãe fale com a criança, todo o mundo sabe disso. Não apenas que ela lhe fale, é claro, como também uma lactante muda não deixaria de acarretar algumas consequências bastante visíveis no desenvolvimento do lactente.

Para além desse Outro, quando se constitui alguma coisa do significante que se chama o para-além do desejo, temos então a possibilidade da relação (S̸◊D). S̸ é o sujeito como tal, um sujeito menos completo, barrado. Isso quer dizer que um sujeito humano completo nunca é um puro e simples sujeito do conhecimento, como o constrói toda a filosofia, correspondendo perfeitamente ao *percipiens* deste *perceptum* que é o mundo. Sabemos que não existe sujeito humano que seja um puro sujeito do conhecimento, a menos que o reduzamos a uma célula fotoelétrica ou a um olho, ou ao que chamamos, na filosofia, de uma consciência. Mas, como somos analistas, sabemos que há sempre uma *Spaltung*, isto é, que há sempre duas linhas nas quais ele se constitui. É disso, aliás, que nascem todos os problemas estruturais que nos são próprios.

Aqui, no alto, à esquerda, o que deve se constituir? Precisamente o que chamei não mais de significado de A, *s*(A), mas de significante de A, S(A̸), na medida em que ele conhece essa *Spaltung*, em que ele mesmo é estruturado por ela, já sofreu seus efeitos. Isso quer dizer que ele já foi marcado pelo efeito de significante que é significado pelo significante falo. Ele é o A, portanto, na medida em que o falo é barrado nele, elevado ao estado de significante. Esse Outro como castrado é representado aqui no lugar da mensagem. Os termos se invertem em relação à mensagem do patamar inferior. A mensagem do desejo é essa.

Mas isso não significa que essa mensagem seja fácil de receber, precisamente em razão da dificuldade de articulação do desejo que faz com que haja um inconsciente. Em outras palavras, de fato, o que se apresenta aqui como estando no nível superior do esquema, convém que o imaginemos estando comumente no nível inferior, não sendo articulado na consciência do sujeito, apesar de ser perfeitamente articulado em seu inconsciente. É justamente por ser articulado em seu inconsciente que ele é. Essa é a questão que colocamos aqui — ele é articulável na consciência do sujeito, mas até certo ponto, e se trata justamente de saber qual.

O que nos mostra a histérica de que falamos da última vez? A histérica, é claro, não é psicanalisada, sem o que, por hipótese, não mais seria histérica. A histérica, dissemos, situa esse para-além sob a forma de um desejo como desejo do Outro. Vou justificar-lhes isso um pouquinho mais, daqui a pouco, mas desde já — uma vez que convém, quando tentamos articular alguma coisa, começar por comentá-la — digo-lhes que as coisas acontecem assim.

Na primeira alça, o sujeito, através da manifestação da necessidade, de sua tensão, transpõe a primeira linha significante da demanda, e podemos colocar aqui, para topologizar as coisas, a relação do eu com a imagem do outro, o pequeno *a* imaginário. Do mesmo modo, na segunda alça, o *d* minúsculo do desejo — que, no Outro como grande Outro, A maiúsculo, permite ao sujeito abordar o para-além a ser significado que é o campo que estamos explorando, o de seu desejo — ocupa o lugar correspondente ao do *m* minúsculo, o que exprime simplesmente isto: que é no lugar em que o sujeito procura articular seu desejo que ele depara com o desejo do Outro como tal.

Há muito tempo articulei para vocês com outras palavras, mas também com uma fórmula, que o desejo de que se trata, a saber, o desejo em sua função inconsciente, é o desejo do Outro. Fórmula baseada na experiência, e que se confirmou quando falamos da histérica, da última vez, a propósito dos sonhos.

Retomemos esse fio.

3

Esses não são sonhos escolhidos, assim como não lhes dou de Freud textos selecionados.

Se vocês se puserem a ler Freud, como parece estar começando a acontecer, eu insistiria em lhes aconselhar a lê-lo na íntegra, sem o que vocês correrão o risco de cair em trechos que talvez não sejam também selecionados, mas que nem por isso deixarão de ser fonte de toda sorte de erros, ou até de falsos reconhecimentos. Vocês devem ver em que lugar se situa um determinado texto, não digo no desenvolvimento de uma reflexão — embora seja isso que convém dizer, mas, desde que se começou a falar em pensamento, esse termo tem sido tão aviltado que nunca se sabe muito bem do que se está falando —, mas no desenvolvimento de uma pesquisa, do esforço de alguém que, ele sim, tem uma certa ideia de seu campo magnético, por assim dizer, e de que só pode atingi-lo por um certo desvio. É pelo conjunto do caminho percorrido que convém julgar cada um de seus desvios.

Não escolhi de qualquer maneira, portanto, os dois sonhos da última vez, da histérica. Expliquei-lhes como os peguei. Tomei o primeiro sonho porque o encontrei depois dos outros sonhos sobre os quais lhes expliquei as razões de não os haver tomado em primeiro lugar. Voltarei a isso. O sonho da monografia de botânica pode ajudar-nos a compreender o que se trata de demonstrar, mas, como é um sonho de Freud, é melhor explicá-lo depois.

Prossigo, primeiro, na articulação do sonho da histérica.

A histérica mostrou-nos que encontra no desejo do Outro o que podemos chamar de seu ponto de apoio — o que não é um termo cujo uso me esteja reservado, e, se vocês lerem o sr. Glover sobre a neurose obsessiva, verão que ele emprega exatamente o mesmo termo, para dizer que, quando se retira dos neuróticos obsessivos sua obsessão, falta-lhes um ponto de apoio. Vocês estão vendo que o uso que faço dos termos aqui me é comum com os outros autores — todos tentamos metaforizar nossa experiência, nossas pequenas impressões. A histérica, portanto, toma por ponto de apoio, como dissemos, um desejo que é o desejo do Outro. Essa criação de um desejo para além da demanda é essencial, e nós, acredito, articulamos suficientemente esse aspecto.

Podemos mencionar aqui um terceiro sonho que não tive tempo de abordar da última vez, mas que posso ler-lhes agora: — *Ela estava colocando uma vela num castiçal; a vela estava quebrada, de modo que não ficava em pé direito. As meninas da escola disseram que ela era desajeitada, mas a diretora disse que não era sua culpa.*

Eis como Freud comenta o sonho: — *O fato era real; ela realmente havia posto uma vela no castiçal ontem; mas esta não estava quebrada.* Isso é simbólico, sabemos o que significa a vela, na verdade — *quando ela não fica em pé direito, isso indica a impotência do homem.* E Freud sublinha o *Não era sua culpa, Es sie nicht ihre Schuld.*

Mas como pode essa jovem criada com tanto zelo, longe de todas as coisas feias, conhecer esse uso da vela? Quanto a isso, ficamos sabendo que, durante um passeio de canoa, ela ouvira uma canção de estudantes muito inconveniente, referente ao uso que a rainha da Suécia, com os postigos fechados, fazia das velas Apolo. A moça não havia compreendido a última palavra. Seu marido lha explicara, os postigos fechados, as velas Apolo, é claro, e tudo fora entendido e trouxera a diversão conveniente na ocasião.

Aqui vemos aparecer em estado nu, por assim dizer, e isolado, em estado de objeto parcial, se não solto, o significante falo. Embora não saibamos de que momento da análise dessa paciente — pois ela certamente estava em análise — foi extraído esse sonho, o ponto importante está, evidentemente, no *Não era sua culpa*. Está no fato de que está no nível dos outros. É diante de todos os outros que isso acontece, e é em função da diretora que todas as coleguinhas de escola param de fazer chacota. O símbolo do Outro é evocado aqui, o que coincide e confirma — é a isso que quero chegar — o que já estava presente no chamado sonho da bela açougueira, ou seja, que na histeria, a qual é, em suma, um modo de constituição do sujeito que concerne precisamente a seu desejo sexual, a ênfase deve ser colocada não somente na dimensão do desejo, no que ela se opõe à da demanda, mas sobretudo no desejo do Outro, na posição, no lugar do desejo do Outro.

Lembrei-lhes como Dora viveu até o momento em que se descompensou sua posição de histérica. Ela estava muito à vontade, exceto por alguns pequenos sintomas, mas que eram justamente os que a constituíam como histérica, e que podem ser lidos na *Spaltung* dessas duas linhas. Voltaremos a falar da sobredeterminação do sintoma, que está ligada à existência dessas duas linhas significantes. O que mostramos no outro dia foi que Dora subsistiu como sujeito por demandar amor, como toda boa histérica, mas também por sustentar o desejo do Outro como tal — era ela que o sustentava, era ela que era seu apoio. Tudo corria muito bem, sucedia da maneira mais feliz do mundo, e sem que ninguém tivesse nada com isso. Dizer que ela sustentava o desejo do Outro é a expressão que mais convém ao estilo de sua posição e de sua ação em relação a seu pai e à Sra. K. Como lhes indiquei, foi na medida em que ela pôde identificar-se com o Sr. K. que toda a pequena construção foi possível. Diante do desejo, ela sustentava nesse lugar uma certa relação com o outro, então imaginário, indicada por ($\$ \lozenge a$).

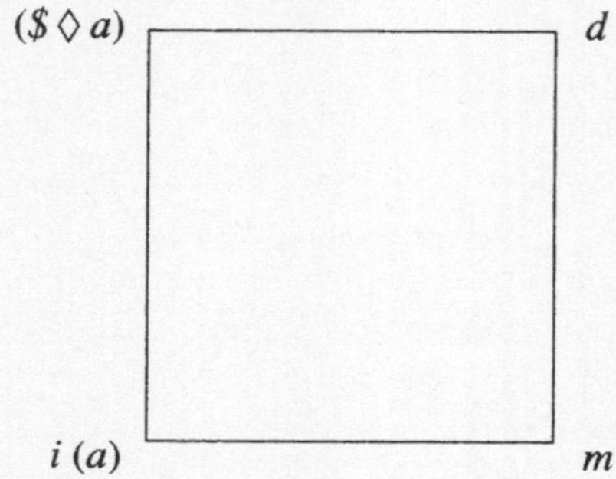

Aqui se desenha um quadradinho cujos quatro vértices são representados pelo eu, pela imagem do outro, pela relação do sujeito já constituído com o outro imaginário, e pelo desejo. Esses são os quatro pés em que normalmente pode sustentar-se um sujeito humano constituído como tal, ou seja, que, tanto quanto do funcionamento de suas vísceras, não está ciente do mecanismo que puxa a marionete do outro em que ele se vê, isto é, em que é capaz, ou quase, de se situar.

O sujeito histérico está aqui, em frente ao desejo do Outro, e, como mostrei da última vez, sem que por isso as coisas vão mais além, porque, afinal, podemos dizer que, no histérico, a linha de retorno ($\$\lozenge a$) para $i(a)$ é mais apagada. É justamente por essa razão, aliás, que a histérica tem toda sorte de dificuldades com seu imaginário, aqui representado pela imagem do outro, e que é suscetível de ver produzirem-se ali efeitos de despedaçamento, de desintegrações diversas, que são o que lhe serve em seu sintoma.

É isso, quanto à histérica. Como articular, agora, o que acontece numa estrutura obsessiva?

A neurose obsessiva é mais complicada do que a neurose histérica de uma outra maneira, mas não muito mais. Quando conseguimos apontar as coisas quanto ao essencial, podemos articulá-la, mas, quando isso não é feito, o que certamente é o caso do autor de que lhes falei há pouco, Bouvet, fica-se literalmente perdido, nada-se entre o sádico, o anal, o objeto parcial, a incorporação, a distância do objeto. Literalmente não se sabe mais para que santo apelar. Isso é excessivamente variado em termos clínicos, como mostra o autor em suas observações de caso — as quais mal parece possível reunir sob uma mesma rubrica clínica — sob os nomes de Pedro e Paulo, sem contar as Mônicas e as Joanas. No material clínico do relatório sobre "O eu", só existem Pedro e Paulo. Ora, manifestamente, Pedro e Paulo são sujeitos completamente diferentes, do ponto de vista da textura do objeto. Mal se pode colocá-los numa mesma categoria — o que em si não constitui uma objeção, uma vez que, por ora, também não estamos em condições de articular outras dessas categorias nosológicas.

É realmente impressionante ver que, depois de tanto tempo clinicando a neurose obsessiva, somos incapazes de recenseá-la, como obviamente nos imporia a clínica, em vista da diversidade dos aspectos que ela nos apresenta. Estamos lembrados, em Platão, da passagem do facão do bom cozinheiro, aquele que sabe fazer o corte certo nas articulações. No atual estado de coisas, ninguém, particularmente entre aqueles que se ocupam da neurose obsessiva, é capaz de articulá-la convenientemente. Isso é um bom indicador de alguma carência teórica.

Retomemos as coisas no ponto em que estamos.

O que faz o obsessivo para ter consistência como sujeito? Ele é como a histérica, podemos supor. Desde antes de qualquer elaboração séria, ou seja, antes de Freud, um sr. Janet pôde fazer um trabalho curiosíssimo de superposição geométrica, de correspondência ponto a ponto, de imagens, como se diz em geometria, de transformação de figuras, no qual o obsessivo foi concebido, por assim dizer, como um histérico transformado. O obsessivo também é orientado para o desejo. Se não se tratasse, em tudo e acima de tudo, do desejo, não haveria homogeneidade nas neuroses.

Só que, em sua última articulação, o que nos diz Freud? Qual é sua última palavra sobre a neurose obsessiva, repercutida para nós pela teoria clássica?

Freud disse muitas coisas ao longo de sua carreira. Discerniu, primeiramente, que o que se pode chamar de trauma primitivo do obsessivo opõe-se ao trauma primário da histérica. Na histérica, ele é uma sedução súbita, uma intromissão, uma irrupção do sexual na vida do sujeito. No obsessivo, tanto quanto o trauma psíquico suporta a crítica da reconstrução, o sujeito teve, ao contrário, um papel ativo, do qual extraiu prazer.

Essa foi a primeira aproximação. Depois veio todo o desenvolvimento do Homem dos Ratos, ou seja, o aparecimento da extrema complexidade de suas relações afetivas e, especialmente, a ênfase colocada na ambivalência afetiva, na oposição ativo-passivo, masculino-feminino, e o mais importante, no antagonismo ódio-amor. Convém, aliás, reler o Homem dos Ratos como a Bíblia. Esse caso é rico em tudo o que ainda há por dizer sobre a neurose obsessiva, é um tema de trabalho.

A que chegou Freud, enfim, como última fórmula metapsicológica? As experiências clínicas e a elaboração metapsicológica fizeram vir à luz as tendências agressivas, que o levaram a fazer essa distinção entre instintos de vida e instintos de morte que nunca mais parou de atormentar os analistas. Segundo Freud, houve no obsessivo uma desfusão das intricações precoces dos instintos de vida e de morte. A desvinculação como tal das tendências à destruição ocorreu, nele, num estádio precoce demais para que não marcasse toda a sequência de seu desenvolvimento, de sua instalação em sua subjetividade particular.

Como se insere isso na dialética que lhes exponho? De maneira muito mais imediata, concreta, sensível. Se os termos demanda e desejo estiverem começando a encontrar sua lógica em seu cérebro, vocês descobrirão um uso cotidiano para eles, pelo menos em sua prática analítica. Poderão fazer deles algo de usual, antes que fique desgastado, mas sempre encontrarão motivos para se perguntar se se trata do desejo e da demanda, ou do desejo ou da demanda.

Que quer dizer isso que acabamos de lembrar com respeito aos instintos de destruição? Estes se manifestam na experiência, que primeiro é preciso tomar no nível vulgar, comum, daquilo que conhecemos dos obsessivos — nem sequer dos que analisamos, mas daqueles que, simplesmente como psicólogos informados, vemos viver, e cujas incidências da neurose somos capazes de avaliar em seu comportamento. É certo que o obsessivo tende a destruir seu objeto. Trata-se, simplesmente, de não nos contentarmos com o que é quase uma verdade da experiência, e de examinarmos mais de perto o que é a atividade destrutiva do obsessivo.

É isso que lhes proponho.

Como bem mostra a experiência, a histérica vive inteiramente no nível do Outro. A ênfase, para ela, é estar no nível do Outro, e é por isso que lhe é necessário um desejo do Outro, pois, sem isso, que seria o Outro senão a lei? O centro de gravidade do movimento constitutivo da histérica acha-se, primeiramente, no nível do Outro. Do mesmo modo, por razões que não são impossíveis de articular, que são, em suma, idênticas ao que diz Freud ao falar da desfusão precoce dos instintos, é a visada do desejo como tal, do além da demanda, que é constitutiva do obsessivo. Mas com uma diferença patente em relação à histérica.

Eu gostaria que vocês tivessem alguma experiência com o que é uma criança que irá tornar-se um obsessivo. Creio não haver pequenos sujeitos nos quais seja mais sensível o que procurei articular-lhes da última vez, quando lhes expus a ideia de que, nessa margem da necessidade, forçosamente de alcance limitado — como se costuma falar das companhias limitadas, porque a necessidade é sempre uma coisa de alcance limitado —, de que nessa margem, portanto, que vai da necessidade ao caráter incondicional da demanda de amor, situa-se o que chamei de desejo. Como foi que o defini, esse desejo como tal? Como uma coisa que, justamente por ter que se situar nesse além, nega o elemento de alteridade que está incluído na demanda de amor. Mas, para conservar o caráter incondicional dessa demanda, transformando-o em condição absoluta do desejo, no desejo em estado puro, o Outro é negado. Em virtude de o sujeito ter tido que conhecer e transpor a incondicionalidade da demanda de amor, que tem um caráter limite, eis que esse caráter persiste e é transferido para a necessidade.

A criança pequena que irá tornar-se um obsessivo é a criança pequena de quem os pais dizem — convergência da língua comum com a língua dos psicólogos: *ela tem ideias fixas*. Ela não tem ideias mais extraordinárias do que qualquer outra criança, se nos detivermos no material de sua demanda. Ela pede uma caixinha. Na verdade, não é grande coisa senão uma caixinha, e há muitas crianças em quem as pessoas não se detêm nem por um instante ante essa demanda da caixinha, exceto os psicanalistas, é claro, que verão nisso toda sorte de alusões requintadas. Na verdade, não estarão errados, mas acho mais importante ver que há certas crianças, entre todas as crianças, que pedem caixinhas e cujos pais consideram que essa exigência da caixinha é propriamente intolerável — e ela é intolerável.

Estaríamos inteiramente errados em acreditar que basta mandar os referidos pais à escola de pais para que eles se recuperem, porque, ao contrário do que se costuma dizer, os pais têm alguma coisa a ver com isso. Não é à toa que se é obsessivo. É preciso, para tanto, ter um modelo em algum lugar. Isso é claro, mas, na própria acolhida, o aspecto de *ideia fixa* denunciado pelos pais é perfeitamente discernível, e sempre imediatamente discernido, até por pessoas que não fazem parte do casal parental.

Nessa exigência muito particular, que se manifesta na maneira como a criança pede uma caixinha, o que há de intolerável para o Outro, e que as pessoas chamam aproximativamente de ideia fixa, é que essa não é uma demanda como as outras, mas apresenta um caráter de condição absoluta, que é justamente o que lhes aponto como sendo próprio do desejo. Por razões cuja correspondência vocês verão com o que se chama, nessa ocasião, de pulsões fortes, a ênfase, no sujeito, é colocada naquilo que será o elemento da primeira base desse tripé — que depois, para se manter de pé, deverá ter quatro pés —, ou seja, no desejo. E não apenas no desejo, mas no desejo como tal, isto é, como aquilo que, em sua constituição, comporta a destruição do Outro. O desejo é a forma absoluta da necessidade, da necessidade passada ao estado de condição absoluta, na medida em que fica para além da exigência incondicional de amor, a qual, vez por outra, ele pode vir comprovar.

Em si, o desejo nega o Outro como tal, e é isso mesmo que o torna, como o desejo da caixinha na criança pequena, tão intolerável.

Prestem muita atenção nisto, pois não estou dizendo a mesma coisa quando digo que o desejo é a destruição do Outro e quando digo que a histérica vai buscar seu desejo no desejo do Outro. Quando digo que a histérica vai buscar seu desejo no desejo do Outro, trata-se do desejo que ela atribui ao Outro como tal. Quando digo que o obsessivo faz seu desejo passar à frente de tudo, isso significa que ele vai buscá-lo num além, visando-o como tal em sua constituição de desejo, isto é, na medida em que como tal ele destrói o Outro. Nisso reside o segredo da profunda contradição que há entre o obsessivo e seu desejo. Assim visado, o desejo traz em si a contradição interna que constitui o impasse do desejo do obsessivo, e que os autores tentam traduzir ao falar dos perpétuos vaivéns instantâneos entre introjeção e projeção.

Devo dizer que isso é algo extremamente difícil de conceber, sobretudo quando se indica suficientemente, como faz em certos pontos o autor citado, o quanto o mecanismo de introjeção e o de projeção não têm nenhuma relação. Articulei-lhes isso mais vigorosamente do que esse autor, mas, mesmo assim, convém partir disto, de que o mecanismo de projeção é imaginário e o mecanismo de introjeção é simbólico. Isso não tem absolutamente nenhuma relação.

Ao contrário, vocês podem conceber e constatar na experiência, desde que prestem atenção, que o obsessivo é habitado por desejos que, desde que vocês ponham um pouco a mão na massa, vocês verão formigar numa espécie de população larvar extraordinária. Se dirigirem a cultura da neurose obsessiva para o sentido da fantasia — não é preciso grande coisa para isso, basta ter os elementos de sua transferência, dos quais falei há pouco —, vocês verão a referida população larvar proliferar mais ou menos em tudo o que quiserem. É por isso que ela não dura muito, a cultura da neurose obsessiva.

Mas, enfim, para vermos o essencial, o que acontece quando o obsessivo, de vez em quando, segurando a coragem com as duas mãos, põe-se a tentar transpor a barreira da demanda, isto é, parte em busca do objeto de seu desejo? Primeiro, não o encontra com facilidade. Afinal, há muitas coisas, com as quais ele já tem prática, que podem servir-lhe de suporte, nem que seja a caixinha. É claro que é nesse caminho que lhe sucedem os acidentes mais extraordinários, que tentaremos explicar em diversos níveis pela intervenção do supereu e de mil outras funções que, evidentemente, existem. Porém, muito mais radicalmente do que tudo isso, o obsessivo, na medida em que seu movimento fundamental dirige-se para o desejo como tal, acima de tudo em sua constituição de desejo, é levado a almejar o que chamamos de destruição do Outro.

Ora, é da natureza do desejo como tal necessitar do apoio do Outro. O desejo do Outro não é uma via de acesso para o desejo do sujeito, é o lugar puro e simples do desejo, e, no obsessivo, qualquer movimento em direção a seu desejo esbarra numa barreira que é absolutamente tangível, no movimento, se assim posso dizer, de sua libido. Na psicologia de um obsessivo, quanto mais uma coisa desempenha o papel de objeto do desejo, ainda que momentâneo, mais a lei de aproximação do sujeito em relação a esse objeto manifesta-se, literalmente, numa baixa da tensão libidinal. A tal ponto que, no momento em que ele detém esse objeto de seu desejo, para ele nada mais existe. Isso é absolutamente observável, e tentarei mostrá-lo a vocês através de exemplos.

O problema do obsessivo, portanto, está todo em dar um suporte a esse desejo — que, para ele, condiciona a destruição do Outro, onde o próprio desejo vem a desaparecer. Não há grande Outro aqui. Não estou dizendo que o grande Outro não exista para o obsessivo, mas que, quando se trata de seu desejo, ele não existe, e é por essa razão que ele fica à procura da única coisa que, fora desse ponto de referência, é capaz de manter no lugar esse desejo como tal. Todo o problema do obsessivo está em encontrar para seu desejo a única coisa capaz de lhe dar uma aparência de apoio, correspondente ao ponto que a histérica, por força de suas identificações, ocupa com tanta facilidade, ou seja, aquele que está em frente ao *d*, a fórmula $\$$ em relação ao pequeno *a*.

A histérica encontra o apoio de seu desejo na identificação com o outro imaginário. O que faz as vezes e exerce a função disso no obsessivo é um objeto, que é sempre — sob forma velada, sem dúvida, mas identificável — redutível ao significante falo.

É com isso que terminarei hoje. Vocês verão, na continuação, as consequências disso quanto ao comportamento do obsessivo diante desse objeto, e também diante do pequeno outro. Eu lhes mostrarei, da próxima vez, como se deduz daí um certo número de verdades muito mais correntes, como, por exemplo, que o sujeito só pode realmente centrar seu desejo opondo-se ao que chamaremos de virilidade absoluta, e que, por outro lado, na medida em que tem de mostrar seu desejo, pois essa é para ele a exigência essencial, ele só pode mostrá-lo alhures, lá onde tem de superar a proeza.

A faceta de desempenho de toda a atividade do obsessivo encontra nisso suas razões e seus motivos.

14 DE MAIO DE 1958

XXIII

O OBSESSIVO E SEU DESEJO

Duplicidade do desejo
O valor de significação da fantasia
Roteiros sádicos
Permissão, proibição, proeza
O valor de significação do acting out

Através da exploração que vimos fazendo das estruturas neuróticas como condicionadas pelo que chamamos de formações do inconsciente, chegamos, da última vez, a falar do obsessivo, e terminamos nosso discurso dizendo que ele tem de se constituir diante de seu desejo evanescente.

Começamos a indicar, a partir da fórmula *o desejo é o desejo do Outro*, por que seu desejo é evanescente. A razão disso deve ser buscada numa dificuldade fundamental de sua relação com o Outro, na medida em que este é o lugar onde o significante ordena o desejo.

É essa dimensão que procuramos aqui articular, pois cremos que é por não se distingui-la que se introduzem as dificuldades da teoria e os desvios da prática.

Queremos, de passagem, levá-los a perceber em que consiste a descoberta de Freud, qual é o sentido de sua obra, se vocês a considerarem depois de um percurso suficiente e em seu conjunto. É que o desejo se ordena pelo significante — mas, é claro, no interior desse fenômeno, o sujeito procura se exprimir, manifestar num efeito de significante como tal aquilo que acontece em sua própria abordagem do significado.

A própria obra de Freud se insere, até certo ponto, nesse esforço. Muito se tem falado, a propósito dela, num naturalismo, num esforço de redução da realidade humana à natureza. Não é nada disso. A obra de Freud é uma tentativa de pacto entre o ser do homem e a natureza. Esse pacto, seguramente, é buscado em outro lugar que não numa relação de inatismo, já que o homem é sempre experimentado, na obra de Freud, a partir do fato de se constituir como sujeito da fala, como [Eu] do ato de fala. Como negar isso, de vez que, na análise, ele não é experimentado de outra maneira? Diante da natureza, portanto, ele se acha numa postura diferente da de um portador imanente da vida. É no interior da experiência que o sujeito tem com a fala que vem a se formular sua relação com a natureza.

Sua relação com a vida é simbolizada por um engodo que ele arranca das formas da vida, o significante do falo, e é aí que se encontra o ponto central, a mais sensível e mais significativa de todas as encruzilhadas significantes que exploramos no correr da análise do sujeito. O falo é seu auge, seu ponto de equilíbrio. É o significante por excelência da relação do homem com o significado e, em vista disso, acha-se numa posição privilegiada.

A inserção do homem no desejo sexual está fadada a uma problemática especial, cujo traço primordial é que ela deve encontrar lugar em alguma coisa que a precede, que é a dialética da demanda, na medida em que a demanda sempre pede alguma coisa que é mais do que a satisfação a que ela apela, e que vai mais além disso. Daí o caráter problemático e ambíguo do lugar onde se situa o desejo. Esse lugar está sempre para além da demanda, considerando que a demanda almeja a satisfação da necessidade, e no aquém da demanda, na medida em que esta, por ser articulada em termos simbólicos, vai além de todas as satisfações para as quais apela, é demanda de amor que visa ao ser do Outro, que almeja obter do Outro uma presentificação essencial — que o Outro dê o que está além de qualquer satisfação possível, seu próprio ser, que é justamente o que é visado no amor.

É no espaço virtual entre o apelo da satisfação e a demanda de amor que o desejo ocupa seu lugar e se organiza. Por isso é que só podemos situá-lo numa posição sempre dupla em relação à demanda, ao mesmo tempo além e aquém, conforme o aspecto pelo qual consideremos a demanda — demanda em relação a uma necessidade ou demanda estruturada em termos de significante.

Como tal, o desejo sempre ultrapassa qualquer espécie de resposta que esteja no nível da satisfação, pede, em si mesmo, uma resposta absoluta, e portanto projeta seu caráter essencial de condição absoluta em tudo o que se organiza no intervalo interno entre os dois planos da demanda, o plano significado e o plano significante. É nesse intervalo que o desejo deve ter lugar e se articular.

Por essa razão, precisamente, da abordagem do desejo pelo sujeito o Outro se torna o intermediário. O Outro como lugar da fala, como aquele a quem se dirige a demanda, passa a ser também o lugar onde deve ser descoberto o desejo, onde deve ser descoberta sua formulação possível. É aí que se exerce a todo instante a contradição, porque esse Outro é possuído por um desejo — um desejo que, inaugural e fundamentalmente, é estranho ao sujeito. Daí as dificuldades da formulação do desejo, nas quais o sujeito tropeça, tão mais significativamente que o veremos desenvolver as estruturas neuróticas que a descoberta analítica permitiu desenhar.

Essas estruturas são diferentes, conforme a ênfase seja colocada na insatisfação do desejo, que é o modo como a histérica aborda seu campo e sua necessidade, ou na dependência do Outro para a obtenção do acesso a esse desejo, que é o modo como essa abordagem se propõe ao obsessivo. Por isso, como dissemos ao terminar na última vez, acontece no obsessivo alguma coisa aqui, em ($\$\lozenge a$), que é diferente da identificação histérica.

1

O desejo é, para a histérica, um ponto enigmático, e sempre trazemos para ele, por assim dizer, o tipo de interpretação forçada que caracteriza todas as primeiras abordagens freudianas da análise da histeria.

Com efeito, Freud não viu que o desejo se situa, para a histérica, numa posição tal que dizer-lhe *Eis aquele ou aquela que você deseja* é sempre uma interpretação forçada, inexata, lateral. Quer nas primeiras observações de caso de Freud, quer mais tarde, no caso de Dora, quer até, se estendermos o sentido da palavra histeria ao caso da jovem homossexual que aqui comentamos longamente no ano passado, não há exemplo em que Freud não tenha cometido um erro, e que não tenha levado, pelo menos, sem nenhuma espécie de exceção, à recusa da paciente de ter acesso ao sentido do desejo de seus sintomas e seus atos, todas as vezes que ele assim procedeu. Com efeito, o desejo da histérica não é o desejo de um objeto, mas o desejo de um desejo, um esforço de se manter em frente ao ponto no qual ela convoca seu desejo, o ponto onde está o desejo do Outro.

Por sua vez, ao contrário, ela se identifica com um objeto. Dora se identifica com o Sr. K., Elisabeth von R. se identifica com diferentes personagens de sua família ou seu círculo. Para qualificar o ponto em que ela se identifica com alguém, os termos eu ou Ideal do eu são igualmente impróprios — na verdade, esse alguém torna-se para ela seu outro eu. Trata-se de um objeto cuja escolha sempre foi expressamente articulada por Freud de uma maneira que se coaduna com o que lhes estou dizendo, ou seja, que é na medida em que ela ou ele reconhece num outro ou numa outra os indicadores de seu desejo, isto é, em que ela ou ele está diante do mesmo problema de desejo dessa outra ou desse outro, que se produz a identificação — com todas as formas de contágio, de crise, de epidemia, de manifestações sintomáticas que são características da histeria.

O obsessivo tem outras relações, em razão de que o problema do desejo do Outro apresenta-se para ele de um modo totalmente diferente. Para articulá-lo, tentaremos acessá-lo pelas etapas que a experiência nos oferece.

De certa maneira, não importa por que lado tomemos a vivência do obsessivo. O que se trata é de não esquecermos sua diversidade. As vias traçadas pela análise, aquelas por onde nossa experiência, tateante, convém dizer, incitou-nos a encontrar a solução do problema do obsessivo, são parciais ou parcelares. Naturalmente, elas fornecem um material. Esse material e a maneira como é utilizado, podemos explicá-los de diferentes modos, com referência aos resultados obtidos.

Para começar, podemos criticar essas próprias vias. Essa crítica deve ser convergente. Ao esmiuçar essa experiência tal como efetivamente se orientou, evidencia-se de modo incontestável que tanto a teoria quanto a prática tenderam a se concentrar na utilização das fantasias do sujeito. Ora, o papel das fantasias, no caso da neurose obsessiva, tem algo de enigmático, posto que o termo fantasia nunca é definido. Falamos longamente, aqui, das relações imaginárias, da função da imagem como guia, por assim dizer, do instinto, como canal, indicação no caminho das realizações instintivas. Sabemos, por outro lado, a que ponto ficou reduzido, minguado, empobrecido no homem o uso — tanto quanto se pode detectá-lo com certeza — da função da imagem, uma vez que ela parece reduzir-se à imagem narcísica, especular. Não obstante, essa é uma função extremamente polivalente e não neutralizada, posto que funciona igualmente no plano da relação agressiva e no da relação erótica.

Como podemos articular as funções imaginárias essenciais, preponderantes, das quais todo o mundo fala, que estão no cerne da experiência analítica, as da fantasia, no ponto a que chegamos?

Creio que nesse lugar, ($\$\lozenge a$), o esquema aqui apresentado abre-nos a possibilidade de situar e articular a função da fantasia. Peço-lhes que o concebam, inicialmente, por um viés intuitivo, levando em conta o fato de que não se trata de um espaço real, é claro, mas de uma topologia em que podem desenhar-se homologias.

A relação com a imagem do outro, *i(a)*, situa-se no nível de uma experiência integrada no circuito primitivo da demanda, onde o sujeito dirige-se inicialmente ao Outro para a satisfação de suas necessidades. É, pois, em algum lugar desse circuito que se faz a acomodação transitivista, o efeito de imponência que coloca o sujeito numa certa relação com seu semelhante como tal. A relação com a imagem, assim, encontra-se no nível das experiências e do próprio momento em que o sujeito entra no jogo da fala, quase na passagem do estado de *infans* para o estado falante. Posto isto, diremos que, no outro campo, aquele em que buscamos as vias da realização do desejo do sujeito através do acesso ao desejo do Outro, a função da fantasia situa-se num ponto homólogo, ou seja, em ($\$\lozenge a$).

A fantasia, nós a definiremos, se vocês quiserem, como o imaginário aprisionado num certo uso de significante. Por isso ela se manifesta e se observa de maneira característica, nem que seja quando falamos de fantasias sádicas, por exemplo, que desempenham um papel importantíssimo na economia do obsessivo.

Notem bem que, se estamos falando nesses termos, se estamos qualificando de sádica a tendência que essas manifestações representam para nós, é em relação a uma certa obra. Essa própria obra não se apresenta como uma investigação dos instintos, mas como um jogo que o termo imaginário estaria muito longe de bastar para qualificar, uma vez que é uma obra literária. Estamos nos referindo a cenas, ou melhor, a roteiros — o que está, portanto, profundamente articulado no significante. Pois bem, toda vez que falamos de fantasia, não convém desconhecermos o aspecto de roteiro ou de história, que constitui uma de suas dimensões essenciais. Ela não é uma imagem cega do instinto de destruição, não é uma coisa em que o sujeito — por mais que eu mesmo me esforce por criar imagens para lhes explicar o que quero dizer — se enfureça de repente diante de sua presa, mas é algo que não apenas o sujeito articula num roteiro, como no qual ele próprio se coloca em cena. A fórmula $\$$ com a barrinha, isto é, o sujeito no ponto mais articulado de sua presentificação em relação ao *a* minúsculo, é bastante válida em toda espécie de desenvolvimento propriamente fantasístico do que chamaremos de tendência sádica, na medida em que ela pode estar implicada na economia do obsessivo.

Vocês observarão que há sempre uma cena em que o sujeito é apresentado no roteiro sob formas diferentemente mascaradas, na qual ele é implicado em imagens diversificadas, na qual um outro como semelhante e também como reflexo do sujeito é presentificado. Direi mais — não se insiste o bastante na presença de um certo tipo de instrumento.

Já fiz alusão à importância da fantasia de flagelação. Freud a articulou especialmente, na medida em que ela pareceria desempenhar um papel muito particular no psiquismo feminino. Essa é uma das facetas da comunicação precisa que ele fez sobre esse assunto. Ele a abordou sob um certo ângulo, decorrente de sua experiência, mas essa fantasia está longe de se limitar ao campo e aos casos de que Freud falou nessa ocasião. Se examinarmos de perto, veremos que essa limitação era perfeitamente legítima, na medida em que essa fantasia desempenha um papel particular num certo momento crucial do desenvolvimento da sexualidade feminina, e num ponto específico, muito precisamente na medida em que intervém a função do significante falo. Mas essa função não deixa de desempenhar seu papel na neurose obsessiva, e em todos os casos em que vemos despontarem as chamadas fantasias sádicas.

Qual é o elemento que confere a esse instrumento sua preponderância enigmática? Não se pode dizer que sua função biológica seja bem explicada, de maneira alguma. Poderíamos imaginá-la, procurando pelo lado de sabe-se lá que relação com as excitações superficiais, com as estimulações da pele, mas vocês percebem a que ponto essas explicações teriam um caráter incompleto e quase artificial. À função desse elemento, que aparece com tanta frequência nas fantasias, liga-se uma polivalência significante que faz a balança pender muito mais para o lado do significado do que do que quer que possa ligar-se a uma dedução de ordem biológica das necessidades, ou a qualquer outra coisa diferente.

Essa ideia da fantasia como alguma coisa que, sem dúvida alguma, participa da ordem imaginária, mas que, não importa em que ponto se articule, só adquire sua função na economia através de sua função significante, parece-nos essencial, e não foi até hoje formulada dessa maneira. Digo mais — não creio que haja outro meio de concebermos o que chamamos fantasias inconscientes.

O que é uma fantasia inconsciente, senão a latência de algo que, como sabemos por tudo o que aprendemos sobre a organização da estrutura do inconsciente, é inteiramente concebível como cadeia significante? Que existem no inconsciente cadeias significantes que subsistem como tais, que são estruturantes a partir dele, que agem sobre o organismo, que influenciam o que aparece externamente como sintoma, essa é a base da experiência analítica. É muito mais difícil conceber a incidência inconsciente seja lá do que for de imaginário do que colocar a própria fantasia no nível do que, como denominador comum, apresenta-se para nós no nível do inconsciente, ou seja, o significante. A fantasia é, essencialmente, um imaginário preso numa certa função significante.

Não posso, por enquanto, desenvolver a articulação dessa abordagem, e simplesmente lhes proponho situar, no ponto S barrado em relação ao pequeno *a*, o efeito fantasístico. Sua característica é ser uma relação articulada e sempre complexa, um roteiro que pode permanecer latente por muito tempo num certo ponto do inconsciente, mas que, não obstante, é organizado — assim como um sonho, por exemplo, só é concebido quando a função do significante lhe confere sua estrutura, sua consistência e, ao mesmo tempo, sua insistência.

É um fato da experiência comum, e antes de mais nada da investigação analítica dos obsessivos, perceber o lugar ocupado no obsessivo pelas fantasias sádicas. Elas ocupam esse lugar, mas não o ocupam forçosamente de maneira patente e confessa. Inversamente, no metabolismo obsessivo, as diversas tentativas de reequilíbrio que o sujeito faz evidenciam o que é o objeto de sua busca equilibradora, a saber, conseguir reconhecer-se em relação a seu desejo.

Quando vemos um obsessivo bruto, em estado natural, tal como nos acontece ou se supõe que nos aconteça através das observações de caso publicadas, encontramos alguém que nos fala, acima de tudo, de toda sorte de empecilhos, inibições, bloqueios, medos, dúvidas e proibições. Sabemos também, desde logo, que não é nesse momento que ele nos falará de sua vida de fantasia, mas sim graças a nossas intervenções terapêuticas ou a suas tentativas autônomas de solução, de saída, de elaboração de sua dificuldade propriamente obsessiva. Ele nos confiará então a invasão mais ou menos predominante de sua vida psíquica por fantasias. Vocês sabem o quanto essas fantasias podem assumir, em alguns sujeitos, uma forma realmente invasiva, absorvente, cativante, capaz de tragar pedaços inteiros de sua vida psíquica, de sua vivência, de suas ocupações mentais.

Qualificamos essas fantasias de sádicas — o que é, no caso, um simples rótulo. Na verdade, elas nos propõem um enigma, na medida em que não podemos contentar-nos em articulá-las como manifestações de uma tendência, mas devemos ver nelas uma organização significante, em si mesma, das relações do sujeito com o Outro como tal. É do papel econômico dessas fantasias, como articuladas, que se trata de darmos uma fórmula.

Essas fantasias têm como característica, no sujeito obsessivo, permanecer em estado de fantasias. Só se realizam de maneira totalmente excepcional, e essas realizações são para o sujeito, aliás, sempre decepcionantes. Com efeito, observamos nessas ocasiões a mecânica da relação do sujeito obsessivo com o desejo — à medida que ele tenta aproximar-se do objeto, nas vias que lhe são propostas, seu desejo se amortece, a ponto de chegar à extinção, ao desaparecimento. O obsessivo é um Tântalo, diria eu, se Tântalo não nos fosse apresentado pela iconografia, que é muito rica, como uma imagem sobretudo oral. Mas não é à toa que assim o apresento a vocês, porque veremos a subjacência oral no que constitui o ponto de equilíbrio da fantasia obsessiva como tal.

É preciso, aliás, que essa dimensão oral exista, uma vez que, afinal, é com esse plano fantasístico que depara o analista a quem fiz alusão, a propósito da linha terapêutica traçada na série de três artigos que lhes citei. Um grande número de analistas enveredou por uma prática de absorção fantasística para encontrar o caminho pelo qual dar ao obsessivo, na via da realização de seu desejo, um novo modo de equilíbrio, um certo temperamento.

Alguns resultados disso são incontestáveis, mesmo que ainda estejam por ser criticados.

2

Observemos desde já que, tomando as coisas por essa vertente, só vemos uma face do problema. Da outra face, é preciso desdobrar o leque sucessivamente, sem desconhecer o que se apresenta da maneira mais aparente nos sintomas do obsessivo, e que habitualmente chamamos exigências do supereu.

De que maneira devemos conceber essas exigências? Qual é sua raiz no obsessivo? É disso que se tratará agora.

O que acontece com o obsessivo, podemos indicá-lo e lê-lo, no nível desse esquema, de um modo que depois se revelará não menos fecundo do que o que já demonstramos.

Poderíamos dizer que o obsessivo está sempre pedindo alguma permissão. Vocês constatam isso na concretude do que lhes diz o obsessivo em seus sintomas — isso está inscrito, e muito frequentemente articulado. A confiarmos neste esquema, isso acontece nesse nível, ($\$\lozenge D$). Pedir permissão é, justamente, ter como sujeito uma certa relação com a própria demanda. Pedir permissão, na medida mesma em que a dialética com o Outro — o Outro como falante — é posta em causa, posta em questão, ou até posta em perigo, é dedicar-se, afinal de contas, a restaurar esse Outro, é colocar-se na mais extrema dependência dele. Isso já nos indica a que ponto esse lugar é de manutenção essencial para o obsessivo. É exatamente aí que vemos a pertinência do que Freud sempre chama de *Versagung*, a recusa. Recusa e permissão implicam uma a outra. O pacto é recusado sobre um fundo de promessa, o que é melhor do que falar em frustração.

Não é no nível da demanda pura e simples que se coloca o problema das relações com o Outro, pelo menos quando se trata de um sujeito completo. O problema só se coloca nesses termos quando tentamos recorrer ao desenvolvimento e imaginar uma criança pequena, impotente diante da mãe, como um objeto à mercê de alguém. Mas, a partir do momento em que o sujeito está numa relação com o Outro que definimos pela fala, existe, para além de qualquer resposta do Outro, e muito precisamente na medida em que a fala cria esse além de sua resposta, um ponto virtual em algum lugar. Não somente ele é virtual como, na verdade, se não houvesse a psicanálise, não poderíamos garantir que alguém tivesse acesso a ele — a não ser através daquela análise mestra e espontânea que sempre supomos possível em alguém que realizasse perfeitamente o *Conhece-te a ti mesmo*. Mas temos todas as razões para crer que esse ponto nunca foi estritamente desenhado, até hoje, senão na psicanálise.

O que a noção de *Versagung* desenha é, propriamente falando, uma situação do sujeito em relação à demanda. Peço-lhes que deem aqui o mesmo passinho à frente que lhes pedi que dessem a propósito da fantasia. Quando falamos de estágios ou de relações fundamentais com o objeto, e os qualificamos de oral, anal ou genital, de que estamos falando? De um certo tipo de relação que estrutura o *Umwelt* do sujeito em torno de uma função central, e que define sua relação com o mundo no correr do desenvolvimento. Tudo o que lhe vem de seu ambiente teria, assim, uma significação especial, decorrente da refração sofrida através do objeto típico, oral, anal ou genital. Há nisso uma miragem — a noção é reconstruída apenas a posteriori e reprojetada no desenvolvimento.

A concepção que estou criticando nem sequer costuma ser articulada de maneira tão elaborada e, muitas vezes, é eludida. Fala-se do objeto e, depois, em paralelo, fala-se do ambiente, sem pensar por um instante na diferença que há entre o objeto típico de uma relação definida por um estágio — de rejeição, por exemplo — e o ambiente concreto, com as múltiplas incidências da pluralidade dos objetos aos quais o sujeito, seja ele qual for, é submetido, digam o que disserem, desde sua mais tenra infância.

Até nova ordem, devemos, do mesmo modo, colocar sob enorme dúvida a pretensa ausência de objetos no lactente, seu pretenso autismo. Se vocês confiarem em mim, tomarão essa ideia como puramente ilusória. Basta recorrer à observação direta das crianças pequenas para saber que não é nada disso, que os objetos do mundo são, para elas, tão múltiplos quanto interessantes e estimulantes.

De que se trata, portanto? Que foi que descobrimos? Podemos defini-lo e articulá-lo como sendo, na verdade, um certo estilo da demanda do sujeito. Onde as descobrimos, essas manifestações que nos fizeram falar de relações com o mundo que são sucessivamente orais, anais ou genitais? Descobrimo-las nas análises de pessoas que há muito ultrapassaram os estágios em questão, que concernem ao desenvolvimento infantil. Dizemos que o sujeito regride a esses estágios — que queremos dizer com isso?

Responder dizendo que há um retorno a uma das etapas imaginárias da infância — se é que elas são concebíveis, mas suponhamos que sejam aceitáveis — é um engodo que não nos fornece a verdadeira natureza do fenômeno. Haverá alguma coisa que se assemelhe a tal retorno? Quando falamos de fixação num certo estágio, no sujeito neurótico, que poderíamos tentar articular que fosse mais satisfatório do que o que nos costuma ser dado?

O que efetivamente vemos na análise é que, no curso da regressão — veremos melhor, depois, o que quer dizer esse termo —, o sujeito articula sua demanda atual na análise em termos que nos permitem reconhecer uma certa relação, respectivamente oral, anal ou genital, com um certo objeto. Isso significa que, se essas relações do sujeito puderam exercer em toda a sequência de seu desenvolvimento uma influência decisiva, foi na medida em que, numa certa etapa, elas passaram à função de significante.

Quando, no nível do inconsciente, o sujeito articula sua demanda em termos orais, articula seu desejo em termos de absorção, ele se encontra numa certa relação ($\$\Diamond D$), isto é, no nível de uma articulação significante virtual que é a do inconsciente. É isso que nos permite qualificar de fixação num certo estágio alguma coisa que se apresenta, num momento da exploração analítica, com um valor particular, e poderemos achar que é interessante fazer o sujeito regredir a esse estágio, para que possa ser elucidada alguma coisa essencial do modo como se apresenta sua organização subjetiva.

Mas o que nos interessa não é dar gravitação, nem compensação, nem tampouco retorno simbólico, àquilo que foi, mais ou menos justificadamente, num dado momento do desenvolvimento, a insatisfação do sujeito no plano de uma demanda oral, anal ou de outra ordem, insatisfação essa em que ele estaria retido. Se isso nos interessa, é unicamente pelo seguinte: é que foi nesse momento de sua demanda que se colocaram para ele os problemas de suas relações com o Outro, tal como foram determinantes, em seguida, para a instauração de seu desejo.

Em outras palavras, tudo o que decorre da demanda no que foi vivido pelo sujeito ficou para trás de uma vez por todas. As satisfações, as compensações que possamos dar-lhe nunca serão senão simbólicas, e dar-lhas pode até ser considerado um erro, se é que não é impossível.

Não é inteiramente impossível, graças, precisamente, à intervenção das fantasias, desse algo mais ou menos substancial que é sustentado pela fantasia. Mas creio que isso é um erro de orientação da análise, pois deixa não apurada, no final da análise, a questão das relações com o Outro.

3

O obsessivo, digamos, tal como a histérica, necessita de um desejo insatisfeito, isto é, de um desejo para além de uma demanda. O obsessivo resolve a questão do esvaecimento de seu desejo fazendo dele um desejo proibido. Faz com que ele seja sustentado pelo Outro, precisamente pela proibição do Outro.

Não obstante, essa maneira de fazer o desejo ser sustentado pelo Outro é ambígua, porque um desejo proibido nem por isso significa um desejo sufocado. A proibição está ali para sustentar o desejo, mas, para que ele se sustente, é preciso que se apresente. Aliás, isso é o que faz o obsessivo, e a questão é saber como.

A maneira como ele o faz, como vocês sabem, é muito complexa. Ao mesmo tempo ele o mostra e não mostra. Em síntese, ele o camufla, e é fácil compreender por quê. Suas intenções, por assim dizer, não são puras.

Isso já se havia percebido, e foi precisamente o que se designou por agressividade do obsessivo. Qualquer emergência de seu desejo seria, para ele, um ensejo para a projeção ou para o medo de retaliação que inibiriam todas as suas manifestações. Creio que essa é uma primeira abordagem da questão, mas que isso não é tudo. É desconhecer inteiramente do que se trata, no fundo, dizer simplesmente que o obsessivo oscila num balanço, e que seu desejo, quando sua manifestação, indo longe demais, torna-se agressiva, recai ou pende de novo para um desaparecimento, ligado ao medo da retaliação efetiva dessa agressividade por parte do outro, ou seja, ao medo de sofrer por parte deste uma destruição equivalente à do desejo que ele manifesta.

Creio que é oportuno ter uma apreensão global daquilo de que se trata, no caso, e, para tanto, talvez não haja caminho melhor do que passar pelas ilusões que a relação com o outro suscita em nós mesmos, analistas, e no interior da teoria analítica.

A ideia da relação com o outro é sempre solicitada por um deslizamento que tende a reduzir o desejo à demanda. Se o desejo é de fato o que articulei aqui, ou seja, aquilo que se produz na hiância aberta pela fala na demanda, e se portanto, como tal, ele está além de qualquer demanda concreta, fica claro que qualquer tentativa de reduzir o desejo a uma coisa para a qual se demande satisfação esbarra numa contradição interna. Quase todos os analistas, em sua comunidade, tomam atualmente por auge e suprassumo daquela feliz realização do sujeito a que chamam maturidade genital o acesso à oblatividade — ou seja, ao reconhecimento do desejo do outro como tal. Dei-lhes um exemplo disso numa passagem do autor que pus em questão, referente à profunda satisfação trazida pela satisfação dada à demanda do outro, o que comumente se chama altruísmo. Isso equivale, justamente, a deixar escapar o que de fato há por resolver no problema do desejo.

Em resumo, creio que o termo oblatividade, tal como nos é apresentado nessa perspectiva moralizante, é — podemos dizê-lo sem forçar os termos — uma fantasia obsessiva. É absolutamente certo que, na psicanálise, do modo como as coisas se apresentam, os temperamentos — por razões que são facílimas de compreender, e estou falando daquelas que a prática teoriza — os temperamentos histéricos são muito mais raros do que as naturezas obsessivas. Parte da doutrinação da análise é feita nos moldes e segundo os encaminhamentos dos anseios obsessivos. Ora, a ilusão, a fantasia mesma que está ao alcance do obsessivo é, afinal de contas, que o Outro como tal consinta em seu desejo.

Isso em si comporta dificuldades extremas, pois, se é preciso que ele seja anuente, é preciso que o seja de um modo totalmente diferente de uma resposta a uma satisfação qualquer, de uma resposta à demanda. Mas isso, pensando bem, é mais desejável do que eludir o problema e lhe dar uma solução em curto-circuito, achando que, afinal, basta a conciliação — que, para encontrar felicidade na vida, basta não infligir aos outros as frustrações de que nós mesmos fomos objeto.

Alguns dos desfechos infelizes e perfeitamente confusos da análise encontram seu princípio num certo número de pressupostos concernentes ao que constitui o final feliz do tratamento analítico, os quais têm como efeito exaltar o sujeito obsessivo pela perspectiva de suas boas intenções, que então se estabelecem rapidamente e o incitam a se entregar a um de seus pendores mais comuns, que se exprime mais ou menos assim: — *Não faças aos outros o que não queres que façam a ti mesmo*. Esse imperativo categórico, estruturante na moral, nem sempre é de utilização prática na vida, sendo completamente desorientado quando se trata de uma realização como a conjunção sexual.

A ordem de relação com o Outro que consiste em colocar-se no lugar dele é um deslizamento tentador, ainda mais quando o analista, justamente estando, frente ao pequeno outro, seu semelhante, numa relação agressiva, fica naturalmente tentado a passar para a posição de poupá-lo, por assim dizer. Poupar o outro é exatamente o que está no fundo de toda uma série de cerimoniais, de precauções, de desvios, em suma, de todas as manobras do obsessivo. Se é para vir a generalizar o que se manifestava em seus sintomas — não sem razão, sem dúvida, e de maneira muito mais complicada —, se é para fazer disso uma extrapolação moralizante e lhe propor como fim e solução de seus problemas a chamada saída oblativa, isto é, a submissão às demandas do Outro, pois bem, realmente não vale a pena fazer esse desvio. Como mostra a experiência, isso equivale, na verdade, apenas a colocar um sintoma no lugar de outro, e um sintoma gravíssimo, pois não deixa de gerar o ressurgimento — sob outras formas, mais ou menos problemáticas — da questão do desejo, que nunca foi nem pode ser resolvida por essas vias, de maneira alguma.

Nessa perspectiva, podemos dizer que os caminhos encontrados pelo próprio obsessivo, e nos quais ele busca a solução do problema de seu desejo, são de uma outra maneira adequados — quando não são adaptados —, porque, pelo menos, esse problema é lido neles de maneira clara. Entre os modos de solução, há aqueles, por exemplo, que se situam no nível de uma relação efetiva com o outro. A maneira como o obsessivo se comporta com seu semelhante, quando ainda é capaz disso, quando não está submerso em seus sintomas — e é raríssimo que o esteja completamente —, é, por si só, suficientemente indicativa. Isso desemboca, sem dúvida, numa via de impasse, mas, mesmo assim, fornece uma indicação que não é tão ruim para a direção.

Por exemplo, falei-lhes das proezas dos obsessivos. Que são essas proezas? Para que haja proeza, é preciso ser pelo menos três, porque não se pratica uma proeza sozinho. É preciso ser no mínimo dois, é preciso haver alguma coisa que se assemelhe a isso, para que haja um desempenho vitorioso, um *sprint*. Ademais, é preciso também que haja alguém que registre e seja testemunha dele. O que o obsessivo procura obter na proeza é, muito precisamente, o que chamamos há pouco de permissão do Outro, e isso, em nome de alguma coisa que é muito polivalente. Pode-se dizer, em nome disso, que ele realmente mereceu. Mas a satisfação que ele procura obter não se classifica, de modo algum, no campo em que ele realmente a mereceu.

Observem a estrutura de nossos obsessivos. O que chamamos efeito de supereu quer dizer o quê? Quer dizer que eles se infligem toda sorte de tarefas particularmente árduas, desgastantes, nas quais, aliás, obtêm sucesso, obtêm sucesso ainda mais facilmente por ser isso o que desejam fazer — mas saem-se nelas muito, muito brilhantemente, e em nome disso teriam direito a umas pequenas férias, durante as quais fosse possível fazer o que quisessem, donde a conhecida dialética do trabalho e das férias. No obsessivo, o trabalho é poderoso, sendo feito para liberar o tempo de navegação a todo pano que será o das férias — e a passagem das férias revela-se, habitualmente, quase perdida. Por quê? Porque o que se tratava era de obter a permissão do Outro. Ora, o outro — refiro-me agora ao outro de fato, ao outro que existe — não tem absolutamente nada a ver com toda essa dialética, pela simples razão de que o outro real está ocupadíssimo com seu próprio Outro, e não tem razão alguma para cumprir a missão de dar à proeza do obsessivo sua coroaçãozinha, isto é, aquilo que seria justamente a realização do desejo dele, visto que esse desejo nada tem a ver com o terreno em que o sujeito demonstrou todas as suas aptidões.

Tudo isso é uma fase muito sensível, e que vale a pena expor em seu aspecto humorístico. Mas ela não se limita a isso. O interesse de conceitos como os de grande Outro e pequeno outro está em estruturar relações vividas em muito mais de uma direção. Também podemos dizer, sob certo aspecto, que, na proeza, o sujeito domina, amansa ou domestica uma angústia fundamental — isso já foi dito por outros que não eu. Mas, também nesse caso, desconhece-se uma dimensão do fenômeno, qual seja, a de que o essencial não está na perícia, no risco corrido, o qual, no obsessivo, é sempre corrido dentro de limites muito rigorosos — uma sábia economia distingue estritamente tudo o que o obsessivo arrisca, em sua proeza, do que quer que se assemelhe ao risco da morte na dialética hegeliana.

Há na proeza do obsessivo algo que sempre permanece irremediavelmente fictício, em razão de que a morte, ou seja, o lugar onde fica o verdadeiro perigo, não reside no adversário que ele dá a impressão de desafiar, mas num lugar completamente diferente. Está, justamente, do lado da testemunha invisível, do Outro que está ali como espectador, daquele que contabiliza os golpes e que dirá sobre o sujeito: *Decididamente* — como é dito em algum lugar no delírio de Schreber —, *ele é um durão!* Encontramos essa exclamação, essa maneira de demonstrar que se foi afetado, como implícita, latente, desejada em toda a dialética da proeza. O obsessivo, aqui, acha-se numa certa relação com a existência do outro como seu semelhante, como aquele em cujo lugar ele pode colocar-se, e é justamente por poder colocar-se em seu lugar que não há, na realidade, nenhuma espécie de risco essencial no que ele demonstra, em seus efeitos de imponência, de espírito esportivo, de risco mais ou menos assumido. Esse outro com quem ele joga nunca é, afinal, senão um outro que é ele mesmo, e que, de qualquer modo, desde logo lhe entrega os louros, como quer que ele tome as coisas.

Mas aquele que importa é o Outro diante de quem tudo isso se passa. É esse que é preciso preservar a qualquer preço, o lugar onde se registra a façanha, onde se inscreve sua história. Esse ponto tem de ser sustentado a qualquer preço. É isso que torna o obsessivo tão adepto de tudo o que é da ordem verbal, da ordem do cálculo, da recapitulação, da inscrição, e também da falsificação. O que o obsessivo quer manter acima de tudo, sem dar a impressão disso, com um jeito de quem almeja outra coisa, é esse Outro onde as coisas se articulam em termos de significante.

Essa, portanto, é uma primeira abordagem da questão. Para além de toda demanda, de tudo o que esse sujeito deseja, trata-se de ver o que visa, em seu conjunto, a conduta do obsessivo. O objetivo essencial é, com certeza, a manutenção do Outro. Essa é a visada primária, preliminar, a única em cujo interior pode efetivar-se a validação tão difícil de seu desejo. Que pode ser, que será essa validação? É o que teremos de articular em seguida. Mas, primeiro, era preciso que os quatro cantos de sua conduta fossem fixados de maneira a que a evidência dos detalhes não nos fizesse perder de vista o conjunto.

A satisfação de surpreender um ou outro dos pequenos mecanismos de sua conduta, com seu estilo próprio, não deve fascinar-nos e deter-nos. Evidentemente, determo-nos num detalhe qualquer de um organismo sempre dá uma satisfação que não é completamente ilegítima, uma vez que, pelo menos no campo dos fenômenos naturais, o detalhe sempre reflete, de fato, alguma coisa da totalidade. Mas, numa matéria que é de uma organização tão pouco natural quanto a das relações do sujeito com o significante, não podemos fiar-nos inteiramente na reconstrução de toda a organização obsessiva a partir de um dado mecanismo de defesa — na medida em que vocês possam inscrever tudo isso no catálogo dos mecanismos de defesa.

Estou tentando fazer outra coisa. Estou tentando fazê-los encontrarem os quatro cantos cardeais em torno dos quais se orienta e se polariza cada uma das defesas do sujeito. Aí já estão dois, por hoje. Abordamos primeiro o papel da fantasia. Agora estamos vendo, a propósito da proeza, que a presença do Outro como tal é fundamental. Há um outro ponto ao qual eu gostaria pelo menos de introduzi-los.

Ao ouvir falar da proeza, vocês decerto pensaram em toda sorte de comportamentos de seus obsessivos. Há uma proeza que talvez não mereça, em absoluto, ser rotulada com o mesmo título: é o que se chama, na análise, *acting out*.

Quanto a isso, entreguei-me — e vocês também se entregarão, espero, seguindo meu exemplo, nem que seja para confirmar o que proponho — a algumas investigações na literatura. É realmente surpreendente, a ponto de não conseguirmos vencer as dificuldades. O melhor artigo sobre o assunto é o de Phyllis Greenacre, intitulado "General problems of acting out", publicado no *Psychoanalytic Quarterly* em 1950 — um artigo absolutamente notável, por mostrar que, até o momento, não se articulou nada de válido a esse respeito.

Creio que convém limitar o problema do *acting out*, e que é impossível fazê-lo se nos ativermos à ideia geral de que ele é um sintoma, de que é um compromisso, de que tem um duplo sentido, de que é um ato de repetição, pois isso equivale a mergulhá-lo nas compulsões à repetição em suas formas mais gerais. Se esse termo tem algum sentido, é por designar um tipo de ato que sobrevém ao longo de uma tentativa de solução do problema da demanda e do desejo. Por isso é que ele se produz de maneira eletiva no curso da análise, porque, não importa o que efetivamente se faça fora da análise, ele é uma tentativa de solução do problema da relação do desejo com a demanda.

O *acting out* certamente se produz no caminho da realização analítica do desejo inconsciente. É extremamente instrutivo, porque, se examinarmos de perto o que caracteriza o efeito de *acting out*, encontraremos toda sorte de componentes absolutamente necessários e, por exemplo, aquilo que os distingue em caráter absoluto do que se chama de ato falho, ou seja, do que chamo aqui, mais apropriadamente, de ato bem-sucedido, a saber, um sintoma, na medida em que ele deixa transparecer claramente uma tendência. O *acting out* sempre comporta um elemento altamente significante, justamente por ser enigmático. Nunca chamaremos de *acting out* senão um ato que se apresente com um caráter especialmente imotivado. Isso não quer dizer que ele não tenha causa, mas que é muito difícil atribuir-lhe uma motivação psicológica, pois ele é um ato sempre significado.

Por outro lado, um objeto sempre desempenha um papel no *acting out* — um objeto no sentido material do termo, coisa a que serei levado a voltar da próxima vez, para lhes mostrar, justamente, a função limitada que convém atribuir, em toda essa dialética, ao papel do objeto. Há quase uma equivalência entre a fantasia e o *acting out*. O *acting out* estrutura-se, em geral, de um modo que se aproxima muito de uma encenação. Ele é, a seu modo, do mesmo nível da fantasia.

Uma coisa o distingue da fantasia e também da proeza. Enquanto a proeza é um exercício, uma façanha, um passe de mágica destinado a dar prazer ao Outro, que, como eu lhes disse, não está nem aí para ela, o *acting out* é outra coisa. É sempre uma mensagem, e é nisso que nos interessa quando se produz numa análise. Ele é sempre dirigido ao analista, na medida em que este, em suma, não está muito mal situado, mas também não está inteiramente em seu lugar. Em geral, ele é um *hint* que o sujeito nos dá e que, às vezes, pode ir muito longe, que às vezes é muito grave. Quando o *acting out* se produz fora dos limites do tratamento, quero dizer, posteriormente, é óbvio que o analista não pode tirar proveito dele.

Toda vez que somos levados a designar com precisão esse ato paradoxal que tentamos delimitar com o nome de *acting out*, vemos que se trata de atingir, nessa linha, um esclarecimento das relações do sujeito com a demanda, que revela que toda relação com essa demanda é fundamentalmente inadequada para permitir que o sujeito tenha acesso à realidade efetiva do efeito que o significante tem nele, isto é, que se coloque no nível do complexo de castração.

Isso pode dar errado, como tentarei mostrar-lhes da próxima vez, na medida em que, nesse espaço intervalar, intermediário, onde se produzem todos os exercícios obscuros que vão da proeza à fantasia, e da fantasia a um amor apaixonado e parcial, como é o caso de dizer, pelo objeto — Abraham nunca falou de objeto parcial, falou de amor parcial pelo objeto —, o sujeito obtém soluções ilusórias, e, em particular, aquela solução que se manifesta na chamada transferência homossexual na neurose obsessiva.

É a isso que chamo solução ilusória. Espero, da próxima vez, mostrar-lhes em detalhe por que ela é uma solução ilusória.

21 DE MAIO DE 1958

XXIV

TRANSFERÊNCIA E SUGESTÃO

As três identificações
Em duas linhas
Regressão e resistência
Valor de significação da ação
A técnica deles e a nossa

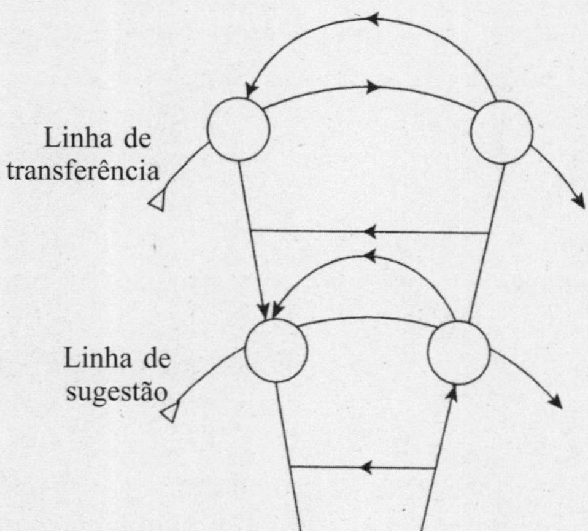

Avançaremos, nos últimos seminários que nos restam este ano, pelo campo aberto por Freud depois da primeira guerra, ao longo da década de 1920 — o chamado campo da segunda tópica. Com efeito, nosso percurso deste ano, ao dar às formações do inconsciente sua dimensão, é o único que permite não nos perdermos quanto ao sentido dessa tópica.

Seremos levados, pois, a indicar o que quer dizer essa tópica e, muito especialmente, por que surgiu nela em primeiro plano a função do eu. Ela tem um sentido muito diferente e bem mais complexo do que o que se costuma dar-lhe, e que inspirou o uso que se tem feito dela desde então. É essa a direção.

Começarei por apontar-lhes que Freud dedicou, em *Psicologia das massas e análise do eu*, um capítulo à identificação. Esse capítulo, vocês precisam lê-lo para ver a pertinência das transposições que lhes farei, no esquema que está aqui, dos três tipos de identificação distinguidos por Freud. Esse esquema deve ter para vocês, no ponto em que estamos, o valor de uma mediação — ele lhes fornece uma articulação ou uma interpretação do que acontece, por um lado, com a estrutura do inconsciente, no que ela é intrinsecamente estruturada como uma fala, como uma linguagem, e, por outro lado, do que dela se destaca como tópica.

Os diferentes órgãos, por assim dizer, da tópica freudiana também se destacam de um esquema, aquele famoso esquema em forma de ovo no qual vocês imaginam ter a intuição das relações entre o isso, o eu e o supereu. Nele se vê um olho, uma espécie de pipeta que penetra na substância, e que supostamente representa o supereu. É um esquema muito cômodo, e esse é justamente o inconveniente de representar coisas topológicas através de esquemas espaciais. No entanto, essa é uma necessidade à qual eu mesmo não escapo, de vez que igualmente represento a tópica por um esquema espacial, só que procuro fazê-lo com o mínimo possível de inconvenientes. Assim, essa minha redezinha, imaginem que vocês a pegam, amassam, fazem uma bolinha com ela e a colocam no bolso. Pois bem, em princípio, as relações continuam sempre as mesmas, na medida em que são relações ordenadas.

Isso, evidentemente, é mais difícil de fazer com o esquema do ovo, uma vez que ele é inteiramente voltado para a projeção espacial. Por essa razão, vocês imaginam que Freud pretende designar com ele um órgão que está em algum lugar, e no qual há uma protuberância que representa o eu, que entra ali como um olho. Mas, leiam o texto — não há nele nenhuma alusão a seja o que for que tenha esse caráter substancial, e que autorize a imaginar essas instâncias como uma diferenciação orgânica. As diferenciações freudianas são de outra espécie, situam-se numa ordem totalmente diversa do desenvolvimento dos órgãos corporais, precisamente por serem sustentadas pelas identificações.

Era importante lembrar isso, nem que fosse pelo fato de que é algo que pode ir muito longe. Há pessoas que imaginam que, quando fazem uma lobotomia, estão retirando uma fatia do supereu. Não só acreditam nisso como o escrevem, e o fazem a partir dessa ideia.

1

Freud distingue três tipos de identificação. Essa tripartição é nitidamente articulada e nós a encontramos resumida num parágrafo do texto.

O primeiro tipo de identificação é *die ursprünglichste Form der Gefühlsbindung an ein Objekt*, a forma mais originária do laço de sentimento com um objeto.

A segunda forma é aquela sobre a qual Freud estendeu-se particularmente nesse capítulo, e que é a base concreta de toda a sua reflexão a respeito da identificação, intrinsecamente ligada a tudo o que acontece com a tópica — *sie auf regressiven Wege zum Ersatz für eine libidinöse Objektbindung wird, gleichsam durch Introjektion des Objekts ins Ich.* A segunda forma de identificação produz-se no caminho de uma regressão, como substituta de uma ligação com um objeto, ligação libidinal que equivale a uma introjeção do objeto no eu.

Essa segunda forma de identificação é a que, ao longo de todo o discurso de Freud na *Massenpsychologie*, bem como em *Das Ich und das Es*, mais lhe cria problemas, em razão de sua relação ambígua com o objeto. É também nela que se reúnem todos os problemas da análise, em particular o do complexo de Édipo invertido. Por que, num dado momento, em alguns casos, e na forma do complexo de Édipo invertido, o objeto, que é objeto de apego libidinal, transforma-se em objeto de identificação?

Às vezes é mais importante sustentar o problema levantado do que resolvê-lo. Não há absolutamente nada de obrigatório em fazermos uma ideia qualquer de uma possível solução da questão proposta. Essa questão talvez seja a questão central, a questão aquém da qual estamos sempre condenados a ficar, a que constitui o ponto axial. Convém que exista um em algum lugar, porque, onde quer que nos coloquemos para considerar que todas as questões foram resolvidas, restará sempre a questão de saber por que estamos ali — como foi que chegamos ao ponto onde tudo fica claro?

A verdade é que, no presente caso, é claro que deve haver um ponto que faz com que fiquemos, justamente, imersos na questão. Não estou dizendo que seja desse ponto que se trata, mas Freud, por sua vez, em todo caso, gira ao redor dele, e em parte alguma afirma havê-lo resolvido. O importante, ao contrário, é ver como variam as coordenadas desse ponto zero.

Repito. A questão essencial é a da passagem, atestada pela experiência, do amor por um objeto para a identificação subsequente.

A distinção que Freud introduz aqui, entre o apego erótico libidinal ao objeto amado e a identificação com ele, não é diferente daquela a que aludi no fim de um de nossos últimos seminários a respeito da relação com o falo, ou seja, a oposição entre o ser e o ter. Mas a isso vem somar-se o que Freud diz que sua experiência lhe fornece: essa identificação é sempre de natureza regressiva. As coordenadas da transformação de um apego libidinal em identificação mostram que há uma regressão.

Penso que vocês sabem o bastante sobre isso para que eu não precise pôr os pingos nos is. No mínimo, já articulei nas sessões anteriores em que é que se atesta uma regressão. Mas trata-se de saber como articulá-la. Nós a articulamos afirmando que é a escolha dos significantes que dá a indicação da regressão. A regressão ao estágio anal, com todas as suas nuances e variedades, ou ao estágio oral, é sempre a presença, no discurso do sujeito, de significantes regressivos.

Não há outra regressão na análise. Que o sujeito comece a gemer em seu divã como um bebê, ou a lhe imitar os comportamentos, é coisa que às vezes acontece, mas não estamos habituados a ver nessa espécie de trejeitos do paciente a verdadeira regressão que se observa na análise. Quando isso se produz, geralmente não é de muito bom augúrio.

No ponto em que estamos, trataremos de ver em nosso esquema o que querem dizer essas duas formas de identificação. Coloquemo-nos aqui, no nível de necessidade do sujeito — o termo é empregado em Freud.

Assinalo, de passagem, que Freud, justamente a propósito do advento da identificação em suas relações com o investimento no objeto, diz-nos que devemos admitir que o investimento no objeto provém do isso, que percebe as incitações, as pressões, as tensões eróticas como necessidades, o que bem lhes mostra que o isso se propõe como muito ambíguo.

Saliento, igualmente de passagem, que a tradução francesa desses capítulos torna-os ininteligíveis e, por vezes, leva-os a dizerem exatamente o contrário do texto de Freud. O termo *Objektbindung*, investimento do objeto, é traduzido ali por concentração no objeto, o que é de uma obscuridade inacreditável.

Haja o que houver com a perspectiva da necessidade, essas linhas nos dão os dois horizontes da demanda. Aqui encontramos a demanda como articulada, na medida em que toda demanda de satisfação de uma necessidade tem que passar pelos desfiladeiros da articulação que a linguagem torna obrigatórios. Por outro lado, pelo simples fato de passar para o plano do significante, se assim podemos dizer, em sua existência, e não mais em sua articulação, há uma demanda incondicional de amor, e daí resulta, no nível daquele a quem se dirige a demanda, isto é, do Outro, que ele mesmo é simbolizado — o que significa que ele aparece como presença contra um fundo de ausência, que pode se tornar presente como ausência. Notem bem que, antes mesmo de um objeto ser amado no sentido erótico do termo — no sentido de o eros do objeto amado poder ser percebido como necessidade —, a instauração da demanda como tal cria o horizonte da demanda de amor.

Nesse esquema, as duas linhas em que a necessidade do sujeito se articula como significante — a da demanda como demanda de satisfação de uma necessidade e a da demanda de amor — são separadas por uma razão de exigência topológica, mas as observações de agora há pouco se aplicam. A separação não quer dizer que elas não sejam uma só e mesma linha, na qual se inscreve o que articula o filho com a mãe. Há uma superposição permanente do desenrolar do que acontece em ambas essas linhas.

Vocês verão uma aplicação imediata disso: essa ambiguidade é precisamente a que, ao longo de toda a obra de Freud, mantém-se de maneira constante entre a noção de transferência — entenda-se, da ação da transferência na análise — e a noção de sugestão.

Freud nos diz o tempo todo que, afinal, a transferência é uma sugestão, da qual nos servimos a esse título, mas acrescenta: exceto pelo fato de que fazemos com ela uma coisa completamente diferente, já que essa sugestão nós a interpretamos. Ora, se podemos interpretar a sugestão, é porque ela tem um segundo plano. A transferência em potencial está ali. Sabemos muito bem que isso existe, e vou dar-lhes prontamente um exemplo.

A transferência já é, potencialmente, uma análise da sugestão, ela própria é a possibilidade da análise da sugestão, é a articulação secundária daquilo que, na sugestão, impõe-se pura e simplesmente ao sujeito. Em outras palavras, a linha do horizonte na qual se baseia a sugestão está ali, no nível da demanda, da demanda que o sujeito faz ao analista pelo simples fato de ele estar ali.

Essa demanda não é desprovida de variedade. Quais são essas demandas? Como situá-las? É interessante fazer delas o ponto de partida, porque isso varia enormemente. Há pessoas, de fato, para quem a demanda de cura está ali, premente, a todo instante. Outras, mais prevenidas, sabem que ela está adiada para o dia seguinte. Há outras que estão ali por outra coisa que não a demanda de cura, estão ali para ver. Há as que estão ali para se tornar analistas. Mas que importância há em saber qual é o lugar da demanda, uma vez que o analista, mesmo que não atenda a ela, pelo simples fato de ser instituído, atende? — o que é constitutivo de todos os efeitos de sugestão.

A ideia que se costuma ter é que a transferência é aquilo graças ao qual a sugestão funciona. O próprio Freud escreveu que, se convém deixar que se estabeleça a transferência, é por ser legítimo utilizar o poder de quê? — de sugestão, que a transferência confere. A transferência é concebida aí como a tomada do poder do analista sobre o sujeito, como o vínculo afetivo que faz o sujeito depender dele, e do qual é legítimo nos servirmos para que uma interpretação seja aceita. Que quer dizer isso, se não enunciar da maneira mais clara que nos servimos da sugestão? Para dar nome às coisas, é pelo fato de o paciente chegar a gostar de nós que nossas interpretações são deglutidas. Estamos no plano da sugestão. Ora, é claro que Freud não pretende limitar-se a isso.

Há quem nos diga: — *Sim, é simples, vamos analisar a transferência, vocês vão ver, e isso fará esvanecer-se por completo a transferência*. Destaco esses termos, porque eles não são os meus, mas os que estão implícitos em todas as discussões da transferência como dominação afetiva sobre o sujeito. Considerar que nós nos distinguimos daquele que se apoia em seu poder sobre o paciente para fazer a interpretação ser aceita, daquele que sugestiona, portanto, pelo fato de que vamos analisar esse efeito de poder, que é isso senão remeter a questão ao infinito? Pois é ainda a partir da transferência que analisaremos o fato de o sujeito aceitar a interpretação. Não há nenhuma possibilidade de sair, por esse caminho, do círculo infernal da sugestão. Ora, nós supomos, justamente, que uma outra coisa é possível. Trata-se, pois, de que a transferência é diferente do uso de um poder.

A transferência já é, em si mesma, um campo aberto, a possibilidade de uma outra articulação significante, diferente da que encerra o sujeito na demanda. Por isso é legítimo, qualquer que seja seu conteúdo, colocar essa linha no horizonte. Chamo-a aqui de linha da transferência. Ela é algo de articulado, que existe potencialmente para além do que se articula no plano da demanda, onde vocês encontram a linha da sugestão.

Ora, o que está ali no horizonte é o que é produzido pela demanda como tal, ou seja, a simbolização do Outro e a demanda incondicional de amor. É aí que vem alojar-se o objeto posteriormente, mas como objeto erótico, almejado pelo sujeito. Quando Freud nos diz que a identificação que sucede a essa visada do objeto como amado e que a substitui é uma regressão, o que se está tratando é da ambiguidade da linha da transferência com a linha da sugestão.

Articulei há muito tempo, logo no começo: é na linha da sugestão que se faz a identificação sob sua forma primária, aquela que conhecemos bem, que é a identificação com as insígnias do Outro como sujeito da demanda, aquele que tem o poder de satisfazê-la ou não satisfazê-la, e que marca a todo instante essa satisfação com algo que é, no primeiro plano, sua linguagem, sua fala.

Sublinhei a importância essencial das relações faladas da criança. Todos os outros sinais, toda a pantomima da mãe, como se dizia ontem à noite, articulam-se em termos significantes, que se cristalizam no caráter convencional das chamadas mímicas emocionais com que a mãe se comunica com o filho. Toda espécie de expressão das emoções no homem tem um caráter convencional. Não é preciso ser freudiano para saber que a pretensa espontaneidade expressiva das emoções revela-se, quando examinada, não somente problemática, mas arquioscilante. Aquilo que, num certo território de articulação significante, expressa uma certa emoção pode, em outro território, ter um valor expressivo completamente diferente.

Logo, se a identificação é regressiva, é precisamente na medida em que a ambiguidade continua permanente entre a linha de transferência e a linha de sugestão. Dito de outra maneira, não há por que nos surpreendermos ao ver, na sequência e nos desvios da análise, as regressões se escandirem por uma série de identificações que lhes são correlatas e que marcam os tempos, o ritmo. Além disso, elas são diferentes — não pode haver ao mesmo tempo regressão e identificação. Umas são as paradas, as pausas das outras. Mas a verdade é que, se há transferência, é justamente para que essa linha superior seja mantida num outro plano que não o da sugestão, isto é, para que ela seja visada não como uma coisa à qual não corresponde nenhuma satisfação da demanda, mas como uma articulação significante como tal. É isso que distingue uma da outra.

Vocês me dirão: — *Qual é a operação que faz com que as mantenhamos distintas?* Nossa operação é, justamente, abstinente ou abstencionista. Consiste em nunca ratificar a demanda como tal. Isso nós sabemos, mas essa abstenção, ainda que seja essencial, não é suficiente por si só.

Salta aos olhos o seguinte — é exatamente por ser da natureza das coisas que essas duas linhas permaneçam distintas que elas podem manter-se assim. Em outras palavras, elas podem continuar distintas porque, para o sujeito, assim o são, e porque entre as duas há todo esse campo que, graças a Deus, não é tênue, e que nunca é abolido. Chama-se o campo do desejo.

Por conseguinte, tudo o que nos é pedido é que não favoreçamos essa confusão por nossa presença ali como Outro. Ora, pelo simples fato de estarmos ali para ouvir como Outro, isso é difícil, ainda mais se, pela maneira como entramos nisso, acentuamos o chamado caráter permissivo da análise. Ele é permissivo unicamente no plano verbal, mas isso basta. Basta que as coisas sejam permissivas no plano verbal para que o paciente fique satisfeito, não, é claro, no plano real, mas no plano verbal. E basta que ele fique satisfeito no plano da demanda para que se estabeleça irremediavelmente a confusão entre a linha de transferência e a linha de sugestão. O que significa que, por nossa presença, e na medida em que escutamos o paciente, tendemos a fazer com que se confunda a linha de transferência com a linha da demanda. Somos, portanto, a princípio, nocivos.

Embora a regressão seja nosso caminho, ele é um caminho descendente. Não designa o objetivo de nossa ação, mas seu desvio. É preciso que mantenhamos isso ininterruptamente diante de nosso espírito. Há toda uma técnica da análise que não tem outro objetivo senão estabelecer essa confusão, e é por isso que leva à neurose de transferência. Depois vocês veem escrito, numa revista chamada *Revue Française de Psychanalyse*, que, no que concerne a resolver a questão da transferência, só há uma coisa a fazer — mandar o paciente sentar-se, dizer-lhe coisas gentis, mostrar-lhe que o tempo está bonito lá fora e lhe dizer que se vá, transpondo a porta com passos leves, de maneira a não tirar as moscas do lugar. E isso dito por um grande técnico.

Graças a Deus, há entre as duas linhas, precisamente, alguma coisa que impede que essa confusão irremediável se estabeleça. E isso é tão evidente que os hipnotizadores, ou simplesmente aqueles que se interessaram pela hipnose, sabem muito bem que nenhuma sugestão, por mais bem-sucedida que seja, apodera-se totalmente do sujeito.

Façamos aqui a pergunta — o que resiste?

2

O que resiste é o desejo.

Não direi nem mesmo este ou aquele desejo do sujeito, pois isso é evidente, mas, essencialmente, o desejo de ter seu próprio desejo. Isso é ainda mais evidente, o que não é razão para não dizê-lo.

O que o esquema enumera e ordena são as formas necessárias à manutenção do desejo, graças a que o sujeito continua a ser um sujeito dividido, o que é da natureza mesma do sujeito humano. Quando ele não é mais um sujeito dividido, é louco. Ele continua a ser um sujeito dividido, porque há ali um desejo cujo campo também não deve ser muito cômodo manter, uma vez que lhes estou explicando que uma neurose se constrói como se constrói para manter algo de articulado que se chama desejo.

Essa é a definição certa. Com efeito, a neurose não é uma força ou fraqueza maior ou menor do desejo, nem é uma fixação, imaginada como o fato de que, num certo ponto, o sujeito enfiou o pé num vidro de cola. A fixação, se é que se parece com alguma coisa, é mais com estacas destinadas a manter algo que, de outro modo, escaparia.

A força do desejo nos neuróticos, aquilo a que chamamos elemento quantitativo, é muito variável. Essa variedade constitui um dos argumentos mais convincentes para estabelecer a autonomia do que é chamado de modificação estrutural na neurose. Salta aos olhos, na experiência, que neuróticos com uma mesma forma de neurose são pessoas muito diversamente dotadas sob o aspecto do que um dos autores em causa chamou, em algum lugar, a respeito da neurose obsessiva, de *a sexualidade exuberante e precoce* de um de seus pacientes.

Trata-se, no caso, de um sujeito de quem se diz que se masturbava beliscando ligeiramente a parte periférica do prepúcio. Persuadido de que iria causar-se lesões irreparáveis, não se atrevia a lavar o pênis, e teve de consultar um médico diante dos fracassos repetidos de suas tentativas de coito. Bem sabemos que isso são apenas sintomas, e que o sujeito se revelaria, em meio a sua análise, perfeitamente capaz de cumprir seus deveres de marido e satisfazer sua mulher. Mas, enfim, seja qual for a força que suponhamos que sustente esses sintomas, mesmo assim não qualificaremos de exuberante uma sexualidade que se deixa definhar e enganar a ponto de alguém poder fornecer essa descrição de um sujeito já chegado a uma idade avançada. Isso não quer dizer que outro neurótico obsessivo não lhes mostre um quadro diferente, que justifique que qualifiquemos sua sexualidade de exuberante, ou até de precoce.

Essa diferença, perfeitamente sensível nos casos clínicos, não nos impede de reconhecer que se trata, em todas as situações, de uma mesma e única neurose obsessiva. O porquê de ela ser uma neurose obsessiva situa-se num lugar totalmente diferente do elemento quantitativo do desejo. Se ele intervém, é unicamente na medida em que terá de passar pelos desfiladeiros da estrutura, pois o que caracteriza a neurose é a estrutura.

No caso do obsessivo, seja seu desejo forte ou fraco, esteja o sujeito em plena puberdade ou venha procurar-nos quando tem quarenta ou cinquenta anos — isto é, no momento em que seu desejo, de qualquer modo, está declinando, e em que ele deseja ter uma ideiazinha do que aconteceu, ou seja, daquilo de que não entendeu nada até esse momento de sua existência —, em todos os casos, evidencia-se que ele está ocupado, durante todo o tempo de sua existência, em colocar seu desejo numa posição forte, em constituir uma praça forte do desejo, e isso no plano de relações que são essencialmente significantes. Nessa praça forte habita um desejo fraco ou um desejo forte, a questão não é essa. Uma coisa é certa, é que as praças fortes são sempre uma faca de dois gumes. As que são construídas para as pessoas se protegerem do que está do lado de fora são muito mais incômodas para quem está do lado de dentro, e o problema está aí.

A primeira forma de identificação nos é definida, portanto, pelo primeiro vínculo com o objeto. Trata-se, para esquematizar, da identificação com a mãe. A outra forma de identificação é a identificação com o objeto amado como regressiva, isto é, como algo que deveria produzir-se em outro lugar, num ponto do horizonte que não é fácil de atingir, porque a demanda, justamente, é incondicional, ou, mais exatamente, está submetida unicamente à condição da existência do significante, na medida em que, fora da existência do significante, não há nenhuma abertura possível da dimensão amorosa como tal. Esta é, pois, inteiramente dependente da existência do significante, mas, no interior dessa existência, não o é por nenhuma articulação particular. É por essa razão que ela não é fácil de formular, já que nada pode completá-la, preenchê-la, nem mesmo a totalidade de meu discurso durante minha vida inteira, uma vez que ela é, ainda por cima, o horizonte de meus discursos.

Isso levanta exatamente a questão de saber o que significa o S barrado nesse nível. Em outras palavras, de que sujeito se trata?

Não há por que nos surpreendermos com o fato de isso jamais constituir senão um horizonte. O problema todo é saber o que irá construir-se nesse intervalo. O neurótico vive o paradoxo do desejo exatamente como todo o mundo, porque não há ser humano inserido na condição humana que escape a isso. A única diferença que caracteriza o neurótico quanto ao desejo é que ele está aberto à existência desse paradoxo como tal, o que, é óbvio, não lhe simplifica a vida, mas também não o coloca numa posição tão ruim, sob certo ponto de vista.

Poderíamos, nesta oportunidade, articular o ponto de vista do filósofo e questioná-lo da mesma maneira. O neurótico, de fato, está num caminho que tem um certo parentesco com o que o filósofo articula, ou, pelo menos, com o que deveria articular, porque, na verdade, esse problema do desejo, porventura vocês já o viram articulado efetivamente, e cuidadosamente, e corretamente, e poderosamente, na via do filósofo? Até hoje, o que me parece uma das coisas mais características da filosofia é que isso é o que há de mais cuidadosamente evitado em seu campo.

Isso me impeliria a abrir um outro parêntese sobre a filosofia da ação, e que levaria às mesmas conclusões, ou seja, que da ação se fala a torto e a direito. Aí se vê não sei qual intrusão da espontaneidade, da originalidade do homem como aquele que aparece para transformar os dados do problema, o mundo, como se costuma dizer. É singular que nunca se valorize o que é para nós uma verdade da experiência, a saber, o caráter profundamente paradoxal da ação, totalmente aparentado com o paradoxo do desejo. Comecei a lhes apresentar seus traços e seus relevos da última vez, ao aludir ao caráter de proeza, de desempenho, de demonstração, ou até de saída desesperada da ação.

Estes termos que emprego não são meus, porque o termo *vergreifen* é empregado por Freud para designar a ação paradoxal, generalizada, humana. A ação humana está, muito especialmente, ali onde se pretende designá-la, de acordo com a história. Meu amigo Kojève fala da travessia do Rubicão como de um ponto de confluência, de solução harmoniosa entre o presente, o passado e o futuro de César, ainda que, da última vez em que passei ao lado desse Rubicão, só o tenha visto seco. Ele era imenso quando César o atravessou, mas não era a mesma estação. Mesmo que César tenha atravessado o Rubicão com o talento de César, sempre há, no fato de atravessar o Rubicão, alguma coisa que implica que nos joguemos na água, uma vez que se trata de um rio.

Em outras palavras, a ação humana não é algo tão harmonioso assim. Para nós, analistas, a coisa mais espantosa do mundo é que ninguém na análise se tenha proposto articular o que concerne à ação nessa perspectiva paradoxal em que sempre a vemos. Nunca vemos outra, aliás, o que nos cria bastante dificuldade para definir bem o *acting out*. Em certo sentido, ele é uma ação como qualquer outra, mas que ganha relevo justamente por ser provocada pelo fato de utilizarmos a transferência, isto é, de fazermos alguma coisa extremamente perigosa, ainda mais que, como vocês estão vendo a partir do que lhes sugiro, não temos uma ideia muito precisa do que ele é.

Talvez uma indicação de passagem sobre a resistência lhes esclareça o que estou querendo dizer. Em alguns casos, o sujeito não aceita as interpretações tais como as apresentamos a ele no plano da regressão. Para nós elas parecem funcionar, mas para ele não parecem colar de jeito nenhum. Então, dizemos que o sujeito está resistindo, e que acabará indo embora se insistirmos, visto que estamos sempre prontos a bater na tecla da sugestão. Ora, essa resistência pode não ser sem valor. Que valor tem ela? Na medida em que expressa a necessidade de articular o desejo de outra maneira, ou seja, no plano do desejo, ela tem, muito precisamente, o valor que Freud lhe dá em alguns textos. Se ele a chama de *Übertragungswiderstand*, resistência da transferência, é por ela ser a mesma coisa que a transferência. Trata-se da transferência no sentido em que lhes falei há pouco. A resistência visa manter a outra linha, a da transferência, na qual a articulação tem uma exigência diferente da que lhe damos quando atendemos imediatamente à demanda. Esse lembrete corresponde apenas a evidências, mas evidências que, mesmo assim, precisavam ser articuladas.

Para concluir, no que tange à segunda identificação, qual é o ponto em que se julga o que acontece como regressivo? É a incitação da transferência que permite essa bagunça dos significantes chamada regressão, mas ela não deve parar por aí, deve, ao contrário, levar-nos mais além. É isso que estamos tentando almejar neste momento, ou seja, como operar com a transferência? A transferência tende, naturalmente, a se degradar em algo que continuamos podendo satisfazer de uma certa maneira em seu nível regressivo, daí o fascínio pela ideia de frustração, daí as diferentes articulações que se exprimem de mil maneiras na relação de objeto, e a concepção de análise que decorre daí.

Todas as maneiras de articular a análise tendem sempre a se degradar, o que não impede que a análise, ainda assim, seja outra coisa.

3

A terceira forma de identificação, Freud a articula como aquela que pode nascer de uma comunhão recém-percebida com uma pessoa que não é objeto de uma pulsão sexual, *sie bei jeder neu wahrgenommenen Gemeinsamkeit mit einer Person, die nicht Objekt der Sexualtrieb ist.* Onde se situa essa terceira identificação?

Freud a exemplifica de um modo que não deixa nenhuma ambiguidade quanto à maneira de transpô-la para este esquema. Como lhes tenho dito todo esse tempo, em Freud isso é sempre dito da maneira mais clara. Ele toma como exemplo a identificação histérica. Para a histérica, o problema é fixar seu desejo em algum lugar, naquele sentido em que um instrumento de óptica permite fixar um ponto. Esse desejo vem a apresentar para ela algumas dificuldades especiais. Tentemos articulá-las com mais exatidão.

Esse desejo está fadado, para ela, a sabe-se lá que impasse, uma vez que ela só pode realizar essa fixação do ponto de seu desejo sob a condição de se identificar com uma coisa qualquer, com um pequeno traço. Onde lhes falo de uma *insígnia*, Freud fala de um traço, um traço único, *einziger Zug*, não importa qual, num outro qualquer em quem ela possa pressentir que existe o mesmo problema do desejo. Isso equivale a dizer que seu impasse escancara para a histérica as portas do outro, pelo menos do lado de todos os outros, isto é, de todos os histéricos possíveis, ou de todos os momentos histéricos de todos os outros, na medida em que ela pressinta neles por um instante o mesmo problema, que é o da pergunta referente ao desejo.

Para o obsessivo, a pergunta, embora se articule de modo um pouco diferente, é exatamente a mesma do ponto de vista da relação, da topologia, e por bons motivos. A identificação de que se trata situa-se aqui, em ($\$\Diamond a$), ali onde lhes apontei a fantasia, da última vez. Há um ponto em que o sujeito tem de estabelecer uma certa relação imaginária com o outro, não em si, por assim dizer, mas na medida em que essa relação lhe traz uma satisfação. Freud nos deixa bem claro que essa é uma pessoa que não tem nenhuma relação com qualquer *Sexualtrieb*. É outra coisa — é um suporte, é uma marionete da fantasia.

Dou aqui à palavra fantasia toda a extensão que vocês quiserem. Trata-se da fantasia tal como a articulei da vez passada, no que ela pode ser uma fantasia inconsciente. O outro, aqui, serve apenas para isto, que não é pouco: para permitir ao sujeito manter uma certa posição que evite o colapso do desejo, isto é, que evite o problema do neurótico.

Aí está a terceira forma de identificação, que é essencial.

Seria demorado demais entrarmos agora na leitura do artigo de Bouvet publicado na *Revue Française de Psychanalyse*, onde também figura meu trabalho "A agressividade em psicanálise". Esse artigo chama-se "A importância do aspecto homossexual da transferência" e eu lhes peço que o leiam, pois voltarei a falar dele. Eu gostaria apenas de articular, hoje, o ponto exato onde aponto o erro da técnica de análise de que se trata.

O que se produz na análise, na medida em que aparece nas fantasias o objeto fálico, nomeadamente o falo do analista, produz-se num ponto de proliferação que já está instituído, mas que sempre pode ser estimulado. É nesse ponto que o sujeito como obsessivo assegura, através de sua fantasia, a possibilidade de se manter em face de seu desejo — possibilidade muito mais espinhosa, perigosa, do que para a histérica. É aqui que aparece, portanto, *a*, o falo fantasístico. Nessa técnica que estou apontando, é aí que o analista se faz premente, insistente, através de suas interpretações, para que o sujeito consinta em comungar, em engolir, em incorporar fantasisticamente esse objeto parcial.

Digo que isso é um erro de plano. Equivale a fazer passar para o plano da identificação sugestiva, o da demanda, aquilo que está sendo posto em questão. Equivale a favorecer uma certa identificação imaginária do sujeito, tirando proveito, por assim dizer, da influência dada pela posição sugestiva acessível ao analista com base na transferência. Equivale a dar uma solução falsa, desviada, lateral, ao que está em questão, não digo em suas fantasias, mas no material que ele efetivamente leva ao analista. Isso se lê nas próprias observações de caso, onde ouvimos construir-se a esse respeito toda uma teoria do objeto parcial, da distância do objeto, da introjeção do objeto e de tudo o que vem depois. Vou dar-lhes um exemplo.

É perceptível a todo momento, nesse caso, que a solução da análise do obsessivo está em que ele venha a descobrir a castração pelo que ela é, ou seja, pela lei do Outro. É o Outro que é castrado. Por razões que se prendem à sua falsa implicação nesse problema, o próprio sujeito sente-se ameaçado por essa castração, num plano tão agudo que não consegue aproximar-se de seu desejo sem sentir seus efeitos. O que estou dizendo é que o horizonte do Outro, do grande Outro como tal, como distinto do pequeno outro, pode ser tocado a todo momento nesse caso.

Sua anamnese evidencia o seguinte: na primeira vez em que ele tem uma aproximação com uma menina, ele foge, angustiado, vai confiar-se a sua mãe, e se sente completamente tranquilizado a partir do momento em que lhe dizem: — *Vou lhe dizer tudo*. É só tomar esse material ao pé da letra. Sua manutenção subjetiva virtual passa de saída por uma referência apaixonada ao Outro como lugar da articulação verbal. É aí que, a partir de então, o sujeito irá investir-se inteiramente. Esse é seu único refúgio possível diante do pânico que ele experimenta ante a aproximação de seu desejo. Isso já está inscrito, a questão é ver o que há por baixo.

Uma vez tendo vindo à luz certas fantasias, após todo tipo de solicitações do analista, chegamos a um sonho que o analista interpreta como o fato de que a tendência homossexual passiva do sujeito torna-se patente. Eis o sonho: — *Eu o acompanho à sua residência particular. Em seu quarto há uma cama grande. Deito-me nela. Fico extremamente incomodado. Há um bidê num canto do quarto. Fico contente, embora pouco à vontade*. É dito que, após a preparação desse sujeito pelo período anterior da análise, ele não sente muitas dificuldades em admitir a significação homossexual passiva desse sonho.

Será que, a seu ver, isso é o que basta articular? Sem sequer retomarmos a observação — onde estão presentes todos os indícios que provam que isso não basta —, atendo-nos ao próprio texto do sonho, uma coisa é certa: é que o sujeito vem se colocar, é o caso de dizer, no lugar do Outro — *Estou em sua residência particular. Estou deitado em sua cama*.

Homossexual passivo, por quê? Até segunda ordem, nada se manifesta aí que, nessa oportunidade, faça do Outro um objeto de desejo. Ao contrário, vejo claramente desenhado aí, numa posição terceira e num canto, algo que é plenamente articulado e ao qual ninguém parece prestar atenção, embora não esteja ali à toa. É o bidê.

Desse objeto, podemos dizer, ao mesmo tempo, que ele presentifica o falo e não o mostra, já que não suponho que, no sonho, haja uma indicação de que alguém esteja ocupado em se servir dele. O bidê está ali indicando o que é problemático. Não é à toa que ele surge, esse famoso objeto parcial. Ele é o falo, mas, se assim posso dizer, como pergunta: o Outro o tem ou não o tem? Essa é a ocasião de mostrá-lo. O Outro o é ou não o é? Isso é o que está por trás. Em suma, é a questão da castração.

Esse obsessivo, aliás, está às voltas com todo tipo de obsessões de limpeza, que mostram que, ocasionalmente, esse instrumento pode ser uma fonte de perigo. O bidê, durante muito tempo, presentificou o falo para ele, pelo menos o seu. O que é problemático para esse sujeito é a questão a respeito do falo.

Do falo enquanto utilizado como sendo objeto da operação simbólica que faz com que no Outro, no nível do significante, ele seja o significante do que é atingido pela ação do significante, do que está sujeito à castração. A meta não é saber se o sujeito, no final, se sentirá confortado pela assunção em si de um poder superior, pela assimilação a alguém mais forte do que ele, mas saber como ele terá resolvido efetivamente a questão que está implícita no horizonte, na própria linha do que é indicado pela estrutura da neurose, ou seja, a aceitação ou não do complexo de castração, na medida em que esta só pode ser realizada em sua função significante.

É aí que se distingue uma técnica da outra, independentemente da legitimidade ligada à estrutura e ao próprio sentido do desejo do obsessivo.

No simples plano da solução terapêutica obtida, a considerarmos simplesmente o nó, o fechamento, a cicatriz, digamos, que resulta dela, não há dúvida de que uma certa técnica é desfavorável a um desfecho correto, não corresponde ao que se pode chamar de uma cura, nem mesmo de uma ortopedia, ainda que claudicante.

Somente a outra pode dar não apenas a solução correta, mas a solução eficaz.

4 DE JUNHO DE 1958

XXV

A SIGNIFICAÇÃO DO FALO NO TRATAMENTO

Leitura do esquema
A redução à demanda
Da fantasia à mensagem
Um tratamento de neurose obsessiva feminina
Para além do complexo de castração

Retomaremos nossa colocação, sempre com a ajuda de nosso esqueminha.

Alguns de vocês se perguntam sobre o pequeno sinal em forma de losango, tal como é empregado, por exemplo, quando escrevo $\$$ à frente do *a* minúsculo. Isso não me parece extremamente complicado, mas, enfim, já que alguns se fazem essa pergunta, vou responder.

1

Lembro que o losango em questão é a mesma coisa que o quadrado de um esquema fundamental muito mais antigo, que lhes reproduzi aqui mesmo, em janeiro, de uma forma simplificada, e no qual se inscreve a relação do sujeito com o Outro como lugar da fala e como mensagem. Essa foi uma primeira aproximação que fizemos daquilo que vem do Outro, e que depara com a barreira da relação *a-a'*, que é a relação imaginária.

O losango exprime a relação do sujeito — barrado ou não barrado, conforme o caso, isto é, conforme seja marcado pelo efeito do significante ou o consideremos simplesmente como um sujeito ainda indeterminado, não fendido pela *Spaltung* que resulta da ação do significante —, a relação desse sujeito, portanto, com o que é determinado por essa relação quadrática. Quando a inscrevo assim, ($◊*a*), relação do sujeito $ com o pequeno outro (*a*), ou seja, com o semelhante, com o outro imaginário, isso não é determinado de outra maneira quanto aos vértices dessa armação. Se escrevo $ em relação à demanda, ou seja, ($◊D), é a mesma coisa, isso não decide de antemão o ponto desse quadradinho no qual intervém a demanda como tal, isto é, enquanto articulação de uma necessidade sob a forma do significante.

Em nosso esquema deste ano, temos, no nível superior, uma linha que é uma linha significante e articulada. Uma vez que ela se produz no horizonte de qualquer articulação significante, ela é o pano de fundo fundamental de toda articulação de uma demanda. No nível inferior, isso geralmente é articulado, por pior que seja. Temos uma articulação precisa, uma sucessão de significantes, dos fonemas.

Liguemos nosso comentário à linha superior, que está para além de qualquer articulação significante.

Essa linha corresponde ao efeito da articulação significante tomada em seu conjunto, na medida em que, por sua simples presença, ela faz aparecer o simbólico no real. É em sua totalidade, ou por se articular, que ela faz surgir o horizonte ou a possibilidade da demanda, esse poder da demanda que consiste em que ela seja, essencialmente e por natureza, demanda de amor, demanda de presença, com toda a ambiguidade que convém introduzir nisso.

É para fixar alguma coisa que falo aqui de amor. O ódio, nesse caso, tem o mesmo lugar. É unicamente nesse horizonte que a ambivalência do ódio e do amor pode ser concebida. É também nesse horizonte que podemos ver chegar ao mesmo ponto um terceiro termo, homólogo do amor e do ódio em relação ao sujeito, que é a ignorância.

Temos na linha superior, à esquerda, o significante do Outro como marcado pela ação do significante, ou seja, do A barrado — S(Ⱥ). Esse ponto preciso é homólogo ao ponto em que, na linha da demanda, aparece, no esquema fundamental de qualquer demanda, o retorno da passagem da demanda pelo Outro a que se chama mensagem, *s*(A). O que tem de se produzir no ponto de mensagem, na segunda linha, é justamente a mensagem de um significante que expressa que o Outro é marcado pelo significante. Isso não quer dizer que essa mensagem se produza. Ela está ali como possibilidade de se produzir.

Por outro lado, ele é também homólogo ao ponto em que a demanda chega ao Outro, isto é, onde ela é submetida à existência do código no Outro, lugar da fala. Vocês têm nesse horizonte, igualmente, aquilo que pode produzir-se sob a forma do que chamamos conscientização. Mas não é uma simples tomada de consciência, é a articulação pelo sujeito, como falante, de sua demanda como tal, em relação à qual ele se situa — ($◊D). Que isso deve poder produzir-se é a pressuposição fundamental da própria análise. É o que se produz no primeiro plano da análise. É, no primeiro plano, mas não essencialmente, a renovação de suas demandas pelo sujeito. Naturalmente, de certa maneira, há uma renovação, mas é uma renovação articulada. É em seu discurso que o sujeito faz aparecer, quer diretamente, quer nas entrelinhas do discurso — e, certamente, é sempre muito mais importante para nós quando é nas entrelinhas —, pela forma e pela natureza de sua demanda, os significantes sob os quais essa demanda se formula. É na medida em que essa demanda se formula em significantes arcaicos que falamos, por exemplo, de regressão anal ou oral.

Eu quis introduzir, da última vez, que tudo o que se produz como sendo da natureza da transferência depende da existência dessa linha de fundo. Ela parte de um ponto que podemos indicar pelo Φ e termina com um Δ, cujo sentido precisaremos posteriormente. Essa linha é a base do efeito do significante na economia subjetiva.

A transferência propriamente dita situa-se em relação a essa linha. Tudo o que é da ordem da transferência, conforme a ação do analista ou sua inação, conforme sua abstenção ou não abstenção, tende sempre a funcionar nessa zona intermediária, mas também pode reduzir-se sempre à articulação da demanda. Mais ainda, é da natureza da articulação verbal em análise que alguma coisa venha articular-se a todo momento no plano da demanda. Mas, se a lei analítica é que não se satisfará nenhuma demanda do sujeito, não é por outra razão senão que especulamos com o fato de que a demanda tenderá a funcionar em outro lugar que não o plano das demandas precisas, formuladas, passíveis de ser ou não satisfeitas. Todo o mundo concorda — o que funciona não é frustrarmos o sujeito no que ele possa ocasionalmente nos pedir, seja simplesmente que lhe respondamos, seja, em casos extremos, que ele nos beije a mão. O que funciona é uma frustração mais profunda, que se vincula à própria essência da fala, no que ela faz surgir o horizonte da demanda, que chamei simplesmente, para fixar as ideias, de demanda de amor, e que também pode ser demanda de outra coisa. Por exemplo, uma certa demanda concernente ao reconhecimento de seu ser, com tudo o que isso faz surgir de conflitos quando o analista, por sua presença e como semelhante, o nega — a negação hegeliana da relação das consciências perfila-se aqui, vez por outra. Ou então, uma demanda de saber, que também está naturalizada no horizonte da relação analítica.

Em que está isso implicado no sintoma? De que serve na resolução das neuroses? É aí que convém introduzir a zona intermediária.

Numa relação topológica com essas duas linhas, tal como formadas por qualquer articulação da fala na análise, situam-se os quatro vértices desse outro lugar de referência do sujeito ao Outro que é o lugar de referência imaginário, na medida em que ele é apenas um falso vértice.

A relação narcísica ou especular do eu com a imagem do outro fica aquém, é anterior, inteiramente implicada na primeira relação da demanda. Essa relação situa-se na linha *m-a*.

Mais além, entre a linha da demanda articulada e a de seu horizonte essencial, estende-se a zona intermediária, zona de todas as articulações. A linha superior também é articulada, é claro, uma vez que é sustentada pelo que é articulado, mas isso não significa que seja articulável, pois o que está no horizonte aqui, como termo último, propriamente falando, nada basta para formulá-lo de maneira completamente satisfatória, a não ser pela continuação indefinida do desenvolvimento da fala.

É nessa zona intermediária que se situa o que se chama desejo, indicado pelo *d* minúsculo. É o desejo que é propriamente convocado em toda a economia do sujeito e que está implicado no que se revela na análise, isto é, naquilo que se põe a se mover na fala, num jogo de oscilação entre os significantes terra a terra da necessidade, por assim dizer, e o que resulta, para além da articulação significante, da presença constante do significante no inconsciente, na medida em que o significante já esculpiu, formou, estruturou o sujeito. É nessa zona intermediária que se situa o desejo, o desejo do homem como aquele que é o desejo do Outro. Ele está para além da necessidade, para além da articulação da necessidade à qual o sujeito é levado pela exigência de valorizá-la para o Outro, para além de qualquer satisfação da necessidade. Ele se apresenta em sua forma de condição absoluta e se produz na margem entre a demanda de satisfação da necessidade e a demanda de amor. O desejo do homem, para ele, tem sempre de ser buscado no lugar do Outro como lugar da fala, o que faz com que o desejo seja um desejo estruturado nesse lugar do Outro.

Essa é toda a problemática do desejo. É o que o faz ficar submetido à dialética e às formações do inconsciente. É o que faz com que tenhamos de nos haver com ele e possamos influir nele, conforme ele seja ou não articulado na fala em análise. Não haveria análise se não houvesse essa situação fundamental.

Temos aqui, em ($\$\lozenge a$), o correspondente e o suporte do desejo, o ponto em que ele se fixa em seu objeto, o qual, muito longe de ser natural, é sempre constituído por uma certa posição do sujeito em relação ao Outro. É com a ajuda dessa relação fantasística que o homem se encontra e situa seu desejo. Daí a importância das fantasias. Daí a raridade do termo instinto em Freud — trata-se sempre de pulsão, *Trieb*, termo técnico dado a esse desejo na medida em que a fala o isola, fragmenta-o e o coloca na relação problemática e desarticulada com seu objetivo à qual chamamos direção da tendência, cujo objeto, por outro lado, está submetido à substituição e ao deslocamento, ou a todas as formas de transformação e equivalência, bem como oferecido ao amor, que faz dele sujeito da fala.

2

Havíamos chegado, da última vez, a nos concentrar em estudos da neurose obsessiva dos quais, em diversas ocasiões, convidei-os a tomar conhecimento, e que devem ter a ver com o que se diz aqui, nem que seja porque alguns dos termos implicados neles — distância do objeto, objeto fálico, relação com o objeto — não podem deixar de nos incitar a avaliá-los retrospectivamente, à luz do que lhes trago aqui.

Assim, eu havia apanhado em sua narrativa de análise dois casos de neurose obsessiva extraídos do artigo "A importância do aspecto homossexual da transferência", e lhes assinalei o caráter problemático do resultado desta ou daquela sugestão, digamos, direção, ou até interpretação. A propósito de um sonho, em particular, apontei o quanto alguns pressupostos, algumas simplificações do sistema, levam a eludir certos elementos relevantes e, portanto, o próprio sonho.

Falou-se de sonho de transferência homossexual, como se isso pudesse ter sentido ali onde o próprio sonho oferece a imagem daquilo de que se trata, ou seja, uma relação que está longe de ser dual. Assim, o sujeito foi transportado para a cama do analista, sentindo-se ao mesmo tempo à vontade e com uma atitude que podemos qualificar de expectante, conforme o conteúdo manifesto, desde que não desprezemos a presença articulada e essencial dessa cama. Mostrei-lhes a presença de um objeto sob a forma picante do famoso bidê. Fica-se ainda mais surpreso ante o fato de o analista não se deter nisso, na medida em que um outro texto do mesmo mostra que ele está longe de ignorar a significação propriamente fálica do que alguns analistas chamaram de pênis invaginado ou em taça, considerando que essa é uma das formas em que pode apresentar-se o significante falo no nível da assunção da imagem fálica pelo sujeito feminino. Essa espécie de Graal era de molde, pelo menos, a reter a atenção, ou a suscitar uma certa prudência naquele que interpreta em termos de relação a dois.

Essa segunda observação de caso — reli-a mais uma vez, como li também a precedente — não é a mais interessante de criticar, porque nela as coisas são levadas a um nível de evidência. Tomemos ao acaso essa intervenção. Uma outra da mesma natureza já fora feita anteriormente, mas voltamos a ela porque o sujeito fora tão bem atraído para o terreno de aprofundar a transferência homossexual, que a situação de transferência ia se tornando cada vez mais precisa, francamente homossexual, e foi preciso insistir para vencer alguns silêncios.

Aludimos, assim, ao fato de que, mesmo se existem entre os homens relações afetuosas, designadas pelo nome de amizade e com as quais ninguém se sente humilhado, essas relações sempre assumem um certo caráter de passividade para um dos parceiros, quando este se acha necessitado de receber do outro um ensinamento, instruções ou certos incentivos. Nesse momento difícil, tivemos a ideia de usar uma analogia que podia ser sentida de plano *por esse ex-oficial. Por que os homens em combate deixam-se matar por um líder a quem amam, a não ser, justamente, por aceitarem com absoluta ausência de resistência, isto é, com uma passividade total, suas instruções e suas ordens? Assim, eles abraçam a tal ponto os sentimentos e as ideias do líder, que se identificam com ele e sacrificam sua vida como ele próprio faria, se estivesse em seu lugar.*

Vocês estão vendo que uma intervenção dessa espécie tem de requerer uma zona muito importante de silêncio, sobretudo quando se sabe que o analista escolheu esse exemplo porque seu paciente era militar.

Eles só podem agir assim porque amam passivamente o líder. Essa observação não fez desaparecer de imediato toda a reserva do sujeito, mas lhe permitiu continuar a se mostrar objetivo, mesmo ao reviver conosco outras situações homossexuais, estas mais precisas. E, de fato, isso não deixa de acontecer.

Está perfeitamente claro que a orientação do tratamento abre as portas para toda uma elaboração imaginária na relação a dois entre analisando e analista, e procede de uma maneira que a própria observação atesta não ser apenas sistemática, mas verdadeiramente insistente. Nos dois planos, da anamnese e da situação analítica, ela escolhe no material tudo o que tem o sentido simplificador de elaborar a relação a dois como provida de uma significação homossexual.

Embora a interpretação deva incidir essencialmente sobre o manejo do significante, embora isso exija que ela seja breve, e embora eu venha a insistir, em seguida, na marca que a introdução de um significante deve dar-lhe, temos aqui uma intervenção cujo caráter significativo, compreensivo e persuasivo é manifesto, e que consiste em induzir o sujeito a viver a situação analítica, precisamente, como uma simples relação a dois. Não é preciso ser analista para demonstrar claramente que tal intervenção aparenta-se com a sugestão, nem que seja pelo simples fato de optar por uma significação à qual ela retorna em três ocasiões.

Essa observação de caso, de aproximadamente seis páginas, indica as etapas da relação do analisando com o analista sob a forma de uma facilitação da compreensão da situação a dois em termos de relações homossexuais. Certo, a homossexualidade nos é classicamente apresentada, na doutrina freudiana, como uma relação libidinal subjacente a todas as relações consideradas sob o ângulo social, mas isso é enunciado de uma forma eminentemente ambígua, que não permite distinguir como conviria o que é propriamente a pulsão homossexual, no que esta se caracteriza pela escolha de um objeto erótico do sexo oposto ao que a norma pode desejar — o que é de natureza diferente da subjacência libidinal das relações sociais.

Sejam quais forem as dificuldades teóricas assim levantadas, o emprego dessa referência, que não digo que seja ilegítima em si, apresenta-se, nessa observação, de uma forma sistemática no interior da terapêutica, como uma verdadeira doutrinação, o que coloca em seu conjunto o problema da direção do tratamento. Bem vemos em que medida essa doutrinação pode ser portadora de efeitos, mas, não veem vocês, ao mesmo tempo, que há nela uma escolha da modalidade de intervenção a propósito da neurose obsessiva? Tudo o que vocês sabem, por outro lado, sobre aquela relação do sujeito consigo mesmo, com sua existência e com o mundo à qual se chama neurose obsessiva, é infinitamente mais complexo do que uma relação de apego libidinal ao sujeito de seu próprio sexo, não importa em que nível ela venha a se articular.

Desde as primeiras observações de caso de Freud, todos sabem do papel desempenhado pela pulsão de destruição voltada contra o semelhante e, por isso mesmo, revertida contra o sujeito, e de muitos outros elementos que estão implicados nela, elementos de regressão, de fixação na evolução libidinal, que estão longe de ser tão simples quanto faz deles a famosa ligação do sádico com o anal, a qual de modo algum pode ser tida como simples, ou sequer como elucidada.

Em suma, o fato de tal direção do tratamento ser provida de efeitos vem articular numa perspectiva muito mais ampla aquilo de que se trata. Não digo que o que lhes estou trazendo seja inteiramente suficiente, mas já nos permite ordenar melhor os diferentes registros em que as coisas podem efetivamente colocar-se. Podemos situar aqui, em $(\$\lozenge a)$, o que é, em suma, um detalhe da economia do obsessivo, ou seja, o papel que desempenha num ponto dela a identificação com um outro que é um pequeno outro (*a*), um outro imaginário. Esse é um dos modos graças aos quais o sujeito equilibra mais ou menos, precariamente, sua economia de obsessivo.

Compartilhar essa opinião, dar ao sujeito a satisfação de ratificar sua relação, que aparece com constância na história do obsessivo, com um outro que é aquele a quem ele se refere, de quem demanda a aprovação e as críticas, e com quem se identifica como sendo alguém mais forte do que ele, como diz o autor em questão, e em quem podemos dizer, literalmente, que ele se apoia como num sonho, sancionar esse mecanismo, que seguramente é um mecanismo de defesa mediante o qual o sujeito equilibra a problemática de sua relação com o desejo do Outro, isso pode ter algum efeito terapêutico, mas está longe de tê-lo por si só.

Aliás, o desenvolvimento dos trabalhos do autor mostra-nos que as coisas são levadas por ele num sentido que enfatiza cada vez mais o que ele chama de distância do objeto, e que acaba por se concentrar especialmente na elaboração de uma fantasia — a fantasia de felação, e não de um falo qualquer, mas do falo que é uma parte do corpo imaginado do analista. O apoio imaginário buscado no semelhante, no outro homossexual, encarna-se, materializa-se nessa experiência, que nos é apontada como comparável à comunhão católica, à absorção da hóstia.

Vemos prosseguir aqui, portanto, sempre na mesma linha, uma elaboração da fantasia, desta vez mais avançada, a qual podemos ver o que produz. O que está em jogo pode ser identificado no esquema. A relação $(\$\lozenge a)$ que está no nível da fantasia, isto é, da produção fantasística original que permitiu ao sujeito situar-se e se arranjar com seu desejo, passa para o nível da resposta à demanda, ou seja, da mensagem. Não é à toa que, neste caso, vocês veem aparecer então a imagem da boa mãe, da mãe benevolente, e que se fale da consumação do supereu feminino infantil. Ratificar no nível do significado do Outro, *s*(A), essa produção fantasística do sujeito é reduzir a complexidade das formações, no sujeito que é desejo, à demanda, tal como articulada na relação direta do sujeito com o analista.

Mas, vocês me dirão, e se isso der certo? Com efeito, por que não? Não é essa uma ideia que se pode fazer da análise? Respondo que não apenas isso não basta, mas que essas próprias observações de caso nos permitem ver que, embora essa orientação não deixe de comportar alguns efeitos, o que se produz está muito longe do efeito de cura que poderíamos esperar e da pretensa satisfação genital que se realizaria. Como não ver o paradoxo de representá-la pelo fato de o sujeito se deixar amar por seu analista? Muito longe disso, vemos aí, de maneira muito evidente, o contrário. A redução subjetiva dos sintomas é obtida por intermédio de um processo regressivo, não somente no sentido temporal, mas tópico, na medida em que há uma redução de tudo o que é da ordem do desejo, de sua produção, de sua organização e de sua manutenção, ao plano da demanda. As etapas do tratamento, longe de serem interpretáveis no sentido de uma melhora, de uma normalização das relações com o outro, são escandidas por explosões bruscas que assumem formas variadas, dentre elas o *acting out*.

Mostrei-lhes uma delas no ano passado, no caso de um sujeito muito marcado por tendências perversas. As coisas tiveram como desfecho um verdadeiro *acting out* do sujeito, que foi observar mulheres urinando através da porta dos banheiros nos Champs-Élysées, ou seja, foi literalmente buscar a mulher como falo. Isso foi a explosão brusca de algo que, excluído sob a influência da demanda, fez seu reaparecimento aí sob a forma de um ato isolado na vida do sujeito, com a forma compulsiva do *acting out* e garantindo a presentificação de um significante como tal. Outros testemunhos mostram-nos mais outras formas, como, por exemplo, um enamoramento problemático, paradoxal, em sujeitos que, em si mesmos, não há nenhuma razão para considerarmos como os chamados homossexuais latentes, que ignoram a si mesmos. O que eles têm de homossexual eles têm, e o têm exatamente tão pouco quanto o que se pode ver num enamoramento repentino por um semelhante, quando ele é apenas a produção forçada da relação com *a* pela redução à demanda — induzida por essa maneira de dirigir a análise. Trata-se, na verdade, do produto artificial das intervenções do analista. Nesse nível, falta a tal ponto qualquer crítica e qualquer refinamento à prática que ela desestimula o comentário.

É por isso, aliás, que eu gostaria de tomar outro exemplo que se destaca da obra do mesmo autor, e que, como eu lhes disse certa vez, sempre me pareceu muito mais interessante, e apropriado para mostrar o desenvolvimento que poderia ter obtido, sob a condição de ser orientada de outra maneira, sua elaboração desses assuntos.

3

Trata-se do artigo de 1950 intitulado "Incidências terapêuticas da conscientização da inveja do pênis na neurose obsessiva".

Essa observação de caso tem muito interesse porque não dispomos de tantas análises assim da neurose obsessiva na mulher, e também porque contribui para dar uma pincelada no problema da especificidade sexual da neurose. Os que possam pensar que é por razões ligadas a seu sexo que os sujeitos escolhem essa ou aquela faceta da neurose verão, nesta oportunidade, o quanto o que é da ordem da estrutura, na neurose, deixa muito pouca margem à determinação pela posição do sexo, no sentido biológico. Com efeito, reencontramos aí, e de maneira sumamente interessante, a famosa prevalência do objeto fálico que vemos operar nas neuroses obsessivas masculinas.

Eis como o autor concebe e articula o progresso da análise.

Tal como o obcecado masculino, a mulher tem necessidade de se identificar regressivamente com o homem para poder libertar-se das angústias da primeira infância; mas, enquanto o primeiro se apoia nessa identificação para transformar o objeto amoroso infantil num objeto de amor genital — isso corresponde estritamente ao que lhes assinalei há pouco sobre o paradoxo da identificação do sujeito masculino, com o analista, no caso, uma vez que, sozinho, ele realiza a passagem do objeto de amor infantil para o objeto de amor genital, o que no mínimo levanta um problema —, *ela, a mulher, baseando-se inicialmente nessa mesma identificação, tende a abandonar esse primeiro objeto e a se orientar para uma fixação heterossexual, como se pudesse proceder a uma nova identificação feminina, dessa vez na pessoa do analista.*

É dito com uma ambiguidade impressionante, mas necessária, que a identificação com o analista, aqui precisada como tal, e que diz respeito a um analista do sexo masculino, garante por si só, pura e simplesmente, como se isso fosse uma evidência, o acesso à genitalidade. Isso é um pressuposto. Não sem prudência, não se registra, nesse caso, uma melhora extraordinária.

A propósito da identificação com o analista, constata-se, não sem um certo embaraço e até uma certa surpresa, que ela se produz sucessivamente de duas maneiras. A primeira é inicialmente conflituosa, ou seja, de reivindicação e hostilidade em relação ao homem. Depois, na medida mesma em que essa relação, como nos é dito, *se abranda*, apresenta-se uma problemática muito singular. A necessidade de conceber o progresso da análise a partir da identificação obriga a admitir uma identificação feminina com o analista, possibilitada, segundo nos é dito, por uma *ambiguidade fundamental da pessoa do analista.* Seguramente, essa explicação não é de natureza a nos satisfazer.

É escusado dizer que a interpretação dos fenômenos transferenciais é particularmente delicada aqui. Quando a personalidade do analista masculino é inicialmente apreendida como a de um homem, com todas as proibições, medos e agressividade que isso comporta, logo depois que o desejo de posse fálica — é isso que teremos de estimar — *e, correlativamente, de castração do analista é exposto às claras, e quando, em vista disso, os efeitos de distensão já citados são obtidos, essa personalidade do analista masculino é assimilada à de uma mãe benevolente. Não demonstra essa assimilação que a força essencial da agressividade antimasculina encontra-se na pulsão destrutiva inicial de que a mãe foi objeto?* Neste ponto, um horizonte kleiniano sempre pode dar um certo apoio. *A conscientização de uma acarreta o direito ao livre exercício da outra, e o poder libertário dessa conscientização do desejo de posse fálica torna-se então* de plano *compreensível, assim como a passagem de uma identificação para a outra, em função de uma ambiguidade fundamental* — aqui encontramos a frase dita há pouco — *da pessoa do analista, cujo aspecto masculino, a princípio, é o único perceptível à paciente.*

De fato, tudo se resume nisso. A direção do tratamento repousa na interpretação de que se trata de um desejo de posse do falo e, correlativamente, de um desejo de castração do analista. Olhando as coisas mais de perto, isso está longe de representar o que efetivamente se apresenta no caso. Vou tomá-lo na ordem em que ele nos é apresentado.

Trata-se de uma mulher de cinquenta anos, saudável, mãe de dois filhos, que exerce uma profissão paramédica. Procura a análise em virtude de uma série de fenômenos obsessivos de ordem comum: obsessão de haver contraído sífilis — e vê nisso sabe-se lá que proibição referente ao casamento de seus filhos, ao qual aliás não pôde, no caso do mais velho se opor —, obsessão com o infanticídio, obsessão com o envenenamento, em suma, toda uma série de obsessões banais das manifestações obsessivas na mulher.

Antes mesmo de nos fornecer a lista delas, o autor nos fala preponderantemente das obsessões de tema religioso. Como em todas as obsessões de tema religioso, há toda sorte de frases injuriosas, escatológicas, que se impõem ao sujeito, numa contradição formal com suas convicções. Um dos elementos que o autor destaca nas relações do sujeito — ela é católica — com a realidade religiosa é a presença do corpo de Cristo na hóstia. No lugar da hóstia, ela vê na imaginação órgãos genitais masculinos, sem que se trate de fenômenos alucinatórios, como nos é esclarecido. Algumas linhas adiante, é assinalado um detalhe importante acerca da temática religiosa principal dessa obsessiva: é que sua mãe foi a única responsável por sua educação católica, que nunca teve senão um caráter de obrigação e coação. Seu conflito com ela pôde ser transposto para o nível espiritual, dizem-nos. Não discutimos isso. Esse é um fato que tem toda a sua importância.

Antes de passarmos ao estilo das interpretações que serão dadas em seguida, eu gostaria de detê-los por um momento nesse sintoma, que em si é altamente propício a nos incitar a alguns comentários. Os órgãos genitais, é dito, apresentam-se em lugar da hóstia e à frente dela. Que pode significar isso para nós? Para nós, analistas, quero dizer. Eis um caso em que a essa superposição, em sendo analistas, devemos dar o devido valor. O que chamamos recalque, e sobretudo retorno do recalcado, senão alguma coisa que parece desbotar por baixo e que vem surgir na superfície, como as Escrituras o qualificam, ou como uma mancha que com o tempo ressurge na superfície?

Aí está um caso, portanto, em que, se quisermos dar às coisas sua importância textual, como é nossa postura de analistas fazer, podemos tentar articular do que se trata.

Essa mulher que recebeu uma educação religiosa deve ter, pelo menos, como todos os que estão na religião cristã, o sentido religioso do que é Cristo. Cristo é o Verbo, o *logos*, isso nos é repisado na educação católica. Que ele é o Verbo encarnado não há a menor dúvida, essa é a forma mais abreviada do *Credo*. É a totalidade do Verbo. Ora, eis que vemos aparecer, em substituição a ele, aquilo que, de maneira convergente com toda a nossa tentativa de formular a experiência analítica, fomos levados a chamar de significante privilegiado, único, na medida em que designa o efeito do significante como tal sobre o significado. O que se produz nesse sintoma, portanto, é a substituição da relação do sujeito com o Verbo encarnado, ou mesmo com a totalidade do Verbo, por um significante privilegiado que serve para designar o efeito, a marca, a impressão, a ferida do conjunto do significante, tal como ele incide no sujeito humano e como, pela instância do significante, há nele coisas que vêm a ter sentido.

Avancemos na observação. Que encontramos mais adiante? O sujeito diz ter sonhado que esmagava a cabeça de Cristo a pontapés, e essa cabeça, acrescenta, *parecia com a sua*. Como associação: — *Toda manhã, a caminho do trabalho, passo em frente a uma loja funerária onde há quatro crucifixos expostos. Ao olhá-los, tenho a sensação de estar andando sobre o pênis deles. Experimento uma espécie de prazer agudo e angústia.* Aqui encontramos, mais uma vez, a identificação de Cristo com o Outro como lugar da fala. O sujeito esmaga com o salto do sapato o rosto de Cristo — não nos esqueçamos de que o Cristo é materializado, aqui, por um objeto, ou seja, o crucifixo, e que é possível que, nessa ocasião, ele seja, em sua totalidade, o falo. É isso que não pode deixar de nos impressionar, sobretudo se continuarmos a esmiuçar os detalhes que a observação do caso nos dá.

As recriminações que ela fará ao analista, pelo incômodo que ele introduz na vida dela com seus cuidados, irão materializar-se no fato de ela não conseguir comprar sapatos. O analista não pode deixar de reconhecer nisso o valor fálico do sapato e, muito especialmente, do salto do sapato, do qual foi feito um grande uso para esmagar a cabeça de Cristo. Note-se, a esse respeito, que o fetichismo, especialmente o do sapato, praticamente não é observado na mulher. Daí a importância do aparecimento da significação fálica do sapato nesse ponto da análise. Tratemos de compreendê-la.

Para compreendê-la, não é necessário ir muito longe, embora o analista faça tudo, nesse momento, para sugerir ao sujeito que isso constitui nela um desejo de possuir o falo. Em si, isso talvez não seja, palavra de honra, o pior que ele poderia dizer, não fosse o fato de que, para ele, isso quer dizer que o sujeito tem o desejo de ser homem. Ao que ela não para de se opor, protestando até as últimas forças, até o fim, que nunca teve desejo de ser homem. Na verdade, talvez não seja a mesma coisa desejar possuir o falo e desejar ser homem, uma vez que a própria teoria analítica presume que as coisas podem resolver-se de maneira muito natural, e quem não se aperceberia disso?

Mas vejamos o que a analisada responde nessa ocasião: — *Quando estou bem vestida* — entenda-se, quando estou com sapatos bonitos —, *os homens me desejam, e eu digo a mim mesma, com uma alegria muito real: olhe só para eles, não vão ganhar nem para o café. Fico contente em imaginar que eles possam sofrer com isso.* Em suma, ela traz o analista de volta para um terreno sólido, econômico, ou seja: se há relação com o falo em suas relações com o homem, qual é ela?

Tratemos agora de articulá-la, nós mesmos.

Há aqui diversos elementos, primeiramente a relação com a mãe, que nos dizem ser profunda, essencial, de verdadeira coerência com o sujeito real. São mostradas as relações da mãe com o pai, que se manifestaram de várias maneiras, em particular pela seguinte: que o pai não conseguira vencer o apego de sua mulher a um primeiro amor, aliás platônico. Para que tal coisa seja assinalada na observação, é preciso que haja ocupado um certo lugar.

As relações do sujeito com a mãe são apresentadas assim: ela a julga da maneira mais favorável, sob todos os aspectos mais inteligente do que o pai, sente-se fascinada por sua energia etc. *Os raros momentos em que sua mãe relaxava enchiam-na de uma alegria indizível (...). Ela sempre considerou que sua irmã menor era preferida a ela (...). Além disso, aliás, qualquer pessoa que se imiscuísse nessa união com a mãe era objeto de desejos de morte, como seria demonstrado por um material importante, fosse onírico, fosse infantil, relacionado com o desejo da morte da irmã.*

Não haverá nisso o bastante para demonstrar que o que está em pauta é o que lhes apontei ser a relação do sujeito com o desejo da mãe? O problema do desejo introduz-se precocemente na vida do sujeito, o que é particularmente manifesto na história do obcecado, e esse desejo leva a isto — que o sujeito vê perfilar-se para ele, como fim, não ter isto ou aquilo, mas, antes de mais nada, ser o objeto do desejo da mãe, com o que isso implica, a saber, subtrair aquilo que é, mas é desconhecido. O objeto do desejo da mãe é precisamente aquilo do que depende tudo o que, para o sujeito, a partir daí, irá ligar a abordagem de seu próprio desejo a um efeito de destruição, e aquilo que, ao mesmo tempo, define a aproximação desse desejo como tal do falo, na medida em que ele é, por si só, o significante do efeito de desejo na vida de um sujeito.

Para o sujeito em questão, o problema não é, como no fóbico, por exemplo, saber se a mãe tem ou não tem o falo, mas saber o que é, no Outro, o efeito desse X que é o desejo — em outras palavras, saber o que ele mesmo será, se ele é ou não aquilo que é o desejo do Outro. É isso que vemos surgir aqui em primeiro plano. É muito interessante que seja a propósito do *logos* encarnado, isto é, do Outro como precisamente marcado pelo verbo, que se produz a substituição, nesse ponto e nesse nível, do significante falo.

Articularei ainda mais meu pensamento. Freud viu e apontou as fronteiras da análise como parando num ponto que, em alguns casos, diz ele, revela-se irredutível, deixando aquela espécie de ferida que é para o sujeito o complexo de castração. Sua manifestação preponderante resume-se, em suma, em que o homem, o varão, só pode ter o falo contra o pano de fundo de não o ter, e em que exatamente a mesma coisa se apresenta na mulher, ou seja, ela não tem o falo contra o pano de fundo de o ter, pois, de outro modo, como poderia ficar enraivecida com o *Penisneid* irredutível? Não se esqueçam de que *neid* não quer dizer simplesmente um anseio, mas significa que isso me deixa literalmente enfurecido. Todas as subjacências da agressividade e da cólera estão nesse *neid* original, tanto no alemão moderno quanto, mais ainda, nas formas antigas do alemão, e até do anglo-saxão.

Se Freud marcou aí, em certa ocasião, o caráter *unendlich*, infinito, projetado no infinito — o que se traduziu mal por *interminável* — do que pode suceder com a análise, foi sem dúvida, afinal, porque havia coisas que ele não via, ou que não tivera a oportunidade de encontrar ou de articular, embora muitas indicações em sua obra tomem essa direção, especialmente seu último artigo sobre a *Spaltung* do eu, ao qual retornarei. Ele não viu que a solução do problema da castração, tanto no homem quanto na mulher, não gira em torno do dilema de ter ou não ter o falo, pois é unicamente a partir do momento em que o sujeito percebe que, de qualquer modo, há uma coisa a ser reconhecida, a saber, que ele não é o falo, é a partir do reconhecimento, na análise, de que o sujeito não é o falo, que ele pode normalizar sua posição natural, e que ou bem ele o tem ou bem não o tem. É esse o termo derradeiro, a relação significante última em torno da qual pode resolver-se o impasse imaginário gerado pela função que a imagem do falo vem assumir no nível do plano significante.

É isso mesmo que acontece em nosso sujeito sob o efeito das primeiras manifestações da captação no mecanismo da transferência, isto é, de uma articulação mais elaborada dos efeitos sintomáticos — de um modo inteiramente reconhecível no que acabo de lhes citar hoje, presentifica-se a fantasia do sapato.

Trata-se da posse ou da não posse de sapatos femininos, ou fálicos, daqueles sapatos que chamaremos, nesta ocasião, de fetichistas. Que função assume o sapato para um sujeito masculino, na medida em que, em sua perversão, o que ele recusa é que a mulher seja castrada?

A perversão fetichista do sujeito masculino consiste em afirmar que a mulher tem sobre um fundo do que ela não tem. Sem isso, não haveria necessidade de um objeto para representá-lo — um objeto que, ainda por cima, é manifestamente independente do corpo da mulher. Pois bem, no decorrer da elaboração transferencial, o sujeito põe-se a fomentar o seguinte, que é aparentemente a mesma coisa: que ela o tem. Ela assinala que quer tê-lo sob a forma de roupas, sob a forma das roupas que excitarão o desejo dos homens e graças às quais, como articula a paciente, ela poderá decepcioná-los em seu desejo. Na aparência, é a mesma coisa, mas é uma coisa completamente diferente quando isso é colocado pelo próprio sujeito, isto é, pela mulher, ou pelo homem que está diante dela. Aliás, o que ela demonstra nessa ocasião é que, ao querer apresentar-se como tendo aquilo que ela sabe perfeitamente não ter, trata-se de algo que tem para ela um valor totalmente diverso, que chamei de valor de mascarada. Ela faz de sua feminilidade, justamente, uma máscara.

A partir do fato de que o falo é para ela o significante do desejo, trata-se de ela apresentar sua aparência, de parecer sê-lo. Trata-se de ela ser o objeto de um desejo, e de um desejo que ela mesma sabe muito bem que só pode decepcionar. Ela exprime isso formalmente no momento em que o analista lhe interpreta o que está em questão como sendo um desejo de posse do falo, o que nos mostra mais uma vez a divergência que se estabelece entre ser o objeto do desejo do Outro e ter ou não ter o órgão que traz essa marca.

Chegamos, pois, a uma fórmula que é a seguinte: o desejo original é *Eu quero ser o que ela deseja, ela, a mãe*. Para sê-lo, é preciso que eu destrua o que é, por ora, o objeto de seu desejo.

O sujeito quer ser o que é o desejo da mãe. O que é preciso levá-lo a ver no tratamento é que não é em si mesmo que o homem é objeto desse desejo, que o homem é tão pouco o falo quanto a mulher, enquanto o que gera sua agressividade contra o marido como homem — vou mostrar-lhes isto ainda melhor da próxima vez — é ela considerar que ele é, não estou dizendo que ele tenha, mas que ele é o falo, e é nessa condição que ele é seu rival e que suas relações com ele são marcadas pelo signo da destruição obsessiva.

Segundo a forma essencial da economia obsessiva, esse desejo de destruição volta-se contra ela. O objetivo do tratamento é fazê-la observar que *tu mesma és aquilo que queres destruir, na medida em que também queres ser o falo*. Numa certa maneira de conduzir o tratamento, substitui-se o *és aquilo que queres destruir* por um desejo de destruição do falo do analista, captado em fantasias improváveis e fugazes. *Queres destruir meu falo de analista*, diz o analista, *e eu, de minha parte, o dou a ti*. Em outras palavras, a análise inteira é concebida como o fato de que o analista doa fantasisticamente o falo, consente com um desejo de posse fálica. Ora, não é disso que se trata, e uma das provas que podemos dar é que, no ponto quase terminal a que parece ter sido levada a análise, é dito que a paciente conserva todas as suas obsessões, exceto pelo fato de que já não se angustia com elas. Todas foram ratificadas pela análise e se bloqueiam. O fato de continuarem a existir, no entanto, tem certa importância.

O que faz a paciente? A observação o diz, com total ignorância: ela intervém com toda a sua força junto ao filho mais velho, de quem sempre teve um medo pavoroso, porque, a bem da verdade, ele é o único cujas reações masculinas ela nunca conseguiu dominar, dizendo-lhe que ele mesmo precisa, com toda a urgência, fazer-se analisar. Que significa isso, senão que o falo que o analista acredita ser a solução da situação — na medida em que, ele mesmo assumindo a posição da mãe benevolente, entrega-o à paciente — ela o devolve? Um castigo merecido.

O analista orientou a análise inteira pelo seguinte: que a paciente quer ser homem. Até o fim, ela não está inteiramente convencida. No entanto, é verdade que a posse ou não desse falo encontrou nisso um apaziguamento. Mas o fundo, o essencial, não é resolvido — a significação do falo como significante do desejo.

11 DE JUNHO DE 1958

XXVI

OS CIRCUITOS DO DESEJO

A base da interpretação
O Outro do Outro
O sintoma e a castração
A distância obsessiva
Pequena teoria do blasfemador

Aqui estamos nós, em 18 de junho. O papel do significante na política — do significante do *não*, quando todo o mundo desliza para um consentimento ignóbil — nunca foi ainda estudado. O 18 de junho é também o aniversário da fundação da Sociedade Francesa de Psicanálise. Também nós dissemos não num certo momento.

Eu havia começado, na última vez, por comentar a observação de uma obsessiva tratada por um de nossos colegas, e começara a esboçar alguns dos princípios que podem ser deduzidos da maneira como articulamos as coisas, e que permitem opinar quanto ao caráter bem ou mal dirigido, correto ou incorreto, da condução de um tratamento centrado num fenômeno que, evidentemente, existe no conteúdo trazido pela análise — a conscientização da inveja do pênis.

Embora no conjunto, creio eu, vocês percebam o interesse do emprego que fazemos de nosso esquema e nossas categorias, sempre há, naturalmente, pequenos atrasos. Alguns esquemas em que vocês se detiveram, oposições conceituais que lhes pareceram fáceis de reter, veem-se um pouco abalados, questionados pela sequência de nosso progresso, o que os desnorteia.

Houve quem perguntasse, por exemplo, se não convinha ver uma contradição entre o que eu trouxe da última vez e um princípio no qual tínhamos acreditado poder deter-nos. Eu teria dito, em suma — pelo menos, foi isso que se entendeu —, que o desenvolvimento sexual da mulher passava obrigatoriamente por isto, por ela ter que ser o falo contra um pano de fundo de não o ser, e que, no homem, o complexo de castração poderia formular-se por ele ter o falo contra um pano de fundo de não o ter, ou de ser ameaçado de não tê-lo. Esses, evidentemente, são esquemas aos quais, sob certo ângulo, podemos opor esta ou aquela fase do desenvolvimento sexual. É inteiramente insuficiente nos determos nisso, uma vez que, aliás, a dialética do ser e do ter vale para os dois.

O homem também tem que se aperceber de que não o é. É justamente nessa direção que podemos situar uma parte dos problemas implicados na solução do complexo de castração e do *Penisneid*. Veremos isso com maiores detalhes, o que lhes permitirá, espero, ir re-situando aos poucos, em seu devido lugar, alguns enunciados que não são errados em si, mas que constituem visões parciais.

Para esse fim, tornaremos hoje a partir de nosso esquema.

1

É extraordinariamente importante articular de maneira conveniente as diferentes linhas pelas quais se desenvolve a psicanálise. Um artigo cuja leitura lhes aconselho a esse respeito é o artigo de Glover que se intitula "Therapeutic effects of the inexact interpretation", que foi publicado em outubro de 1931 no *IJP*.

Esse é um dos artigos mais notáveis e mais inteligentes que já se escreveu sobre tal assunto. Ele realmente explicita a base de partida sobre a qual abordar a questão da interpretação.

No momento em que Glover escreveu, Freud ainda estava vivo mas já se produzira a grande virada da técnica analítica em torno da análise das resistências e da agressividade. Glover articulou que essa orientação da análise implicava o percurso, a cobertura, diríamos, no sentido de se cobrir um terreno, da totalidade dos *fantasm systems*, dos sistemas fantasísticos ou sistemas de fantasias que aprendemos a reconhecer na análise, graças à acumulação da experiência e ao desenvolvimento das noções comumente aceitas.

É claro que agora os conhecemos mais do que nos primórdios da análise, e coloca-se a questão de saber de que serviam nossas terapêuticas no momento em que não conhecíamos em todo o seu leque o sistema das fantasias. Seriam elas análises terapêuticas incompletas, menos válidas do que as que fazemos atualmente? É uma pergunta muito interessante, que levou Glover a traçar um panorama geral de todas as posturas assumidas por aquele que se encontra na posição de buscar consultas em relação a um distúrbio qualquer. Ao fazê-lo, ele generalizou, estendeu a noção de interpretação a todas as posturas articuladas assumidas por aquele que é consultado, e montou a escala das diferentes posições do médico em relação ao doente.

Há nisso uma antecipação da relação médico-paciente, como dizemos hoje em dia, mas articulada de um modo que lamento que não se haja desenvolvido nesse sentido, porque ele postula uma espécie de lei geral, qual seja, a de que é na medida em que desconhecemos a verdade incluída no sintoma que nos descobrimos colaborando com a formação sintomática.

Isso começa com o médico da clínica geral que diz ao paciente: — *Mexa-se, vá para o campo, mude de ocupação*. Ele se coloca decididamente na postura de desconhecimento e, em decorrência disso, ocupa imediatamente um certo lugar, o que não é ineficaz, posto que este se situa muito bem como o próprio lugar onde se formam certos sintomas. Sua função em relação ao paciente é situável nos próprios termos da tópica analítica. Não insisto nisso.

Glover observa, a certa altura, que a tendência da *modern therapeutic analysis* de sua época faz toda a interpretação incidir nos sistemas sádicos e nas reações de culpa, e que, até época recente, nada disso fora evidenciado. Sem dúvida alguma, aliviava-se o paciente da ansiedade, mas deixava-se não resolvido, não reprimido e, ao mesmo tempo, recalcado esse famoso sistema sádico.

Aí está um exemplo da direção em que ele encaminha suas observações, e é justamente isso que seria interessante retomarmos em nossos dias.

O que queremos dizer, por exemplo, quando falamos do advento da análise da agressividade? Durante algum tempo, os analistas ficaram tão impressionados com a descoberta que haviam feito dela que isso se tornou um chavão para responder a tudo. Os analistas em formação viam-se dizendo: — *E então, você analisou bem sua agressividade*? O que essa descoberta efetivamente representou é algo que podemos situar em nosso esquema fundamental. Foi o que tentei fazer há pouco, pois, afinal, também quanto a isso podemos fazer-nos perguntas. Na época em que lhes ensinei que o sistema narcísico era fundamental na formação das reações agressivas, muitas vezes assinalei o quanto nosso emprego do termo agressividade continuava marcado pela ambiguidade. A agressividade provocada na relação imaginária com o pequeno outro não pode confundir-se com a totalidade do poder agressivo.

Para relembrar coisas de evidência primária, a violência é de fato o que há de essencial na agressão, pelo menos no plano humano. Não é a fala, é até exatamente o contrário. O que pode produzir-se numa relação inter-humana são a violência ou a fala. Se a violência distingue-se em sua essência da fala, pode colocar-se a questão de saber em que medida a violência como tal — para distingui-la do uso que fazemos do termo agressividade — pode ser recalcada, uma vez que postulamos como princípio que só pode ser recalcado, em princípio, aquilo que revela ter ingressado na estrutura da fala, isto é, a uma articulação significante. Se o que é da ordem da agressividade chega a ser simbolizado e captado no mecanismo daquilo que é recalque, inconsciência, daquilo que é analisável, e até, de maneira geral, daquilo que é interpretável, é por intermédio do assassinato do semelhante que está latente na relação imaginária.

Tornemos a soletrar nosso esqueminha em sua forma mais simples, que nos permite ver o entrecruzamento da tendência, da pulsão, se vocês preferirem, na medida em que ela representa uma necessidade individualizada, com a cadeia significante onde ela tem que vir articular-se. Isso já nos permite fazer algumas observações.

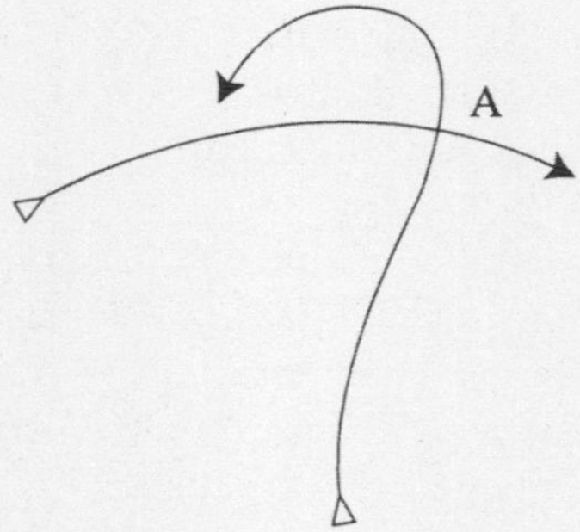

Façamos uma suposição. Suponhamos que só exista, para o ser humano, a realidade, essa famosa realidade da qual nos servimos a torto e a direito. Suponhamos que só exista isso. Não é impensável que alguma coisa de significante a articule, articule essa realidade. Para fixar as ideias, suponhamos que, como dizem algumas escolas, o significante seja simplesmente um condicionamento, eu não diria reflexos, mas alguma coisa redutível aos reflexos.

Que a linguagem seja de uma ordem diferente da que criamos artificialmente em laboratório, no animal, ensinando-o a secretar suco gástrico ao som de uma sineta, não impede que esse som da sineta seja um significante. Podemos, portanto, supor um mundo humano inteiramente organizado em torno de uma coalescência de cada uma das necessidades que têm de ser satisfeitas com um certo número de sinais predeterminados. Se esses sinais forem válidos para todos, isso deverá produzir, em princípio, uma sociedade que funcione de maneira ideal. Cada emissão pulsional conforme às necessidades será associada a um som de sino diversamente variado, que funcionará de tal maneira que quem o ouvir satisfará prontamente a referida necessidade.

Chegamos, assim, à sociedade ideal. O que estou pintando é o que sempre foi sonhado pelos utopistas, ou seja, uma sociedade que funciona perfeitamente e que leva à satisfação de todos, segundo suas necessidades. Acrescenta-se, é bem verdade, que todos participam dela de acordo com seus méritos, e é aí que começa o problema.

Em suma, se esse esquema permanece no nível do entrecruzamento do significante com o impulso ou a tendência da necessidade, ele leva a quê? À identificação do sujeito com o Outro, na medida em que este articula a distribuição dos recursos capazes de atender à necessidade. Mas não é assim, pelo simples fato de que é necessário fazer entrar em consideração o segundo plano da demanda, nem que seja para explicar a articulação do sujeito numa ordem que existe além da ordem do real, e que chamamos ordem simbólica, a qual o complica, superpõe-se a ele, não lhe é aderente.

Já nesse nível, no entanto, desde esse estado simples do esquema, intervém, pelo menos no homem, alguma coisa de ordem natural, orgânica, que o complica.

Aqui está o sujeito, a criança mítica que serve de pano de fundo para nossas especulações psicanalíticas. Ele começa a manifestar suas necessidades na presença da mãe. É aqui, em A, que ele encontra a mãe como sujeito falante, e é aqui, em *s*(A), que sua mensagem desemboca, no ponto em que a mãe o satisfaz. Como já lhes assinalei, não é no momento em que a mãe não o satisfaz, em que o frustra, que começam os problemas. Isso seria demasiadamente simples, embora sempre voltemos a isso, justamente por ser simples.

O problema interessante não escapou a um Winnicott, por exemplo, cujo espírito e prática sabemos cobrirem toda a amplitude do desenvolvimento atual da psicanálise e de suas técnicas, inclusive uma consideração extremamente precisa dos sistemas fantasísticos que se encontram no campo fronteiriço com a psicose. Winnicott, em seu artigo sobre os objetos transicionais que destaquei perante vocês, mostra com máxima precisão que o problema essencial está em saber como a criança sai da satisfação, e não da frustração, para construir um mundo para si.

Na medida em que se articula um mundo para o sujeito humano, que comporta um para-além da demanda, é quando a demanda é satisfeita, e não quando é frustrada, que aparece o que Winnicott chama de objetos transicionais, isto é, esses pequenos objetos que desde muito cedo vemos assumirem uma extrema importância na relação com a mãe — uma ponta de fralda que a criança puxa ciosamente, um retalho de uma coisa qualquer, um chocalho. É essencial situar em sua precocidade esse objeto transicional no sistema de desenvolvimento da criança.

Dito isso, detenhamo-nos na frustração, ou seja, naquilo que acontece quando a mensagem não chega.

2

A relação com a mãe, na qual a mãe impõe, mais do que sua lei, aquilo a que chamei sua onipotência ou seu capricho, é complicada pelo fato de que, como nos mostra a experiência, a criança — a criança humana, não um filhote qualquer — está aberta à relação, de ordem imaginária, com a imagem do próprio corpo e com a imagem do outro, e isso, a partir de uma data que procuramos estabelecer quando nos interessamos, três anos atrás, pelo estádio do espelho.

O estádio do espelho não se evapora depois disso. Aprecio aqueles dentre vocês que dizem que, todos os anos, há alguma coisa diferente, o sistema se modifica. Ele não se modifica, mas simplesmente tento fazê-los percorrerem seu campo. Vemos em nosso esquema o estádio do espelho situar-se aquém do que acontece na linha de retorno da necessidade, satisfeita ou não. O sujeito experimenta, por exemplo, reações de decepção, mal-estar, vertigem, em seu próprio corpo, em relação à imagem ideal que tem dele, e que assume nele um valor preponderante, em razão de um traço de sua organização que ligamos, mais ou menos justificadamente, à prematuridade de seu nascimento.

Em suma, vemos desde a origem a interferência de dois circuitos. O primeiro é o circuito simbólico em que se inscreve — digamos, para fixar suas ideias, para pendurá-las num cabide que vocês já conhecem — a relação do sujeito com o supereu feminino infantil. Há, por outro lado, a relação imaginária com a imagem ideal de si que é mais ou menos afetada, ou até lesada, por ocasião das frustrações ou decepções. Assim, o circuito mostra, desde a origem, funcionar em dois planos, o plano simbólico e o plano imaginário. Por um lado, a relação com o objeto primordial, a mãe, o Outro como lugar onde se situa a possibilidade de articular a necessidade no significante. Por outro lado, a imagem do pequeno outro, *a* minúsculo, onde o sujeito tem uma espécie de vínculo consigo mesmo, com uma imagem que representa a linha de sua realização — imaginária, é claro.

Tudo o que dissemos desde o início do ano, onde começamos por tomar as coisas no nível da tirada espirituosa, mostrou-nos a pertinência do que é indicado por este esquema, ou seja, que nada pode organizar-se de uma vida mental que corresponda ao que a experiência nos fornece na análise, a não ser que haja, além do Outro primordialmente colocado na posição de onipotência por seu poder — não frustração, porque isso é insuficiente, mas *Versagung*, com a ambiguidade de promessa e recusa que esse termo contém —, o Outro do Outro, se assim posso me expressar, ou seja, aquilo que permite ao sujeito discernir esse Outro, lugar da fala, como sendo ele mesmo simbolizado.

Vocês estão percebendo que o sistema do triângulo edipiano familiar comporta algo de mais radical do que tudo o que nos fornece a experiência social da família, e é justamente isso que produz a permanência desse triângulo edipiano e da descoberta freudiana. Assim é que eu lhes disse que o Pai, com P maiúsculo, nunca é apenas um pai, mas, antes, o pai morto, o pai como portador de um significante, significante em segundo grau, que autoriza e fundamenta todo o sistema dos significantes, e que faz com que o primeiro Outro, isto é, o primeiro sujeito a quem o indivíduo falante se dirige, seja, ele mesmo, simbolizado.

É unicamente no nível desse Outro, do Outro da lei propriamente dita, e de uma lei, vou insistir nisso, encarnada, que o mundo articulado, humano, pode adquirir sua dimensão própria. A experiência nos mostra a que ponto é indispensável o segundo plano de um Outro em relação ao Outro, sem o que não pode articular-se o universo da linguagem, tal como se mostra eficaz na estruturação não somente das necessidades, mas daquilo cuja dimensão original estou tentando demonstrar-lhes este ano, e que se chama desejo.

Se o Outro como lugar da fala pudesse ser apenas o lugar do som da sineta de que lhes falei há pouco, ele não seria um Outro, propriamente falando, mas apenas o lugar organizado do sistema dos significantes, introduzindo ordem e regularidade nas trocas vitais no interior de uma certa espécie.

É difícil ver quem poderia organizá-lo. Podemos conceber que, numa determinada sociedade, homens repletos de benevolência se dediquem a organizá-lo e a fazê-lo funcionar. Podemos até dizer que esse é um dos ideais da política moderna. Só que o Outro não é isso.

O Outro não é, pura e simplesmente, o lugar desse sistema perfeitamente organizado, fixo. Ele próprio é um Outro simbolizado, e é isso que lhe confere sua aparência de liberdade. O Outro, o Pai, no caso, o lugar onde se articula a lei, está submetido, ele mesmo, à articulação significante, e, mais do que submetido à articulação significante, é marcado por ela, com o efeito desnaturalizante que a presença do significante comporta.

Aquilo de que se trata ainda está longe de haver chegado a um estado de conceituação perfeita, mas, a título de hipótese inicial para ilustrar nosso pensamento, diremos que o efeito do significante no Outro, a marca que este carrega dele nesse nível, representa a castração como tal.

Assinalamos, tempos atrás, a propósito da tríade castração-frustração-privação, que, na castração, o agente é real, é um pai real do qual se necessita, que a ação é simbólica, e que ela incide num objeto imaginário. Reencontramos aqui a necessidade disso. A partir do momento em que acontece algo de real no nível da lei — e não importa, aqui, que um pai seja mais ou menos falho, se alguma coisa o substitui, ocupa seu lugar —, produz-se o seguinte: no sistema da demanda em que se instaura o sujeito está refletido seu pano de fundo. Muito longe de o sistema da demanda ser perfeito, com pleno rendimento ou pleno emprego, introduz-se em seu pano de fundo o efeito do significante no sujeito, a marca do sujeito pelo significante, e a dimensão da falta introduzida no sujeito por esse significante.

Essa falta introduzida é simbolizada como tal no sistema do significante como sendo o efeito do significante no sujeito, ou seja, o significado. Falando propriamente, o significado não vem tanto das profundezas, como se a vida desabrochasse em significações, mas da linguagem e do significante, que imprime na vida essa espécie de efeito chamado significado. Isso é simbolizado primitivamente, como indica o que dissemos sobre a castração.

O que serve de suporte à ação simbólica chamada castração é uma imagem, escolhida no sistema imaginário para ser esse suporte. A ação simbólica da castração escolhe seu signo, que é retirado do campo imaginário. Alguma coisa, na imagem do outro, é escolhida para ser portadora da marca de uma falta, que é a própria falta pela qual o ser vivo, por ser humano, isto é, relacionado com a linguagem, percebe-se como excluído da onitude dos desejos, como algo limitado, local, como uma criatura — no caso, como um elo na linhagem vital, um daqueles pelos quais a vida atravessa. Um animal é apenas, efetivamente, um dos indivíduos que materializam o tipo, e, nessa condição, em relação ao tipo, todo indivíduo pode ser considerado já morto. Também nós já estamos mortos em relação ao movimento da vida. Mas, através da linguagem e diferentemente do animal, somos capazes de projetá-lo em sua totalidade, e até mesmo em sua totalidade como havendo chegado a seu fim.

É exatamente isso que Freud articula na noção de instinto de morte. Ele quer dizer que, para o homem, a vida projeta-se desde logo como havendo chegado a seu termo, isto é, ao ponto em que retorna à morte. O homem é esse animal preso e articulado num sistema significante que lhe permite dominar sua imanência de vivente e se perceber como já morto. E ele só o faz, justamente, de um modo imaginário, virtual, em última instância, especulativo.

Não há experiência da morte, é claro, que possa corresponder a isso, e é justamente por essa razão que isso é simbolizado de outra maneira. É simbolizado no órgão exato em que aparece, da maneira mais sensível, o impulso da vida. Eis por que é o falo, no que ele representa a ascensão da potência vital, que assume um lugar, na ordem dos significantes, para representar o que é marcado pelo significante — o que, através do significante, é atingido pela caducidade essencial em que pode articular-se, no próprio significante, a falta-a-ser cuja dimensão o significante introduz na vida do sujeito.

É isso que nos permite compreender em que ordem as coisas se apresentaram para a psicanálise, a partir do momento em que, simplesmente, alguém não partiu da Escola para chegar ao fenômeno, mas partiu dos fenômenos, tal como os via manifestarem-se nos neuróticos. Foi esse o terreno eleito para manifestar essa articulação em sua essência, pelo fato de ela se manifestar ali em sua desordem. A experiência nos provou que era sempre na desordem que podíamos aprender mais facilmente a encontrar os mecanismos e articulações da ordem.

O que foi inicialmente atribuído por Freud a uma experiência que logo evidenciou a subjacência do complexo de castração foi a apreensão dos sintomas do sujeito.

3

O que o sintoma quer dizer? Onde se situa nesse esquema?

Ele se situa no nível da significação. Foi isso que Freud introduziu: o sintoma é uma significação, é um significado. Está longe de concernir unicamente ao sujeito, mas sua história, toda a sua anamnese está implicada nele. É por essa razão que podemos legitimamente simbolizá-lo nesse lugar por um pequeno *s*(A), significado do Outro, vindo do lugar da fala.

Mas o que Freud também nos ensinou é que o sintoma nunca é simples, é sempre sobredeterminado. Não há sintoma cujo significante não seja trazido de uma experiência anterior. Essa experiência está sempre situada no nível onde se trata do que foi reprimido. Ora, o cerne de tudo o que é reprimido no sujeito é o complexo de castração, é o significante do A barrado que se articula no complexo de castração, mas que não está forçosamente presente, nem sempre totalmente articulado.

O famoso trauma do qual partimos, a famosa cena primária que entra na economia do sujeito, e que funciona no cerne e no horizonte da descoberta do inconsciente, que vem a ser isso senão um significante, tal como há pouco comecei a articular sua incidência na vida? O ser vivo é apreendido como vivente, na condição de vivente, mas com o desvio, com a distância que é justamente aquela que tanto constitui a autonomia da dimensão significante quanto o trauma ou a cena primária. O que é isso, portanto, a não ser essa vida apreendendo-se numa horrenda percepção dela mesma, em sua estranheza total, em sua brutalidade opaca, como significante puro de uma existência intolerável para a própria vida, a partir do momento em que ela se afasta dele para ver o trauma e a cena primária? É isso que aparece da vida perante ela mesma como significante em estado puro, que não pode, de maneira alguma, articular-se nem se resolver. A partir do momento em que Freud começa a articular o que é o sintoma, o pano de fundo do significante em relação ao significado é implicado por ele na formação de qualquer sintoma.

O que vínhamos estudando ultimamente na histérica permite-nos situar onde se encontra o problema do neurótico. Ele se vincula à relação do significante com a posição do sujeito dependente da demanda. É nisso que a histérica tem de articular algo que chamaremos provisoriamente de seu desejo, e o objeto desse desejo, que não é o objeto da necessidade. Foi isso que me levou a insistir um pouco no chamado sonho da bela açougueira.

Nele se evidencia, de maneira absolutamente clara, e Freud o diz desde a aurora da psicanálise, que se trata de a histérica fazer subsistir o objeto do desejo como distinto e independente do objeto de qualquer necessidade. A relação com o desejo, com sua constituição, com sua manutenção de uma forma enigmática, em seu segundo plano em relação a qualquer demanda, esse é o problema da histérica.

O que é o desejo de meu histérico? É aquilo que lhe descortina, eu não diria o universo, mas todo um mundo que já é bastante vasto, em razão daquilo que podemos chamar de dimensão histérica latente em toda espécie de ser humano no mundo. Tudo o que pode apresentar-se como indagação sobre seu próprio desejo, aquilo que chamamos de X, o desejo indizível, eis por que a histérica logo se descobre comunicando-se "para valer" com tudo o que pode acontecer dessa natureza em todos os seus irmãos e irmãs histéricos, e é nisso, como articula Freud, que repousa a identificação histérica. Toda histérica faz eco a tudo o que é da ordem da indagação sobre o desejo, tal como esta se coloca na atualidade em alguns outros, sobretudo em outra histérica, bem como em alguém que pode só ser histérico ocasionalmente, e até de maneira latente, desde que apareça nele um modo histérico de formular a pergunta.

Essa pergunta sobre seu desejo descortina o mundo para a histérica, um mundo de identificações que a coloca numa certa relação com a máscara, ou seja, com tudo o que pode, de alguma maneira, fixar e simbolizar, segundo um certo tipo, a indagação sobre o desejo. Essa indagação, que a torna aparentada com os histéricos, que constitui um chamado aos histéricos como tais, faz com que ela se identifique essencialmente com uma espécie de máscara geral sob a qual se agitam todas as modalidades possíveis de falta.

Estamos no obsessivo. A estrutura do obsessivo, tal como estou procurando progredir nela, é igualmente apontada por uma certa relação com o desejo. Não é a relação d_X, mas uma outra, que hoje chamaremos de d_O.

A relação do obsessivo com seu desejo está submetida a isto, que conhecemos há muito tempo graças a Freud, ou seja, o papel precoce que ele desempenhou no que é chamado de *Entbindung*, a desfusão das pulsões, o isolamento da destruição. Toda a estrutura do obsessivo é determinada, como tal, pelo fato de a primeira abordagem de seu desejo haver passado, como em qualquer sujeito, pelo desejo do Outro, e de esse desejo do Outro ter sido inicialmente destruído, anulado. Ao dizer isso, não estou dizendo nada de muito novo, apenas o articulo de uma nova maneira.

Aqueles que já têm obsessivos nas mãos podem saber que um traço essencial da condição deles é que seu próprio desejo diminui, pisca, vacila e se esvaece à medida que o obsessivo se aproxima dele. O desejo, nesse caso, demonstra portar a marca de ter sido inicialmente abordado por ele como algo que se destrói, por ter se apresentado a ele como o desejo de seu rival, por haver o sujeito respondido a ele no estilo da reação de destruição que é subjacente à sua relação com a imagem do outro, na medida em que esta o despoja e o arruína. A abordagem de seu próprio desejo pelo obsessivo é cunhada, portanto, pela marca que faz com que qualquer aproximação o faça desaparecer.

É isso que o autor de que lhes falo, e que venho criticando há algumas aulas, percebe sob a forma do que denomina de distância do objeto, e que a princípio confunde com o que ele denomina de destruição do objeto. Ele tem da psicologia do obsessivo a ideia de que este é alguém que tem de se defender perpetuamente da loucura, definida como destruição do objeto. Há nisso apenas uma projeção, que, no referido autor, decorre das insuficiências de seu pensamento no plano teórico, mas na qual também entram fatores pessoais, pois isso é apenas uma fantasia, uma fantasia como que exigida pela perspectiva imaginária à qual ele vincula a solução do problema do desejo no obsessivo. Além disso, é da experiência corrente que não há o menor perigo de psicose no obsessivo típico, não importa aonde vocês o levem, e, quando chegar o momento, eu lhes direi a que ponto um obsessivo difere em sua estrutura de um psicótico.

Ao contrário, o que se discerne ali, ainda que mal traduzido, é que o obsessivo só se mantém numa relação possível com seu desejo a distância. O que tem de ser mantido pelo obsessivo é a distância de seu desejo, e não a distância do objeto. O objeto tem, no caso, uma função bem distinta. O que a experiência nos mostra da maneira mais clara é que ele tem de se manter a uma certa distância de seu desejo para que esse desejo subsista.

Mas há uma outra face que se observa na clínica, no concreto, quando o obsessivo estabelece com o outro uma relação que se articula plenamente no nível da demanda, quer se trate de sua mãe, a princípio, quer de seu cônjuge. O que pode querer dizer, para nós, analistas, esse termo cônjuge? Ele adquire sua plena articulação no nível em que tentamos situar as coisas. Trata-se daquele com quem é preciso, de um modo qualquer, por bem ou por mal, voltar a estar, o tempo todo, numa certa relação de demanda. Mesmo que, em toda uma série de coisas, o circuito se feche, isso nunca acontece sem dor. A demanda pede para ser levada até o fim.

Que acontece no plano das relações do obsessivo com seu cônjuge? Muito exatamente isto, que é o mais sutil de se ver, mas que vocês observarão, quando se derem ao trabalho: o obsessivo empenha-se em destruir o desejo do Outro. Toda aproximação do interior do território obsessivo é saldada, no caso normal, por menos que nos deixemos apanhar, por um ataque surdo, um desgaste permanente, que tende, no outro, a levar à abolição, à desvalorização, à depreciação do que é seu próprio desejo.

Há nuances, sem dúvida, e esses são termos cujo manejo requer um certo exercício, mas, fora desses termos, nada nos permitiria sequer nos apercebermos da verdadeira natureza do que acontece. Já assinalei, por outro lado, na infância do obsessivo, o caráter absolutamente particular, acentuado, que nele assume precocemente a articulação da demanda.

Nesse esquema, vocês começam a poder situá-lo. Essa criança pequena está sempre pedindo alguma coisa e, o que é surpreendente, dentre todas as crianças que de fato passam o tempo todo pedindo alguma coisa, ela é aquela cuja demanda é sempre sentida, até pelos mais bem-intencionados, como propriamente insuportável. Ela é chata, como se costuma dizer. Não é que peça coisas mais extraordinárias do que os outros; é em sua maneira de pedir, é na relação do sujeito com a demanda que reside o caráter específico da articulação da demanda naquele que já é obsessivo no momento em que isso se manifesta, por ocasião do declínio do Édipo ou no chamado período de latência.

Quanto à nossa histérica, vimos que, para sustentar seu desejo enigmático, o *a* minúsculo é empregado nela como artifício. Podemos representá-lo por duas tensões paralelas, uma no nível da formação idealizante, ($\$\Diamond a$), outra no nível da identificação com um pequeno outro, *i(a)*. Pensem no sentimento de Dora pelo Sr. K. Toda histérica, aliás, numa das fases de sua história, tem um suporte semelhante, que vem desempenhar aqui o mesmo papel que *a*.

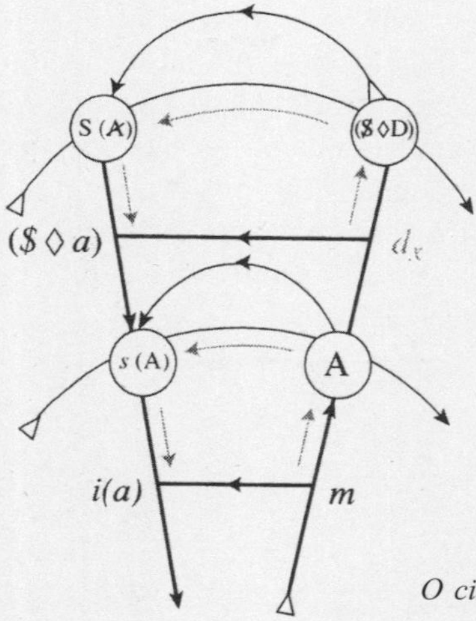

O circuito da histérica

O obsessivo não segue o mesmo caminho. Está mais bem orientado para se arranjar com o problema de seu desejo. Ele parte de outro lugar e com outros elementos. É numa certa relação precoce e essencial com sua demanda, ($\$ \lozenge D$), que ele pode manter a distância necessária para que lhe seja possível em algum lugar, mas de longe, esse desejo anulado em sua essência, esse desejo cego cuja posição se trata de garantir. Circunscreveremos a relação do obsessivo com seu desejo. A relação específica do sujeito com sua demanda é um primeiro traço dela. Existem outros.

O que é a obsessão? Vocês sabem da importância que há na formulação verbal, a ponto de podermos dizer que a obsessão é sempre verbalizada. Freud, quanto a isso, não deixa nenhuma dúvida. Mesmo quando lida com uma conduta obsessiva latente, ele considera que ela só revela sua estrutura quando assume a forma de uma obsessão verbal. Chega até a dizer que, no tratamento de uma neurose obsessiva, os primeiros passos só são dados quando se consegue que o sujeito dê a seus sintomas todo o seu desenvolvimento, o que pode apresentar-se como um agravamento clínico.

Aquilo de que se trata, em todas as fórmulas obsessivas, é de uma destruição concretamente articulada. Haverá necessidade de insistir no caráter verbal das fórmulas de anulação que fazem parte da própria estrutura da obsessão? Todos sabem que o que constitui sua essência e seu poder, fenomenologicamente angustiante para o sujeito, é que se trata de uma destruição pelo verbo e pelo significante. O sujeito se descobre às voltas com uma destruição que é chamada de mágica — não sei por quê, por que não dizer verbal, simplesmente? — do Outro, que é dada na própria estrutura do sintoma.

Vocês viram o circuito da histérica, que desemboca nos dois planos — a idealização ou identificação com o nível superior é a simbolização do que acontece no plano imaginário. Se eu me permitisse utilizar até o fim esse esquema, para nele inscrever o esquema destrutivo da relação com o Outro, diria que, para o obsessivo, o circuito é alguma coisa assim.

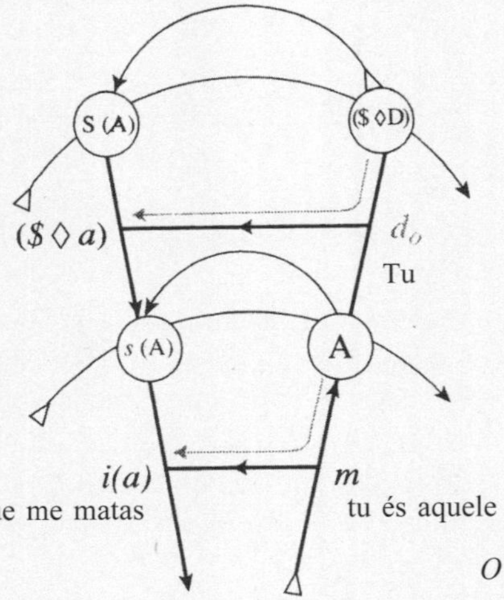

O circuito do obsessivo

O medo de prejudicar o Outro através de pensamentos, o que equivale a dizer de palavras, pois se trata de pensamentos falados, introduz-nos em toda uma fenomenologia na qual conviria nos determos meio longamente. Não sei se algum dia vocês se interessaram pelo tema do blasfemador. Essa é uma ótima introdução à obsessão verbal. O que é blasfemar? Eu gostaria que algum teólogo me desse a resposta. Digamos que o blasfemador faz decair um significante eminente, o qual é preciso ver em que nível da autorização significante, por assim dizer, está situado. Esse significante relaciona-se com o significante supremo que é chamado Pai, com o qual absolutamente não se confunde, ainda que desempenhe um papel homólogo. Que Deus tem uma relação com a criação significante como tal, não há dúvida, como tampouco há dúvida de que o blasfemador só se situa nessa dimensão. O blasfemador faz esse significante decair na categoria do objeto, ele como que identifica o *logos* com seu efeito metonímico e o faz descer um degrau. Esta observação decerto não constitui a resposta completa à questão do blasfemador, mas certamente é uma aproximação do fenômeno do sacrilégio verbal que se constata no obsessivo.

Como sempre, é ainda em Freud que encontramos as coisas mais colossalmente exemplares. Lembrem-se, no caso do *Homem dos Ratos*, do episódio da cólera furiosa de que ele é tomado contra o pai, aos quatro anos de idade, se não me falha a memória. Ele se atira no chão, chamando-o de *tu guardanapo, tu prato** etc. Trata-se de uma verdadeira colisão e colusão do *tu* essencial do Outro com o efeito decadente da introdução do significante, no mundo humano, que é denominado de objeto, e especialmente objeto inerte, objeto de troca, de equivalência. A litania de substantivos mobilizada na ira do menino deixa bem claro que não se trata de saber se o pai é uma lâmpada, um prato ou um guardanapo, mas de fazer o Outro descer à categoria do objeto, e de destruí-lo.

Uma vez que somos obrigados a ficar nesse ponto por hoje, direi que o que acontece aqui, e cuja estrutura veremos da próxima vez, mostra-nos que é somente numa certa articulação significante que o sujeito obsessivo consegue preservar o Outro, de sorte que o efeito de destruição é, pois, aquilo pelo qual ele aspira a sustentá-lo, em virtude da articulação significante. Vocês encontram nisso a própria trama do mundo vivido pelo obsessivo. O obsessivo é um homem que vive no significante. Está muito solidamente instalado nele. Não tem absolutamente nada a temer quanto à psicose. Esse significante basta para preservar nele a dimensão do Outro, mas esta é como que idolatrada. O francês nos permite articular isso de um modo que certa vez esbocei aqui — *Tu és aquele que me...* É isso que o sujeito articula no Outro.

No obsessivo, para-se por aí. A fala plena, na qual se articula o compromisso do sujeito numa relação fundamental com o Outro, não pode concluir-se a não ser por esta repetição de que se serviu um humorista: *To be or not...* — e o camarada coça a cabeça e continua: — *To be or not, To be or not* etc. E é ao repetir que ele encontra o final da frase: — *Tu és aquele que me, tu és aquele que me, tu és aquele que me mata.***

---

* Optamos pela tradução literal a fim de manter o "tu", essencial aqui para Lacan, o que se perderia em uma tradução mais fiel ao nosso uso da língua, como, por exemplo, "seu guardanapo, seu prato etc.". (N.E.)

** Esse "final da frase" que se encontra na repetição de seu começo perde-se, infelizmente, na tradução do *Tu es celui qui me, tu es celui qui me, tu es celui qui*

A língua francesa dá aqui um esquema fundamental da relação obsessiva com o Outro. A articulação que o alicerça fecha-se, ela mesma, na destruição do Outro, mas, por ser uma articulação significante, ao mesmo tempo o faz subsistir.

É no interior dessa articulação que veremos qual é o lugar do significante falo quanto ao ser e quanto ao ter, no qual nos detivemos no final da última sessão. Isso nos permitirá ver a diferença que existe entre uma solução que permite mostrar ao obsessivo o que realmente se passa em sua relação com o falo, como significante do desejo do Outro, e aquela que consiste em satisfazer a demanda numa espécie de miragem imaginária, concedendo-lhe seu objeto através da simbolização, pelo analista, da fantasia imaginária. É nessa dimensão que se desenrola toda a observação de caso que criticamos. A solução ilusória consiste, em suma, em dizer à mulher: — *Você tem inveja do pênis? Pois bem...* É o que dizia Casimir Perier a um camarada que o imprensou contra um poste: — *Que é que você quer?* O sujeito respondeu: — *A liberdade!* — *Pois bem, ela é sua* — disse-lhe Casimir Perier, que lhe passou por baixo das pernas e foi embora, deixando-o boquiaberto.

Talvez isso não seja exatamente o que podemos esperar de uma solução analítica. O próprio término dessa observação através de uma identificação eufórica e inebriada do sujeito, cuja descrição coincide inteiramente com um ideal masculino encontrado no analista, talvez introduza uma mudança no equilíbrio do sujeito, mas, seguramente, não é essa a verdadeira resposta à questão do obsessivo.

18 DE JUNHO DE 1958

---

me tues para o português, embora o fenômeno se preserve em "Ser ou não, Ser ou não etc.". (N.E.)

XXVII

UMA SAÍDA PELO SINTOMA

Da fala do Outro ao inconsciente
O valor de significação da regressão
Em que não somos macacos
O psicótico e o desejo do Outro
O neurótico e a imagem do outro

Chegamos, da última vez, até o ponto de começarmos a apontar concentricamente a constelação do desejo do obsessivo.

Entretive-os, a esse respeito, com a postura da demanda dele — cuja ênfase especial de insistência, que a torna tão difícil de tolerar, é precocemente sentida pelo Outro —, com sua necessidade de destruir o desejo do Outro, e com a função de algumas de suas fantasias. Nossa colocação de hoje inicia-se dessa maneira.

No trabalho que escolhi para tornar-se o objeto de uma crítica que é menos da alçada de uma polêmica que de uma análise sistemática daquilo que se destaca do que o próprio autor articula, não é insignificante que a fantasia fálica se apresente sob a forma da inveja do pênis na mulher, durante a análise de uma neurose obsessiva. Não é esse trabalho que irá provar que dou uma importância excessiva ao significante falo. Mas a importância do significante falo não é, evidentemente, tudo o que lhes ensino. Trata-se também de saber como nos servimos dele, sem, no entanto, nos entregarmos ao joguinho fácil de criticar e julgar, de fora, o desfecho de um tratamento que, aliás, é apresentado como inacabado, e no qual nós não entramos. Digamos, simplesmente, que nada do que lhes indico como elementos marcantes da direção da análise apresenta-se nele. A direção geral do tratamento é notável por suas hesitações, ou até por uma direção francamente oposta àquela que poderia parecer-nos lógica.

Nossa crítica nunca parte da simples observação do caso, considerada como um relatório de fato, mas das interrogações do próprio autor, que vocês sempre verão expressas no lugar certo, pois uma das propriedades do espírito humano é que o bom senso, em particular, é, como se disse com justeza e não sem certa ironia, a coisa mais bem compartilhada do mundo. Não há dúvida de que o que nos cria obstáculos aqui já criou obstáculos no espírito dos autores, e, nesse relato, tais obstáculos são plenamente articulados. Há interrogações, há até comentários referentes ao desfecho paradoxal, ao não desfecho daquilo que se buscava, há, enfim, contradições, às quais o autor talvez não dê toda a importância que elas podem ter, mas que podem ser assim qualificadas, uma vez que estão inscritas preto no branco em seu texto.

Iremos desde logo ao cerne daquilo de que se trata, enunciando a diferença que há entre, por um lado, o que se representa como articulado, e não como articulável, e, por outro, o que é efetivamente almejado e feito nesse tratamento.

1

Tomemos como ponto de partida nosso esquema, no qual figura um certo número de posições que ele completa e que nos permitem nos situar naquilo que conhecemos de mais familiar. Elas se acham representadas, ali, numa certa ordem e numa certa topologia.

Formulemos, mais uma vez, a pergunta sobre o que é a linha superior de nosso esquema. É uma linha significante, por ser estruturada como uma linguagem. Por outro lado, por ser estruturada como uma linguagem, ela é uma espécie de frase que o sujeito não consegue articular, e que devemos ajudá-lo a articular, e que estrutura, em suma, a totalidade da neurose.

A neurose não é idêntica a um objeto, não é uma espécie de parasita estranho à personalidade do sujeito, é uma estrutura analítica que está em seus atos e sua conduta. O progresso de nossa concepção da neurose mostrou-nos que ela não é feita apenas de sintomas decomponíveis em seus elementos significantes e nos efeitos de significado desses significantes — já que foi assim que retraduzi o que Freud articulou —, mas que toda a personalidade do sujeito traz a marca dessas relações estruturais. Tal como aqui empregado, o termo personalidade vai muito além de sua acepção primária, com o que ela comporta de estático, e que conflui no que se chama caráter. Não se trata disso, é a personalidade no sentido em que ela desenha nos comportamentos, nas relações com o Outro e com os outros, um certo movimento que se verifica ser sempre o mesmo, uma escansão, um certo modo de passagem do outro para o Outro, e também para um Outro que é sempre e incessantemente encontrado, que forma a própria modulação da ação obsessiva.

O conjunto do comportamento obsessivo ou histérico é estruturado como uma linguagem. Que quer dizer isso? Não basta dizer que para além da linguagem articulada, do discurso, todos os atos do sujeito teriam a espécie de equivalência com a linguagem que há no que chamamos de gesto, porquanto um gesto [*un geste*] não é simplesmente um movimento bem definido, mas sim um significante. A expressão que serve perfeitamente é *uma gesta* [*une geste*], no sentido da canção de gesta, da gesta de Rolando, isto é, a totalidade de sua história.

Em suma, é uma fala, por assim dizer. A totalidade do comportamento do neurótico apresenta-se como uma fala, e até como uma fala plena, no sentido no qual vimos seu modo primitivo no encetamento da forma de um discurso. É uma fala plena, mas inteiramente criptográfica, desconhecida do sujeito quanto ao sentido, embora ele a pronuncie através de todo o seu ser, de tudo aquilo que manifesta, de tudo o que evoca e realiza, inelutavelmente, num certo caminho de conclusão e inconclusão, se não houver a intervenção de nada que seja dessa ordem de oscilação a que se chama análise. É uma fala proferida pelo sujeito barrado, barrado de si mesmo, que chamamos inconsciente. É isso que representamos sob a forma de um sinal, $\$$.

Estamos agora introduzindo uma distinção no nível do Outro, A. Definimos o Outro como o lugar da fala. Esse Outro institui-se e se desenha pelo simples fato de que o sujeito fala. Por esse simples fato, o grande Outro nasce como lugar da fala. Isso não quer dizer, no entanto, que ele se materialize como sujeito de sua alteridade. O Outro é invocado todas as vezes que há fala. Penso não precisar voltar a isso, por ter insistido bastante nesse ponto. Mas o para-além que se articula na linha de cima de nosso esquema é o Outro do Outro.

Trata-se de uma fala que é articulada no horizonte do Outro. O Outro do Outro é o lugar em que a fala do Outro se desenha como tal. Não há nenhuma razão para que ele nos seja vedado. É até a raiz da relação intersubjetiva que o Outro, como lugar da fala, nos é dado, imediata e efetivamente, como sujeito, sujeito que pensa em nós mesmos como seu Outro. Esse é o princípio de toda estratégia. Ao jogar xadrez com alguém, vocês lhe atribuem tantos cálculos quantos fazem. Pois bem, embora ousemos dizer que esse Outro do Outro deveria ser o mais transparente para nós, dado com a própria dimensão do Outro, por que declaramos que esse Outro do Outro é o lugar onde se articula o discurso do inconsciente, articulado mas não articulável por nós? Por que devemos fazê-lo? Como temos o direito de fazê-lo?

É muito simples. As condições da vida humana fazem com que esta seja encetada na condição da fala, e estamos submetidos ao Outro pela condição da demanda, mas sem saber o que é para ele nossa demanda. Por que não o sabemos? O que lhe dá essa opacidade? Essas são evidências, mas evidências cujas coordenadas não são o que há de menos útil a articular, pois sempre nos contentamos em obscurecê-las sob a forma de objetivações prematuras.

Esse Outro que não sabemos como acolhe nossa demanda intervém em nossa estratégia, torna-se *unbewusst*, e realiza uma posição paradoxal do discurso. É isso que quero dizer quando lhes digo que o inconsciente é o discurso do Outro. É isso que acontece, virtualmente, nesse horizonte do Outro do Outro, uma vez que é ali que se produz a fala do Outro tal como se torna nosso inconsciente, isto é, aquilo que vem presentificar-se necessariamente em nós, pelo simples fato de que, nesse lugar da fala, damos vida a um Outro capaz de nos responder. A razão de ele nos ser opaco é que há nele alguma coisa que não conhecemos, e que nos separa de sua resposta à nossa demanda. Isso não é outra coisa senão o que se chama seu desejo.

Esta observação, que só é uma evidência aparentemente, adquire seu valor em função de esse desejo estar situado entre o Outro como lugar puro e simples da fala e o Outro como um ser de carne e osso, à mercê do qual nos encontramos no que tange à satisfação de nossa demanda. Que esse desejo se situe aí condiciona sua relação com a simbolização da ação do significante que produz aquilo a que chamamos sujeito, o qual simbolizamos com nosso $S.

O sujeito é diferente de um si mesmo, daquilo que é chamado por uma palavra elegante em inglês, o *self*. O fato de dizê-lo em inglês isola-o e permite distinguir bem o que isso significa, ou seja, o que há de irredutível na presença do indivíduo no mundo. Esse *self* transforma-se em sujeito propriamente dito, e sujeito barrado, no sentido como o simbolizamos, na medida em que é marcado pela condição que o subordina não somente ao Outro como lugar da fala, mas ao Outro como ele mesmo. Não é o sujeito da relação com o mundo, da relação do olho com o mundo, da relação sujeito-objeto que é a do conhecimento. É o sujeito que nasce no momento da emergência do indivíduo humano nas condições da fala, e como marcado, portanto, pelo Outro, por sua vez condicionado e marcado pelas condições da fala.

Que vemos, pois, nesse horizonte assim opacificado pelo obstáculo do desejo do Outro? Desde que o Outro não mais responda, o sujeito é remetido à sua própria demanda, é colocado numa certa relação com sua demanda, que é aqui designada pelo símbolo do pequeno losango que lhes expliquei da última vez. Aqui, *o A maiúsculo não responde mais*, frase muito célebre com outras iniciais. No nível do sujeito, o que tende a se produzir no horizonte é o sujeito ser remetido ao confronto com sua própria demanda, sob as formas de significantes que são, por assim dizer, englobantes em relação ao sujeito, e dos quais o próprio sujeito se torna o sinal. É o horizonte dessa não resposta do Outro que vemos desenhar-se na análise, uma vez que desde logo o analista surge unicamente como o lugar da fala, um ouvido que escuta e não responde.

É isso que impele o sujeito a se desligar daquelas formas da demanda que nos aparecem, nas entrelinhas de seu discurso, sob a forma do que chamamos de fase anal, fase oral, fase de todos os tipos que vocês quiserem. Que queremos dizer quando falamos dessas fases? Não nos esqueçamos de que nosso sujeito não volta progressivamente, diante de nós, ao estado de recém-nascido. Não nos entregamos a uma operação de vidência que veja o sujeito retroceder no curso do tempo e, no final, reduzir-se à semente que o gerou. Trata-se é de significantes. O que chamamos de fase oral ou fase anal é a maneira como o sujeito articula sua demanda, através do aparecimento — em seu discurso no sentido mais amplo, na maneira como se presentifica diante de nós sua neurose — dos significantes que se formaram em tal ou qual etapa de seu desenvolvimento, e que lhe serviram para articular sua demanda em fases recentes ou mais antigas.

O que se chama fixação é a prevalência conservada por esta ou aquela forma de significante, oral, anal ou outro, com todas as nuances que vocês aprenderam a articular, é a importância especial que foi guardada por certos sistemas de significantes. O que se chama regressão é o que acontece quando esses significantes são reencontrados no discurso do sujeito, pelo fato de que a fala, por ser simplesmente fala, sem nada ter a pedir de especial, perfila-se na dimensão da demanda. É por aí que se abre, retroativamente, toda a perspectiva para essa condição da demanda na qual o sujeito viveu desde sua primeira e mais tenra infância.

A questão está toda em saber o que fazemos com a regressão. Estamos aqui para responder a ela, ou para dizer o que acontece quando não respondemos, e que outra coisa podemos fazer. Esse é o objetivo que merece ser atingido.

A regressão é regressão do discurso. Os significantes implicados nela pertencem à estrutura do discurso, e é sempre nele que os descobrimos. Isso é o que é representado por estas duas linhas.

$$\Sigma$$

$$\frac{S_1\text{----}\ S_2\text{----}\ S_3\text{----}\ S_4}{s_2\text{----}\ s_3\text{----}\ s_4\text{----}\ s_5}$$

A linha superior é a dos significantes. Embaixo encontramos as significações, sempre produzidas de acordo com a lei da cadeia significante. Essas duas coisas se equivalem — a antecipação da sequência significante, com toda a cadeia significante abrindo diante de si o horizonte de sua própria conclusão e, ao mesmo tempo, sua retroação, uma vez que surja o termo significante que, por assim dizer, fecha o circuito da frase e faz com que o que se produz no nível do significado tenha sempre uma função retroativa. Aqui, o S_2 já se desenha por antecipação no momento em que o S_1 se inicia, e só se conclui no momento em que o S_2 retroage para S_1. Há sempre uma certa defasagem entre o significante e a significação, e é isso que faz de toda significação — na medida em que ela não é uma significação natural, ligada a um esboço absolutamente momentâneo da instância da necessidade no sujeito — um fator essencialmente metonímico, que se relaciona com aquilo que liga em si a cadeia significante e a constitui como tal, elos e nós, que podemos indicar, momentaneamente e para distingui-los, por um certo sigma, se vocês aceitarem, designando com isso o além da cadeia significante.

A confrontação do sujeito com a demanda efetua uma redução do discurso na qual discernimos, nas entrelinhas, esses significantes elementares naquilo que constitui a base da nossa experiência. Assim é que encontramos as mesmas leis estruturais em toda a conduta do sujeito, no modo como ele às vezes a exprime, e até na escansão, na maneira motora como ele articula seu discurso, na medida em que um gaguejar, um balbucio, um tropeço qualquer da fala, como me exprimi noutro lugar, pode ser significativo para nós e remeter a um significante da demanda como falta oral ou anal.

Um pequeno grupo de estudos, dirigido pelo mais amistoso de meus colegas, Lagache, fez a descoberta, com um espanto cujo motivo deve ser explicado por um mal-entendido permanente, de que, em todos os lugares onde encontramos, na tradução francesa de Freud, a palavra *instinto*, encontramos sempre no texto alemão o termo *Trieb*. Nós o traduzimos por *pulsão*, o que, na verdade, obscurece ainda mais a coisa. O termo inglês é *drive*, ao passo que não temos nada em francês que permita traduzi-lo. A palavra científica seria *tropismo*, designando certas atrações irresistíveis, consideradas irredutíveis à atração físico-química, que se exerceriam no comportamento animal. Essa palavra permitiria exorcizar o aspecto finalista que sempre existe no termo instinto. O que encontramos aqui, na noção freudiana de *Trieb*, é realmente dessa ordem. Poderíamos traduzi-lo por [força de] *atração* [*attirance*], exceto pelo fato de que o ser humano não é o sujeito obscuro que encontramos sob as formas gregárias da atração orgânica por um elemento climático, por exemplo, ou de outra natureza.

Evidentemente, não é aí que se desenvolve o nosso interesse, no campo que somos solicitados a explorar na análise, no qual somos conduzidos a falar dessas diversas fases, oral, anal, genital e outras. Na teoria analítica, com efeito, uma certa exigência coloca o sujeito numa relação de subordinação, de dependência, de organização e de atração, em relação a quê? A significantes tomados de empréstimo da bateria de um certo número de seus próprios órgãos.

Isso quer dizer apenas que uma fixação oral ou anal que sobrevive num sujeito adulto depende de uma certa relação imaginária. Mas o que articulamos aqui, além disso, é que esta última é levada à função de significante. Se não fosse isolada como tal, amortecida, ela não poderia ter a ação econômica que tem no sujeito, por uma razão muito simples: é que as imagens estão sempre e unicamente ligadas à suscitação e à satisfação da necessidade. Ora, não se deixa de dizer, na análise, que o sujeito permanece ligado a imagens orais, quando não se trata de alimento, ou anais, quando não se trata de excrementos. Portanto, é por essas imagens estarem fora de seu texto, por não se tratar da necessidade pura e simples, que elas assumem uma outra função. É da função significante que se trata. A pulsão como tal é, justamente, a expressão manejável de conceitos que têm valor para nós, e que exprimem a dependência do sujeito em relação a um certo significante.

O importante é que o desejo do sujeito, encontrado como o além da demanda, torna-o opaco à nossa demanda e instala seu próprio discurso como algo que, apesar de necessário à nossa estrutura, é impenetrável por certos aspectos, o que faz dele um discurso inconsciente. Esse desejo, que é a condição dele, está portanto submetido, ele mesmo, à existência de um certo efeito de significante, o que lhes tenho explicado a partir de janeiro pelo nome de metáfora paterna.

2

Essa metáfora se estabelece a partir do desejo primitivo, opaco e obscuro da mãe, a princípio completamente vedado ao sujeito, enquanto, no horizonte, aparece o Nome-do-Pai, suporte da ordem instaurada pela cadeia significante. Já simbolizei isso pela relação de dois significantes, estando um em duas posições diferentes, o Nome-do-Pai sobre o Desejo da Mãe e o Desejo da Mãe sobre sua simbolização.

Sua determinação como significado produz-se por um efeito metafórico.

$$\frac{S}{S'} \cdot \frac{S'}{x} \rightarrow S\left(\frac{S}{\text{falo}}\right)$$

Onde falta o Nome-do-Pai, esse efeito metafórico não se produz, e não posso conseguir fazer vir à luz o que faz com que o X seja designado como o significante falo. É isso que se produz na psicose, porquanto o Nome-do-Pai é rejeitado, é objeto de uma *Verwerfung* primária, não entra no ciclo dos significantes, e é também por isso que o desejo do Outro, nomeadamente a mãe, não é simbolizado nesses casos.

Se tivéssemos que representar a posição da psicose no esquema, diríamos que esse desejo como tal — não me refiro a ele como existente, pois todo o mundo sabe que até as mães de psicóticos têm desejo, ainda que este nem sempre seja seguro — não é simbolizado no sistema do sujeito psicótico e, em decorrência disso, a fala do Outro não passa nem um pouco para seu inconsciente, mas sim o Outro, como lugar da fala, fala-lhe ininterruptamente. Isso não significa, forçosamente, que sejam vocês ou eu, porém quase que a soma do que lhe é oferecido como campo de percepção.

Esse campo lhe fala de nós, naturalmente, e aliás, para tomarmos o primeiro exemplo que vem à memória, aquele, muito conhecido, que nos foi recitado ontem à noite, a cor vermelha de um automóvel pode querer dizer, para o sujeito delirante, que ele é imortal. Tudo fala com ele, porque nada da organização simbólica destinada a remeter o Outro para onde ele deve ficar, ou seja, para seu inconsciente, se realizou dessa ordem. O Outro fala com ele de uma maneira homóloga à fala primária e primitiva que é a da demanda. É por isso que tudo se sonoriza e que o *isso fala*, que está no inconsciente para o sujeito neurótico, está do lado de fora para o sujeito psicótico. Que isso fale, e que fale bem alto, da maneira mais natural, é algo com que não há por que nos espantarmos. Se o Outro é o lugar da fala, é lá que isso fala e repercute por todo canto.

Encontramos o caso extremo disso no ponto de desencadeamento da psicose, ali onde, como sempre lhes formulei, o que é *verworfen* ou rejeitado do simbólico reaparece no real. Esse real de que se trata é, no caso, a alucinação, isto é, o Outro enquanto falante. É sempre no Outro que isso fala, só que assumindo nele a forma do real. O sujeito psicótico não tem dúvida, é o Outro que fala com ele, e fala com ele através de todos os significantes que basta abaixar-se para colher em profusão no mundo humano, já que tudo que nos cerca tem um caráter marcado pelo significante. Pensem nos cartazes que se espalham por nossas ruas.

O caráter de abandono, de dissolução, é mais ou menos pronunciado conforme o estado da psicose. Como vemos, e como articula Freud, o que se articula na psicose serve, justamente, para suprir essa ausência em seu ponto organizado, ou seja, dependente da estrutura significante do desejo do Outro. As formas da psicose, desde as mais benignas até o estado extremo de dissolução, apresentam-nos um puro e simples discurso do Outro, que vem escandir-se aqui, em s(A), sob a forma de uma significação.

Mostrei, dois anos atrás, algumas decomposições muito curiosas da fala, que, pela estrutura que nos é apresentada nesse grafo — na ocasião, eu não podia mostrá-lo a vocês —, revelam-se como decorrentes de um código de mensagens sobre o código. O que é remetido de A é tudo aquilo de que o sujeito dispõe, em seguida, para dar vida ao discurso do Outro. A *língua fundamental* de Schreber, cada palavra da qual comporta em si uma espécie de definição, cujo advento se produz com a emissão da própria palavra, é um código de mensagens sobre o código. Inversamente, essas frases — *Como é que...*, *Você só tem que me...*, *Talvez ele queira*, e, aliás, o *ele queira* é demais — são uma série de mensagens que não visam senão aquilo que, no código, relaciona-se com a mensagem. As partículas, os pronomes pessoais, os verbos auxiliares designam o lugar do mensageiro. Isso se transpõe rigorosamente para o grafo, mas, como não quero me estender demais, remeto-os a meu artigo sobre as psicoses a ser publicado, no qual fiz a síntese de meu curso de dois anos atrás com o que lhes apresento este ano.

Tomemos o delírio de ciúme. Freud o articula como uma negação, pelo sujeito, de um *Eu o amo* fundamental, que concerne menos ao sujeito homossexual do que ao sujeito semelhante, ou seja, nessa condição, é claro, homossexual. Freud diz: — *Não é a mim que ele ama, é a ela.* O que quer dizer isso a não ser que o delírio de ciúme, para criar obstáculo ao desencadeamento puro e simples da fala da interpretação, tenta restaurar, restabelecer o desejo do Outro? A estrutura do delírio de ciúme consiste, justamente, em atribuir ao Outro um desejo — uma espécie de desejo esquematizado, esboçado no imaginário — que é o do sujeito. Ele é atribuído ao Outro — *Não é a mim que ele ama, é a minha cônjuge, ele é meu rival.* Como psicótico, tento instituir no Outro o desejo que não me é dado por eu ser psicótico, por não se haver produzido em parte alguma a metáfora essencial que dá ao desejo do Outro seu significante primordial, o significante falo.

Esse significante falo, ainda assim, é algo bastante obscuro de admitir como essencial e, de certo modo, de preferência a toda sorte de outros objetos que, ocasionalmente, vemos desempenharem um papel homólogo. O significante falo está aberto a toda sorte de equivalências, com o significante excrementício, por exemplo, ou com o significante seio, mais exatamente a extremidade do seio, objeto de todo lactente. Talvez lhes seja muito difícil perceber o que cria o privilégio do falo: trata-se, evidentemente, do estar num certo lugar naquilo que tem as mais elevadas funções na relação do indivíduo com a espécie, ou seja, no que é chamado de fase genital.

É por essa razão que ele é mais especialmente dependente do que outros de uma função de significância. Os outros objetos — o mamilo materno ou aquela parte do corpo que, sob a forma de cíbalo, apresenta-se como podendo ser, para o sujeito, a ocasião de uma perda — são, até certo ponto, dados do lado de fora como objetos, ao passo que o falo é uma moeda, na troca amorosa, que precisa passar ao estado de significante para servir de meio, à maneira dos pedregulhos ou conchas que, em algumas tribos remotas, servem de objetos de troca. Isso já está na ordem natural.

Entretanto, não há nada parecido em se tratando do falo. Sob sua forma orgânica real, a do pênis ou do que lhe é correspondente na mulher, é preciso muito mais do que nos objetos acima citados, que são predeterminados nisso, para que ele se torne, fantasisticamente ou de outro modo, um objeto destacável. Nunca é demais insistir no enigma que comportam o complexo de castração ou o *Penisneid*, na medida em que neles está implicado algo que, de qualquer modo, de fato diz respeito ao corpo, e que, afinal, não é mais ameaçado por coisa alguma do que é ameaçado um membro qualquer, um braço, uma perna, ou até o nariz ou as orelhas.

Esse elemento não é, no corpo, senão um ponto de volúpia, e é assim que o sujeito o descobre inicialmente. O autoerotismo masturbatório, que de fato desempenha na história do sujeito um enorme papel, não é, em absoluto, de molde a desencadear por si mesmo tais catástrofes, como sabemos pela experiência, enquanto o órgão não é aprisionado no jogo significante, na metáfora paterna, na proibição materna ou paterna. Na origem, esse órgão não é, para o sujeito, nada além de um ponto de volúpia em seu corpo, de sua relação orgânica consigo mesmo, muito menos sujeito à caducidade do que qualquer outro dos elementos que assumiram uma importância de significante em sua demanda anterior. É precisamente por essa razão que, quanto a ele, mais do que quanto a outros, a influência da cadeia metafórica tem que desempenhar seu papel para fazer dele um significante, o qual, ao mesmo tempo, torna-se o significante privilegiado da relação com o Outro do Outro, o que faz dele um significante central do inconsciente.

Apreendamos aqui que a dimensão que a análise nos descortinou sobre esse assunto foi completamente inesperada em relação a tudo o que fora formulado até então, se pensarmos que se trata apenas de um órgão com o qual o ser vivo pode manter relações inocentes. Não nos esqueçamos do que acontece em nossa espécie fraterna, a dos macacos. Basta irmos ao zoológico de Vincennes, em volta daqueles pequenos fossos que cercam uma dada plataforma, para perceber com que tranquilidade essa brava e arrojada tribo dos babuínos e outros, na qual seria um erro projetarmos nossas próprias angústias, passa os dias cuidando de um sexo rutilante, sem se preocupar minimamente com o que irão pensar os vizinhos, a não ser para ajudá-los, vez por outra, em seus júbilos coletivos. Há um mundo de distância entre a relação mantida por essa espécie animal, mais ou menos ereta em sua estatura, com o que ela traz pendurado no baixo-ventre, e a relação mantida com essa mesma coisa pelo homem. Primitiva e sinaleticamente, essa relação fez do falo um objeto de culto. Desde a origem dos tempos, a ereção como tal foi um significante, e não é à toa, sentimos, que, em nossas culturas muito antigas, a pedra levantada tem toda a sua incidência de significante no agrupamento da coletividade humana.

A emergência do falo nesse papel essencial certamente não é primordial, mas depende de outra coisa, da sua passagem metafórica à categoria de significante, da qual dependerá, por sua vez, toda situação possível do desejo do Outro, na medida em que o sujeito tem de encontrar nele o lugar de seu próprio desejo, tem de encontrar meios de significá-lo. O encontro do desejo do sujeito com o desejo do Outro está sujeito a acidentes, e é nisso, naturalmente, que veremos funcionar o significante falo no sujeito colocado em condições atípicas, anormais, deficitárias, patológicas, com respeito aos quatro pontos cardeais da definição do desejo.

Essa constelação mantém-se completa no neurótico, mas é incompleta no psicótico.

3

O obsessivo, como dissemos, é aquele que, nessa relação com o desejo do Outro, vê-se, primordialmente, primitivamente, marcado pela desfusão dos instintos. Sua primeira saída, a saída inicial, aquela que irá condicionar todas as suas dificuldades posteriores, será anular o desejo do Outro. Que quer dizer isso se dermos pleno sentido ao que acabamos de articular aqui?

Anular o desejo do Outro não é a mesma coisa que estar impossibilitado de apreender o desejo do Outro por uma carência ou uma deficiência do ato metafórico, do Nome-do-Pai. Por outro lado, enquanto, num real mais ou menos delirante, o desejo do Outro, instituído, simbolizado pelo falo, é negado como tal, a relação primitiva do sujeito obsessivo com seu próprio desejo fundamenta-se na denegação do desejo do Outro. O termo *Verneinung* aplica-se, aqui, no sentido como Freud nos mostra suas duas faces, como articulado e simbolizado, porém provido do sinal *não*. É com isso que o obsessivo se vê confrontado como sendo a própria base de sua posição, e aquela à qual ele responde através de fórmulas de suplência, de compensação.

Com isso não estou dizendo nada que seja novo, simplesmente rearticulo a tríade destacada por todos os autores a propósito do obsessivo — anulação, isolamento, reação defensiva. Simplesmente observem que, para poder falar de anulação, é preciso que se trate de um significante, porque não se anula nada que não seja significante. Não existe a menor anulação concebível no nível animal, e, se encontrarmos alguma coisa que se assemelhe a ela, diremos que há um esboço de formação simbólica. A anulação não é simplesmente o apagamento do vestígio de que lhes falei, mas é, ao contrário, a tomada de um significante elementar num parêntese para dizer *isso não é* — só que, ao dizer isso, de qualquer modo ele é colocado como significante. É sempre do significante que se trata.

Se o obsessivo é levado a anular tantas coisas, é por tratar-se de coisas que se formulam. Ou seja, uma demanda, como sabemos. Só que essa é uma demanda de morte. Essa demanda de morte, sobretudo quando é precoce, tem por resultado destruir o Outro, em primeiro plano o desejo do Outro, e, junto com o Outro, ao mesmo tempo, aquilo mediante o qual o próprio sujeito pode ter que se articular. Daí resulta que é ainda mais necessário isolar as partes do discurso a serem conservadas em relação àquelas que é absolutamente preciso apagar e anular, para que o sujeito, ao mesmo tempo, não seja ele próprio destruído. Há um jogo perpétuo de sim e não, de separação, de triagem daquilo que, em sua fala, em sua própria demanda, o destrói, em relação àquilo que pode preservá-lo e que também é necessário à preservação do Outro, porque o Outro só existe como tal no nível da articulação significante.

É nessa contradição que o sujeito obsessivo se vê apanhado. Ele está constantemente ocupado em manter o Outro, em fazê-lo subsistir através de formulações imaginárias, com as quais se ocupa mais do que qualquer outro. Elas são instituídas para sustentar o Outro, perpetuamente em perigo de cair, de sucumbir à demanda de morte, porque esse Outro é a condição essencial de sua própria manutenção como sujeito. Ele não poderia subsistir como sujeito se esse Outro fosse efetivamente anulado.

O que se apresenta no nível significante como muito especialmente anulado é aquilo que assinala o lugar do desejo do Outro como tal, ou seja, o falo. O d_0 de que lhes falei na última vez, e que situa o desejo do obsessivo, é equivalente à anulação do falo. Tudo se articula, na análise, em torno de alguma coisa que tem a mais estreita relação com esse significante. O método consequente é aquele que leva em conta a função do falo como significante. O outro, por não tê-lo elucidado, fica reduzido a tatear.

Em que consiste essa diferença? Vocês encontrarão sua regra de ouro caso se deem ao trabalho de ler o artigo que lhes apontei, com o risco de provocar uma demanda prodigiosa na editora, mas talvez esse risco não seja tão grande assim. Essa regra de discernimento exige que respondamos à questão de saber com base em que, a partir de quais premissas, o sujeito é passível de entrar numa relação consumada, completa, com seu próprio desejo. Respondo que o sujeito, na medida em que deve assumir seu desejo genital como sujeito humano, e não apenas como animal, tem que perceber como significante essencial desse desejo a função do significante falo. É pelo fato de o significante falo estar presente no circuito da articulação inconsciente do sujeito que o sujeito humano pode ser humano, mesmo quando trepa.

Isso não quer dizer que, vez por outra, o sujeito humano não possa trepar como um animal. Isso chega até a ser um ideal que se agita lá no fundo das esperanças dos sujeitos humanos. Não sei se a coisa se realiza com frequência, embora haja quem tenha se vangloriado de haver chegado a tanto, e não vemos por que não lhes haveríamos de dar crédito, mas isso não vem ao caso. De nossa parte, a experiência nos mostra que isso está sujeito a dificuldades muito maiores, que são dificuldades significantes.

As perpétuas ambiguidades que vêm à tona a propósito do estágio genital e do estágio fálico — será que se atinge um ou o outro? será que a criança atinge o estágio genital antes do período de latência, ou será ele simplesmente um estágio fálico? etc. — talvez fossem menos obscuras, se percebêssemos que *estágio fálico* quer dizer, simplesmente, *acesso do desejo genital ao nível da significação.* As duas coisas são diferentes. Numa primeira abordagem, foi possível dizer que a criança conseguia ter acesso apenas ao estágio fálico, e é muito provável que seja verdade, embora se possa discutir se a atividade autoerótica não seria genital, o que, afinal de contas, também é verdade. Mas não é isso o importante para nós. Não se trata do desejo genital, que realmente parece surgir como representando um primeiro impulso da evolução fisiológica, mas de sua estruturação no plano fálico, e é isso que é decisivo para a sequência da neurose.

Trata-se de que se realize alguma coisa, no nível do inconsciente, que seja equivalente ao que é, no nível inferior, a fala plena, ali onde o discurso articulado com o lugar do Outro retorna para o sujeito como um significado, concernindo ao eu que o sujeito identificou concretamente em relação à imagem do outro. No nível superior, a realização da articulação inconsciente pressupõe que o circuito que parte da confrontação do sujeito com sua demanda consumada se formule num desejo articulado como tal, e satisfatório para o sujeito, ao qual o sujeito seja idêntico, e venha desembocar no lugar do Outro, que é, aqui, um ser humano marcado pela linguagem e pelo drama próprio do complexo de castração, isto é, um outro eu mesmo. O que se formula aqui não é *Eu sou o falo*, mas, ao contrário, *Eu sou/estou*

[Je suis] no próprio lugar ocupado pelo falo na articulação significante. Esse é todo o sentido do *Wo Es war, soll Ich werden.*

O sujeito, captado no movimento do significante, deve conseguir conceber que aquilo com que ele se confrontou precocemente — o significante do desejo que lhe subtraiu o objeto total, a mãe —, esse falo, ele não o é, mas está apenas submetido à necessidade de que esse falo ocupe um certo lugar. É somente a partir da percepção de que ele não o é que o sujeito pode aceitar aquilo que foi durante todo o processo profundamente questionado, ou seja, aceitar tê-lo, quando ele o tem, e não tê-lo, quando não o tem. Isso se situa neste lugar, S(Ⱥ), na articulação da cadeia significante superior. A elucidação da relação do sujeito com o falo, na medida em que ele não o é, mas deve vir em seu lugar, é a única apropriada a permitir que se conceba a conclusão ideal que Freud articula em seu *Wo Es war, soll Ich werden.*

Eis a condição necessária para orientar nossas intervenções e nossa técnica. Como chegar a ela? Esse será o objeto de meu seminário do próximo ano, que intitularei *O desejo e sua interpretação.* Quais são as direções e diretrizes que abrem as vias de acesso a essa mensagem derradeira, designada por esta fórmula freudiana de construção lapidar, pré-socrática, é o que tentaremos articular. Na falta desse acesso, o que se produz é, muito precisamente, aquilo que a neurose ou qualquer outra forma de anomalia da evolução realiza espontaneamente.

Na histérica, o lugar do desejo está situado numa profunda incerteza, o que a obriga a um certo desvio, que ela ou ele perfaz conforme o modelo daquilo que lhe permite situar seu eu. Como todos os sujeitos, a histérica fixa o lugar de seu eu através do desvio da imagem do outro. O que é característico da histérica é obter o lugar do desejo exatamente da mesma maneira no nível superior. A histérica separa-se, desvia-se do Outro e do significado do Outro, para conseguir situar-se num certo tipo ideal, por intermédio de uma certa imagem com a qual ela se identifica. Foi por um desvio análogo, como lhes expliquei, que Dora se identificou com o Sr. K., a fim de situar o ponto de incidência da questão de seu desejo, qual seja: como se pode desejar uma mulher quando se é impotente?

No obsessivo, o processo é o mesmo, exceto por uma coisa. Enquanto a histérica tenta situar as dificuldades de sua posição no nível do ideal, da máscara da identificação, é, ao contrário, no que podemos chamar de praça-forte de seu eu que o obsessivo se situa para tentar encontrar o lugar de seu desejo. Daí as famosas fortificações ao estilo de Vauban* das quais falei noutro lugar, aquelas fortalezas nas quais se protege um desejo sempre ameaçado de destruição, e que são erguidas segundo o modelo de seu eu e em relação à imagem do outro.

A relação do obsessivo com a imagem do outro consiste, precisamente, no falo significante, na medida em que ele está sempre ameaçado de destruição por estar preso numa denegação de encontrá-lo na relação com o Outro. Em todo obsessivo, homem ou mulher, vocês sempre verão surgir, num momento de sua história, o papel essencial da identificação com um outro, um semelhante, um colega, um irmão pouco mais velho, um companheiro contemporâneo que, na totalidade dos casos, tem em seu favor o prestígio de ser mais viril, de ter o poder. O falo aparece aqui não sob sua forma simbólica, mas imaginária. Digamos que o sujeito se complementa com uma imagem mais forte do que ele, uma imagem de potência.

Isso, não sou eu quem o articulo, vocês o encontrarão no lugar certo no artigo que lhes citei, pois, funcionalmente, isso é tão essencial que é reconhecido por aqueles que são inspirados por sua experiência desses sujeitos. A ênfase é colocada na imagem do outro como forma fálica, dessa vez no sentido imaginário. É isso que adquire, aqui, valor e função não mais de simbolização do desejo do Outro, mas de formação imaginária de prestígio, de imponência, de precedência. Já assinalamos sua função no nível da relação narcísica. É isso que se produz como tal no sintoma obsessivo, em toda a história do obcecado, e onde se marca a função especialmente assumida pela relação fantasística do sujeito com o outro imaginário que é seu semelhante.

A distinção entre a presença do Outro, notado com A maiúsculo, e a presença do outro, notado com *a* minúsculo, é sensível na própria evolução da observação do caso, se vocês a lerem atentamente. Vocês verão, por exemplo, uma evolução muito curiosa entre o começo do tratamento, no qual ela não *pode* falar, e a continuação, na qual ela não *quer* falar, porque foi no nível da fala que se instituiu a relação da analisada com o analista e, nesse nível, ela se recusa. Embora não seja dessa maneira que o expressa, o analista percebe perfeitamente que ela se recusa porque sua demanda só pode ser uma demanda de morte. Depois, acontece algo totalmente diferente, e é muito divertido ver que o analista percebe muito bem que há uma diferença, que as

* Sébastien Le Prestre de Vauban, engenheiro militar e marechal de França (1633-1707) que foi responsável pelas fortificações durante o reinado de Luís XIV. (N.E.)

relações melhoram. Não obstante, ela continua a não falar, porque, agora, não quer falar. A diferença entre as duas coisas é que, quando não se quer falar, é em razão da presença do Outro. Mas o que há de inquietante é que, se ela não quer falar, é porque o que apareceu no lugar desse Outro (A) foi justamente o outro (*a*) que o analista fez tudo para presentificar, e por quê? Porque, seguindo apesar de tudo a pista das coisas, ele percebe que o conteúdo do que o sujeito traz indica o lugar que a fantasia fálica desempenha nisso. Naturalmente, é com isso que o sujeito se defende, enquanto seu analista passa o tempo a lhe repetir a ladainha de que ela gostaria de ser homem.

Isso depende de como é ouvido. É verdade que o sujeito, no nível do imaginário, realmente faz desse falo um seio, e que a condição do homem como provido do falo, e unicamente como provido do falo, representa para ele um certo elemento de poder. O que se trata de saber é por que ela tem tanta necessidade da referência a esse elemento de poder que é o falo.

Por outro lado, é com toda a autenticidade que ela nega, em termos absolutos, ter o mais ínfimo desejo de ser homem. Só que, quanto a isso, não a deixam em paz, ou seja, por exemplo, interpreta-se em termos sumários de agressividade, ou até de desejo de castração do homem, coisas que são muito mais complexas, e que têm de ser articuladas de maneira totalmente diversa, se seguirmos o que estamos desenhando aqui. Toda a evolução do tratamento, a maneira como ele é dirigido — e nisso está toda a ambiguidade existente entre interpretação e sugestão —, tende, ao contrário, para o seguinte: que um Outro — para não empregar um termo diferente, porque é o Outro mesmo, e ninguém duvida disso, por assim dizer, já que o próprio autor frisa bastante isso na maneira como articula sua própria ação, e também de outras maneiras —, que um Outro, uma mãe benevolente, um Outro muito mais gentil do que aquele com quem o sujeito lidou, intervém para lhe dizer, segundo a própria fórmula que o autor emprega noutro lugar, em termos que são mais ou menos estes: — *Este é meu corpo, este é meu sangue, este falo, você pode confiar em mim, como homem, absorva-o, eu permito, este falo é o que deverá dar-lhe força e vigor, e o que resolverá todas as suas dificuldades de obsessiva.*

Na verdade, o resultado é que nem uma única das obsessões desaparece, elas apenas são sofridas e experimentadas sem culpa. Isso se modela estritamente no que lhes estou dizendo, e é de fato o que deveria ser, normalmente, o resultado de tal modo de intervenção.

Inversamente, como eu lhes disse, é impressionante ver a paciente, no fim do tratamento, no ponto em que foi deixada, mandar seu próprio filho ao analista. Esse ato é realmente espantoso, porque o sujeito, ao que nos é dito, experimentou durante a vida inteira um pavor medonho desse filho, e sente-se perfeitamente, pelo contexto e pelas imagens que o analista faz disso, que sempre houve um problema com esse filho, o que é o mínimo que se pode dizer.

O fato de esse filho ser oferecido ao analista no final não seria o *acting out* que marca justamente o que foi falho, o que ficou faltando neste ponto em que o falo é algo totalmente diferente de um acessório do poder? Em que ele é realmente a mediação significante pela qual é simbolizado o que acontece entre o homem e a mulher? Porventura Freud não mostrou, nas relações da mulher com o pai, a equivalência entre o desejo do dom simbólico do falo e o filho que em seguida vem substituí-lo? Ou seja, o filho ocupa aqui o próprio lugar que não foi trabalhado e elucidado no tratamento, isto é, um lugar simbólico. O sujeito, à revelia de si próprio, de maneira certamente inconsciente, idêntica a um *acting out* quando alguma coisa ficou faltando numa análise, mostra que algo diferente deveria ter sido realizado.

O tratamento desemboca, de fato, numa espécie de embriaguez de poder e de bondade, uma embriaguez quase maníaca, que é o comum e o sinal dos tratamentos que terminam numa identificação imaginária. É que o tratamento não fez outra coisa senão levar às últimas consequências, facilitar, por intermédio da aprovação sugestiva, aquilo que já se encontrava nos mecanismos da obsessão, ou seja, a absorção ou incorporação do falo no nível imaginário, que é um dos mecanismos da obsessão. É nessa mesma via, escolhida dentre os mecanismos de defesa, que a solução, por assim dizer, é dada. A isso vem somar-se a aprovação do que agora é uma boa mãe, uma mãe que permite absorver o falo.

Será que devemos contentar-nos, como solução de uma neurose, com o que não passa de um de seus componentes, só que levado ao termo último — com um sintoma mais bem-sucedido, em suma, e desvinculado dos outros?

Não creio que possamos dar-nos por inteiramente satisfeitos com isso. Também não creio ter-lhes dito tudo o que poderia dizer a propósito desse tratamento, agora que o tempo nos apanha mais uma vez.

Escolherei, daqui até a próxima vez, os três ou quatro pontos do relato que valorizarão ainda mais o que acabo de lhes articular hoje.

Depois, diremos algumas palavras de conclusão sobre nossas *formações do inconsciente*, a fim de resumir o circuito que perfizemos este ano, após o que só nos restará esperar pelo próximo ano para enveredarmos por uma nova etapa.

25 DE JUNHO DE 1958

XXVIII

TU ÉS AQUELE A QUEM ODEIAS

Da demanda de morte à morte da demanda
Ordem, culpa sem lei, supereu
Os avatares do significante falo
A tristeza do policial
Não legitimar a inveja do pênis

Chegamos ao término do seminário deste ano, que pus sob a rubrica *Formações do inconsciente*. Talvez vocês possam, pelo menos agora, apreciar o caráter oportuno desse título. Formações, formas, relações, topologia talvez — eu tinha minhas razões para evitar alarmar seus ouvidos.

Se há uma coisa que deve permanecer como um degrau em que pôr o pé para subir ao patamar superior no ano que vem, é o seguinte: não se pode articular coisa alguma que decorra desses mecanismos do inconsciente, que estão na base da experiência e da descoberta de Freud, levando em conta apenas tensões e considerando-as inseridas numa espécie de progresso maturativo que desabrocha num leque que vai do pré-genital ao genital. Por outro lado, tampouco é possível levar em conta apenas relações de identificação, tal como aparentemente nos são dadas — eu disse *aparentemente* — ao longo da obra freudiana, como se quiséssemos reduzir a experiência a uma coletânea de personagens ao estilo da comédia italiana, entre os quais viriam primeiro a mãe e o pai, complementados por alguns outros. É impossível articular coisa alguma quanto ao progresso e à fixação do desejo, ou quanto à intersubjetividade que de fato aparece no primeiro plano de nossa experiência e de nossas preocupações, se não os situarmos com respeito às relações necessárias que se impõem não somente ao desejo do homem, mas ao sujeito como tal, e que são relações de significante.

Foi por isso que, ao longo de todo este ano, procurei familiarizá-los com esse pequeno grafo, o qual, de minha parte, há algum tempo me pareceu oportuno empregar para dar suporte a minhas experiências. Ele permite distinguir os lugares nos quais se manifesta esse significante encontrado por toda parte, e por bons motivos, uma vez que ele não pode deixar de estar implicado, de maneira direta ou indireta, todas as vezes que se trata não de uma significação qualquer, mas da significação como expressamente gerada pelas condições impostas ao organismo vivo que se tornou o suporte, a presa ou até a vítima da fala, e que se chama homem. Hoje vou colocá-los no limiar da pluripresença, diria eu, do significante falo, sempre o mesmo, aquele que nos vem ocupando há algumas sessões. É extremamente importante distinguir com clareza os lugares em que, no sujeito, esse significante faz sua aparição em determinado caso.

Que a conscientização da inveja do pênis é capital numa análise de neurose obsessiva feminina é evidente, pois jamais encontrar o falo na análise de uma neurose obsessiva, ou de qualquer outra neurose, seja ela feminina ou não, seria realmente muito estranho.

À força de conduzir a análise no sentido indicado no livro *A psicanálise* dita *de hoje*, assim como à força de reduzir as produções fantasísticas da transferência ao que é chamado *esta realidade muito simples*, a situação analítica — ou seja, a de haver ali duas pessoas que, naturalmente, nada têm a ver com essas fantasias —, é possível, talvez, que se consiga prescindir completamente do falo na interpretação de uma análise, mas ainda não chegamos a isso. Na verdade, nenhuma análise jamais transcorre como é esquematizado nesse livro.

Evidentemente, temos que fazer alguma coisa com o significante falo. Dizer que a conscientização é a chave da solução da neurose obsessiva não é dizer muita coisa, pois tudo depende da maneira como se interpreta esse significante nos diferentes pontos em que ele aparece, e nos quais ele não exerce uma função homóloga. Nem tudo é redutível a uma inveja do pênis, no sentido de se tratar de uma rivalidade com o macho, como acaba, no final das contas, sendo formulado nessa observação de caso, ao se assemelharem as relações da paciente com o marido, com o analista, com os outros em geral, o que é inventado pela própria observação. Não é sob esse ângulo, evidentemente, que o falo aparece. Ele aparece em diversos pontos.

Não teremos a pretensão de fazer uma análise exaustiva de um caso que, aliás, nos é dado como uma análise não terminada, e da qual dispomos apenas de documentos parciais. Mas temos com que, pelo menos, fazer dela uma ideia clara. Começarei, portanto, fazendo-lhes alguns comentários sobre essa observação de caso, os quais esboçarão algumas outras propriedades do grafo que nos vem servindo.

1

Nessa observação, é apontado o vivíssimo sentimento de culpa que acompanha, na paciente, suas obsessões, a exemplo de suas obsessões religiosas. O aparecimento tão acentuado desses sentimentos de culpa nas neuroses obsessivas representa um paradoxo, uma vez que certamente o sujeito considera, correlativamente, que os pensamentos parasitários que lhe são impostos são-lhe estranhos, e que ele é mais vítima do que responsável por eles. Eis uma coisa que talvez nos permita articular algo sobre o sentimento de culpa.

Faz algum tempo que quase só se fala do termo supereu, que, aqui, parece haver abrangido tudo. Não se pode realmente dizer que ele tenha esclarecido muito as coisas. Introduziu-se a ideia de que o supereu era uma formação muito mais antiga, mais arcaica do que se havia pensado a princípio, isto é, de que o supereu podia ser considerado a criação correspondente ao declínio do complexo de Édipo e à introjeção do personagem edipiano considerado eminentemente proibidor, o personagem paterno. Vocês sabem que a experiência forçou-nos a admitir que havia um supereu mais antigo. O que nos impôs essa origem mais antiga não deixou de estar relacionado, por um lado, com os efeitos da introjeção, e por outro, com os efeitos da proibição. Tratemos, em todo caso, de examinar as coisas mais de perto.

Temos aqui uma neurose obsessiva e, como em toda neurose, o que temos primeiramente de fazer aparecer, justamente na medida em que não somos hipnotizadores e não tratamos pela sugestão, é uma dimensão mais além, na qual como que marcamos um encontro com o sujeito num certo ponto. Isso é o que é representado aqui pela linha superior, o horizonte da articulação significante. Nele, o sujeito, como lhes expliquei longamente da última vez, é confrontado com sua demanda. É disso que se trata quando falamos de um processo que alterna regressões e identificações sucessivas. As duas se alternam na medida em que, quando o sujeito depara com uma identificação ao regredir, ele se detém no caminho da regressão. A regressão inscreve-se inteiramente, como lhes mostrei, nessa abertura retroativa que se oferece ao sujeito, a partir do momento em que ele simplesmente articula sua fala, já que a fala faz surgir, até sua origem, toda a história dessa demanda na qual se inseriu toda a sua vida de homem falante.

Se olharmos de perto, e sem com isso fazer outra coisa senão encontrar o que sempre esteve articulado, veremos que há uma forma fundamental que encontramos no horizonte de toda demanda do sujeito obsessivo, e que é precisamente o que mais cria obstáculos à articulação de sua demanda por ele. É o que a experiência nos ensina a qualificar de agressividade, e que nos levou cada vez mais a levar em consideração o que podemos chamar de anseio de morte.

Essa é a dificuldade maior, inaugural, diante da qual se rompe, fragmenta e desarticula a demanda do obsessivo, o que motiva a anulação, o isolamento, todas as defesas — e, muito primordialmente nos obsessivos graves, aquele silêncio, frequentemente muito prolongado, que às vezes vocês têm a maior dificuldade do mundo para vencer no correr de uma análise. Evoco-o aqui porque isso é precisamente o que se apresenta no caso em que me baseio. É que essa demanda é uma demanda de morte. É impressionante ver isso exposto ao longo de todo o texto da observação, sem nunca ser articulado, como se fosse sabe-se lá que expressão natural de uma tensão. Trata-se, na realidade, da relação da demanda de morte com a própria dificuldade de articulação, que, conotada nas mesmas páginas, com poucas linhas de distância, não é posta em relevo, absolutamente nunca. Não será esse, no entanto, um fenômeno que merece que nos detenhamos nele?

Se essa demanda é uma demanda de morte, é porque as primeiras relações do obsessivo com o Outro, como nos ensinam Freud e a teoria analítica, foram essencialmente compostas por uma contradição, a de que a demanda dirigida ao Outro de quem tudo depende tem por horizonte a demanda de morte, e isso, por uma razão que está ligada ao gancho de nosso ponto de interrogação. Não nos precipitemos. Veremos por que e como isso pode ser concebido. Não é muito simples falar, acompanhando a sra. Melanie Klein, de pulsões agressivas primordiais, se partirmos daí. Deixemos de lado essa espécie de maldade primordial do recém-nascido, cujo primeiro movimento o marquês de Sade nos sublinha que seria, se ele pudesse, morder e dilacerar o seio da mãe.

Não é irrelevante, no entanto, que a articulação do problema do desejo em sua perversidade intrínseca nos leve ao divino marquês, que não foi o único em sua época a formular, de maneira muito intensa e muito aguda, a questão das relações entre o desejo e a natureza. Haverá entre os dois uma harmonia ou uma desarmonia intrínseca? Essa é a base da interrogação apaixonada que é inseparável de toda a filosofia da *Aufklärung*, e que sustentou toda uma literatura. Apoiei-me nela, em meus primeiros seminários, para mostrar um parentesco, uma analogia — voltarei a isso no ano que vem, a propósito do desejo — entre a interrogação primeira de Freud e a interrogação filosófica da *Aufklärung*, acompanhada por todo o erotismo literário que é seu correlato indispensável.

Portanto, não sabemos de onde vem essa demanda de morte. Antes de dizer que ela surge dos instintos mais primordiais, de uma natureza voltada contra si mesma, comecemos por situá-la onde ela se encontra, ou seja, no nível em que eu diria não que ela se articula, mas no qual impede qualquer articulação da demanda do sujeito, no qual constitui um obstáculo ao discurso do obsessivo, tanto quando ele está a sós consigo mesmo quanto no momento em que começa sua análise, e em que se descobre naquele desarvoramento que, no caso, é descrito por nosso analista. Sua analisada apresenta, com efeito, no início da análise, uma impossibilidade de falar que se traduz em censuras ou injúrias, ou até na exposição de tudo aquilo que cria obstáculo a que uma doente fale com um médico: — *Conheço os médicos o bastante para saber que, entre si, eles zombam de seus pacientes. O senhor é mais instruído do que eu. É impossível, para uma mulher, falar com um homem.*

É um dilúvio, que mostra o surgimento, correlativo à atividade da fala, da dificuldade da simples articulação. A base da demanda, já implicada no horizonte pelo simples fato de entrar no campo da terapêutica psicanalítica, apresenta-se aí de imediato. Se a demanda de morte situa-se ali onde a colocamos, isto é, nesse horizonte da fala, nessa implicação que compõe a base de qualquer articulação possível da fala, e se é ela que cria obstáculos aqui, este esquema talvez lhes mostre um pouco melhor a articulação lógica que a sustenta, não sem algumas suspensões ou pausas do pensamento.

A demanda de morte representa, para o sujeito obsessivo, um impasse do qual resulta aquilo que é impropriamente chamado de ambivalência, e que mais é um movimento de oscilação, de balanço, no qual o sujeito é como que remetido aos dois eixos de um impasse do qual não consegue sair. Como o esquema articula, a demanda de morte exige ser formulada no lugar do Outro, no discurso do Outro, o que quer dizer que a razão dela não deve ser buscada numa história qualquer, que implique a mãe, por exemplo, que teria sido objeto desse desejo de morte a propósito de alguma frustração. É de maneira interna que a demanda de morte concerne ao Outro. O fato de esse Outro ser o lugar da demanda implica, com efeito, a morte da demanda.

A demanda de morte não pode sustentar-se no obsessivo sem acarretar, por si só, o tipo de destruição que estamos chamando aqui de morte da demanda. Ela está condenada a uma oscilação sem fim, que faz com que, tão logo esboce sua articulação, a demanda se extinga. É justamente isso que produz a base da dificuldade de articulação da posição do obsessivo.

Entre a relação do sujeito obsessivo com sua demanda, ($◊D), e o Outro, A, que lhe é tão assustadoramente necessário e que o mantém, sem o que ele seria outra coisa que não um obsessivo, encontramos o desejo, *d*, em si mesmo anulado, mas cujo lugar é mantido. Esse desejo, nós o caracterizamos por uma *Verneinung*, porque ele se exprime, mas sob forma negativa. Vemo-lo aparecer sob essa forma, efetivamente, quando um analisando, depois de nos dizer *Não é que eu pense em tal coisa*, articula-nos um desejo agressivo, desaprovador, depreciativo a nosso respeito. Com isso ele manifesta efetivamente seu desejo, mas só pode manifestá-lo denegado. Ora, como pode essa forma do desejo não ser menos correlata de um sentimento de culpa, embora seja denegada?

É aí que nosso esquema nos permite proceder a algumas distinções, que tornarão a nos servir na continuação.

2

As obscuridades concernentes às incidências do supereu que corresponderam à extensão de nossa experiência dessa instância provêm, essencialmente, da falta de uma distinção fundamental. Convém, com efeito, distinguirmos a culpa e a relação com a lei. Há uma relação do sujeito com a lei. Quanto à culpa, ela nasce sem nenhuma espécie de referência a essa lei. Esse é o fato que a experiência analítica nos trouxe.

O passo ingênuo da dialética da relação do pecado com a lei foi-nos articulado na palavra de são Paulo, qual seja, a de que é a lei que produz o pecado. Daí resulta, segundo a frase do velho Karamazov na qual insisti em certo momento, que *Se não existe Deus, tudo é permitido.*

Uma das coisas mais estranhas que existem, e foi preciso a psicanálise para apontá-la, é que não há necessidade alguma de qualquer referência a Deus nem à lei para que o homem fique literalmente imerso na culpa. A experiência nos mostra isso. Parece possível, inclusive, formularmos a expressão inversa, isto é, *se Deus está morto, nada mais é permitido.* Já relatei isso no momento oportuno.

Assim, como articular o aparecimento do sentimento de culpa na vida do sujeito neurótico?

Reportemo-nos aos primeiros passos da psicanálise. A propósito de que, no começo, Freud a fez surgir como fundamental, como uma manifestação subjetiva essencial do sujeito? Foi a propósito do complexo de Édipo. Os conteúdos da análise faziam surgir um desejo até então profundamente oculto, o desejo pela mãe, em sua relação com a intervenção de um personagem que era o pai, tal como surgido das primeiras apreensões do complexo de Édipo, um pai terrível e destruidor. É isso que se manifesta, com efeito, sob a forma das fantasias de castração, descoberta da análise da qual até então não se tinha a menor suspeita, e da qual creio haver-lhes articulado este ano o caráter necessariamente impensável, pelo menos ao afirmar que o falo é uma imagem vital privilegiada, elevada à significação de significante. Ele faz as vezes da castração, aqui, como aquilo que marca o impacto da proibição pela qual o desejo é atingido. De fato, tudo o que se relaciona em nossa experiência com o supereu deve articular-se em três etapas, que correspondem estritamente, uma, duas, três, às três linhas aqui esquematizadas — a linha superior, a do desejo e a da demanda.

Essa linha do horizonte não é formulada no neurótico, e é por isso que ele é neurótico. Aqui reina o mando. Chamem-na como quiserem, chamem-na de dez mandamentos, por que não? Eu lhes disse antes que os dez mandamentos eram, muito provavelmente, leis da fala, ou seja, que todos os distúrbios começam a afetar o funcionamento da fala a partir do momento em que eles não são respeitados. Em se tratando da demanda de morte, evidentemente, é o *Não matarás* que se perfila no horizonte e constitui o drama. Mas o castigo não retira seu impacto daquilo que surge nesse lugar como resposta. É que, por razões que se prendem à estrutura do Outro para o homem, a demanda de morte é equivalente à morte da demanda.

Esse é o nível do mando. Ele existe. Existe tão bem que, na verdade, emerge sozinho. Se vocês lerem as notas tomadas por Freud sobre seu caso do Homem dos Ratos — trata-se do belo suplemento publicado na *Standard Edition*, onde encontramos alguns elementos cronológicos preciosos de conhecer —, verão que os primeiros conteúdos obsessivos de que o sujeito lhe falou eram os comandos que ele recebia — *Você fará em seu exame antes de tal data*, ou então, *Que aconteceria se eu recebesse a ordem "Você vai cortar sua garganta com uma navalha"?* — e vocês sabem do estado de pânico em que ele entrou quando lhe veio à cabeça a ordem *Você vai cortar a garganta da velha*, a qual mantinha sua amada longe dele.

Também vemos aparecerem esses comandos da maneira mais clara num outro contexto, nos psicóticos. Essas ordens, eles as recebem, e um dos pontos-axiais da classificação é saber em que medida as obedecem. Numa palavra, a psicose coloca no horizonte da relação do sujeito com a fala a autonomia dessa função da ordem, experiência que só podemos considerar fundamental. Essa ordem pode permanecer velada. No obsessivo, ela é velada e fragmentada, e só aparece aos pedaços.

E a culpa, onde, em qual linha iremos situá-la?

A culpa, como diria o sr. de La Palice, é uma demanda sentida como proibida. Tudo é abafado, habitualmente, pelo termo proibição, ficando eludida a ideia de demanda, embora as duas pareçam andar juntas, o que também não é certo, como veremos. Por que essa demanda é sentida como proibida? Se ela fosse simplesmente sentida como interdita porque, como se costuma dizer, isso é proibido, não haveria problema algum. Em que nível, em que ponto vemos aparecer na clínica o fenômeno que nos faz dizer que a culpa intervém? Em que consiste a culpa neurótica? Fica-se realmente estupefato por não haver nenhum analista, se não algum fenomenologista, que destaque essa dimensão essencial, que a articule, que faça dela um critério: o sentimento de culpa aparece a propósito da aproximação de uma demanda sentida como proibida porque mata o desejo — e é precisamente nisso que ele se distingue da angústia difusa, que vocês sabem a que ponto difere do surgimento do sentimento de culpa.

A culpa se inscreve na relação do desejo com a demanda. Tudo o que vai na direção de uma certa formulação da demanda é acompanhado por um desaparecimento do desejo, e isso, através de um mecanismo cujos fios vemos nesse pequeno grafo. Justamente por estar nesse pequeno grafo, ele não pode ser sentido, determinado em seu impulso vivido, em seu impulso pelo sujeito, uma vez que o sujeito está condenado a estar sempre em algum desses lugares, mas não pode estar em todos ao mesmo tempo. Eis o que é a culpa. É aí que aparece a interdição, mas não, dessa vez, como formulada — mas como demanda que interdita, que atinge o desejo, o faz desaparecer, mata-o.

Aí está, portanto, algo claro. É na medida em que o obsessivo está condenado a travar sua batalha de salvação por sua autonomia subjetiva, como costumamos exprimir-nos, no nível do desejo, que tudo o que aparece nesse nível, mesmo sob forma denegada, está ligado a essa aura de culpa.

Mais abaixo, convocaremos nesta oportunidade o terceiro nível, sem que ninguém conteste essa localização, a do supereu.

Na observação de caso que estamos acompanhando, diz-se, não sei muito bem por que, *supereu feminino*, embora ele seja comumente considerado o supereu materno em todos os outros textos do mesmo registro — anomalia imputável, sem dúvida, ao tema da inveja do pênis que concerne à mulher como tal. O supereu materno, arcaico, aquele a que estão ligados os efeitos do supereu primordial de que fala Melanie Klein, está ligado ao Outro primário como suporte das primeiras demandas, das demandas emergentes — eu quase diria inocentes — do sujeito, no nível das primeiras articulações balbuciantes de sua necessidade, e daquelas primeiras frustrações nas quais tanto se insiste atualmente. Compreendemos agora por que confusão de linhas esse supereu pôde ser colocado na mesma linha de mira daquilo que se produz no nível superior, o da ordem e da culpa, ligado ao Outro do Outro.

Que temos aí, no nível do Outro primário e das primeiras demandas? Temos o fenômeno que se chamou dependência. Tudo o que acontece com o supereu materno articula-se em torno disso. O que faz com que possamos colocá-los no mesmo registro? Colocá-los no mesmo registro não é confundi-los, como se só existissem, a princípio, o lactente e a mãe, e como se a relação fosse dual. Se fosse esse o caso, isso seria inteiramente diferente do que articulamos na relação da ordem e na relação da culpa. Na realidade, há desde sempre a estrutura em dois patamares que vemos aqui, porque é preciso admitir desde a origem que, pelo simples fato de se tratar do significante, existem os dois horizontes da demanda. Expliquei-lhes isso ao lhes dizer que, mesmo por trás da demanda mais primitiva, a do seio e do objeto que representa o seio materno, há o desdobramento criado na demanda pelo fato de ela ser demanda de amor, demanda absoluta, demanda que simboliza o Outro como tal, que distingue o Outro, portanto, como objeto real capaz de proporcionar uma dada satisfação, do Outro como objeto simbólico que dá ou recusa a presença ou a ausência — matriz em que irão cristalizar-se as relações intrínsecas que se acham no horizonte de qualquer demanda, o amor, o ódio e a ignorância.

A primeira relação de dependência é ameaçada pela perda do amor, e não simplesmente pela privação dos cuidados maternos, e é por isso que ela já é homóloga, em si mesma, à que depois se organizará na perspectiva das leis da fala. Estas são desde logo prementes, virtuais, pré-formadas, desde a primeira demanda. Sem dúvida, elas não são completas, articuladas, e é por isso que um bebê não começa a ser obsessivo desde sua primeira mamada. Mas, desde sua primeira mamada, ele já pode muito bem começar a criar a hiância que fará com que seja na recusa a se alimentar que encontrará o testemunho por ele exigido do amor de sua parceira materna. Em outras palavras, poderemos ver surgir muito precocemente as manifestações da anorexia nervosa.

O que especifica o caso do obsessivo? O caso do obsessivo está na dependência da formação precoce, nesse horizonte da demanda, do que chamamos de demanda de morte. Demanda de morte não é, pura e simplesmente, tendência mortífera. Trata-se de uma demanda articulada e, pelo simples fato de ser articulada, ela não se produz no nível da relação imaginária com o outro, não é uma relação dual, mas visa, além do outro imaginário, seu ser simbolizado, e é também por isso que ela é pressentida e vivida pelo sujeito em seu retorno. É que o sujeito, por ser um sujeito falante, e unicamente por essa razão, não pode atingir o Outro sem atingir a si mesmo, de modo que a demanda de morte é a morte da demanda.

É no interior disso que se situa o que chamarei de avatares do significante falo.

3

Como não cairmos no assombro e no estupor ao vermos, com efeito, desde que saibamos ler, o significante falo ressurgir em todos os pontos da fenomenologia do obsessivo? Nada permite conceber essa polipresença do falo nos diferentes sintomas, a não ser sua função como significante. Aí se confirma a incidência do significante no ser vivo, a qual sua relação com a fala condena a se fragmentar em toda sorte de efeitos de significante.

Dizem, na observação, que essa mulher está possuída pelo *Penisneid*. Tudo bem, mas, nesse caso, por que a primeira de suas obsessões a nos ser citada é o medo obsedante de haver contraído sífilis? — o que a leva a se opor, segundo está escrito, e em vão, aliás, ao casamento do filho mais velho, aquele que lhes citei largamente pela significação que ele assume ao longo de toda a observação.

Faríamos bem em sempre prestar atenção aos milagres e aos passes de mágica que nos são apresentados, tanto nas observações de caso quanto na teoria. Conviria tornarmos a fazer brilhar de vez em quando, lustrarmos nossa capacidade de assombro. Que vemos no sujeito obsessivo masculino? O medo de ser contaminado e de contaminar, que a experiência corrente nos mostra a que ponto é importante nele. O obsessivo masculino, em geral, foi muito precocemente iniciado nos perigos das chamadas doenças venéreas, e todo o mundo sabe o lugar que, num grande número de casos, esse fato pode ocupar em sua psicologia. Não estou dizendo que isso seja constante, mas estamos habituados a interpretá-lo como indo muito além da racionalidade da coisa. Como sempre, isso existe em Hegel. Muito embora, de uns tempos para cá, as coisas venham correndo muito bem, graças a algumas intervenções medicamentosas, nem por isso o obsessivo deixa de continuar muito obcecado no que concerne a tudo o que pode ser gerado por seus atos impulsivos na ordem libidinal. Quanto a nós, estamos habituados a ver nisso um impulso agressivo que transparece sob a pulsão libidinal, e que faz com que, de certa maneira, o falo seja algo perigoso.

A nos atermos à ideia de que o sujeito está numa relação de exigência narcísica com respeito ao falo, parece-nos muito difícil encontrar o motivo dessa primeira obsessão. Por quê? Justamente porque, nesse nível, essa mulher faz do falo um uso estritamente equivalente ao de um homem, ou seja, por intermédio do filho, considera-se perigosa. Ela o apresenta, nessa ocasião, como seu prolongamento, o que equivale a dizer, por conseguinte, que nenhum *Penisneid* a detém. Ela tem o falo sob a forma desse filho, possui de fato esse falo, uma vez que é nele que cristaliza a mesma obsessão dos doentes masculinos.

Quanto às obsessões infanticidas que se seguem, às obsessões de envenenamento e às outras, não vou eternizar-me nelas aqui. Contentar-me-ei em dizer, muito rapidamente, que a observação do caso, em todo o seu alcance, fornece uma confirmação ao que dissemos sobre esse assunto. Vou ler, porque vale a pena: *A própria violência de suas queixas contra a mãe era o testemunho da imensa afeição que nutria por ela.* Depois de fazer alguns rapapés em torno da possibilidade ou não de alguma relação realmente edipiana, brandindo argumentos estranhos à questão, o autor escreve: *Ela a achava de um meio mais elevado que o de seu pai, julgava-a mais inteligente, e era sobretudo fascinada por sua energia, seu caráter, seu espírito de decisão, sua autoridade.*

Essa é a primeira parte de um parágrafo em que se trata de nos fazer ver o desequilíbrio da relação parental, que incontestavelmente existe, e de sublinhar o aspecto, diria eu, oprimido ou até deprimido do pai, na presença de uma mãe que talvez tenha sido viril, já que é assim que se interpreta o fato de o sujeito exigir que o atributo fálico esteja, de algum modo, ligado a essa mãe.

Os raros momentos em que a mãe relaxava enchiam-na de uma alegria indizível. Mas, até esse ponto, nunca se tratou de um desejo francamente sexualizado de posse da mãe. Na verdade, não há nenhum vestígio de coisa alguma que se assemelhe a isso. Vejam como isso é expresso: a paciente *estava ligada a ela*, sua mãe, *num plano exclusivamente sadomasoquista. E eis que veio à luz a aliança mãe-filha, que funcionava aqui com extremo rigor, e qualquer transgressão do pacto provocava um movimento de extrema violência, a qual, até estes últimos tempos, nunca fora objetivada. Qualquer pessoa que se imiscuísse nessa união era objeto de desejos de morte.*

Esse ponto é realmente importante e vocês irão encontrá-lo, e não apenas nas neuroses obsessivas. Qualquer que seja o ângulo sob o qual vejamos sua incidência em nossa experiência analítica, esses laços poderosos entre a filha e a mãe, essa espécie de nó, colocam-nos mais uma vez diante de um fenômeno que vai além da distinção carnal entre os seres. O que se expressa aí é exatamente a ambiguidade ou a ambivalência que faz com que se equivalham a demanda de morte e a morte da demanda. Isso nos mostra, ademais, que a demanda de morte está realmente presente. Com isso não estou dizendo nada de novo, pois Freud percebeu muito bem, na época, essa demanda de morte, que a sra. Melanie Klein tentaria referir às pulsões agressivas primordiais do sujeito, embora ela esteja no laço que une o sujeito à mãe.

O caso nos mostra, no entanto, que isso não é tudo. A demanda de morte é a demanda da própria mãe. A mãe traz em si essa demanda de morte e a exerce no pobre personagem paterno, um cabo da polícia que, apesar de sua bondade e gentileza, das quais a paciente logo fala, mostra-se tristonho durante a vida inteira, deprimido, taciturno, não conseguindo superar a rigidez da mãe nem vencer o apego de sua mulher a um primeiro amor, aliás platônico, ciumento e só rompendo seu mutismo para fazer eclodirem cenas veementes, das quais sempre sai derrotado. Ninguém duvida que a mãe tenha algo a ver com isso.

Isso é traduzido sob a forma do que se chama de mãe castradora. Talvez seja bom examinar as coisas mais de perto e ver que, aqui, muito mais que de uma castração, trata-se, para esse homem, da privação do objeto amado que a mãe parece ter sido para ele, e da inauguração, nele, da posição depressiva que Freud nos ensinou a reconhecer como determinada por um desejo de morte em relação a si mesmo, e que almeja o quê, senão um objeto amado e perdido? Em suma, a demanda de morte já está presente na geração anterior ao sujeito. Será que é a mãe que a encarna?

No nível do sujeito, essa demanda de morte é mediatizada por um horizonte edipiano que lhe permite aparecer no horizonte da fala, e não em seu imediatismo. Se não fosse mediatizada dessa maneira, não teríamos uma obsessiva, mas uma psicótica. Em contrapartida, na relação entre o pai e a mãe, essa demanda de morte não é mediatizada para o sujeito por nada que ateste um respeito pelo pai, uma colocação dele numa posição de autoridade e de suporte da lei pela mãe. A demanda de morte de que se trata, no nível em que o sujeito a vê exercer-se na relação entre os pais, é uma demanda de morte diretamente exercida no pai, que vira a agressão dela contra si mesma, donde a tristeza, a quase surdez e a depressão. Assim, ela é totalmente diferente da demanda de morte da qual sempre se trata em toda dialética intersubjetiva, aquela que é exprimida perante os tribunais quando o promotor público diz *Eu peço a* [pena de] *morte*. Ele não a demanda ao sujeito de quem se trata, mas a um terceiro, que é o juiz, o que é a posição edipiana normal.

Eis, portanto, o contexto em que o *Penisneid* do sujeito, ou o que é assim chamado, é levado a desempenhar seu papel. Vemo-lo aí sob a forma de arma perigosa, que só aparece como significante do perigo manifesto por qualquer surgimento do desejo no contexto dessa demanda. Aliás, veremos esse caráter de significante manifestar-se até mesmo nos detalhes de algumas das obsessões do sujeito.

Uma de suas primeiras obsessões é muito bonita, é o medo de colocar alfinetes na cama dos pais, e por quê? Para espetar a mãe, não o pai. Aí está o primeiro nível de aparecimento do significante fálico. Aqui, ele é significante do desejo como perigoso e culpado. Não tem a mesma função num outro momento, no qual aparece de maneira perfeitamente clara, mas sob sua forma de imagem. Em toda parte onde o mostrei a vocês aqui, ele é velado, está no sintoma, vem de outro lugar, é uma interferência fantasística. É a nós, como analistas, que ele sugere o lugar em que existe como fantasia, mas a coisa é diferente quando ele se projeta à frente da imagem da hóstia.

Já fiz alusão às obsessões profanadoras pelas quais o sujeito é habitado. Claro, a vida religiosa apresenta-se, no obsessivo, sob uma forma profundamente reformulada, infiltrada por sintomas, porém, por uma espécie de curiosa conformidade, essa vida religiosa, e especialmente a vida sacramental, demonstra-se perfeitamente apropriada para dar aos sintomas do obsessivo o sulco, o molde no qual ele se ajusta com muita facilidade, sobretudo na religião cristã. Não tenho grande prática com a obsessão nos muçulmanos, por exemplo, mas valeria a pena ver como eles se arranjam, quero dizer, como é que o horizonte de sua crença, tal como é estruturado no islamismo, vem implicar-se na fenomenologia obsessiva. Todas as vezes que Freud teve um obsessivo de formação cristã, fosse este o Homem dos Ratos ou o Homem dos Lobos, ele deixou bem clara a importância do cristianismo tanto na evolução quanto na economia deles. Não podemos deixar de ver que, por seus artigos de fé, a religião cristã coloca-nos diante da solução espantosa, audaciosa — é o mínimo que se pode dizer —, atrevida, que consiste em fazer com que uma pessoa encarnada, um homem-deus, seja suporte da função do significante cuja ação é marcada na vida como tal. O *logos* cristão, como *logos* encarnado, dá uma solução precisa ao sistema de relações do homem com a fala, e não é à toa que o Deus encarnado foi chamado de Verbo.

Aliás, não há por que nos surpreendermos com o fato de que, nesse caso, seja no nível do símbolo sempre renovado dessa encarnação que o sujeito faz surgir o significante falo que vem substituí-lo para ela. Naturalmente, esse significante não faz parte, como tal, do contexto religioso, mas, se o que estamos dizendo é verdade, não surpreende vê-lo aparecer nesse lugar.

Nesse lugar, é certo que ele desempenha um papel totalmente diferente dali onde o interpretamos inicialmente. Quando ele torna a aparecer, num ponto posterior da observação, seria igualmente abusivo interpretar sua função como homóloga ao ângulo em que ele intervém aqui, no nível do sintoma.

Quando, num período muito mais avançado da observação do caso, o sujeito comunica a seu analista esta fantasia, *Sonhei que eu esmagava a cabeça de Cristo a pontapés, e essa cabeça se parecia com a sua*, a função do falo não é identificada, como se julga dever dizê-lo, com o analista como portador do falo. Se o analista é identificado com o falo, é por encarnar para o sujeito, nesse momento da história da transferência, o efeito do significante, a relação com a fala, cujo horizonte ela começa então a projetar um pouco mais, em razão de um certo número de efeitos de distensão ocorridos no tratamento. Interpretar isso então, de maneira homogênea, em termos de *Penisneid*, é estragar a oportunidade de relacionar a paciente com o que há de mais profundo em sua situação. Talvez, com efeito, ela pudesse perceber a relação que, em tempos longínquos, havia estabelecido entre o X que provocara fundamentalmente a demanda do Outro como demanda de morte e a primeira percepção que ela teria tido da rivalidade intolerável, sob a forma do desejo da mãe ligado àquele amor distante, que a distraía tanto do marido quanto da filha. O falo deve ser situado, aqui, no nível do significante do Outro como barrado, S(Ⱥ), como idêntico à mais profunda significação que o Outro atingiu para o sujeito.

O falo aparece ainda na mesma posição num momento ligeiramente posterior da análise, quando são considerados muitos sonhos que o fizeram vir à luz sob esse prisma. Num desses sonhos, que são os mais comuns de se observar na maioria das neuroses, a paciente percebe a si mesma como um ser fálico, vendo um de seus seios ser substituído por um falo, ou um falo situado entre seus dois seios. Essa é uma das mais frequentes fantasias oníricas que podem ser encontradas em qualquer análise.

Será que se trata, como nos é dito, de um *desejo de identificação masculina com posse do falo?* O autor se lança à especulação: *Se ela vê seus próprios seios transformados em pênis, não estará transpondo para o pênis do homem a agressividade oral primitivamente dirigida contra o seio materno?* É um modo de raciocínio. Mas, por outro lado, observa-se a extrema extensão do falo sob sua forma dada. É bem sabido que sua presença pode ser polifálica. A partir do momento em que há mais de um falo, eu quase diria que estamos diante de um esboço da imagem fundamental que nos é bem representada pela Diana dos efésios, cujo corpo é feito de um chafariz de seios.

Num momento em que o analista já estabeleceu a equivalência entre o sapato e o falo, um sonho segue-se imediatamente às duas primeiras tentativas que, segundo o analista, ele vem confirmar. *Mandei consertar meu sapato num sapateiro, e depois subi num tablado enfeitado de lamparinas azuis, brancas e vermelhas, onde só havia homens; minha mãe estava na multidão e me admirava.* Podemos contentar-nos aqui em falar de *Penisneid*? Será que não fica evidente que a relação com o falo, aqui, é de outra ordem? O próprio sonho indica que ele está ligado a uma relação de exibição, e não diante daqueles que o portam, dos outros homens que estão com ela no tablado — cujas lamparinas azuis, brancas e vermelhas, é quase bom demais dizê-lo, evocam-nos toda sorte de panos de fundo diversamente obscenos —, mas diante da mãe.

Aqui encontramos a relação fantasística compensatória de que falei da última vez, uma relação de poder, sem dúvida, mas referida ao terceiro que é a mãe dela. A presença do falo na relação do sujeito com a imagem de seu semelhante, do pequeno outro, da imagem do corpo, é precisamente aquilo cuja função própria no equilíbrio do sujeito conviria estudar, em vez de interpretá-lo e assimilá-lo, pura e simplesmente, à sua função em suas outras aparições. Isso é atestar uma flagrante falta de critérios na orientação da interpretação.

Afinal de contas, para que tendem todas as intervenções do analista nessa observação? Para facilitar, no sujeito, o que se chama de conscientização de sabe-se lá que falta, que nostalgia do pênis como tal, facilitando-lhe a solução de suas fantasias pela concentração numa fantasia de menor potência, embora a maioria dos fatos contrarie essa interpretação.

O analista muda o sentido do falo para sua paciente, torna-o legítimo para ela. Isso equivale mais ou menos a ensiná-la a amar suas obsessões. É isso mesmo que nos é dado como o saldo dessa terapêutica — as obsessões não diminuem, simplesmente a paciente não mais experimenta um sentimento de culpa em relação a elas. O resultado é operado por uma intervenção essencialmente centrada na trama das fantasias e na valorização delas como fantasias de rivalidade com o homem, rivalidade que supostamente transpõe sabe-se lá que agressividade referente à mãe, cuja raiz de modo algum é atingida.

Desemboca-se nisto: em que a operação autorizadora do analista dissocia a trama das obsessões da demanda de morte fundamental. Ao operar assim, autoriza-se, legitima-se, enfim, a fantasia, e, como só se pode legitimar em bloco, o abandono da relação genital é consumado como tal. A partir do momento em que o sujeito aprende a amar suas obsessões, na medida em que elas é que estão investidas da plena significação do que lhe acontece, vemos desenvolver-se, no fim da observação, toda sorte de intuições extremamente exaltadoras.

Peço-lhes que se reportem a elas, porque a hora já vai muito avançada para que eu lhes faça hoje sua leitura. Nelas encontramos, seguramente, o estilo de efusão narcísica cujo fenômeno houve quem valorizasse no fim das análises. O autor não tem muitas ilusões a esse respeito. *A transferência positiva*, escreve ele, *precisou-se com as características de um Édipo muito fortemente pré-genitalizado*. E ele conclui com uma nota de profunda inconclusão, com pouquíssimas ilusões acerca da possibilidade de uma solução verdadeiramente genital, como se costuma dizer.

O que não parece ser visto, em absoluto, é a estreita correlação desse resultado com o próprio estilo da interpretação, ou seja, que ela visa mais a redução da demanda do que a sua elucidação. Isso é ainda mais paradoxal na medida em que, afinal, tem-se hoje o hábito de enfatizar a importância da interpretação da agressividade. Talvez esse termo, justamente, seja vago demais para que os clínicos sempre tirem proveito dele. O termo demanda de morte poderia substituí-lo com vantagem, como o faz em alemão, a fim de indicar o nível de articulação subjetiva da demanda que é exigível atingir.

4

Uma vez que aludi há pouco aos mandamentos e também falei do cristianismo, eu gostaria, ao terminar, de chamar sua atenção para aquele que é um dos mandamentos não menos misteriosos. Não se trata de um mandamento moral, já que se baseia na identificação. É aquele que, no horizonte de todos os mandamentos, é promovido pela articulação cristã na fórmula *Ama o próximo como tu mesmo*.*

Não sei se vocês já se detiveram, algum dia, no que isso implica. Isso implica toda sorte de objeções. Primeiro, as boas almas exclamam: *Como tu mesmo! Ora, mais! Por que como tu mesmo? Isso é muito pouco!* As pessoas de maior experiência dizem: *Mas, afinal, é certo que amamos nós mesmos?* A experiência prova, com efeito, que temos em relação a nós mesmos os sentimentos mais singulares e mais contraditórios. Além disso, esse *tu mesmo* pode dar a impressão, se o tomarmos numa certa perspectiva, de colocar o egoísmo no cerne do amor. Como fazer dele a medida, o módulo, o modelo do amor? Isso é o que mais surpreende.

Na verdade, essas objeções são inteiramente válidas, e poderíamos torná-las sensíveis pela impossibilidade de responder na primeira

---

* Modificamos ligeiramente a forma tradicional do mandamento em português a fim de preservar o *tu*, essencial ao jogo homofônico utilizado por Lacan a seguir. (N.E.)

pessoa a esse tipo de interpelação. Ninguém jamais supôs que um *Amo meu próximo como a mim mesmo* pudesse corresponder-lhe, porque, nesse caso, a fraqueza da formulação do mandamento se revelaria aos olhos de todos. Se ela merece que nos detenhamos, no entanto, é por ilustrar o que há pouco denominei de horizonte da fala do mando.

Se a articularmos dali de onde ela deve partir, isto é, do lugar do Outro, veremos que ela se revela uma coisa totalmente diferente, ou seja, um círculo simétrico e paralelo ao que lhes mostrei estar subjacente à tomada de posição do Outro no simples nível da primeira demanda, e que se enuncia como *Tu és aquele que me mata* [*Tu es celui qui me tues*]. O *como tu mesmo* em cujo nível o mandamento se articula, ao ser concluído por ele, não pode ser a expressão de um egoísmo, na medida em que o *tu* leva-nos a reconhecer nesse *tu mesmo* nada além do *Tu*. O mandamento cristão revela então seu valor ao ser prolongado: ... *como tu mesmo tu és* [*tu es*], no nível da fala, aquele a quem odeias [*tu hais*] na demanda de morte, porque a desconheces.*

É aí que ele se une ao ponto do horizonte onde se articula o preceito de Freud, seu *Wo Es war, soll Ich werden.*

Ele é também o que uma outra sabedoria exprime em seu *Tu és isto*.

É isso que deve, no final, vir marcar a assunção autêntica e plena do sujeito em sua própria fala.

O que significa — no horizonte da fala sem o qual, exceto traçando rotas falsas e produzindo desconhecimentos, nada na análise poderia ser articulado — que o sujeito reconheça onde está.

2 DE JULHO DE 1958

* Perde-se novamente aqui a homofonia essencial entre *tu es* e *tu hais*, que faz surgir um efeito de sentido pela repetição circular do enunciado. (N.E.)

ANEXOS

A

O GRAFO DO DESEJO

A forma definitiva do principal esquema elaborado durante o Seminário, posteriormente chamado de "grafo do desejo", encontra-se nos *Escritos*, p.831.* Esse "grafo completo" é ali precedido por formas que representam as etapas de sua construção (p.819, 822 e 829). Reproduzimos aqui a forma completa.

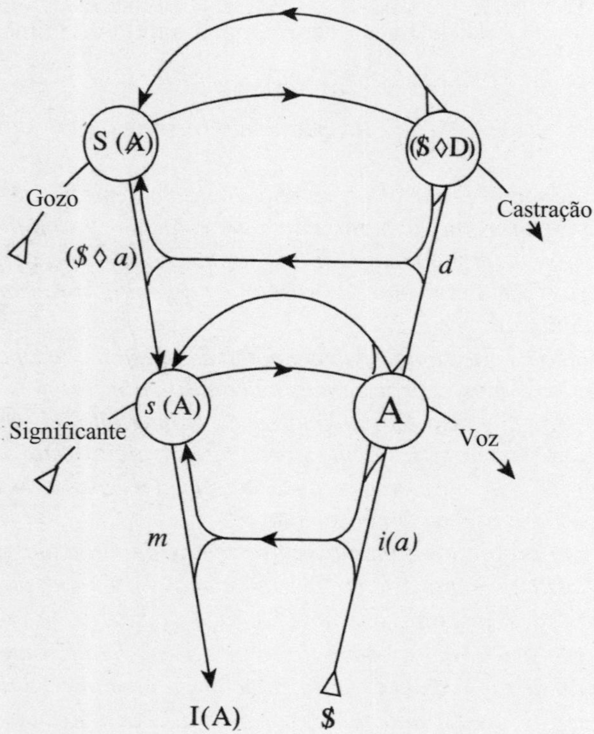

---

* Aqui e em todas as referências seguintes ao texto dos *Escritos*, são fornecidos os números de página da edição brasileira (Rio de Janeiro, Zahar, 1998). (N.E.)

B

EXPLICAÇÕES SOBRE OS ESQUEMAS

Em 31 de janeiro de 1958, entre a lição XI e a lição XII, Lacan encontrou-se com um pequeno número de seus ouvintes, que lhe haviam pedido algumas explicações suplementares sobre os esquemas que ele acabara de introduzir no Seminário. Essa intervenção (talvez uma resposta a perguntas) não foi estenografada, sendo conhecida apenas pelas anotações de Paul Lemoine, que dela fornecem um resumo, guarnecido por desenhos. É isso que se dá a ler aqui, sob forma reelaborada e com a ressalva que se impõe por si: não se trata nem de um escrito de Lacan nem de uma aula do Seminário.

1. — A cadeia significante

Não há definição possível do campo analítico sem que se estabeleça a função estruturante do significante em relação ao sujeito, seu valor constitutivo no sujeito como falante. Numa palavra, o sujeito humano é impossível de desatrelar do discurso, ou, mais precisamente, da cadeia significante.

Isso pôde ser escamoteado em nome de preconceitos mecanicistas ou biológicos, mas a experiência psicanalítica é do mais alto valor para mostrar que isso é inescamoteável. Com efeito, ela mostra que, no nível da cadeia significante como tal, o sujeito está preso nesse Outro que é o inconsciente, e que, sem a intervenção de um Outro, ele não tem acesso ao inconsciente.

O tema do pai, que faz parte dos temas da vida social, mas que também está presente no inconsciente mais próximo dos instintos primitivos, só é discernível sob a condição de se fazer intervir o nó significante que é o Nome-do-Pai. Para esse significante converge uma significação que decorre da relação da cadeia significante com ela mesma. Se assim não fosse, o Nome-do-Pai não poderia entrar em intersubjetividade alguma. Com efeito, é a cadeia significante que faz a diferença entre o sujeito humano e a vida animal. No animal, há também, em certo sentido, uma intersubjetividade, mas ela é de natureza inteiramente diversa. O mesmo acontece com a identificação: nenhum dos sistemas de identificação é concebível, se não fizermos intervir algo que é estranho à vida animal, e que é a cadeia significante.

As consequências disso são decisivas na prática. Por não o haver compreendido, um certo psicanalista (Bouvet) expõe-se a desvios técnicos, em razão da importância preponderante que dá à relação homossexual entre o analista e o analisando e, precisamente, à felação imaginária, termo que produz aqui uma ambiguidade com filiação imaginária. Para ele, tudo acontece no nível da relação imaginária, aquela que liga o eu ao pequeno outro. Ao contrário, o esquema L serve justamente para indicar que a questão é saber se, no vetor que vai do Outro para o sujeito, alguma coisa transpõe ou não transpõe essa relação imaginária.

2. — O esquema deste ano

O esquema deste ano apenas corresponde aos pontos de basta que ligam o significante ao significado.

A meia dúzia de termos que situo nele tem, sob esse aspecto, um papel transformador. Em si, eles só são originais como significantes. Seu interesse não reside tanto em seu sentido, que é necessariamente ambíguo e até contraditório, mas em sua conjunção como significantes.

Esse esquema se reduz a isto, que representa para vocês a cadeia significante:

$$\frac{S\ldots\ldots\ldots\ldots\ldots\ldots}{s\ldots\ldots\ldots\ldots\ldots\ldots}$$

O traço que vocês estão vendo ali, só fiz torcê-lo um pouco:

Do lado do significado opera a retroação do significante. Não importa que forma demos ao termo cadeia significante, a partir do momento em que há cadeia significante, existe frase. E existe frase quando alguma coisa se fecha no nível do significante, ou seja, tudo aquilo que foi enunciado de significante, em seu lugar, entre o começo e a pontuação. O sentido se fecha quando é dita a última palavra da frase. Vejam meu exemplo do verso de Athalie, "Sim, venho a seu templo adorar o Eterno".

É lícito, portanto, representarmos no esquema essa retroação do significante. Quando é atingido o ponto P, quando ele se produz, obtém-se alguma coisa mais atrás, em P'.

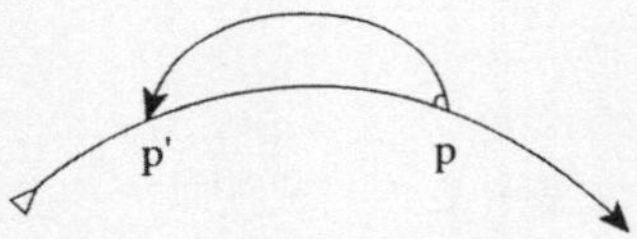

O que vem agora representa para vocês a intenção do discurso, que é igualmente preciso indicar, na medida em que o discurso não é desvinculado da individualidade concreta que o exprime.

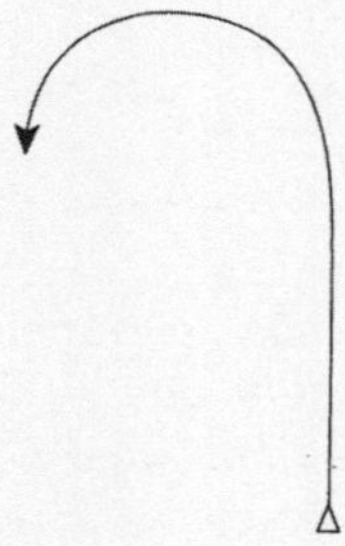

Como psicanalistas, temos à nossa disposição esse termo médio que permite inserir o discurso no sujeito humano, o termo desejo. O ponto de partida do desejo faz-se no mesmo nível do qual parte a cadeia significante. Todo o resto é situado a partir daí.

É numa conjunção intersubjetiva que se exerce a duplicidade do sujeito. Desde o momento do primeiro gemido, o recém-nascido articula-se com a mãe, de quem receberá o uso da cadeia significante. O essencial do esquema está nisso.

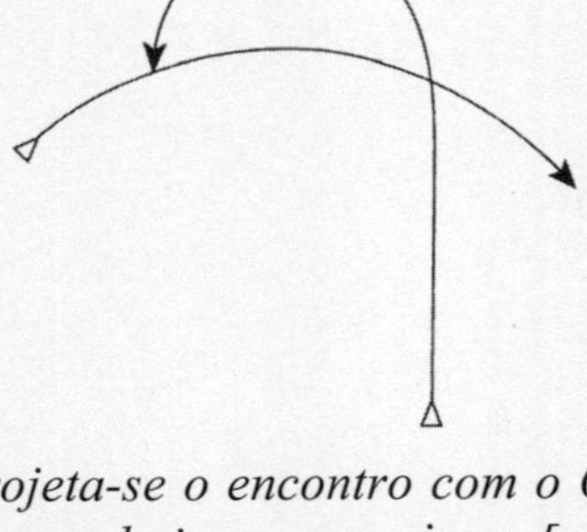

Neste ponto projeta-se o encontro com o Outro. O resultado é a mensagem. Basta que haja um receiver *[receptor] e um* sender *[emissor] para que a mensagem seja constituída.*

Em toda a retroação da linha inscreve-se o suporte do desejo. A ação falante tem efeitos no desejo do sujeito que a articula, e esses efeitos se produzem por retroação. O resultado se inscreve no fim do vetor retrógrado.

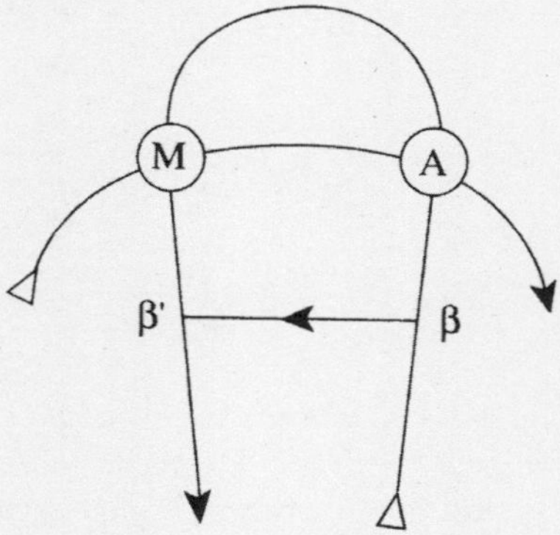

No nível do curto-circuito A β β' M, o sujeito é um animal. Tudo o que acontece no nível animal está em β β'. A confrontação imaginária especular a-a' situa-se nesse nível.

3. — A propósito do complexo de Édipo

Assim, esse esquema coloca em seu lugar a tríade imaginária mãe-filho-falo, introduzida no ano passado a propósito das perversões mais primitivas, como o fetichismo. Não me senti à vontade para trazê-la a vocês, sem poder situá-la desde logo como hoje. Há ainda outras relações, igualmente nas neuroses, que podem estabelecer-se aquém do Édipo, mas é preciso que o sujeito seja edipianamente estruturado para que se possa articular alguma coisa sobre elas.

A relação com a mãe, na homossexualidade masculina, estrutura-se num drama atual que é encenado entre S a a' A. A ideia de mulher fálica, que é comumente empregada nesse caso, é confusa e não abarca o que a análise nos ensina. Trata-se, com efeito, da relação da mãe com a fala do pai. A mãe é quem de fato dita a lei.

Outros recortes mostram a importância desse esquema para saber o que significa a identificação com o pai que se produz no fim do Édipo. Ele permite situar os paradoxos da relação do sujeito com o pênis: posse exigível do objeto erotizado, ameaça de terror fantasisticamente constituída.

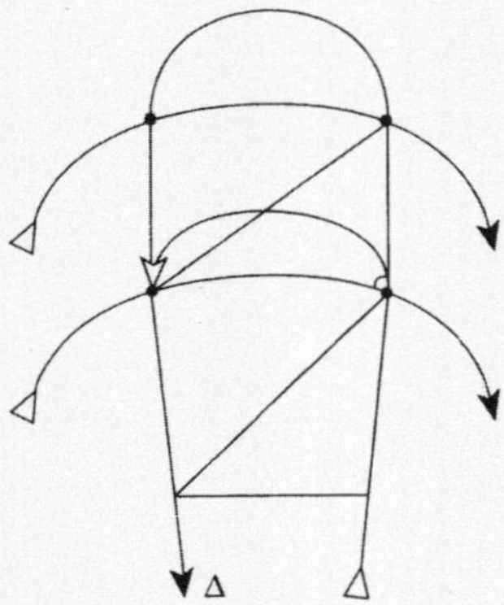

Na medida em que pude articular esse esquema com o da reversão do código para a mensagem — que introduz a intersubjetividade, a relação com o Outro não como presente, mas como suscitada pela própria fala —, a superposição dos dois triângulos esboça o sentido que se pode dar ao termo identificação.

A identificação são os dois condenados de Dante que se beijam na boca, um transformando-se no outro, e o outro no um.

NOTA

O esquema construído ao longo deste Seminário (o "grafo do desejo") encontrou sua forma definitiva em "Subversão do sujeito e dialética do desejo", escrito em 1962; ver, particularmente, as páginas 818 a 833 dos *Escritos*.

Quanto à primeira parte das *Formações do inconsciente*, Lacan remete a "A instância da letra", texto de maio de 1957 (*Escritos*, p. 496-533).

Em seguida aos primeiros sete capítulos do Seminário, deu-se, de dezembro a janeiro, a redação de "De uma questão preliminar a todo tratamento possível da psicose" (*Escritos*, p. 531-90), repercutida no curso "A lógica da castração".

Durante as férias de fevereiro, Lacan redigiu "Juventude de Gide" (*Escritos*, p.749-75), texto publicado em abril. Encontramos seu eco na lição XIV do Seminário, a primeira da parte "A significação do falo".

As seis aulas dessa parte, bem como a de 7 de maio, foram norteadas pela perspectiva da conferência que Lacan faria em Munique, em 9 de maio, sobre "A significação do falo" (*Escritos*, p.692-703).

Por fim, a última parte foi contemporânea da redação de "A direção do tratamento e os princípios de seu poder", relatório apresentado em Royaumont em julho (*Escritos*, p.591-652).

*

Judith Miller, que foi a moça do *At!*, foi a primeira leitora do manuscrito e das provas e me fez numerosas sugestões úteis: ofereço-lhe o testemunho de meu reconhecimento.

Declaro mais uma vez minha gratidão a Gennie Lemoine, que colocou à minha disposição a totalidade das notas tomadas no Seminário de Lacan por seu marido, o saudoso Paul Lemoine. Utilizei-as neste Seminário a partir de janeiro de 1958. Paul não parece haver frequentado o primeiro trimestre: dispunha de uma fotocópia das sete aulas iniciais, tal como datilografadas por Lacan.

Os leitores que estiverem em condições de me comunicar dados inéditos, de me propor correções e aperfeiçoamentos, escrevam-me, se o quiserem, por intermédio do editor.

J.-A.M.

1ª EDIÇÃO [1999] 18 reimpressões

ESTA OBRA FOI COMPOSTA POR TOPTEXTOS EDIÇÕES GRÁFICAS
EM TIMES NEW ROMAN E IMPRESSA EM OFSETE PELA
GRÁFICA BARTIRA SOBRE PAPEL PÓLEN DA SUZANO S.A.
PARA A EDITORA SCHWARCZ EM JUNHO DE 2025

FSC
www.fsc.org
MISTO
Papel | Apoiando o manejo florestal responsável
FSC® C105484

A marca FSC® é a garantia de que a madeira utilizada na fabricação do papel deste livro provém de florestas que foram gerenciadas de maneira ambientalmente correta, socialmente justa e economicamente viável, além de outras fontes de origem controlada.